RUDOLF GEIGER · MÆRCHENKUNDE

RUDOLF GEIGER

MÆRCHENKUNDE

MENSCH
UND SCHICKSAL
IM SPIEGEL
DER
GRIMMSCHEN
MÆRCHEN

URACHHAUS

M. Schmidt

ISBN 3 87838 356 8

2. Auflage 1987

Satz und Druck der Offizin Chr. Scheufele, Stuttgart.
Einbandgestaltung Professor Martin Andersch, Hamburg

INHALT

Das ist die wahre Symbolik,
wo das Besondere das Allgemeinere repräsentiert,
nicht als Traum und Schatten,
sondern als lebendig-augenblickliche Offenbarung
des Unerforschlichen.

GOETHE, MAXIMEN UND REFLEXIONEN

Alles, was wir Erfinden, Entdecken im höheren Sinne nennen,
ist die bedeutende Ausübung,
Betätigung eines originalen Wahrheitsgefühles, das,
im stillen längst ausgebildet, unversehens,
mit Blitzesschnelle zu einer fruchtbaren Erkenntnis führt.
Es ist eine aus dem Innern am Äußeren
sich entwickelnde Offenbarung,
die den Menschen seine Gottähnlichkeit vorahnen läßt.
Es ist eine Synthese von Welt und Geist,
welche von der ewigen Harmonie des Daseins
die seligste Versicherung gibt.

GOETHE, MAXIMEN UND REFLEXIONEN

VORWORT

In diesem Buch sind die früheren Betrachtungen des Verfassers zu Grimmschen Märchen »Mit Märchensöhnen unterwegs« (1968) und »Mit Märchen im Gespräch« (1972) in überarbeiteter Form zusammengefaßt; dazu kommt eine Reihe bisher nicht veröffentlichter Arbeiten. Von den zweihundert Märchen der Grimmschen Sammlung erfahren hier über vierzig jeweils eine in sich geschlossene Darstellung.

Seit dem ersten Erscheinen der Betrachtungen ist die Zeit dem Märchen günstiger geworden. Die Stimmen mehren sich, die es in seinem menschenbildnerischen Wert erkennen und gelten lassen. Jene radikale Ablehnung gerade der Grimmschen Märchen, wie sie nach 1945 von Amerika herüber einsetzte, scheint endgültig überwunden, die falsch verstandene »Grausamkeit« aufgeklärt. Verblaßt zu sein scheint auch die kurzgeschlossene Auffassung, die in den Märchen schier bedrückend den Niederschlag sozialer und gesellschaftlicher Strukturen und Verhaltensweisen des 19. Jahrhunderts zu erkennen glaubte, weil die Brüder Grimm Zeitgenossen dieses Jahrhunderts waren. Das Märchen hat sich durch seine eigene Aussagekraft behauptet. Immer neue Editionen bringen nun die Märchen-, Sagen- und Mythenschätze aller Völker und Zeiten ans Licht. Der Märchenforschung widmen sich eigene Wissenschaftszweige. Alles an Märchen Erhaltene schlägt sich so nieder in vielhundertbändiger Literatur, umflutet von fast ebenso zahlreicher Begleitliteratur *über* das Märchen und die verwandten Gebiete. Freuen wir uns also, daß Märchen wieder gelesen werden! Wirklich lebendig jedoch werden Märchen erst im Erzählen.

Aus dem Erzählen heraus sind die hier vereinigten Betrachtungen entstanden. Zwar ist der Verfasser kein Pädagoge oder sonst ein aus beruflichen Gründen mit Märchen sich befassender Mann; er ist dem Märchen gegenüber reiner Liebhaber – ein über siebzigjähriges Leben lang. Ihn interessierte in aller Bilderfülle das Dramatische, das Schicksalhafte am Märchen, seine

Menschlichkeitssprache, die zugleich etwas vom Kunstwerk an sich hat: vom Kunstwerk der Gerechtigkeit; vom wägenden und wagenden Spiel der Kräfte und Wesen; von Mitleid und Liebe; von Opfer, Verwandlung und vom letztendlichen Ausgleich.

Man kann diese Betrachtungen als meditative Selbstgespräche sehen. Es sind Ansätze, begreifend in die jedem Märchen eigene Welt einzudringen; jedoch keineswegs Deutungen im üblichen Sinn, jedenfalls keine Übertragung des Märchentextes in begrifflich-abstrakte Formulierungen, seien sie analytisch-pädagogischer oder speziell geisteswissenschaftlicher Natur – was man gewöhnlich unter »Deutung« versteht. Es sind Versuche, *wach dabeizusein* bei dem, was geschieht, es mitzuleben.

Ein Märchen will gehört und nachvollzogen werden. Das ist (fast) alles.

Und doch hat jedes Märchen seinen eigenen Geistesort. Es hat seinen Gliedwert im Zusammenhang aller Geschichte, besser: aller menschlichen Seelengeschichte. Diesem Zusammenhang behutsam nachzuspüren, möchte der Verfasser mit »Deutung eines Märchens« umschrieben wissen. Dabei ist er sich bewußt, daß andere interpretierende Liebhaber und Märchenforscher ganz andere Erlebnisse und Ergebnisse »herausholen«. Das echte Märchen wird immer neue Deutungen zulassen – und alle überstehen.

Die Märchenbetrachtungen sind dem Autor auf Umwegen zugewachsen. Als er jung war, vor Jahrzehnten, begann er, ganz für sich und ohne Anleitung, zu Märchen, die ihm gefielen, transparente Bilder zu fertigen aus geschichteten weißen und farbigen Seidenpapieren. Die Arbeit an einer Bilderreihe zog sich durch Wochen und Monate hin. So blieb er lange im Umkreis eines einzigen Märchens und bewegte es in sich. Wichtig war ihm, die Gestalten zu *sehen,* denn er wollte zu Bildern kommen, nicht zu einer Interpretation. Im Anfang stand die reine Lust am Bild. Um seine fertigen Erzeugnisse sammelte der Bildervater die eigene Kinderschar wie die der Freunde, und während er die Transparente im Laterna-magica-Kasten, von innen beleuchtet, vorüberziehen ließ, erzählte er das Märchen dazu. Er las es nicht, er erzählte es frei, und zwar so genau als möglich in der originalen Fassung der Brüder Grimm. Auch einem sich immer erneuernden Kreis von Erwachsenen führte er die Märchenbilder vor. Es ergaben sich nach und nach einige Beobachtungen.

Einmal: das Märchen überzeugt nur dann, wenn der Erzähler von der Wahrheit der Geschehnisse durchdrungen ist. Also muß er sich damit

»beschäftigen«. Tut er nur als ob und ist gar nicht dabei, kann er nicht überzeugen; er verfällt ins Rührselige oder Pathetische. Jede sentimentale Verniedlichung wie jede bombastische Aufdonnerung zerstört das Märchen. Das Rührende kann nicht einfach genug gesagt werden. Das Unerbittliche und Unabwendbare hingegen muß knapp und unverbrämt dastehen, wobei den Klang zurückzunehmen mehr gibt, als ihn lautstark zu schwellen. Jede günstige Gelegenheit, den Humor hereinfunkeln zu lassen, sollte aufgegriffen werden; manchmal durch einen trockenen Ton, manchmal in der grotesken Überspitzung, wie sie den Widersachern eigen ist. Die Konflikte verschärfen sich, wenn die Hexe lauernd ihre Forderungen stellt, aber sie entspannen sich, wenn sie im Brandeifer überschnappt. Man hört die Kinder aufatmen.

Zum andern: auch Erwachsene können aufmerksame Märchenhörer sein. Sie sind ihm weder fern noch entwachsen. Das Märchen schließt nur eine lang verschlossene Tür auf. Es ist ja ihre eigene verborgene Welt, in die die Erwachsenen wieder eintreten. Das Märchen bringt das Widersprüchliche zustande, gerade durch seine dramatischen Ereignisse Ruhe und Ordnung in das Wahrnehmungschaos des Tages zu leiten. Es führt an das Tor der Schlafwelt. Erwachsene finden leichter den ersehnten Schlaf, wenn sie am Abend ein Märchen gehört und vielleicht Bilder dazu gesehen haben. So hat es sich bei uns bewährt.

Für den Erzähler selbst stellten sich jedoch auch einige Erfahrungen ein, er brauchte nur länger, um ihrer gewahr zu werden. Die einzelne Geschichte, wie oft auch erzählt, wurde nicht abgenützt, sie wurde fesselnder, farbiger, blühender. Es fielen Wendungen ins Gehör, die vorher unbeachtet blieben. Das Merkwürdige aber war schließlich, daß dem Erzähler im oft wiederholten Erzählen seine eigenen Bilder wieder entrückten, sie verloren sich ins Beiläufige, hinter ihm Liegende. Hatte er die Aufmerksamkeit während des Bilderfertigens ganz auf das Anschauen der Gestalten gesammelt, wurde das Geschaffene im späteren Erzählen zwar nicht für sein Publikum, aber für ihn selbst unwichtig. Betrachtet man ein Bild, so blickt man darauf, man steht davor. Erzählt man eine Geschichte, so kann man nicht davor stehenbleiben. Soll das Erzählte lebendig werden, bleibt einem nichts übrig, als in die Handlung einzutreten, mit den Gestalten mitzugehen, mehr noch, in die Gestalten hineinzuschlüpfen, sich in sie zu verwandeln, ihre Wege und Begegnungen wie eigene mitzumachen, ihre Sprache aus der eigenen Substanz heraus zu sprechen. Das bedeutet: Das Wort enthebt die Gestalten ihrer flächigen Verhaftung; die Gestalten werden plastisch-lebendig und selbständig, sie bewegen sich, schreiten fort in neue Räume und Zeiten hinein. Das Wort löst durch seine Schließkraft das Bildgewebe auf. Es öffnet wahrhaft – so schildert es das Märchen »Simeliberg« unmittelbar – den bis dahin verborgenen Schatzberg und läßt den Staunenden in eine vorher ungeahnte Tiefe ein. Da erst liegen die Schätze ausgebreitet. Man sollte nicht verkennen, daß im intensiven Beschäftigen mit einem Märchen, sagen wir es ruhig, in dem Lernen des Märchens Wort für Wort, eine Durchdringung vorliegt, die weit über das gelegentliche Zur-Kenntnis-Nehmen oder abständige Anschauen hinausreicht. Werden wir Wort, nehmen wir das Märchen ins Herz und sind im Herzen des Märchens: *Es spricht aus sich selbst.* Und so ist die Summe der Erfahrung: Das Märchen will im exakten Sinne *wörtlich* genommen werden. In seinen Wendungen sprechen sich Schicksalswendungen aus.

Dann geschah es einmal, daß ein Teilnehmer eines Märchenabends fragte: »Wodurch erlöst denn der Jüngling den Eisenhans, da gar kein Erlösungskampf stattfindet und der Eisenhans (›der wilde Mann‹) immer im verborgenen bleibt?« – eine Frage, die einen sinnen läßt: Wie geschieht denn eins nach dem andern? Und man kommt darauf: Die Erlösung liegt im konsequent geübten Verhalten des Jünglings, seiner kühnen Zurückhaltung, seinen inneren Mutproben, seiner Selbstläuterung. Sie läßt sich aus den Begebenheiten des Märchens folgerichtig ablesen. In Fragen solcher Art liegt der Keim der Betrachtungen, die lange Jahre nach den Bildern entstanden sind; die zum »Trommler« z.B. vier Jahrsiebte nach den Bildern. Zuletzt kamen in die Betrachtung auch Märchen ohne vorausgegangene Bilderreihen hinein, aber nie ohne längeres und ausschließliches Drinverweilen. Das Bilderschaffen war das Tor, in die Eigenwelt der Märchen einzudringen. Das sagt nichts gegen die Bebilderung von Märchen; im Gegenteil, der Schauhunger der Menschen heute ist groß, weil sie aus eigener Kraft nicht genügend stark bildhaft vorstellen können. Die verkümmerte Phantasie bedarf der Anregung. Die Bilder schaffen Erlebnishilfen.

Der Auswahl dieses Bandes liegt kein bestimmtes System zugrunde, etwa derart, ein möglichst charakteristisches Märchen jeder Art zu nehmen, damit am Ende sichtbar werde (was wohl aufzuzeigen möglich wäre), daß in der Gesamtheit der Grimmschen Märchen eine umfassende Überschau der menschlichen Seelenentwicklung von der Gotteskindschaft bis zum Weltenziel, von immer anderem Ausblick her, enthalten ist. Vielleicht schimmert etwas davon durch. Das Nachwort wird diesen Gesichtspunkt aufgreifen. Die Auswahl ergab sich schlicht aus der Tatsache, daß den Betrachter in jedem der hier vereinigten Stücke eine besondere Fügung unmittelbar anrührte. Im »Teufel mit den drei goldenen Haaren« war es der vierzehnjährige Junge, mutterseelenallein durch den nächtlichen Wald wandernd, in seiner Hand tragend den Königsbrief – sein eigenes Todesurteil, von dem er keine Ahnung hat. Diese Szene ergriff den Märchenliebhaber, von da aus schuf er seine Bilder und machte sich das Märchen nach und nach zu eigen. Subjektive Teilnahme bedingt also die subjektive Auswahl.

Betont sei, daß die Betrachtungen in mündlichen Vorträgen vor Erwachsenen entstanden, als belebende Versuche, auf die nicht auszuschöpfenden Tiefen der Märchen hinzulenken. Denn schließlich darf auf einer erneuerten Stufe wiedergewonnen werden, was einmal Ausgangspunkt war. Ursprünglich waren die Märchen (und sind es im Orient heute noch) Erzählgut für *Erwachsene,* nicht in derselben Art wie heute für Kinder. Ihre Größe beruht aber gerade darin, daß sie *auch* Kindern erzählt werden können. Heute sind sie fast ausschließlich in die Kinderstube verbannt. Das braucht aber nicht so zu bleiben – wenn der Erwachsene zu ihrer Sprache ein neues Verhältnis findet. Und so gehört dieses Buch nicht in die Hände des Kindes. Es gehört in die Hände des nachsinnenden Menschen. Indem er die Wege der Märchenführung »verstehen« lernt, wird er auf die tieferen Geheimnisse seines Menschseins aufmerksam. Für das Kind bewirkt schon das reine Märchenwort alles, wessen es bedarf: das Erlebnis. Dem Erwachsenen soll auch der Sinn der unauslotbaren Gründe bewußt werden.

Gedenkt der Verfasser seiner geistigen Helfer und Meister, neigt er sich vor allem vor den *Künstlern* des Märchens – dem Brüderpaar und seinen Freunden –, die vor hundertfünfzig Jahren die Märchen so makellos rein vor dem Vergessen gerettet haben. Durch sie hindurch, weit zurück, gilt der Dank den »Vätern«, jenen Barden, die nach Rudolf Steiner als die ursprünglichen Bildner der Märchen anzusehen sind.

Damit hat der Verfasser auch *den* genannt, dem er nicht minder, und mehr, als er hier aussprechen kann, Dank schuldet: Rudolf Steiner und der Anthroposophie. Die Erkenntniswege der Anthroposophie führen auf völlig selbständige Art zum Quellgebiet der Märchen. Aus der Anthroposophie schöpfen die Betrachtungen ihr *Leben,* und seien es auch nur Tropfen aus dem dort machtvoll fließenden, überzeitlichen Geistesstrom.

Persönlichen Dank schuldet der Schüler schließlich dem Arzt Friedrich Husemann, in dessen täglichem Wirken als Mittelpunkt der seelisch leidende Mensch stand. Als sein Mitarbeiter (auf dem Verwaltungsgebiet) ließ sich in achtundzwanzig Jahren nächster Nähe vieles lernen. Aus solcher Schicksalsverbindung gewann der hier Schreibende vor allem das *Methodische* seiner Betrachtungen. Denn Friedrich Husemann sprach von Sonntag zu Sonntag in morgendlichen »Lesestunden« vor seinen Patienten und Mitarbeitern, aus keinem anderen Grund, als um sie aus dem engen Bezirk ihrer alltäglichen Verhaftung und Selbstbefangenheit hinzulenken auf ein souverän geschautes, geisteswissenschaftlich gegründetes Welt- und Menschenbild. Die dogmenfreie Art Husemanns, aus einfachen Elementen ein Thema zu entwikkeln, gab das Vorbild, Phänomene zu lesen. Dabei berührte er gelegentlich auch die Thematik der Märchen. Ausdrücklich sei vermerkt, daß dem Kernkapitel zur »Gänsehirtin am Brunnen« (Perlen statt Tränen) eine Darstellung Friedrich Husemanns zugrunde liegt. Die Anregungen fruchteten in eine selbständige Weiterführung hinein. Insofern ist die vorliegende Arbeit aus seinem Seminar hervorgegangen.

*

Goethe vergleicht Gedichte gemalten Fensterscheiben, die ihre Schönheit erst vom Innern der Kapelle her aufstrahlen lassen. Auch für die Märchen läßt sich nichts Besseres sagen; sie leben auf im inneren Lichtraum. Wer sie liebt, tritt in diesen Lichtraum ein. Begibt er sich ganz in sie hinein, erfährt er ihre Weisheit, ihre Schönheit und bildende Kraft. Er erfährt Ballung und Lösung der Menschenrätsel, vieldeutig gestaltet. Aber sie selber bleiben unberührbar rein, was sie in sich selbst sind: Kunstwerke des schöpferischen Geistes.

DER MEISTERDIEB

Vater und Sohn

Das Märchen setzt ein mit einer Philemon-und-Baucis-Idylle: Zwei alte Leutchen sitzen betrachtsam vor ihrem armseligen Haus und ruhen sich ein wenig von der Arbeit aus. Ein vornehmer Herr, im prächtigen Wagen mit vier Rappen vorfahrend, hält an, und der Alte fragt, womit er ihm dienen könne. Der Herr reicht ihm die Hand:

»Ich wünsche nichts, als einmal ein ländliches Gericht zu genießen. Bereitet mir Kartoffeln, wie ihr sie zu essen pflegt, dann will ich mich zu euerm Tisch setzen und sie mit Freude verzehren.«

Ein Verlangen, über das der Alte nur lächeln kann; er hält es für das Gelüsten eines etwas verrückten Grafen oder Fürsten und will dem wohl zu Gefallen sein. Was sich hinter dem Gelüsten verbirgt, ahnen auch wir zunächst nicht. Es ist die Anziehungskraft der Kindheit. Welches Schmekken ließe sich dem Schmecken des Kindergaumens vergleichen! Mit dem Verlangen nach dem Kindergericht am Tisch von Vater und Mutter knüpft der Fremde ein unheilvoll zerrissenes Schicksalsband wieder an. Dieweil nun die Frau in der Küche Kartoffeln zu Klößen bereitet, nimmt der Alte seinen Gast mit in den Garten, wo er junge Bäume einpflanzt – und hier enthüllt sich, wer der vornehme Fremde in Wahrheit ist. Ihr Gespräch dreht sich vorerst um das zur Hand Liegende: wie man junge Bäume schult, damit schöne Stämme entstehen. Der Anblick eines krummgewachsenen Baumes lenkt über zum fernen, ungeratenen Sohn des Alten, und plötzlich springt die Enthüllung heraus: Hier ist er. »Ich bin es«, sagt der Fremde. Vater und Sohn stehen sich gegenüber – ein großartiger Auftakt der Geschehnisse!

Aber der Vater kann den Widerspruch nicht fassen, seinen Sohn so verändert wiederzusehen; einstmals ein nichtsnutziger Junge, fortgelaufen in die Welt, jetzt ein großer Herr »in Reichtum und Überfluß«. Die Lösung: der

Sohn ist ein Dieb geworden, allerdings kein gewöhnlicher – ein Meisterdieb. Und so wird die Freude des Wiedersehens schwer getrübt durch das Anrüchige, das dem Reichtum des Sohnes anhaftet.

Der Vater blieb in all den Jahren der, der er immer war. In seiner Arbeit und Armut, aber auch in seiner Redlichkeit blieb er ein *gottesfürchtiger Mann.* Charakteristisch für ihn ist, daß er den noch unbekannten Fremden, statt nur müßig mit ihm zu plaudern, mitnimmt in den Hausgarten – er kann nicht untätig sein. Pflanzgärtner ist der Vater, weise und geschickt in den Händen, karg in der Rede, einfältig von Gemüt. Eine Urväter-Natur.

Wie ganz anders der Sohn (und wie mag ihm zumute sein, da er sich selbst charakterisiert hört aus dem Mund des Vaters noch vor der Erkennungsszene):

»Es war ein ungeratener Junge, klug und verschlagen, aber er wollte nichts lernen und machte lauter böse Streiche...«

Der Sohn ist das genaue Gegenteil seines Vaters – alles, was der Vater hat, hat der Sohn nicht, und umgekehrt. Zwei Welten stehen vor uns in zwei Generationen. Die Klugheit war die Zutat, die alles geordnet Wachsende, gottgewollt Geradlinige verbog: das Wohlangelegte mißraten ließ, das Lauter-Durchschaubare verschlagen machte, statt redlichen Mühens böse Streiche zeitigte. Mit der List trat das Böse auf den Plan.

So trennten sich die Welten. Der Sohn entschwand ins Ungewisse, lief fort »in die weite Welt«, in ein Abenteuer des Unheils, wie der Vater fürchten mußte.

Nun aber werden wir Zeuge der dramatischen Wiederbegegnung. Wie den Sohn sein wiedererwachter Kindergaumen zurückgeführt hat, so sucht der Vater nun das Kindheitszeichen auf der Schulter seines Sohnes, das Muttermal, »wie eine Bohne« – das ist das unverwischbare Erbzeichen. In der Tat ist das Muttermal ein in die Leiblichkeit eingewobenes ätherisch-physiologisches Zeichen, das aus sich selbst nicht verlöscht, wenn es nicht operativ entfernt wird.

Am *Gesicht* vermag der Vater seinen Sohn nicht wiederzuerkennen. Im Gesicht prägen sich die seelischen Prozesse aus, Gedanken, Empfindungen, Willensentschlüsse. Das Gesicht formt und ändert sich nach der inneren Reife, wird Ausdruck des Charakters und der Intelligenz. – Das Muttermal hingegen bleibt, wie es von Geburt an war; es bindet den Sohn an Vererbung und Herkunft. Die Intelligenz hat den Sohn seinen Eltern entrückt und entfremdet.

Auf welch verschiedenen Ebenen Vater und Sohn stehen, ergibt das Gespräch über den Diebsberuf. Für den Vater ist das von vornherein entschieden: »Ein Dieb bleibt ein Dieb; ich sage dir, es nimmt kein gutes Ende.« Der Vater würde um keinen noch so hohen Schandpreis seine saure, aber ehrlich getragene Armut aufgeben. – Sehr geschickt und mit allen Lichtern der Überzeugung sucht demgegenüber der Sohn seine Diebskunst zur Redlichkeit hin aufzuwerten. Offenbar ist seine errungene Meisterschaft Frucht einer langwierigen Übungs- und Ausbildungszeit – geschenkt ward sie ihm sicher nicht. Er ist vom Vater fortgelaufen, weil er nichts lernen wollte, und »draußen« hat er so *viel* gelernt!

»Für mich gibt es weder Schloß noch Riegel – wonach mich gelüstet, das ist mein. Glaubt nicht, daß ich stehle wie ein gemeiner Dieb ... was ich ohne Mühe, List und Gewandtheit haben kann, das rühre ich nicht an.«

Diese Meisterschaft ist so groß, daß sie sich selbst die Grenze setzt für das, was unter ihrer Würde liegt.
Eine nicht mehr zu steigernde Selbstsicherheit spricht ein wenig später aus dem Meisterdieb dem Grafen gegenüber, der auf den Grundbegriff »Dieb«, was auch immer sich dahinter verbergen möge, sofort mit dem Galgen kontert. Und nur, weil er es mit seinem Patenkind zu tun hat, läßt sich der Graf auf drei Proben ein.

»Wenn du aber nicht bestehst, so mußt du mit des Seilers Tochter Hochzeit halten.«

Und da kommt die souveräne Antwort des Meisterdiebes:

»Denkt Euch drei Stücke aus, so schwer Ihr wollt, und wenn ich Eure Aufgabe nicht löse, so tut mir, wie Euch gefällt.«

Mit anderen Worten: er legt Sein oder Nichtsein uneingeschränkt in die Hände des gräflichen Richters – und vertraut der vollendeten Meisterschaft seines eigenen Könnens. Eine gefährliche Zusage, deren geringstes Versagen Tod bedeutet.

Angesichts dieser Situation ist es gut, sich den menschheitsgeschichtlichen Hintergrund zu vergegenwärtigen, auf dem sich das Märchen abspielt. Wir werden auf jenes Ereignis verwiesen, das die Bibel den »Sündenfall« nennt. Vom Sündenfall wird nicht gesprochen, aber er ist *wirksam.* Das Urgeschehnis ist längst vorüber. Hier tritt es jedoch in seiner Auswirkung in einer prägnanten, erschütternden Art zutage: ein Mensch *vor* und ein Mensch *nach* dem Sündenfall stehen vor uns.

Der Vater verblieb seiner Haltung und Gesinnung nach in einer uralt-frühen Epoche. Er atmet in völliger Einheit mit Gott, im Guten. Durch ihn schimmert etwas hindurch von der Vatergestalt des Schöpfers selbst; nicht umsonst wird uns der Vater des Märchens – gleich dem himmlischen Gärtner, dem die Welten ihr Keimen und Sprießen verdanken – als Pflanzer gezeigt, junge Bäume setzend und den schwanken Stämmen Zucht und Richtung gebend.

Nur sein eigener Sohn ist mißraten. Da hat sein Pflanzgeschick versagt. Man horche auf den Beiton, der in dem Bekenntnis des verlorenen Sohnes anklingt:

> *»Ach, Vater, der junge Baum war an keinen Pfahl gebunden und ist krumm gewachsen – jetzt ist er zu alt; er wird nicht wieder gerad.«*

Die Entwicklung läßt sich nicht wieder rückgängig machen. Ist also der Vater mitschuldig? Hat er dem Verhängnis nicht genügend gesteuert, es aus Schwäche zugelassen? Und bedauert der Sohn seine eigene Entwicklung? Möchte er sie ungeschehen machen? Warum kommt er überhaupt zurück – von einem Kindheitsverlangen geleitet? Wie seltsam klingt dieses »Ach, Vater...«! Liegt nicht der Hauch eines Vorwurfs an den Vater in dem »Ach« verborgen? Hält der Sohn seine Einsamkeit nicht mehr aus? Und dann das Wort: »Jetzt ist er zu alt, er wird nicht wieder gerad.« Wäre dem Sohn wohler, wenn der Baum gerad wäre? Weht nicht durch dieses »Ach, Vater...« auch eine Spur leiser Scham über das Unabwendliche des Soseins, wie es nun einmal ist?

In diesen einen Satz des Sohnes, in sein Enthüllungsgeständnis an den Vater, ist die Tragödie des Essens vom Baum der Erkenntnis und der Verstoßung aus dem Paradies hineinverwoben. Hat vielleicht auch der himmlische Gärtner die Überlistung des Menschen zugelassen? Vielleicht, weil er von diesem Sohn, wenn er das Abenteuer der Vernunft besteht, etwas ganz Besonderes erwartet? Wer mag es entscheiden? Hier jedenfalls werden die Dinge als einmal im Zeiten- und Entwicklungslauf geschehen hingestellt, und ihre Folgen liegen klar zur Hand: Die Welten haben sich klüftetief getrennt.

Dies kommt besonders in einer Wendung zum Ausdruck, die der Sohn vorbringt: »Wonach mich *gelüstet,* das ist mein.« Von der List zur Lust und zum Gelüsten führt eine gerade Linie. Die Verführung schwingt mit, der Sohn spricht im Ton der Schlange. Er hat von der verbotenen Frucht gegessen. – Zugleich jedoch blitzt in dem »mich« und »mein« das Moment individueller *Freiheit* unüberhörbar auf, das der Vater um keinen Preis anerkennen will und kann. Und das Erstaunliche dabei bleibt, daß sich der Sohn seiner Freiheit bewußt ist. Er setzt sich selber das Maß der Gelüste:

»Ich nehme nur vom Überfluß der Reichen. Arme Leute sind sicher; ich gebe ihnen lieber, als daß ich ihnen etwas nehme.«

Nun, wo er nimmt, nimmt er doch wohl zuerst für sich selbst und wird reich dabei. Kommt er nicht schon im vierspännigen Wagen ankutschiert? Insoweit ist und bleibt er bei aller aufgebotenen Kunst und hohen Selbstzucht schlankweg ein Dieb. Andererseits geht er großzügig mit seiner Beute um, läßt armen Schluckern davon abfallen. Er betont, sie sind sicher vor ihm, er nimmt sich ihrer sogar an.

Eine neue Art von Gerechtigkeitssinn kündigt sich keimhaft an. Hat der Meisterdieb seine guten Stunden, dann hilft er aus Einsicht in die Not, er hat Mitleid und will menschliches Gleichgewicht schaffen. Er ist auf dem Weg, aus Freiheit zur Liebe zu kommen. Allerdings erst auf dem Weg – noch scheinen Stolz und Eigenliebe seine Haupttriebfedern. Und doch können wir dem Wesen des Sohnes einen adeligen Zug nicht absprechen. Der Zauber seiner Persönlichkeit muß sehr eindrucksvoll sein, denn unwillkürlich wird er auch vom Grafen »mit großer Artigkeit« empfangen.

Da ihm kraft unumschränkter Fähigkeiten alles Verschlossene offensteht und nichts vor seinem Zugriff sicher ist, sprengt der Sohn die alte Vater-Ordnungswelt in ihren Grundfesten. Dem Vater wird unheimlich. Mit Schaudern hört er sich des Sohnes Darlegung an, mit Schrecken gar. Für sein Begreifen nimmt das kein gutes Ende. Und was den alten Mann am meisten bedrückt: Was wird der Graf dazu sagen, »unser Herr«, zu dem der Vater unerschütterlich, als von Gottes Gnaden gesetztem, aufschaut?

Graf und Patenkind

Nun folgt die Prüfung vor dem hohen Richter drüben im Schloß. Daß im Grafen selbst nicht mehr der allerhaltende, urweise Herr der Paradieswelt, sondern nur ein Landesverweser vor uns steht, wird im Nachwort unserer Betrachtungen noch weiter begründet. Sein Rang für sich sagt schon etwas. Hier beschränken wir uns darauf hinzuweisen: der Graf ist nicht der König des Märchens, nicht der oberste Herr. Ihm ist nur eine Teilvollmacht übertragen, speziell die der Gerichtsbarkeit. In unserem Märchen steht der Graf dem Bereich der Tagesgerechtigkeit vor. Für die Nachtereignisse erweist er sich als »blind, ja dumm«! Der Dieb hingegen ist gerade ein Meister der Nachtereignisse. Der Graf läßt sich täuschen, weil er von dem, was nachts geschieht, nichts, aber auch gar nichts durchschauen kann. Er bleibt töricht-spießig als der Unterlegene in dem wandlungsreichen Spiel des Meisterdiebes zurück.

Der Graf stellt die nach seinem Ermessen höchst gescheiten Aufgaben:

> *»Wohlan, zum ersten sollst du mir mein Leibpferd aus dem Stalle stehlen, zum andern sollst du mir und meiner Gemahlin, wenn wir eingeschlafen sind, das Bettuch unterm Leib wegnehmen, ohne daß wir's merken, und dazu meiner Gemahlin den Trauring vom Finger; zum dritten und letzten sollst du mir den Pfarrer und Küster aus der Kirche wegstehlen.«*

Also kein Geld, sondern lauter Dinge – so meint der Graf –, die überhaupt nicht gestohlen werden können. Wie sollte der Dieb an das Leibpferd auch nur herankommen, dieses Prachtstück der gräflichen Würde, das der Besitzer wie einen Augapfel behüten läßt in doppeltem Schutzwall: Vor der Schwelle des Stalles postiert sich ein Rudel handfester Soldaten, hinter der Schwelle sitzen drei ausgesuchte Wächter! Und sie haben das Pferd nicht nur angeseilt am Kopf, sondern auch Rücken und Schwanz des Tieres vertäut. Außerdem wissen Soldaten und Wächter sehr wohl, worauf es ankommt: er müßte ja alle mitstehlen! – Und dann das Bettuch unterm Leib des gräflichen Ehepaares samt Ring vom Finger der Gemahlin entwenden – »er wird sich wundern, wie ich ihn empfangen werde«, denkt der Graf, »wenn er es wagen sollte, mir das Tuch unterm Rücken wegzuziehen oder gar auch nur die Hand meiner Frau zu berühren! Da will ich dabeisein!« – Und schließlich Pfarrer und Küster aus der Kirche stehlen. »Nein«, sagt sich der Graf, »dies wird ihm schon gar nicht gelingen. Pfarrer, Küster und Kirche, Seelenhirt und Seelenhort sind unzertrennlich eins und stehen felsenfest. Er müßte schon das Ganze wegtragen! Aber er wird es bleiben lassen. Pfarrer und Küster sind unentführbar.« – Und der Graf ist zufrieden mit sich. Man kann ihn vor sich sehen, wie er seinen Prüfling von oben bis unten mustert, die Hände zueinanderführt, mit den Fingern wippt und spricht: »Merke dir alles wohl, denn es geht dir an den Hals«, und wie er weiter denkt: »Die Suppe ist gut eingebrockt; du wirst dich daran verlöffeln!«

Aber der Prüfling verschluckt sich nicht. Der gewöhnliche, tagesgebundene Verstand gäbe sich freilich von vornherein geschlagen. In der Tat, die drei Aufgaben sind verzwickt genug ausgeklügelt, daß auf alltäglichen Wegen die Proben nie gelingen könnten, es sei denn mit Gewalt. Doch der Meisterdieb verlegt sein Wirken in die Nacht und nimmt Verfahren zu Hilfe, die vorher niemand absehen kann. Er greift zu den Mitteln der Irreführung. Er verwirrt. Er baut eine Scheinwelt auf – nur für diesen Moment gültig, aber wirksam genug, um ihn sein Ziel erreichen zu lassen. Die Grundlagen des normalen Daseins werden erschüttert. Und *daß* sie sich erschüttern lassen, beweist der Patensohn. Tatsächlich löst er alle Aufgaben. Man muß nachlesen, *wie* – das Märchen wird hier spannend, wie eben eine Entführungsgeschichte spannend werden kann. Grotesk-komisch vollziehen sich Verwandlung und Besitzwechsel.

Das Wichtigste bleibt: Der Meisterdieb wird zum vollendeten *Schauspieler*. Er beherrscht in allen Spielarten die Kunst des Schminkens, der Kostümierung, der Geste und der Mimik. Er wird immer das für seine Zwecke am günstigsten Scheinende. Im ersten Probestück wird er zum alten, hustenden, trippelnden Weiblein (während Soldaten und Wächter einen rabiaten Draufgänger erwarten!). Bei der zweiten Entführung mimt er den Grafen selber, bieder und sonor, gutmütig und ängstlich; ahmt nicht nur die gräfliche Stimme, sondern auch die gräfliche Seelenstimmung nach, daß der Graf gelegentlich eine großmütige Ader hat. Die Mittelszene, wo sich der Einbruch in die intimste Sphäre abspielt, ist tatsächlich das Herzstück, von psychologischem Feinschliff. – Und im letzten Stück wird der Dieb zum Weltuntergangspropheten und Kanzelredner. Nichts, das er nicht werden könnte. (Man kann daraus auch den umgekehrten Schluß ziehen: Im Grunde ist jeder Schauspieler ein solcher Meisterdieb. Er versetzt sich in die Seele eines anderen Menschen und spricht aus dessen Mitte heraus. Der Schauspieler ist ein

Ich-Künstler. Er spielt auf dem Instrument des Ich, verwandelt sich in die Individualität, die er darstellen will.)

Reizvoll, wie sich der Meisterdieb selber als Dieb charakterisiert, da, wo er nächtlich im Schlafzimmer als Graf zur Gräfin spricht – und genau in diesem Augenblick und durch dieses Selbstzeugnis das Paradestück vollführt:

»Er ist doch mein Pate und mehr ein Schelm als ein Bösewicht gewesen – ich will ihn der öffentlichen Schande nicht preisgeben; auch mit den armen Eltern habe ich Mitleid … Gib mir das Bettuch … ich will ihn einhüllen. – Weißt du was, ich habe eine Anwandlung von Großmut, gib mir noch den Ring; der Unglückliche hat sein Leben gewagt, so mag er ihn ins Grab mitnehmen.«

Gerade da, wo der Graf dabeisein wollte, fehlt er. Vor der entscheidenden Szene steigt er aus dem Fenster aus. Er folgt der falschen Fährte. Währenddessen kehrt der Schelm ins Zimmer ein, rührt aber die Gemahlin überhaupt nicht an. Er braucht den Ring nicht handgreiflich zu stehlen, so wenig er das Bettuch gröblich wegzuziehen braucht. Was er will, wird ihm *gegeben!* Er stiehlt durch das Wort. Man sieht: Vor der Kunst dieses neuen Adepten verfliegt die Grafenlogik wie Spreu.

Der Graf ist dem Meisterdieb nicht gewachsen. Er muß sich schmählich geschlagen bekennen. War bis dahin nur vom »Meisterdieb« die Rede, muß ihm der Graf, widerwillig gezwungen, nach solchen Leistungen den höchsten Rang eines »Erzdiebes« zuerkennen. Es ist ja auch eine Probe auf Leben und Tod, die der kühne Diebskünstler besteht – und doch mit einem fragwürdigen Ausgang für ihn.

»Du bist ein Erzdieb und hast deine Sache gewonnen. Aber mache, daß du aus meinem Lande fortkommst, denn wenn du dich wieder darin sehen läßt, so kannst du auf deine Erhöhung am Galgen rechnen.«

Der Graf kann sich nur noch in die starre Autorität retten: Er verfügt die Verbannung. Beim ersten Streich lachte er; beim zweiten machte er ein staunend langes Gesicht; beim dritten wird er unerbittlich, die Einkerkerung der Träger des Seelenheils kann nicht verziehen werden. Die Welt des guten Alten duldet den Einbruch des unheimlichen Neuen nicht. Für den Grafenblick (»in meinem Lande«) bleibt der Mensch mit dem Kainsmal des Bösen böse, und wenn er noch so vollendete Eigenschaften an sich hätte. »Das Gute wider das Böse« scheint die Fragestellung. Das Böse muß weichen. Müßte das Gute nicht mit dem Bösen fertig werden? Gibt es keine andere Überwindung als den Ausschluß? Ist es damit getan, daß das Sich-gut-Dünkende Mauern baut, um sich rein zu erhalten?

Ein unbefriedigender Rest bleibt; kein geringer Rest – ein Zwiespalt. Dem Grafen wird angst und bange vor der Übermacht dieser neuen Fähigkeit. Könnte man nicht sagen, die Grafenwelt ist noch nicht reif, diese Fähigkeit zu ertragen und richtig einzusetzen? Und umgekehrt: hat das Meistergeschick des Diebes noch nicht das ihm gemäße Betätigungsfeld? Noch stiftet es nichts als Chaos. Der Meisterdieb hat zu verschwinden in der weiten Welt. Ein tragischer Zug umwittert ihn. – Soll nun alles umsonst gewesen sein? Läßt sich das Geschehen von Sündenfall und Entwicklung einer freiheitlichen Kraft so einfach ausmerzen, wie der Graf vorschützt, indem er rundweg seinen Patensohn hinauswirft?

Dieb und wahrer Meister

Fassen wir das Bisherige zusammen. Ein ungeratener Junge läuft fort – ein souveräner Mann kehrt zurück. Vater und Sohn kennen sich nicht mehr. Eine Kluft trennt sie. Der Vater blieb, der er war, ein redlicher Untertan im Schoß seines gräflichen Herrn. Um ihn streicht die Luft unterwürfiger Geborgenheit. Er besitzt nichts, als was ihm ein karges Schicksal zuwies. Um den Sohn jedoch sprühen die Strahlen einer selbstherrlichen Freiheit. Und der Sohn sucht von neuem die Geborgenheit. Der Vater hat sie noch – dem Sohn wird sie versagt. Schon sein Anruf »Ach, Vater...« am Anfang der Begegnung, mehr noch seine Verstoßung am Schluß, dieser abermalige Auszug »in die weite Welt«, läßt uns die grenzenlos schmerzliche Einsamkeit des Sohnes ermessen. Ist er nun auf ewig nichtsnutzig? Wann und wo versöhnen sich Vater- und Sohneswelt wieder?

Ist nicht das Diebsein, wie wir es landläufig kennen und wie es vom Grafen ausgelegt wird, nur die Außenseite, besser gesagt das Irrbild einer hohen geistigen Fähigkeit? Welches ist die gültige Erfüllung zu der Diebsnatur des Sohnes?

Wir wissen von einem anderen Vater-Sohn-Geschehen. Dort bleibt zunächst der Sohn beim Vater. Dann schickt der Vater den Sohn aus dem weiten Weltenrund in den engen Menschenbezirk herein, weil einzig der Sohn es ist, der die zerrissene Verbindung zwischen Mensch und Himmel herstellen kann.

Im Märchen wird der Sohn des Landes verwiesen hinaus in die weite Welt. Wie es uns das Neue Testament darstellt, kommt der Sohn Gottes aus der weiten Welt herein ins Irdische (»in sein Haus«, »in sein Eigentum«) und wird zum Vermittler und Heiler. Mehr als es auf den ersten Blick scheint, finden wir hier das wahre Gegenbild zum Meisterdieb. Christus ist der Himmelsbruder des Meisterdiebes, sein Erfüller.

Zunächst mag ein solcher Ausspruch vermessen dünken. Betrachtet man die Sprache des Märchens genauer, entdeckt man in der inneren Gebärde des Geschehens erstaunliche Zusammenhänge. Die Vorgänge im »Meisterdieb« nehmen sich aus wie irrlichterierende Schattenformen zum Wirken und Wesen Christi. Versuchen wir, es uns zu vergegenwärtigen.

Merkwürdigerweise wird der Sohn im Märchen vom Märchenbildner vielfach »der Meister« genannt!* Und wie der Meister des Märchens die Grafen- wie die Pfarrer-Küster-Ordnung aufs empfindlichste ins Wanken bringt, so erschüttert Christus die festgefahrene Gesetzesordnung der Pharisäer und Sadduzäer, daß diese eine Weltenendstimmung durchschauert. Der Meister des Märchens wirkt jedoch als Dieb nur bei der Nacht und ist ein Verbündeter der Dunkelheit. Der andere Meister wirkt am Tage, im Licht, ist selber das Licht. »Ich bin das Licht der Welt.« Er ist der Offenbarer der Geheimnisse. Alle Menschen können an seinem Wirken teilnehmen.

Das Märchen läßt dich und mich und jeden, der es hört, die dunklen Taten des Meisterdiebes mitmachen. Es schildert ausführlich die Kniffe der Verstellung und Täuschung, mit denen dieser Meister arbeitet. Wir werden, ob wir wollen oder nicht, indem wir die Einfälle enthüllt bekommen und mitverfolgen, selber so etwas wie Schüler des Meisterdiebes. Was er tut, wird vor uns hingestellt, und wir sehen ein, auf diesem Wege gelingt dem Dieb, was er anstrebt. So kann man es tatsächlich machen. Ob wir dergleichen nachzumachen gedenken, bleibt uns überlassen. (Und ob es uns gelänge, steht wieder auf einem anderen Blatt.) Wir sind darin frei. – In ebenderselben Art tritt auch das Wirken Christi an uns heran. Es wird vor uns hingestellt.

* Wer es genau wissen will: viermal »Dieb«, dreimal »Meisterdieb«, zweimal »Erzdieb« und neunmal »Meister«.

Wir hören des göttlichen Meisters Wort und sind, indem wir es hören, seine Schüler. Ob wir es in uns selber vollziehen, steht bei uns. Wir sind darin frei.

Was der Meisterdieb leistet, erscheint dem Grafen wie ein Wunder; glaubt er doch, er habe den Dieb nachts als Toten begraben, und nun sei er auferstanden. In Wahrheit treibt der Meisterdieb ein raffiniertes Spiel der Vertauschung, aufs klügste ausgesonnen. Es ist der Triumph einer hellwachen, fix verknüpfenden Intelligenz, die nichts in Ketten legen oder lähmen, nichts hemmen oder abschrecken kann. Und doch geht alles natürlich zu. Der Meisterdieb betrügt sogar mit rücksichtslos robusten, ja anrüchigen Mitteln. Er holt einen Toten vom Galgen und geht mit Pfarrer und Küster grausam um. Er stiftet wirklich Verwirrung, aber er wirkt keine Wunder. »Kannst du hexen?« fragt ihn der Graf. Nein, er kann nicht hexen – aber verblüffen.

Christus wiederum wirkt in der Tat übersinnliche Geschehnisse. Er heilt, und er heilt auch am Sabbat. Das ist für die Pharisäer ein schwerer Gesetzesbruch, ein Sabbatverbrechen. Die Tatsache, daß Christus heilt, gilt ihnen nichts. Die Lichtkraft seines Wesens erweckt Tote und läßt ihn selbst den Tod überwinden, dem Grabe entsteigen und auferstehen – aber die Gesetzeshüter erklären ihn für einen Betrüger. Hier entsprechen sich Schein und Wirklichkeit vollkommen. Gott wird für einen Schwindler, Gesetzesbrecher und Volksverführer gehalten – der Mensch aber, der sich bedenkenlos das Lästerliche zunutze macht, für einen Wundermann und Gottgesandten.

Der Meisterdieb ist ein vollendeter Schauspieler. Er versetzt sich in jede ihm beliebende Rolle, schlüpft in das Wesen eines anderen Menschen so großartig hinein, daß Absicht und Erscheinung in eins verfließen. Er wird zur alten Bäuerin, »hustet wie eine brustkranke Frau«, trippelt wie eine Frau und läßt sich als alte Schachtel verspotten. Zum andern wirft er sich in die Kutte eines düsteren Untergangspropheten und hält ein verzerrt apokalyptisches Strafgericht über die Toren. Ja, er vermag sich so sehr in Stimme und Sprachform des Grafen einzufühlen, daß er dessen Ton wesensgenau trifft! Er spricht wie aus dem Ich des Grafen heraus und so überzeugend, daß ihm die Gräfin willig das aushändigt, was sie ihm auf keinen Fall geben sollte. Der Meisterdieb ist ein Ich-Künstler. Jedoch, er ahmt das Ich des andern nur nach, er ahmt die Anderheit nach und verfolgt seine eigenen Zwecke. Er tut, als ob. Er handelt nicht *für* den andern und in dessen Sinn, sondern *gegen* ihn, für sich selbst. Das ist der Unterschied. Er arbeitet mit einem Scheinbild der Wahrheit.

Christus *ist* die Wahrheit und ist die Ichsubstanz von Urbeginn – in jedem Menschen. Er lebt und west im geringsten seiner Brüder gleichwie im bedeutendsten. Und *sein* Sinn ist immer der tiefste Sinn des einzelnen Ich, das sich ihm verbindet. Er ist es mit keinem anderen Hintergrund, als daß sich diesem Ich Wahrheit, Weg und Leben in Reinheit offenbaren. In dieser Ichsphäre sind wir in der Tat alle übereinstimmend. Wir bezeichnen uns alle mit dem gleichen Urnamen Ich. Im Urgrund dieses Namens ist er mitten in uns, und wir sind mitten in der Sphäre seines Wesens.

So ist in der Tat eine gewaltige Menschheitsperspektive in dieses wenig beachtete Märchen hineinverwoben, zu der die Fähigkeiten des Meisterdiebes den Weg eröffnen und der sich das menschliche Ich nähert. Zunächst nur nähert, denn die menschlichen Teilnehmer sind noch nicht so weit. Der Graf ist noch zu einseitig befangene Autorität, der Dieb noch zuviel Dieb. So wird der Sohn vorerst verbannt nach dem Orte »Warteinweil«, wie es im »Schneider im Himmel« heißt, bis die Zeit reif ist für ihn und er für die Zeit. Bis nämlich aus seinem Nachtwirken ein Tagwirken geworden ist. Wie kann das geschehen?

Man lese das Wort Christi vom Tagwirken und von der Tür (Joh. 10, Kap. 1–2 und 9–11) und vergleiche damit noch einmal das Märchen, und man wird fast mit Erschrecken feststellen: Der Meisterdieb vollbringt sein Tod-, Begräbnis- und Auferstehungsstück nicht durch die Tür, alles spielt sich durch das Fenster des Schlosses ab. Biblisch gesehen, steigt er an der unrechtmäßigen Stelle in das Haus ein, »wie ein Dieb und Mörder«. Wird er einmal dazu kommen, in Tagesoffenheit – mit diesen Fähigkeiten! – durch die *Tür* einzugehen, daß man sehen kann und darf, was er tut? Ja, wenn er aus Selbstlosigkeit handeln lernt; märchenhaft gesprochen, wenn seine Künste ihr Ziel wandeln. Das setzt voraus, daß er auf die Eigenpracht verzichtet, nicht in Täuschungen brilliert, sondern da eingreift, wo man seiner aus Not bedarf. Dies alles ist schon keimhaft im Meisterdieb da. Wissen wir doch, daß er den Armen lieber gibt, als ihnen zu nehmen. Das Veranlagte bedarf der weiteren Wandlung und Entfaltung. Oder anders gesagt: Der »Dieb« in ihm muß abnehmen und allein der »Meister« wachsen und bleiben. Dann nämlich geht er als lauterer Helfer in das Wesen der Dinge hinein, brüderlich;

nichts für sich selber fordernd, sondern in Teilnahme am andern und an der Welt; nicht blendend, raubend, mißbrauchend – einzig liebend.

Das heißt aber nichts anderes, als daß er sich vereinigen muß in seinem Ich mit dem, der von sich sagen durfte: »Ich *bin* die Tür.« Dies ist für das Ich der einzige Weg, um am Wesen Christi teilzuhaben und damit am ewigen Reichtum: die Selbstheit mit Liebe zu durchdringen. Dann schwinden Stolz und Machtgelüst von selbst, und der Vater darf seinen Sohn freudig umarmen, der Graf seinen Paten ruhig zu Tisch laden und neben sich dulden. Dann wird der Sohn ein wahrer Freiherr.

SIMELIBERG

Der Arme und seine Entdeckung

Wir hören die Geschichte zweier höchst gegensätzlicher Brüder, eines reichen und eines armen. Der Reiche gibt dem Armen nichts, so daß sich der Arme vom Kornhandel kümmerlich ernähren muß und dann noch gar, trotz Kornhandel, oft »für seine Frau und Kinder kein Brot hatte«. Das fängt sehr seltsam an. Man kommt ins Nachsinnen über das Geheimnis dieser verschieden gearteten Brüder. Wenn sie schon Kinder eines und desselben Vaters sind und sich so weit auseinandergelebt haben, muß, seit sie das Vaterhaus ihrer gemeinsamen Jugend verlassen haben, viel geschehen und viel Zeit vergangen sein. Offensichtlich haben sie ihre Wege weit voneinander ab durch die Lande geführt.

Tut der Reiche überhaupt etwas? Wir erfahren nichts davon. Er sitzt blankweg im Reichtum. Ist es noch der Reichtum des reichen Vaters, und hat der gewitzte Sohn das volle Erbe nur besser verwaltet, alles fest an sich gehalten, nichts vergeudet und verjubelt, und wacht er nun argwöhnisch darüber, daß Besitz bei Besitz bleibt? Gibt er deswegen den Armen nichts? – Sitzend im Goldhafer, hartherzig, später auch habgierig, so finden wir ihn geschildert.

Vom armen Bruder hören wir zuerst nur, daß er sich plagen muß. Er ist unterwegs und schiebt seinen Karren, er kennt Schweiß und Mühsal. Aber daneben hat er noch die erfreuliche Eigenschaft, etwas Neues, das ihm begegnet, stillehaltend und mit Verwunderung betrachten zu können. Er hat überm Stöhnen das Staunen nicht verlernt. Und später, da sich das Blatt wendet, heißt es von ihm: »... er lebte fröhlich und redlich, gab den Armen und tat jedermann Gutes.« – Will ihn das Märchen schönfärben, um einen kräftigen Gegensatz zu haben? Es ist kaum anzunehmen. Was hier geschah und geschieht, geschah und geschieht wahrhaftig. Der Arme hat seinen Reichtum verloren, vielleicht auch durchgebracht, verscherzt, verschenkt, aber er hat ein gutes Herz behalten – oder gewonnen. Jedenfalls hat er den

Reichtum auf seine Art verwandelt. Denn warum treibt er gerade Kornhandel? Korn – Substanz des ernährend Lebendigen. Er behält aber dieses Gut nicht für sich, es geht durch seine Hände, er gibt es weiter. Nur so begreifen wir die merkwürdige Sache, daß er, obwohl Kornhändler, »oft kein Brot hatte«. Selbstlosigkeit muß ihm eigen sein.

Nun wird erzählt, wie der Arme zu Gold kommt durch eine ungewöhnliche Entdeckung. Er befindet sich auf einer Arbeitsfahrt, schiebt seinen Karren durch den Wald. Wald – das Reich der Zwischenereignisse; zwischen dies- und jenseitiger Welt ein Tummelfeld zwielichtiger Wesen, manchmal übler, oft aber auch hilfreicher Geister, z.B. der drei Haulemännerchen. Wald bezeichnet im Märchen ein Übergangsreich; auch Dantes Hölleneingang liegt im Wald. Da kann auftauchen, was man vorher nie gesehen hat, wenn man einmal wach-träumend dahinstapft, träumend mit offenen Augen.

Er sieht zur Seite einen großen kahlen Berg, und »weil er den noch nie gesehen hatte, hielt er still und betrachtete ihn mit Verwunderung«. War der Berg vorher nicht da? Er war da. Der Mann war nur noch nie mit offenen Augen da, wo der Berg steht. Diesmal hat sich der arme Kärrner auf einem Schmalpfad in bisher verdeckte Bezirke durchgeträumt, wachgeträumt.

Merkwürdig, daß der Berg »zur Seite« liegt, nicht auf geradem Wege nach vorn, eben seitab. Eine kleine, unscheinbare Einfügung, daß da steht »zur Seite«; und doch bezeichnet sie eine Wende. Dieser Seitenblick fasziniert den armen Mann so, daß der Weg nach vorn aufhört. Der Kärrner vergißt weiterzugehen, hält still und staunt, zum Berg gewandt. In Wahrheit hat er diesen Augenblick seine bisherige Richtung vergessen. Sein Weg, ja sein ganzes Schicksal wird nicht weiterlaufen im kümmerlichen Kärrnergeleise; gleich schiebt er ja auch den Karren ins Gebüsch, um ihn nach dem Bergabenteuer nur noch nach Hause zu drücken und ruhen zu lassen.

Die Geschichte seines Schicksals biegt, nüchtern gesprochen, hier im Winkel ab. Der Arme geht von diesem Augenblick an einen Seitenweg – in traumwandlerischer Sicherheit: staunend verlockt und gefährlich beglückt. Ein Wunder tut sich vor ihm auf: »Ein großer kahler Berg« – innen voller Schätze, unermeßlich. Er steht vor einem Schatzberg, einer Bergtruhe. »Berg« heißt hier übermenschlich mächtig, riesenhaft. Es ist eine Schatzkammer von gewaltigem Ausmaß. Aber das Märchen weiß wohl, warum es nicht »Schatzkammer« sagt, sondern schlichthin von einem Berg spricht und daß der Berg im Walde liegt – und inwendig eine Höhle birgt, in der nichts Ziseliertes, Geschmiedet-Gehämmertes, nichts durch menschliche Hand Gegangenes zu finden ist. Ein Geistnatur-Schatz liegt hier vor, besser, ein Urschatz-Geheimnis von kosmischem Ausmaß und Inhalt, in einen naturhaften Panzer gepackt. Es ist ein Naturbild dessen, was draußen in den Weltenhöhen einstmals für den Menschen sichtbar war, ihm jetzt entzogen und in ein verschlossenes Inneres gestülpt vor ihm verborgen wird. Kahl und abweisend liegt der Berg »zur Seite«. Der Mensch geht für gewöhnlich daran vorbei. Es bedarf eines besonderen Seelenzustandes, einer naiven Verwunderungsstimmung, einer frommen Traumgängerei, um seiner ansichtig zu werden.

So, wie es hier geschildert wird, hat es der Arme nicht mit Bewußtsein oder Willen gesucht. – Der Seitenausblick ist ihm zugefallen als ein unverhofftes Geschenk aus seiner Vorzeit, zumindest aus einer verborgenen Welt. – Oder muß man sagen, aus einer sehr fernen Zukunft? So daß der Arme wider Erwarten an etwas teilnehmen dürfte, wofür die Menschen noch gar nicht wieder reif sind? Darf er einen vollen Griff tun in einen für uns erst künftig offenen Schatz?

Die zwölf und ihr magischer Schlüssel

Wer sind die »zwölf wilden großen Männer«, die der Arme in den aufgehenden Berg hineinwandeln sieht? Er *glaubt,* es seien »Räuber«. Sind sie es wirklich? Sind sie nicht einfach die Schatzverwalter? Mag sein, daß sie den Schatz am Himmel geholt und hier verwahrt haben. Gewöhnliche Räuber sind es nicht, denn sie kommen nicht von einem Raubzug. Ausdrücklich wird gesagt, sie gehen *leer* hinein und tragen »schwere Säcke auf dem Rükken« heraus ins Tageslicht. Wo tragen sie sie hin, was fangen sie an damit? Wem bringen sie die Schätze? Ein Bündel offener Fragen liegt vor uns. – Sie sind »groß und wild« für den Blick des armen Mannes, und gleich *zwölf* – eine bemerkenswerte Zahl. Wessen Paladine sind sie? Und wo zwölf sind, gehört nicht in die Mitte ein dreizehnter? Wer ist der dreizehnte, ihr Meister und Vollender? Vertritt jeder der zwölf ein Himmelssternbild? Verwahren sie den Urschatz des alten Vater-Reichtums? Wo ist der Ursprung der Schätze? In den Sternen? Jedenfalls erscheinen die zwölf dem Menschenblick riesenhaft und zum Fürchten. Es ist nicht gut, ihnen zu begegnen. Die kleine Menschenseele hielte die direkte Begegnung mit ihnen nicht aus. Sie würde zermalmt werden.

Und ihr Schlüssel zum Berg ist ein *magisches Wort;* kein irdischer Schlüssel mit Bart und Zuhaltung. Sie gebrauchen ein Zauberwort, dem der Berg gehorcht, sich öffnet und schließt. Und keine reguläre Tür wird sichtbar. Der Berg tut sich »in der Mitte voneinander« und fährt nachher wieder zusammen, und es ist »nichts mehr an ihm zu sehen«. Offenbar soll und muß der Berg dem Menschenzugriff verschlossen bleiben. Solange »reich« und »arm« die Erde zerteilen in Überfluß und Not und der Mensch sich nicht im Menschen findet, bleibt das Geheimnis des Berges dem willkürlichen Zugriff verborgen.

Der Kärrner nun wird wider Willen Zeuge des schweigsamen Ganges der zwölf, wird Teilnehmender an einem seltsamen Besuch der unheimlichen Gestalten. (Wohnen sie eigentlich im Berg? Oder kommen sie nur gelegentlich her? Und wo ist dann ihr Zuhause? Fragen über Fragen.) Beachtenswert, daß der Kärrner auf einen *Baum* steigt und von dort aus schaut und lauscht. Er verläßt den Boden, erklettert einen höheren Sitz – er wechselt die Beobachtungsebene. Und dort oben hat der Kärrner das *Gehör* für das magische Schlüsselwort – und er spricht es dann selbst aus:

»Berg Semsi, Berg Semsi, tu dich auf«,
»Berg Semsi, Berg Semsi, tu dich zu.«

Durch das zweimal beschwörende »Berg Semsi« wird der Ruf eindringlich – und eindringlich ist hier wörtlich zu nehmen. Jede Wiederholung birgt ein rhythmisches Geheimnis. Ein Wellenschlag, eine ätherische Woge waltet im Wort. Das Wort hat hier Schließkraft. Der Kärrner taucht ein in jene Sphäre, wo Wunsch und Wille eines werden. Das Wort bezeichnet nicht, sondern wirkt, es hat schöpferische Gewalt.

Man muß sich den kleinen Baumkletterer vorstellen, wie er da oben sitzt, jede Faser gespannt, daß ihm nichts entgehe; wie er, von Entdeckerlust gepackt, wissen möchte, »was wohl im Berg Heimliches verborgen wäre«! Und wie er gleich nachher gelehrig den so schlicht klingenden und doch so wundertätigen Spruch sich zu eigen macht, der ihm das Heimliche erschließt: eine Höhle »voll Silber und Gold, und hinten lagen große Haufen Perlen und blitzende Edelsteine wie Korn aufgeschüttet«.

Die Höhle enthält, was bisher im Himmel und auf Erden errungen ward, die Summe der Werte; vielleicht darf man auch sagen, den Auszug planetarischer Epochen, ein Erträgnis der Vergangenheit, aber auch ein Inbild von Gegenwart und Zukunft.

Silber deutet auf Mondhaftes. Sprechen wir nicht vom silbernen Schein des Mondes, der das seelische Keid der Wesen durchwebt? Gold deutet auf Sonnenerbe. Die goldene Sonne ist es, die auch jetzt noch alles Lebendige aufrichtet.* – Der Berg wird zum tragenden Behältnis der Schätze: die Seinskraft im Ältesten von allem werdend Gewordenen ist ins mineralisch Gediegene verdichtet. – »Hinten« in der Höhle liegen Perlen und Edelsteine: Das sind die Schätze dessen, was Erdengegenwart und -zukunft ausbilden. Sie liegen hinten, noch in der Ferne für den Blick des Eindringlings. Perlen sind Schmerzextrakte, geronnene Tränen: Menschengut. Edelsteine bergen in die Erdentiefen einkristallisiertes Licht. Sie müssen aus den Felsklüften herausgeschlagen werden.

Erstaunlich, daß hinten die Kostbarkeiten in »Haufen«, »wie Korn aufgeschüttet« daliegen. Sie rinnen auseinander, als flössen sie ins Maßlose. Bedient sich das Märchen, nur weil es verlegen ist um einen bestimmteren Ausdruck, dieser vagen Bezeichnung »Haufen« vielleicht nur, weil ein Kornhändler die Schätze besieht?

Der Arme weiß gar nicht, was er anfangen soll »und ob er von den Schätzen etwas nehmen dürfe«. Es ist niemand da, der es ihm verweist, der ihm zuoder abrät. Und dann sagt ihm eine gute Stimme in ihm selbst: »Nimm, wessen du bedarfst.« So füllt er sich endlich, nachdem er gestaunt und gezögert hat, die Taschen mit Gold. Perlen und Edelsteine rührt er nicht an. Nicht einmal Silber verlockt ihn. Nur ins Gold greift er hinein. In anderen Märchen (z.B. in »Hänsel und Gretel« und im »Trommler«) nehmen die glücklich aus der Hexengewalt Erlösten am Ende ausdrücklich nur die Edelsteine an sich; sie lassen umgekehrt Gold und Silber unberührt. Dort deuten die durchgemachten Schicksale auf einen Erden-Endzustand hin, wo die

* Rudolf Steiner in einer Fragenbeantwortung vom 2.9.06: »Gold rann früher in Klüften und noch früher war es gasförmig, war Feueräther, Lichtäther. Die Strahlen, die heute in der Sonne zu uns kommen, waren früher Äthermaterie. Alles Gold war damals Sonnenäther, Lichtäther. Gold ist verdichteter Sonnenäther, verdichtetes Sonnenlicht, Silber ist verdichtetes Mondenlicht« (Vor dem Tore der Theosophie, GA 95).

Widerstandsmacht überwunden und der Mensch *frei* geworden ist, wo also Perlen und Edelsteine fortgetragen werden dürfen als das echt erlittene und eroberte Eigentum der Erlösten. In »Simeliberg« aber sehen wir ein unzeitgemäßes Eindringen zu den tiefen Schatzgeheimnissen, und so ist charakteristisch, daß der Arme von den *alten*, den vorn liegenden, den bereits ausgereift vor ihm liegenden Schätzen nimmt und fortträgt. Auf Erden handelt er mit Korn, dem nährenden Lebensgut, das die Sonne schenkt. In der Schatzhöhle greift er folgerichtig zum Gold. Zwei Zeilen von Werner Löwenfeld bezeichnen das hier Gemeinte:

»Sonne hebt vom Erdengrund
Uns des Weizens Gold zum Mund.«

Mit anderen Worten: der Arme wagt einen Griff in den unmittelbaren Bildekräfteschatz mit Hilfe des magischen Wortes, wo das Wort noch Leben ist und das Leben die Schöpfung durchwirkt. Darf das der Arme zu Recht? Wie sich später zeigen wird, in diesem einen Falle, ja. Es kommt ihm zu als Geschenk der Götter, vertreten durch die zwölf, man kann auch sagen, es wird ihm geschenkt als Gnade.

Mit gutem Ermessen rührt der Arme Perlen und Edelsteine nicht an. Sie jetzt schon hinauszutragen ins Tageslicht (und vom »Tageslicht« wird ausdrücklich gesprochen) wäre Sünde, der Zugriff verfrüht. Die Entwicklung der Erdenereignisse ist noch mitten im Werden, und so liegen Perlen und Edelsteine als deren mineralisierte Erträgnisse noch hinten in großen Haufen, im unbeschränkt Fließenden, sie sind noch nicht ins Individuelle gemaßt und ausgeformt.

Er füllt sich nur die Taschen voll – nicht mehr. Was er jetzt und in diesem Augenblick in seinen Taschen tragen kann, ist ihm geschenkt und wird ihm nicht nachgerechnet werden. Er findet ein unverhofft zugefallenes altes Erbe. Und so verwendet er das Gefundene auch in Wahrheit: als rechte Göttergabe,

... brauchte nicht mehr zu sorgen und konnte mit seinem Golde für Frau und Kind Brot und Wein kaufen, lebte fröhlich und redlich, gab den Armen und tat jedermann Gutes.

Was ihm zugekommen, kreist als Gut Gottes unter den Seinen und unter allen Bedürftigen. Er rafft es nicht, um zu horten, er bringt das Gold unter die Leute. Gold will erfreuen, beleben, sich austeilen, will allen gehören.

Der Scheffel und das Pech

Aber auch ein schönes Erbe zehrt sich auf. Es ist bald nichts mehr da, und die Armut droht von neuem einzubrechen.

Als aber das Geld zu Ende ging, ging er zu seinem Bruder, lieh einen Scheffel und holte sich von neuem; doch rührte er von den großen Schätzen nichts an.

Beim Zugriff in der Höhle war von Gold die Rede. Jetzt, im letzten Ausgeben in den Tagesstraßen, ist es doch zu Geld geworden! Hat sich der glückliche Finder verändert? Ist er seinem Bruder ähnlicher geworden? Jedenfalls nähert er sich dem reichen Bruder jetzt wirklich und leiht von ihm einen Scheffel. Eine fast unbegreifliche Geschichte. Warum muß sich der Kornhändler beim Reichen ein Kornmaß borgen, das er doch selber haben sollte? Liegt es daran, daß er nur einen kleinen Scheffel hat, der Bruder aber einen großen? Der Scheffel ist ein altes deutsches Hohlmaß, und zwar ausgesprochen ein Getreidemaß. Tatsächlich schwankt seine Größe in den einzelnen Ländern zwischen 30 und 300 Litern Inhalt. – Man sagt aber auch: »das Geld scheffeln« und meint damit: es »in rauhen Mengen« häufen. Wer im Geld mit dem Scheffel umgehen kann, um es summarisch zu messen statt zu zählen, muß ungezählt viel haben.

Kurz, es verlangt den Armen nicht nur noch einmal nach Gold, sondern nach noch einmal und noch mehr. Er leiht den Geldscheffel des Bruders und greift tiefer in den Schatz des köstlichen Goldes. Offensichtlich geht in den geliehenen Scheffel weit mehr hinein als bisher in seine Taschen. Der erste Zugriff füllte die Taschen, und es war ein glücklicher Zufall; vom inneren Schicksal ein gutgemeintes Geschenk. Mit dem Geldscheffel ändert sich der Zustand. Diesmal ist der Gang zur Schatzhöhle ein vorsätzlicher, und es soll ein tüchtiges Quantum eingeheimst werden, nicht nur die Taschen voll. Die Leibtaschen, die wir an uns tragen, sind unseren Bedürfnissen angepaßt, um das, was wir nötig brauchen, bei uns zu haben. So viel und nicht mehr. – Mit dem Scheffel setzt die Verlockung der Menge ein, es beginnt das Übermaß im Nehmen.

Hier, beim zweiten Gang des Armen, treten wir in die Krisis ein, und das Verhängnis nähert sich erschreckend rasch. Das Märchen läßt zwischen dem zweiten Gang zur Schatzhöhle und dem gleich folgenden dritten überhaupt keinen Spalt offen; es verspart sich das glückliche Ausatmen, das den ersten Fund so erfreulich ins Behagen verströmen ließ. Nahtlos schließt der dritte Gang an den zweiten an, und beim dritten Mal verrät der Einbruch den Armen.

Denn abermals leiht der Arme den Scheffel des Bruders, nur hat der Reiche inzwischen Verdacht geschöpft und gebraucht eine List: Er bestreicht den Boden des ausgeliehenen Scheffels mit Pech. Was ist Pech? Ein Absud; es ist der ausgekochte Rückstand an Materie. Man kann auch sagen, das vom Lebendigen Ausgeschwitzte, Ausgeschiedene; ein finsteres Überbleibsel. Beim Reichen mit dem harten Herzen sammelt sich Pech an – und er handhabt es. Die dunklen Machenschaften des Reichen sondern einen klebrigzähen Bodensatz aus. Pech setzt sich ab in seinem Herzen und in seinem Scheffel. Und so ist der Scheffel des Reichen aus sich selber oder aus ihm selber mit Pech bestrichen. Daß im Pech nach dem dritten Gang ein Goldstück festklebt, besagt: Das Finstere hat die Anziehungskraft, das Reine zu verstricken. Man spricht leichthin: »Wer Pech angreift, besudelt sich«; hier wird es dargetan.

So kommt es zur Auseinandersetzung zwischen den Brüdern. Der Reiche wittert den Goldquell des Armen und erpreßt seinen Bruder zum Geständnis; er droht ihm mit dem Gericht. Der Arme muß sein Fundgeheimnis preisgeben. Er verrät das lautere, magische Wort, den Schlüssel zu den Schätzen. Das Wort wird entweiht. Es gibt Worte, die man nur in sich bewegen darf, wenn sie Kraft behalten sollen. Der Reiche mißbraucht das Wort, bricht beim vierten Höhlengang in die absolut finstere Zone ein: er vergreift sich an den Tiefenschätzen der Zukunft, die streng vor ihm verschlossen bleiben sollten. Er gedenkt »die Gelegenheit besser zu benutzen und ganz andere Schätze mitzubringen«; er greift nach den Edelsteinen. Der eine holte sich, wessen er bedurfte, und gab es aus. Der andere rückt mit dem Wagen an; aus der Aneignung wird kapitaler Raub. Die Katastrophe muß kommen.

Das Gericht

Das erpreßte, verratene Wort wird dem dunklen Bruder zum Verhängnis.

Er wußte lange nicht, wozu er am ersten greifen sollte; endlich lud er Edelsteine auf, soviel er tragen konnte. Er wollte seine Last hinausbringen; weil aber Herz und Sinn ganz voll von den Schätzen waren, hatte er darüber den Namen des Berges vergessen und rief: »Berg Simeli, Berg Simeli, tu dich auf.« Aber das war der rechte Name nicht, und der Berg regte sich nicht und blieb verschlossen. Da ward ihm angst; aber je länger er nachsann, desto mehr verwirrten sich seine Gedanken und halfen ihm alle Schätze nichts mehr.

Das Märchen sagt es in meisterhafter Kürze: Die Habgier verdunkelt Herz und Sinn und Gedächtnis, und der wahre Name entschwindet. Leere bleibt. Es hilft nichts, zu stammeln ins Ähnliche hinein, einen Namen »irgendwie« zu rufen. Der Berg regt sich nicht, denn hier gilt nur »genau« und »recht«, weil nur im wahren Namen das wahre Wesen ausgesprochen wird. Und so hat sich der Gierige durch das vergessene Wort selber im Berg eingeschlossen, gefangengesetzt und gerichtet, und die zwölf kommen »am Abend« und enthaupten ihn. Im Grunde war er schon seit seinem Simeli-Stammeln kopflos.

Hier am Ende wird ohne Umschweif von den »zwölf Räubern« gesprochen. Sind sie es nun in Wahrheit? Sie selber verraten nichts, sprechen aber eine derbe Sprache:

»Vogel, haben wir dich endlich; meinst du, wir hätten's nicht gemerkt, daß du zweimal hergekommen bist, aber wir konnten dich nicht fangen, zum drittenmal sollst du nicht wieder heraus.«

Muß es die Sprache von Räubern sein? Kann es nicht auch die Sprache ergrimmter Schatzbehüter sein, die dem Eindringling genau so begegnen, wie ihm zusteht – auf groben Klotz einen groben Keil? Stehen nicht in den Vorhöfen fernöstlicher Tempel riesige, schreckverbreitende Weltenwächter als Schwellenhüter, damit das Heiligtum nicht entweiht werde? Sind sie dergleichen?

Dem Aufmerksamen wird nicht entgehen, daß in ihrer Anklage etwas nicht stimmt. Sie sprechen: »Meinst du, wir hätten's nicht gemerkt, daß du zweimal hereingekommen bist ... zum drittenmal sollst du nicht wieder heraus« – dabei spielt sich der Einbruch schon zum viertenmal ab. Also haben sie den allerersten Besuch wirklich nicht bemerkt, oder sie haben ihn gutmütig hingehen lassen. Er kam dem Finder schwerelos zu. Erst mit dem Scheffel beginnen die zwölf die Einbrüche anzukreiden; mit dem Geldscheffel des Mehrhabenwollens beginnt das Unrecht, das sie erbost.

Es macht einen erschütternden Eindruck, daß sich der habgierige Dieb, da er sich erwischt sieht, mit dem verzweifelten Ruf zu entlasten versucht: »Ich war's nicht, mein Bruder war's.« – Die drei vorigen Male war es tatsächlich der Bruder, und nur dieses eine letzte Mal ist nun er da – *und so büßt er für den Bruder mit.* Er muß den Zorn und die Vergeltung der zwölf allein auf sich nehmen, als wären sein Bruder und er eins.

In dem, was sie sündigen, sind die Brüder eins. Das Schicksal hat die beiden Brüder zunächst weit auseinandergerissen, obwohl sie von einem Vater ausgegangen sind. Sollten sie ihrem Wesen nach nicht wieder zum Urbild *eines* Sohnes eines Vaters verschmelzen?

Im Bösen hat sich der Arme, als er den Scheffel lieh, bereits auf bedenkliche Art seinem reichen Bruder genähert, und der Reiche hat das Begonnene nur übersteigert. Im Bösen haben die Brüder tatsächlich wieder zusammengefunden. Hätten sie sich nicht auch im Guten finden können? Wie, wenn es der Arme vermocht hätte, die Lauterkeit seines Herzens dem Reichen zu vermitteln – ihm *seinen* Scheffel, das ursprüngliche Maß seiner Bescheidenheit und des Verzichts zu leihen?

Das ganze Drama von Kain und Abel schwingt in dem Märchen mit. Hier wird nicht Abel, sondern Kain erschlagen. Der Böse büßt für den Guten, der schließlich auch noch maßlos wurde, mit. Er wird geköpft, verliert sein Haupt, d.h. er muß neu beginnen, in einem neuen Leben seine Läuterung finden. – Solange die Menschheit als zwei Brüder getrennt ihren Weg geht, geht sie im Unerlösten. Erst wenn aus den zweien einer wird – der Sohn –, wird der schwere Gang der Entwicklung zu Ende sein. Dann nämlich, wenn sich der eine in den andern und für den andern geopfert hat.

In dem Ereignis des Erdenwandels Christi ist dies geschehen. Da sind die zwei Erdensöhne, der Arme, den die Hirten aufsuchen, und der Reiche, zu dem die Könige kommen, zu einem verschmolzen, *dem* Menschensohn.

Der dreizehnte

Und dieser eine, das ist der dreizehnte, auf den die zwölf warten, ohne den sie führerlos sind. (Auffallenderweise wird von keinem Hauptmann unter den zwölfen gesprochen, den eine Räuberbande sonst immer hat. Auch das spricht gegen gewöhnliche Räuber.) Mit dem dreizehnten erst hebt eine neue Weltenrunde an, und die Bergschätze dürfen offen ans Licht getragen werden.

Auf die Frage, wann denn sein Reich komme, soll der Christus nach einem apokryphen Wort geantwortet haben: »Wenn die zwei eins sind.« Hierin ist das Geheimnis der zwei Brüder enthalten. Der Mensch ist berufen, der eine zu *werden*. Nach Rudolf Steiners Ausführungen (in seinen Vorträgen »Welche Bedeutung hat die okkulte Entwicklung des Menschen für seine Hüllen und sein Selbst«) dürfen wir die trotzig hingeschleuderte Frage Kains: »Bin ich denn der Hüter meines Bruders?« ergänzen mit der Antwort: »Ja, du bist der Hüter.« Letzten Endes gilt von allem, was der andere tut: »Tat twam asi«, das bist du – und was du bist, das bin ich.

Im dreizehnten erwarten die zwölf ihren Erfüller, ihren eigentlichen Führer. Solange er im Menschengeschlecht selbst nicht herangereift ist, wachen sie unerbittlich-grimmig darüber, daß sich kein Unbefugter eigennützig vergreife. Aber daß der Mensch zum dreizehnten berufen ist, bezeugt die Tatsache, daß der Arme das Wort, auf das es einzig ankommt, zu hören vermag; daß er nicht nur den Berg entdeckt, sondern auch den Schlüssel dazu aufzugreifen vermag. Das ewige Wort, der »rechte Name«, wird ihm anvertraut; man kann auch sagen: Es vertraut sich ihm an.

Der Mensch ist zu mehr berufen, als er jetzt noch ahnt. Das Wort ist schon bei ihm. Das Wort ist Fleisch geworden. Es wird in ihm selber Fleisch, es ist sein innerstes Eigentum. Daß er an ihm den Schatz aller Schätze hat, achtet er heute noch nicht. Das ist die tragische Atmosphäre, die den Berg mit seinem Geheimnis umweht und von der uns das Märchen etwas spüren läßt; Luft der Gegenwart.

Werden wir den ewigen Namen sprechen lernen – oder am »Simeliberg« herumstammeln, weil unser Herz und Sinn von allem anderen, nur nicht von diesem einen voll sind? »Simeliberg« ist ein Märchen vom menschlichen Versagen und dem Gericht, das der Mensch über sich selber ruft. Wenn man will, ein tragisches Märchen, ein Märchen vom Vorgriff auf ein Zukünftiges, dem der Mensch als gespaltenes Zwei-Seelen-Wesen noch nicht gewachsen ist.

DER SCHNEIDER IM HIMMEL

Es trug sich zu, daß der liebe Gott an einem schönen Tag in dem himmlischen Garten sich ergehen wollte und alle Apostel und Heiligen mitnahm, also daß niemand mehr im Himmel blieb als der heilige Petrus.

Mit genialem Pinselstrich tupft dieser Satz ein Bild vor uns hin, das aus naivster Poesie gewoben scheint. Der Herr hat genug vom Regieren, ein schöner Tag lockt, mögen sie da unten tun und treiben, was sie wollen, er lustwandelt im himmlischen Gefild, und seine feierlich gewandeten Heerscharen folgen ihm alle. Der Himmel entleert sich bis auf einen einzigen Haus- und Türhüter, Petrus. Ein entvölkertes Himmelshaus – eine ungewohnte Vorstellung für uns. Für uns ist die Himmelswelt bleibend erfüllt; was drinnen ist, ist drinnen. Aber hier bewegen sich die Himmelswesen, verändern den Aufenthalt, und es zeigt sich eine verlassene Stätte und draußen ein gestalterfüllter himmlischer Garten – deutlich ein Doppeltes himmlischer Regionen, und offenbar nicht nur aus Poesie.

Wenn also der Weltenherr in der schlichten Sprache des Märchens eine Zeitlang den Lenkerthron verläßt, von dem er sonst, wenn er »daheim« ist, alles überschaut, was auf Erden geschieht, so will das doch wohl sagen: er läßt den Menschen die Probe auf *Selbstverantwortung* ablegen. Der »kleine Gott« da drunten kann in dieser Zeit tun und lassen, was er mag. Der Weltenherr redet nicht drein, er ist »abwesend«. Gott schweigt. Die Freiheit als Werdeziel des Menschen liegt im Grundgefüge dieses Märchens. Der Mensch kann Grund und Abgrund seiner Freiheit ausmessen.

Folgen wir für ein kurzes der himmlischen Schar – »in den himmlischen Garten«, wird gesagt; aus dem himmlischen Haus heraus. Offenkundig handelt es sich um das Himmelshaus der Erdengeschicke, das verlassen wird, denn hier allein steht der erd-allwissende Stuhl – nicht im Garten. Also dürfte der Garten ein Ort anderer Weltenoffenbarungen sein; ein Ort gärtnerischer

Kultur auf der Ebene Gottes, in dem kein Mißwachs entsteht. Es ist wohl jener Hort, der paradiesischen Hauch atmet, ursprünglich Gehegtes enthält, wo hohe Göttersöhne als Helfer wirken und walten. Es ist ein Hort der Gestirne, die in ihren wohlgegründeten Bahnen wandeln, brüderlich jedes seine vorgezeichnete Bahn, keines das andere beirrend.

Nur die Erde ist ein Ausnahmeort. Als Stern unter Sternen wandelt sie zwar ebenso ihre kosmische Bahn, aber die Bewohner der Erde haben kein Sternenbewußtsein. Sie machen sich die Erde untertan, und zwar so, als seien die irdischen Regeln die einzig erörternswerten. Die Erde – ein Ort der Überheblichen. Aber ist sie nicht auch ein Ort der Hungerleider? Ein Ort der Plage? Denn Schinderei, Verdruß, Leid, Schmerz und Krankheit sind der Preis, den der freigelassene Mensch auf dem Weg seiner Freiheit zu entrichten hat.

Kein Wunder, daß der Schneider an der Himmelspforte auf das erworbene und erfahrene Recht des Leidgeschlagenen pocht. Er hat Blasen an den Füßen und hinkt. Nicht mehr als billig, daß man ihn ausruhen und die ewige Seligkeit genießen läßt – denkt er. »Arm und ehrlich« hält er sich. An seiner Armut besteht kein Zweifel. Ehrlich? Darüber sind Petrus und der Schneider verschiedener Meinung.

Warum will Gott, daß während seiner Abwesenheit Petrus niemand in den Himmel läßt?* Geht Gott von dem weisen Schlusse aus, daß die für diesen Himmel Bestimmten nicht nur einer petrinischen, sondern letztlich einer vom Herrn selbst geleiteten Prüfung bedürfen? Und doch öffnet Petrus, wider das Gebot des Herrn, wenn auch mit Bedenken, quasi ein Hinterpförtchen und läßt aus Mitleid den Schneider »mit seinem dürren Leib« – er kann also gerade durch einen Spalt schlüpfen – herein; befiehlt ihm zwar, sich im Winkel still und gesittet zu verhalten. Aber der Neugier des Schneiders ist keine Petrusmahnung gewachsen.

Das ist eben die Frucht der Freiheit des Menschen: »In jeden Quark begräbt er seine Nase.« Er muß und will untersuchen, erfahren, probieren. Auf Erden wagt er sich an unerhört Neues und Kühnes; plant, forscht, zählt, mißt, zergliedert, schneidert neu zusammen. Da haben wir einen solchen

* Warum gerade *Petrus* für die hier gemeinte Zeit – die nachchristliche, seit dem Mittelalter anbrechende Epoche der Freiheitsgärung – vom Herrn die alleinige Schlüsselgewalt übertragen wird, entwickelt Rudolf Meyer in seiner »Weisheit der deutschen Volksmärchen«, S. 28–32, in überzeugenden Hinweisen.

Schneider: in diesem menschlichen Wissensdrang, der mit Nadel, Schere, Zwirn und Fingerhut, mit der Verstandesschere und dem Trennmesser der Gedanken alles Gewordene zerkleinert und auf seine Weise neu zusammenfügt – besser natürlich, als es der liebe Gott vermochte.

Kommt er in den Himmel, wie könnte er sich verleugnen? Die Neugier treibt ihn in allen Ecken um, er muß sich »die Gelegenheit besehen«. Charakteristisch dieser Ausdruck »die Gelegenheit besehen«! Der Schneider beäugt, umkreist, umschnuppert und betastet, kommt von ungefähr heran, kehrt auch von zuunterst nach oben und von oben nach unten – statt zu überschauen oder gar zu durchschauen. Und so gerät der Schneider bei seiner Bestandsaufnahme der himmlischen Gelegenheiten an den wunderbaren Gottessitz, »ganz golden und mit glänzenden Edelsteinen besetzt«.

Gold – eine Gabe der Sonne, eine Lichtsubstanz; geschmeidig und zäh wie kein Stoff, dehnbar bis ins Unwahrscheinliche, mit Glanz *und* Festigkeit zugleich begabt, man möchte sagen, ein ganz und gar unirdischer Stoff. Gold steht hier als Gleichwort für die Weisheit Gottes. Gottes Thron ist golden – aus Weisheit gedichtet. Dazu aber auch mit Edelsteinen besetzt. Wird nicht die Linse unseres Auges dem Kristall verglichen? Und kommt nicht das alltägliche Wort »Brille« ursprünglich vom Beryll, den die Optiker des Mittelalters kunstvoll schliffen zu dem nützlichen Requisit für unsere kurzsichtigen oder altersschwachen Augen? Bewahrt die Sprache darin nicht einen Nachklang, daß wir den Edelstein selber zu Hilfe nahmen, um unser Auge zu schärfen? Sollte in dem edelsteinbesetzten Throne Gottes die alldurchschauende Kraft Gottes angesprochen sein? Bei Gott sind Ding und Wesen eins. Im Edelsteinblitzen ruht Schaukraft. Auf Erden werden die funkelnden Edelsteine als Schmuck getragen, sie verschönern ihre Trägerin. Für die geistigen Wesen werden die Edelsteine zu *Okularen.* In einem (nur in Fragmenten erhaltenen) Vortrag vom 13. Oktober 1906 spricht Rudolf Steiner von den Edelsteinen als »Sinnesorganen der Engel«. Damit ist doch gemeint, mit der Licht- und Leuchtekraft der Edelsteine erfassen die geistigen Wesen die Wahrheit.

Es ergibt sich: Mit den Augen Gottes, vom Weisheitsgestühl Gottes, schaut der dürre Schneider in die Erdentiefe. Er kann »seinen Vorwitz nicht bezähmen« und setzt sich auf den Stuhl. Nun geschieht das, was Gott verhüten wollte, indem er Petrus gebot, jedwedem den Einlaß zu verwehren.

Wußte der Herr vielleicht den Schneider schon auf dem Weg zum himmlischen Haus? Nun also geschieht es dennoch: Der Mensch schaut in den Abgrund seiner Freiheit hinab.

Des Schneiders Augen werden aufgetan, er *ist* wie Gott und *sieht* wie Gott – und ist seinem Gottgewordensein nicht gewachsen. Er hat das irdische Maß mit in den Himmel genommen. Er bleibt ein Schneider auch auf Gottes Thron und mißt das, was er sieht, mit Pritschenverstand. Er sieht, was in Wahrheit geschieht, den innersten Antrieb – und so sieht er das »alte häßliche Weib«, das anderer Leute Wäsche wäscht und heimlich zwei Schleier beiseite schafft.

Auffällig, daß die Wäscherin als »alt und häßlich« bezeichnet wird. Für die Tatsache, daß sie stiehlt, könnte es gleichgültig sein, ob sie alt oder jung, schön oder häßlich ist. Vom Blickpunkt des Gottesthrones aus ist hier nicht das körperliche Ansehen gemeint, sondern eine innere Qualität. Die diebische Heimlichkeit durchtränkt das Wesen dieser Erdenseele so, daß sie aus der Gottesschau der Wahrheit alt und häßlich erscheint. Der Diebstahl selber macht das Weib häßlich und alt, verunstaltet es. Im Geistigen decken sich moralische und naturwirksame Gesetze. Im Irdischen können sie getrennte Wege gehen. Man braucht auf Erden einem Menschen durchaus nicht anzusehen, ob er »ein häßlicher Kerl« ist mit trüben Absichten. Vom Throne Gottes aus sieht der Schneider die Alte da unten in ihrem seelisch verdorbenen Gewand – ein gleichwertiges Gegenstück seiner selbst. Dem Schneider im Märchen wird ja keineswegs auf Schönheit geschmeichelt; sagt er doch von sich, »seht, ich hinke…«, er hat einen »dürren Leib«, und Petrus nennt ihn den »lahmen Schneider«.

Seltsam, daß den Schneider dieser kleine Diebstahl, den er von hoher Warte her erspäht, so hitzig in Zorn setzt. Die Alte drunten weiß ganz gut, was sie tut. Sie wagte nicht zu stehlen, wenn sie nicht sicher wäre, es könne unauffällig geschehen. Sie nimmt an, wo so viel ist, fallen zwei lotleichte Schleier nicht ins Gewicht, man kann sie verschwinden lassen. So legt sich's die Alte zurecht – und es ist dieselbe Gewissensrechnung, mit der der lahme Schneider kurz zuvor an der Himmelspforte seine eigenen Langfinger rechtfertigen zu können glaubte:

»Kleine Flicklappen, die von selbst vom Tisch herabfallen, sind nicht gestohlen und nicht der Rede wert!«

Was der Schneider an der Pforte noch mitbringt an selbstgerechtem Eigensinn, ist auf dem Gottesstuhl wie weggeblasen; urplötzlich hat er von der ungewohnten Warte aus den Zusammenhang mit seinen eigenen Taten verloren – und bleibt doch seinem Format nach der, der er ist. Er wird durch die Kraft von Gold und Edelstein, der Schaukräfte Gottes, seiner eigenen Innenwelt entrückt, sieht unvorbereitet als Fremdes außer sich, was er bisher nur von innen erlebt hat – eine diebische Elster, die er ja selber ist, und erzürnt darüber so maßlos, daß er den goldenen Fußschemel Gottes hinabfeuert nach der Alten. Er zürnt sich selbst, verurteilt sich selbst und wirft nach sich selbst.

Denn so humorvoll (und damit doch auch eine Spur überspitzt) das Märchen die Sache schildert, es muß uns zu denken geben, daß dem Schneider vom ganzen riesigen Welt- und Menschentreiben, dessen es doch die Fülle gibt, nichts, aber auch gar nichts ins Auge fällt als einzig die diebische Alte, die ihm gleicht. Das alt-häßliche Weib ist sein getreues Seelenbild. Er hat eine *Selbstschau.* Nur erfaßt er den Zusammenhang nicht, weil er in die Himmelssphären nicht jene Wandlungskraft mitgebracht hat, die das Bewußtsein aus den irdischen Sinnestäuschungen und -verflechtungen löst, um es dem geistigen Bereich mit den veränderten kosmischen Maßen anzuformen. Wie sagte er zu Anfang?

»Laßt mich nur hinein, ich will alle schlechte Arbeit tun. Ich will die Kinder tragen, die Windeln waschen, die Bänke, darauf sie gespielt haben, säubern und abwischen und ihre zerrissenen Kleider flicken.«

Nicht wahr, da empfiehlt er sich selbst als Windelwäscherin, und mit den Windeln sind wir schon bei den Schleiern! In den Augen des Schneiders ist der Himmel so etwas wie eine Kinderbewahranstalt, und er bietet sich offenherzig als Wasch- und Flickweib an, macht sich noch windiger, als er ohnehin schon ist. Er trägt seine zeitlich beschränkte Erdensicht unvermittelt ins himmlische Haus hinein. Die Bibel spricht vom »hochzeitlichen Gewand«, das jene Reiche fordern. Der Schneider tritt im schäbigen Alltagskittelchen ein. – Zeitliches, Allzuzeitliches steht gegen Ewigkeit. Der Flickschneider bleibt Flickschneider auch vor der Ewigkeit, er kann aus seiner Haut nicht heraus, weil er nie daran gedacht hat, herauszukommen.

Von Wilhelm Busch gibt es einen Zweizeiler, der diese Selbstbefangenheit des Kleinhäuslers graziös auf die Nadel spießt (in »Hernach«, Der prosaische Kauz):

Der holde Monde erhebt sich leise.
Ein alter Kauz denkt nur an Mäuse.

Unser Schneider gedenkt auch im Himmel seinen Mäusen nachzukauzen, statt den Mond zu sehen in seiner göttlichen Pracht.

Daß er den goldenen Fußschemel nach der alten Diebin wirft, zeigt des Schneiders Erdenverstand in drastischer Art: in einer Kurzschlußhandlung. Kurzschluß – das ist menschliches Verhalten im Schneiderstand. Und hinterher durchfährt ihn ein abgründiger Schreck. Der Schneider schleudert den Schemel als *Racheblitz* in die Tiefe, nach seinem eigenen Schatten – und kann ihn diesen Augenblick nicht wieder heraufholen. Er spürt, es war voreilig, und schleicht sich sacht vom Sessel weg, »als ob er kein Wässerlein getrübt hätte«. Das Schleichen, er hat's von der Schlange übernommen und ist, so lange er denkt, wie er denkt, ihr kümmerlicher Nachfahr.

Und noch einmal wirft er sich »freudig« in die Brust, er wiederholt seinen Schemelwurf, dessen überführt, noch einmal in Worten, da ihn der Herr zur Rechenschaft zieht. Er maßt sich den Zorn des Gerechten an, als ob er ihm zustehe. Aber der Herr – es ist der Herr des Schicksals, der wahre Herr des großen gewaltigen Erdenhauses – verweist ihn milde:

»O du Schalk, wollt ich richten, wie du richtest, wie meinst du, daß es dir schon längst ergangen wäre? Ich hätte schon lange keine Stühle, Bänke, Sessel, ja keine Ofengabel mehr hier gehabt, sondern alles nach den Sündern hingeworfen.«

Gott der Herr richtet nicht sofort. Er übergibt die Taten der Zeit, und nach gemessener Zeit wenden sich die Taten zum Menschen zurück. Der Mensch richtet sich in seinen Taten selbst. Was er getan, bleibt ihm verspart für sein späteres Schicksal – auf Erden, wohin der Schemel stürzte. Schicksal waltet *im* Menschen. Der Herr braucht nicht unmittelbar den Rückschlag auf die Tat folgen zu lassen. Die Taten zeitigen von selbst Gegentaten.

Nachdenklich mutet an, daß der Schneider wieder heraus muß aus dem Himmelshaus, für das er die Probe nicht bestanden hat, noch nicht bestanden. Der arme Kerl, könnte man denken; hat »zerrissene Schuhe und Blasen an den Füßen«, aber es hilft nichts. Er muß zurück nach dem vieldeutigen Ort »Warteinweil«, den keine Landkarte verzeichnet und der doch auf Erden liegt. Er liegt dort, wo der Schemel liegt, den er sich selbst unter die Füße geworfen hat.

Weil der Ausgewiesene nicht aufrecht gehen kann, muß er einen Stock zur Hand nehmen. Der Stock ist starr; da hat er Aufrichtekraft, die ihm von außen zu Hilfe kommt. Erst wenn ihn ein solcher Halt von innen durchformt, wird er die neue Probe bestehen. In dem Maße, wie er sich die Aufrichtekraft aus dem Ich heraus geben kann, heilen Wunden und Blasen des Erdenschreitens »von selbst«; die Sprache schon sagt es.

Warteinweil heißt: weiter Freude und Leid mitmachen, daran erwachen, Läuterung finden. In Warteinweil hat der Schneider viele Kameraden. Es ist der Ort, sagt das Märchen, »wo die frommen Soldaten sitzen und sich lustig machen«. Fromm meint hier den alten Sinn von tapfer, unerschrocken, furchtlos – mit einem ironischen Beiklang. Die Soldaten sind ausgediente Haudegen; um so mehr fechten sie im Beschwatz ihrer Heldentaten unbesehen darauf los, werfen sich auf, machen Männerklatsch und Kriegsgeschrei. Man kann auch auf Erden durch Witze Blitze schleudern, Rechtes wie Unrechtes treffen – »sich lustig machen«, und manches zerscherben. Wort ist Geist. Erst wenn der Schneider in der Wortfügung die Geistsubstanz verspürt und mit dem Wort ins Wahre zielt, wird er in Wahrheit fromm – und findet im unscheinbaren Alltag den goldenen Fußschemel Gottes. Hat er das Erdenfeld erst einmal erkannt als den »Schemel Gottes« (so zu lesen bei Matth. 5,35) und macht sich daran, von Gottes zur Erde entsunkenem Himmelsgut sein zugemessen Teil aufzuheben, um es zurückzutragen an den goldenen Thron, wird er von den Söhnen Gottes oben gewiß ohne Zögern empfangen und braucht sich nicht mehr im Winkel zu verkriechen vor ihnen. Dann klopft er an die Himmelspforte allerdings auch nicht mehr als langfingriger Flickschneider an. Den hat er dann hinter sich gelassen.

DER TROMMLER

Die Ausfahrt

Ein junger Trommler geht am Abend ins Feld und kommt an einen See. Am Ufer findet er drei Stückchen weiße Leinewand. »Was für feines Leinen«, spricht er und steckt nebenbei eines davon in die Tasche. Er weiß nicht, welchen Fund er gemacht hat. Erst unterm Einschlafen kommen die Hintergründe heraus, eine Stimme ruft von der Nachtschwelle herüber, und im Einschlafen, ja hinterm Einschlafen wird der Trommler wach.

Es enthüllt sich das Geheimnis des Linnens. Es ist das Hemdchen einer verzauberten Königstochter, die mit ihren zwei Schwestern im See gebadet hat und nun ohne das Hemdchen nicht fortfliegen kann – und sie steht unter der Gewalt einer Hexe. Er gibt es ihr wieder und erbietet sich zu helfen.

> *»Helfen kannst du mir nur, wenn du auf den Glasberg steigst und mich aus der Gewalt der Hexe befreist. Aber zu dem Glasberg kommst du nicht, und wenn du auch ganz nahe daran wärst, so kannst du nicht hinauf.« – »Was ich will, das kann ich«, sagte der Trommler, »ich habe Mitleid mit dir, und ich fürchte mich vor nichts. Aber ich weiß den Weg nicht, der nach dem Glasberg führt.« – »Der Weg geht durch den großen Wald, in dem die Menschenfresser hausen«, antwortete sie, »mehr darf ich dir nicht sagen.« Darauf hörte er, wie sie fortschwirrte.*

Ist nun, was er da über ein Kurzes besessen hat, ein Hemdchen, oder sind es Flügel, oder ist es nur ein Stückchen Leinewand? – Es ist alles zugleich. Der Trommler will sich am *Abend* erquicken; es zieht ihn nach einem austrocknenden Tag zu dem Element des belebenden Wassers. Und da findet er etwas, was er nicht vermutet hat. Die Tagesbrille sitzt noch zu dicht auf seinen Augen, so reicht es beim Aufheben nur für die Feststellung »Leinen«; zwar schimmert eine Spur Qualität mit, »feines Leinen« – dabei bleibt es. Kein Woher und Wieso regt sich. Hat er nicht auf den See geblickt? Hätte er im Gewässer nicht die drei Schwestern erblicken müssen? – Von der Tageswahrnehmung noch befangen, beachtet er die Regungen im Wasser draußen gar nicht, bleibt diesseitig »am Ufer«, sieht stofflich. Hätte er im Tagesleib schon den durchdringenden Blick, müßte er auch auf die *Wesen* aufmerksam geworden sein, denen die weißen Hüllen zugehören.

Erst in der Nacht bekommt die Qualität des Linnens Gestalt. Was sich von der Tagseite belanglos ausnimmt, enthüllt sich als ein Königstochter-Geheimnis, in tragischem Zusammenhang.

Um den Trommler muß es eine Bewandtnis haben. Warum wird nicht einfach von einem Soldaten gesprochen? Liegt eine besondere Rangstufe vor? Der gewöhnliche Soldat ist Mitstreiter unter vielen in der Mannschaft. Der Trommler ist ihnen beigesellt, handhabt aber eine andere Waffe als sie. Er hämmert mit den Schlegeln das gespannte Kalbfell; es dröhnt dumpf donnernd, den Feind bestürzend, die Kameraden antreibend. Der Trommler wirbelt, daß die Lüfte beben, er birst vor Tatenlust.

Das zeigt er ja nachher bei den Riesen. Aber er versteht nicht nur den befeuernden Wirbel herauszusetzen, sondern auch nächtlich zu lauschen dieser geistig feinen Weise, wo jedes eigene In-Szene-Setzen schweigen muß, denn es ist nur eine »leise Stimme«, die ruft. Gesteigerte rhythmische Kraft einerseits und ein feines Gehör andererseits zeichnen den Trommler aus. Ein beherzter Wille durchdringt ihn.

»Was ich will, das kann ich ... Ich habe Mitleid mit dir, und ich fürchte mich vor nichts«, sagt er selbst. Die drei knappen Sätze sind der Schlüssel seines Wesens.

Nun macht er sich auf den Weg, die Königstochter aus ihrem Zauberbann herauszuholen. Die Königstochter hat ihm ohne Umschweif eröffnet: Es ist ein gefährlicher Weg und ein fast aussichtsloses Beginnen.

Zunächst muß der Trommler durch den Wald der Menschenfresser. Was würden wir tun, wenn wir seine Aufgabe hätten? Vermutlich versuchen, heimlich und lautlos an den Ungeheuern vorbeizuschlüpfen. Der Trommler dreht den Spieß um: »Ich muß die Langschläfer aufwecken«, denkt er und schlägt einen Wirbel, daß die Vögel mit Geschrei aus den Bäumen aufschwirren. Es ist noch früher Morgen, »bei Anbruch des Tages«, wird gesagt – und wir werden sehen, alle Taten des Trommlers sind *Morgentaten,* bei aufgehender Sonne. Er betritt immer Neuland, Unerforschtes. Er weiß nur in etwa, was ihn erwartet (»Menschenfresser«, »Glasberg«, »Hexe«). Wie er im gegebenen Augenblick damit fertig wird, ist seine Sache, dafür gibt es keine

Ähnlichkeits-Erfahrung, und keine Anweisung kommt ihm zu Hilfe. Er bleibt auf sich gestellt und ist mutterseelenallein. So packt er – und das ist eben die Trommlerart – den Stier bei den Hörnern, fordert die Riesen heraus, um sich ihnen zu stellen, ja um sie sich gefügig zu machen. Er fürchtet sich nicht, also ist er unangreifbar.

Denn schon steht der erste Riese auf, aus dem Schlaf gescheucht und keineswegs rosig gestimmt. Der Wald, in dem die Menschenfresser hausen, gleicht nicht einem gepflegten Spaziergängerhain, wir betreten mit dem Trommler ein Zwischenreich zwischen der sicht- und unsichtbaren Welt, einen verschlungenen Ort alter, rückständiger Wurzelkräfte. Und wenn die Menschenfresser als Riesen vor uns erscheinen, so deutet das Märchen hin auf zyklopische Urwelttriebe, die in den Schöpfungstiefen schlafen; wehe, wenn sie, geweckt, einen Schwächling vorfinden!

»Du Wicht«, rief er ihm zu, »was trommelst du hier und weckst mich aus dem besten Schlaf?« – »Ich trommle«, antwortete er, »weil viele Tausende hinter mir herkommen, damit sie den Weg wissen.« – »Was wollen die hier in meinem Wald?« fragte der Riese. »Sie wollen dir den Garaus machen und den Wald von einem Ungetüm, wie du bist, säubern.« – »Oho... ich trete euch wie Ameisen tot.« – »Meinst du, du könntest gegen sie etwas ausrichten?« sprach der Trommler. »Wenn du dich bückst, um einen zu packen, so springt er fort und versteckt sich; wie du dich aber niederlegst und schläfst, so kommen sie aus allen Gebüschen herbei und kriechen an dir hinauf. Jeder hat einen Hammer von Stahl am Gürtel stecken, damit schlagen sie dir den Schädel ein.« Der Riese wurde verdrießlich und dachte: Wenn ich mich mit dem listigen Volk befasse, könnte es doch zu meinem Schaden ausschlagen...

Die Furchtlosigkeit des einzigen Trommlers wiegt ein *Heer* auf. Mit der Waffe geistiger Beweglichkeit und durch die Drohung mit dem stählernen Hammer am Gürtel bändigt er das Ungetüm. Ist nicht der Hammer ein Bild stärkster Willenskraft?

Schließlich verspricht der Riese, den Trommler und die Seinen jetzt und künftig in Frieden zu lassen; mehr noch, er sucht den Störenfried bald und ungeschoren wieder loszuwerden. Und der kühn beherzte Trommler faßt die Gelegenheit beim Schopf: »Du hast lange Beine und kannst schneller laufen als ich; trag mich zum Glasberg.« So nimmt ihn der Riese auf die

Schulter und trägt ihn ein gut Stück durch den Wald, die erste Strecke zum Ziel. Die zweite und dritte Strecke übernehmen andere Riesen. Verwunderlich für uns bleibt, wie wortlos gefügig sich die anderen anreihen, als habe die Zähmung des ersten auch die Zähmung der andern bewirkt. Und nicht minder verwunderlich, auf welche Weise sie ihren Tragdienst ausüben! Hat ihn der erste Riese auf die Schulter gehoben, steckt ihn der zweite ins Knopfloch, er heftet ihn an die Brust; und der dritte verfrachtet ihn gar auf den Kopf, »auf den Rand seines Hutes«. Will das nur äußerlich und auf drollige Art sagen, daß jeder dieser Menschenfresser in einem anderen Körpergebiet seine Stärke hat? Oder gehören die drei so zusammen wie die Glieder eines dreigegliederten Ungeheuers?

Der letzte Riese bringt ihn bis an den Fuß vom Glasberg. Aber nur bis an den Fuß, keinen Schritt weiter. Der Trommler verlangt, er solle ihn auch auf die Spitze tragen,

aber der Riese schüttelte mit dem Kopf, brummte etwas in den Bart und ging in den Wald zurück.

Das Riesenunwesen zieht sich in seine dumpf-schläfrigen Tiefen zurück; es mag mit dem Glasberg nichts zu schaffen haben. Dort herrscht eine andersgeartete Gewalt. Wald und Berg sind hier sich ausschließende Welten.

Was ist das für ein Berg, »der so hoch war, als wenn drei Berge aufeinandergesetzt wären, und dabei so glatt wie ein Spiegel«? Er wird *Glasberg* genannt, nicht etwa der gläserne Berg, wie in Sneewittchen z. B. vom »gläsernen Sarg« gesprochen wird, der sich kristallen-durchsichtig um das schlafende Sneewittchen schließt. Der Berg hier ist dicht wie Glas, splitterhart und spiegelglatt, undurchlässig, nur abweisend nach außen: ein Massiv der Verhärtung.

Vergeblich versucht der Trommler hochzuklettern, er rutscht ab. Und das erstemal heißt es von ihm: »der *arme* Trommler«; denn an diesem Hindernis versagen Mut und Findigkeit, er steht ratlos da.

Wer jetzt ein Vogel wäre, dachte er; aber was half das Wünschen, es wuchsen ihm keine Flügel.

Eine Pause der Ohnmacht schaltet sich ein – und deren werden noch manche folgen, trotz aller neu aufflammenden Unerschrockenheit des Jünglings. Und wie er da steht und sich nicht zu helfen weiß, erblickt er nicht weit von sich »zwei Männer, die heftig miteinander stritten«. – Keine Riesen mehr, nur Männer, wird gesagt. Die Gestalten vermenschlichen sich am Fuß des Berges, und wie die zwei miteinander umgehen, ist menschlich genug, allzumenschlich; sie streiten. – Gleich jedoch stellt sich beim Betrachter eine Frage ein: Wo ist der dritte zu den zweien? Wenn eben noch drei Riesen auftraten (wie vorher drei Königstöchter, später drei Proben kommen, die drei Tage dauern, und am Ende eine dreitägige Hochzeit folgt mit drei Rufnächten, und so immer die *Dreiheit* zu einem Ganzen gehört), wo ist der dritte zu den zweien geblieben? Tritt er nicht in diesem Augenblick als der Klügere, Überlegene zu den älteren Genossen hinzu – der Trommler nämlich? Weiß er nur nicht mehr, daß sie seine Brüder sind?

Er ging auf sie zu und sah, daß sie wegen eines Sattels uneins waren, der vor ihnen auf der Erde lag und den jeder von ihnen haben wollte. »Was seid ihr für Narren«, sprach er, »zankt euch um einen Sattel und habt kein Pferd dazu.« – »Der Sattel ist wert, daß man darum streitet«, antwortete der eine von den Männern, »wer darauf sitzt und wünscht sich irgendwohin, und wär's am Ende der Welt, der ist im Augenblick angelangt, wie er den Wunsch ausgesprochen hat. Der Sattel gehört uns gemeinschaftlich, die Reihe, darauf zu reiten, ist an mir, aber der andere will es nicht zulassen.« – »Den Streit will ich bald austragen«, sagte der Trommler, ging eine Strecke weit und steckte einen weißen Stab in die Erde. Dann kam er zurück und sprach: »Jetzt lauft nach dem Ziel, wer zuerst dort ist, der reitet zuerst.«

Der Trommler läßt die alten Narren laufen und verfolgt sein eigenes Ziel; indem er sie ablenkt, schwingt er sich selber auf den Sattel, wünscht sich auf den Glasberg, »und ehe man die Hand umdrehte, war er dort«.

Hat er die Riesen mit Kühnheit bezwungen, genügt hier eine blanke List. Er verspricht etwas und tut das Gegenteil. Später, wenn es heruntergeht vom Glasberg – und auch da liebäugelt er wieder mit dem Sattel –, wird er die Quittung dafür erhalten. List blendet; im Gegenabschnitt der Rückkehr wird er gedächtnisblind.

Im *Sattel der Wünsche* taucht ein Bild auf für die Nutzung einer seelenhaft elementaren Triebkraft. Der Sattel gehört zur Triebnatur in uns; sie ist das Pferd zu dem Sattel. Sie schnellt unsere jugendlichen Gelüste in alle Weiten. Man kann sagen, der Sattel ist ein Erbstück aus der Wiege der drei Brüder, und doch macht der älteste als frühester Nutznießer den stärksten Anspruch darauf geltend; er ist ihm durch Gewohnheit so verwachsen, daß er ihn schon dem zweiten nicht überlassen will. Der dritte, jüngste und wacheste von ihnen sollte seiner schon gar nicht mehr bedürfen. Wir werden sehen, wie der Wunschsattel später durch den Wunsch*ring* der Königstochter abgelöst wird. Der Wunschring enthält die dem Trommler einmal für später zugeplante Aufschwungskraft. Hier jedoch wird zunächst derb gestritten – das gehört zum Sattel dazu. Der Trommler nutzt den Zank der zwei Männer, doch streitet er nicht mit. Er macht es durchtriebener, er behält den Sattel für sich. Und man muß sagen, es gibt in diesem Augenblick keine andere Hilfe, um auf den Glasberg zu kommen, als diesen Sattel. So bleibt dem Trommler gar nichts anderes übrig, als ihn sich zu erlisten. Uns aber muß nachdenklich stimmen, daß auf dem großherzig begonnenen Weg der Trommlertaten zugleich die Schuld ihre Spuren eindrückt. Wir brauchen uns nur die Enttäuschung der Betrogenen zu vergegenwärtigen.

Auf dem Glasberg empfängt den Trommler eine düster verhangene Welt. Da steht ein »altes steinernes Haus«; kein Brothäusel wie bei Hänsel und Gretel. Dort locken Brot und Zucker, das Einschlüpfen in dieses Häuschen lockt. Hänsel und Gretel sind Kinder und berufen sich auf das himmlische Kind, das durch sie nach Herberge sucht. Und die Kinder werden zunächst ja auch gesättigt und erquickt. Erst am »andern Morgen« ändert das Brothäusel sein Gesicht und wird zum Gefängnis. Hier jedoch haust das Starrmachende, Mineralisierende wie von Urtagen her. Versteinte Vergangenheit empfängt den Trommler. Sie hat sich bis ins Gehäus hinein verkrustet. »Ein großer Fischteich« und »ein finsterer Wald« gehören zur Glasberglandschaft. Die Wolken streifen bedrohlich drückend übers Haupt. Das Hexenwesen durchtränkt allüberallhin seine Umgebung.

Der Trommler tritt an die Tür, klopft, und muß es dreimal tun. Da erst ist der Ruf in der Tiefe angekommen, und die Regentin dieses Bezirks tritt heraus; eine Alte mit braunem Gesicht und roten Augen. Sie hat eine Brille auf ihrer langen Nase, sieht ihn scharf an und fragt nach seinem Begehren. Später kommen noch mehr ihrer Eigenarten zum Vorschein, wenn gesprochen wird von ihrem »dürren Finger« oder: »sie blickte ihn mit boshaften Augen an«. Wenn sie lacht, lacht sie »höhnisch« oder »giftig«. Sie hat es verknöchert und böse in sich.

Der Trommler sagt an der Haustür *nicht*, daß er die Königstochter sucht. (Wo befinden sich die zwei anderen Schwestern? Sie tauchen überhaupt nicht mehr auf. Sind sie frei, und hätte nur diese eine das Schicksal der Verhärtungshexe zu ertragen?) In lapidarer Kürze fordert der Trommler (und verhüllt damit den Sinn seines Kommens): »Einlaß, Kost und ein Nachtlager«. Und die Alte antwortet: »Das sollst du haben, wenn du drei *Arbeiten* verrichten willst.« Ahnt sie, was der Trommler sucht? Sie läßt sich nichts anmerken. Sie läßt sich auch später die Schläge nicht anmerken; auffällig heißt es da, sie lachte nur. – Jeder spielt mit verdeckten Karten. Nur von Vordergründigem ist die Rede, und auch davon nur in der kargsten Wendung: »Einlaß« will er – »arbeiten« soll er, als sei nichts einfacher als das. Was es für Arbeiten sind, fragt er nicht, er wartet ab. »Ich scheue keine Arbeit, und wenn sie noch so schwer ist.« Aber er wird sich wundern. Die Alte hat's faustdick hinter den Ohren.

Die drei Prüfungen

Am Morgen, als er ausgeschlafen hatte, nahm die Alte einen Fingerhut von ihrem dürren Finger, reichte ihn dem Trommler hin und sagte: »Jetzt geh' an die Arbeit und schöpfe den Teich draußen mit diesem Fingerhut aus – aber ehe es Nacht wird, mußt du fertig sein, und alle Fische, die in dem Wasser sind, müssen nach ihrer Art und Größe ausgesucht und nebeneinandergelegt sein.« – »Das ist eine seltsame Arbeit«, sagte der Trommler, ging aber zu dem Teich und fing an zu schöpfen.

»Eine seltsame Arbeit« mutet sie ihm zu, man kann auch sagen, eine lächerliche oder unmögliche Arbeit. Der Fingerhut – ein höhnisches Hexenmaß! Gerät und Auftrag stehen grotesk verzerrt zueinander. Das Unmögliche, ja Entwürdigende wird gefordert, als sei es selbstverständlich, und doch nimmt der Trommler den Auftrag an.

Aufs Beginnen kommt es an. Daß er später erlahmt, gibt nicht den Ausschlag. Nur wenn er von vornherein sich auf die faule Haut legte, weil er denkt, es lohnt sich nicht, hätte er verspielt. Im Anfangen liegt sein Sieg. Der Trommler ist ein Begnadeter des guten Willens, könnte man sagen, kein Grübler, der sich alles zehnmal zurechtlegt. Was er will, greift er sofort und unbefangen auf, »bei Anbruch des Tages«. Ihn hemmt kein Wägen um die Aussicht des Erfolges. Daraus spricht Vertrauen in die Geistes-Gegenwart.

Die Hexenfalle, in die er sich begab, kommt ihm erst nach und nach zum Bewußtsein:

Er schöpfte den ganzen Morgen, aber was kann man mit einem Fingerhut bei einem großen Wasser (es wird uns ausdrücklich ein *großes* Wasser versichert) *ausrichten, und wenn man tausend Jahre schöpft? Als es Mittag war, dachte er: »Es ist alles umsonst und ist einerlei, ob ich arbeite oder nicht«, hielt ein und setzte sich nieder.*

Halten wir fest: Einen halben Tag lang hat er alles darangesetzt, das Menschenmögliche zu leisten. Jetzt um Mittag erfaßt ihn tiefe Mutlosigkeit. Es tritt abermals eine Pause der Ohnmacht ein.

Da kam ein Mädchen aus dem Haus gegangen, stellte ihm ein Körbchen mit Essen hin und sprach: »Du sitzest da so traurig, was fehlt dir?« Er blickte es an und sah, daß es wunderschön war. »Ach«, sagte er, »ich kann die erste Arbeit nicht vollbringen, wie wird es mit den andern werden? Ich bin ausgegangen, eine Königstochter zu suchen, die hier wohnen soll, aber ich habe sie nicht gefunden; ich will weitergehen.«

Merkwürdig, daß er sie nicht erkennt, daß ihm nicht einmal der Gedanke kommt, dies könnte die Gesuchte sein! So nah ist er ihr, ist sogar von ihrer Schönheit beeindruckt und sieht doch an ihr vorbei. Ist es nicht, als lege die Schwäche einen Schleier auf seine Augen? Bedenken wir, es ist Mittag, die Sonne steht im Zenit. Auf der Höhe des Tages steckt der Mensch am stärksten in seinen Gliedern und hat am wenigsten den Spürsinn für das Geistig-Wesenhafte. Der Trommler verkennt und muß verkennen, denn das Sichtbare hat seinen Geistesblick selbst verzaubert. Die Gnadekraft seines Willens hat ihn verlassen, er ist nur noch ein gewöhnlicher Sterblicher, und so erscheint ihm auch das Mädchen alltäglich. Die gesuchte Königstochter ist ferngerückt und unerreichbar geworden.

Versetzen wir uns einen Augenblick lang in die Seele des Mädchens, wie es vor ihm steht als die in Wahrheit gesuchte Königstochter; aber kein Wort davon kommt über ihre Lippen. Wäre es für sie nicht das Nächstliegende, zu sagen: »Ich bin es!« – und sie fliehen miteinander? Warum gibt sie sich nicht zu erkennen? Darf sie es nicht? Nein – er *selbst* muß darauf kommen. Die Tragik der Freiheit spielt herein. Er hat den Glasbergweg aus freiem Entschluß unternommen, aber bis sein freies *Erkennen* diesem Entschluß nachgereift sein wird, muß er erst die drei Arbeiten vollendet haben. Er hat sein Wort verpfändet, diese drei Arbeiten zu verrichten, und in der Welt der Seelen-Geist-Ereignisse verpflichtet ein gegebenes Wort unlösbar – und doch verzagt er schon inmitten der ersten Probe, will wieder fort, ergebnislos. Aber Flucht brächte ihm nach den Gesetzen der Hexe nur Tod. – In dieser Verfassung trifft ihn das Mädchen. Wie mag ihm zumute sein? Muß es nicht bangen, alles geht verloren?

Das Abenteuer der Erlösung eröffnet seine Tiefe: Der Jüngling erlahmt im nüchternen Tag, die Königstochter erschauert, daß die Erlösung entgleiten könnte. Und doch darf sie um nichts in der Welt den Schleier heben. Sie darf nur sagen:

»*Bleib hier. Ich will dir aus deiner Not helfen. Du bist müde. Lege deinen Kopf in meinen Schoß und schlaf. Wenn du wieder erwachst, so ist deine Arbeit getan.*«

Mit keiner Silbe berührt sie seinen Hinweis auf die Königstochter. Was sie sagt, bezieht sich allein auf ihn selbst und seine Arbeit. Wird er auf ihren Vorschlag eingehen? Natürlich geht er darauf ein, denn daß sie ihm helfen will, ist Grund genug, darauf einzugehen. Was uns wundert, ist nur, daß er nicht einmal die Frage stellt, in welchem Zusammenhang sie zu der Alten steht – so benommen ist er.

Eigenartig klingt ihre Aufforderung an ihn, zu schlafen am hellichten Tag: »Du bist müde.« Sie rät zu einer Schlafpause in seiner Ohnmacht, zu einem neuen Kraftholen. Man kann aber auch sagen, er darf nicht sehen, wie die Arbeit geschieht. Solange er die Königstochter nicht erkennt, sind seine Augen verschleiert und müssen es vorläufig bleiben. Und da mit dem Tagesbewußtsein und auf der Tagesebene die geforderte Arbeit nicht zu bewältigen ist, führt ihn die Königstochter dorthin, wo die Weltverwandlungskräfte beheimatet sind – äußerlich gesehen in den Schlaf, geistig gesehen in die Höhe der Wunschringkräfte. Nicht er handhabt diese Kräfte, sondern sie; er vermag zunächst nur unbewußt daran teilzunehmen. Denn sobald ihm die Augen zugefallen sind, dreht sie ihren Wunschring, und es geschieht das Unerwartete, die Arbeit erfüllt sich, die Probe wird vollendet.

Was ist dieser Wunschring?

Im Ring haben wir ein Band, das sich in sich selbst schließt; Anfang und Ende sind nicht auszumachen. Überall ist Anfang und Ende zugleich. »Und was die Mitte bringt, ist offenbar das, was am Ende bleibt und anfangs war.« – Der Ring ist demnach ein Ausdruck für das in sich Beschlossene, eine in sich kreisende Ganzheit. Und der Besitz des Ringes bekundet hier das in sich ruhende, vollendete Wesen seines Trägers. Von der Geistseite her ist die Königstochter ein vollkommenes Wesen.*

Aber warum ist ihr Ring ein *Wunsch*ring? – Ihm sind alle Wünsche erfüllbar, er gehorcht jedenfalls, soweit wir erfahren, allen *ihren* Wünschen. Wirklich allen? Warum kann sie sich dann nicht selber fortwünschen aus der Gewalt der Hexe?

Die Königstochter besitzt den Ring, und er ist das Siegel ihrer wundersamen Reinheit und Vollkommenheit. Aber zum *Wunsch*ring wird er erst in der Nähe des andern und durch den andern: wenn er zum Wunsche benutzt wird *für den Trommler.* »Ich will dir helfen aus deiner Not«, sagt sie. Die Wunschkraft des Ringes tritt *nur* in Erscheinung, wenn sie *selbstlos* angewandt wird.

Für den Trommler kann die Königstochter mit diesem Ring alles vollbringen, für sich selbst nichts; sie kann nicht sich selber weg- und freiwünschen von der Hexe.

Versuchen wir uns nun behutsam dem zu nähern, was es mit dem *Teich* und mit den *Fischen* auf sich hat. Der magische Ruf der Königstochter ertönt (sie legt keine Hand an, nur das Wort wirkt): »Wasser herauf, Fische heraus.« Und das Wasser dampft auf »wie ein weißer Nebel« und zieht mit den andern Wolken fort; die Fische schnalzen, springen ans Ufer und legen sich alle nebeneinander nach Art und Größe. Nur einer bleibt beiseite.

Wasser-Fisch-Geheimnisse sind Lebens-Meeres-Geheimnisse. Wie wenn ein Miniaturbild des Weltenrunds mit den Schöpfungs-Ursprungskräften eingefangen wäre in dies dumpfstehende Gewässer am »alten, steinernen Haus« und dort in die Gewalt der Hexe geraten wäre, mutet die Szenerie an. Ein veruntreuter Himmel, möchte man sagen, liegt eingefangen vor uns, der nun nach Hexenwunsch fingerhutweise aus- und umgeschöpft, analysiert und entmythologisiert werden soll. Die Hexe nimmt an, daß sich der Trommler (wie unsere Wissenschaft) an dieser Aufgabe verzappelt. Unter dem Ruf der Königstochter werden aber die Wasser nicht von einer Grube in

* Über die andere Ausdruckskraft des Ringes (die des Gelöbnisses, der Bindung an ein *anderes* Wesen – ein Zeichen der Vermählung) siehe Rudolf Meyer, »Die Weisheit der deutschen Volksmärchen«, Stuttgart 1981, S. 49.

die andere geschöpft – sie lösen sich auf, schweben als weiße Nebel davon zum Meer ihres Ursprungs, sie lichten sich. Und die Fische schnalzen (das ist die Freude der Fische!) von selber in ihre Ordnung hinein, der sie angehören, nach Art und Größe oder Wesen.

Ein Atemholen nach der Ohnmacht durchdringt den Wiedererwachten. Staunend sieht er, was geschehen ist, und erfährt, was noch zu geschehen hat, denn noch fehlt zum Abschluß der ersten Arbeit etwas Entscheidendes. Das Mädchen eröffnet es ihm durch eine Anweisung. Es schult ihn. Schickt die Hexe den Trommler mit dem Fingerhut in der Hand morgens hinaus, er soll sich im Schöpfen des Wassers selber erschöpfen, so richtet das Mädchen ihn nach dem heilsamen Schlaf auf, stärkt seine Widerstandskraft. Die scheinbare Hexengehilfin (sieht er sie dafür an?) erweist sich als die wahre Hexenbemeisterin. Sie allein kann das Ansinnen der Alten durchkreuzen – wenn der Trommler den letzten Willensstoß dazu beiträgt.

Achten wir auf den doppelten Einfluß, dem der Jüngling unterworfen ist. Eine dunkle und eine helle »Zauberin« wirken auf ihn ein. Die dunkle gibt ihre Befehle mit einem scharfen »Du sollst« und »Du mußt«; sie droht, wenn sie anordnet. Das Wunschringmädchen, eine Sendbotin helfender, guter Mächte, kleidet seine Anweisungen in den sicheren Rat: »Tue das.« So geringfügig die Abweichung sich ausnimmt, durch ihre Sprache scheiden sich die Geister. Wo die steinalt Seßhafte durch Zwang tyrannisiert, setzt die jugendliche Botin helfende Weisung; sie weckt Einsicht in die notwendige Tat, ohne zu zwingen:

Wenn die Alte kommt und fragt: »Was soll dieser Fisch allein?«, dann wirf ihr den Fisch ins Angesicht und sprich: »Der soll für dich sein, alte Hexe.«

Plötzlich wird mit offenen Karten gespielt. Bisher war alles verdeckt. Keiner hat dem andern gesagt, wer er ist und was er will: der Trommler der Alten nicht, daß er auf der Suche nach der Königstochter ist; die Alte dem Trommler nicht, daß sie ihn vernichten wird, wenn er sein auferlegtes Muß nicht erfüllen kann. Das wahre Geschehen schwelte unter der Oberfläche. Obenauf lag ein gleichgültiges »Tun als ob«; als ob den Trommler irgendein Zufall hergeweht habe und er nichts weiter wollte als einen Unterschlupf auf der Wanderschaft: »Einlaß, Kost und ein Nachtlager«; als ob die Alte nichts als eine starrköpfige Eigenbrötlerin wäre, die den ungebetenen Eindringling sein Unterkommen abarbeiten ließe.

Jetzt, nach dem Mittagsschlaf, tritt ein Durchbruch ein. Das Mädchen nennt die Alte deutlich bei ihrem rechten Namen. Zum ersten Male, seit er auf dem Glasberg ist, fällt das Wort »Hexe«; bisher hieß es immer nur »die Alte«. Und es folgt zugleich das unerhörte Wort: »Wirf ihr den Fisch ins Angesicht.« Wäre diese Anweisung nicht eine gröbliche Zumutung, würde sie irgendwo erteilt, nicht gerade hier –: seiner Gastgeberin den Fisch ins Angesicht zu schleudern?

Aber hier wissen alle mehr, als sie sagen. Und alle wissen, daß es ein Kampf ist auf Leben und Tod. Die Alte hat vom ersten »scharfen Blick« an durchschaut, daß der Trommler kein stellenlos vagabundierender Handwerksgeselle ist – und dem Trommler ist längst aufgegangen, wen er in der Alten vor sich hat, war sie ihm doch schon im ersten Nachtgespräch zu Hause von der Königstochter angekündigt worden. Und es fällt uns schwer einzusehen, warum nur der Königstochter gegenüber sein Erkennen aussetzt; doch so liegt es in der Eigenart seines Trommlerwesens, im stufenweisen Wachwerden.

Jetzt wird offener Kampf geboten, und zwar unerbittlich, man könnte sagen: genau hexengemäß. Der Alten, die kein Erbarmen kennt, kann nur im gleichen Stil begegnet werden, da wären alle weichen Höflichkeiten windige Fähnchen, die sie höhnisch zerrisse.

Das einzige, worum die Königstochter zu bangen hat, ist: Wird der Trommler *tun*, was sie ihn lehrt? In jenem Augenblick wird sie nicht mehr bei ihm sein, denn Hexe und Mädchen treten nie gleichzeitig vor ihn hin. Es liegt im Wesen der Freiheit, daß er den Entschluß neu und aus sich aufzubringen hat. Er steht am Abend allein vor der Alten – und tut, wie ihm gewiesen. Kühn wirft er ihr den Fisch ins Gesicht. Und abermals folgt ein Erstaunliches: die Hexe wütet nicht.

Sie stellte sich, als merkte sie es nicht und schwieg still, aber sie blickte ihn mit boshaften Augen an.

Man muß der Hexe lassen, sie ist rücksichtslos im Knechten, aber sie vermag auch einiges einzustecken. Sie nimmt die Herausforderung hin, als sei sie nicht der Rede wert. Ihr »braunes Gesicht« sagt uns, daß sie eine lederne Natur hat, die in Widrigkeiten zäh geworden ist.

Ihre Antwort darauf kommt erst am nächsten Morgen, nicht minder aufreizend und doch sachlich hingesagt, ohne Aufwand:

»Gestern hast du es zu leicht gehabt, ich muß dir schwerere Arbeit geben. Heute mußt du den ganzen Wald umhauen, in Scheite spalten und in Klaftern legen, und am Abend muß alles fertig sein.«

Und dazu gibt sie ihm eine Axt, einen Schläger und zwei Keile. »Aber«, heißt es, »die Axt war von Blei, Schläger und Keile von Blech.« Wir wissen, es gibt kein untauglicheres Metall zum Fällen als gerade Blei, ist es doch das weichste aller gediegenen Metalle – geronnene Schwere. Nur das gehärtete Eisen taugt zur Axt. Und Blech? Was bleibt in ihm mehr vom Eisen übrig als ein gewalzter Schatten von Eisen? Mit anderen Worten: die Hexe verurteilt ihn zum Versagen, noch bevor er zum ersten Hieb angesetzt hat. Durchschaut er die üble Fälschung? Es verlautet nichts davon. Was ihm auch durch den Sinn ziehen mag, er beginnt die Arbeit ohne Zögern, und das Unheil stellt sich schon beim ersten Zuschlag ein:

Als er anfing zu hauen, so legte sich die Axt um, Schläger und Keile drückten sich zusammen.

Nicht sein guter Wille scheitert, die Mittel versagen. Wieder steht er hilflos vor der Aufgabe wie am vorigen Tag; er weiß nicht was tun, bis zu Mittag das Mädchen kommt und ihn tröstet. Und wieder rät ihm das Mädchen zum Schlaf und dreht den Wunschring. Der Wald sinkt mit Krachen zusammen, das Holz spaltet und klaftert sich von selbst, »als ob unsichtbare Riesen die Arbeit vollbrächten«.

Was für einen Wald hat die Alte da hinter ihrem Haus stehen? (Der Teich liegt vor dem Haus, der Wald dahinter.) Ein »finsterer Wald«, wird gesagt zu Anfang des Glasbergkapitels. Gleicht er dem Wald der Menschenfresser? Oder gibt es noch einen eigenen Glasbergwald, wie er nur in dieser Einöde heranwachsen kann, im Bereich der Hexe, die das Verhärtete, Verhockte, Knöchern-Versteinte um sich nistet? Wer es genau wüßte, aus welchen Wurzeln ihre Gehölze treiben, was für Stecklinge sie zubereitet und ausgesetzt hat! Ist es ein Ur-Wald der Verzerrungen und Untertreibungen, der Ironie, des Spotts und Hohns und was es sonst noch des unerfreulich Finsteren gibt? Genug, es ist *ihr* Wald, den sich die Alte herangezogen hat, den der Trommler aushauen soll mit der täppischen Bleiaxt und den in der Tat nur die Strahlkraft der Wahrheit entmachten, fällen, spalten, klaftern kann.

Und wiederum, wie der eine Fisch vom Teich, bleibt vom gefällten Wald ein einziger Ast beiseite, derb genug zum Denkzettel für die Hexe. Und wieder empfängt sie den Schlag des Trommlers und verleugnet ihn wie nicht empfangen. Aber wenn die Alte auch tut, »als fühlte sie es nicht« (vielleicht, weil sie wirklich nichts fühlen kann), und nur höhnisch lacht – ist der Kampf nicht schon hinüber über die Mitte, und sie merkt sehr wohl, was es geschlagen hat?

Es drängt zur Entscheidung. Nun kommt die letzte, die *Feuerprobe*, und sie wird die schwerste von allen sein, denn sie fordert nicht nur guten Willen, sie fordert den ganzen Trommler.

Der Befehl der Hexe lautet kurz:

»Morgen früh sollst du alles Holz auf einen Haufen legen, es anzünden und verbrennen«,

und es hört sich an, als sei es die leichteste Geschichte. Warum hat sie es nicht gleich am zweiten Tag gesagt, daß sie einen Waldbrand haben möchte? Ist es ein Waldbrand gewöhnlicher Art? Warum läßt sie den Wald erst schlagen, schichten usw.? In dem nochmaligen Schichten und Dichten liegt ihr Kniff. Diesmal will sie ihn in den *Massen* ersticken. Ein einzelner Mensch soll die Klafterung eines ganzen Waldes, und dies in einem Tag, aufbeugen und in Asche verwandeln.

»Mit Anbruch des Tages« setzt der Trommler ein. Die Arbeit beginnt, doch sie rückt nicht fort. Das Mädchen kommt zu Mittag und verläßt ihn auch diesmal nicht in seiner Not. Auch das könnte einen zum Besinnen anregen, daß es nur mittags in Erscheinung tritt. Begegnen sie einander nie im Hause selbst? Hält die Alte das Mädchen zu Hause verschlossen?

Als er erwacht, schlagen die Zungen einer ungeheuren Flamme zum Himmel. Apokalyptische Endstimmung beherrscht das Bild. Kein Waldbrand, ein Weltbrand hat sich entzündet. Der Horizont glüht in einem Flammenmeer, und im Feuer haben wir das radikalste, verzehrendste Element.

Nun muß der Trommler erweisen, was in Wahrheit an ihm ist, was das Feuer übersteht, unverbrennbar, unvergänglich. – Achten wir, wie diesmal das Mädchen in strengster Kürze und fast beschwörendem Tonfall den Schützling anweist:

»Hör mich an«, sprach das Mädchen, »wenn die Hexe kommt, wird sie dir allerlei auftragen: tust du ohne Furcht, was sie verlangt, kann sie dir nichts anhaben; fürchtest du dich aber, so packt dich das Feuer und verzehrt dich.

Zuletzt, wenn du alles getan hast, so packe sie und wirf sie mitten in die Glut.«

Diesmal wird es gar nicht erst Abend. Das Mädchen entschwindet seinem Blick, und gleich kommt auch die Alte »herangeschlichen«. – Und so spielt sich der letzte Akt eines *Kräftemessens* zwischen den Partner-Gegnern Aug in Auge ab. Kein Gerät, kein Hilfsmittel steht mehr zwischen Hexe und Trommler; Wesen steht gegen Wesen.

Die Hexe:

»Hu! Mich friert! Aber das ist ein Feuer, das brennt, das wärmt mir die alten Knochen, da wird mir wohl. Aber dort liegt ein Klotz, der will nicht brennen, den hol mir heraus. Hast du das noch getan, so bist du frei und kannst ziehen, wohin du willst. Nur munter hinein.«

Der Klotz, der nicht brennen will, ist die Königstochter. Sie ging, als sie den Trommler verließ, selber ins Feuer, und sie *kann* nicht brennen, ihrem Wesen kann das Feuer nichts anhaben. In den Augen der Hexe ist das Unzerstörbare der Königstochter ein Klotz, ihr zuwider, wie uns etwas ein Dorn im Auge ist.

Der Trommler besinnt sich nicht lange, er springt hinein. Es ist der Augenblick, wo jedes Besinnen ein Fürchten und ein Fürchten sein Tod wäre: Der Höhepunkt des Geschehens ist erreicht. Wir erleben einen Augenblick, der einem Selbstopfer gleichkommt, einer Phönix-Stufe. – Noch im Sprung ins Feuer weiß der Trommler nicht, wen und was er in dem Klotz herauszuholen hat. Es ist die Gesuchte, er holt sie aus den Flammen. Sie macht *mit ihm* die Feuerprobe durch – und das ist es, was die beiden von nun an und für immer »zusammenschweißt«, bindet, vereinigt.

Wie, wenn er den Sprung nicht gewagt hätte?

Noch steht er im Staunen vor der aus den Flammen Geretteten, und sie verwandelt sich in die schöngewandete Königstochter, als die Alte noch einmal dazwischenfahren will. Da packt er die Hexe »mit beiden Händen« und wirft sie in die Glut.

Die Hexe und das Feuer

An dieser Stelle kann man fragen, ähnlich wie bei Hänsel und Gretel, wo auch die Flammen im Backofen die Hexe verzehren: Sehnt sich die Hexe nicht im tiefsten und letzten Grunde nach dem Feuer, sehnt sie sich nicht selber ins Feuer hinein?

»Hu! Mich friert ... Aber das ist ein Feuer, das brennt, das wärmt mir die alten Knochen, da wird mir wohl.«

Fordert sie ihn nicht gleichsam auf, sie mittendrein zu setzen, um die alten Knochen ganz zu durchwärmen, das Verknöcherte endgültig aufzulösen? Das verhexte Steinalte will seinem Ursprung in der Wärme und im Licht wieder zugeführt werden. Scheinbar ein Akt der Vergeltung, ist der Wurf der Alten ins Feuer ihre Erlösung. Auch das Böse sehnt sich nach Erlösung, weil es in der Verhärtung wie im Schmerz erstarren mußte – es »friert«!

Der Sturz ins Feuer erscheint nur einem oberflächlichen Blick als Strafe. Hexe und Feuer suchen sich, da wird der Hexe wohl; und die Flammen schlagen über ihr zusammen, »als freuten sie sich, daß sie eine Hexe verbrennen sollten«.

Hüten wir uns, diesen geheimnisvollen Akt als Rache und Vergeltung einzuschätzen. Im Grunde bangt auch die Hexe darum, ob der Trommler die Probe besteht. Königstochter *und* Hexe sind in ihrer Erlösung gleichermaßen von ihm abhängig; die guten und die hemmenden Weltenmächte sind für ihr innerstes Dasein angewiesen auf den Menschen. Lassen wir uns nicht irreführen von dem schikanösen Ton der Hexe. Hier gibt es nichts Geschmeicheltes, Rührseliges. Die Alte praktiziert den galligen, schwarzen Humor. Wie frivol-spöttisch klingt noch ihre letzte Aufforderung: »Nur munter hinein!« – Die Alte bleibt boshaft, spitzig, unbarmherzig bis ans Ende. So *ist* sie, in sich selber wahr. Sie verlangt zwar nach der Erlösung, doch würde ihr eher die Zunge brechen, als daß sie flennte: »Erlöse mich!« Sie treibt Widerstand, bis zur Selbstauflösung.

Aber ohne diesen Widerstand durch und durch würde der Trommler für die Königstochter und sich nicht das erringen, was er erringen will, auch wenn er es nicht immer im Bewußtsein hat: die Freiheit. »Hast du das noch getan, so bist du frei und kannst ziehen, wohin du willst«, verspricht ihm die

Alte. Die Hexe stellt die Aufgaben und läßt ihn zugleich den Sprung in die Freiheit wagen.

Seine Freiheit ist zugleich ihre Befreiung. Fällt uns nicht auf, daß die Hexenaufträge den einzigen Sinn haben, nach und nach diese ganze Hexenwelt aufzulösen? Zunächst verschwindet der Fischteich, das »Davor« ihrer Behausung; dann der Wald, das »Dahinter« ihres Sitzes; zuletzt geht alles in ein Flammenmeer über, und sie selber löst sich darin auf. Und was wird aus dem Haus, in dem sie wohnt? Es verwandelt sich, wie wir gleich erfahren, mit ihrem Tod in eine Schatzkammer von Gold, Silber und Edelsteinen. Hat also die Hexe nicht von vornherein auf ihn gewartet zur Entzauberung ihrer Glasbergwelt? Wollte sie nicht selbst die Entstofflichung der verzauberten Wasser und Wälder in Wolken und Flammen, die der alten Knochen in Wärme?

Rückweg und Rückfall

Durch die Feuerprobe werden des Trommlers Augen aufgetan. Erst nach dem Feuersprung erkennt er das schöne Mädchen als die Königstochter. Jede Probe förderte eine Erkraftung, doch erst die letzte hat sein Schauen geläutert. Im Bewußtseinsfelde oben wacht er am spätesten auf; das ist das Charakteristische des Trommler-Willensmenschen.

Nicht umsonst folgt nun nach dem Sprung ins Feuer, dem Herausholen des Klotzes, dem Flammensturz der Hexe, nach den Entscheidungstaten eine Ruhe der Besinnung und des Betrachtens:

> *Die Königstochter blickte darauf den Trommler an, und als sie sah, daß es ein schöner Jüngling war, und bedachte, daß er sein Leben darangesetzt hatte, um sie zu erlösen, so reichte sie ihm die Hand und sprach: »Du hast alles für mich gewagt, aber ich will auch für dich alles tun. Versprichst du mir die Treue, so sollst du mein Gemahl werden. An Reichtümern fehlt es uns nicht, wir haben genug an dem, was die Hexe hier zusammengetragen hat.«*

Aus dem Sinnen der Königstochter entfaltet sich zugleich ein *Danken.* Sie sind glücklich vereint, an Reichtümern fehlt es nicht. Es sind merkwürdige Gestalten, diese Hexen. Widerborstig und abstoßend treten sie einem entgegen, steinalt, knochig und klapprig. Schließlich findet man – aber eben erst *nach* ihrem Ende – »Kisten und Kasten mit Schätzen angefüllt«: Gold, Silber und Edelsteine. Gold und Silber läßt das bräutliche Paar liegen; es sind *alte* Schätze, die die Hexe anderswo, zu anderen Zeiten und von anderen Sternenorten gesammelt oder geraubt hat. Aber die Edelsteine nehmen die beiden an sich – und mit Recht. Die Edelsteine sind Erdenschätze. Es ist in die Erdentiefe versenkte Lichtsubstanz, die Stein geworden ist. Die Lichtsubstanz hat den Verdichtungsprozeß der Erde mitgemacht, während Gold und Silber als Metalle ihr Entstehen dem Einwirken von Planetenkräften verdanken.* In den Edelsteinen sind Licht und Farbe zu Erdenstoff verdichtet, oder umgekehrt, Erdenstoff ist zu Licht und Farbe verklärt. Es hat den Anschein, als ob der Kristallisationsprozeß seinen letzten Abschluß erst fände mit dem Tod der Hexe, als ob die Edelsteine des Märchens zu Edelsteinen erst endgültig würden in dem Augenblick, wo sich die Hexe im Feuer auflöst. Da erst werden sie genannt, und da finden sie sich in »Kisten und Kasten«. Erst nach den Erlösungstaten können die kristallisierten Erdenfrüchte von dem neuen Paar in einen neuen Tag fortgetragen werden.

Um vom Glasberg herabzukommen, bieten sich zwei Möglichkeiten: Wunschsattel und Wunschring. Der Trommler verweist stolz auf seinen Sattel: »Setze dich zu mir auf meinen Sattel, so fliegen wir hinab wie Vögel.« Er verschweigt, daß er ihn den beiden »Brüdern« entführt hat, handhabt ihn als sein Eigentum. Hat er also doch echten Anteil an ihm?

Die Königstochter lehnt ab. »Der alte Sattel gefällt mir nicht« – nicht weil er äußerlich verschlissen und sie zu eitel wäre. Hier gilt »alt« im Sinne von veraltet, der Vergangenheit angehörig, unbrauchbar. Es sind ja die aus den Blutsnatur-Zusammenhängen aufsteigenden Tragekräfte. Wir haben gesehen, daß er den Sattel aufgetrieben hat am Fuß des Glasberges, nachdem ihn gerade die Riesen ungeschlachter Urtriebe verlassen haben und er ins Gehege der seelisch-grobkörnigen Naturburschen geraten ist, die mit den alten Instinktkräften dahinleben. »Man reitet und kommt fort und weiß nicht wie«, sagt Hans im Glück in der gleichen Situation. – Nachdem der Sattel den Trommler auf den Glasberg getragen hat, hat er seinen letzten und wichtigsten Dienst getan – und doch möchte sich der Trommler von ihm nicht trennen. Auch wenn er sich von der Königstochter bestimmen läßt, dem

* Ausführungen hierzu: Wilhelm Pelikan, Sieben Metalle, 2. Auflage 1959, Philosophisch-Anthroposophischer Verlag Dornach.

Wunschring zu folgen, bleibt ein Teil seines Seelenwesens immer noch »im Sattel«. Deswegen ist auch das Märchen nach dem Tod der Hexe noch nicht zu Ende, obwohl doch alles schon gut zu sein scheint. Der Weg vom Glasberg zurück birgt ebenso seine Klippen wie der Weg hinauf.

»Der alte Sattel gefällt mir nicht«, sagte sie, »ich brauche nur an meinem Wunschring zu drehen, so sind wir zu Haus.« – »Wohlan«, antwortete der Trommler, »so wünsch uns vor das Stadttor.«

Und hier tritt der Zwischenfall ein. Der Trommler hat einen kleinen Sonderwunsch: am Stadttor will er Einkehr bei seinen Eltern halten, ihnen Nachricht geben und »bald zurück sein«. Die Königstochter erkennt, was dem Trommler droht, und warnt ihn. Zu den Eltern zurückkehren bedeutet für ihn, falls er sie auf die rechte Wange küßt: sich wieder vereinigen mit den Blutsbanden der Wiege, wieder eintauchen in den Vererbungszusammenhang, seelisch gesprochen: die Bestätigung des Wiedereinstiegs in den alten Sattel, auf den er verzichten müßte, da er durch die Glasbergerfahrung *älter* und *reifer* geworden ist. An Wunschring und Sattel zugleich teilhaben wollen, verträgt sich nicht. Die Truggelüste der Jugend dürfen künftig nicht mehr hereinspielen, da die Zeit eines Springinsfeld hinter ihm liegt und er Bräutigam einer Königstochter geworden ist.

Das einmal Eroberte halten und die erreichte geistige Stufe in sich selber bewähren oder wahrmachen ist die nächste Prüfung des Trommlers, die Prüfung auf dem Weg nach Haus.

Die kleine Zwischenstation wird sein Verhängnis. Er kommt zu den Eltern, und siehe, in seinem väterlichen Heim erkennt ihn niemand mehr, so sehr hat er sich verändert –

denn die drei Tage, die er auf dem Glasberg zugebracht hatte, waren drei lange Jahre gewesen.

Deutlich zeigt sich, daß er sich seiner Welt der Blutsverwandtschaft entfremdet hat. Ist er doch auf dem Glasberg eine neue, frei gewählte und aus dem gemeinsamen Schicksal erwachsene Verbindung eingegangen. Und doch küßt er nun die Eltern auf die rechte Wange, er stuft sich selbst zurück und löscht damit das Gelöbnis mit der Königstochter aus seinem Gedächtnis. Jeder Gedanke an sie entschwindet. Er geht erneut unter im Stadtgetriebe.

Hier fällt einem das prophetische Hohnwort der Alten nach der

Feuerprobe ein: »Du meinst, du hättest sie, aber du hast sie noch lange nicht.« Und keine Hexe entzieht ihm diesmal die Königstochter, er entzieht sie sich selbst. Weiß er überhaupt noch, daß er auf dem Glasberg war? Er versinkt in arglos-stumpfe Untätigkeit, läßt geschehen, was geschehen mag.

»Die Eltern wußten gar nicht, was sie mit dem Reichtum anfangen sollten.« Er hat die Taschen voll der herrlichsten Edelsteine, leert sie aus – und die Eltern können den wahren, erlittenen Wert nicht ermessen. Die Edelsteine werden zum äußerlichen Reichtum. Es wird ein Schloß gebaut mit allen Bequemlichkeiten, und er, der Trommler, soll wie ein Fürst darin wohnen. Und als es fertig ist, sucht ihm die Mutter ein Mädchen aus, und »in drei Tagen soll die Hochzeit sein«. Aus dem prachtvollen Trommler, einstmals berstend vor Tatendrang, ist der Eltern braver Junge und Stolz geworden. »Der Sohn war mit allem zufrieden, was die Eltern wollten.« Vom »Trommler« ist nichts mehr zu spüren.

Die drei Rufnächte

Die Königstochter wartet vergeblich draußen vor dem Stadttor. In ihrer Traurigkeit will sie nicht an den Hof ihres Vaters zurück. Während der Trommler – zwar ohne eigenes Zutun – im fürstlichen Schloß und einem nicht mehr verstandenen Reichtum seine Tage hinlebt, verzichtet sie auf die ihr gemäße Heimkunft in ihres Vaters Haus. Entsagend wünscht sie sich mit ihrem Wunschring in ein »einsames Waldhäuschen«.

In welch einem *Walde* steht nun dieses Häuschen? Existiert außer dem Riesenwald und dem des Glasberges noch ein dritter? Wie viele weitere Wälder mag es geben? Der Wald einer trauernden Königstochter? Es gibt im Märchen auch erlöste Wälder, die frei und gereinigt, durchlichtet vor dem Blick liegen, z. B. nachdem der wilde Mann gefangen ist im »Eisenhans« oder am Schluß von »Jorinde und Joringel«. Sprechen wir nicht auch von einer Karfreitagsaue im Bereich des Gralsberges Monsalvatsch (der ein Gegenberg zum Glasberg sein dürfte)? Lebt und webt in der Königstochter nicht auch eine Karfreitagsstimmung? Sie hat den Bräutigam verloren.

Ergreifend schildert uns das Märchen, daß sie jeden Abend in die Stadt kommt und an seinem Haus vorübergeht, daß er sie sogar manchmal sieht, aber nicht mehr kennt. Er ist von neuem blind für sie geworden. Was kann sie tun? – Hat sie nicht schon auf dem Glasberg, in der Ruhe des ersten Vereintseins, das rätselhaft vorausschauende Wort gesagt: »Du hast alles für mich gewagt, aber ich will auch für dich alles tun.«

Dort schien es, als sei überhaupt nichts mehr zu tun, als bleibe nur noch übrig, mit den Schätzen der Hexe ins Land der Seligkeit zu reisen. Jetzt muß die Königstochter den Trommler erlösen. Muß sie? Sie will es, und es kann nur durch sie geschehen.

Wiederum kann man fragen: Warum geht sie, wenn sie schon untertags an ihm vorbeikommt, nicht schlicht auf ihn zu und sagt: »Ich bin es«, macht ihr Recht geltend auf sein Treuegelöbnis? Muß die Stimme aus seinem Inneren kommen?

Am hellichten Tage würde er sie überhaupt nicht wahrnehmen, sein Blick würde sie nicht erfassen, sie wäre, banal und doch genau gesagt, »Luft« für ihn. So wartet sie bis zum Abend, wo die Übergangssinne sich regen, sucht ihm da zu begegnen. Aber nichts in ihm spricht an, er ist stumpf geworden. Einstmals fand er am Abend das feine weiße Leinen und hörte dann die leise Stimme. Was einmal war, scheint vorbei wie nie gewesen.

Schließlich bleibt der Königstochter nur noch der Versuch einer *Nacht*begegnung übrig, und er führt über den Wunschring. Dieser Entschluß reift, da sie hört, daß die Leute sagen: »Morgen wird seine Hochzeit gefeiert.« Nun sagt sie das schöne, ja – man nehme es nicht übel, wenn sich das Wort wiederholt – das ergreifende Wort: »Ich will versuchen, ob ich sein Herz wiedergewinne.«

Sie dreht ihren Wunschring, wünscht sich ein Kleid, so glänzend wie die Sonne, und mit diesem Kleid erscheint sie auf dem Fest. Alle sind davon entzückt, am meisten die dem Trommler auserwählte Braut,

> *und da schöne Kleider ihre größte Lust waren, so ging sie zu der Fremden und fragte, ob sie es ihr verkaufen wollte. »Für Geld nicht«, antwortete sie, »aber wenn ich die erste Nacht vor der Türe verweilen darf, wo der Bräutigam schläft, so will ich es hingeben.« Die Braut konnte ihr Verlangen nicht bezwingen und willigte ein, aber sie mischte dem Bräutigam einen Schlaftrunk in den Nachtwein, wovon er in tiefen Schlaf verfiel.*

Wie *seine* Erlösungsaufgabe drei Tage dauert mit drei Taten, so dauert die *ihre* drei Nächte mit dem dreimaligen magischen Ruf, den sie an der Schwelle kauernd von sich gibt. Die Königstochter tut nichts äußerlich, sie darf nichts tun, sie muß warten und rufen, bis der Ruf in ihm selbst ankommt. Sie vertraut auf ein reines Wort-Ereignis, den Weckruf an sein Geistgehör, auf daß ihm das Geistgedächtnis wieder aufgehen kann. Soll sich dies ereignen, bedeutet es für ihn, den Schlaftrunk ablehnen, den Trunk der Tagessinne. Das Märchen sagt, er muß den Becher hinter dem Bett ausschütten, er darf die Sinneseindrücke des Tages nicht mit in den Schlaf nehmen, muß sein Bewußtsein leer davon halten, innerlich wach bleiben.

Der erweckende Spruch der Königstochter wird wirklich dreimal Zeile für Zeile wiederholt – und welche Stille entsteht, wenn er gesprochen wird! Auch dieser dreifache Ruf ist eine Tat und ein Abenteuer, ebenso erregend wie das dreifache Abenteuer des Glasbergs, vielleicht gerade dadurch, daß die Prüfungen des Glasbergs sich im Nach-Ruf noch einmal ereignen. Zweimal hallt der Ruf vergeblich. Andere Leute machen den Trommler schließlich aufmerksam, und erst in der dritten Nacht erreicht das beschwörende Wort sein Ohr; in dieser dritten Nacht verzichtet der Trommler auf den Schlaftrunk.

Noch einmal bewegt den Betrachter die Eigenart des Wunschringes. Wie der Ring auf dem Glasberg in die *untere* Welt eingreift (die verhexte Natur ihrem kosmischen Ursprung zurückführt: den Fischteich entwässert, den Wald fällt, die gestapelten Massen entzündet), so holt er jetzt in den Vermählungstagen aus den *Himmelsweiten* die drei Kleider herein. Sonnen-, Mond- und Sternenwelt schenken sich der Königstochter, und die kosmische Schönheit wird herabgerufen ins Menschengemäße, zu Kleidern gewoben. Sich selber darf die Königstochter mit dem Wunschring nur Entbehrung und Einsamkeit wünschen. Für den Geliebten aber geschieht das Kleidwunder, für ihn begibt sie sich auf das Fest.

Merkwürdig, daß auf dem Fest er, der Bräutigam, nicht in Erscheinung tritt! Man merkt nichts von ihm, als sei er gar nicht anwesend. Er spricht kein Wort während des Festes – man könnte sagen, er heiratet nicht, er wird verheiratet. Um so beherrschender tritt die andere Braut hervor: die himmlische und die irdische Braut messen ihre Kräfte. Die irdische Braut hat den Trommler im Besitz. Aber wie besitzt sie ihn: erlahmt, lau, verschwommen! Sie besitzt seine Hüllen und seine Sinnennatur – eben alles, nur nicht sein Wesen. Die Königstochter liebt sein Wesen – und verschenkt seinetwegen die Sternenhüllen. Sie gibt sie hin für sein Herz, den Wesenskern. »Ich will versuchen, ob ich sein Herz wiedergewinne.«

Gleicht die andere Braut nicht der zweiten Königstochter im Märchen von der Gänsehirtin am Brunnen, die den Vater liebt wie ihr schönstes Kleid? Es ist eine Seelengestalt, die sich im Hüllenhaften, im kunstvollen Schönen erlebt. Sie gefällt sich im Selbstbeschauen und verliert sich an den Reiz der Dinge.

Die rechte Braut ist die seinem Herzen verbundene, die mit ihm durch die Prüfungen gegangene Braut. Der Wunschring wird zum Ring der Treue, der ihr Bestes umschließt. Die Königstochter er-ringt wirklich den Trommler. (Ring – erringen – Errungenschaft: die Sprache drückt den Geistcharakter des auf diese Weise errungenen Besitzes aus.)

Und die wahre Hochzeit ward mit großer Freude gefeiert. Die erste Braut behielt die schönen Kleider zur Entschädigung und gab sich zufrieden.

Das Märchen endet im allseitigen Frieden, da alle das erhalten, was ihnen das Liebste ist.

*

Rückschauend tritt die Eigenart des Märchens ins klare Licht. Hier geschieht eine doppelte, eine gegenseitige Erlösung. Jeder tut für jeden das Äußerste.

Erinnern wir uns, wie bei den Proben der Trommler den Anfang setzt, die Königstochter das Begonnene zur Vollendung rundet. An seine Willensentschlüsse kann die Königstochter anknüpfen. Ihr zartleiser Weckruf in der nächtlichen Stille sucht ihm dieses gemeinschaftbildende Tun zu erinnern; der Ruf erneuert den Bund.

Lautet das Schlüsselwort für den Trommler: »Was ich will, das kann ich; ich habe Mitleid mit dir und fürchte mich vor nichts« – so für sie: »Du hast alles für mich gewagt, ich will auch für dich alles tun.« Die Erlösung liegt im Wagnis füreinander.

Und wenn die drei Glasbergtage des Trommlers drei lange Jahre waren, so sind die drei Rufnächte ebenso gewiß drei lange Nächtejahre, in denen die hohe Königstochter, die rechte Braut, von jenseits der Schwelle ruft; beschwörend inständig – und wie bescheiden zugleich! Sie kauert, indem sie ruft, sagt das Märchen.

HANS IM GLÜCK

STEINTALER UND STERNTALER

Vom Tauschen und vom Verlust

Hans zieht am Morgen mit dem Lohn eines siebenjährigen Dienstes aus und kommt spät nach Mittag mit leeren Händen bei der Mutter an.

Der Herr, der Hans entlohnt, zahlt mit Gold. Da das strahlende Gold in der Sonne urständet, dürfen wir in ihm einen Herrn der Sonne sehen. Er übergibt Hans den irdischen Abglanz seiner Substanz. Wie der Dienst, so der Lohn: »Du hast mir treu und ehrlich gedient« – Treue und Ehrlichkeit bilden auf Hansens Stufe die seelischen Gegenwerte zum Gold.

Was uns wundert, ist nur, wie wenig sich Hans bewußt wird, welches Gut er trägt; groß wie sein Kopf, doch geht der *Wert* des kostbaren Schatzes nicht in seinen Kopf hinein. Es liegt ihm hinderlich auf der Schulter. Kopf und Gold wollen sich nicht befreunden – will das Gold woanders hin?

Irgendwie schwant es Hans, es müsse was auf sich haben mit der Gabe seines Herrn: »Es ist *zwar* Gold, *aber* ich kann den Kopf dabei nicht gerad halten.« Er schätzt eins gegen das andere ab. Zwischen »zwar« und »aber« fällt die Entscheidung: Um seinen Kopf ungehindert zu bewegen, gibt er das Pfund des Herrn dahin. Er wählt die Freiheit, setzt aufs Pferd.

Addio, goldenes, inhaltsschweres Himmelsgeschenk! Denn dieser Schatz, in dem man das Geheimnis des Sonnenherrn mit sich trägt, nötigt zum gemachvollen Gehen Fuß vor Fuß. Da lassen sich keine Sprünge machen, es bleibt nur, im redlichen Fürbaß den lauter-ruhigen Schöpfungsschritt des Weltenganges fortzusetzen.

So lange Hans den Goldball trägt, schreitet er in des Herren Geleit in den jungen Tag hinein. Aber »nach Haus« ist noch weit und die Mutter fern. Dazwischen liegt ein Tageslauf mit nicht übersehbaren Ereignissen, ein Tageslauf, in dem Hans allein und sich selbst überlassen sein wird. Und so gerät er, der Obhut des Herren entwandernd und bei der Mutter noch nicht angekommen, in die Lockmühle der Wünsche.

Wie sollte er auch nicht, da ihm ein Trugbild vor Augen gaukelt! Ein Reiter trabt vorüber – oder flitzt er pfeilgrad auf ihn zu? Im Anblick des Reiters wird der bisherige Dieneschritt zur Plage. Vor dem neuen Herrn auf dem munteren Pferde verblaßt der erste Herr, der zur Weisheit des Schreitens ermuntert, denn der goldene Weg ist ein bescheidener Weg, ein Mittelweg der Geduld, des Tragens und der Beharrlichkeit.

Nun lockt das Getragenwerden und wonnig Bequeme. Ist nicht das Pferd, von Klugheit bebend, ein wundersames Organ der Geschwindigkeit? Flogen die Kurierpferde Dschingis-Khans nicht einst mit der Pfeilkraft des Gedankens von einem Ende Asiens zum anderen? Gibt es in der vortechnischen Zeit etwas Vornehmeres, Schwunggetrageneres, den Raum zu überwinden? Kennen wir nicht den Spruch vom Glück der Erde auf dem Pferderücken? – Wir können Hans nicht verdenken, daß für ihn das Reiten zum Inbegriff des Selber-ein-Herr-Seins wird.

In der Versuchungsgeschichte der Genesis bricht Eva, die Paradiestochter, die Frucht vom Erkenntnisbaum – und sie weiß es sich so überzeugend als artig zu begründen:

»Und das Weib schauete an, daß von dem Baum gut zu essen wäre, und lieblich anzusehen, daß es ein lustiger Baum wäre, weil er klug machte; und nahm von der Frucht« (1. Mos. 3. 6).

Man empfinde nach, was Hans, diesen Paradiesesjungen, im Anblick des Reiters bewegt:

»Ach«, sprach Hans ganz laut, »was ist das Reiten ein schönes Ding! Da sitzt einer wie auf einem Stuhl, stößt sich an keinen Stein, spart die Schuh, und kommt fort, er weiß nicht wie.«

Hans macht sich weis, daß es letztlich das Nützliche und Sparsame sei, was das Reiten empfehle. Er holt sich im Selbstgespräch die hübsche moralische Stütze, um der Berechtigung seines Begehrens völlig sicher zu sein, weil eben das Ganze so lieblich-schön, so überaus lustig-bequem ist.

Wer ist überhaupt der Reiter? Er kommt wie zufällig zu Hans herangetrabt, hat es aber keineswegs eilig, weiterzukommen. Er scheint zu keinem bestimmteren Zweck ausgeritten, als Hans zu begegnen. Es muß uns stutzig machen, daß ein »frisch und fröhlich« in Unternehmungen befindlicher Mann auf den bloßen Stoßseufzer eines Fußwanderers hin seinen Ritt anhält.

Da muß es schon was auf sich haben mit dem Stöhnenden am Wegrand – und das hat es ja, und eben dafür hat der Reiter einen Riecher: Goldluft, Goldluft weht um Hans! Diese Goldluft zieht den reitenden Unbekannten an, so daß er es bereitwillig einzurichten weiß, dem geplagten Diener eines fern gerückten Herrn gewissermaßen eine Freundlichkeit zu erweisen, indem er den Tausch vorschlägt; das Pferd gegen den Klumpen, eins gegen das andere. »Klumpen«, wie sich das anhört! Geschickt greift der Tauscher die Redensart, die Hans kurz zuvor gutmütig verdrossen hingesagt, auf und verfährt damit. Die Redensart spielt den sieben Jahre Dienst aufwiegenden Goldgehalt ins Belanglose herunter; es bleibt nur noch das klumpig Drückende übrig, die Schwere.

Hans, durch die Aussicht, reiten zu dürfen, wertblind geworden, ist so durchdrungen von dem Gewinst, daß er den Tauscher, der besser ein Täuscher hieße, in aller rührenden Unbefangenheit bedauert, um nicht zu sagen: warnt vor dem Tausch:

»Von Herzen gern, aber ich sage Euch, Ihr müßt Euch damit schleppen« –

mit dem Gold nämlich, das Hans nun los wird. – Dieser goldene Hans, was für ein klug-gakelnder Dummkopf sitzt ihm auf den Schultern! –

Bis hierhin wäre alles angängig, aber der letzte Kniff, von dem abgesessenen Reiter Hans nebenbei mit auf den Weg gegeben, besiegelt den ersten Wechsel und das erste Verhängnis:

»Wenn's nun recht geschwind soll gehen, so mußt du mit der Zunge schnalzen und hopp, hopp rufen« –

ein Rat wie ein lässiger Peitschenschmitz, dessen Knattern erst »über eine Weile« in Hansens Ohr ankommen und dort seine Wirkung nicht verfehlen wird. Es geht auf des Pferdes Rücken ohnedies vortrefflich ins Weite. Hören wir nur den strahlenden Satz, der sich anschließt –

»Hans war seelenfroh, als er auf dem Pferde saß und so frank und frei dahinritt.«

Vorher Goldweisheitsschritt, jetzt streicht die Brise der Freiheit um Hansens Gesicht. Für eine Zeit fühlt sich Hans wirklich als ein Herr, hoch zu Roß und seelenfroh. Aber dann fällt ihm ein, daß er noch ein Hopphopp auf Vorrat habe, und er erprobt die empfohlene Kunst. Jetzt ereignet sich der

Sturz. Denn die Zauberformel setzt das Pferd wie versprochen in starken Trab – und dem ist Hans nicht gewachsen. Wir sehen einen Zauberlehrling, der seinen Hexenbesen nicht mehr zum Stehen bringt, denn wie er das Pferd wieder anhalten könne, hat ihm der Reiter nicht verraten. Man kann auch sagen: Hans erliegt einer Verführung, die ihm verfrüht und unzeitig die Zügel einer edlen kosmischen Schnellkraft, der Flugkraft des Gedankens, in die Hand legt. Um das *Was* zu nützen, muß man wissen, *wie* es geschieht. Hans glaubt, es ginge auch so, man »kommt fort und weiß nicht wie«. – So hebt ihn sein eigenes Ungeschick aus der Bahn.

Und wie Adam nach der Paradiesversuchung zum Schweiß verurteilt auf den harten Erdenacker gestoßen wird, landet Hans zwischen Acker und Landstraße im Graben. Er hat den Flugrausch gekostet und findet sich um so fühlsamer in seine Knochen geschüttelt. Das wird deutlich ausgesprochen:

»Hans suchte seine Glieder zusammen und machte sich wieder auf die Beine.«

Mit dem Sturz fällt zugleich seine Stimmung in die Tiefe (»er ward verdrießlich«), wie sie sich kurz zuvor in die tragend-trügerischen Lüfte erhoben hat. So wird das nun immer weiter wellen, hoch aufjauchzend, zu Tode betrübt, auf und ab, von Stufe zu Stufe; und beim Steigen immer eine Spur weniger hoch und weniger herrlich, beim Fallen immer einen Ruck tiefer hinab, jedenfalls vom Anfangsreichtum des Goldes her immer ein Stückchen erbärmlicher nach unten gleitend.

Nur entdeckt Hans sein Abgleiten nicht. In allen Graden eines Sanguinikers steigt und sinkt er durch die Empfindungsabenteuer seines Wandertages hindurch, schwankt zwischen Erwartung und Enttäuschung, Übermut und Verdruß und merkt nicht, daß er der Hansel seiner Wünsche ist, das Opfer biederer Betrüger. So nimmt das beglückende Verhängnis oder das verhängnisvolle Glück, wie man will, seinen Lauf.

Was für jedes Märchen gilt, vollzieht sich hier in klassischer Form: keine Begegnung ist zufällig, so zufällig sie scheint, und jede Begegnung hat ihre eigenen Folgen. Der Pferdefuß liegt immer an einer anderen Stelle; schon das nächste Mal wird es der Kuhfuß sein, der Hans eins vor den Kopf gibt. Jede Begegnung zeitigt Freuden und Leiden, und so bildet sich eine Kette von Taten und Leiden, und keine Macht kann die einmal eingeschlagene Bahn mit ihren Folgen ändern. Keine Begegnung ließe sich auswechseln, etwa vor-

oder hinterher setzen; keine könnte wegbleiben. Alle erweisen sich letzten Endes von einer unergründlichen Weisheit als möglich eingeplant, am rechten Ort und zur rechten Zeit, auch wenn der nichtswissend Wünschende, Hans nämlich, nur einfach um was zu tun, mit dem Nächstbesten oder Nächstschlechten anbändelt.

Einzig Hans selber vermöchte den Lauf umzustoßen, wenn er sich mit dem einmal Gewählten bescheiden würde. Das tut er aber in keinem Fall, außer im letzten, wo es nichts mehr zu tauschen gibt. Erst mit dem letzten zerronnenen Besitz sind auch seine letzten Wünsche verflogen, und sie sind ja die Triebfeder aller Geschehnisse. »Alles, was ich wünsche, trifft mir ein«, sagt er einmal. Ist es nicht, als riefe er jedesmal insgeheim den nächsten Vaganten mit seinem Lockvogel schon herbei, noch bevor dieser in Erscheinung tritt? Die Götter schicken uns als Boten immer *den* entgegen, der innerlich gerufen wird – auch wenn es die Gedanken oben nicht fassen. Inwendig wirkt ein Rufer. Das Wunschwesen ist der Rufer. Tritt der Wunscherfüller in Erscheinung, verstehen die Gedanken das als reinen Zufall zu deuten, einen Zufall, der ohne alles eigene Zutun das genau Richtige bringt. So handhabt es Hansens Denkkunst in entwaffnendem Beispiel. Er macht das ohne alle berechnende Schläue.

Oder denkt er nicht auch ein bißchen daran, die andern dranzukriegen? Nein, er will nicht betrügen, er will nur von dem, was zu haben ist, das Beste haben. Er bedenkt seinen Vorteil. Und immer sieht er das Beste in dem, was er nicht hat. Was er hat, will er nicht. Das ist Hansen-Art.*

Auffällig ist andererseits, daß ihm das neu Erlangte immer zu Schaden gereicht, noch bevor er es recht besitzt. Indem er sich gerade in den Genuß des Erreichten setzen will, versetzt es ihm einen Schlag, entschlüpft, zerrinnt unterm Arm, plumpst in den Abgrund. Seine glücklichsten Augenblicke genießt er merkwürdigerweise im *Vor*genuß. Zum eigentlichen Genießen kommt er nicht. Allein beim Reiten hat er einen genußvollen Ansatz, »über ein Weilchen« dauert die Lust; von da an wird's immer weniger. Genuß will Gegengaben. Er setzt Arbeit voraus, einen Reifeprozeß, der zu Geschick, Können, Beherrschung führt, zu Maß. Der letzte Genuß für den Menschen steht wie der siebte Gottestag am Abschluß eines langen Werdegeschehens; es ist ein Friede des Vollendethabens.

* Mehr über die Hansen in der späteren Betrachtung »Der starke Hans«.

Wie geht es Hans mit der Kuh? Kaum wird er ihrer ansichtig, verliert er sich in die behaglichsten Butter- und Käsephantasien. Er vergißt, daß man, um von einer frischen Butterstolle herunterzuschneiden, mancherlei tun muß, bis sie auf dem Tische liegt. Butter- und Käsemachen sind ihm eins, für ihn geht alles von selber. Aber noch steckt die Milch im Euter, und von allein fließt sie nicht in die Ledermütze. Schon das Melken wird zu einer heiklen Sache. Hans versucht es, weil er Durst hat (»dem Ding ist zu helfen«), und erntet von dem aufsässigen Tier einen kräftigen Tritt. Diesmal wird er besinnungslos.

Hans tut immer, als wüßte er schon alles. Und von all den Tauschern gibt ihm auch nicht einer eine gediegene Anweisung, wie er sich seiner Habe im rechten Sinne bedienen könne. Im Gegenteil, der Kuhbauer, bis zu dem Augenblick, wo sie handelseinig werden, ein hilfsbereit scheinender Mann, kann sich danach nicht eilig genug aufs Pferd schwingen und davonreiten – was doch nichts anderes besagt, als daß er den Dummen seiner Dummheit überläßt und die Beute pfiffig in Sicherheit bringt.

Auf dieselbe Art wird Hans seine Kuh an den Metzger los und ergattert ein *Schwein.* Zuerst labt der Metzger den vom Kuhtritt benommenen Hans mit einem Schluck aus der Flasche und stellt ihn abermals auf die Beine (beim Pferdesturz kam Hans noch allein auf die Beine; diesmal braucht er Hilfe, und gleich eine brandige Hilfe aus der Flasche). Die Belohnung für seinen Samariterdienst holt sich der Metzger, der sich als ein gewitzter Makler entpuppt, indem er an Hansens Kuh kein gutes Haar läßt, so daß Hans nur noch japsen kann: »Ei, ei, wer hätte das gedacht« – und sie gern abstößt.

Handfest und derb treten Bauer und Metzger auf; gröber und bodenständiger als der geheimnisvolle Reiter. Man möchte sagen, sie tragen den Kittel eines achtbaren Gewerbes; der Reiter trug die Jacke einer hochtrabenden Vornehmheit.

Sehr bedenklich wird es aber nun bei den zwei letzten Begegnungen. Hans gerät am lichten Tag in den Bannkreis *zwielichtiger* Elemente.

Da taucht erst einmal der Bursche auf mit der Gans unterm Arm. Hans plaudert offenherzig auf ihn ein, und der Bursche zieht sofort nutzbringende Schlüsse daraus. Es ist ein Schlitzohr, allerdings ein Schlitzohr, das die Gaunerei mit Humor betreibt. So spielt sich um die Gans ein Stück köstlichen Dialogs ab:

»Hebt einmal, wie schwer sie ist; sie ist aber auch acht Wochen lang genudelt worden. Wer in den Braten beißt, muß sich das Fett von beiden Seiten abwischen.« – »Ja«, sprach Hans und wog sie mit der einen Hand, »die hat ihr Gewicht, aber mein Schwein ist auch keine Sau.«

Wie ernsthaft sich Hans auch ins Zeug legt, um sein Schwein im Gewicht zu halten, er hat es schon verloren, auch wenn ihm das Seil noch in der Hand baumelt. Das »Fett« hat's ihm angetan. Und der mit allen Wassern gewaschene Bursch dreht mir nichts dir nichts den Spieß um, drückt Hans sein Diebsgut unter den Arm und entführt Hansens ehrlich erworbenes Schwein »schnell auf einem Seitenweg«.

Wie haben Hans seine Begehrlichkeiten betrogen! Was er zu meiden glaubt, haftet ihm nun vollends an, der Diebsgeruch. Sein gutes Gewissen läßt ihn zwar schuldig-schuldlos weitertraben, sagen wir es ruhig, nur noch eine Stufe tiefer hinein in den Verlust, dem gerissensten aller Tauschkünstler in die Finger, dem Scherenschleifer, der sein Trickspiel so unverfroren offen in den Tag hinwirft, daß es wie das redlichste Stück Arbeit vor Augen liegt. Geld wird zum magnetischen Wort. Aus Gold ist Geld geworden. Mit Geld ist die Welt zu eigen und alles Glück zu machen.

Schere und Messer sind Instrumente, die nur zu trennen vermögen, nie zu verbinden. Sie sind uns unentbehrlich geworden, sie helfen uns, das uns Genehme an- und einzuverleiben. Sie halten sich ans Große und machen es klein. Wie Messer und Schere, so teilt und schnippelt der scharfe Verstand alles, was ihm auf Erden und am Himmelszelt in die Quere kommt, in begrifflich Verwertbares, in Wissensfetzen. Der Schleifer hinwiederum schleift *diese* Instrumente auf seinem Schleifstein. Er *wetzt* die Klingen, macht das Stumpfe scharf und läßt finden, wo nichts mehr zu suchen ist. Ein ausgekochter Patron, der gönnerhaft tut und schon am Winde schmeckt, wo der Hase im Pfeffer und bei Hans die Gans im Fette liegt. Nach diesem Wind hängt der Scherenschleifer sein Mäntelchen und daraus macht er keinen Hehl.

Mephisto erfindet das Papiergeld. Sein ebenbürtiger Kumpan im Märchen erfindet das Steingeld; er zahlt mit Steintalern. Er klimpert mit Worten wie mit barer Münze, indem er grimmig-lässig-lügenhaft (»es gehört eigentlich nichts weiter dazu«) einen ausgedient-schadhaften Wetzstein als Kapital und »einen gewöhnlichen schweren Feldstein« als Zuverdienst anpreist: »Darauf könnt ihr Eure alten Nägel geradeklopfen«.

Der Schwindel wird in Hansens Ohr zur süßen Musik. Hans ist nun einmal auf natürlichste Weise vom Herrengelüst in den Strudel von Täuschern geraten, wo schließlich das Lockwort Geld alle Herrlichkeiten der Welt vorgaukelt.

Zum erregenden Phänomen für uns wird, daß mit der Gans unterm Arm Hans wieder zu tragen begonnen hat. Erst trug er das Gold auf der Schulter, und es war ihm zu schwer, der »Klumpen« störte ihn. Dann nahm ihn das Pferd auf den Rücken und trug ihn frank und frei fort. Nach dem Sturz mußte er seine eigenen Beine wieder bemühen, doch trieb er die Kuh gemächlich vor sich her. Das Schwein wurde ihm schon lästiger, er zockelte es am Seil hinter sich mit. Nun, durch die Gans, wächst die Last wieder mit ihm zusammen, sie kriecht ihm unter den Arm hinauf. Mit den Steinen vollends liegt ihm die Schwere abermals auf der Schulter, und zwar verdoppelt, sind es doch gleich zwei der Steine! Und doch, wie ganz anders ist sein Wesen nun bei den Steinen aufgerufen! So verdrossen und gedankenleer zu Beginn, als gediegenes Gold ihm anvertraut war, so hellwach finden wir ihn am Ende als Träger von Nichtigkeiten. Wie sollen wir soviel Torheit deuten? War nun alles nur Verlust? Oder steckt auch ein Gewinn in diesen Wunschabenteuern? Lassen wir es uns nicht verdrießen, Hansens Wandlung von der andern Seite her noch einmal zu verfolgen.

Vom Gewinn und vom Tag

Die Kette von Hansens Gesprächen und Selbstgesprächen ist eine Stufenleiter *inneren* Aufwachens.

Sieben Jahre hat Hans gedient. Eine lange Zeit in der Führung des Herrn geht voraus. In der Gegenwart dieses Herrn entringt sich Hans nur der karge Satz, mit dem er seinen Lohn begehrt, um wieder zu seiner Mutter heimzukehren, und er empfängt das Gold. Schon dieser Akt kommt, genau besehen, einem Tausche gleich, und zwar dem einzig gleichwertigen unter allen getätigten. Hier heißt es mit Recht, »*wie* der Dienst war, *so* soll der Lohn sein«. Und für diesen würdigsten und gerechtesten seiner Partner (wenn es nicht eine Verkennung wäre, Herr und Hans auf die Ebene von Partnern zu stellen) hat Hans nicht einmal ein Wort des Dankes übrig. Wortlos stapft er davon. Noch ist er innerlich in seinem Eigenwesen taub. Erst nachdem er der

Zucht des Herrn entronnen ist, schließt er sich auf, je länger, um so beweglicher und redseliger.

Sein Murren im Anblick des Reiters wird als Nächstes von ihm laut. An der Plage erwacht seine Sprache. Man kann auch sagen, an Plage und Freude wird er seelisch regsam.

»Seelenfroh« reitet er dann auf dem Pferd davon. – Seinen Kuhhandel, in den er »mit tausend Freuden« einwilligt, kostet er im Selbstgespräch in aller Genüßlichkeit durch:

»Hab' ich nur ein Stück Brot, und daran wird mir's doch nicht fehlen, so kann ich, sooft mir's beliebt, Butter und Käse dazu essen; hab' ich Durst, so melk ich meine Kuh und trinke Milch. Herz, was verlangst du mehr?«

Als ihm das Schwein zur Hand kommt, ruft er gerührt dem Metzger zu: »Gott lohn euch eure Freundschaft«, und sinniert im Weitergehen, »wie ihm doch alles nach Wunsch ginge; begegnete ihm je eine Verdrießlichkeit, so würde sie doch gleich wieder gutgemacht.«

Und wes das Herz voll ist, des läuft der Mund über. Vor dem Gänseburschen fängt er aus freien Stücken an, »von seinem Glück zu erzählen und wie er immer so vorteilhaft getauscht hätte«.

Wüßte man nicht, welche Minderungen Hans erlitten, müßte man aus seinen Gefühlsäußerungen schließen, er sei von Stufe zu Stufe gestiegen, so entströmt ihm von Mal zu Mal stärker der Dank an die Tauscher und das Sinnieren im Vorgeschmack kommender Genüsse. Die Gans zerschmilzt gleich in drei Kardinalwonnen:

»... erstlich den guten Braten, hernach die Menge Fett, die herausträufeln wird – das gibt Gänsefettbrot auf ein Vierteljahr –, und endlich die schönen weißen Federn, die laß ich mir in mein Kopfkissen stopfen, und darauf will ich wohl ungewiegt einschlafen. Was wird meine Mutter eine Freude haben!«

Schon zieht die Mutter in die Freude ein. Den größten Wanderteil hat er hinter sich, es geht spürbar nach Hause. Und es hat sich bereits so viel ereignet, daß eine *Rückschau* lohnt. Hans von sich aus eilt zwar nur vorwärts, der Scherenschleifer jedoch holt die Rückschau standfest wie mit einer Zange heraus; sie wird als eine echte Rückschau, mit dem Jüngstvergangenen beginnend, in allen Ereignissen vor uns vollzogen. Der Scherenschleifer benützt diesen Rückgang, um die Torheit Hansens abzutasten und ihn schließlich um seinen letzten wägbaren Besitz zu begaunern. Aber gerade da spricht Hans in Verzückung den Satz:

»Wie könnt Ihr fragen; ich werde ja zum glücklichsten Menschen auf Erden.«

Und indem er die wertlose Steinlast fortschleppt, trägt ihn innerlich ein Hochgefühl: »mit vergnügtem Herzen« wandert er weiter; seine Augen leuchten vor Freude.

»Ich muß in einer Glückshaut geboren sein«, rief er aus, »alles, was ich wünsche, trifft mir ein, wie einem Sonntagskind.«

Und beim Brunnen, da die Steine in die Tiefe stürzen, kommen ihm schließlich die Tränen. Ist es ein Zufall, daß am Brunnen die Tränen fließen? Er dankt Gott unter Tränen,

daß er ihm auch diese Gnade noch erwiesen und ihn auf eine so gute Art und ohne daß er sich einen Vorwurf zu machen brauchte von den Steinen befreit hätte, die ihm allein noch hinderlich gewesen wären.

Die Fassung, daß Gott ihm »... auch diese Gnade noch erwiesen ...«, läßt uns fragen, ob Hans nicht alle seine Verluste erwartet hatte, und feststellen, daß der *letzte* Dank an Gott, der Dank unter Tränen der Freude, eigentlich der im Anfang vergessene ist. Mußte er, um diesen Dank zu finden, seinen Wirrwarr-Tagesweg unternehmen? Er dankt für das, was er nicht mehr hat.

So endet Hans als ein kleiner Bruder Franzens von Assisi, der auch zuerst seines Vaters Reichtum verschwendete, sich dann völlig vom Vater lossagte, um die Armut als seine Braut zu erküren und mit dieser Braut die lauterste Fröhlichkeit zu gewinnen. Hans trägt zu Beginn seiner Geschichte einen unschätzbaren Reichtum und endet in der vollkommenen Armut. Von dem überantworteten Gold bleibt ihm nichts mehr übrig als sein vergnügter Sinn.

Er ist »seit Tagesanbruch« unterwegs. (So steht es im letzten Absatz, nach dem »Sonntagskind«.) Hans macht eine ausgesprochene *Tagwanderung*, in der ihn Hitze, Durst und Hunger plagen. Die Zunge klebt ihm am Gaumen; er wird müde und muß schließlich jeden Augenblick haltmachen. Der Tag in seiner Mühe hat seinen Scheitelpunkt da, wo Hans steinbeladen dem Feldbrunnen zuschleicht. Die pralle Sonne steht über ihm. Und da stößt er, nach einem Trunk lechzend, ungewollt seine Last in die Tiefe, sie plumpst ins kühle Wasser hinab. Und in diesem Augenblick quillt sein Herz über von Tränen und Dank. Goldarm, doch strahlend von innerer Sonne kommt er bei der Mutter an. Und auf welche Art er zu seiner Mutter kommt, sagt in der letzten Zeile ein Verb, das in diesem Märchen nur hier und dieses einzige Mal gebraucht wird:

»Mit leichtem Herzen und frei von aller Last sprang *er nun fort, bis er daheim bei seiner Mutter war.«*

Zwischen »Schleppen« und »Reiten« gibt es nicht nur den Goldschritt des Tragens, das Schreiten, sondern auch das leichte Fortkommen ohne Gepäck; Hans ist wendig geworden, er kann nun fortspringen.

Es gibt kein Märchen, das mehr Tag enthielte, als das hier betrachtete. Es spielt vom Ersten bis zum Letzten im blankhellen Sonnenlicht. Man sieht das flache, weithin überschaubare Feld vor sich. Es geht durch eine Heide, »die wohl noch eine Stunde dauerte«. Kein geheimnisschwangerer, dämmernder Wald wird berührt. Offene Landstraßen, Feldwege, Verbindungspfade zwischen Dörfern bis zum Feldbrunnen hin, durchziehen das Bild. Eine alltäglich anmutende, schier nüchterne Welt veranschaulicht diese Märchenlandschaft, so daß es dem bildnerischen Gestalter schwerfällt, das künstlerisch Imaginative darin zu fassen. Alles in »Hans im Glück« drängt zum Diesseitigen hin.

Das Märchen will ankommen lassen, ankommen bei der Mutter hier, die uns alle umfängt. Denn wer ist Hansens Mutter, wenn Hansens Herr der goldschenkende Sonnenherr war? Vielleicht treffen wir das Umfassendste, wenn wir uns besinnen, wie manche alte Kulturen in der Gestalt der Mutter die Erde verehren, das Symbol des Chthonischen, der unteren tragenden Welt. Sehen wir in ihr eine Seelengestalt aller Tragekräfte im Erdenfeld. Wie gerne empfängt sie ihren Sohn zurück! »Hans im Glück« ist ein Herabstiegsmärchen, und Hansens Abenteuer erweisen sich als Seelenereignisse auf dem Erdenweg, wie auch der Menschheit im Zeitengange.

Das tagnüchterne Irdische drückt sich insbesondere aus in den Zwiegesprächen, die Hans bei seinen Tauschgeschäften führt, nicht weniger auch in seinen Selbstgesprächen. Ist es doch reines Alltagsgerede, in dem die Dialoge verlaufen! Keine Zeile zeugt von jener Zartheit und Lieblichkeit, wie sie ahndevoll in Verwunschenheitsmärchen hereinleuchten; andererseits aber auch keine Zeile von der dämonischen Strenge oder grausamen Härte, die den Hexen und Bösewichten anderer Märchen anhaften und dort die Entwicklung dramatisch antreiben. Was Hans mit seinen Gegenübern beredet, ist dem »Volksmund« abgelauscht, ist abgehört dem Allerweltsgeplauder. Hans wünscht, wägt und marktet so, wie Herr und Frau Jedermann wünschen und markten, wenn sie ihre Geschäfte betreiben und ihren Vorteil überschlagen.

Aber etwas unterscheidet Hans von ihnen. Im Abwägen versucht er es zwar jedermann gleichzutun; was ihm jedoch schiefgeht, dem trauert er nicht nach. Und seltsamerweise findet er seine ertauschten Dinge um so erfreulicher, je geringfügiger sie werden. Gerade am Geringfügigen entzündet sich seine Daseinsfreude. Darin ruht das Erheiternde des Märchens, in diesem Widerspruch sein Geheimnis.

Lassen wir Hansens Gefühlsteilnahme in uns nachklingen von Tausch zu Tausch, und wir entdecken die erstaunliche Wandlung: im selben Grad, wie die stofflichen Werte fallen, wertet er sie seelisch auf. Verlust und Gewinn gleicht er auf einer unsichtbaren Karatwaage aus, wobei er in inneres Behagen, ja Entzücken überzuführen weiß, was an äußerer Fülle entschwindet. Er bewahrheitet Rudolf Steiners Wort: »Jede Materie auf der Erde ist kondensiertes Licht. Es gibt nichts im materiellen Dasein, was etwas anderes wäre als in irgendeiner Form verdichtetes Licht.«* Hans wandelt auf dem Weg des Verlustes, eines Stoffschwundes, das Feste in Leichtigkeit zurück, verwandelt Erdenbesitz in Gemüts-Lichthaftigkeit. Dies und nichts anderes will der Schlußsatz sagen, daß er mit »leichtem Herzen« fortspringt, frei von aller Last. Dieses lichte Herz ist sein letzter und echter Gewinn, den ihm kein Schelm oder Wortverdreher mehr abluchsen kann.

Aus Hansens Herz strahlt am Ende die goldene Sonne. Das Gold ist von der Schulter draußen in sein Herz übergegangen. Damit ist er am Brunnen der Mutter eins geworden mit dem Schatz seines Herrn am Ursprung, eins mit dem Herrn der Sonne selber – er erweist sich als sein glücklicher Erdensohn. »So glücklich wie ich gibt es keinen Menschen unter der Sonne.« Er *ist* das Sonntagskind, dem er nur zu gleichen meint, und die Glückshaut, die alles ins Gute verwandelt, kleidet ihn aufs beste.

Hansens Verzichte sind ohne galligen Bodensatz. Er besitzt die Gabe der *Durchgoldung des Geschickes,* und damit läßt sich's wohl einen Erdentag in der Mutter Hut vollenden.

* Rudolf Steiner, Die Offenbarungen des Karma. 10. Vortrag.

Gegenthema: Die Sterntaler

Richten wir zur Ergänzung unserer Betrachtung den Blick auf »Die Sterntaler«, so haben wir in diesem Märchen ein Gegenstück zu »Hans im Glück«: es führt von der Erde fort.

Einsamkeit weht uns hier entgegen: »Und weil es so von aller Welt verlassen war, ging es im Vertrauen auf den lieben Gott hinaus ins Feld.« – Hans wandert aus der Ferne *heim*, nach Haus. Das Mädchen, des Daheims entblößt, wendet seinen Schritt in die umgekehrte Richtung, »hinaus«. Es befindet sich im Gefilde einer einsamen Ichsphäre, wo alle blutsmäßigen, sozialen, geselligen Bindungen zerbrochen sind, es steht am Todestor und geht, »im Vertrauen auf den lieben Gott«, einen Weg ins Überirdische. Zu Hause im Erdenland ausgestoßen, steht sein Ziel bei Gott, dem höheren Vater.

Hans wird seines Reichtums auf dem Heimweg unmerklich beraubt. Das Mädchen entäußert sich *freiwillig*, aus Mitleid schenkend, seiner letzten verbliebenen Leibeshüllen, bis es schließlich nackend im Wald unterm nächtlichen Sternhimmel steht, wo es »niemand« sehen kann, außer dem, auf den es sein Vertrauen gesetzt hat. Und dann regnen Sterne herab und begaben es mit Reichtum, und ob es gleich sein Hemdlein weggegeben, hüllt es ein neues ein, »das war vom allerfeinsten Linnen«. Es ist das weiße Gewand der himmlischen Gestalten. (Erinnern wir uns, daß die Frauen am Grabe, da sie den Herrn suchen, an seiner Stelle den Jüngling finden, »der hatte ein lang weiß Gewand an«.)

Die »Sterntaler« schildern den Weg einer Seele aus der Erdenverlassenheit und -armut in die Himmelsfülle und -reinheit. Das Mädchen ist ein Mutterkind, das zum Vater eilt und dabei seine Erdenerfahrung, die sich als Kleid um seine Gestalt schmiegt, hinschenkt an herabsteigende Seelen. – Der Bettler, dem es das Brot reicht, spricht noch; auch das Kind, das am Kopfe friert, spricht seine Bitte aus; die nach ihm kommenden Kinder bleiben stumm: je weiter weg vom Erdenhaus, um so mehr versiegt die Menschensprache. Was geschehen soll, geschieht schweigend; das Mädchen sieht und handelt. – In Mütze, Leibchen und Rock, die das Mädchen weggibt, sind die Umhüllungen von Kopf, Brust und Gliedern erkennbar, Hindeutungen auf jene Regionen, in denen Denken, Fühlen und Wollen sich darleben.

Der Grundton von »Hans im Glück« musiziert vergnügt in uns nach. Wer würde nicht des Trübsinns überhoben bei Hansens Geschäften! Drollig überpurzeln sich die Ereignisse, in die er gerät. Einer tastet den andern ab, erprobt, wie weit er gehen kann – und wie überzeugend versucht jeder zu reden! Aber das Beste bleibt: Immer redet sich Hans gut zu. Er verbreitet Daseinsfreude und sagt ja zum Erdentag bei allem Mißlingen.

In den »Sterntalern« folgen wir dem Mädchen in die *Nacht* hinein. Dämmerung legt sich über das Feld, und im Wald herrscht schon Dunkelheit, als das Mädchen eintritt. Der Weg des Sterntalerkindes endet in einer schweigenden, fast feierlichen Mitternachtshandlung. Lautlos fallen die Sterne – oder klingen sie im Niederfallen, und der Sternenlüfte-Klang wäre nur irdischen Ohren nicht vernehmbar? – Wie sehr die Armut einen Trauerschleier über den Anfang legt, so sehr erregt die Gebebereitschaft des Kindes Bewunderung, und seine Selbstentäußerung übersteigt alles irdisch Gewohnte. Letztlich liegt ein Zug unantastbarer Verklärung über dem Kinde.

»Hans im Glück« führt zur Erdensicherheit; das Sterntalermärchen zur Himmelsgewißheit.

In beiden Märchen spielt der Verzicht eine entscheidende Rolle, auf den Verzicht kommt es überhaupt an. Hans verzichtet, als merke er seinen Verzicht nicht, gedenkt es immer gescheiter zu machen. Nüchtern phantasierend und sich klug wappnend, tapst er weiter. – Das Mädchen weiß um seinen Verzicht und opfert freiwillig. Es legt ab, was ihm zugemessen war, wird wieder, wie es Gott schuf, und gibt sich so in seine Hände zurück.

Das Mädchen geht vom Vertrauen auf Gott aus. Hans findet am Schluß den Dank an Gott. Beide Märchen zusammen ergeben einen vollen Menschenweg, hinab in die Breiten der Erde und zurück in den Schoß der himmlischen Mächte.

Hansens Grundmotiv ist der Sturz. Er stürzt vom Pferd in den Graben, muß seine Glieder zusammensuchen, stürzt vom Tritt der Kuh abermals besinnungslos zu Boden, rutscht Stufe um Stufe ab in seinen Besitztümern, vom Gold zum Pferd, zur Kuh, zum Schwein, zur Gans, zum Stein, bis auch die Steine noch in die Tiefe stürzen und sich die Tiefe endlich schließt. Hans widerstrebt nicht dem Fall. Er gibt sich der Schwerkraft hin und führt Lüste und Gelüstigkeit durch Überstürzung ins Widersinnige. Das Vorige läßt er willig fahren und übt auf seine Weise eine beispielhafte Gelassenheit; Gelassenheit ohne Lässigkeit, denn kein Eifrigerer als Hans, wenn er in eine neue Besitzphase wechselt! Er ist, je länger, desto mehr, »mit Leib und Seele dabei«. Und indem die Besitzfülle entschwindet, kehrt sie als gemüthaftes

Licht wieder. Sein Herz ist in Wahrheit der Brunnen, in dem alles versinkt. Alles Versunken-Verlorene war einmal Gold. Von unten, aus den Tiefen seines Wesens, steigt das Gold wieder auf.

Und auch darin sehen wir die Umkehrung der Motive, daß dem Sterntalerkind die Sterne vom Himmel *zu*fallen. Das vielglitzernde Weltall, als Kuppel über ein Kind gespannt, strahlt aus den Höhen sein Licht wie einen Mantel um die selbstentäußerte Seele und nimmt sie in den Bund der Oberen auf.

Der *poverino* Hans hingegen sucht seinen Weg im Menschengetümmel.

DER TEUFEL MIT DEN DREI GOLDENEN HAAREN

Der König und das Kind

Es beginnt mit einer Umkehrung der bisherigen Gesetze: Einer armen Frau wird ein Söhnlein geboren, das hat eine Glückshaut um. Und dem Kind mit der Glückshaut wird geweissagt, es werde mit vierzehn Jahren die Tochter des Königs zur Frau haben. – Das Glück steigt hier in die Tiefe, wohnt nicht mehr im goldenen Schloß, und das Schicksal des Königsgeschlechtes wird abhängig von einem Sohn der Armut, einem Unbekannten aus der Welt der Geringen. Wie wird dies der Königshof aufnehmen? – Die Glückshaut trägt in sich selbst eine verwandelnde Kraft: »Was so einer unternimmt, das schlägt ihm zum Glück aus«, d.h. letzten Endes führt es zum Glück, aber erst letzten Endes. Denn wie der Lauf zeigt, wird dem Glückskind an Schwerem nichts erspart. In seinen Schicksalsgrund ist eingewoben eine hohe Aufgabe, und sie will über alle Schwierigkeiten hinweg erfüllt werden.

Hinzu kommt als Gegenbild gleich die andere Gegebenheit, die nicht weniger eine Umkehrung der altgültigen Gesetze darstellt: Der König kommt zum Dorf und muß fragen, was es Neues gibt. Der König ist nicht mehr ein Regent jener Prägung, wo die Weisheit vom Thron ausgeht und die Dörfer der Tiefe fragen, was oben beschlossen ward. Hier muß der König seinen Thron verlassen, unters Volk gehen, unerkannt (»niemand wußte, daß es der König war«), muß sich fragend umtun, um dort zu erfahren, was die Weltenzeichen sprechen. Der König hat die Verbindung mit den göttlichen Eingebungsquellen des Thrones, mit der alten Weisheitswelt verloren, er ist »unterwegs« und auf das Verfahren des Rückschlusses angewiesen.

Das Märchen setzt also, obwohl ein König herrscht, nicht in den Fernen des Weltenursprungs ein, sondern in der Zeitenmitte, in der Tiefe der Entwicklungskurve, wo schon viel geschehen ist, so viel, daß es heißen kann, »der König hatte ein böses Herz und ärgerte sich über die Weissagung« – eine erschreckende Tatsache. Denn die Königswürde fordert die Ruhe der Überschau; diese Würde verträgt sich nicht mit der Aufwallung von Ärger. Im Ärger wohnt das Arge und im Argen das Böse. Hier herrscht ein König aus des Herodes Geschlecht, und da ihm vor dem geweissagten neuen König angst wird um seinen Thron, trachtet er dem Knäblein nach dem Leben. Der König stellt sich freundlich, um den Eltern das Kind abzuhandeln, verspricht, es zu »versorgen«. Die Eltern verstehen darunter, es ihrer Sorge zu entheben und glücklich zu machen; der König hat seinen Hinterhalt dabei, er will es verschwinden lassen. Und er bietet »schweres Gold« – kein lichtes Gold; in den Händen dieses Königs wird das Gold plumpes Metall.

Er erkauft das Kind, steckt es in eine Schachtel und wirft Schachtel und Kind in ein tiefes Wasser. »Von dem unerwarteten Freier hab' ich meiner Tochter geholfen«, denkt er. Indem er das Kind aussetzt, will er es töten; das Kästchen soll sein Sarg werden. Aber wie wenn die innere Glückshaut sich auch auf das Kästchen übertrüge, gleichsam mit sonnenhaftem Wachs das Behältnis durchtränkte, schwimmt es undurchlässig im Wasser dahin. Die Sargtruhe wird zum Lebensschiffchen. Der Knabe entgleitet seinem Verderber. Der König hat einzig erreicht, ihm den natürlichen Blutszusammenhang zu zerstören. Vaterlos, mutterlos treibt der Findling auf dem Strom. Ein Ausnahmezustand liegt vor.

Auch Moses wird so im schwimmenden Kästchen vor dem pharaonischen Kindermorden bewahrt. Emil Bock führt in seinem Moses-Buch, gestützt auf Rudolf Steiners Hinweise, aus, wie diese wunderbare Rettung nicht so sehr äußerlich genommen werden darf, sondern auf den hohen Grad einer inneren Reife und Abgeschlossenheit hindeutet, die die Individualität schon als Kind »mitbringt« und die sie für ihre spätere Sendung auszeichnet.* In der Sprache des Märchens ist es eben die Glückshaut, die den, der sie »mitbringt«, in sich selber geschlossen und unvernichtbar macht.

Noch ist es ja ein Kind, nicht selbst handelnd, sondern wehrlos den Handelnden preisgegeben. Aber die todbringenden Angriffe des Königs verfangen sich in einer Folge guter Fügungen, die sich dem Glückskind wie von außen her, von der Randseite seines Schicksals, zuspielen. Sie bilden die »Haut« seines Glückes.

So schwamm die Schachtel bis zwei Meilen von des Königs Hauptstadt, wo eine Mühle war, an deren Wehr sie hängen blieb. Ein Mahlbursche, der

* Emil Bock, Moses und sein Zeitalter. Verlag Urachhaus Stuttgart, 6. Auflage 1978.

glücklicherweise dastand und sie bemerkte, zog sie mit einem Haken heran und meinte, große Schätze zu finden, als er sie aber aufmachte, lag ein schöner Knabe darin, der ganz frisch und munter war. Er brachte ihn zu den Müllersleuten, und weil diese keine Kinder hatten, freuten sie sich und sprachen: »Gott hat es uns beschert.« Sie pflegten den Findling wohl, und er wuchs in allen Tugenden heran.

Wenn hier ein »Glücklicherweise« auftaucht, so gilt das für den Findling, nicht für den Mahlburschen. Den Mahlburschen hat eine unsichtbare Lenkung im rechten Augenblick an den rechten Ort geschickt; er ist ein nichtsahnender Mittelsmann und offenbar mehr enttäuscht als entzückt über seinen lebendigen Fund. Das Kind will nicht zu ihm, es will zu den Müllersleuten, und die nehmen es erfreut an! Das Band einer neuen Liebe, die nicht mehr Blutsbanden entspringt, vereinigt den Knaben mit dem Müllerpaar. Schon darin spricht sich ein Zug aus, der mit der künftigen Sendung des Glückskindes verknüpft ist.

Vierzehn Jahre vergehen. Die ersten zwei Jahrsiebente seines Lebens weilt der Knabe behütet in dieser gemüthaft friedvollen Welt und »wuchs in allen Tugenden heran«. Das unschuldig Sprießende des Daseins in der Mühle ist zu spüren. Der Müller geht seinem Tagwerk nach, die Mutter betreut das Haus. Die Mühle sättigt mit dem natürlichen Lebensbrot. Schleier des Schweigens liegen über den vierzehn Jahren, gleich dem Schweigen, das die Kindheitsjahre Jesu im Hause des Zimmermanns einhüllt.

Der Todesbrief

Da bricht ein Gewitter herein, ein Gewitter im doppelten Sinn: ein atmosphärisches am Himmel und eines im seelischen Bereich, und das letzte geht abermals vom König aus. Er ist wieder einmal unterwegs – als sei es sein Beruf, unterwegs zu sein. Unruhe treibt ihn im Umkreis der Mühle umher. Die Mühle zieht ihn an. Vom Gewitter am Himmel überrascht, muß er unterstehen und betritt die Mühle. Und wieder ist es eine Frage des Königs, die den inneren Groll entzündet. Lauerfragen leiten seine Angriffe ein. Sie scheinen zunächst nur zur Befriedigung der Neugier gestellt, kommen aber aus Hohlräumen der inneren Unsicherheit des Königs. Hier lautet die Frage, als er den Vierzehnjährigen sieht: »Ist das euer Sohn?« Es klingt harmlos und fast überflüssig. Warum sollte der Mühlenjunge nicht der Sohn der Müllersleute sein, da es doch das Allernatürlichste wäre? Fragt der König nur, um in der Langeweile des Unterstehens etwas Belangloses daherzusagen, oder hat der Junge einen Schimmer an sich, der ihn über die Umwelt der Mühle hinaushebt? Ja, der König wittert das Besondere und daß er selbst damit zu tun hat. Die Müllersleute geben arglos ihr Geheimnis preis. Den König hat seine Witterung nicht betrogen, er merkt, »daß es niemand anders als das Glückskind war, das er ins Wasser geworfen hatte«. Und sofort springt er über in einen neuen Vernichtungsplan:

»Ihr guten Leute, könnte der Junge nicht einen Brief an die Frau Königin bringen, ich will ihm zwei Goldstücke zum Lohn geben?« – »Wie der Herr König gebietet«, antworteten die Leute und hießen den Jungen sich bereit halten. Da schrieb der König einen Brief an die Königin, worin stand: »Sobald der Knabe mit diesem Schreiben angelangt ist, soll er getötet und begraben werden, und das alles soll geschehen, ehe ich zurückkomme.«

Der König weiß sich einzustellen auf die Leute, mit denen er spricht: »Ihr guten Leute« – das freundliche Umschmeicheln verbirgt die tödliche Absicht. Es ist der zweite Angriff der vernichtenden Macht. Der Brief enthält das sofort vollstreckbare Todesurteil dessen, der ihn trägt. Trägt nicht jeder Mensch so sein Todesurteil, den Todesprozeß in sich – und weiß es nicht? Der Tod ist ein verschlossener Brief in uns.

Der Junge unternimmt nun die erste Wanderung auf eigenen Füßen, hinaus in die Welt. Nennen wir sie die kleine Wanderung. Seine Füße laufen, seine Hände tragen einen verschlossenen Brief, und er ahnt nicht, was der Brief enthält. Doch kann er an einem Tag das Schloß nicht erreichen und verirrt sich abends in einen großen Wald. Mit dem Wald betritt er eine Zone des Ungewissen, der Gefahren und Überraschungen. In der Dunkelheit zieht ihn ein kleines Licht an, er gelangt zu einem Häuschen. Eine alte Frau sitzt beim Feuer. Sie erschrickt beim Anblick des Knaben:

»Du armer Junge, du bist in ein Räuberhaus geraten, und wenn sie heimkommen, so bringen sie dich um.« – »Mag kommen wer will«, sagte der Junge, »ich fürchte mich nicht. Ich bin aber so müde, daß ich nicht weiter kann«, streckte sich auf eine Bank und schlief ein.

Eigenartig das Verhalten der Frau. Ist sie die Magd der Räuber, die »Räubermutter«? Sie tut ihm nichts zuleid, sie kann ihm aber auch nichts ersparen. Als duldend dienendes Wesen schiebt sie sich zwischen den Jungen und die Herren vom Haus. Das einzige, was von ihr aus geschehen kann: Sie macht aufmerksam, sie warnt. Und nun kommt die erste selbständige Äußerung aus dem Mund des Knaben: »Mag kommen wer will, ich fürchte mich nicht.« Der Junge erfährt, daß er zu Räubern geraten ist, aber er bleibt; er sinkt in den Schlaf der Unschuld. Vor dieser Unschuld ergreift die Alte »Barmherzigkeit«, und sie läßt es geschehen. – Zunächst werden die Räuber zornig, als sie kommen und den Knaben finden; es fehlt nicht viel und sie bringen ihn um. Der Einspruch der Alten rettet ihm das Leben.

Vom Tag in die Nacht geschickt – das ist das Los des jungen Ich. Vom König, der am Tag regiert und mit scheinheiliger Miene den Jungen seinen Todesbrief an den Ort der Vollstreckung tragen läßt, geht der Junge nichts ahnend in die Nacht und läuft den Räubern in die Hände, die im Dunkel ihr Regiment führen. Wer sind die Räuber? Gefallene Herren? Sind es Armgewordene, die sich benachteiligt fühlen vom Leben? Sind es Betrogene des Königs, der das Tagregiment der Bosheit unter dem Mantel der Biederkeit führt? Sie nehmen sich im Finstern, was sie des Tages nicht erlangen können. Sie sind Räuber, und sie sind es mit ehrlicher Miene, könnte man sagen; sie bekennen sich zu ihrem Handwerk. Der König verleugnet ständig sein Handwerk vor der Welt. Ist er in Wahrheit der größere Räuber?

Hier liegt ein Angelpunkt der Geschichte. Einen Augenblick zeigen sich die beiden Mächte unverhüllt, denen der Knabe ausgeliefert wird. Man sieht den aalglatten König, einen Spekulanten, der um seine Herrschaft bangt und immer neu das Verderben ersinnt. Äußerlich wahrt er den Schein, legt das Gesicht in die Züge der Rechtlichkeit und des Leutseligen; in höfischer Maske, immer unterwegs. Und man sieht die Waldräuber: wilde Gesellen, rauhbeinig im Naturrevier hausend, entfesselte Empörer, nach Überfluß durstig, den sie nie erreichen. Was der König umklammert hält, suchen sie zu entreißen. Des Königs Lauerfahrten setzen sie Beutezüge entgegen. Auch sie treibt es ständig »außer Haus«.

Der Junge entrinnt dem Anschlag des Königs, indem er vertrauensvoll und genau vollführt, was ihm der König aufträgt. Wie rührend unbefangen geht er dahin! Der Bote weiß nicht, was ihm droht. Den Räubern hingegen bietet er verwegenen Mut. Er hört, daß sie ihm nach dem Leben trachten können – und legt sich schlafen.

Vertrauen, Furchtlosigkeit und innere Sicherheit sind die Waffen des Friedfertigen. Obwohl sein Leben schon verwirkt ist, hat der Junge keine Angst, es zu verlieren. Er hat ein Ziel zu erreichen, den Brief der Königin zu bringen; das ist alles, geschehe, was will. Daß er bald die Königstochter freien soll, ahnt er nicht. Denn er selber weiß nichts von der Weissagung. Niemand – außer dem König – konnte davon wissen, nachdem er einmal aus dem Dorf seiner Geburt entführt worden war. Und doch – die Weissagung gilt, sie lebt als Schicksalsschrift und Bestimmungsziel in ihm, aber eben auch als »verschlossener Brief«.

Auch die Räuber haben nun ihre Witterung. Der Junge trägt eine Königsbotschaft, und alles, was vom König ausgeht, reizt ihren Widerspruch. Also erbrechen sie den Brief und lesen ihn; das halten sie für ihr selbstverständliches Räuberrecht. Sie brechen ein Staatsgeheimnis. Aber ist der Brief nicht in sich selber ein Unrecht? Die Räuber setzen dem Unrecht des Königs ihr Selbstrecht entgegen. Der Gewaltige des Tages wird von den Gewaltigen der Nacht in Schach gehalten und durchschaut. Die schlechten Könige rufen von selber die Räuber auf den Plan; wären die einen nicht, bräuchten die andern nicht zu sein. »Was sind schließlich Reiche ohne Gerechtigkeit anders als große Räuberbanden...?« lautet ein Wort von Augustinus (im »Gottesstaat«).

So beherrschen zwei Mächte die Welt, einander bedingend, und zwischen ihnen wandert der Knabe, ein reiner Tor.

Wo aber das Unrecht, wenn es vom Königsthron sich ausbreitet, himmelschreiend wird, erweichen sich die harten Herzen der Räuber in Mitleid – und auch darin erblicken wir eine Umkehrung aller am Ursprung gültigen Gesetze. Der Anführer der Räuber zerreißt den Brief und schreibt einen neuen. Vielleicht wollen die Räuber mehr noch dem König trotzen als gerade dem Jungen zu seinem Glück verhelfen. Oder hat auch ihnen das Besondere des Jungen es angetan? Was auch dahinterstecken mag, es kommt dem Jungen zugute, denn in dem neuen Brief wird nun jene Botschaft ausgeschrieben, die das Glückskind schon seit seiner Geburt inwendig eingeschrieben trägt:

Sowie der Knabe ankommt, soll er sogleich mit der Königstochter vermählt werden.

Der Wortlaut des Briefes und die Schicksalsschrift im Wesen des Boten finden ihren vollkommenen Einklang.

Nun geschieht wirklich die Hochzeit mit der Königstochter, »und da der Jüngling schön und freundlich war, so lebte sie vergnügt und zufrieden mit ihm«. Man spürt, wie richtig es ist; so war es vorgesehen. Keiner der Beglückten hat mit Berechnung etwas dazu getan, weder die Königin noch die Königstochter noch der Jüngling. Die Anschläge der bösen Macht, die alles zu vereiteln suchte, haben wider Willen Jüngling und Königstochter zusammengeführt, und siehe, die beiden passen zueinander, als seien sie von ewig füreinander bestimmt – und das sind sie ja auch.

Die Höllenfahrt

Die Weissagung ist erfüllt, und doch ist das Märchen nicht zu Ende. Es bleibt etwas offen, auch für uns. Was hat der Jüngling selbst zur Erlangung der Königstochter getan? Hat er sie sich verdient? Wurde sie ihm nicht aus unbegreiflicher Gnade geschenkt? Er hat treu einen Auftrag durchgeführt, sich nicht gefürchtet, sein Leben zu verlieren; das ist seine Leistung. Es ist viel und es ist wenig. Bis jetzt wurde er behütet, er schlief, während die Räuber handelten. In reiner Unschuld kann er vor dem König beteuern:

»Ich weiß von nichts. Der Brief muß mir in der Nacht vertauscht worden sein, als ich im Wald geschlafen habe.«

»Den Seinen gibt's der Herr im Schlafe« – hier tut es der Herr durch die Räuber. Vielleicht sind es gar keine Räuber im gewohnten Sinn, sondern nur die notwendigen Gegenspieler für die Erfüllung der Gerechtigkeit. Sie stellen das Gleichgewicht her, sind Ausgleichsvollstrecker. Denn sie zeigen ihm am Morgen, als er aufgewacht ist, sogar »den rechten Weg«. Sie sind im Lebensplan des Jungen verborgene Schicksalshelfer und tun auf ihre Art das Rechte. Der Junge weiß nur vom Hörensagen, daß er zu Räubern geraten ist – und sie rauben *ihn selbst* dem König. Das ist ihr einziger Raub, an dem wir teilnehmen.

Das Glückskind ist nun vermählt, aber durchaus noch nicht aus der Gefahr. Was wird der König dazu sagen? Als der König zurückkommt und das vereinte Paar findet, setzt er zum dritten Schlage an, und diesmal unverhüllt. Unbeherrscht wettert er:

»So leicht soll es dir nicht werden! Wer meine Tochter haben will, der muß mir aus der Hölle drei goldene Haare von dem Haupte des Teufels holen; bringst du mir, was ich verlange, so sollst du meine Tochter behalten.«

Die Maske des Königs fällt. Alle Scheinfreundlichkeit ist verflogen, offener Zorn gewittert im Gesicht, es ist der Zorn der Angst um seinen Thron. »Hölle – Teufel – drei goldene Haare holen« – dieser dritte Angriff geht aufs Äußerste und verlangt das unmöglich Scheinende. Der König will Furcht und Schrecken verbreiten, um den lästigen Freier endgültig abzuschütteln. Wenn der Jüngling wirklich wagt, was er ihm diesmal aufgetragen, hofft er, der Teufel werde kurzen Prozeß machen. Aber der Täuscher täuscht sich. »Die goldenen Haare will ich wohl holen, ich fürchte mich vor dem Teufel nicht.«

Was hier an den Jüngling herankommt, fordert einen Entschluß. Er muß selber wollen. – Auf seiner Ausfahrt als Neugeborener trug ihn einhüllend das Lebensschiffchen. Auf der zweiten, der kleinen Wanderung, trugen ihn seine Füße, aber Haupt und Herz träumten in Unschuld. Jetzt weiß er um das Schwere, das ihm abverlangt wird. Das wache Bewußtsein geht mit eigenem Willen, er trägt sich selbst.

Es beginnt seine dritte, die große Wanderung, und auf ihr hat er drei Begegnungen. Nacheinander führt ihn sein Weg durch die Tore zweier Städte hindurch. In der einen Stadt gibt der Marktbrunnen, aus dem sonst Wein quoll, nicht einmal mehr Wasser; in der andern Stadt treibt der Baum, der einst goldene Äpfel trug, nicht einmal mehr Blätter. Die alten kosmischen Begnadungsströme sind versiegt, Brunnen und Baum stehen noch da, ihr Leben ist geschwunden. Sorgenvoll fragen die Wächter, was die Schuld trage an dieser Abschnürung, welche Zeichen darin sprächen. – Die Städte erfahren die Wirkung dessen, was vom Königsthron ausgeht. Wo auf dem Thron Wahrheit und Güte verdorrt sind, muß auch in den Städten das Leben verkümmern. Die Städte werden zum Opfer der Herrschaft des verfinsterten Königs.

Die Keckheit verblüfft, mit der der Wandernde, nach seinem Gewerbe gefragt und was er wüßte, antwortet: *»Ich weiß alles.«* Weiß er wirklich alles?

Spielt er sich nicht zu hoch auf? Für den Augenblick wohl, aber er fügt sofort die Einschränkung hinzu: »Wartet nur, bis ich wiederkomme« – bis er wiederkommt von seiner Hadesfahrt, die ihm das Wissen geben wird. Gewisse Geheimnisse sind in die Hölle entschlüpft, der Teufel hat sie mitgenommen in die Tiefe. Sie müssen ihm wieder entrissen werden. In dem »Wartet nur...« liegt eine Zeitbegründung; es muß noch etwas geschehen, bis das Wissen offenbart werden kann. Erst nach dem Vorstoß über die Grenze am großen Wasser wird er wirklich wissen.

Dahin kommt er nun, »an ein großes Wasser«. Es ist die Grenzscheide zwischen dem festen Boden der Städte und einer Welt des »Drüben« der Geister. – Der Fährmann am Strom, uralt, müde, sehnt sich nach Ablösung. Er ist einer vom vor-menschlichen Lenkergeschlecht, eine Reckengestalt aus der dämmernden Vorzeit. Auch er stellt die Frage an den Überfahrenden, was für ein Gewerb er verstünde und was er wüßte. Der Fährmann wartet auf den Kühnen, der alles weiß und kann, denn von ihm hängt seine Erlösung ab. Die Menschen sollen selber so weit kommen, sich übersetzen zu können; einer aus ihrem Geschlecht soll Fährmann werden. – Auch dem Fährmann verspricht der Jüngling die Antwort bei der Rückkehr.

Jenseits des großen Wassers liegt der Eingang zur Hölle. Die Hölle wird »schwarz« und »rußig« gemalt, hier brennen die Feuer einer schwarzen Dämonie. Wiederum treffen wir es an, wie schon in der Räuberhütte: Wie dort die Räuber ausgeflogen sind und nur die alte Frau das Versteck hütet, so ist auch hier der Teufel nicht zu Haus, nur seine Ellermutter sitzt »in einem breiten Sorgenstuhl«. (Ist der Sorgenstuhl der Thron des Teufels oder nur der Sitz der gramvoll duldenden Alten? Und hätte demnach auch die Hölle ihre Sorgen? Ist doch nicht alles Triumph und hämische Freude?) Nie wird von einer Mutter des Teufels gesprochen, er hat nur eine Ellermutter, eine Großmutter – und die »sah gar nicht so böse aus«.

Hier öffnet sich ein Einblick in ein Weltengeheimnis: War das Böse immer böse – oder hat es eine Ahnenreihe, die zu den guten Geistern führt? Gehörten nicht auch die gefallenen Engel ursprünglich zum göttlichen Geschlecht, dem Guten zugeordnet, weit vor Menschengedenken? Und wurde nicht dort – aus den unendlichen Möglichkeiten Gottes den Trotz wählend – ihr Anführer samt seinen Scharen in die Tiefe gestürzt, seinen Widerspruch darzuleben? Wer weiß, wie dem Teufel zumute ist, was die Alte auf ihrem Sorgenstuhl quält und ob das Bösesein nicht einem Opfer gleichkommt?

In der Ellermutter tritt uns ein fernes Ahnenglied des Teufels zum Guten entgegen – gleich der Alten bei den Räubern. Sie ist hier als milderndes Zwischenglied zum radikal Abgefallenen hin eingefügt. Sie gehört zum Umkreis des Teufels, aber sie fühlt nicht teuflisch. Der Junge dauert sie. Kühn und kurz bringt der Eindringling vor, was sein Begehr. Die Alte schüttelt bedenklich den Kopf, »das ist viel verlangt«; sie weiß, daß ihn sein Einbruch ins Niebetretene das Leben kosten kann. Sie allein kann in diesem Augenblick helfen, und sie hilft. Hat der Kühne nicht viel mehr helfende Geister um sich, als er ahnt, wenn er sich nur fest genug seinen Auftrag vornimmt?

Er kann aber sein Menschsein nicht behalten in der Hölle, er muß eine Ameise werden. Warum eine Ameise? Man vergegenwärtige sich Leben und Treiben der Ameisen, wie sie rastlos füßeln, wie sie Nadeln und Hölzchen zusammentragen zum Haufen, der ein Bauwerk ist; Bausteine tragen sie, die ein Vielfaches ihres Eigengewichts ausmachen. Sie sind nimmermüde, es ist, als schliefen sie nie (und ihre Vettern, die Termiten, schlafen wirklich nie, wie Marais* festgestellt hat). Durfte der Junge ehemals im Räuberhaus schlafen, in der Hölle darf er *nicht* schlafen, er muß wach bleiben und sammeln, was der Teufel zu offenbaren hat.

»Halte dich nur still und ruhig und *habe acht,* was der Teufel spricht«, belehrt ihn die Alte. Und er übergibt ihr noch die offenen Fragen, die Fragen der Stadtwächter wie die des Fährmanns. Aber über alles hinweg: er hat keine Furcht, mag kommen, was will, »sonst kann ich meine Frau nicht behalten« – und was wäre sein Leben, wenn er sein Bestes, die Königstochter, verlöre?

Als der Abend einbricht, kommt der Teufel nach Hause, und als Meister allen Mißtrauens schnuppert er sofort in allen Ecken. Er riecht Menschenfleisch. Die Luft ist nicht rein, »es ist hier nicht richtig«, sagt er; nicht richtig nämlich im Teufelssinne. Genaugenommen ist die Luft reiner geworden durch den kühnen Jüngling, und das ist es, was den Teufel beunruhigt. Warum kann der Teufel kein »Menschenfleisch« riechen? Weil der Mensch der einzige ist, der ihn zu überwinden vermag – wenn er wissend wird und ihm wach die Geheimnisse entführt. Der erkennende, durchschauende Mensch ist sein Überwinder. Dazu muß er im Märchen Ameise werden, in die engsten Falten kriechen, sich nicht scheuen, seine menschliche Erschei-

* Eugène N. Marais, Die Seele der weißen Ameise. Verlag F. A. Herbig, Berlin.

nungsgestalt für eine Zeit zu verlieren. Sie schrumpft im Teufelsatem ins Untermenschlich-Insektengliedrige ab – und doch muß er wach bleiben, während der Teufel schläft und sich sicher glaubt.

Dennoch: der Teufel hat *goldene Haare.* In ihnen ruht seine Kraft, wie in Simsons ungeschorenem Haupthaar. Er will sich keines davon rauben lassen. Er hat die Welt-Wissensgeheimnisse bei seinem Sturz aus den Lichthöhen mitgenommen, und eifersüchtig hütet er seine Geheimnisse. Er versteckt sie in die Traumtiefen. Man muß aus der Traumsphäre sprechen, um ihn selbst aus diesen Tiefen heraus zum Wort zu reizen, denn alles, was da geschieht, macht ihn neugierig. Das weiß die Ellermutter, und danach verfährt sie, doch tut sie es mit größter Gefahr für sich selbst. Der Teufel läßt in diesem Punkte nicht mit sich spaßen, auch durch die Ellermutter nicht. Zornig fährt er auf, da ihm sein Goldhaar entrissen wird. Von Mal zu Mal wird der Zorn bedrohlicher, und doch zupft die Ellermutter die Haare und lockt zugleich die Antwort heraus: beim Brunnen sitzt eine Kröte unterm Stein; an der Wurzel des Baumes nagt eine Maus, die Nachttiere unterwühlen die Lebensquelle; und der Fährmann, »der Dummbart«, soll dem Nächsten, der kommt, die Stange in die Hand drücken. Sagt es hier der Teufel nicht selbst: »Stelle die Menschen endlich auf ihre eigenen Füße, sie sind alt genug dazu!«? – Dann läßt die Ellermutter »den alten Drachen« in Ruhe, und er schläft, bis der Tag anbricht. Aber mit dem Tag ist er schon wieder fort, auch er ein Gejagter zwischen zu Hause und draußen.

Wieder in seine menschliche Gestalt zurückgenommen (sowie eben der Bann des Teufels entfällt), beteuert der Junge: »Ja, ich habe alles gehört und will's wohl behalten.« – »So ist dir geholfen und nun kannst du deiner Wege ziehen«, sagt die Alte. Er ist vergnügt und vergißt nicht, sich zu bedanken für die Hilfe in der Not.

Und nun setzt der Rückweg ein, die Strecke der Antworten. Jetzt sind die Erkenntnisse da; sie mußten überhaupt erst gewonnen werden. Wie eilig meint der Mensch sonst die Antworten fordern zu müssen. – Das »Wartet nur, bis ich wiederkomme« ist eine Probe auf Geduld, auch für den Frager. Aber nun auf dem Rückweg müssen die Antworten gegeben werden, sonst darf der Versprecher nicht weiterziehen. Vorsichtig läßt sich das Glückskind übersetzen, ehe es dem Fährmann die Lösung preisgibt, denn der Platz an der Fährstange darf nicht *sein* Platz werden, das Glückskind hat anderes zu tun. – Dann wird auch den Städten kund, was bisher nur der Teufel wußte, und die Wächter danken mit reichem Lohn: Jede Stadt schenkt dem Jüngling zwei Esel, beladen mit Gold.

Es ist nichts Geringes, was das Glückskind auf seiner großen Wanderung errungen hat: die drei goldenen Haare, das Unterpfand der verborgen gehaltenen, jetzt dem Dunkel entrissenen Wissenskraft; und die vier goldbeladenen Esel – eine Siebenzahl, die des Nachdenkens wert ist. Eine gedrungene Vier der sichtbaren Fülle und die unscheinbare Drei der goldenen Haare, die mehr einen Schlüssel bieten als einen Schatz, mehr eine Verheißung für die Zukunft als fest verwertbare Gabe der Gegenwart. Steht nicht, was der Mensch im Weltenwerden bisher schon errungen hat und was er noch erreichen soll, im selben Verhältnis wie diese untere Vier zu der oberen Drei (der viergliedrige Erdenmensch zu den künftig noch zu entwickelnden drei höheren Wesensgliedern)?

Vor dem unerwarteten Reichtum steht der König überwältigt. Er wird »ganz vergnügt«:

»Nun sind alle Bedingungen erfüllt, und du kannst meine Tochter behalten. Aber lieber Schwiegersohn, sage mir doch, woher ist das viele Gold? Das sind ja gewaltige Schätze!«

Aus dem tödlich Gehaßten wird der »liebe Schwiegersohn«. Aber es ist gar nicht so sehr der Schwiegersohn, der dem König den Zuspruch abnötigt, es ist das Gold, das ihn bestrickt, und die Gier nach dem Gold läßt ihn die mißlungenen Anschläge vergessen und den Schwiegersohn »lieben«. Und nun überspielt das Glückskind den König. Er hat etwas gelernt von ihm – seine Sprache zu sprechen:

»Ich bin über einen Fluß gefahren, und da habe ich es mitgenommen, es liegt dort statt Sandes am Ufer.« – »Kann ich mir auch davon holen?« sprach der König und war ganz begierig. »Soviel Ihr nur wollt. Es ist ein Fährmann auf dem Fluß, von dem laßt Euch übersetzen, so könnt Ihr drüben Eure Säcke füllen.«

Ist dem Glückskind diese Antwort auf eine von Habsucht verschrobene Frage zu verübeln? Könnte dem König nicht dämmern, daß die Gefahren einer Todesfahrt an dem gewonnenen Golde haften und daß es Dankesgold ist, das man sich nicht »holen«, das einem nur geschenkt werden kann? Der gierige König will sich davon »holen« und läuft eilig zum Flusse. Dort kommt er nun hin, wo man auf ihn wartet und wo er hingehört, auf das Boot, das unterwegs sein muß ohne Unterlaß. Mit der Fährstange in der Hand wird der alte Herrscher zum Knecht. Unterwegs sein, das ist seine Fähigkeit; fahrend und doch festgehalten, daß er niemandem mehr schade.

Wird nun das Glückskind neuer König? Das Märchen spricht nicht mehr davon; es begnügt sich am Ende, den würdelosen König an seinen rechten Platz gewiesen zu haben. Aber da dem Jüngling schon die Königstochter vermählt ist, braucht gar nicht laut ausgesprochen zu werden, daß er König wird. Er ist der Geprüfte, er hat den leid- und gefahrvollen Weg eines Glückskindes ausgemessen und nun mit der ihm vermählten Braut die Nachfolge endgültig erworben. Nicht nur hat sich die Weissagung an ihm erfüllt, er hat sich ihrer würdig erwiesen.

Zerklüftung und Frieden

Fassen wir das Charakteristische des Märchens zusammen. Nach den Gesetzen der alteinheitlichen Welt stimmt darin gar nichts mehr, alles hat sich ins Gegenteil verkehrt.

Der König ist böse, hartherzig, habgierig – statt gut.
Die Räuber werden mitleidig – was niemand von ihnen erwartet.
Räuberalte und Teufels-Ellermutter sind »gar nicht so böse« – sie werden zu Nothelfern.
Die armen Leute haben ein Glückskind – und verkaufen es.
Den Müllersleuten sind Kinder versagt – aber sie lieben das fremde wie ihr eigenes.
Aus Schwarz wird Weiß – der Todesbrief verwandelt sich in einen Glücksbrief.
Die Weisheit ist nicht mehr beim König als Gottes Stellvertreter – sie ist zum Teufel verschollen, Gottes Widersacher.
Der Mensch weiß nichts – und beantwortet zuletzt doch alles.

Jeder überlistet jeden:

Der König die Eltern – er handelt ihnen das Kind ab, um es »zu versorgen«.

Von neuem:

der König die Müllersleute – um abermals den Jungen »zu versorgen«.
Die Räuber den König – sie vertauschen den Brief.

Und wieder:

der König den Jüngling – um ihn dem Teufel auszuliefern.
Die Ellermutter den Teufel – sie zieht ihm die kostbaren Haare aus.
Der Jüngling den Fährmann – er läßt sich erst übersetzen, ehe er sein Geheimnis preisgibt, denn er hat eine andere Aufgabe, als die Fährstange zu führen.
Und schließlich der Jüngling den König – er verbirgt ihm die Herkunft der Schätze, und aus freien Stücken läuft der König in seine Verbannung.

So überlistet am Ende die Unschuld den Schuldigen. Oder wahrer: die Listen wandeln sich nach und nach, sie werden Waffen in der Hand des zuerst Überlisteten. Die letzte List kehrt sich gegen den Urheber der ersten; der listenreiche König fängt sich im eigenen Netz. Durch alle Täuschungen hindurch überwinden die schicksallenkenden weisen Mächte die Anschläge und wenden sie ins Gute. Ein Übergang zeichnet sich ab.

Auffälligerweise treffen wir die männlichen Gestalten des Märchens in den Knotenpunkten der Handlung »nicht zu Haus«. Vom König sticht es am deutlichsten hervor: Er treibt sich in Dorf und Mühle herum; ins Schloß zurück kommt er zu spät, als der Jüngling schon vermählt ist. Aber auch die Räuber sind auswärts, als der Jüngling eintrifft, und selbst der Teufel ist außer Haus – das Unterwegssein gehört offenbar zu all dieser Mächtigen Wesen und Tagwerk.

Umgekehrt wird dem Glückskind überhaupt kein Zuhause gegönnt. Es wird dem Dorf seiner leiblichen Eltern entführt, der Mühle seiner Zieheltern entrissen, vom Königshof, kaum der Königstochter angelobt, in die Hölle gesandt. Durch die verschiedensten Lebensstufen hindurch *muß* das Glückskind auf Wanderschaft sein, im Kästchen, durch den Wald, über das große Wasser.

Im Unterwegssein künden sich Verwandlungen und Übergänge an, denen die Daseinszustände unterliegen. Verwandlung und Übergang hat das Märchen im tiefsten zum Inhalt. Während die Häuser von ihren Statthaltern verlassen sind, wird zugleich die Amtsgewalt der Statthalter entkräftet. Alle Machtinhaber sind zeitweilig »außer sich«. Wir blicken in eine unbehauste

Welt und spüren die Unruhe, die die Alten umhertreibt. In den entscheidenden Augenblicken stehen ihre Stammsitze verwaist – während nämlich der neue Statthalter, ein Knabe noch und eine Waise dazu, im Hause ankommt. In dem Knaben wächst unmerklich der neue Statthalter heran. Er muß durch viele Häuser gehen und ihre Sphäre erproben, ehe er das ihm gemäße Haus findet. An seiner Wanderschaft hängt nicht nur sein eigenes Glück, auch das der Städte. Mit ihm tritt eine nach Erneuerung verlangende Welt auf den Plan – und in der Tat beginnt das Märchen mit der Geburt des Glückskindes; mit ihm *wird* eine neue Welt geboren. Aber erst »unterwegs«, im Laufe der Wanderschaften wird die Erneuerung der Welt Ereignis, und erst am Ende wird die Wirklichkeit eines neuen Friedens erreicht.

Die Mächtigen der alten Welt sind, so, wie sie uns begegnen, von vornherein Zwiespältige. Sie fallen auseinander zwischen drinnen und draußen und enteignen sich damit selbst ihrer Throne. Über ihnen steht die klaffende Zwei. Die Zwei ist das Sigill des Zwiespalts, sie kennzeichnet das Zeitalter der größten Trennung vom Gottesgrund. Wo die Zwei herrscht, ist die Welt zerbrochen, entzweigefallen.

So wird die Zwei zur Wesenszahl für die Regentschaft des alten Königs. Warum legt das Märchen Wert darauf, zu bemerken, daß die Mühle, an deren Wehr die Schachtel mit dem Findling hängenbleibt, »zwei Meilen von des Königs Hauptstadt« liegt? Von diesen zwei Meilen wird später nicht wieder gesprochen, sie scheinen nichts als eine müßige Zutat des Erzählers und ohne weiteren Sinn – und doch gehören sie zur Ausgangsgegebenheit. Und warum bietet der König als Botenlohn dem Jungen zwei Goldstücke, nicht eines oder drei oder viele? Die Zwei ist dem König geläufig, so geläufig, wie sein Denken gespalten ist. Es ist die kürzeste Formel der Zerklüfung. Die Zwei bringt die Gegensätze in die Ereignisse, die Spannung der Unruhe, und sie rückt als dramatisches Element in immer deutlichere Stellung:

Zwei Briefe, einer des Todes und einer des Lebens, umkämpfen das Schicksal des Jungen; und zwei Mächte schreiben an ihnen, zwischen denen das junge Leben im Mittelstück schwankt.

Es werden zwei Städte durchwandert, und auch diese zerfallen wieder: die eine Stadt bezieht ihre Kraft aus einer Quelle der Tiefe, dem Brunnen, die andere aus den Licht-Ätherhöhen durch den Baum der goldenen Früchte. Und jede Stadt hat wieder das Bedürfnis, dem Jungen zwei goldbeladene Esel zu schenken.

Zwei alte Frauen, die Räuberalte und die Ellermutter, greifen in der Krise der Hilflosigkeit mit ihrem Rate ein.

Von der Zerklüftung, die mit dem König zusammenhängt, geht das Märchen aus; jedoch der Zustand eines neuen Friedens soll erreicht werden. Wir erleben den Übergang von der Zwei zur Drei. Die Drei, eine Urzahl der Harmonie und des Ausgleichs der Gegensätze, kündigt sich an in dem Jungen, er verwirklicht sie. Mit dem Jungen ist von vornherein die Drei verbunden. Alles Wichtige, was *er* zu tun hat, muß er dreifach tun. Dreimal muß er die Todesgefahr durchleben, und die dritte Gefahrenfahrt (um die drei goldenen Haare zu erlangen) steigert sich noch einmal in ein Dreistufiges: sie führt zunächst durch zwei Städte, die im Offenen, bereits Bekannten liegen. Solange er sie durchschreitet, tut er nichts Ungewöhnliches; in den Städten hört er nur, was alle schon wissen, daß sie von ihrem Ursprung getrennt sind. Was die Stadtbewohner nicht wissen, ist, wie der unglückliche Zustand behoben werden kann. Und der Jüngling kann es auch erst wissen, wenn er die dritte Durchgangsstufe heil bewältigt hat. So gelangt er zur dritten Schwelle, an das große Wasser – das ist das Neue. Er wagt als erster die Furt übers große Wasser wachend zu überqueren; er dringt wachend in die Hölle ein, in die »Stadt« *jenseits.* Ja, er besteht die Hölle und kehrt lebend zurück! Die Seelen, die das große Wasser vor ihm befuhren, wurden im Dämmer der Bewußtlosigkeit in den jenseitigen Bereich hinübergetragen. Er hingegen weiß nun auch das, was dort zu Hause ist, und trägt es mit den goldenen Haaren ins Menschen-Erdenhaus heim.

Wir erleben Wende und Übergang der Herrschaftswelt auf ein aus der Armut erstandenes Königsgeschlecht, das die Prüfung des Todes furchtlos und die Prüfung des Teufels wach und schauend durchlebt hat. Mit ihm wird wieder Harmonie in die zerklüftete Welt einkehren.

Vielleicht läßt das Märchen ganz am Ende die Krönung des Glückskindes deswegen verhüllt, weil dieses letzte Ereignis, der krönende Akt, für die ganze Menschheit nur ein fern-fernes Zukunftsbild sein kann. Der gegenwärtige Mensch ist vom Geistesplan her noch eine kindliche Waise und erst auf dem Weg zu dem neuen Königtum. Hier wird das Schicksal eines Vorberufenen geschildert, der seinen inneren Glücksbrief wahr gemacht hat. Er ist ein Vorläufer. Die Glückshaut selber nämlich tragen wir – so gewiß wie den Todesbrief – als verschlossene Botschaft alle in uns. Demnach haben wir auch die Höllenfahrt, jeder für sich, auf uns zu nehmen.

DIE VIER KUNSTREICHEN BRÜDER

Auszug der Söhne

Am Eingang steht, wie so oft in den Märchen, die *Armut.* Wäre die Armut nicht, geschähe nicht, was geschehen soll. Wir werden in eine karge Zeitenmitte versetzt, wo der Vorweltsreichtum verbraucht ist.

Es war ein armer Mann, der hatte vier Söhne. Als sie herangewachsen waren, sprach er zu ihnen: »Liebe Kinder, ihr müßt jetzt hinaus in die Welt, ich habe nichts, das ich euch geben könnte; macht euch auf und geht in die Fremde, lernt ein Handwerk und seht, wie ihr euch durchschlagt.«

Dem Vater mag sein herber Entschluß schwerfallen, aber es hilft nichts; wenn die neue Generation weiterkommen soll, muß es so geschehen. Das Zukünftige müssen sich die Söhne aus eigener Kraft erobern. »Lernt ein Handwerk und seht, wie ihr euch durchschlagt.« Der Vater verlangt *Selbstgestaltung.* Er stößt das Tor auf. Die Fremde ist »draußen«, in allen Landen, in »eli lendi«, im Elend des Heimatlosen.

Da ergriffen die vier Brüder den Wanderstab, nahmen Abschied von ihrem Vater und zogen zusammen zum Tor hinaus.

Was sie an Wegzehrung mitnehmen, wird nicht einmal erwähnt, so gering mag es sein. Sie ergreifen den Wanderstab – das ist der väterliche Auftrag, auf den sie sich stützen; eine Aufrichtekraft, die zunächst äußerlich gehandhabt wird, als Stab, schließlich einmal Teil ihres eigenen Wesens werden soll, wenn sie sich so weit durchkraftet haben, daß sie auf eigenen Füßen ohne Beistand schreiten können. Der Wanderstab ist ihr einziges Erbe. Werden sie aus dem Stab in ihrer Hand ein Zepter machen?

Als sie eine Zeitlang gewandert waren, kamen sie an einen Kreuzweg, der nach vier verschiedenen Richtungen führte. Da sprach der Älteste: »Hier müssen wir uns trennen, aber heut über vier Jahre wollen wir an dieser

Stelle zusammentreffen und in der Zeit unser Glück versuchen.« Da ging jeder seinen Weg...

Bis zum Kreuzweg wandern sie zusammen, und sie sind alle wie einer und einer wie alle, Brüder einer Familie, unterschiedlos. »Liebe Kinder«, spricht sie der Vater an – und das sind sie bis hierher, nichts als Kinder. Erst am Kreuzweg beginnt ihr *Eigensein* aufzukeimen, und zwar kennzeichnet sie das *Alter*, noch nicht mehr. Jetzt erfahren wir, daß einer von ihnen, eben der Älteste, das Wort findet zum ersten eigenen Besinnen. Bald wird auch vom zweiten, vom dritten und vom jüngsten der Brüder die Rede sein. Wenn sie einmal den Kreuzweg beschritten haben, werden uns die vier einzeln vorgestellt. Noch hätte sich denken lassen, daß nun zwei und zwei nebeneinander weiterwandern, aber zu einer solchen Zwillingsbildung wird es erst spät, ganz am Schlusse, einmal kommen. Der Kreuzweg spaltet sie, sie sondern sich völlig voneinander, jeder der vier geht *seinen* Weg.

Der Kreuzweg sprengt die Bruderschaft. Die Welt im Vaterhaus glich einem umschriebenen Kreis, in dem die Brüder rundum behütet wohnten. Am Kreuzweg öffnet sich das Erdenschicksal als *Weg*, den jeder notgedrungen zu wählen hat. Das Kreuz ist das Mal der Einzelwerdung.

Versenken wir uns einen Augenblick in dieses Zeichen. Im Kreuz wirkt zunächst die von oben nach unten strebende Senkrechte. Sie will wurzeln, kommt aus der Höhe und sucht die Tiefe. Dagegen stößt von der Breite her ein anderer Richtungsstrom an. Die Waagrechte will Weite, will im Horizont verfließen, kommt aus der Ferne und drängt in die Ferne. Sie schießt quer gegen die Standkraft der Senkrechten an und durchdringt sie als reiner Widerstand. – Im Kreuz durchdringen sich die Richtungskräfte im Widerspruch. Finden sie aber den genau *rechten* Winkel zueinander, d.h. wird das sich Widerstrebende in rechter Art vereint, entsteht aus der reinen Durchkreuzung eine eigenartige neue Harmonie: es entsteht Festigkeit. Auf dem Kreuzungsgesetz beruht zum Beispiel alle Webarbeit. Aus der senkrecht gespannten Kette und dem waagrecht geführten Schuß wächst unter den Händen des Webers das feste Gewebe zum irdischen Kleid. So weben wir aus Stand und Widerstand, aus Spannung und Einschlag den Lebensteppich.

Das Kreuz ist das Zeichen der Erde. Deswegen mußte sich jener hohe Geist, der sich mit der Erde vereinigen wollte, mit dem Kreuz vereinigen, um ganz einzugehen in die Erdensphäre. Und deswegen ist der Christus das einzige geistige Wesen, das dem kosmischen Rund seiner Sonnenaura das Kreuzeszeichen einfügen konnte, wodurch er sich als der führende Erdengeist unterscheidet von den anderen erhabenen Wesen höherer Welten.

Halten wir fest: am Kreuzweg treten die Brüder in ihr menschliches Einzelschicksal ein, sie nehmen die Trennung auf sich und sagen ja zu dem, was vor ihnen liegt. Bis dahin ruht das Verschiedene zwar in ihnen veranlagt, nun werden sie genötigt, es auszubilden. Der Älteste spricht es aus: »Hier müssen wir uns trennen ... und unser Glück versuchen.« Jeder Eigenweg birgt ein Abenteuer! Keiner der Brüder kann wissen, was daraus wird. Sie geben sich nur das Versprechen, wieder zusammenzufinden, denn schließlich sind sie alle vier die Kinder *eines* Vaters, zu dem sie zurückkehren wollen. – So beginnt eine *Zeitenwanderung* ins Ungewisse. Sie gehen, um vier Jahre lang einander zu vergessen, jeder nur auf sich bedacht.

Lehrjahre: die vier Berufe

Und es ist erstaunlich, *wie* verschiedenartig sich die Söhne, entfernt voneinander, entwickeln. Die Fähigkeiten könnten sich nicht gegensätzlicher entfalten. Hören wir:

Dem Ältesten begegnete ein Mann, der fragte ihn, wo er hinauswollte und was er vorhätte. »Ich will ein Handwerk lernen«, antwortete er. Da sprach der Mann: »Geh mit mir und werde ein Dieb.« – »Nein«, antwortete er, »das gilt für kein ehrliches Handwerk mehr, und das Ende vom Lied ist, daß einer als Schwengel in der Feldglocke gebraucht wird.« – »Oh«, sprach der Mann, »vor dem Galgen brauchst du dich nicht zu fürchten; ich will dich bloß lehren, wie du holst, was sonst kein Mensch kriegen kann, und wo dir niemand auf die Spur kommt.« Da ließ er sich überreden, ward bei dem Manne ein gelernter Dieb und ward so geschickt, daß vor ihm nichts sicher war, was er einmal haben wollte.
Der zweite Bruder begegnete einem Mann, der dieselbe Frage an ihn tat, was er in der Welt lernen wollte. »Ich weiß es noch nicht«, antwortete er. »So geh mit mir und werde ein Sterngucker: nichts besser als das, es bleibt einem nichts verborgen.« Er ließ sich das gefallen und ward ein so geschickter Sterngucker, daß sein Meister, als er ausgelernt hatte und weiterziehen

wollte, ihm ein Fernrohr gab und zu ihm sprach: »Damit kannst du sehen, was auf Erden und am Himmel vorgeht, und kann dir nichts verborgen bleiben.«
Den dritten Bruder nahm ein Jäger in die Lehre und gab ihm in allem, was zur Jägerei gehört, so guten Unterricht, daß er ein ausgelernter Jäger ward. Der Meister schenkte ihm beim Abschied eine Büchse und sprach: »Die fehlt nicht; was du damit aufs Korn nimmst, das triffst du sicher.«
Der jüngste Bruder begegnete gleichfalls einem Manne, der ihn anredete und nach seinem Vorhaben fragte: »Hast du nicht Lust, ein Schneider zu werden?« – »Daß ich nicht wüßte«, sprach der Junge, »das Krummsitzen von morgens bis abends, das Hin- und Herfegen mit der Nadel und das Bügeleisen will mir nicht in den Sinn.« – »Ei was«, antwortete der Mann, »du sprichst, wie du's verstehst; bei mir lernst du eine ganz andere Schneiderkunst, die ist anständig und ziemlich, zum Teil sehr ehrenvoll.« Da ließ er sich überreden, ging mit und lernte die Kunst des Mannes aus dem Fundament. Beim Abschied gab ihm dieser eine Nadel und sprach: »Damit kannst du zusammennähen, was dir vorkommt, es sei so weich wie ein Ei oder so hart wie Stahl; und es wird ganz aus einem Stück, daß keine Naht mehr zu sehen ist.«

Aus mehr als einem Grunde muß man den reinen Wortlaut vor sich haben, um sich das Tiefschichtige der Schilderung bewußt zu machen. Die Berufe treten uns aufs erste Aussprechen hin entgegen, wie wir sie kennen, in ihrem gewöhnlichen Ansehen – und sowohl der Älteste wie der Jüngste finden an der ihnen gebotenen Ausbildung zunächst keinen Gefallen. Erst durch das Gespräch mit dem Meister verwandelt sich das graue Alltagsgesicht des Handwerks: der Beruf *hinter* dem Beruf schimmert auf, die *Kunst* hinter dem Handwerk – und es ist, als ob es auf die höhere Kunst überhaupt erst ankomme. Jeder der Meister verweist auf die letzte Vollendung seiner Kunst. Wir wollen uns diesen Gesichtspunkt für später aufsparen; ebenso die Frage, ob ein Zufall darinliegt, welchem der Brüder welcher Meister begegnet: dem Ältesten der Meisterdieb, dem zweiten der Sternseher, dem dritten der Jäger und gerade dem Jüngsten der Schneider, der es so schwer hat, seinen Zögling zu überzeugen.

Sehen wir uns zunächst die Berufe als solche an, versuchen wir sie in Beziehung zueinander zu setzen und uns ihren Charakter zu vergegenwärtigen.

Fangen wir beim Handwerk des Jüngsten an, denn bei ihm und beim Jäger leuchtet das Wort vom Handwerk überhaupt am ehesten ein. Schneider und Jäger dünken uns ernährsam und handfest; es sind Berufe im üblichen Sinn. Schon das Wort »Sterngucker« hat einen verwirrenden Beiklang; ein schrulliger Ton klingt mit von Nebenbei und Nichtstun. Erst wenn man das moderne Wort Astronom gebraucht, wächst der Beruf ins Respektvolle – und schon wieder über das Alltägliche hinaus, wird fern, unnahbar. Der Sterngucker lernt zweifellos kein zunftfestes »Handwerk«. Und vollends sträubt sich das Gefühl, den Dieb in die Reihe ehrenwerter Zünfte aufzunehmen. – Sehen wir nun aber von aller moralischen Einschätzung ab und fassen nur die *Tätigkeitsweise* in den Blick, so ergeben sich die merkwürdigsten Verwandtschaften und Überkreuzungen dieser »Berufe« – und darauf kommt es an.

Schneider und Jäger haben einen Tagesberuf, sie brauchen das Licht, um etwas zu leisten. Ihre Tätigkeit liegt im Offenen. Der Jäger wird vielleicht noch besser als Morgengänger bezeichnet; am Morgen erwacht die Natur in Frische, am Mittag schläft sie eigentlich schon wieder. Der Schneider hingegen bedarf, um seine zierlichen Stiche zu führen, eindeutig des vollergossenen Sonnenlichts, sonst schwimmt es ihm vor den Augen. Er sucht das hellste Fenster seiner Stube.

Sterngucker und Dieb hingegen üben ihr Handwerk in der Nacht aus; das ist ihre Zeit. Ihre Fähigkeiten zielen ins Verborgene und wirken auf die Tagleute unheimlich. – Der Sterngucker beginnt am Abend regsam zu werden, schaut sich in die Nacht hinein um. Der Dieb geht am liebsten zwischen Mitternacht und Morgen auf Beutezug, wenn alle andern schlafen. Wollte man die vier den Tageszeiten zuordnen, dürfte die beste Zeit der einzelnen sein: für den Jäger der Morgen, den Schneider die Taghöhe, den Sterngucker die frühe Nachthälfte, den Dieb die Nachmitternacht.

Schneider und Jäger, die Tagleute, unterscheiden sich wieder darin, daß der Schneider ausschließlich in der Werkstatt zu Hause ist. Er braucht die Kammer. Er ist ein Stubenhocker und verbringt sein Leben im Quersitz. Die Aussicht auf das Krummsitzen und Hin- und Herfegen mit der Nadel will dem Jüngsten auch keineswegs behagen. – Der Raum des Jägers dagegen breitet sich in die Felder und Wälder aus. Der Jäger liebt die Weite, er lebt in der Bewegung; seine Füße tun das ihre. – Keiner der beiden kann seinen Raum mit dem andern vertauschen.

Der Gegensatz von Schneider und Jäger erstreckt sich bis in die Gestalt hinein. Wir stellen uns den Schneider des Märchens zierlich und schmal, ja dürr vor; er paßt in seine Kammer! Den Jäger sehen wir sehnig, athletisch, wendig und offen, in der Geste ausladend; er paßt in die Natur. Er ist der Naturbursche. Seine Sinne spüren im Umkreis. Der Schneider, so klein als klug, ist fix im Berechnen und nützt seinen Vorteil; pfiffiger Schwächling, prahlt er mit seiner Courage. Geht es jedoch ans Hauen und Stechen, läßt er die Riesen sich selber totschlagen und duckt sich ins Versteck – so im »Tapferen Schneiderlein«. – Der Jäger, Strapazen gewohnt, scheut sich nicht, furchtlos und kräftig die Dinge anzugehen; er ist ein Draufgänger. Er pirscht den Spuren nach, entdeckt das Wild und das Wilde – er jagt.

Schwieriger wird es, Sterngucker und Dieb zu fassen. Dem Sterngucker haftet das Magische an, eben das Unheimliche, das geheim Wissende. Man weiß nie, was er vorhat und an Hintergründigem ausspielt. Alte, dekadente Darstellungen sehen ihn lang und schwank, schmalknochig hochgeschossen, mit der Zaubermütze auf dem Haupt. Andererseits ist fast noch geläufiger jene Spitzwegische Abart des behäbigen, geruhsamen Einsiedlers, denn der Sterngucker bleibt im Betrachten, im schauenden Verfolgen. Alles wirbelige, grelle Tätigsein meidet er. Seine Hände rühren die Instrumente nur leise an, um sie einzustellen, dann liest er ab. Er verstrickt sich nicht ins grob Materielle. Er lebt allein im Schauen und Sinnen.

Und doch kann man sagen: Der Sterngucker ist der umgekehrte Jäger. Auch der Jäger lebt im Auge, nur müssen seine Füße ihn dahin tragen, wo sein Auge etwas sehen will; die Jägerlust liegt im Streifen und Schweifen durchs Gelände. – Der Sterngucker hält an sich; er läßt seine Blicke und seine Gedanken schweifen, nicht seine Füße. Er bleibt in der Zelle seiner Sternwarte, aber der Himmel ist sein Feld. Beide, Sterngucker und Jäger, sind Entdecker. Sie spüren den Erscheinungen nach, jeder auf seine Art; im *Wie* jedoch deutlich unterschieden.

Und wie können wir den Dieb einstufen? Gibt es einen Typus dafür? Fest steht, daß er niemals behäbig und phlegmatisch sein darf, niemals auch feige und furchtsam. Er braucht die Behendigkeit des Schneiders *und* die Elastizität des Jägers. Er braucht den Schausinn des Sterngückers, *vermehrt* um das Geschick des Greifers, des Zupackenden. Tritt er athletisch auf, wird er zum Verbrecher, roh und gewalttätig. Wirkt er mit der List, wird er zum Gauner; wenn es harmloser zugeht, zum windigen Schelm; er macht sich »dünn« und zieht sich aus der Schlinge. Alle möglichen Spielarten sind denkbar. Sein Typus ist selber wandelbar. Er ist eine *Proteus*gestalt. (Im Kapitel vom »Meisterdieb« ist bereits einiges darüber gesagt.) Er beherrscht jede Lage und entnimmt ihr das, was ihm beliebt. – Während der Sterngucker von der Erde wegschaut, in die Weite, wendet sich der Dieb gerade den Gegebenheiten der Erde zu; er drängt sich in die Intimität des einzelnen hinein.

Erstaunlicherweise wird in den Märchen auch der Schneider manchmal als »Dieb« bezeichnet, als der Geschickte mit den langen Fingern, wofür der »Schneider im Himmel« ein Beispiel gibt. Schneider und Dieb ordnen sich ähnlich einander zu, wie Jäger und Sterngucker. Der Schneider zerstückelt, schneidet zu und fügt neu zusammen. Der Dieb bricht auf und verschiebt, er verlagert den Besitz. Er bringt die Schätze in einen neuen Zusammenhang, den gerade *er* für wünschenswert oder gerecht hält. Der Schneider nimmt das Maß von *dem,* für den er schneidert, vom andern Menschen. Er verarbeitet den Stoff des andern zum Kleid für diesen andern. Der Dieb nimmt das Maß seines Tuns aus sich selbst, aus eigenem Gutdünken. Er ergreift den fremden Besitz, den Stoff, auf den sein Verlangen gefallen ist, für sich selbst. Er entscheidet aus sich heraus, hält sich nicht an die gemeine Ordnung. – Es gibt Räuberhelden, die als Rebellen auftreten, weil sie die Reichen in ihrem Wohlsein für die wahren Ausbeuter halten. Diese Rebellen üben ausgleichende Gerechtigkeit auf eigene Faust. Sie glauben, das verschobene Gleichgewicht, dem Gesetz entgegen, herstellen zu können. Hierher gehört der rheinische Schinderhannes und gehört Karl Moor in den »Räubern« – oder man lese den »Hessischen Landboten« des jungen Revolutionärs Georg Büchner. Dem bedächtigen Bürger sträuben sich die Haare, wenn er sich die Anklageschrift Büchners zu Gemüte führt, und er versteht sehr wohl, warum der zornige junge Mann vor den Gendarmen seines Fürsten nach Straßburg fliehen mußte; denn dieser »Landbote« schreit einen Monolog in die Welt, der in jedem der Büchnerschen Dramen Furore machen könnte. Und doch hat der Aufruf nichts als die ausgleichende Gerechtigkeit im Sinn. – So erweist sich das Diebsproblem letzten Endes als ein Gleichgewichtsuchen aus eigener Freiheit.

Schneider und Dieb sind Umformer. Treiben sie ihr Handwerk übel, werden sie selber zu Ausbeutern; üben sie es gut, werden sie zu Ausgleichern. Beide arbeiten mit Intelligenz. Nur wenn sie scharfsinnig und verknüpfungsbegabt sind (denn auch der Schneider muß den Kniff finden für einen tadellosen Sitz seines Erzeugnisses), gelingt ihnen ihr Handwerk. Dazu bedürfen sie notwendigerweise geschickter Finger. Beide greifen in das Eigentum des andern ein, nur in entgegengesetzter Richtung – der Schneider verhilft zum Eigentum, der Dieb entwendet es.

Sehen wir auf den Jäger, so braucht auch er ein scharfes Auge und eine sichere Hand zum Treffen; keineswegs darf er tölpisch sein. Von ihm wird aber weniger Klugheit verlangt als erfahrungsgeschulte Einfühlung. Er muß die Natur lieben, um mit ihr verbunden zu sein. Er atmet in ihren Rhythmen; im Rhythmus des Jahres, im Rhythmus von Geburt und Tod, dem die Kreatur unterworfen ist. Er schmiegt sich ein ins Naturgeschehen, wendet sich an den Umkreis. Er muß sich seiner Umwelt hingeben können. Der gute Jäger ist ein Heger und Pfleger.

Und gar der Sterngucker: er darf von sich gar nichts dazu tun, wenn sich ihm die Gesetze erschließen sollen. Sein Wesen muß zum reinen Spiegel werden. Die ichbezogene Klugheit darf überhaupt nicht hereinspielen. Er ist der reine Wissenschaftler. Er hat es mit Phänomenen zu tun. Er lebt am weitesten »draußen«, arbeitet ohne Materie. Er liest in den Sternen als dem Ewig-Wandelnden, dem Seiend-Bewegten. Er verzeichnet Linien des Umlaufs. Von ihm wird stärkste Selbstlosigkeit erwartet, Hingabe an die Gesetze.

So ergeben sich die seltsamsten Gegensätze und Verwandtschaften der Berufe. Man muß es noch deutlicher sagen: die Gegensätze erweisen sich als das umgestaltete Verwandte. In den vier Berufen der Brüder sind *seelische Betätigungsfelder* abgesteckt, und wir haben zu sehen auf die gesteigerte Eigentümlichkeit, die sich abzeichnet, wenn eine bestimmte seelische Einstellung ohne Unterbrechung durch »vier Jahre« in Tätigkeit übersetzt und geschult wird. Jeder der Brüder beherrscht am Ende seiner Lehrzeit sein Handwerk, wie es beim Schneider heißt, »aus dem Fundament«; das heißt aber nichts anderes, als daß sich der spezielle Wesenszug jedes Berufes offenbart in *Vollkommenheit.* So haben wir in den vier Brüdern Seelengestalten, die am Ende ihrer Ausbildung das, was sie sind, ganz sind und in höchster Vollendung: unübertreffliche Meister ihrer Kunst. Aber gerade in ihrer Vollkommenheit sind sie einseitig. Jeder hat das »Seinige« gelernt, aber nur dies und nicht mehr.

Nach den verabredeten Jahren treffen die Brüder am Kreuzweg wieder zusammen; sie vereinigen sich erneut. Drei der Brüder bringen ein Geschenk ihres Lehrherrn mit, etwas, das sich ausnimmt wie ein befähigender Lehrbrief; es ist kein Zeugnis geschriebener Art, es ist ein Instrument, mit dem sie das, was sie gelernt haben, ins staunenswert Einzigartige hinüberführen können.

Der Schneider eine Nadel:

»Damit kannst du zusammennähen, was dir vorkommt, es sei so weich wie ein Ei oder so hart wie Stahl; es wird ganz zu einem Stück, daß keine Naht mehr zu sehen ist.«

Der Jäger eine Büchse:

»Die fehlt nicht; was du damit aufs Korn nimmst, das triffst du sicher.«

Der Sterngucker ein Fernrohr:

»Damit kannst du sehen, was auf Erden und am Himmel vorgeht, und nichts kann dir verborgen bleiben.«

Dem ausgelernten Dieb jedoch hat sein Meister nichts gegeben. Braucht er nichts für sein Handwerk – oder hat er das, was er braucht, schon in sich? Offenbar hat er es in sich. Bei ihm sind Fähigkeit und Instrument völlig in eins verschmolzen – eine eigenartige Geschichte. Er könnte doch z. B. einen geheimnisvollen Schlüssel als Gabe erhalten haben. Aber sein Wesen *ist* ein Schlüssel, und diese Übereinstimmung läßt uns sicher darin werden, daß wir in den vier Brüdern Gestalten menschlicher Seelenfähigkeiten vor uns haben.

Und es ist nicht wenig, was jeder kann. Das bezeugt die Probe beim Vater, der vergnügt seine Söhne begrüßt nach der langen Zeit:

»Jetzt will ich euch auf die Probe stellen und sehen was ihr könnt.« Danach schaute er auf und sagte zu dem zweiten Sohne: »Oben im Wipfel dieses Baumes sitzt zwischen zwei Ästen ein Buchfinkennest, sag mir, wieviel Eier liegen darin?« Der Sterngucker nahm sein Glas, schaute hinauf und sagte: »Fünfe sind's.« Sprach der Vater zum Ältesten: »Hol du die Eier herunter, ohne daß der Vogel, der darauf sitzt und brütet, gestört wird.« Der kunstreiche Dieb stieg hinauf und nahm dem Vöglein, das gar nichts

davon merkte und ruhig sitzen blieb, die fünf Eier unter dem Leib weg und brachte sie dem Vater herab. Der Vater nahm sie und legte an jede Ecke des Tisches eins und das fünfte in die Mitte und sprach zum Jäger: »Du schießest mir mit einem Schuß die fünf Eier in der Mitte entzwei.« Der Jäger legte seine Büchse an und schoß die fünf Eier, wie es der Vater verlangt hatte, alle fünfe, und zwar in einem Schuß. Der hatte gewiß von dem Pulver, das um die Ecke schießt. »Nun kommt die Reihe an dich«, sprach der Vater zu dem vierten Sohn, »du nähst die Eier wieder zusammen und auch die jungen Vöglein, die darin sind, und zwar so, daß ihnen der Schuß nicht schadet.« Der Schneider holte seine Nadel und nähte, wie's der Vater verlangt hatte. Als er fertig war, mußte der Dieb die Eier wieder auf den Baum ins Nest tragen und dem Vogel, ohne daß er etwas merkte, wieder unterlegen. Das Tierchen brütete sie vollends aus, und nach ein paar Tagen krochen die Jungen hervor und hatten da, wo sie vom Schneider zusammengenäht waren, ein rotes Streifchen um den Hals.

In dieser Probe geschehen lauter dem Naturverlauf Hohn sprechende Dinge. Dem Sterngucker wird das Undurchsichtige durchsichtig, der Jäger schießt um die Ecke, der Schneider bringt das heillos Zerstückte wieder in die lebendige Form, der Dieb raubt das Gewünschte und trägt das Geraubte in die ursprüngliche Ordnung zurück, als sei nichts inzwischen geschehen, und das einzig Bleibende des Spiels der genialen Talente bleibt die Zugabe, daß die Vögelchen ein rotes Krägelchen gewinnen – dafür sind es auch Buchfinken! Aber so ergötzlich dieses Spiel vor uns hingezaubert wird, von oben nach unten und wieder nach oben in den Wipfel verschwindend, so beispielhaft dürfen wir es nehmen: erst im *Zusammenwirken* aller vier findet die Meisterschaft des einzelnen ihre Krönung, und in des Vaters Lob hinterher mischt sich ebensosehr Bewunderung für den einzelnen, wie ihn die Gefahr, die sich aus dem Ganzen ergibt, nachdenklich stimmt:

»Ich muß euch über den grünen Klee loben, ihr habt eure Zeit wohl benutzt und was Rechtschaffenes gelernt; ich kann nicht sagen, wem von euch der Vorzug gebührt. Wenn ihr nun bald Gelegenheit habt, eure Kunst anzuwenden, da wird sich's ausweisen.«

Zunächst greifen wir den Ausdruck des Vaters auf: »... was Rechtschaffenes gelernt...« – damit entfällt der letzte Zweifel, den man gegen den Dieb haben könnte. Der Vater anerkennt die Lehrzeit seines Ältesten genauso wie die seiner anderen Söhne als vortrefflich benutzt. Der Älteste ist kein gemeiner, sondern »ein gelernter Dieb«. Auch sein Beruf ist eine unentbehrliche Weltenfähigkeit, und zwar eine sehr wesentliche.

Das andere Auffällige aber im Spruch des Vaters ist jene Bedenklichkeit: Er steht vor der vertrackten Aufgabe, welchen der Söhne er herausheben soll. Wer kann das Beste? Er wagt es nicht zu entscheiden. Er spornt die Brüder zu einem Wettstreit an, da soll sich's bewähren. In Wahrheit enthält der letzte Satz des Vaters einen *neuen Auftrag* an die Söhne. Er rät ihnen zwischen den Zeilen zu einer gemeinsamen Weltfahrt – und schickt sie damit zugleich in eine neue Lehrzeit, deren sie sich aber nicht bewußt werden. Sie sind schon so weit selbständig, daß diesmal kein »Ihr müßt jetzt hinaus...« ausgesprochen, sondern nur eine Anregung gegeben wird: »Wenn ihr nun bald Gelegenheit habt« – der Vater legt es in ihr freies Ermessen. Er respektiert ihre Freiheit.

Die Brüder greifen die Anregung auf, und jetzt erst wird aus dem heiteren Vorspiel der Künste Ernst. Ein Drache hat die Königstochter entführt, der König ist darüber Tag und Nacht in Sorge und verspricht sie dem zur Gemahlin, der sie zurückbrächte. Die Brüder beraten untereinander: »Das wäre die Gelegenheit, wo wir uns könnten sehen lassen.« So wie sie einstmals als unmündige Jungen vom Vater auszogen, ziehen sie wiederum zusammen aus, aber diesmal als *Meister* ihrer Fähigkeiten, und diesmal kommen sie auch an keinen Kreuzweg; der liegt hinter ihnen, die Verselbständigung ist geglückt. Aus dem Gehen auf irdischen Wegen wird diesmal eine gemeinsame *Fahrt,* eine Fahrt zu Schiff, »weit von hier« über das Meer, man darf sagen, über das wogende Gewässer eines Geistesozeans.

»Wo sie ist, will ich bald wissen«, sprach der Sterngucker, schaute durch sein Fernrohr und sprach: »Ich sehe sie schon, sie sitzt weit von hier auf einem Felsen im Meer und neben ihr der Drache, der sie bewacht.« Da ging er zu dem König und bat um ein Schiff für sich und seine Brüder und fuhr mit ihnen über das Meer, bis sie zu einem Felsen hinkamen. Die Königstochter saß da, aber der Drache lag in ihrem Schoß und schlief. Der Jäger sprach: »Ich darf nicht schießen, ich würde die schöne Jungfrau zugleich töten.« – »So will ich mein Heil versuchen«, sagte der Dieb, schlich sich heran und stahl sie unter dem Drachen weg, aber so leis und behend, daß das Untier

nichts merkte, sondern fortschnarchte. Sie eilten voll Freude mit ihr aufs Schiff und steuerten in die offene See. Aber der Drache, der bei seinem Erwachen die Königstochter nicht mehr gefunden hatte, kam hinter ihnen her und schnaubte wütend durch die Luft. Als er gerade über dem Schiff schwebte und sich herablassen wollte, legte der Jäger seine Büchse an und schoß ihm mitten ins Herz. Das Untier fiel tot herab, war aber so groß und gewaltig, daß es im Herabfallen das ganze Schiff zertrümmerte. Sie erhaschten glücklich noch ein paar Bretter und schwammen auf dem weiten Meer herum. Da war wieder große Not, aber der Schneider, nicht faul, nahm seine wunderbare Nadel, nähte die Bretter mit ein paar großen Stichen in der Eile zusammen, setzte sich darauf und sammelte alle Stücke des Schiffs. Dann nähte er auch diese so geschickt zusammen, daß in kurzer Zeit das Schiff wieder segelfertig war und sie glücklich heimfahren konnten.

In großartiger Besonnenheit verrichtet auf der abenteuerlichen Fahrt jeder der Brüder im rechten Augenblick das, was er zur Erlösung beisteuern kann und was kein anderer an seiner Statt leisten könnte. Und während der Tat sind sie in dem, was sie wollen und sollen, völlig eins. Keiner zögert, und jeder weiß, wann er einzusetzen hat, vom Sterngucker, der wieder als der Schaubegabte das Wo ergründet, über den Dieb, den Jäger, bis zum Schneider, so daß sie zuletzt doch glücklich heimkommen mit der erlösten Königstochter.

»Wer sie zurückbrächte« – so war verheißen –, »sollte sie zur Gemahlin haben.« Ja, wir stehen nach der Heimkunft genau wie der Vater vor der Frage: Wem gebührt der Vorzug? Welcher der vier hat sie tatsächlich gerettet? »Welcher das ist«, sagt der König, »macht unter euch aus.« Das können sie nicht. Darüber geraten sie sogar in heftigen Streit. Jeder streicht sich heraus und betont, daß er allein das einzig Entscheidende getan habe:

Der Sterngucker sprach: »Hätt ich nicht die Königstochter gesehen, so wären alle eure Künste umsonst gewesen: darum ist sie mein.« Der Dieb sprach: »Was hätte das Sehen geholfen, wenn ich sie nicht unter dem Drachen weggeholt hätte: Darum ist sie mein.« Der Jäger sprach: »Ihr wärt doch samt der Königstochter von dem Untier zerrissen worden, hätte es meine Kugel nicht getroffen: darum ist sie mein.« Der Schneider sprach:

»Und hätte ich euch mit meiner Kunst nicht das Schiff wieder zusammengeflickt, ihr wärt alle jämmerlich ertrunken: darum ist sie mein.«

Viermal ein Trumpf, aber die Trümpfe stechen nicht untereinander – sie heben sich auf. Beachten wir: Die Lehrzeit der Söhne bei den vier Meistern des Kreuzweges war eine Zeit der individuellen Vervollkommnung. Jeder wurde auf seinem Gebiete selber ein vollendeter Meister. Nun hat sie der Vater erneut in die Welt gewiesen, und jeder hat dabei nur an die Bewährung seiner beruflichen Kunst gedacht. Keiner hat bemerkt, daß ihnen der Vater, weise verhüllt, eine weitere Aufgabe gestellt hat: ihre *Bruderschaft* neu und bewußt zu gewinnen. Der Vater schickte sie in die *Lehrzeit der Sozietät* – eine Aufgabe, schwerer als die der individuellen Ausbildung. Was sie im Handwerklichen gelernt haben, bewährt sich im Eifer, die Königstochter zu befreien, aufs schönste; die Vollkommenheit des Könnens ist da. Die Bruderschaft jedoch scheint am Ende heillos zu zerstücken. In der Rückschau auf die Ereignisse zerzanken sich die Brüder vor unseren Augen in alle Richtungen, sie fallen in den Kreuzweg der Trennung zurück, der sie nur »Ich«, »Ich«, »Ich« und »Ich« sagen läßt.

Der König hört sich das an. Vor ihm legen sie, indem er ihnen aufgibt, »das macht unter euch aus«, die Prüfung ihrer zweiten Lehre ab, er ist diesmal ihr Meister. Stellen wir uns die Situation vor: Zu Füßen des Königs zanken die Brüder, der König sitzt erhöht auf dem Thron über ihnen, und was ihnen, streitend »auf dem Boden der Tatsachen«, keineswegs klar wird, ist ihm aus seiner Überschau sofort klar: Jeder hat auf seine Art recht; alle zusammen waren nötig, und zwar von *jedem* das *Beste.* Und so hören wir vom König das weise Urteil:

»Jeder von euch hat ein gleiches Recht, und weil ein jeder die Jungfrau nicht haben kann, so soll sie keiner von euch haben, aber ich will jedem zur Belohnung ein halbes Königreich geben.«

Der König stellt die Wahrheit des Gesamtbildes vor sie hin. Die *Einsicht* in das Gesamtbild ist das Ziel seiner Probe: den Brüdern zu zeigen, wie *begrenzt* sie bleiben müssen als Einzelwesen. Er legt ihre Ohnmacht bloß bei aller eigentümlichen Vollkommenheit.

Die Brüder bestehen die Probe. Die Entscheidung des Königs »gefällt« ihnen, sie nehmen sie an. Mit anderen Worten, sie verzichten auf den einseitigen Vorrang, den sich jeder im geheimen erhofft hat. Sie erheben sich zur Königssphäre und machen sich damit selber reif, ein Zepter zu führen. »Es ist besser so, als daß *wir* uneins werden.« Das »Wir«, das sie hier finden, entspringt wie eine reife Frucht der dramatischen Ballung. »Sie sprachen«, heißt es; das Märchen gibt es wieder, als sprächen die Brüder das Wir gleichzeitig und aus einem Munde. Es rundet sich am Ende als Kreis um die viergeteilten Künste und schließt sie in eins.

Da erhielt jeder ein halbes Königreich, und sie lebten mit ihrem Vater in aller Glückseligkeit, solange es Gott gefiel.

Lösung des Widerspruchs: der Mensch

Noch haben wir uns einige Fragen verspart, die Frage vor allem, warum unter den Dutzenden von Berufen gerade die vier den Brüdern angetragen werden und wie sich die Berufe zum Alter der Brüder verhalten. Und noch haben wir nicht erfahren, was es mit den wunderbaren Werkzeugen auf sich hat – machen sie doch die Brüder noch rätselhafter.

Fest steht: Keiner der vier kann allein das Ganze tun, und nur im Zusammenwirken aller in der rechten Folge gelingt das erlösende Werk. Alle zusammen sind überhaupt erst *einer,* nämlich ein ganzer Mensch. Die vier bilden in Wahrheit, obwohl sie als Individualitäten vor uns erscheinen, die Zusammenfassung des Menschen in seiner viergliedrigen Wesenheit. Es verlohnt sich, daraufhin noch einmal die vier Berufe zu betrachten, um zu entdecken, welchen Standort jeder der Brüder in dieser Einheit *Mensch* hat.

Wohnt nicht der *Schneider* im festen Haus und paßt die Stoffe zum Kleide an, so daß sie maßgerecht am Leibe sitzen? Er sitzt in der Kammer unseres Tagesleibes, der uns irdisch sichtbar und den Stoffen der Erde verwandt macht. Die Stoffe der Erde sind uns als knöchern-mineralisches Gerüst, das uns Festigkeit verleiht, einverleibt. Klein und schmächtig haust der Schneider in seiner Kammer, zusammengezogen muß er »krumm sitzen von morgens bis abends« (also in der Zeit des hellen Tages), mit der Nadel hin und her fegen, das schwere Bügeleisen handhaben, was ihm an Material gegeben wird, verarbeiten, anpassen, einstücken – er hat das profanste der vier Handwerke, um nicht zu sagen, das verachtetste. Auf ihn sehen die anderen von oben herab, er kommt zuletzt. Behandeln wir nicht auch so unseren physischen Leib? Er dünkt uns ungeistig, gewöhnlich. Der Schneider hat mit dem physischen Leib zu tun. Und doch wollen wir uns hüten zu sagen, Schneider und physischer Leib seien dasselbe. Der Schneider ist der Haushalter in diesem Leib, er *wohnt* im Haus. Bleibt er ins gewöhnliche Handwerk verstrickt, so fühlt er sich als der stöhnende Dienstpflichtige des Leibes, sein Knecht oder gar Sklave. Und dieses Ducken und Krümmen taucht sofort im Jüngsten auf, als er das Wort »Schneider« hört – das will ihm keineswegs gefallen. Die Frage ist eben: Kann aus dem Knechtsein der gewöhnlichen Leibschneiderei eine *Kunst* werden, »ziemlich, anständig, ja ehrenvoll«? Es *kann* – dies verheißt der Meister: »Bei mir lernst du eine ganz andere Schneiderkunst«, und er verleiht dem Abgehenden als Ergebnis der verschwiegenen vier Lehrjahre die Nadel, die in der Tat *alles,* es sei spröde wie ein Ei und zart wie ein Vogelkehlchen oder hart wie Stahl und sperrig wie Schiffsplanken, zu einem Neuen und Ganzen festigen kann. Was sich in den vier Jahren bei dem geheimnisvollen Meister abspielt, erfahren wir nicht. Und mit welchen Umlaufzeiten diese Jahre gemessen sind, erfahren wir auch nicht. Ein Mysterium machen die Söhne durch, jeder anders, und in jedem wird dadurch die profane Anlage seiner Fähigkeit in eine übernatürliche verwandelt (denn die Gaben der Meister bezeugen ihre übernatürliche Kraft). So wird aus dem zuunterst im Ansehen stehenden Schneider, der im alltäglich Leiblichen haust, jener Vollender, der das Werk seiner älteren Brüder im letzten Augenblick rettet. Er rettet die *Form,* das »Fundament«, hinüber ins Unvergängliche. Hier gilt das Wort: Die Letzten werden die Ersten sein. Aus dem plagsamsten Handwerk wird die am fernsten liegende höchste Geistesformkraft. Was sonst Stückwerk bleibt, bildet die Schneiderkunst des Jüngsten um ins nahtlos Ewige, »aus einem Stück« – mit Hilfe der wunderbaren Nadel. Die Nadel, ein Endchen Stahl mit einem Öhr für den bindenden Faden der Intelligenz; der Stahl, gewonnen aus dem geläuterten und gehärteten Eisen; das Eisen der Urstoff nicht nur der äußeren Technik, sondern des inneren Gefüges unserer Selbstheit.

Die Nadel, Ausdruck der Strukturfähigkeit, ist das Unterpfand, das am Ende der Erdentage der Mensch mitbringen soll aus seinem Wohnen im Erdenleib. Auch wir sind in der Lehre eines Meisters, von dem wir schließlich diese Nadel als Gabe der Freisprechung erhoffen; und bis jetzt hat nur ein *einziger* Meister den Leib aus den Trümmern des Zerfalls und des Todes hinübergerettet in einen Auferstehungsleib. Oder hat der Einzige bereits Nachfolger, die verborgen auf Erden wirken, und hat einer dieser Nachfolger unseren Schneider in seine Schule genommen? Der Schneider lernt in den vier Lehrjahren die Verwandlung der Erdenform, des physisch Leiblichen hinüber in jene Selbstgestalt, die in den Wogen des Geistesmeeres, in dem alles menschlich Individuelle zu versinken droht, in sich selbst geschlossen und gefestigt erhalten bleibt.

Und wo finden wir den *Jäger* in uns wieder, den Morgengänger der Wälder? Sein Revier umfaßt das sprießend Wachsende; er ist der Freund der atmenden Geschöpfe, er macht den Herzschlag der beseelten Wesen mit. Wir haben in ihm den Rhythmiker unter den Brüdern. Diesen Rhythmiker tragen wir in uns in jenem Lebenskräfteleib, der unser Wachstum bewirkt, dessen heilsamer Tätigkeit wir danken, daß sich Wunden schließen und sich der Stoffwechsel erneuert. In ihm geschieht, daß wir uns am Morgen erfrischt fühlen. Er trägt das Leben in uns. – In diesem Lebenskräfteleib wohnt unser »Jäger«, er erlauscht und vermittelt, was uns frommt. Elastisch dehnig durchstreift uns der zweitjüngste der Brüder im ätherischen Bereich.

Was hat es mit seiner Büchse auf sich? Muß sie nicht ein Rätsel bleiben? Für den Jägersmann ist eine gute Büchse das unentbehrlichste, wenn auch keineswegs schnell gehandhabte Begleitstück. Der Jäger schießt nur, wenn er muß; wenn er es für notwendig hält, um das schädliche oder überzählige Wild auszumerzen. – Die Büchse dieses Meisters nun schießt um die Ecke, sie läßt »Fünfe gerade sein«. Es ordnet sich alles in eine Linie. Sie trifft sogar das absichtsvoll Verstreute mit *einem* Schuß. Nehmen wir wiederum wörtlich, was gesagt wird. Der Schütze schießt bei der Probe die Eier *»mitten* entzwei« und später dem Drachen überm Meer *»mitten ins Herz«*. Die Büchse ist die Krone des Jägertums. Solange der Jäger lernt (und auch er bei einem ganz anonym bleibenden Meister), schult er sich in der Hingabe an die Wesen, erlernt ihren Rhythmus, erfühlt ihren Pulsschlag. Seinen Instinkt bildet er um zum Mitleidsorgan, zum Trefforgan in die Mitte der Kreaturen. Er wäre ein schlechter Jäger, wenn er die ihm anvertrauten Schützlinge nicht liebte! Darin besteht seine Meisterschaft, daß er ins *Herz* der erfühlten Wesen geht. Er zielt genau und *nur* in die Mitte: Von seinem Herzen hinüber ins Herz des anderen Geschöpfes geht *eine* Linie. Im Grund begegnen wir im Jäger einem Sonnenboten, der den Naturatem im Herzen vergeistigt und aus dem Herzen heraus unmittelbar wieder dorthin eindringt. Die Instinktsicherheit verwandelt sich in Sonnen-Zielkraft. Demnach wäre das Ideal des Jägers, daß unter seinen Händen eine paradiesisch friedvolle Gemeinschaft der Wesen gedeihe, als deren Heger er wacht. Wird diese Gemeinschaft bedroht, wird der Beschützer zum Schützen, d.h. er wendet sich gegen den Widersacher, und nun sammelt sich die Sonnenlichtkraft zum todbringenden Geschoß. Die reine Lichtkraft des Herzens als Sonnengeschoß, nach außen gestoßen, durchbohrt den Bedroher. Und so trifft der Jäger auf dem Meer das Untier unfehlbar »mitten ins Herz« – wie er im inneren Bezirk mit derselben Kraft seine Schützlinge heilsam durchstrahlt. In den Händen des Jägers liegen Leben und Tod; der Tod, den er geben kann, gehört als Gegenbild zum Leben. Solange wir auf Erden leben, der Jäger uns also versorgt, atmen wir friedlich im Erdenleib; verläßt er uns, sind wir dem Tod verfallen. – In der Büchse haben wir eine spät zu erreichende Göttergabe: die Sonnen-Lichtkräfte unseres Ätherleibes bewußt zu dirigieren. Der Jäger des Märchens hat jetzt schon als Meisterschütze den Lebensgeist gefunden und beherrscht, was wir erst suchen.

Wo hat der *Sterngucker* sein Feld? Er sitzt in einer anderen Schicht unseres Wesens als die jüngeren Brüder. Er wirkt in der Region, wo wir Freude und Schmerz fühlen, Neigungen, Wünsche, Antriebe haben. Es ist eine Welt geheimer Bewegung, der wir da unterworfen sind, halb bewußt, halb unbewußt ins Traumhaft-Nächtliche verdämmernd. Wir tragen – unseren Stoffesleib und unseren Bildekräfteleib durchwirkend – unseren Seelenleib in uns, der in der Sprache der Geisteswissenschaft der astralische Leib genannt wird. Der astralische Leib ist ein Sternenleib, das besagt sein Name. Wie die Planeten unterm Fixsternhimmel kreisen, kreisen in uns Besonnenheit und Mut; Geduld, Tragekraft und Ausdauer; Beschwingtheit, Frohsinn und Weisheit; Schönheitssinn, Innigkeit und Güte. Sie sollten kreisen; meist begnügen wir uns mit den verdunkelten Abschattungen der reinen Gefühlskräfte. Wir wissen nicht, daß diese Kräfte Widerspiegelungen von Sternenlaufkräften sind. In uns selber sehen wir die Sterne nicht, der Sterngucker in uns schläft, bleibt ins Dumpf-Zufällige eingehüllt. Dem Sterngucker des Märchens beginnen in seiner Lehrzeit die Sterne im Seelenleben des Menschen aufzuleuchten, er schaut den Sternenhimmel im Menscheninnern und entdeckt, daß er mit dem Sternenhimmel im Azur übereinstimmt. Ihm kann sein Meister beim Abschied das alldurchdringende Fernrohr übergeben als kristallklares Organ der Schaufähigkeit, und ihm bleibt nichts verborgen, weder auf Erden (eben im Menscheninnern), noch am Himmel (in den geistigen Welten). Entwickeln wir als Sterngucker die Fähigkeiten selbstlosen Hinblickens auf das Ineinanderspiel der bewegenden Planetenkräfte, dann sind wir da und dort zu Hause – schon hier im Leibe. Die Schaukunst des Sternguckers umfaßt die erwachte, entfaltete Seelenkraft, die in uns zum Geiste selbst wird. – Der »gelernte« Sterngucker in seiner ruhevollen Weisheit weiß dann als erster (denn er ist der Wissenschaftler in reinster Gestalt), wo die Ursachen liegen, zu denen man aufsteigen muß, um etwas Neues zu bewirken. Ihn spricht der Vater zuerst an, noch *vor* dem Ältesten, dem Dieb. Der Dieb wird erst als Zweiter aufgerufen, das Seine beizutragen. Erst muß der Sternkundige das Ziel enthüllen; er weiß das *Wo*, dann erst kann das *Wie* einsetzen.

Das Wichtigste jedoch, was den Menschen erst zum Menschen erhebt, ist sein Selbstorgan, das selbständige Ich. Den Stoffesleib haben wir mit den Mineralien gemein, den Lebensleib mit den Pflanzen, den astralischen Leib mit den Tieren (auch sie durchfühlen Freude und Schmerz) – das Ich bleibt unser eigenstes Eigentum. Und das Ich hat jeder Mensch für sich selbst. Was einmal darin ist, kann ihm niemand mehr nehmen. Alles kann spurlos darin verschlossen werden. Durch sein Ich vermag sich der Mensch geistig-seelisch anzueignen, was immer in seinen Greifbereich kommt. Darin entwickelt er die Begriffe, die das Ergriffene zum Eigentum werden lassen. Das Ich ist das Eigentumsorgan des Menschen. Es ist der »Dieb« in uns. Durch sein Ich wird der Mensch ein Selbstherr, Geist unter Geistern. Im Ich speichert sich als Erinnerung und in Verinnerlichung alles, was der Mensch je ergriffen hat, im Ich überwindet er Zeit und Raum, gehört allen Zeiten und Zonen an; kein Schloß und kein Riegel kann ihn trennen von dem, was immer geschah und geschieht. Mit jeder Wahrnehmung »stehlen« wir aufs neue etwas aus der Welt der Erscheinungen und einverleiben es uns, und es vollzieht sich »leis und behend«, ohne daß die Welt »etwas merkt«. Draußen geht alles weiter, als sei nichts geschehen, und doch »hat« es der Mensch.

Halten wir uns vor Augen, daß gerade der Dieb *kein* besonderes Instrument von seinem Meister erhält, daß sein Wesen selber der Schlüssel ist, mit dem er sich alles aneignet. Diesen Aneignungsschlüssel tragen wir jetzt schon ausgebildet in uns – ob immer auf die rechten Werte gerichtet, ist eine andere Frage. Daß Schlüssel und Wesen beim Dieb übereinstimmen, hängt mit seinem »Alter« zusammen. Unter diesen vier Brüdern ist er der älteste – und das heißt hier, der im Range höchste, als Ichträger nämlich, seinem geistigen Auftrag nach, der den Göttern am ersten Verpflichtete. Die Ursubstanz des Ich ist Wesen vom Wesen der höchsten Geister. »Wir sind göttlichen Geschlechts«, sagt das Neue Testament. Aber auch die anderen Glieder des Menschen sind Kinder der göttlichen Weltenkräfte. In grandioser Vereinfachung zieht das Märchen diese Tatsache zusammen und sagt: Sie sind Söhne *eines* Vaters, aber sie treten in verschiedenen Werdealtern in Erscheinung. Unser mineralisch durchsetzter Stoffesleib wurde erst als letztes Glied auskristallisiert, und so ist der »Schneider« hier der jüngste der Söhne. Erst auf der mineralisierten Erdenstufe kommt er als sichtbarer Stoffesleib ins Leben – und er wird als Letzter sein Ziel erreichen.

Wir tragen als Menschen die vier Brüder in uns. Der Unterschied zu den vier Brüdern des Märchens ist nur, daß wir die *gewöhnlichen,* die *natürlichen* vier Brüder vereinigen. Im Märchen werden uns jedoch die vier *kunstreichen* Brüder gezeigt. Hier enthält schon der Titel des Märchens den Blick in die Zukunft. Mit anderen Worten: es zeigt uns die verwandelten Zukunftsgestalten der uns zugehörigen natürlichen vier Brüder. Sie sind Vorbilder jener noch verborgenen Wesensglieder in uns, die sich als die verwandelten Stufen unserer gewöhnlichen Natur erweisen – sie sind deren hohes und letztes Zukunftsideal. Was das Märchen von Dieb, Sterngucker, Jäger und Schneider erzählt, ist ein künftiges Ereignis in uns selbst. Für den Verwandlungsprozeß geben uns die Meister vier lange Weltenjahre Zeit; aber endgültig vollzogen wird er erst sein, wenn auch der jüngste der Brüder, der Schneider, zum Meister geworden ist und seine Nadel beherrscht. Und seine Kunst ist wahrlich nicht die geringste. – Am Ende steigen alle Brüder auf zur Königsstufe.

Die Königstochter dem Drachen entreißen heißt die Seelen-Schönheitsgestalt der Welt aus der Verfinsterung erlösen. Ein Doppelkönigreich errichten heißt Himmel und Erde zusammenschließen. Sind Schneider und Jäger die Vertreter unserer irdisch gefärbten Natur (des Physisch-Ätherischen), so Sterngucker und Meisterdieb die Vertreter unseres kosmisch-himmlischen Teils (des Seelisch-Geistigen). Wir gehören Himmel und Erde an, und je zwei der Brüder teilen sich am Ende in das ihnen gemäße Reich. Aber sie bleiben vereint in der großen Einheit Mensch, vereint untereinander und neu und endgültig vereint auch mit dem Vater. Im Doppelreich seiner vier Söhne hat der Vater teil an einem Reichtum, den er einstmals in weiser Vorausschau schlummernd in ihnen geahnt hat. Sein Vertrauen hat ihn nicht getäuscht. Die Söhne haben das zweifache Menschenabenteuer der Selbstgestaltung wie der Bruderschaft bestanden.

Selbstgestaltung und Bruderschaft verhalten sich zueinander wie Kreuz und Kreis. Und seltsam ineinandergefügt finden wir am Ende die getrennten Signaturen des Anfangs wieder. Von einem Kreis geht das Märchen aus, dem die Kindheit behütenden Umkreis des Vaters. Aus ihm werden die Söhne hinausgewiesen auf die Kreuzung; die Kreuzrichtungen reißen die Brüder vollends auseinander. Meister ihrer Künste geworden, treffen sie am Kreuzweg wieder zusammen, ja sie errichten wirklich im Zusammenwirken ihrer Künste ein Kreuz der Fähigkeiten, standhaft und allvermögend – und doch bleiben sie zunächst, jeder nur auf das »Seinige« versessen, getrennt. Erst in der Selbstbescheidung, die sie zum »Wir« kommen läßt, runden sie den Kreis um sich selbst. In diesem Kreis, den das Wir schließt, bleiben sie, die sie sind (eine Vierheit von Meistern), und bilden doch ein umschlossenes Ganzes: sie errichten das *Kreuz im Kreis.* Im Laufe der Entwicklung fügen sich die anfänglich zerlegten Sphärenzeichen *ineinander.* Wir erleben die Geburt der Erden-Himmels-Einheit im Menschen, denn wir dürfen das Kreuz im Kreis sehen als das Sinnbild, das über dem Doppelreich von Himmel und Erde steht. Das Kreuz in der Sonnenscheibe haben wir jedoch schon zu Anfang als die Aura Christi erkannt. Mit anderen Worten: Durch die kunstreichen Brüder erfahren wir das Ereignis der Durchchristung des Menschen im Weltenplan. Wenn am Schluß gesagt wird: »Und sie lebten mit ihrem Vater in aller Glückseligkeit«, so ist das in der einfachen Märchensprache, menschlich geworden, eine Umschreibung des Christuswortes: »Ich und der Vater sind eins.« Das ist ein weiter Verwandlungsweg, der Wahrheit werden will.

DAS MEERHÄSCHEN

»Sie war stolz und wollte sich niemand unterwerfen«

Dem Sterngucker unter den vier kunstreichen Brüdern bleibt durch sein Fernrohr nichts verborgen, was auf Erden und am Himmel vorgeht. Er braucht keinen Schritt zu tun und durchschaut doch alle Dinge und Fernen. Ihm verwandt erscheint hier die Königstochter.

Es war einmal eine Königstochter, die hatte in ihrem Schloß hoch unter der Zinne einen Saal mit zwölf Fenstern, die gingen nach allen Himmelsgegenden, und wenn sie hinaufstieg und umherschaute, so konnte sie ihr ganzes Reich übersehen. Aus dem ersten sah sie schon schärfer als andere Menschen, in dem zweiten noch besser, in dem dritten noch deutlicher und so immer weiter bis in dem zwölften, wo sie alles sah, was über und unter der Erde war, und ihr nichts verborgen bleiben konnte.

Bei ihr wird das Fernrohr zum Saal in einem seltsamen Schloß, denn außer diesem Gemach »hoch unter der Zinne« wird nur noch ein einziger Raum im Schloß benannt – der Keller. In die Mittelgemächer des Schlosses erhalten wir keinen Einblick, als existierten sie nicht. Um so wunderbarer hebt das Märchen den Saal mit den zwölf Fenstern hervor. In ihm krönt sich der Bau, und es ist, als hielte sich die Königstochter in ihm am liebsten auf. Merkwürdig auch, daß im Verlauf der Erzählung kein einziger Schloßbewohner neben der Königstochter sichtbar wird. Wir hören nur, daß sie Winke gibt – den Häschern. Aber auch diese sehen wir nicht, wir können sie nur ahnen. Die Häscher gehören zur Tiefenzone, zu den Wachstuben unten. Oben wohnt die Königstochter mit keiner Seele zusammen. Es ist *ihr* Schloß und sonst niemandes; und das Allerheiligste des Turmbaues beherbergt die Warte mit den Fensteraugen, zwölfstufig geschärft und geschliffen. Hier betätigt sich die Königstochter als Herrin, selber ganz und einzig Auge, alles durchblikkend in Höhen, Tiefen und Weiten: *Allwissende* eines Reiches.

Schloßherrin und Schloß stimmen so sehr überein, daß man versucht ist zu sagen: Die Königstochter schuf sich die Behausung nach ihrem Maß. Die allwissende Kraft macht sie ganz zum Haupteswesen, einseitig vollendet. Sie kann schauen – und töten. Eine fühlende Mitte scheint nicht zu bestehen, noch nicht, denn sie läßt ihre Freier ohne den leisesten Gefühlsanflug köpfen. Und die Bedingung, die sie an die Werbenden stellt, ist abwegig genug: sie müssen sich so vor ihr verstecken können, daß sie sie nicht entdecken kann. Das vermag aber keiner ihrer Freier. Die allwissende Kraft der Fenster verleiht ihr unerhörte Sicherheit in ihrem Turmschloß.

Weil sie aber stolz war, sich niemand unterwerfen wollte und allein die Herrschaft behalten, so sollte niemand ihr Gemahl werden, der sich nicht so vor ihr verstecken könnte, daß es ihr unmöglich wäre, ihn zu finden. Wer es aber versuche und sie entdecke ihn, so werde ihm das Haupt abgeschlagen und auf einen Pfahl gesteckt. Es standen schon siebenundneunzig Pfähle mit toten Häuptern vor ihrem Schloß, und in langer Zeit meldete sich niemand. Die Königstochter war vergnügt und dachte: Ich werde nun für mein Lebtag frei bleiben.

Sie verteidigt ihre Jungfräulichkeit, ohne tätig zu kämpfen. Sie wehrt mit dem Blick. Im Saal der zwölf Fenster besitzt sie eine unfehlbar abschirmende Waffe. Durch ihn bleibt sie Sternenjungfrau. Von den Fenstern wird gesagt, »die gingen nach allen Himmelsgegenden«. Es sind zwölf Kristallinsen hinaus in die Weltenweiten bis zum zwölfgeteilten Tierkreis hin. Was der Tierkreis draußen als Weltenrund zusammenschließt, schließt die königliche Jungfrau widerspiegelnd zusammen in der Wölbung unter der Zinne, *im* Schloß. Von hier aus verfolgt sie den Götterreigen, der die Schöpfung durchwirkt, aber nur durch das Auge. Sie selber sitzt eingeschlossen. Der Märchenbildner holt aus der Sprache selbst den Begriff, wenn er von »ihrem Schloß«, dem Umschließenden, spricht. Die Allwissenheit wird von der Königstochter abgespalten ins Eigengebiet, in die Selbstvergötterung hinein. Sie spricht es deutlich aus: Sie will sich niemandem unterwerfen. Niemand soll teilhaben an ihr und ihrem Reich. Die Götter der großen Schöpfung herrschen, schaffen und dienen in einem. Indem sie sich offenbaren, geben sie hin, sie strömen ihr Wesen aus. Die Königstochter hält zurück. Göttergleich geboren (das sagt ihr Rang aus Königsgeschlecht), will sie nichts verschenken, sondern den Sternenadel im Selbstgebiet bewahren. Sie will frei bleiben, nur für sich. Sie liebt allein sich selbst.

Die Königstochter ist auf entschiedene Art hochmütig und großartig. Wir finden in ihr unbändigen Stolz verbunden mit allwissender Kraft. Schwebend über allen, spielt sie mit denen, die sie erlangen wollen. Wer könnte sie erobern, herunterführen von ihrer Zinne? Nur wem es gelänge, in ihr geheimstes Gemach aufzusteigen – das von ihr behütet wird wie ihr Augapfel, denn es *ist* ihr Augapfel –, der fände die Lösung. Wer sie erobern wollte, müßte dorthin gelangen, so wie selber sitzt, in das Heiligtum ihres Stolzes und ihrer Macht. Darauf kommen ihre Bewerber nicht, sie wissen es nicht, und noch weniger wissen sie, wie es anzufangen wäre. Im Gegenteil, durch die Bedingung, die sie stellt, erniedrigt sie die sonst so kühnen Freier zu Schwächlingen. Sie macht sie passiv, sie müssen sich verstecken, müssen verschwinden. Was sie »verstecken« nennt, kommt einem Auslöschen gleich, denn alles zu Schauende ist ihr durchschaubar. Oder gäbe es ein Auslöschen der Erscheinung, das doch das Wesen wach bleiben ließe?

Zu denken gibt, daß das Märchen von siebenundneunzig Freiern spricht, die in dem ungleichen, fast spöttisch angebotenen Werbespiel ruhmlos versagt haben. Die Königstochter, selber ganz »Kopf«, sammelt die Köpfe der Unterlegenen um sich; sie hat sie als Beutestücke ihrer Siege vor das Schloßtor pfahlen lassen, Warnung und tragischer Schutzwall, hinter dem sie sich unüberwindlich dünkt. Wenn es im Märchen heißt, die Königstochter war vergnügt und dachte: »Ich werde nun für mein Lebtag frei bleiben«, so sagt das nichts anderes als: Wenn auch die letzten drei versagen, wird es *keiner* mehr wagen, sie gewinnen zu wollen. Hat erst der hundertste die Werbung verloren, wird die Königstochter tatsächlich für immer frei sein. Die Epoche der Werbung nähert sich dem Ende, dessen ist die Königstochter gewiß.

Die letzten drei

Bis hierher ist alles Einleitung. Das Märchen erzählt nun die Geschichte der drei letzten Bewerber, genau besehen sogar nur die des allerletzten, denn auch der acht- und neunundneunzigste der Unglücklichen verfallen ihr ohne Widerstand.

Mit der Zahl Hundert hat es eine eigene Bewandtnis. Sie ist einerseits ein Eckpfeiler in der Zahlenordnung unseres gewöhnlichen Alltags. Nichts selbstverständlicher für uns, als daß wir das Gezählte in Zehner gliedern, und eine jede Ziffer links neben einer anderen hat einen zehnmal größeren Grundwert als die Ziffer hinter ihr; sie hat einen dekadischen Stellenwert. Umgekehrt, beim Teilen entsteht der Bruch, die Zahlen wandern nach hinten; sie werden zum Zehntelswert. Unsere ganze heutige Rechenkunst fußt auf der Grundordnung der Zehn, auf ihr bauen die Maß- und Gewichtseinheiten der meisten zivilisierten Völker auf. Mit dem Zehnersystem regeln wir Handel und Wandel, sind wir heimisch im rechnerischen Umgang miteinander auf der Erde. Die Hundert jedoch stellt eine ideale Steigerung der Zehn dar, sie ist die Zehn mal zehn.

Die Zehn und die Hundert befestigen als Zahlensäulen unser irdisches Bewußtseinsgefüge, und doch bleibt die Frage offen, ob die Hundert nur eine ideale Erdenzahl sei. Birgt sie nicht auch eine ungewöhnliche Dreiheit in sich: drei mal dreiunddreißigeindrittel? Von dieser letzten Zahl sagte Rudolf Steiner, daß sie ein besonderes Steigerungsgeheimnis enthalte, ein ganz und gar nicht im natürlich-irdischen Verstandessinn begründetes: daß sich Absichten menschlichen Wollens nach dreiunddreißigeindrittel Jahren wandeln zur geschichtlichen Wirklichkeit; was ehemals als Antrieb aufkeimte, wächst in dieser Zeit in die Willensbereiche hinein und steigt aus den Tiefen wieder auf, es wird Ereignis. Hier wird eine andere, tiefere Schicht des Werdens berührt, in der sich lebendige Daseinsformen bilden, die sich nach einer solchen Werdezeit erfüllen.* Drei Jahre währte das Leben Christi im Erdenleib, und als er zu Ostern des Jahres 33 durch den Kreuzestod ging, geschah dies in einem Leib, der vor dreiunddreißigeindrittel Jahren (zu Weihnachten) geboren ward. Mit der scheinbar zufälligen und vom Rechnerischen her gebrochenen Zahl Dreiunddreißigeindrittel sind Geistgeheimnisse des Erdenwerdens verknüpft. Eine kosmische Umlaufzeit findet darin ihren Niederschlag. Sie aber dreimal durchlaufen, rundet eine volle Hundert. In der Hundert gipfeln *beide* Aspekte: der äußerlich irdische (von Maß, Zahl und Gewicht) und der geistig fortwirkende (der geschichtlichen Entwicklung). Die Hundert bildet einen Schnittpunkt von Gesetzen *zweier* Welten.

* Rudolf Steiner, Et incarnatus est. Die Umlaufzeit geschichtlicher Ereignisse. Dornach 1956, Verlag der Rudolf-Steiner-Nachlaßverwaltung.

Stellten nicht auch die Rosenkreuzer an sich selbst die Forderung, hundert Jahre zu warten, ehe eine ihrer Zielsetzungen aus der Verschwiegenheit heraustreten durfte ins Licht der Öffentlichkeit? Betrachten wir unter diesem Blickwinkel Hundertjahrgedächtnisse, so bekommen sie den Sinn, daß von höherer Ebene aus geprüft werden darf, was aus dem Zeitgeschehen an Dauerndem geblieben ist, sub specie aeternitatis, im Lichte der Ewigkeit.

Auf diesem Hintergrund sollte uns zu denken geben, daß das Märchen so deutlich auf die siebenundneunzig unterlegenen Freier der Königstochter hinweist und nun nochmals von dreien spricht. Die letzten drei vollenden die Hundert. Sie runden in ihrer Dreiheit das erreichbare Ideal, oder anders gesagt, mit ihnen wird der Versuch unternommen, doch noch das Erdenwollen zu einem Geistereignis zu führen. Sie wiederholen, was alle Vorhergehenden auf irdischer Ebene fruchtlos versucht haben; alle Vorhergehenden werden nochmals in ihnen lebendig – aber es zeigt sich, daß erst der hundertste das Opfer aller mit Sinn erfüllen wird.

Der erste der Brüder kriecht in ein *Kalkloch.* Er bleibt draußen in der Natur, im freien Feld, sucht eine Bodensenke, zwar von Menschenhänden gehöhlt, die dort den Kalk gruben, und doch nicht mehr als eine natürliche Vertiefung. Es ist für die Königstochter ein Kinderspiel, ihn zu entdecken, da alles Natürliche offen vor ihr liegt. Dies oder ein ähnliches war gewiß das Versteck der vielen Vorgänger. Der erste der Brüder vollführt noch einmal, was charakteristisch für das erste Drittel der Hundert war.

Der zweite Bruder rückt näher an die Königstochter heran. Er verkörpert eine zweite Stufe der Eroberung, denkt sich etwas Klügeres aus, sucht ins Schloß einzudringen, in die Behausung – und hier ist die Stelle, wo im Märchen der *»Keller«* genannt wird. Der zweite schlüpft herein ins Haus, in den Keller, aber er bleibt im Ansatz der Tiefe stecken. Die Königstochter will bis in ihre Höhe erobert werden – wenn schon einen Freier, dann erwartet sie einen Überlegenen. Sie lebt nicht im Kellerbereich, sie schwebt darüber. Unten sitzen nur die ihr hörigen Häscher. Und so wird auch dieser Liebhaber rasch entdeckt und muß mit seinem Leben büßen. Er ist der neunundneunzigste. Allen unter der Hundert liegenden Freiern, die im Erdenbereich des Zählens und Wägens bleiben, ist die Königstochter weit überlegen. Auf den hundertsten wird es ankommen. Seine Brüder suchten Hohlformen, Leerformen, in die sie sich, natürlich, wie sie waren, einkauerten. Das genügt nicht. Was wird der letzte beginnen?

Er weiß, was von ihm abhängt, und so tritt er von vornherein anders in den Wettkampf. Er erbittet einen Tag Bedenkzeit – schon das ist verwunderlich. Und mehr als das, er erbittet, was keiner vor ihm wagte: daß er die Probe *dreimal* unternehmen dürfe. Er wiederholt somit noch einmal seine eigenen Brüder und drittelt damit die letzte aller Möglichkeiten in drei allerletzte. Spürt er, daß er die drei Anläufe wirklich brauchen wird? Erstaunlicherweise geht die Königstochter auf sein Ansinnen ein, »weil er so schön war und so herzlich bat«. Über die Seeleneigenschaften der vorhergehenden Bewerber wie auch der Brüder wird kein Wort verloren, blaß verwehte ihr Bild mit dem Tod. Dieser hundertste hat nun etwas an sich, was die Königstochter reizt – und gnädig stimmt, ist er doch nicht nur schön, zugleich kommt sein Wort aus dem Herzen! Das Schöne erregt die Jungfrau ohnedies, stammt sie nicht selbst als Königstochter aus edlem Geschlecht, allem Schönen verwandt? In der Herzkraft jedoch begegnet ihr ein Element, das ihr abgeht; und da sie neugierig ist (das hängt mit dem zwölffach gesteigerten Augensinn zusammen), nimmt sie die kühne Bitte an. Es wird ein Wettkampf ebenbürtiger Partner werden. Aber noch ist die Königstochter ihrer sicher: »Ja, ich will dir das bewilligen, aber es wird dir nicht glücken.«

Bedenkzeit

Den folgenden Tag sann er lange nach, wie er sich verstecken wollte, aber es war vergeblich. Da ergriff er seine Büchse und ging hinaus auf die Jagd. Er sah einen Raben und nahm ihn aufs Korn; eben wollte er losdrücken, da rief der Rabe: »Schieß nicht, ich will dir's vergelten!« Er setzte ab, ging weiter und kam an einen See, wo er einen großen Fisch überraschte, der aus der Tiefe herauf an die Oberfläche des Wassers gekommen war. Als er angelegt hatte, rief der Fisch: »Schieß nicht, ich will dir's vergelten!« Er ließ ihn untertauchen, ging weiter und begegnete einem Fuchs, der hinkte. Er schoß und verfehlte ihn; da rief der Fuchs: »Komm lieber her und zieh mir den Dorn aus dem Fuß.« Er tat es zwar, wollte aber dann den Fuchs töten und ihm den Balg abziehen. Der Fuchs sprach: »Laß ab, ich will dir's vergelten!« Der Jüngling ließ ihn laufen, und da es Abend war, kehrte er heim.

Aufs erste besehen ist dieser Tag Bedenkzeit ein vergeudeter Tag, denn für seine Sache vor der Königstochter hat der Jüngling nichts, aber auch gar nichts Greifbares herausgebracht. Das In-sich-Grübeln gibt er bald auf; es gleicht einem sinnlosen Tappen im Rundlauf. So nimmt er seine Büchse und geht hinaus auf die Jagd. Er rafft sich zu einem Gegenstoß auf, und es scheint, als wolle er sich, bevor er am eigenen Leib den Tod zu spüren bekommt, noch einmal ausmarschieren, es treibt ihn zu jagen, zu schießen, zu töten. Achten wir aber darauf, wie er seine Kraft lenkt. Er sagt sich, besser etwas tun, als nur verdrießlich zu sinnieren. Nötigt doch die Königstochter ihren Freiern das allem männlichen Wesen Widerstrebendste auf – im Untätigen zu verharren. Und gerade dagegen lehnt sich das Wesen des hundertsten auf, er rafft zusammen, was an Willen an ihm ist, greift zur Büchse und wird zum Handelnden. Da gerät er an die drei Tiere, den Raben, den Fisch, den Fuchs, und nacheinander legt er zum Schuß an. Erst im letzten Augenblick vor dem Abdrücken hält er inne, denn plötzlich fangen die Tiere zu sprechen an. Alle beseelten Wesen haben ihre Sprache, die Sprache der Tiere liegt nur nicht auf der Ebene der Menschensprache; es ist die ihnen und ihrem Dasein gemäße »Sprache«. Um sie zu verstehen, muß man leben mit den Tieren, fühlen mit ihnen. Offenbar ist er ein »gelernter Jäger«, denn er versteht, was die Tiere sagen. Und darin erkennen wir das eigentliche Besinnen des Jünglings, daß er wirklich auf sie hört. Nun wird klar: Er besinnt sich nicht mehr abgesondert in sich, er besinnt sich gegenüber der beseelten Kreatur, er besinnt sich *in den Tieren* – und erringt eine im Tun gewonnene Besonnenheit. Wir verstehen nun auch, was mit »herzlich« gemeint ist: Der letzte der Freier kann nicht nur herzlich bitten, wenn er für sich selber das Günstige zu erreichen sucht, er kann herzlich sein zu denen, die seiner Macht ausgeliefert sind. Es ist eine aus Mitleid gewonnene Besonnenheit, die er aus seinem Bedenktag mit nach Hause bringt.

Bei Rabe und Fisch leuchtet das unmittelbar ein. Im Verhalten dem Fuchs gegenüber werden Zweifel rege. Den hinkenden Fuchs sieht der Jüngling entschieden als unnützen Herumschleicher an; er läßt ihn gar nicht erst zum Sprechen kommen, sondern legt an und schießt sofort. Freilich, ein Fuchs, das Ducken gewohnt, läßt sich so schnell nicht treffen, und so verfehlt ihn der Schütze. Und merkwürdig gelassen fordert ihn der Fuchs auf, die Dummheit zu sparen und ihm lieber den Dorn herauszuziehen. Das tut der Schütze auch, findet aber immer noch den abgezogenen Balg wertvoller als das lebende Exemplar, und erst ein abermaliger Einspruch des verachteten Tieres wandelt vollends den Sinn des Angreifers. Was also in der Begegnung mit Rabe und Fisch, den gutartigen Geschöpfen, unmittelbar ins Versöhnliche mündet, bedarf beim Fuchs, von dem der Jüngling überhaupt nichts hält, einer entschiedenen Überwindung. Und gerade das wird die wichtigste Freundschaft werden! – Kurz, indem er zum Jäger wird, denkt der Jüngling nicht mehr oder nicht mehr nur an sich (das hat er im Grübeln getan), sondern an die Tiere, und das wahre Ergebnis des knappen und doch so langen Tages Bedenkzeit ist, daß der Jüngling eine dreifache Prüfung bestanden hat, die nämlich, *leben zu lassen* – das Gegenstück zu dem, was die Königstochter ihren Opfern widerfahren läßt. Damit gerüstet, geht er in die Freierprobe hinein.

In den Lüften und in der Tiefe

Am andern Tag sollte er sich verkriechen, aber wie er sich auch den Kopf darüber zerbrach, er wußte nicht wohin. Er ging in den Wald zu dem Raben und sprach: »Ich habe dich leben lassen, jetzt sage mir, wohin ich mich verkriechen soll, damit mich die Königstochter nicht sieht.« Der Rabe senkte den Kopf und bedachte sich lange. Endlich schnarrte er: »Ich hab's heraus!« Er holte ein Ei aus seinem Nest, zerlegte es in zwei Teile und schloß den Jüngling hinein. Dann machte er es wieder ganz und setzte sich darauf. Als die Königstochter an das erste Fenster trat, konnte sie ihn nicht entdecken, auch nicht in den folgenden, und es fing an, ihr bange zu werden. doch im elften erblickte sie ihn. Sie ließ den Raben schießen, das Ei holen und zerbrechen, und der Jüngling mußte herauskommen. Sie sprach: »Einmal ist es dir geschenkt; wenn du es nicht besser machst, so bist du verloren.«
Am folgenden Tag ging er an den See, rief den Fisch herbei und sprach: »Ich habe dich leben lassen, nun sage mir, wohin soll ich mich verbergen, damit mich die Königstochter nicht sieht?« Der Fisch besann sich, endlich rief er: »Ich hab's heraus! Ich will dich in meinem Bauch verschließen.« Er verschluckte ihn und fuhr hinab auf den Grund des Sees. Die Königstochter blickte durch ihre Fenster, auch im elften sah sie ihn nicht und war bestürzt, doch endlich im zwölften entdeckte sie ihn. Sie ließ den Fisch fangen und töten, und der Jüngling kam zum Vorschein. Es kann sich jeder denken,

wie ihm zumute war. Sie sprach: »Zweimal ist dir's geschenkt, aber dein Haupt wird wohl auf den hundertsten Pfahl kommen.«

Diese beiden Versuche schlagen andere Wege ein als die Versuche aller Vorgänger – sie bleiben nicht an der Oberfläche der Natur, sie dringen ein in die Wesen. Als ein wesentliches Merkmal hebt sich heraus: Der Jüngling beginnt auch diesen Tag mit Grübeln, offenbar muß diese Hürde immer erneut überwunden werden. Erst dann wendet er sich an die Tiere.

Er bittet die Tiere, ihm zu helfen. Wenn in Märchen drei Brüder auftreten, sind es stets die beiden älteren, die, weil sie von ihrer eigenen Klugheit alles hoffen, *nur* an sich denken. Sie halten es unter ihrer Würde, ein Wesen der *unteren* Reiche zu beachten oder ihm gar etwas Vernünftiges zuzutrauen – und sie verfahren sich in ihrer Klugheit. Sie bleiben hängen. Erst der dritte und jüngste Bruder hat acht auf die unscheinbaren kleinen Männlein, die Elementargeister, auf die Tiere zu seinen Füßen. Nicht ohne Grund wird unser Jüngling als Jäger gekennzeichnet; haben wir doch den Jäger unter den vier kunstreichen Brüdern als den Sonnenboten des Mitfühlens kennengelernt. Er ist Schütze und Schützer zugleich. Er versteht die Kreaturen, weil er mit ihnen lebt. Diesmal kommt er als Bittender zu ihnen, schmiegt sich nun im Augenblick der eigenen Not in jene Innenformen ein, die er sich am Tag des Besinnens geschaffen hat im Gedächtnis der Tiere als Dank des Lebenlassens. Er hat sich eine Wohnung in ihnen vorbereitet.

Indem sich nun der Rabe bedenkt, dankt er seinerseits dem Hilfesuchenden. Der Rabe nimmt ihn unter seinen Fittich, schließt ihn ins Ei, das er bebrütet. Der Jüngling wird, seelisch gesehen, zum Rabenjungen. Das ist das Neue, das der hundertste mitbringt in den Wettkampf. Die anderen Brüder blieben im Entrinnen vor dem Blick der Königstochter unverändert, die sie waren; sie krümmten sich und krochen in Menschengestalt in Erdlöcher oder schmale Mauerverstecke ein. Der Jüngste ändert das scheinbar Unveränderliche der Gestalt. Er erhebt sich von der Erde, dringt vor in andere Verhüllungen, wird »Kind« eines flügelschwingenden Wesens. Er wird eingereiht zu den »Boten der Lüfte«. Und doch, um die Königstochter zu erringen, muß der Werber weit stärkere und andere Grade der Wandlung durchmachen. Noch vermag ihn die Königstochter im Ei des Raben zu entdecken, wenn auch erst im elften ihrer Fenster. Alle vorhergehenden Freier hat sie bereits im schlichten Blick durchs erste Fenster erkannt. Vor der Kunst, die ihr hier entgegentritt, wird ihr »bang« – eine Kluft trennt dieses Versteck vom Althergebrachten, wie der Abstand vom ersten zum elften Fenster. Um das andersartige Draußensein zu ergründen, bedarf es sprunghaft der höchsten Stufen der jungfräulichen Schaufähigkeit.

Tiefer in die Verhüllung noch taucht der Jüngling ein beim Fisch. Hier wird er verschlungen und in den Abgrund entführt. Er taucht ein in eine Welt unerforschter Nacht. Wir werden an Jonas und sein dreitägiges Weilen im Bauch des Walfisches erinnert, von dem Jonas selber sagt: »Ich schrie aus dem Bauch der Hölle.« Er sieht in einen Abgrund der Schwere und der Finsternis. Im Psalm, der sich der Seele des Jonas im Leib des Fisches entringt, heißt es: »Um mich gähnt der Abgrund des Seins ... Ich bin hinabgestiegen bis ins Innerste der Erde, bis dahin, wo aus tiefsten Klüften die Berge sich erheben, und wo das Erdensein mit ewigen Fesseln angeschmiedet ist« (Jona 2,4f.). Und Emil Bock, dessen Übersetzung wir anführen*, spricht davon, daß die Befreiung aus dem Schlunde des Fisches nach drei Tagen ein Bild ist für die Auferstehung in den (vorchristlichen) Mysterien. Im Bauche des Fisches weilen heißt demnach, die Geheimnisse einer Grablegung wachend erfahren.

Erlebnisse solcher Art macht nun der Freier der Königstochter durch. Und obwohl ans »Ende der Welt« entrückt und schon mehr im Jenseits als im Diesseits, mehr bei den Toten als bei den Lebenden, kann ihn die Königstochter zurückrufen. Freilich bedarf es dazu des letzten Aufgebots ihrer Fähigkeiten, denn erst im zwölften aller Fenster vermag sie ihn aufzuspüren. Warum aber genügt auch diese Probe einer Verhüllung oder Entwerdung noch nicht? Kann es noch tiefere Tiefen, noch fernere Fernen geben als die hier vom Jüngling erreichten? Gewiß, nur wären es Bezirke, die bereits jenseits aller Daseinsgrenzen der Erde lägen; aber die Königstochter will gerade in den Erdengrenzen erobert werden. Genau gesagt, sie selbst muß das Ziel der Eroberung sein. Die Lösung der Aufgabe kann demnach nicht »noch weiter draußen« liegen. Sie liegt in einer völligen Umkehr der Richtung: nicht weg vom Schloß, sondern hinein ins Schloß, und da wiederum nicht nur hinein ins innerste Gemach, sondern hin zu ihr, der königlichen Jungfrau selbst – und dennoch soll der Freier unerkannt bleiben.

Vergegenwärtigen wir uns die Dramatik am Ende des zweiten Probetages. Die Verfahrenswege, die der Jüngling bisher eingeschlagen, erschütterten die

* Emil Bock, Könige und Propheten, Stuttgart 1977.

Macht der Eingeschlossenen aufs schwerste; nur entfernten sie ihn von ihr. Wird er auch noch das letzte Geheimnis der wahren *Richtung* finden?

Die sich messenden Kräfte schwanken unmittelbar am Zünglein der Waage. Die Spannweite der weiblich-seelischen Allwissenheit ist erreicht. Keiner der Gegenüberstehenden hat Grund zur Siegesfreude. Noch besitzt die Königstochter den Hauch eines Übergewichts, wenn auch nur einen Hauch. Was sie selber in den beiden Proben an seelischer Wandlung durchgemacht hat, ist nicht wenig: Bangigkeit kannte sie bis zum neunundneunzigsten Bewerber nicht, noch weniger Bestürzung. Nun werden sie ihr abgenötigt. Indem sie bestürzt wird, zieht sich ihr hochgemutes Wesen zusammen – sie spürt plötzlich ihr Herz; sie steigt herab, sie »fühlt« sich in sich.

Er aber steht vor der schwersten Aufgabe – sich selbst völlig aufzugeben und sich wiederzufinden bei ihr: »Es kann sich jeder denken, wie ihm zu Mute war.«

In der Schule des Fuchses

An dem letzten Tag ging er mit schwerem Herzen aufs Feld und begegnete dem Fuchs. »Du weißt alle Schlupfwinkel zu finden«, sprach er, »ich habe dich leben lassen, jetzt rat mir, wohin ich mich verstecken soll, damit mich die Königstochter nicht findet.« – »Ein schweres Stück«, antwortete der Fuchs und machte ein bedenkliches Gesicht. Endlich rief er: »Ich hab's heraus!« Er ging mit ihm zu einer Quelle, tauchte sich hinein und kam als ein Marktkrämer und Tierhändler heraus. Der Jüngling mußte sich auch in das Wasser tauchen und ward in ein kleines Meerhäschen verwandelt. Der Kaufmann zog in die Stadt und zeigte das artige Tierchen. Es lief viel Volk zusammen, um es anzusehen. Zuletzt kam auch die Königstochter, und weil sie großen Gefallen daran hatte, kaufte sie es und gab dem Kaufmann viel Geld dafür. Bevor er es ihr hinreichte, sagte er zu ihm: »Wenn die Königstochter ans Fenster geht, so krieche schnell unter ihren Zopf.«

Nun kam die Zeit, wo sie ihn suchen sollte. Sie trat nach der Reihe an die Fenster vom ersten bis zum elften und sah ihn nicht. Als sie ihn auch beim zwölften nicht sah, war sie voll Angst und Zorn und schlug es so gewaltig zu, daß das Glas in allen Fenstern in tausend Stücke zersprang und das ganze Schloß erzitterte. Sie ging zurück und fühlte das Meerhäschen unter ihrem Zopf; da packte sie es, warf es zu Boden und rief: »Fort, mir aus den

Augen!« Es lief zum Kaufmann, und beide eilten zur Quelle, wo sie sich untertauchten und ihre wahre Gestalt zurückerhielten. Der Jüngling dankte dem Fuchs und sprach: »Der Rabe und der Fisch sind blitzdumm gegen dich, du weißt die rechten Pfiffe, das muß wahr sein!«

Der Rabe hob seinen Schützling in die Lüfte, der Fisch versank mit ihm in die Tiefe. Der Fuchs bleibt mit ihm in den ganz gewöhnlichen Erdenbreiten, er stellt ihn sogar öffentlich zur Schau – aber »verzaubert«. Er erst vollzieht, was Rabe und Fisch nicht vermochten. Sie boten noch »Schlupfwinkel« an, Einschlüsse, wenn auch weit über allen äußeren Grad hinaus verborgene. Der Fuchs führt die Wandlung der Daseinsform entschlossen durch, er nimmt ihn nicht in sich, er verselbständigt ihn. Seltsamerweise wird aber der Jüngling beim Fuchs nicht zum Fuchsjungen (man könnte sich denken, zum wendigen jungen Schlaufuchs), sondern genau zum Gegenteil – zum Fuchs-*opfer*, zum unschuldigen Meerhäschen, das ein Kind »spielend« in die Hand nehmen kann. Der listige Fuchs mit dem scharfen Gebiß, der erbarmungslos zubeißt, wenn er einen Hühnerstall wildert – hier paart sich seine verschlagene Klugheit mit der Dankbarkeit, seine Angriffsrichtung kehrt sich um, und so wird er zum *aktiven Helfer*, der selbst in die Wandlung eingeht: er wird Mensch, zum Krämer nämlich, der seinen »Sohn« zum Jahrmarkt bringt; der Mensch hingegen wird zum Tier, zum Hasen, und dies kraft einer Quelle, nur dem Fuchs kund, über die das Märchen kein weiteres Wort verliert. Das Wasser der Quelle wirkt, und zwar völlig umschaffend die Hüllennatur. In welchen Seelenreichen mag dieser Lebensquell fließen? Darin gibt der Fuchs dem Jüngling die unbefangenste, unverfänglichste Gestalt, die man sich denken kann, die Gestalt eines seltenen, aber lebendigen Spielzeugs, so daß viel Volk zusammenläuft, um »das artige Tierchen« zu besehen. Der Fuchs spielt der selbstgewissen, sich unüberwindlich dünkenden Königstochter ihren Bezwinger in einem Gewande zu, in dem sie ihn am wenigsten vermutet. Nichts von Heldentum und Männlichkeit, nur Hilflosigkeit. Ein wuscheliges Pummelwesen kommt zu ihr, von Hand zu Hand gereicht, und sie ahnt nicht, was sie erhält. »In jedem echten Manne steckt ein Kind – und das will spielen«, sagt Nietzsche. Auch die Königstochter will spielen, spielt sie doch seither schon das tödliche Spiel mit ihren Freiern. Von dieser Spielseite wird sie diesmal angegangen und vom »Kind« überwunden. Der Jüngling hat den Mut, ihr Eigentum zu werden, als Spielgenosse und

Schoßkind sich preiszugeben diesen schönen, grausamen Händen, die neunundneunzig der Bewerber aufpfahlen ließen. Und die Schöne packt ja später auch das Meerhäschen »voll Angst und Zorn« und schleudert es zu Boden. »Fort, mir aus den Augen!« Auffällig, daß es der Königstochter auf ein Menschenleben mehr oder weniger nicht ankommt, daß ihr der Mensch, Krone der Schöpfung, als Eigenwesen nichts sagt, daß sie aber Gefallen findet an dem possierlichen Geschöpf. Ist ihre Tierliebe, wie so oft, ein *Hätschelbedürfnis,* eine irrläufige Selbstliebe? Sie will etwas unter ihren Händen haben, das ihr willenlos zugehört, womit sie sich ergötzen kann. Das erhält sie nun.

Der Fuchs schickt den Jüngling ins Offene, Ungeschützte, in die gefährliche Arena des Tages. Dies ist der einzige Weg, dorthin zu gelangen, wo die Überwindung geschehen kann, in das Gemach der Königstochter. Will der Jüngling die Jungfrau gewinnen, muß er, wenn sie schaut, selber im Saal der zwölf Fenster drinnen sein. Alles, was außerhalb liegt, sieht die Königstochter – *nur sich selber nicht.* Sie sitzt in sich und schaut nur hinaus. Also muß der Jüngling nicht nur bei ihr, mehr noch, er muß genau *hinter* ihrem Blick sein, wenn sie schaut. Deswegen rät ihm der Lehrmeister: »Wenn die Königstochter ans Fenster geht, so krieche schnell unter ihren Zopf.« Darin steckt das letzte Geheimnis: In diesem Augenblick wird er ein Teil ihrer eigenen Gestalt. Sie sucht ihn draußen im Dort – er aber ist Königstochter geworden. Angeschmiegt an ihr Hinterhaupt, sitzt er beim Sehzentrum. Dieser kühnen Selbsthingabe ist sie nicht gewachsen. Und dieser Hingabefähigkeit verdankt der Jüngling den Sieg.

Und doch führt der Jüngling nur aus, was der Fuchs ihn gelehrt hat; der Fuchs bleibt der eigentliche Meister. Ihm gegenüber erscheinen Rabe und Fisch »blitzdumm«. Sie führten ihn fort von der Königstochter, statt zu ihr hin. Sie entfernten ihn von der Erde. Man kann auch sagen, sie haben einen überholten Ratschluß erteilt, alte Einweihungsriten der Verwandlung betätigt. Der Fuchs erst kennt die »rechten Pfiffe« – die für diese Lage notwendigen. Er ist geistes- und zeitengegenwärtig. In höchster Bewunderung spricht der Jüngling von seinem Lehrer. Der erst so verachtete Fuchs kennt die wahre Lösung. Dem maßlosen Stolz und der Eigenliebe der Königstochter ist nur eine Intelligenz überlegen, die sich im Unscheinbaren die Füße dornig gelaufen und den Tod überstanden hat. Haben schon »Rabe« und »Fisch« den Charakter von Einweihungsgraden (denn sie führen hier wörtlich genommen hinein ins Verborgene, geheim Verschlossene), welch eine hohe

Stufe von Einsicht und Kraft verbirgt sich dann erst hinter dem »Fuchs«? Er handhabt mit seinem Schützling ein Geheimnis im Offenbaren, ein Mysterium vom Opfer des Unschuldigen. Er erzeugt in und mit seinem »Sohn« das Gegenbild der beißlustigen Fuchskraft. Der Sohn wird zu einem Wesen der Sanftmut. Läutert sich die Intelligenz in der Quelle des Lebens, verjüngt sie sich wieder zur Unschuld. Dafür gebraucht das Märchen das Bild des Meerhäschens, das in der Zoologie den wenig schönen Namen »Meerschweinchen« hat. Zum Schweinchen hat man das kleine Tier nur gemacht seiner grunzenden Stimme wegen, und das Meer gab ihm seinen Namen, weil es von weit her, über das Meer, zu uns kam: Die Konquistadoren brachten es aus Peru, seiner Heimat, zu uns herüber.* Seiner Art nach gehört es, auch zoologisch, in die Gruppe der Nagetiere. Es ist durchaus ein Häschen, so pflanzen-knabbernd und friedliebend, wie je ein Häschen war. Alle Beschreibungen schildern es als zahm und sanftmütig, mit jedermann vertraulich. Es zeigt sich gewandt und lebhaft, läuft nicht eben rasch (es läßt sich leicht einfangen) und ist sehr reinlich. Weiter erfahren wir von ihm, daß es gegen Kälte sehr empfindlich (stark warmblütig) und ungewöhnlich fortpflanzungsfreudig ist. Alles an ihm bekundet, es gibt sich aus: ein Bild natürlicher Selbstlosigkeit.

Wir kennen die Legende von Buddha, der, in einen Hasen verwandelt, in eine Welt reißender Tiere gesandt wird, sich dort wehrlos opfert und durch seine Sanftmut die wilden Begierden erlöst. Auf eine Hingabekraft dieser Art deutet das Meerhäschen hin. Von ihr ist der letzte aller Bewerber in der letzten seiner Proben durchdrungen, und mit ihr gelingt die Bezähmung der Königstochter.

Sie fügte sich ihrem Schicksal

Der Jüngling ging geradezu ins Schloß. Die Königstochter wartete schon auf ihn und fügte sich ihrem Schicksal. Die Hochzeit ward gefeiert, und er war jetzt König und Herr des ganzen Reiches. Er erzählte ihr niemals, wohin er sich zum drittenmal versteckt und wer ihm geholfen hatte, und so

* 1551 und 1554 kamen Meerschweinchen nach Paris und Augsburg und von dort nach Zürich. Sie erregten anfangs großes Aufsehen, und ihre Haltung und Züchtung war eine Zeitlang geradezu Modesache.

glaubte sie, er habe alles aus eigener Kunst getan, und hatte Achtung vor ihm, denn sie dachte bei sich: »Der kann doch mehr als du!«

Damit schließt das Märchen. Es hat uns nicht verraten, welcher Herkunft die drei Brüder sind, ob sich nicht auch *Königssöhne* hinter ihnen verbergen. Es klingt, als seien sie gewöhnlicher Geburt. Wer aber um die Königstochter freien will, muß die königliche Anlage mitbringen. Um die Prüfungen zu bestehen, verzichtet das Ich auf seinen Ursprungsadel, taucht sogar zeitweilig ins Tierfell, in die Tiernatur ein; es wird vorübergehend *unter* seine wahre Stufe herabgedrückt. Befreit es sich wieder, erweist es sich mehr als nur rang*geboren*, es hat den Rang durch die Prüfungen in Freiheit erobert. Während sich also die Menschenseele Königstochter Herrschaftsallüren anmaßt, verzichtet das geistgeborene Ich eine gewisse Zeit auf seine hohe Königsstufe. Die Jungfrau versteigt sich zum Hochmut; der Jüngling begibt sich der Würde, mit der er vom Ursprung her begabt wurde. Erst wenn sich das Mißverhältnis ausgleicht, pendelt auch der Rang ins Gleichgewicht: er steigt auf, sie steigt herab. Stufen ihres Abstiegs künden sich an, da sie bang und bestürzt wird; es folgen Angst und Zorn. Am Ende heißt es: Sie »fügte sich ihrem Schicksal«. Jetzt beginnt der eigentliche Erdenweg der Sternengeborenen. Schicksal ist ein Erdenereignis. Die Königstochter hat am Ende ihre Allwissenheit verloren. Die Gläser ihres Zinnensaales sind zerborsten, dafür hat sie den ihr bestimmten Gemahl gefunden. Sie ist in ihrer eigenen Mitte angelangt. Im Rang der Kräfte ihr überlegen, ist der letzte der Wettkampfpartner von nun an König und Herr des ganzen Reiches. Aus der unfruchtbar stockenden Alleinherrschaft im Turm (abgeschlossen vom Draußengeschehen, nur betrachtend) entsteht ein Königtum herzhafter Durchdringung. Ich und Seele haben sich gefunden. Ihre Hochzeit leitet eine neue Entwicklungsepoche ein.

Und doch können wir uns am Ende eines Bedauerns nicht erwehren, daß das Wunderwerk des zwölffenstrigen allwissenden Saales zerstört ward. In Angst und Zorn hat die Königstochter das zwölfte, götterklare Okular zugeworfen und damit zugleich *alle* Fenster zersplittert. Sie hat sich selbst ihrer herrlichen Mitgift beraubt, ihr schauendes Wissen und wissendes Schauen eingebüßt. Indem Angst und Zorn in ihr aufstiegen, verzerrte sich der makellose Ausblick in die Weltenordnung. Sie sank auf die Stufe gewöhnlicher Sehkraft der Sterblichen herab. Am Anfang durchschaute sie alles bis auf den letzten Grund; am Ende »*glaubt* sie, er habe alles aus eigener Kunst getan«. Sie durchschaut nicht mehr, sie nimmt auf Glauben hin. Aber indem sie am Schluß ihren Freier erwartet, der doch auch der Befreier aus ihrer Selbstsucht ist, wird aus Hochmut Demut, aus der Menschenmißachtung zugleich *Achtung*. Ausdrücklich wird dies Wort als das gewachsene Ergebnis ihrer Wandlung vermerkt: »...und hatte Achtung vor ihm, denn sie dachte bei sich: ›Der kann doch mehr als du!‹« Sie anerkennt bei sich den Meister, der zwischen Übermut und Demut die Tugend der Mitte bewiesen hat, den Mut der Selbstaufgabe.

Man kann noch die Frage stellen: Wenn bisher die Königstochter vom hohen Zinnensaal aus ihr Land regiert hat, die allwissenden Augen aber zerstört sind – von wo aus und wie regiert nun der junge König sein Reich? Wie kann er künftig wissen, wie seinem Volk zumute, was seinen Untertanen notwendig ist?

Ehemals blieb die Königstochter droben eingeschlossen, fern, allein. Der Jüngling jedoch machte auf seiner Irrfahrt, ein Versteck zu finden, allerlei Bekanntschaften. Er ging hinaus auf die Jagd, schoß aber nicht, er hörte auf das, was die Tiere sagten, ließ sie leben. Schließlich zielte er doch auf den Fuchs, den er verkannte; er verfehlte ihn, ließ sich zureden, half dem Gejagten – kurz, wir werden selber Zeuge eines Wechselspiels des Lebens. Wir sehen den Jüngling als einen gejagt Jagenden, drohend Bedrohten, verfolgt Hilfeflehenden. Er wird ins Ei geschlossen und in die Lüfte enthoben, vom Fisch verschlungen und in den Abgrund entführt, als Jahrmarktskreatur zur Schau gestellt und dem »Zufall« ausgeliefert. Er wird »Sohn« der Unteren. Er kennt die Nöte der unteren Kreaturen nicht aus ferner Betrachtung, er hat sie erfahren und erlitten durch *Einwohnung*, inwendig.

Mit ihm beginnt ein Königtum, dessen Urbild jener Eine ist, dem es zu seiner Zeit, da er auf Erden ging, die wenigsten ansahen, daß er der wahre Herr der Zukunft sei. Sein Geheimnis ist ein Opfer der Verhüllung, der Einwohnung im Fleische. Als *sein* Jünger erweist sich der dritte der Brüder, der hundertste aller Bewerber. Er regiert im Zeichen des wissenden Mitleidens mit den Geschöpfen, er lebt *in* ihnen. Die Liebe kommt als wirkendes Element in den Erdenkreis herein. In der Tat sind die Fenster des anfänglichen Allwissens zersplittert, da der Jüngste die Epoche antritt. Die Liebe jedoch geht wunderbare Wege der Wandlung; sie wird im Schloß der leiblichen Hüllen auch neue Fenster des Schauens und Verstehens heranbilden.

DIE GÄNSEHIRTIN AM BRUNNEN

Schauplatz

Dieses große, weitgespannte Märchen rollt sich gewissermaßen von rückwärts auf. Schicksale werden enthüllt, die Schicksale eines Jünglings und eines Mädchens; und das des Mädchens hebt bezeichnenderweise mit dem 15. Lebensjahr an, das des Jünglings noch später. Beide Geschicke berühren zunächst einander nicht, der Schwerpunkt liegt lange Zeit allein auf den Erlebnissen des Grafensohns. Dennoch verknüpft sich das Geschehen um die Königstochter dem seinen schon lang, ehe der Jüngling selber darauf aufmerksam wird. In kunstvollen Perioden verflechten sich die Begebenheiten und bleiben doch dem oberflächlichen Sinn verborgen – wir werden selbst als Hörer im Zweifel gelassen, was es mit der Alten, die beide Schicksale knotet, auf sich hat, ob sie eine Hexe ist oder nicht.

Drei Seelenbezirke geben den Boden ab: Einöde, Wald und Stadt. In der Einöde zwischen den Bergen haust die undurchschaubare Alte in einer ärmlichen Hütte. Im Wald sammelt sie Lasten und wilde Früchte, von denen sie dem Grafensohn nachher so gründlich aufpackt; am Rand, zwischen Einöde und Wald, liegt der Brunnen, an dem sich das Geheimnis des Mädchens enthüllt. In der Stadt schließlich thront ein trauerndes Königspaar, das der Grafensohn aufsucht. Der wilde Wald schiebt sich bedeutsam zwischen die scheinbar so eng benachbarten Daseinsgebiete von Einöde und Stadt.

Die Sprache weist in der »Einöde« darauf hin, daß dieses Gebiet einsam, öd, gottverlassen zu denken ist. Die Einöde hat *Erdcharakter.* Auf ihren Wegen rinnt dem Wandernden der Schweiß, Steine kollern unter den Füßen, Berge als das mineralisch Aufgetürmte werden uns ausdrücklich bezeugt. Das Verfestigende dieser Stätte hat auch die geschäftige Alte »steinalt« durchknöchert, der Königstochter jedoch über ihre liebliche Erscheinung die »graue Haut« gezogen und sie häßlich entstellt. – Die Stadt hingegen hat *Sonnen*charakter, sie liegt im hellen Licht. Die Majestät von »Glanz und

Ehre« umgeben das Königspaar, und doch fehlt dem Königshof das Beste, das jüngste Sonnenkind. Trauer herrscht in diesem Bereich, Ungewißheit und Erwartung nach dem lösenden Zeichen von jenseits des Waldes. – Betreten wir das Zwischengebiet des Waldes, so schwingt hier am Tag die Alte ihre *Sichel* und ballt die Lasten. Nachts aber steigt überm Wald groß und rund der *Mond* auf und verbreitet sein silbriges Licht. Im Mondenlicht am Brunnen nehmen wir teil an der wahren Erscheinung der Königstochter. Erden-, Sonnen- und Mondenreich spiegeln sich in den Schauplätzen und eröffnen sich als Pflanzstätten des Schicksals. Die Gebiete sind sparsam gezeichnet und doch deutlich unterschieden voneinander.

Wir haben ein Märchen vor uns, in dem Schweres und Leidvolles, aber nichts Grausiges, Abgründiges geschieht. Keine ränkeschmiedende Macht hetzt zur Vernichtung, es bedarf am Ende keiner »Strafe«. Mühsal verwandelt sich, Verstoßenes bewährt und Verhülltes entfaltet sich. Neue Schätze werden gebildet. Es ist ein Märchen menschlicher Schicksalsreinigung.

Unter der Fuchtel der Alten

Der absonderlichen Alten, die in der Einöde ihr Zepter schwingt, eine Krücke nämlich, trachtet jedermann auszuweichen, weil sie nicht geheuer erscheint. Sie gilt als Hexe. Unermüdlich tätig, wackelt sie in den Wald, sammelt Gras zu Gebunden, bricht das wilde Obst, und ob sie gleich unter ihrer Last zusammenzubrechen droht, meistert sie das Unmögliche. Lasttragen gehört zu ihrem Wesen. Sie stellt die strikte Forderung auf: »Jeder muß seine Last auf den Rücken nehmen.«

In ihren Wald spaziert ein hübscher junger Mann hinein, beschwingt von Freude und Lust. Die Sonne scheint, die Vögel zwitschern, ein Lüftchen streicht durch das Laub: Morgenwonne herrscht in und außer ihm ringsum. Noch ist er niemandem begegnet, plötzlich steht er vor der Alten. Sie kniet am Boden und führt die Sichel, aber sie hat schon volle Lasten bereit. Er spricht sie von oben her an, wie sie das fortschaffen wolle. Es ist Wandergeplauder mit einer Spur menschlicher Teilnahme, einem Schuß wohlmeinender Verwunderung. Die Alte entlockt ihm, geschickt seine jugendliche Kraft herausreizend, eine schnellfertige Zusage, ihr zu helfen, und im Nu werden wir in eine dramatische Wandlung verwickelt, wie sie einzig diesem Märchen vorbehalten ist.

Eine Last liegt da, sie hat mit dem Grafensohn nach dem bisherigen Verlauf gar nichts zu tun; der junge Mann hat nur eben eine mitleidige Anwandlung. Er zeigt sich erbötig, die Last aufzunehmen, denn als eines reichen Herren Sohn mag er sich nicht von einer bäurischen Alten ausstechen lassen. Wie schwer das Bündel wiege, ahnt er nicht, so wenig, wie lang der Weg sei. Die Alte rückt, da er einmal ja gesagt hat, unverblümt heraus:

»Eine Stunde weit werdet Ihr freilich gehen müssen, aber was macht Euch das aus! Dort die Äpfel und Birnen müßt Ihr auch tragen.«

Jetzt wird ihm die Sache bedenklich. Wie gern er sich wieder entzöge – zu spät. Die Alte packt ihm das Tragtuch auf, hängt ihm die Körbe an den Arm und beschwichtigt ihn: »Seht Ihr, es geht ganz leicht.« »Nein, es geht nicht leicht«, stöhnt der junge Mann und verzieht schmerzlich das Gesicht. Denn kaum auf dem Rücken, drückt ihn das Gras wie Wackersteine, und die Äpfel und Birnen haben ein Gewicht wie Blei. Er kann kaum atmen. Die wundersame Morgenleichtigkeit der Brust ist verflogen. Unmut steigt auf, alles wieder abzuwerfen; was hat er auch mit der Alten und ihrem lästigen Kram zu schaffen! Aber er ist an die Rechte geraten.

»Seht einmal«, sprach sie spöttisch, »der junge Herr will nicht tragen, was ich alte Frau schon so oft fortgeschleppt habe. Mit schönen Worten sind sie bei der Hand, aber wenn's Ernst wird, wollen sie sich aus dem Staub machen. Was steht Ihr da und zaudert, hebt die Beine auf. Es nimmt Euch niemand den Bündel wieder ab.«

Siehe da, das Bild hat sich völlig verändert. Was der Jüngling vor kurzer Zeit noch freiwillig und gnädiglich auf sich zu nehmen gedachte, *muß* er nun tragen, ob er will oder nicht. War diese Last wirklich eine beliebig fremde, oder eine genau für ihn gemünzte? Hat er sie nur in seiner Morgenwonnestimmung nicht gleich als die ihm gehörige erkannt? Sagt nicht die Alte um ein weniges später unmißverständlich: »Tragt euer Bündel in Geduld...« *Euer* Bündel! – Freilich, zu Beginn war nicht von dergleichen die Rede, nicht für die Einsicht des Grafensohnes. Aber gerade die ausdrückliche Kennzeichnung als »Grafensohn« läßt uns aus früheren Betrachtungen begreifen, daß sein »Vater«, sein eigener Wesensstamm, eben nicht mehr König, sondern schon gesunken ist im Adel. Das heißt hier nicht mehr und nicht weniger als: Dieses Ich steht nicht mehr auf der Stufe des königlichen, des rein göttlichen Ursprungs, es hat schon Abstiege in die Erdenwelt hinter sich, es war schon verflochten in Erdengeschicke und Erdenschuld. Der gräfliche Abkömmling ist bereits durch Erdenleben gegangen, die ihm Früchte trugen und von denen er auch mancherlei Ungereiftes zurückgelassen hat. Nun kommt er wieder zur Erde, zur Einöde, und findet im Wald die Körbe mit den »wilden Früchten« wie auch das Gebund Futter »für die Gänse«, für nichtgebändigte Triebe, wieder. Das Ich müßte erschrecken und gelähmt werden, wenn es das Gewicht der ihm vorbehaltenen Last bei einer erneuerten Ankunft in der Erdenwelt von vornherein ermäße. Und doch zieht ein Fädlein Neugier den Jüngling zu dem bereitliegenden Bündel hin. Dieses scheinbar flüchtig aufglitzernde Interesse beim Anblick der Alten und ihrer Traglast glimmt als Leuchtspur der Erinnerung aus vergangener Zeit in ihm auf: Damals hat der »Grafensohn« beim Herauswandern aus dem Einödsbereich der Erde, also in umgekehrter Richtung, sein Bündel niedergelegt, es im »Mondenwald« abgeworfen für eine künftige Wiederkehr. Was ihm jetzt im Stehenbleiben als Neugier entschlüpft, ist ein *Wiedererkennen*, nur will es der Grafensohn zunächst nicht wahrhaben. Unentrinnbar enthüllt sich dem Jüngling die Wahrheit. Noch rebelliert er gegen die Last, versucht sogar das Tragtuch abzuwerfen,

aber er bemühte sich vergeblich – es hing so fest an seinem Rücken, als wenn es angewachsen wäre. Er drehte und wendete sich, aber er konnte es nicht wieder loswerden.

Während er in den kosmischen Weiten weilte, war ihm die Bürde der Vergangenheit fremd geworden, sie gehörte als herrenloses Gut dem Monden-Waldesgrund an. In dieser Zwischenzeit war die Alte die Herrin über das Herrenlose, Wildwachsende. Jetzt ist er wieder am Ort, dem Depot der Bürden, um die seine auszumustern, und sie eignet sich ihm in Windeseile gründlich an, so gründlich, daß sie mit ihm verwächst. »Jeder muß *seine* Last auf den Rücken nehmen«, verkündet die Alte, und zwar vor jedermann, der ihr begegnet. Sie hat dafür zu sorgen und sie sorgt dafür, daß jeder *seine* Last wiederbekommt. Folgerichtig werden Jüngling und Bündel eins, die Last wächst ihm an. Eine Wesenseinheit entsteht, Schicksal setzt ein. Und im Märchen taucht an dieser Stelle wirklich der Ausdruck *Schicksal* auf:

Was wollte er machen? Er mußte sich in sein Schicksal fügen und geduldig hinter der Alten herschleichen. Sie schien immer flinker zu werden und ihm seine Last immer schwerer.

Jetzt also bekennt er sich, notgedrungen, zu seinem eigenen Erbe. Was allein kann in diesem jammervollen Zustand helfen? Geduld. »Tragt Euer Bündel in Geduld; wenn wir zu Hause angelangt sind, so will ich Euch schon ein gutes Trinkgeld geben.« Geduldiges Tragenlernen ist der bittere Myrrhen-Heiltrank der unbequemen Meisterin.

Bis hierher mag man die Konsequenz der Dinge durchaus verstehen; nun aber folgt eine schwer faßbare Szene. Die Alte springt plötzlich mit einem gewaltigen Satz auf Bündel und Rücken des Lastträgers noch hinauf. »Wie zaundürre sie war, so hatte sie doch mehr Gewicht als die dickste Bauerndirne.« – Warum tut sie das? War die Last nicht ohnehin schon kaum zu bewältigen? Will die Alte den jungen Mann zu Tode schinden? Wenn vorher nicht – in diesem Augenblick entpuppt sie sich tatsächlich als »Hexe«, sie wird unverschämt. Sie peinigt den Armen mit Schlägen einer Gerte und Brennesseln; sie gönnt ihm keine Schnaufpause, peitscht ihn aufwärts. Jeder Schritt wird zur Qual. Man kann über dies Gebaren den Kopf schütteln, und doch hat man von der drangsalierenden Krückenschwingerin das Gefühl, sie handelt mit Bedacht. Manchen Menschen – nicht den gewöhnlichsten – scheint das Doppelte, Dreifache, Vielfache der eigenen Last bestimmt zu sein. Wird nicht der erst überhaupt ein *Tragender,* der die fremde wie die eigene Last, der die Verdichtung *alles Alten,* alles dessen, was Menschen auf ihrem weiten Abstieg an Schuld, Verirrung, Erstarrung aufgespeichert haben, für eine Weile zu tragen vermag? Ist es Schikane oder Gnade, einer solchen äußersten Belastung ausgesetzt zu sein? »Wer weiß, wozu Euch das gut ist!« ruft ihm die Alte zu. Noch weiß der Träger der Last es nicht, *sie weiß es.* Er hält es für Bosheit, ihm zittern die Knie, er droht zusammenzubrechen. Und doch erreicht er schließlich mit dem letzten Atem Hütte und Ziel. Er besteht die Probe. »Ihr habt Euren Lohn redlich verdient, der soll nicht ausbleiben.«

Die Haltung der Alten ist keine zufällige, sondern eine *methodische.* Sie plant und vollführt mit dem, der in ihren Bannkreis tritt (und das tut jeder), eine Läuterung durch Schicksalsproben. Jedem packt sie sein eigenes Bündel auf. Aber nur eine starke Individualität, zu Größerem erwählt, nimmt sie in dieser drakonischen Weise an die Kandare, daß sie selber aufspringt auf die Bürde. Bei diesem einen verdichtet sie den gewöhnlichen Schicksalsgang zu einer tieferen Einweihung in die Willens-Tragekräfte. Von ihm wird mehr erwartet und mehr gefordert. Das Hinauftragen der Last, nicht nur der eigenen, sondern der massierten steinalten Schuld und Schwere überhaupt, hinauf auf den Berg, ist zugleich Überwindung und Befreiung von Schuld und Schwere. Denn was ist nun der Lohn seiner Mühen? Er erfährt es nicht gleich. Erst muß ein *Schlaf* der Erquickung eingeschaltet werden, nach welchem sich der Geschundene redlich sehnt, wobei er sogar fürchtet, ein Windstoß könne ihm die Beine vom Leibe blasen, sie sind mürbe wie Zunder. Seine leiblichen Kräfte sind erschöpft.

Als er ein Weilchen geschlafen hatte, kam die Alte und schüttelte ihn wach. »Steh auf«, sagte sie, »hier kannst du nicht bleiben. Freilich habe ich dir's sauer genug gemacht, aber das Leben hat's doch nicht gekostet. Jetzt will ich dir deinen Lohn geben, Geld und Gut brauchst du nicht, da hast du etwas anderes.« Damit steckte sie ihm ein Büchslein in die Hand, das aus einem einzigen Smaragd geschnitten war. »Bewahr's wohl«, setzte sie hinzu, »es wird dir Glück bringen.«

»Geld und Gut« sind demnach »Bauernlohn«, den jeder Wackere erhält, der seinen Pack in Anstand getragen hat. Geld und Gut braucht der gemeine Mann zum Fortkommen. Dieser hier jedoch hat die Alte selber hinaufgetragen, das ist das Besondere. Hier ändert sich das Entgelt; es wird zugleich Bindeglied zu einem anderen Schicksal. Noch ist das Bedeutende des Entgelts nicht zu durchschauen. Wir hören, er erhält einen Edelstein. Unachtsam für seinen Wert, nimmt der Jüngling das Kleinod an, nicht anders, als man ein hübsches, wenn auch wenig nützes Zierstück einsteckt. Irgendwann wird es sich verschenken lassen, mag er denken. Er bedankt sich und läuft, ohne umzublicken, davon.

Vor dem Königsthron

Was dem Jüngling bei seinem Abschied in der Einöde überhaupt nicht aufgegangen ist, wohl aber dem Betrachter aufgehen kann, ist dies: Indem der vorher so Geplagte nach dem heilsamen Schlaf von der Alten das smaragdene

Büchslein in die Hand gedrückt erhält, reicht sie ihm zu seiner *freien Verwendung*, zum Edelstein konzentriert, die verwandelte Last seiner Einödsbürde zurück! Der riesige, bleigewichtige Ballast ist zusammengeschmolzen zu einem Smaragd, den er in der hohlen Hand wiegen kann – sie übergibt ihm einen Extrakt der geläuterten Schuld. Was er vorher auf dem Rücken getragen hat, ist freie Fähigkeit geworden, eine grandiose Verwandlung, im »Schlaf« auskristallisiert.

Noch weiß der Jüngling sein Geschenk nicht zu schätzen. Er hat den Extrakt seiner Schicksalsbürde, man kann auch sagen: seiner Prüfung, in der Hand, tragisch aber hängen vor dem Blick des Toren dichte Erkenntnisschleier. Wie könnte es sonst geschehen, daß er in der Gänsehirtin einer Königstochter begegnet, ohne im geringsten zu durchschauen, wen er vor sich hat – seine künftige Braut! Die Alte spielt es ihm in ihren Worten offen hin; er hört darüber hinweg. Sagt sie doch zur Gänsehirtin:

> *»Geh du ins Haus hinein, mein Töchterchen, es schickt sich nicht, daß du mit einem jungen Herrn allein bist, man muß nicht Öl ins Feuer gießen; er könnte sich in dich verlieben.«*

Er *wird* sich noch in sie verlieben – jetzt hält er es für eine Verhöhnung, spürt nicht, daß dahinter reine Wahrheit blitzt. Für ihn gibt es, vom Schlaf erwacht, nur eines: fort, fort aus dem Plagebereich der Einöde, wo keinem zu trauen ist, wo stachelnd gespottet wird, wo einem heiß und kalt der Rükken überschauert, wo Lachen und Weinen im Hals steckenbleiben. Nicht einen Moment kommt ihm der Gedanke, daß hier und *nur hier* eine Königstochter wartet. Er steht ihr gegenüber – und schätzt sie verächtlich ab: »Ein solches Schätzchen, und wenn es dreißig Jahre jünger wäre, könnte mein Herz nicht rühren.« Für ihn bleibt sie die Gänsetrulle. Bälder als bald wird er sich den Weg zu ihr zurück entziffern müssen, um das Versäumte nachzuholen und die Geliebte in ihr zu umarmen.

Jetzt eilt er davon, »ohne sich noch einmal nach dem schönen Schätzchen« umzuschauen, und drei Tage lang irrt er auf seinem Weg aus der Einöde in der Wildnis umher, bis er endlich herausfindet in eine große Stadt. Da wird er, »weil ihn niemand kannte«, ins Schloß vor den Thron des Königs und der Königin geführt. Dort läßt er sich auf die Knie nieder und legt der Königin sein smaragdenes Büchslein zu Füßen. Die Gelegenheit, das Geschenk würdig anzubringen, ist da. Die Königin öffnet das Büchslein, kaum hat sie hineingeblickt, sinkt sie erschüttert um, wie tot. Der Graf soll verhaftet werden, da schlägt sie die Augen auf, heißt, ihn freizulassen, und nun, allein und insgeheim, erschließt sie ihm ihr Herz. Er wird eines Königsgeheimnisses gewürdigt.

Mehreres scheint sich hier auszudrücken. Es wurde schon gesagt, die große Stadt mit dem Sitz des Königs und der Königin liegt außerhalb der Wildnis, außer dem Erden-Mondbereich. Hier in dieser »Stadt« steht der Sonnenthron. Ihn wachbewußt zu erreichen, ist eine erste Folge seiner bestandenen Prüfungswanderung auf den Berg der Alten. Bis dahin hat der Graf die Stadt nie wachend betreten, er blieb anonym, man kann auch sagen, konturlos als Ich, daher »kennt« ihn niemand hier. Er muß vor dem Thron erscheinen, vor dem Wahrheitsblick der kosmischen Regenten, gleichsam zu einer Beurteilung seines Wesens. Demut ist ihm nun eigen (der Erdenlauf zwang ihn in die Knie, jetzt kann er freiwillig niederknien), er kniet und gibt ohne Säumen den Talisman seiner Schicksalsläuterung hin. Er bringt vom Erdenlauf etwas mit vor den Königs-Götterthron, was sein Wesen ausweist, zugleich aber für die Himmlischen etwas höchst Bedeutsames enthalten muß, denn ein jäher Schreck durchdringt sie, ein Schreck der Freude. Eine Geschehniswende kündigt sich an. Der Graf bringt im Gefäß menschlichen Opfers eine *Erkenntnisperle* mit, die schmerzlich ersehnte Erdengabe. Er knüpft damit das Band zu der verlorenen jüngsten Tochter des Königspaares.

Alles, was sich in der oberen Welt gestaut hat an Bangigkeit über das Schicksal der Königstochter in der verrufenen Erdenzone, eröffnet sich dem vorbereiteten Menschen-Ich. Der Jüngling erfährt, wie das Sonnenkind aus der Lichtwelt »verstoßen« ward in die Wildnis, und wie auf Gedeih und Verderb verflochten die kosmischen Wesen auf die *irdischen Ereignisse warten.*

Und doch, immer noch scheint das Bewußtseinsorgan des Grafen benommen, als sei er noch gar nicht imstande, den vollen Umfang der weltweiten Verknüpfungen zu erfassen. Jedenfalls fehlt ihm auch jetzt noch der Blick dafür, welche wichtige Rolle in diesem Entwicklungsdrama *ihm selber* zufällt. »Ihr sollt mir sagen, wie ihr zu der Perle gekommen seid«, gebietet ihm die Königin, denn die Perle befand sich in seinem smaragdenen Büchslein. Da erzählt er schlechtweg, daß er sie von der Alten im Walde erhalten hätte, die ihm nicht geheuer vorgekommen wäre und eine Hexe sein müßte; von ihrem Kinde aber hätte er nichts gehört und gesehen. – Dieser verhangene Blick war es, um deswillen er die Einöde wieder verlassen mußte. Auch jetzt, nach der Eröffnung der Königin, begreift er noch nicht, wie nah er dort der Lösung des Rätsels war. Immerhin, er erhält Einblick in das Schicksal der Königsfamilie, das heißt aber Einblick in Weltenzusammenhänge, und wenn die Kunde dieser Dinge sein Verständnis vorerst auch nur wie von außen berührt, er wird Zeuge eines Entschlusses – es geschieht das Unerhörte, daß König und Königin sich entschließen, die Alte in der Einöde aufzusuchen. Dieser Impuls wirkt auch auf den Grafen, er kehrt mit zurück in den Wald, ja, *er nur* kann die Thronenden, die sich zu Wandernden gürten, *hereinführen* in die Einöde.

Was hat ihm denn die Königin erzählt, was einen solchen Umsturz der Weltordnung bewirken kann, daß ein Königspaar sich auf Pilgerschaft begibt ins Elendsreich?

Perlen statt Tränen

»Ich habe drei Töchter gehabt, davon war die jüngste so schön, daß sie alle Welt für ein Wunder hielt. Sie war so weiß wie Schnee, so rot wie Apfelblüte und ihr Haar so glänzend wie Sonnenstrahlen. Wenn sie weinte, so fielen nicht Tränen aus ihren Augen, sondern lauter Perlen und Edelsteine. Als sie fünfzehn Jahre alt war, da ließ der König alle drei Schwestern vor seinen Thron kommen. Da hättet Ihr sehen sollen, was die Leute für Augen machten, als die jüngste eintrat; es war, als wenn die Sonne aufging. Der König sprach: ›Meine Töchter, ich weiß nicht, wann mein letzter Tag kommt, ich will heute bestimmen, was eine jede nach meinem Tod erhalten soll. Ihr alle habt mich lieb, aber welche mich von euch am liebsten hat, die soll das Beste haben.‹ Jede sagte, sie hätte ihn am liebsten. ›Könnt ihr mir's nicht ausdrücken‹, erwiderte der König, ›wie lieb ihr mich habt? Daran werde ich sehen, wie ihr's meint.‹ Die älteste sprach: ›Ich habe den Vater so lieb wie den süßesten Zucker.‹ Die zweite: ›Ich habe den Vater so lieb wie mein schönstes Kleid.‹ Die jüngste aber schwieg. Da fragte der Vater: ›Und du, mein liebstes Kind, wie lieb hast du mich?‹ – ›Ich weiß es nicht‹, antwortete sie, ›und kann meine Liebe mit nichts vergleichen.‹ Aber der Vater bestand darauf, sie müßte etwas nennen. Da sagte sie endlich: ›Die beste Speise schmeckt mir nicht ohne Salz, darum habe ich den Vater so lieb wie Salz.‹

Als der König das hörte, geriet er in Zorn und sprach: ›Wenn du mich so liebst wie Salz, so soll deine Liebe auch mit Salz belohnt werden.‹ Da teilte er das Reich zwischen den beiden ältesten, der jüngsten aber ließ er einen Sack Salz auf den Rücken binden, und zwei Knechte mußten sie hinaus in den wilden Wald führen ... Wie hat sie geweint, als sie uns verlassen mußte! Der ganze Weg ist mit Perlen besät worden, die ihr aus den Augen geflossen sind. Den König hat bald hernach seine große Härte gereut, und hat das arme Kind in dem ganzen Wald suchen lassen, aber niemand konnte sie finden ...«

Um die jüngste der Töchter zu erkennen, ist es nötig, bei den älteren Schwestern einen Augenblick zu verweilen. Jede der Töchter spricht in einem Vergleich ihr Wesen aus. »So lieb wie den süßesten Zucker« hat die erste den Vater. Zwar steht die älteste der Töchter vor uns, doch spricht sie kindlich wie nur je ein Kind gesprochen haben kann. Nichts Herrlicheres für ein Kind denn Zucker! In der Süße fühlt es sich vollkommen eins mit der Welt. In dieser Antwort scheint sich die Liebe eines Naturkindes auszudrükken, das sich behaglich das Süße einverleibt und nichts Begehrenswerteres kennen mag. Da bedarf es keines Überlegens, spontan schießt das Wort heraus. – Für die älteste Tochter, die sich die ursprüngliche Empfindungsfähigkeit, das seelische Kindsein am stärksten bewahrt hat, wird der Zucker zum Inbegriff der Liebe, zum Höchsten, was sie kennt. Sie schmeckt ihre Liebe!

Die zweite setzt einen anderen Akzent: »Ich habe den Vater so lieb wie mein schönstes Kleid.« Sie betrachtet sich in der Umwelt, wägt ab die Wirkung, wenn sie im prächtigen Gewand daherkommt. Sie genießt sich in den Blicken, die die andern auf sie werfen, in dem, was die andern von ihr sagen. Sie will im Gesehenwerden gelten. Bei der ersten tritt uns ein ganz innerleibliches Empfinden entgegen, ein schlichter, elementar-kindlicher Egoismus; hier bei der zweiten ein verfeinerter Egoismus, eine Art Gefallfreude, am schönen Schein sich ergötzend. Die zweite setzt ihren Vergleich ins besitzanzeigende Fürwort: »wie *mein* schönstes Kleid«. Sie weiß in eigentümlicher Mischung Schönheitssinn und persönliches Geltungsbedürfnis zu verbinden. Sie enwickelt zugleich Gemüt und gezielten Verstand in ihrer Liebe.

Die dritte Tochter, ausdrücklich als die schönste bezeichnet, »so schön, daß sie alle Welt für ein Wunder hielt«, hat zunächst gar keine Worte für ihre

Liebe. Den andern springen die Vergleiche aus dem Mund wie die Kugel aus der Pistole. Das Wesen der älteren Schwestern ist überschaubar und abgeschlossen – sie sind die früher geborenen Töchter des Königspaares, fertig entfaltete, im Zeitenwerden ausgeformte Seelenwesen. Stumm noch, muß die Jüngste fast gewaltsam bedrängt werden, sich »irgendwie« auszudrükken, ehe sie sich zögernd einen Vergleich von den Lippen preßt. Dem werdenden Wesen widerstrebt es, sich festzulegen, weiß es doch selber kaum, was es will und soll. Schließlich kommt das Wort vom Salz hervor, in tiefinnerer Scheu, zu früh und zuviel von dem Adel zu enthüllen, der sich dahinter verbirgt.

Gegenüber den Fanfaren der beiden älteren (beide steigern ihre Vergleiche zum »*süßesten* Zucker«, zum »*schönsten* Kleid«) setzt die jüngste Tochter ohne jedes Schmuckwort die einfache Tatsache hin, »... so lieb wie Salz«. Wer sich aus seiner Kindheit seiner frühesten Begegnung mit diesem Märchen erinnert, wird sich auch seiner Enttäuschung an dieser Stelle erinnern: Statt eines noch türmenderen Triumphs folgt das hilflose Absinken, das Entsagen ins Salz hinein. Salz – warum gerade Salz? Was liegt Liebenswertes im Salz? Wie kann man – kindlich gesehen – etwas so Nüchternes, scheußlich Kratzendes, Zusammenziehendes gernhaben? Man greife nur einmal versehentlich in die Salz- statt in die Zuckerdose, wie schnell der Mund berichtigt, was die Hand vertat!

Ein neuer Zug kündigt sich in der Jüngsten an. Sie verläßt den Weg des Genusses um seiner selbst willen, nimmt den Verzicht auf sich, sie steigt herab. Ihre Liebe versachlicht sich. Während Zucker durchaus rein genossen werden kann (ohne diese erfreuliche Tatsache gäbe es keine Konditoreien), ist Salz gerade *nicht* Speise, sondern nur Beigabe, und zwar in einer verschwindenden Spur. Und wie das Salz nur bescheidenste Beigabe ist, möchte das Wesen der Jüngsten ein *dienendes* sein. »Keine Speise schmeckt mir ohne Salz, darum habe ich den Vater so lieb wie Salz.« Liegt in ihrer Liebe – gleich der geschmackverleihenden Beigabe des Salzes – ein Element verborgen, das der Weltenspeise erst den wahren Gehalt verleiht? Ihre Liebe wird ein Dienen und Sinngeben zugleich sein. Von hier aus fällt auch ein Licht auf das rätselhafte Wort, das den Jüngern Christi gesagt wird: »Ihr seid das Salz der Erde.«

Zunächst aber vermögen das die alten, ausgeformten Weltenmächte (der König nämlich, der im Sinne seiner älteren Töchter spricht) nicht zu fassen, denn noch ist kein Organ für die eigentümliche Salzkraft da. Weil aber auch noch keine Erfahrung vorliegt, wie eine Liebe, dem Salze gleich, sich darleben wird, erweckt der Ausspruch der Jüngsten nur Unverstand und Zorn. Die Jüngste wird verstoßen und irrt mit der Salzlast ihrer Liebe bepackt hinaus in den Wald.

Man könnte fragen: Haben denn die anderen Töchter, hat vor allem der König selbst vorher nie bemerkt, daß Salz wirklich einer Speise den herben, kräftigen, für unser heutiges Bedürfnis den rechten Geschmack verleihen kann? Wenn wir es unvoreingenommen betrachten, stimmt doch, was die Jüngste sagt; weswegen der Zorn? Ja, für heute stimmt es. Aber aus dem Verlauf ist zu entnehmen, daß die Jüngste in jenem Augenblick, den das Märchen mit ihrem fünfzehnten Lebensjahre markiert, etwas bis dahin nie Vernommenes ausspricht, etwas, das wie ein Schock und Frevel klingt. Sie flicht, im Unterschied zur Schwester, ein persönliches Fürwort ein: »Keine Speise schmeckt *mir*...« Durch das Mir distanziert sie sich von ihren Schwestern. Was war bis dahin die Speise der Königskinder gewesen? Vielleicht jenes himmlische Manna, jene Paradieseskost, deren Süße und reines Aroma uns heute völlig entzogen ist: Nahrung als Licht- und Äthergabe, Duftsubstanz, ein Geschenk der Sonnenwelt. Nun aber tritt die Unmündigste der drei auf, spricht: »Keine Speise schmeckt mir ohne Salz.« Salz ist Mineral, ist Irdisches in reiner Form, ist erstarrter Stoff ohne Sternenhauch, ohne Sonnenleben. Es ist das einzige Mineral, das wir unseren Speisen zufügen und das unser Organismus aufnimmt. Diese Jüngste fügt der nährenden Lebensgabe der außerirdischen Lichtwelt den Inbegriff des Irdischen hinzu, den kristallisierten Erdenstoff, das Tote.

Hier offenbart sich eine Liebe, deren Sinn auf die Erde gerichtet ist, auf den tragenden Seinsgrund, eine Liebe, die das Tote mitumfaßt. Im Lebens-Sonnenbereich des Königs ist für diese scheinbar mißratene, aus der kosmischen Ordnung ausbrechende Tochter kein Platz mehr; das alte Reich mit den Weisheitsschätzen der Vorzeit verteilt der König unter seine anderen Töchter, die Verstoßene beginnt ihre Wanderung in die Einöde, wohin sie die Salzkraft zieht.

Mit der Liebe zum Stoff beladen, mit der Salzlast wissenschaftlichen Strebens und Sammelns auf dem Rücken, schleppt sich die Menschheit seit dem fünfzehnten Jahrhundert dahin. Führt nicht vom Beginn der Neuzeit an der Seelenweg unerbittlich heraus aus den Schau- und Glanzsphären alter Lichtreiche, von denen die Mythen noch wie Kometenschweife künden, in unsere nüchtern-einsamen irdischen Tage? Um den Aufbau der Natur zu ergründen, die Verwandtschaft der Stoffe zu erkennen, um Struktur und Zusammenhang alles Geschaffenen zu erfahren, nahm der Seelentrieb des Menschen das Leid der Ausstoßung aus der Geistesheimat auf sich. Er hat seine Liebe zum Salz, zur Erde erwiesen mit dem selbstlosen Opfer vieler Entdeckerleben, mit dem Fleiß von Erfindernächten, in Diensten ohne Dank, Diensten einer Forscherliebe um des Forschens willen, um Stoffe zu fügen und zu lösen nach eigener Einsicht.

Hier bilden sich die verwandelten Königszeichen der Jüngsten heran, im Bild der Tränen spricht sich das aus. Perlen statt Tränen vermag sie zu weinen. Tränen – wenn der Schmerz uns zusammenzieht, entquellen uns Tränen. Und jede unserer Tränen enthält eine Spur Salzes; prosaisch gesagt, Tränen sind eine Art Salzwasser. Haben die Königskinder am Königshof bis dahin je geweint? Beginnen nicht mit der Ausstoßung der Jüngsten Tränen überhaupt erst eine Realität zu werden? Sie *konnte* weinen, die Anlage war da, aber es lag kein Grund zum Weinen vor. Jetzt weint sie. Und in den Perlen weist das Märchen auf den Extrakt der Tränen hin; sie weint Tränen, die nicht zerfließen, Tränen, die bleiben. Was mag das heißen? – Die Tränen der Königstochter sind nicht nur aus dem Wässerigen gezogen, sie sind wie aus der noch tieferen Schicht des Knochengerüstes geweint und mit dessen Gestaltungskraft durchdrungen. Die Seele versenkt sich in ihrer Einsamkeit und Trauer so völlig in die stummen Geheimnisse der mineralischen Welt, daß sie Teilnehmende wird an den Gestaltungen der Natur. Die Liebe zum »Salz« ergreift das Tote, den abgefallenen, geistlos gewordenen Stoff und durchdringt ihn mit der Flamme des Enthusiasmus. Sie holt ihn aufs neue herein in den Werdegang der Entwicklung. Der entfallene Stoff wird Mensch im Menschen durch die *Erkenntnis.* Der Mensch *erleidet* seine Erkenntniserfahrungen. Perlen statt Tränen: ein konkretes Bild für den schmerzlichen und zugleich beglückenden Vorgang, aus Erkenntnisbemühungen Erkenntnisschätze zu gewinnen. Die Perlen sind das Dauerdestillat der menschlichen Erkenntnis-Gestaltungsfähigkeit. Dieser Schatz an Erlittenem ist unvergänglich und reicht in die Zukunft hinüber. Aus dem Weltenwerden sind die Tränenperlen des menschlichen Erkenntnisstrebens nicht mehr wegzudenken. – Die jüngste Königstochter lebt uns das Schicksal der Bewußtseinsseele vor.

Nachtgeheimnisse

Kehren wir zum Gang des Märchens zurück, in die Einöde, zur Hütte der Alten. Dämmerung ist hereingesunken, die Alte sitzt am Spinnrad und spinnt (– und was mag sie wohl spinnen? Den Gedankenfaden?). Die Gänsehirtin kommt, da es vollends Nacht wird, hinzu. Die Alte dankt ihr kaum, schüttelt nur ein wenig mit dem Kopf. Die Tochter setzt sich zu ihr, nimmt ebenfalls ihr Spinnrad und dreht den Faden so flink wie ein junges Mädchen. So sitzen die beiden Frauen zwei Stunden beieinander und sprechen kein Wort. Endlich raschelt etwas am Fenster und zwei feurige Augen glotzen herein: eine Nachteule schreit dreimal ihr »Uhu«. Die Alte schaut nur ein wenig in die Höhe, dann spricht sie: »Jetzt ist's Zeit, Töchterchen, daß du hinausgehst, tu deine Arbeit.«

Auffällig berührt uns das Verhalten der Alten. Am Tag, dem Grafensohn gegenüber, erschien sie redefix, fast geschwätzig; sie packte ihn angriffslustig beim Wort, schnitt spöttisch, ja hahnebüchen hart seine Einwände ab, schleuderte ihm das Unerquickliche grimmig-unerbittlich ins Gesicht. So ausgiebig sie sich also dem männlichen Partner gegenüber kundtat, so verschlossen, fast mürrisch, begegnen wir ihr hier in der Hütte. Zur Königstochter waltet ein anderes Verhältnis. Sie nennt sie immer, mit einer Spur ironisch klingender Zärtlichkeit im Ton, »mein Töchterchen«. Sie hat die vom Thron Verstoßene an Kindes Statt angenommen; eine Kindschaft eigener Art hat sich gebildet zwischen der steinalten Einsiedlerin und dem jungen Königskind: Die Verkleinerungsform »mein Töchterchen« enthält die Kluft, die die beiden vom Alter her trennt und zugleich die innige Wahlverwandtschaft, die sie bindet. Wir finden den Umgang der beiden auf die sparsamste Anrede beschränkt; erstaunlich, zwei Frauen zwei Stunden lang schweigend beieinandersitzen zu sehen – und dies beim Spinnen! Wenn ihr Spinnen den Gedankenfaden bilden heißt, heißt ihr Schweigen, sie bewegen die Worte in ihrem Herzen! Die Alte spricht nur, was sie aussprechen muß, dann aber genau das Rechte. Und sie spricht mit jedem *die* Sprache, die ihm angemessen ist. So energisch sie den Grafensohn zurechtweist, so schonend leitet sie die Königstochter. Sie erweist eine sachliche Güte. Wir werden sie später dem König und der Königin gegenüber noch in einer anderen Umgangsart hören: Diese ruft sie freundlich herein, macht keine Vorwürfe, spricht nur leise, das Geschehene umschreibend; alles Grelle, einseitig Betonte des Anfangs entfällt gegen Ende.

Jetzt aber schickt sie ihr Töchterchen hinaus in die Nacht – zum Brunnen nämlich, an dem die Königstochter die graue Haut des Tages ablegt und sich am nächtlichen Gewässer erfrischt. Hier darf sie die sein, die sie wirklich ist. Als leuchtend groß wird uns der Mond beschrieben, und in seinem Lichte schauen wir selber die jungfräuliche Gestalt, die uns nicht mehr unbekannt war, seit die Königin ihr Schicksal erzählt hat. Diese Gestalt enthüllt sich nun in der Schöpfungszier aller Welten:

Als der graue Zopf abfiel, da quollen die goldenen Haare wie Sonnenstrahlen hervor und breiteten sich, als wär's ein Mantel, über ihre ganze Gestalt. Nur die Augen blitzten heraus, so glänzend wie die Sterne am Himmel, und die Wangen schimmerten in sanfter Röte wie die Apfelblüte.

Im Licht des Mondes der Mantel aus Goldhaar wie Sonnenstrahlen, die Augen gleich Sternen, und das Inkarnat der Apfelblüte auf den Wangen, das Ingredienz der *lebendigen* Erde – alles vereinigt sich in ihr. Durch die Brunnenoffenbarung kommt mit einem Male die innere Natur, die Geistgestalt zur Erscheinung. – Und doch weint das Mädchen, denn es sitzt am Brunnen der Einöde, entfernt seiner geistigen Heimat. Plötzlich schrickt die Trauernde zusammen, sie fühlt sich belauscht. Es knackt im nahen Gezweig – wir erfahren erst später, warum; denn das Märchen läßt uns dieselbe Szene noch einmal erleben, jetzt von der Brunnenseite her, später aus dem Gezweig herab mit den Augen des Jünglings, der sie belauscht. Es muß sie im Innersten erschüttern, entdeckt zu sein, denn um ihren Schreck auszudrücken, heißt es:

Sie sprang auf wie ein Reh, das den Schuß des Jägers vernimmt. Der Mond war gerade von einer schwarzen Wolke bedeckt, und im Augenblick war das Mädchen wieder in die alte Haut geschlüpft und verschwand wie ein Licht, das der Wind ausbläst.

Es ist etwas geschehen, was nie vorher geschah. Etwas ist auf dem Wege, nähert sich ihr, umkreist sie, was sie – weil nicht durchschaubar – angstvoll durchzittert. »Zitternd wie Espenlaub« läuft sie zur Hütte zurück, wo sie die Alte unter der Tür bereits erwartet. Das Mädchen will erzählen, die Alte *weiß* schon alles. Die Alte wird von Stufe zu Stufe geheimnisvoller und größer im inneren Format. Sie zeigt sich als die einzig wirklich Wissende in dem kunstvoll verwobenen Verlauf. Sie weiß, was dem Mädchen geschehen ist, noch bevor es sich geäußert hat, weiß, daß der König und die Königin unterwegs sind und der Grafensohn dazu, weiß um die Bedeutung der Stunde, weiß, daß ihre eigene Aufgabe sich dem Ende neigt. Sie führt das Mädchen herein in die Stube und fegt mit dem Besen die letzten Reste fort: »Wenn ich ausziehe, muß Haus und Stube sauber sein.« Es sind die letzten Schicksals-Kümmernisse. Was verworren war, entwirrt sich. – Man lese dieses Zwiegespräch, ein Mitternachtsgespräch; die innere Spannung erreicht ihren Höhepunkt. Wir sind im Zentrum der Ereignisse.

»Denkst du nicht daran, daß du heute vor drei Jahren zu mir gekommen bist? Deine Zeit ist aus, wir können nicht länger beisammen bleiben ... Geh in deine Kammer, nimm die Haut vom Gesicht und zieh das seidene Kleid an, das du trugst, als du zu mir kamst, dann harre in deiner Kammer, bis ich dich rufe.«

Enttörung

Indessen sind die drei Wandernden in den Bannkreis der Einöde eingetreten. Eine bezeichnende Fügung ist, daß der Grafensohn während der Nacht vom Königspaar abkommt (denn der Weg in die Leiblichkeit der Erde trennt den einen vom andern). Er muß allein weitergehen. Muß er wirklich? Könnte er nicht umkehren? Ihn zwingt nichts, nichts war ihm versprochen für seine Hilfe. Ein Ziel, das er sich selbst gesetzt hat, leitet ihn vorwärts: Er kann nun, als Frucht des Tragens der Alten auf seinem Rücken, die »fremde« Sache der königlichen Eltern zu seiner eigenen machen, das hat er bei der Alten gelernt. Er geht weiter, was auch komme, und siehe, am Tag ist ihm, als sei er auf dem rechten Weg. Er findet merkwürdigerweise den Weg nicht mit dem Kopf, seine Füße wissen ihn, sie sind sicher geworden durch die harte Schule seiner vorigen Wanderung. Der Schmerz hat sich umgewandelt in stumme, führende Weisheit. Auf dem rechten Weg geht er fort bis zur Dunkelheit, da aber macht er halt, steigt auf einen Baum, um die Nacht zu verbringen. Er ist genau beim Brunnenbaum angelangt, und von dort oben sieht er die Gänsehirtin zur Königstochter werden, wie wir schon erfahren haben.

Der erste Aufstieg, mit der Last auf dem Rücken, war ein Tagesgang, vom Morgen in den Mittag hinein. Man könnte sagen, der Tagesauftrag richtete sich auf eine Läuterung der Füße. Dieser Tageswanderung muß nun die

Nachtwanderung folgen zur Läuterung der Augen, um seinen Blick zu enttören. Jetzt offenbaren sich die Geheimnisse seinem erkennenden Schauen.

So liegt diesmal das ganze Gewicht auf der Nachterfahrung. Erst als er auf den Baum klettert, löst sich der Jüngling vom Einfluß der dumpfen Schwerekräfte der Erde los, denen sein Tagesbewußtsein bis dahin verfallen war; er *erhöht* sein Bewußtsein. Erst hier oben, im Gezweig des Ätherisch-Lebendigen, vom erkenntnisverleihenden Mondenlicht sanft überflutet und belehrt, gehen ihm die Augen auf, und er wird nun Zeuge, was sich hinter der Gänsehirtin verbirgt. Er *schaut* wirklich, was vordem, von der Königin ausgesprochen, nur als Mitteilung an ihn gelangt war, er schaut das Sonnen- und Sternenwesen der Jungfrau, und es schlägt wie ein Blitz in seine Seele ein. Er ist so sehr Auge, daß er kaum zu atmen wagt, sich weit und weiter vorbeugt – und der Ast knackt, an dem er sich hält. Die Belauschte entschwindet. Er steigt herab, eilt ihr nach, doch er sieht sie nicht mehr. Hingegen findet er in der Dämmerung den König und die Königin, erzählt ihnen die Wunderdinge, »und sie zweifelten nicht, daß das ihre verlorene Tochter gewesen wäre«. Bald sind sie zu dreien bei der Hütte angelangt, schauen durch das Fenster, sehen aber nur die Alte still am Spinnrad sitzen – von ihrer Tochter keine Spur. »Es war ganz sauber in der Stube, als wenn da die kleinen Nebelmännlein wohnten, die keinen Staub auf den Füßen tragen.« Abermals legt das Märchen Wert auf diesen Reinlichkeitsbezug. In diesem Augenblick stimmen Moralisches und Physisches überein, alle Verworrenheiten, Beflekkungen, Mißverständnisse, alle Bedrückungen sind weggefegt, die Erdenstube ist rein. Merkwürdig, wie gegen das Ende hin alles leiser, verhaltener wird, die Dinge klären sich nicht nur, sie verklären sich. Die Wartenden treten nach scheuem Zögern endlich ein, und die Getrennten finden sich – »es war nicht anders, sie mußten alle weinen vor Freude«. Die höchste Steigerung der Geistbegegnung rückt Freude und Leid ins Gleichgewicht; himmlische und irdische Natur werden eins.

Und doch verhüllt das Märchen schließlich das allerletzte Ereignis, wenn es schelmisch im ungewissen läßt, ob Grafensohn und Königstochter ein Paar werden. So ist zu vermuten, wird gesagt. Deutlich aber spricht die Alte aus: Wertvoller als alle Schätze des alten Königreiches sind die Perlen, die neuen Schätze, die die jüngste Tochter in der Einsamkeit geweint hat. Und mehr als das: In diesem Augenblick verwandelt sich unvermutet die Hütte der Alten, streckt sich und ersteht vor unseren Blicken gleich dem verborgenen Tempel in Goethes Märchen, der am Ende aufsteigt aus der Tiefe, die Ufer des Flusses verbindet und zum Tempel der Zukunft wird. Hier verwandelt sich die ärmliche Hütte zum prächtigen Palast – und die Alte ist verschwunden.

Das letzte Geheimnis dämmert dem Betrachter, wenn er die Gestalt der Alten ins Auge faßt, und nur sie. Sie ist die Kerngestalt des Märchens. Mit ihr setzt es ein, mit ihr schließt es. Zwielichtig zieht sie in allen Grenzerscheinungen einer Hexe an uns vorüber; als rücksichtslose Lastenaufbürderin, als spottende Antreiberin, als mürrisch verschlossen Schutzgewährende. Sie erweist sich – mehr als der König! – als die einzig Wissende; sie allein weiß, was jedem gut ist. Schließlich entgleitet sie als weise Frau unseren Blicken ins Unsichtbare. Sie löst sich auf. So lange sie wirkt, ballt und entknotet sie weisheitsvoll streng die Geschicke. In ihr sind die Schicksalsgesetze *Wesen* geworden. Als Schicksalslenkerin ist sie der Frau Holle verwandt. –

An der Krücke humpelt sie einher. Sie packt zwar den Menschen auf; es gilt aber auch umgekehrt, und dies noch weit mehr: die Menschen packen *ihr* auf. Sie werfen, wenn sie nach dem Erdenlauf durch die Todespforte gehen, um sich in kosmischen Weiten jugendlich zu erfrischen, ihr Mißratenes, Schiefgebuckeltes vor ihr ab, und sie hat sich damit abzuschleppen; es krümmt sich ihr an und entstellt sie. Kummer zieht sie zusammen und zwingt ihr die Krücke in die Hand. Wie wird sie die Torheiten der Menschen los? – Sichel, Besen und Spinnrad sind ihre Geräte. Mit der Sichel schneidet sie das wildwuchernde Kraut, mit dem Besen fegt sie den Abfall aus der Kammer, und am Spinnrad schlichtet sie das formlose Gewöll der Seelenregungen zum gesträhnten, webfähigen Faden. Sie bringt Gesetz ins Gesetzlose, regt Ordnung an, was sie auch tut. Je mehr die menschlichen Seelenkräfte (der Jüngling: männlich-ichhaft, im Willen gegründet; das Mädchen: weiblich-seelenhaft, im Erkennen duldend) ihren Prüfungsgang vollenden, im selben Maße, als die Schicksale sich erfüllen, Unstimmiges ausgeglichen wird, schmilzt die Versteinerung der Alten von innen her auf. Die Läuterung von »Sohn« und »Tochter« bilden die Erlösung der Schicksalsfrau; deswegen ist ihr Dasein vom Augenblick an, wo Jüngling und Mädchen, wie Edelstein und Perle, von Wesen zu Wesen einander zugehören, nicht mehr vonnöten.

Das aber sagt: Das Märchen führt bis in jenen Äon, wo »Schicksal« im heutigen Sinne sich aufhebt. Kein »Stäubchen« bleibt zurück. Wir erleben in der Alten Schwere und Verdichtung als Weltenkraft, Schwere, die sich durch

Leidenserfahrung ins Licht zurückverwandelt. Denn wo lebt die Alte hinfort, nachdem sie den Blicken entschwunden ist? In den Herzen der Geläuterten, als innere Gedächtnisbildnerin, als die, die am Ursprung die Gabe verliehen hat, aus Tränen Perlen zu formen, aus Lasten Edelsteine zu kristallisieren, das heißt, aus Vergänglichem Ewiges zu bilden.

DER STARKE HANS

Hans oder das Unvollkommene

Faust wittert in Mephisto den Teufel: »Bei euch, ihr Herrn, kann man das Wesen gewöhnlich aus dem *Namen* lesen.« Dies Wort steht scheinbar im Widerspruch zu jenem anderen Wort Goethes: »Name ist Schall und Rauch.« Die Namen sind nur für uns heute Schall und Rauch, aus Neigung und Zufall geborene Benennungen. Auf höherer Ebene hingegen prägt die geistige Individualität im Namen ihr Wesen aus, so gut sich in der Schamröte die Scham und in der Angstblässe die Angst dessen ausdrückt, auf dessen Antlitz sie sichtbar werden. Im Seelisch-Geistigen enthält der Name den Schlüssel des Wesens. Auch das Märchen gibt Seelengeschehen wieder, auch für das Märchen gilt dieses Gesetz. Und so hat es mit dem Namen Hans eine Bewandtnis.

Zunächst scheint »Hans« ja auf einfachste Art erklärbar: als Abkürzung des biblischen Namens »Johannes«. Man könnte denken: Da den Vornamen Johannes im christlichen Mittelalter zahllose Männer trugen, schliff ihn der Volksmund kurzweg ab zum schlichtsilbigen Hans. Wie aber erklärt sich dann, daß Hans unabhängig von seiner Verwendung als Vorname einer schillernden Auswahl von Menschencharakteren sein Gesicht gab? In der alten Literatur wie im heutigen Sprachgebrauch noch kennt man den Großhans, Prahlhans, den Streithans, den Schmalhans, den Faselhans, den Hansdampf, den Gassenhans, den Hansnarr, den Hanswurst, den Hätschelhans (so Goethes Mutter zu ihrem Sohn), und wer weiß, wie viele weitere, seltenere Exemplare: Hans Ohnesorge, Hans Unmut, Hans Suchdentrunk, Hans Sempervoll usw. bis zum Prozeß- oder Programmhansel der Gegenwart. Goethe überschreibt eines seiner Randgedichte zu Faust mit »Hans Liederlich« und beginnt im Westöstlichen Diwan das Gedicht »Erschaffen und Beleben« mit der Zeile: »Hans Adam war ein Erdenkloß...« Und endlich ruft Mephisto (am oberen Peneios der Klassischen Walpurgisnacht), vergeblich nach den Lamien haschend, verärgert aus:

Verflucht Geschick! Betrogene Mansen!
Von Adam her *verführte Hansen!*
Alt wird man wohl, wer aber klug?
Warst du nicht schon vernarrt genug!

Gab es also den Hans schon von Urbeginn an, oder anders gesagt, drückt sich in Hans ein Stück Menschsein überhaupt aus? Feststeht, die Hansen sind ein ganzes Geschlecht, und es sind immer unvollkommene Geschöpfe. Ihnen fehlt vor allem die Vernunft, die Überschau. Sie können nicht abwägen und kein Maß halten. Einseitig befangen stapfen sie durchs Leben, werden als Halbnarren betrogen oder stiften ihrerseits Verwirrung.

Greifen wir nur einen einzigen von ihnen heraus, den Hanswurst. Nach dem Etymologischen Wörterbuch von Kluge taucht die Bezeichnung »Hans worst« zum ersten Male schriftlich 1519 in der Rostocker Bearbeitung des Narrenschiffs auf. Die Bezeichnung wird als Scheltwort gebraucht für den unbeholfenen Dicken, dessen Gestalt einer Wurst gleicht, und bald darauf zieht Hanswurst auch im Fastnachtsumzug mit, eine lederne, armlange Wurst schwingend. Luther spricht in seiner Streitschrift »Wider Hans Worst« (1541) von diesem Namen als etwas Altbekanntem: »(Du weißt, daß) dis Wort, Hans Worst, nicht mein ist noch von mir erfunden, sondern von andern leuten gebraucht wider die *groben tolpel,* so klug sein wollen, doch vngereimt vnd vngeschickt zur sachen reden vnd thun.« – Mit der Zeit rückt Hanswurst, durch seine drolligen Einfälle komisch wirkend, zum Spaßmacher auf. Er rückt auf die Bühne ein, wird wegen seiner Derbheiten von dort wieder verdrängt, behauptet sich aber zäh im Puppenspiel. So tritt Hanswurst auch im Puppenspiel vom Doktor Faust »als reisender, nachher angenommener Diener bei dem Doktor Faust« auf. Er mutet an wie das abgespaltene niedere Ich Faustens, die primitive Sinnennatur, die sich unbekümmert um alles »Höhere« durch die Fährnisse durchwurstelt. Seine Philosophie sucht nie das Ding an sich, sondern das Ding mit den zwei Enden: »So was Kurzes, so was Rundes, so was, was man aufs Sauerkraut legt.«*

Hans ist nicht nur ein Eigenname, es ist ein *Gattungsname* für einen *Zustand,* für eine *Seelenstufe.* Vom Menschsein, das Faust in seiner Ganzheit anstrebt, verkörpert sein Diener Hanswurst nur das Rumpfstück. Erstaunlicherweise heißt nämlich der historische Faust selber, der bis 1538/39 lebte,

* Das Puppenspiel vom Doktor Faust. Herausgegeben von C. Höfer. Insel-Verlag Leipzig o. J.

wie auch der Faust des Puppenspiels *Johannes.* Faust trägt den Namen in seiner vollen Ausprägung, und auch hier ist der Name nicht nur ein zufälliger Treffer, sondern eine Schicksalsbeigabe; Faust heißt nicht nur so, er *ist* ein Hans, der das Jo oder Ich trägt, ein Geistträger. Sein Lebenslauf zeigt Wege, dieses Ich in den Geistbereichen heimisch zu machen, das Menschsein im Geistigen zu erreichen. Ob und wie ihm dies gelingt, brauchen wir hier nicht zu untersuchen. Das »Faustische« macht ihn zum Johannes.

Der Schreiber des letzten der vier Evangelien, Johannes, ward zu Johannes erst, nachdem er als Lazarus im Grabe gelegen hatte und von dem Christus zu neuem Leben erweckt wurde. Hermann Beckh macht auf diese tiefeingreifende Tatsache durch einen Passus aufmerksam: »Johannes ist überhaupt kein Name im gewöhnlichen Sinn, ein Name, wie er auf sonst übliche Art dem Menschen beigelegt wird. Der ... die Offenbarung der Christus-Sonnenwesenheit in sich aufgenommen hat, *ist ein Johannes.*«*

Unter diesen Gesichtspunkt darf und muß man eine Betrachtung stellen über ein Märchen, das den Titel trägt »Der starke Hans«. In den Märchen gehört Hans zu den wenigen Eigennamen, die Märchengestalten überhaupt beigelegt werden, und immer steckt mehr dahinter als nur ein mittelalterliches Anhängsel. »Hans« deutet auf einen bestimmten Zustand hin, auf einen Entwicklungsweg, den sein Namensträger zu gehen und bestehen hat, um zu einem Johannes zu werden. Äußerlich wechselt unser Hans im Märchen seinen Namen nicht, aber innerlich steht am Ende ein anderer Hans vor uns, als er zu Anfang war. Ein beispielhaft kurzes Hans-Märchen haben die Brüder Grimm in der allerersten Niederschrift ihrer Märchensammlung, der sogenannten Oelenberger Handschrift von 1810, verzeichnet, das in den späteren Ausgaben nicht mehr auftaucht, aber die Merkmale der ganzen Gruppe enthält:

Dümmling

Es war einmal ein Hans, der war so unerhört dumm, daß ihn sein Vater in die weite Welt jagte. Er rennt vor sich hin, bis er ans Meeresufer kommt; da setzt er sich hin und hungert. Da kommt eine häßliche Kröte auf ihn zu und quakt: »Umschling mich und versenk dich!« So kommt sie zweimal, er weigert sich; wie sie aber zum drittenmal kommt, folgt er ihr. Er sinkt

* Hermann Beckh: Der kosmische Rhythmus im Markus-Evangelium. R. Geering Verlag, Basel, 1928. S. 46. 2. Auflage, Verlag Freies Geistesleben, Stuttgart 1960.

unter und kommt in ein schönes Schloß unter dem Meer. Hier dient er der Kröte. Endlich heißt sie ihn mit ihr zu ringen, und er ringt, und die häßliche Kröte wird zu einem schönen Mädchen, und das Schloß mit all seinen Gärten steht auf der Erde. Hans wird gescheit, geht zu seinem Vater und erbt sein Reich.

Manchmal jedoch bleibt Hans auch im Märchen hoffnungslos im Hanssein, das heißt im einseitig Unvollkommenen stecken; zum Beispiel im Märchen »Der Spielhansl«. Der Spielhansl wünscht sich statt ewiger Seligkeit ewiggewinnende Würfel; er bannt den Tod auf einen Baum, bringt damit die Sterbeordnung durcheinander, spielt auch im Himmel unentwegt, wird deshalb hinausgeworfen, und seine Seele fährt zerteilt in *alle* Spiellumpen. Er kommt über den Hansl nicht hinaus.

Dergleichen meist grotesk-humoristische Beispiele gibt es noch mehr: »Der gescheite Hans« (wie der »Spielhansl« und die folgenden auch bei den Brüdern Grimm) wirbt um Gretel, aber einfältig wie er ist, dreht er alles aufs tölpischste um und nimmt, was man ihm bildhaft sagt, blutig wörtlich. Er richtet schreckliche Verwirrung an. Mit der Heirat wird es natürlich nichts; Gretel mag von diesem Tapps nichts wissen; der »gescheite Hans« bleibt vernagelt.

Wie es mit Hänsel in »Hänsel und Gretel« geht oder mit »Hans mein Igel« kann man in gesonderten Kapiteln dieses Buches nachlesen. Dem sich wandelnden Hans begegnen wir in Märchen, in denen Hans als einer von drei Brüdern auftritt. Er ist immer der Jüngste von den dreien, zum Beispiel im »Vogel Greif« oder in »Der arme Müllerbursch und das Kätzchen«. Er ist der Dummling unter den Brüdern, dem man nichts zutraut und auf den die andern überheblich herabsehen. Als halber Narr wird er gehänselt – bis er aufwacht und den Spieß umdreht. Unverdorbenen Sinnes hat er ein redliches, mitfühlendes Herz. Er entfaltet sich spät und überholt dann alle Vorhergehenden.

Mit dem »Hänseln« erlebt der Nachforschende eine Überraschung. Auch hier scheint die Erklärung auf der geraden Straße zu liegen: Wird dem dummen Hans von den Gescheiten zugesetzt, so wird er »gehänselt«. Aber Kluge in seinem Etymologischen Wörterbuch weist »Hänseln« einem ganz anderen Stamme zu als Hans, der »Hanse« nämlich, jener Kaufmannsgilde, die zwischen dem 14. und 15. Jahrhundert im Norden in Hochblüte stand.

»Hanse«, in Frühformen auch »die hans«, heißt im Altdeutschen »bewaffnete Schar«. Später verstand man darunter ausschließlich jene Bünde der Handeltreibenden, die ihre Geschäftsverbindungen in wehrhaftem Zusammenschluß mehrten und verteidigten. Wer aber in die »Hanse« eintreten wollte, mußte über sich ergehen lassen, daß er »gehänselt« wurde. »Hansin«, hänseln heißt also hansisch machen, in die Hansegemeinschaft aufnehmen. Der Ankömmling mußte harte Mut- und Standhaftigkeitsproben bestehen. Daraus wurden später »Hänselbräuche«, scherzhafte, oft rauhe Handlungen wie Prügeln, Begießen mit Wasser (eine grobe Taufzeremonie), Kriechen durch die Speichen eines Wagenrads usw. Noch später wurde das Hänseln durch Geldopfer abgelöst. Was ursprünglich dahinterstand, beschreibt jedoch »Der große Brockhaus« (Ausgabe 1954) mit den Worten: »Das Hänseln soll das *Abstreifen des alten Menschen* bei der Aufnahme in die neue Gemeinschaft bedeuten (Initiation), weshalb oft auch ein *neuer Name* (Spitzname) erteilt wird.« – Mit anderen Worten, selbst ein so sachliches wie modernes Nachschlagewerk stellt fest, im »Hänseln« wird eine Einweihung vollzogen, die eine innere Wandlung zur Folge hat und den Geprüften eines neuen Namens, eines Übernamens, der seine geistige Gestalt neu faßt, würdig macht. Haben also Hans und hänseln doch mehr miteinander zu tun, als die Etymologie hergeben will? Ist nicht gerade, das Hänseln zu ertragen, sich im Hänseln zu behaupten und zu verwandeln, der vorgezeichnete Weg für Hans?

Fassen wir unsere Vorbetrachtung zusammen. Der Name Hans kennzeichnet innerlich eine Seelenstufe *vor* dem Erwachen; aufs Ganze gesehen, einen Menschen mit einseitig geballten Anlagen und Kräften, die sich lebensgierig, plump ausleben wollen oder kopflos eingesackt sind. Ein Hans ist ein noch nicht ganz Ausgeborener, ein Halb- oder Dreiviertelsmann, dem das Letzte fehlt, nämlich die weise Lenkung durch das, was ihn zum Johannes macht: das Ich. Solange er nur ein Hans bleibt, weiß er nicht, was er will, oder er will das Unsinnige, Törichte. Das Elsässer Sprichwort sagt:

> Der Hans, der Hans im Schnakenloch
> hat alles, was er will.
> Das was er will, das hat er nicht,
> Das was er hat, das will er nicht …

Immer fehlt ihm etwas – dafür ist er ein Hans.

Folgen wir den Spuren Hansens in unserem Märchen.

Ein Mann und eine Frau haben nur ein einziges Kind und leben in einem abseits gelegenen Tal, ganz allein. Wovon der Vater sich und die Seinen ernährt, erfahren wir nicht, wäre aber die Familie reich, bräuchte die Mutter keine Tannenreiser im Walde zu lesen. Das tut sie; sie sammelt das dürre Holz, und eines Tages nimmt sie den kleinen Hans, der erst zwei Jahre alt ist, mit. Es ist Frühlingszeit, das Kind hat große Freude an den Blumen, läuft immer weiter, und die Mutter läßt sich verleiten, tief und tiefer in den Wald mit ihm hineinzugehen.

Ein Rotkäppchen-Verführungsmotiv klingt an. Die bunte Blumenwelt lockt das Kind, es folgt von Stern zu Stern dem Blütenfeld, und die Mutter läßt es gewähren. In diesem Augenblick führt nicht die Mutter das Kind, sondern das Kind die Mutter, und zwar fort vom Vaterhaus. In Hans unterliegt eine neue Generation dem Zauber der Sinneswahrnehmung durch das Auge und läßt sich ablenken, heraus aus dem schützenden Umkreis in jene gefährliche Zwischenregion hinein, wo das Ungewisse haust, »tiefer in den Wald«.

Plötzlich springen zwei Räuber aus dem Gebüsch, packen Mutter und Kind und schleppen beide mit sich, »tief in den schwarzen Wald, wo jahraus, jahrein kein Mensch hinkam«. Die Räuber hören nicht auf das Flehen der Mutter, sie treiben sie mit Gewalt an, weiterzugehen. Ein Weg durch Dornen wird den Geraubten aufgenötigt; schließlich müssen sie durchschlüpfen durch einen langen dunklen Gang bis vor ein festes Felsentor. Sie landen hinter dem Felsentor in einer verborgenen Höhle. Da sitzen noch andere Räuber um einen schwarzen Tisch. Nur ein Herdfeuer erleuchtet gespenstisch die Wände. Mutter und Kind werden in eine untere Welt entführt, in ein Reich steinerner Tiefe. »Schwarz« tritt als farbige Äußerung auf, Schwärze tingiert die Atmosphäre. Zwar geschieht der Mutter kein Leid, aber die Räuber zwingen sie, mit ihrem Kind in der Höhle zu bleiben und »das Hauswesen zu besorgen«.

Die Frau blieb viele Jahre bei den Räubern, und Hans ward groß und stark. Die Mutter erzählte ihm Geschichten und lehrte ihn in einem alten Ritterbuch, das sie in der Höhle fand, lesen.

Dies ist Hansens Kinderland, eine Höhle, in der sechs Räuber und ein Hauptmann ihr Regiment führen; wo sie fluchen, lachen, spielen, sich betrinken, kurz, vom »Geschäft« ausruhen. Hans hört das mit an, wenn ihn die Mutter nicht wegbringt und schlafen legt. Blickt Hans auf, sieht er »Schwerter, Säbel und viele Mordgewehre« im fahlen Licht blinken. Nur wenn die Räuber unterwegs sind, darf sich die Mutter ihrem Kind widmen; sind sie anwesend, huscht sie als Magd vom Herd zum schwarzen Tisch und dient den Räubern. Dann aber tut sie, was unendlich wohltätig wird für Hans, sie erzählt ihm in den Ruhestunden »Geschichten«, sie lehrt ihn lesen in dem alten Ritterbuch. In das Dunkel unter der Erde leuchtet außer der Erinnerung der Mutter als einziger Strahl der oberen Welt die Weisheit heldischer Sage. Alles gegenwärtige Leben ist fern und weit draußen. Sie sind abgeschnitten. Ein Herzeloide-Schmerzensreich-Schicksal erleiden die beiden. Man kann auch sagen, durch die gewaltsame Trennung vom Vater wird die Mutter zur »Witwe« und Hans wird zum »Sohn der Witwe« – er kennt seinen Vater nicht. Aber das ändert sich an einem bestimmten Punkt.

Als Hans neun Jahre alt war, machte er sich aus einem Tannenast einen starken Knüttel und versteckte ihn hinter das Bett; dann ging er zu seiner Mutter und sprach: »Liebe Mutter, sage mir jetzt einmal, wer mein Vater ist, ich will und muß es wissen.« Die Mutter schwieg still und wollte es ihm nicht sagen, damit er nicht das Heimweh bekäme; sie wußte auch, daß die gottlosen Räuber den Hans doch nicht fortlassen würden; aber es hätte ihr fast das Herz zersprengt, daß Hans nicht sollte zu seinem Vater kommen. In der Nacht, als die Räuber von ihrem Raubzug heimkehrten, holte Hans seinen Knüttel hervor, stellte sich vor den Hauptmann und sagte: »Jetzt will ich wissen, wer mein Vater ist, und wenn du mir's nicht gleich sagst, so schlag ich dich nieder.« Da lachte der Hauptmann und gab dem Hans eine Ohrfeige, daß er unter den Tisch kugelte.

Aus Hansens Tiefe steigt unbändig die Frage nach dem Vater auf – das ist die Frage nach seinem Ursprung und nach der Heimat des eigenen Wesens. Plötzlich empfindet er, daß ihm der Vater fehlt; das unterscheidet ihn von anderen Hansen, daß er sich dessen bewußt wird. Die Frage erwächst als Frucht des Lesens in dem »alten Ritterbuch«. Von der gemütstiefen und phantasievollen Mutter – denn sie weiß »Geschichten« – empfängt Hans Wesensinnigkeit.

Aber die Mutter ist nicht seine einzige Lehrmeisterin, Hans lernt auch von den Räubern! Er schaut ihnen auf Finger und Mund, wie sie sich explizieren.

Die Räuber führen eine brutalere Sprache. Hans hat schon zum voraus den Knüttel gerichtet – das hat er von ihnen gelernt. Einen Räuber fragen, das läßt ratsamerweise den Knüttel bereithalten. Er erhält vom Hauptmann prompt eine Räuberantwort, die ihm nicht nur an die Ohren knallt, sondern ihn umwirft. Und doch ist es für den Räuber nur eine Hänsel-Antwort, eine Plänkelei; der Hauptmann sagt nichts, er lacht nur und haut. Wenn Räuber »reden«, reden sie handgreiflich. Hans ist jedoch ein gelehriger Schüler. Er steckt die Antwort ein, schweigt und denkt:

»Ich will noch ein Jahr warten und es dann noch einmal versuchen, vielleicht geht's besser.« Als das Jahr herum war, holte er seinen Knüttel wieder hervor, wischte den Staub ab, betrachtete ihn und sprach: »Es ist ein tüchtiger, wackerer Knüttel.« Nachts kamen die Räuber heim, tranken Wein, einen Krug nach dem andern, und fingen an, die Köpfe zu hängen. Da holte Hans seinen Knüttel herbei, stellte sich wieder vor den Hauptmann und fragte ihn, wer sein Vater wäre. Der Hauptmann gab ihm abermals eine so kräftige Ohrfeige, daß Hans unter den Tisch rollte, aber es dauerte nicht lange, so war er wieder oben und schlug mit seinem Knüttel auf den Hauptmann und die Räuber, daß sie Arme und Beine nicht mehr regen konnten. Die Mutter stand in einer Ecke und war voll Verwunderung über seine Tapferkeit und Stärke.

Diesmal hat Hans den rechten Augenblick erspäht. Auch das hat er von den Räubern angenommen. Es gehört zur Räuberart, das Opfer zu packen, wenn es am schwächsten ist. Hansen hilft es, daß sich die Räuber selber unmäßig am Wein berauschen und die Köpfe hängen. Der Junge ist in dem Wartejahr wacher und stärker geworden, die Räuber hingegen werden leichtsinnig, der Hauptmann glaubt, er könnte auch weiter mit einer Ohrfeige den Frager mundtot machen. Wer sind überhaupt die Räuber? Sind es nur gewöhnliche Sterbliche, heruntergekommene Menschen? Warum hausen sie dann noch weit hinter dem Gebiet, »wo jahraus, jahrein *kein Mensch* hinkam«? Ein menschliches Herz haben sie nicht, »das Herz der Räuber war von Stein«, wird schon zu Anfang gesagt. Sind es nicht sieben Raubgewalten finsterster Art, unterschwellige Urweltkräfte, ursprünglich vielleicht reine Weltboten, hier jedenfalls Abgefallene, Verworfene, in der Schwärze hausend und daraus hervorbrechend? Glimmt nicht ein nach innen verbanntes Feuer in ihrer Höhle, schwelend hinter einer Felsentür? Durch »einen langen, dunklen Gang«, durch Dorngestrüpp bohrt sich ihr Versteck hinein in die Tiefe, oder auch aus der Tiefe der Erde herauf an die Lichtwelt.

Es drängt sich auf, sie zu vergleichen mit den sieben Zwergen in »Sneewittchen«, denn auch die sieben Zwerge gehen untertags aus, graben nach Gold und Erz. Dies sind die Handwerker der mineralischen Erdenform, kluge, kunstgewandte Helfer. Ihr Häuschen steht auf, ja über der Erde, »über den Bergen«, zwischen physischem und ätherischem Bereich, und alles darin ist so klein und zierlich und so reinlich, »daß es nicht zu sagen ist«. – Hier, im Märchen vom starken Hans, geht alles ins Gegensätzliche. Die Raubgesellen residieren um ihren schwarzen Tisch im Zentrum der Höhle. An ihm werden die finsteren Pläne ausgeheckt, werden die Raubzüge in Spiel und Trunk ausgekostet. An der Wand hängen die Mordwerkzeuge. Hier fühlen sich die Sieben sicher, und die Magd im Haus, das ist ihr lustigster und bequemster Fang! Den Sprößling der Magd beachten sie nicht, er ist höchstens eine Ohrfeige wert – und *er* wird ihr Meister. Beim zweiten Anlauf steckt Hans nicht nur ein, er teilt aus, und diesmal gründlich. Er macht sauberen Tisch mit dem Hauptmann und seinen Komplicen. Das ist der Gewinn von Hansens Lehrjahren bei den Räubern: er wird *schlagfertig*, und er wird es im rechten Augenblick.

Von der Mutter lernt Hans, was sein Herz braucht; später wird Hans ausdrücklich als gutmütig bezeichnet und dem Leiden der Jungfrau gegenüber als mitleidig – es sind Gaben aus dem Gemütsschatz der Mutter. Aber auch Geistesheldentum aus der Vorzeit vermittelt sie ihm. Sie spricht nicht vom Vater, und doch weckt sie in Hans das Verlangen nach ihm.

Als Hans mit seiner Arbeit fertig war, ging er zu seiner Mutter und sagte: »Jetzt ist mir's ernst gewesen, jetzt muß ich auch wissen, wer mein Vater ist.« – »Lieber Hans«, antwortete die Mutter, »komm, wir wollen gehen und ihn suchen, bis wir ihn finden.« Sie nahm dem Hauptmann den Schlüssel zu der Eingangstür ab, und Hans holte einen großen Mehlsack, packte Gold, Silber und was er sonst noch für schöne Sachen fand, zusammen, bis er voll war, und nahm ihn dann auf den Rücken.

So erfährt Hans in seiner Jugend eine doppelte Lehrzeit, einmal die gemüthafte Schulung des Herzens als »Sohn der Witwe«; zugleich die andere, willensharte, nüchtern schlagfertige als »Findelkind« unter den Händen der Räuber. So wird er gutmütig *und* willensstark zugleich, mitleidig *und* besonnen, wagemutig *und* vorsichtig, wissensbegierig *und* tatendurstig. Müssen nicht bei solchen Anlagen, wo er erscheint, alle alten Formen zerbrechen? Wo will das alles mit ihm selber hin? Fürs erste will er nur eines: mit seinem Sack voller Schätze heim zum Vater.

»Laßt euch keine grauen Haare wachsen, lieber Vater«

Insgesamt haben Hans und seine Mutter zehn Jahre bei den Räubern gelebt. Das Märchen spricht von einer ausweglosen Haft in der Höhle. Wer mag entscheiden, was die Gefangenen härter ankam, die seelische Abschnürung vom Vater oder, daß sie das Licht entbehren mußten? Nachdem der Parzival der Tiefe die schwarzen Ritter bezwungen hat, treten sie befreit zurück in den Tag. Ein verwandeltes Schauen ergreift ihre Sinne.

Sie verließen die Höhle, aber was tat Hans die Augen auf, als er aus der Finsternis heraus in das Tageslicht kam und den grünen Wald, Blumen und Vögel und die Morgensonne am Himmel erblickte. Er stand da und staunte alles an, als wenn er nicht recht gescheit wäre.

Ein neuer Tag ist angebrochen, für Hans, für die Welt selbst; das finstere Verhängnis fand sein Ende. Ein neues Paradiesesleben kündet sich an. Hans erlebt den strahlenden Morgen der Natur, als sei er neugeboren. Frühling stand über ihnen, als sie hinabgeführt wurden in die Klüfte, abermals steht ein Frühling über der Welt, den Hans nun staunend schaut und eratmet. Daß mit ihm selbst ein Menschheitsmorgen unverbrauchter Kraft herangewach sen ist, wird ihm kaum bewußt.

Die Mutter weiß den Weg nach Haus. Der Vater, resignierend unter der Haustür sitzend, weint vor Freude, als er die Seinen, die längst Totgeglaubten, wiedersieht.

Aber Hans, obgleich erst zwölf Jahre alt, war er doch einen Kopf größer als sein Vater. Sie gingen zusammen in das Stübchen, aber kaum hatte Hans seinen Sack auf die Ofenbank gesetzt, so fing das ganze Haus an zu krachen, die Bank brach ein und dann auch der Fußboden, und der schwere Sack sank in den Keller hinab. »Gott behüte uns«, rief der Vater, »was ist das? Jetzt hast du unser Häuschen zerbrochen.« – »Laßt Euch keine grauen Haare darüber wachsen, lieber Vater«, antwortete Hans, »da in dem Sack steckt mehr, als für ein neues Haus nötig ist.« Der Vater und Hans fingen auch gleich an, ein neues Haus zu bauen, Vieh zu erhandeln und Land zu kaufen und zu wirtschaften. Hans ackerte die Felder, und wenn er hinter dem Pfluge ging und ihn in die Erde hineinschob, so hatten die Stiere fast nicht nötig zu ziehen.

Von dem gehorteten Reichtum der Räuber, von dem Überfluß an Gold und Silber bricht das alte Häuschen des Vaters zusammen. »In dem Sack steckt mehr als für ein neues Haus nötig ist.« Das Motiv von »Tischlein deck dich, Goldesel streck dich, Knüppel aus dem Sack« umschließt der Sack Hansens in einem. Hans hat die Eigenschaften aller drei Brüder jenes Märchens zugleich. Scheinbar ein Prahlhans, erweist er sich mehr und mehr als ein Strahlhans, dem nichts zu widerstehen vermag. Hans bringt weit mehr, als dem Vater fehlt; nicht nur alte Schätze der Vergangenheit, keinen Reichtum des Prassens, sondern einen Reichtum des Tätigseins. Die Resignation weicht. Sie bauen das neue Haus, ein Hof bildet sich, sie kaufen Vieh und Land und beginnen zu wirtschaften. Die Lust an der Arbeit ist mit Hans eingezogen, und fast als Bestes von allem die Freude an der Erde. Hans pflügt das brachgelegene Land.

Aber er bleibt nicht zu Haus. Den nächsten Frühling treibt es ihn fort. Ein weiteres Jahr hat begonnen, kein gewöhnliches, ein neues Jahr in Hansens Wesen. Das dreizehnte Jahr verbrachte er beim Vater; es rundete die zwölf Werdejahre ab. In ihm schenkt er dem Vater, was des Vaters ist. – Jetzt, da er den Vater gefunden hat, tritt er in seine eigene Bahn. Er löst sich aus freien Stücken vom Ererbten und Erworbenen und stellt sich auf sich selbst.

»Vater, behaltet alles Geld und laßt mir einen zentnerschweren Spazierstab machen, damit ich in die Fremde gehen kann.«

Dieser zentnerschwere Spazierstab ist das einzige Stück, das er sich ausbedingt. Aus dem »tüchtigen, wackeren« Tannenknüttel wird ein zentnerschwerer Eisenstab; aus dem Strahlhans zugleich ein Stahlhans. Vergangenheitsleicht und zukunftsschwer zieht er fort.

Weiß er, was er will in der Fremde? Er bricht auf nach einem unbekannten Ziel. Er will sich die Welt beschauen, die Aufgabe wird sich finden. Oder steckte auch sie schon in seinem großen Sack darin?

Die Fremde trägt merkwürdigerweise die gleichen düsteren Züge wie der Lebensraum der Kindheit, ja es steigert sich noch das Panorama ins Gigantische – Hansens jetziger Stufe angemessen. Wieder führt der Weg hinein »in einen *tiefen* und *finstern* Wald«. So begann es auch bei den Räubern, und die Pfade werden wiederum mit Dornen gespickt sein und werden enden in einer Höhle, tief in der Erde; nur wird der Herr dieser Höhle schlimmer und der Schatz kostbarer sein. Hans zieht es zu den Geheimnissen der Tiefe, sie will er ergründen.

Im finstern Wald begegnet er einem wunderlichen Gesellen, einem, der mit Leichtigkeit eine Tanne zu einem Seil drehen kann.

»Das laß ich mir gefallen«, dachte Hans, »der hat Kräfte«, und rief ihm zu: »Laß das gut sein und komm mit mir.« Der Kerl kletterte von oben herab und war einen ganzen Kopf größer als Hans, und der war doch auch nicht klein. »Du heißest jetzt Tannendreher«, sagte Hans zu ihm.

Sie gehen zusammen weiter und hören es bald klopfen und hämmern, daß von den Schlägen der Erdboden zittert. Vor einem mächtigen Felsen steht ein Riese und haut mit der bloßen Faust Felsstücke ab. Er sagt, er wolle sich ein Haus bauen, um Ruhe zu haben vor Bären und Wölfen »und anderem Ungeziefer der Art«.

»Ei jawohl«, dachte Hans, »den kannst du auch noch brauchen«, und sprach zu ihm: »Laß das Hausbauen gut sein und geh mit mir, du sollst der Felsenklipperer heißen.«

Und auch dieser willigt ein und geht mit. Die innere Sicherheit in Hans spricht unwiderstehlich an; Hans überzeugt, wie und wo er auftritt. Sie wandern nun zu dreien weiter, einer immer größer als der andere; Hans, der kleinste, führt sie an. Er ist auf seine Art immer noch der stärkste unter ihnen. Was hat es mit den beiden seltsamen Burschen auf sich?

Der Tannendreher windet die Tanne zusammen »wie ein Seil«. Alle Bäume wachsen in der Spirale; das Licht entwindet sie der Erde und zieht sie nach oben, der Sonne zu. Sie haben einen natürlichen Sonnendrall. (Neuere Beobachtungen haben ergeben, daß sogar tote Gegenstände im Fall durch die Luft aus großer Höhe eine »Korkzieherbahn« beschreiben, also zur Spirale tendieren.*) Ist die Spirale die eigentliche Lebensbahn? Der Tannendreher verdreht die Tanne, er übersteigert die natürliche Wachstumsspirale und entwurzelt sie damit. Hingegen vollführt der Felsenklipperer das Menschenunmögliche wie nebenbei, er zertrümmert mit blanker Faust den Fels. Beide überwältigen spielend die Gesetze der natürlichen Festigkeit. Ist es nicht ratsam, vor diesen wilden Gesellen sich zu hüten? Wehe, wenn sie ungebändigt wüten! Hans ruft sie an sich heran. Der Tannendreher treibt es im Reich des Pflanzenwachstums; er kann auf eine unheimliche Art bis zur Zerstörung mit Kräften des Ätherischen umgehen. Der Felsenklipperer schaltet im Reich der Gesteine wie ihm beliebt. Wo aber hat Hans sein Gebiet, das heißt wo ist er Herr und Meister? Es wird sich später zeigen, daß ihm die Luftgeister gehorchen. Vorerst offenbart sich davon nur, daß er über die Fähigkeiten der beiden Gesellen hinaus denken und sich besinnen kann. Damit zähmt er sie zu sich heran, er verpflichtet sie sich.

Warum vereinigt sich Hans mit den beiden? Hat er es nötig? Käme er nicht allein durch die Welt, und geht er nicht ohnehin furchtlos an, was ihm Widerstand bietet?

Aus der alten Dreiheit von Vater, Mutter, Hans bildet sich eine neue: Hans, Tannendreher und Felsenklipperer. Was zuerst im Seelischen blieb, greift Hans eine Stufe tiefer in der elementaren Zone wieder auf. Die neue Einheit baut nicht auf die natürliche Blutsverwandtschaft, sondern ist eine frei gewählte; und was die drei vereinigt, ist *Kraft*, ist *Fähigkeit*. Darauf weist die Namengebung hin. Hans vollzieht sie als einen schöpferischen Akt. »Das laß ich mir gefallen, der hat Kräfte«, denkt Hans, und: »den kannst du auch noch brauchen«. Es geht gar nicht darum, daß Hans nicht auch allein in der Welt zurechtkäme; – er *will* Brüder haben, er will Gemeinschaft. Wir stoßen in Hansens Bruderwerbung auf den Zug einer freien Vereinigung aus nichts als der inneren Kraft und freiwilligem Jasagen heraus. Freilich, nur Hans weiß, was er tut; er lenkt sich und auch die Genossen. Die beiden andern stecken völlig im Naturprozeß und leben sich darin aus. Hans sucht ein Zukunftsbild zu verwirklichen. Ob es sich bewährt, muß sich zeigen. Die Probe aufs Exempel wird bald gestellt.

* »Verdrehter Fall. Ein seltsames physikalisches Phänomen.« DIE ZEIT, 30.4.65.

Sie strichen alle drei durch den Wald hin, und wo sie hinkamen, da wurden die wilden Tiere aufgeschreckt und liefen vor ihnen weg. Abends kamen sie in ein altes, verlassenes Schloß, stiegen hinauf und legten sich in den Saal schlafen. Am andern Morgen ging Hans hinab in den Garten, der war ganz verwildert und stand voll Dörner und Gebüsch. Und wie er so herumging, sprang ein Wildschwein auf ihn los; er gab ihm aber mit seinem Stab einen Schlag, daß es gleich niederfiel. Dann nahm er es auf die Schulter und brachte es hinauf; da steckten sie es an einen Spieß, machten sich einen Braten zurecht und waren guter Dinge. Nun verabredeten sie, daß jeden Tag der Reihe nach zwei auf die Jagd gehen sollten und einer daheim bleiben und kochen, für jeden neun Pfund Fleisch.

Es geht also herzhaft ungebärdig zu – beinahe räubermäßig! Und doch bringt Hans eine gerechte Ordnung hinein: Ihr gemeinsames Wandern und Zusammenleben, ihr Hausen im Schloß, die Teilung in Jagd und Hausarbeit, so daß jeder jede Arbeit leistet, also keiner bevorzugt und keiner benachteiligt wird – es sind künftige Gemeinschaftsformen. Das Zusammenleben ist eine Prüfung auf *Vertrauen*, wie weit Verlaß aufeinander ist, wie weit Wahrheit und Offenheit herrschen und die rechte Brüderlichkeit waltet. Letzten Endes zeigt sich, daß die »Brüder« versagen. Sie verheimlichen hämisch, was sich nun ereignet.

Ihr Beschluß, sich abzuwechseln, wird sofort ausgeführt. Der Tannendreher als Koch des ersten Tages erhält, während die andern fort sind und er die Mahlzeit bereitet, Besuch. Ein kleines, altes, zusammengeschrumpeltes Männchen erscheint und fordert Fleisch. Der Tannendreher verweigert's ihm: »Pack dich, Duckmäuser, du brauchst kein Fleisch.« Aber wie wundert sich der Tannendreher, als das unscheinbare Männlein an ihm hochspringt und mit den Fäusten auf ihn losdrischt, so daß er zu Boden stürzt und ihm Hören und Sehen vergeht. Als die zwei andern von der Jagd heimkommen, sagt er ihnen nichts und denkt, wenn sie daheim bleiben, können sie es auch einmal mit der kleinen Kratzbürste versuchen, »und der bloße Gedanke machte ihm schon Vergnügen«. – Den folgenden Tag bleibt der Steinklipperer daheim, und ihm ergeht's nicht besser, auch er wird von dem Männlein übel zugerichtet. Zwar sieht's ihm der Tannendreher an und weiß wohl warum, aber Hans soll nichts erfahren, denn der »muß auch von der Suppe kosten«. Und Hans schmeckt am nächsten Tag davon, aber anders als die beiden erwarten.

Als er oben stand und den Kessel abschaumte, kam das Männchen und forderte ohne weiteres ein Stück Fleisch. Hans dachte: Es ist ein armer Wicht, ich will ihm von meinem Anteil geben, damit die andern nicht zu kurz kommen, und reichte ihm ein Stück Fleisch. Als es der Zwerg verzehrt hatte, verlangte er nochmals Fleisch, und der gutmütige Hans gab es ihm und sagte, da wäre noch ein schönes Stück, damit sollte er zufrieden sein. Der Zwerg forderte aber zum drittenmal. »Du wirst unverschämt«, sagte Hans und gab ihm nichts. Da wollte der boshafte Zwerg an ihm hinaufspringen ... aber er kam an den Unrechten. Hans gab ihm, ohne sich anzustrengen, ein paar Hiebe, daß er die Schloßtreppe hinabsprang. Hans wollte ihm nachlaufen, fiel aber, so lang er war, über ihn hin. Als er sich wieder aufgerichtet hatte, war ihm der Zwerg voraus. Hans eilte ihm bis in den Wald nach und sah, wie er in eine Felshöhle schlüpfte. Hans kehrte nun heim, hatte sich aber die Stelle gemerkt. Die beiden andern, als sie nach Hause kamen, wunderten sich, daß Hans so wohlauf war. Er erzählte ihnen, was sich zugetragen hatte, und da verschwiegen sie nicht länger, wie es ihnen ergangen war. Hans lachte und sagte: »Es geschieht euch ganz recht, warum seid ihr so geizig mit eurem Fleisch gewesen; aber es ist eine Schande, ihr seid so groß und habt euch von dem Zwerge Schläge geben lassen.«

So selbstverständlich die Feststellung auch sein mag, nur Hans zeigt Gemeinschaftssinn. Er speist den Zwerg von seinem Anteil, damit den andern nichts abgehe; er spricht freiweg von dem, was geschehen ist, während die andern zwei heimlich tun. Doch bleibt dies nur ein Vorspiel, und die stärkere Probe folgt erst.

Hans hat das Schlupfloch des Zwerges entdeckt, er will untersuchen, was es mit ihm auf sich hat. Und siehe, in der Felsenhöhle geht es hinab in die Tiefe. Mit Korb und Seil läßt sich Hans von den Kameraden in die Tiefe abseilen.

Als Hans auf dem Grund angelangt war, fand er eine Türe, und als er sie öffnete, saß da eine bildschöne Jungfrau, nein, so schön, daß es nicht zu sagen ist, und neben ihr saß der Zwerg und grinste den Hans an wie eine Meerkatze. Sie aber war mit Ketten gebunden und blickte ihn so traurig an, daß Hans großes Mitleid empfand und dachte: Du mußt sie aus der Gewalt des bösen Zwerges erlösen, und gab ihm einen Streich mit seinem

Stab, daß er tot niedersank. Alsbald fielen die Ketten von der Jungfrau ab, und Hans war wie verzückt über ihre Schönheit. Sie erzählte ihm, sie wäre eine Königstochter, die ein wilder Graf aus ihrer Heimat geraubt und hier in den Felsen eingesperrt hätte, weil sie nichts von ihm hätte wissen wollen; den Zwerg aber hätte der Graf zum Wächter gesetzt, und er hätte ihr Leid und Drangsal genug angetan. Darauf setzte Hans die Jungfrau in den Korb und ließ sie hinaufziehen. Der Korb kam wieder herab, aber Hans traute den beiden Gesellen nicht und dachte: sie haben sich schon falsch gezeigt und dir nichts von dem Zwerge gesagt; wer weiß, was sie gegen dich im Schilde führen. Da legte er seinen Stab in den Korb, und das war sein Glück; denn als der Korb halb in der Höhe war, ließen sie ihn fallen und hätte Hans wirklich darin gesessen, so wäre es sein Tod gewesen.

Immer wieder fällt die Wendung auf: »und Hans dachte...« Hans handelt nicht nur – und wenn er handelt, handelt er gründlich –, in allen entscheidenden Momenten werden solche Denkpausen eingeschoben, in denen er Folgerungen zieht aus dem, was geschehen ist oder sich überlegt, was zu geschehen hat.

Wiederum erleben wir, wie bei den Räubern, einen Einstieg ins Unterirdische; ja nicht einmal ein Gang führt hinab, schwebend im Korb muß sich Hans in den Schlund gleiten lassen. Man kann sagen, weil Hans als Kind in der Höhle der Räuber zu hausen gezwungen war, kann er auch diese Höhle bezwingen, entdeckt er sie überhaupt. Das Schicksal hat ihn ausgerüstet mit diesem Spürsinn für die Geheimnisse der Tiefe, und er allein nur wagt sich in die Höhle hinab.

Was er von den Räubern gelernt hat – nicht als ihr gedungener Zögling, sondern im Widerstand gegen sie erregt –, handhabt er nun auch gegen den Zwerg, und im Zwerg haben wir den schlimmsten Widersacher vor uns, einen Aussauger. Das Märchen charakterisiert ihn in vielen Schattierungen: vom kleinen, alten, zusammengeschrumpelten Männchen über den Duckmäuser, die kleine Kratzbürste, den armen Wicht bis zum unverschämten, boshaften und bösen Zwerg. Nimmersatt fordert er, und wenn er nicht erhält, was er verlangt, ruht er nicht eher mit dem Trommelfeuer seiner Schläge, bis er am Opfer »seinen Zorn völlig ausgelassen« hat. Listig hämisch sitzt er in seinem Felsnest und grinst Hans an »wie eine Meerkatze«, zu krallen und kratzen bereit. So unscheinbar von Aussehen, so intensiv tyrannisiert er kreuz und quer – weiß doch auch die Jungfrau genug des Leids und der Drangsal zu berichten, die ihr der Zwerg angetan. Kurz, in ihm schießt das Böse zusammen zu einer Knotengestalt. Ein »wilder Graf« hat aus Rache gegen die Jungfrau ihn zu deren Wächter gesetzt.

Und der wilde Graf, gehört er nicht auch zur Räubergilde? Er hat sich an der Königstochter vergriffen und sie schmachvoll dem Parasiten überantwortet. Die Räuber arbeiten Hand in Hand, wo sie auch sitzen: der Zwerg in der Tiefe, der Herr oben in der Alltagswelt als wilder Regent seiner Grafschaft. Und die Menschen gehorchen dem Grafen und schauen zu ihm auf. »Unbescholten« treibt er seine Machenschaften, aber im düstersten Dunkel hat er die Wurzel seiner Macht.

Einzig Hans kann dieser Wurzelmacht des Bösen Meister werden. Hans nur kann die schöne Jungfrau, »so schön, daß es nicht zu sagen ist«, aus den Ketten befreien. Er vollbringt es, aber hier nun versagen seine beiden Mitgesellen vollends. Sie werden in dem Augenblick, da Hans sie allein läßt und sich ihrer Obhut anvertraut, zu Verrätern an ihm und zu Handlangern der großen allgemeinen Räuberwirtschaft der Welt. Haben wir in den Räubern Abtrünnige des Kosmos, so in den beiden von Hans angeheuerten Brüdern Abtrünnige des elementar Menschlichen vor uns: ins Egoistisch-Brutale zurückfallende Instinkte. Hans sitzt verlassen in der Höhle, so allein einer nur sein kann in seiner Not.

Nun wußte er nicht, wie er sich aus der Tiefe herausarbeiten sollte, und wie er hin und her dachte, er fand keinen Rat. »Es ist doch traurig«, sagte er, »daß du da unten verschmachten sollst.« Und als er so auf und ab ging, kam er wieder zu dem Kämmerchen, wo die Jungfrau gesessen hatte, und sah, daß der Zwerg einen Ring am Finger hatte, der glänzte und schimmerte. Da zog er ihn ab und steckte ihn an, und als er ihn am Finger umdrehte, so hörte er plötzlich etwas über seinem Kopf rauschen. Er blickte in die Höhe und sah da Luftgeister schweben, die sagten, er wäre ihr Herr, und fragten, was sein Begehren wäre. Hans war anfangs ganz verstummt; dann aber sagte er, sie sollten ihn hinauftragen. Augenblicklich gehorchten sie, und es war nicht anders, als flöge er hinauf.

Von seinen Kameraden hintergangen, in der Tiefe dem Untergang preisgegeben, denkt Hans hin und her und findet keinen Rat. Er *denkt* nicht nur hin und her, er *geht* auch hin und her. Wesentlich bleibt, daß ihn seine Not keineswegs lähmt; denkend und gehend zugleich vergegenwärtigt er sich alles Geschehene, er erwandert eine Rückschau – und hier plötzlich, *»wo die Jungfrau gesessen«*, entdeckt er den Ring an der Hand des Zwerges. Darüber lohnt nachzusinnen. Es ist der Ring der Jungfrau selber, der Zwerg hat ihn geraubt und durch ihn die Jungfrau an sich »gebunden«. Daß der Ring ursprünglich nicht dem Zwerg zu eigen gewesen sein kann, sondern eben der Jungfrau gehört, erhellt aus anderen Märchen. In »Rumpelstilzchen« z. B. nimmt der Zwerg der Müllerstochter-Königin nacheinander allen Schmuck, alle ihre kosmischen Erbstücke ab, zuletzt den Ring – und hat sie dadurch völlig in der Hand. In unserem Märchen wird dieser Ringraub nicht geschildert, er wird vorausgesetzt; er zählt zu »Leid und Drangsal«, die der Zwerg der Jungfrau angetan. Auch im »Trommler« finden wir den Wunschring im Besitz der Königstochter.

Mit dem Wünschen begeben wir uns aber in eine besondere Sphäre. »Froschkönig« beginnt mit dem Satz: »In alten Zeiten, als das Wünschen *noch geholfen* hat ...« In uralten Zeiten half das Wünschen, es verwirklichte sich. Da waren wohl auch die Wünsche noch fromm und im Einklang mit Gott. In der Gegenwart zerschellen unsere Wünsche an den physischen Notwendigkeiten. Hier (bei Hans) wird nun auf einen *künftigen* Zustand hingewiesen. Durch Abenteuer, Krisen, Prüfungen und Kämpfe hindurch erobert das junge Ich die in den Tiefen gefangengehaltene Sternenjungfrau. Hat es diese Stufe erreicht, so wird das Wünschen wieder helfen – wenn es um der Sternenjungfrau selbst willen geschieht. Durch die Befreiung der Jungfrau hat sich Hans in Tat und Wahrheit der Jungfrau verbunden. Kaum geschehen, entführen ihm die ungetreuen Brüder den kostbaren Schatz, aber sie können ihm nicht sein Gedächtnis rauben. Indem er nun betrogen die Pfade der Höhle abwandert, sieht er den *leeren* Platz der Jungfrau. Mächtig erwacht in ihm die Sehnsucht nach ihr, ist sie doch für ihn das Ereignis aller Ereignisse, das Ziel der Ziele, so wie in der Kindheit sein ganzes Suchen dem Vater galt. Der Schicksalsakt der Erlösung aus dem Zwang des Zwerges war zugleich ein Verlöbnis mit der Jungfrau – und mit traumhafter Sicherheit greift er nun an der leeren Stätte nach dem Ring der Königstochter, *seinem* »Verlobungsring«, am Finger des Zwerges. Hans ist der rechtmäßige Eigner des Ringes und damit der reinen, selbstlosen Wunschgewalt. Hier liegt die Lösung seiner Not.

Das Märchen sagt, mit dem Ring sind die Luftgeister verbunden. Der Seele des Jünglings wachsen aus der Kraft der ihm angetrauten Königstochter »Flügel«, die das irdisch Begrenzende überwinden und ihn seiner Haft entheben. Es geschieht ein Wunder, und doch hat es einen sicheren geistigen Grund. Aus der Haft der Räuber konnte sich Hans einst selbst befreien; aus der Haft der zweiten Höhle gibt es keinen Pfad und keine Stiege, nur einen Höhenflug; hier befreit ihn die Königstochter durch ihren magischen Ring. Dies ist ihre Gegengabe für seine Tat.

Von diesem Augenblick an steigern sich die Geschehnisse zum dramatischen Ende. Hans sucht die Spur der entführten Königstochter. Sein Zentnerstab wird ihm nun fast zum Hindernis, die Schwere belastet ihn, und doch braucht er ihn noch einmal, er darf sich seiner nicht entledigen. Als er, der Höhle enthoben, im alten Schloß vergeblich nach der Entschwundenen forscht, sagen ihm die Luftgeister, die zwei wären entflohen mit der Jungfrau und befänden sich auf dem Meer.

Hans lief und lief in einem fort, bis er zu dem Meeresstrand kam; da erblickte er weit, weit auf dem Wasser ein Schiffchen, in welchem seine treulosen Gefährten saßen. Und im heftigen Zorn sprang er, ohne sich zu besinnen, mitsamt seinem Stab ins Wasser und fing an zu schwimmen; aber der zentnerschwere Stab zog ihn tief hinab, daß er fast ertrunken wäre. Da drehte er noch zu rechter Zeit den Ring; alsbald kamen die Luftgeister und trugen ihn, so schnell wie der Blitz, in das Schiffchen. Da schwang er seinen Stab und gab den bösen Gesellen den verdienten Lohn und warf sie hinab ins Wasser; dann aber ruderte er mit der schönen Jungfrau, die in den größten Ängsten gewesen war und die er zum zweiten Male befreit hatte, heim zu ihrem Vater und ihrer Mutter und ward mit ihr verheiratet, und haben sich alle gewaltig gefreut.

Sowie Hans in der Verfolgung der neuen Räuber *unbesonnen* nur seiner eigenen Tatnatur folgt, plumpst er, vom Gewicht des Stabes gezogen, in die Tiefe. Erst als er am Ring dreht, das heißt sich auf sein Gelöbnis besinnt, wachsen ihm wieder Flügel, denn der Stab ist ein Erdenstab, auf dem Wasser wird er zum Hindernis. Der Zorn ist Hansens eigenes Zwergenteil – die Ringkraft hingegen seine neue Errungenschaft, das Geschenk der Jungfrau an ihn. Der Ring hält Hans und die Königstochter zusammen und bindet sie unzertrennlich.

Schließlich muß sich Hans von den zwei Gesellen wieder befreien; sie haben es nicht anders verdient. In den Händen der zuchtlosen Instinktkräfte steht die Jungfrau auf dem Meere größte Ängste aus. Waren die beiden aber Hans nicht notwendig? Wie hätte er ohne sie in die Höhle hinabsteigen sollen? Die gescheiterte Bruderschaft, ja daß Hans die treulosen Kameraden vernichten muß, klingt als tragische Dissonanz nach.

Mutter und Jungfrau

In der Überschau des Märchens gliedern sich die beiden Entwicklungsphasen deutlich voneinander ab. Das Jahr beim Vater bildet das Zünglein an der Waage.

In der ersten Epoche wächst Hans heran zu sich selbst; eingekerkert bei den Räubern, getrennt vom Vater, behütet im Seelenmantel der Mutter. Da ist er der »kleine Hans«, der unvollkommen in die Kraft schießende »starke Hans«, blind in seinem Wissen, das sich erst in der Antwort auf die brennend gestellte Frage nach dem Vater erfüllt. Doch am Ende des ersten Teiles ist aus Hans ein Johannes geworden. Er hat seiner unbändigen Kraft etwas hinzugefügt. Die unbändige Kraft ward ihm als Grundgabe seiner Natur in die Wiege gelegt; wäre sie sein einziger Besitz geblieben, so wäre nichts als ein bärenstarker Draufgänger aus ihm geworden – gleich seinen angeworbenen Brüdern. Er hat jedoch seine Kraft durch Denken in Zucht genommen, er gewinnt Einsichten und läßt sich von ihnen leiten. Auch Gemütswärme wird ihm eigen. Tief bedeutsam scheint hierbei die Einwirkung der Mutter. Sie eigentlich durchformt die Kraft des Jungen in der Stille der Höhle und bildet ihn im innigen Zwiegespräch, wenn die Räuber außer Haus sind; die Mutter legt die Keime des Johanneswerdens in die Hansenfülle hinein. Man darf sogar sagen: Nur weil Hans mit der Mutter in der Räuberhöhle weilte und dort ihre Unterweisungen erhielt, kann er später als Eigener auf seiner Weltfahrt die Jungfrau in der Zwergenhöhle befreien. Was ihm die Mutter einst in die Seele pflanzte, fruchtet als Wegweisung, das Ewig-Weibliche in der Tiefe der Verzauberung zu finden und zu erlösen.

Besteht über dieses hinaus noch eine Verbindung zwischen der Mutter und der Jungfrau? Nachdem Hans einmal den Vater gefunden hat – bis dahin geleitet ihn die Mutter seines Weges –, wird von der Mutter im Märchen nicht mehr gesprochen; schon im Vaterhaus entschwindet sie dem Blick. Kein weibliches Wesen kreuzt weiterhin Hansens Weg – bis in die Höhle des Zwerges hinab, wo er die gefangene Jungfrau findet. Die Mutter ließ sich einst verlocken, dem Kind so tief in den Wald zu folgen, daß sie geraubt werden konnte und den Räubern zur Magd dienen mußte. Auch die Jungfrau wird geraubt, und ihr sind sogar die Hände gebunden. Geraubt zu werden ist der Mutter wie der Jungfrau Schicksal. Kehrt in der Jungfrau die Mutter verwandelt wieder, wenn auch nur im tiefsten mystischen Sinn? Anfang und Ende des Märchens entsprechen einander wie eine Hohlform und ihre plastische Erfüllung, seltsam genug und ergreifend: *An der Jungfrau trägt Hans seine Kindheitsschuld gegenüber der Mutter ab.* Seine kindliche Freude an den Blumen leitete einmal alle Verhängnisse ein; unbewußt führte er die Mutter ihrer Gefangenschaft entgegen. Gewiß, er zerbrach dann die Gefangenschaft wieder und brachte die Mutter dem Vater zurück; aber die »Schuld«, daß sie zehn Jahre bei den Räubern gelitten hat, blieb. Am Ende krönt er seine Weltfahrt, indem er selbstentschlossen und selbstlos zugleich die königliche Jungfrau, die weisheitsvoll Schöne, dem Leben wiedergewinnt.

Was vom Mittelteil des Märchens an zunächst auszuschweifen scheint in ein humorvoll zielloses Abenteuer, hat letztlich ein genaues und ernstes Ziel. Mit der Waffe des denkgeleiteten, gemüterfüllten Willens (dem recht geführten zentnerschweren Stab) kann sich der Mensch den Weltenzielen zuordnen. Am starken Hans zeigt sich, welche wunderwirkenden Kräfte der Entschlossene aus sich zu entbinden vermag, wenn er seine Johannesaufgabe ergreift. Er sucht sich den unteren Elementen brüderlich zu verbinden, aber sein *Kampf* gilt den in der Tiefe hausenden Gewalten der Unternatur – den Tyrannen der Höhle. In der Not neigen sich ihm dann die Geister der Lüfte und des Lichtes.

»Gewaltig«: das Wort hat hierarchischen Klang. Alles, was um und durch Hans geschieht, dröhnt zusammen in diesem Wort. Wie der Kampf, so die Freude nach dem Gelingen. Wie könnte es am Ende anders heißen, nach solchen Taten, als: »... und haben sich alle gewaltig gefreut«.

DER GOLDENE VOGEL

Vom Lustgarten und von den drei Söhnen

Ein König hat hinter seinem Schloß einen Lustgarten mit einem Baum, der goldene Äpfel trägt. Da die Äpfel reifen, läßt sie der König zählen, aber schon in der nächsten Nacht fehlt einer. Der König befiehlt, es müsse nachts beim Baum gewacht werden, und von seinen drei Söhnen übernimmt der älteste gleich die erste Wache. Um Mitternacht kann er sich des Schlafes nicht erwehren, am nächsten Morgen fehlt wieder ein Apfel. In der folgenden Nacht vermag der zweite Sohn nicht mehr zu erreichen – ein Apfel fehlt. Nun erklärt sich der Jüngste bereit, diesem jedoch traut der König noch weniger zu als seinen Brüdern; schließlich darf auch der Jüngste wachen. Er legt sich unter den Baum, kämpft gegen den Schlaf, und als die Mitternachtsschläge verhallt sind, hört er es in der Luft rauschen. Er sieht einen Vogel mit einem goldenen Gefieder. Der Vogel läßt sich im Baum nieder und pickt einen Apfel ab; der Jüngling schießt einen Pfeil nach ihm. Der Vogel entflieht, doch der Pfeil hat das Gefieder gestreift, und eine goldene Feder fällt herab. Der Jüngste bringt sie am anderen Morgen dem König. Der königliche Rat wird versammelt, und jedermann erklärt, die Feder sei mehr wert als das gesamte Königreich.

»Ist die Feder so kostbar«, erklärte der König, »so hilft mir auch die eine nichts, sondern ich will und muß den ganzen Vogel haben.«

Nun macht sich der Älteste auf den Weg, verläßt sich auf seine Klugheit und meint, den goldenen Vogel schon zu finden. Er kommt nach einer Weile an den Rand eines Waldes, sieht einen Fuchs sitzen, legt seine Flinte an und zielt auf ihn. Der Fuchs ruft:

»Schieß mich nicht, ich will dir dafür einen guten Rat geben. Du bist auf dem Weg nach dem goldenen Vogel und wirst heute abend in ein Dorf kommen, wo zwei Wirtshäuser einander gegenüberstehen. Eins ist hell

erleuchtet, und es geht darin lustig zu, da kehr aber nicht ein, sondern geh ins andere, wenn es dich auch schlecht ansieht.«

»Wie kann mir wohl so ein albernes Tier einen vernünftigen Rat erteilen!« denkt der Königssohn, drückt die Flinte ab, fehlt aber; der Fuchs streckt den Schwanz und verschwindet im Wald. Der Älteste setzt seinen Weg fort bis zu den beiden Wirtshäusern. »Ich wäre wohl ein Narr«, denkt er, »wenn ich in das lumpige Wirtshaus ginge und das schöne liegen ließe.« Also kehrt er im lustigen ein, lebt da in Saus und Braus und vergißt darüber Vogel, Vater und alle guten Lehren. – Da er nicht wiederkommt, macht sich der zweite Sohn auf den Weg, und auch er achtet nicht auf den Rat des Fuchses. Am Fenster des lauten Wirtshauses ruft ihn sein Bruder. Er kann nicht widerstehen, geht hinein, und auch er lebt nur seinen Lüsten. – Wiederum nach einer Zeit will der jüngste Königssohn ausziehen und sein Heil versuchen, aber der Vater wendet ein:

»Es ist vergeblich, der wird den goldenen Vogel noch weniger finden als seine Brüder, und wenn ihm ein Unglück zustößt, so weiß er sich nicht zu helfen; es fehlt ihm am Besten.«

Endlich gibt der König dem Drängen nach und läßt seinen Jüngsten ziehen. Vor dem Wald sitzt abermals der Fuchs, bittet um sein Leben und gibt den guten Rat. Der Jüngling ist gutmütig und sagt:

»Sei ruhig, Füchslein, ich tue dir nichts zuleid.« – »Es soll dich nicht gereuen«, antwortete der Fuchs, »und damit du schneller fortkommst, so steig hinten auf meinen Schwanz.«

Kaum hat er sich aufgesetzt, fängt der Fuchs an zu laufen, es geht über Stock und Stein, »daß die Haare im Winde pfiffen«. Im Dorf steigt der Reiter ab und kehrt, ohne sich umzusehen, in das geringe Wirtshaus ein, wo er ruhig übernachtet.

In diesem Auftakt des Märchens ist von dem schönen Lustgarten die Rede, von dem alles Geschehen seinen Ausgang nimmt – und er liegt *hinter* dem Schloß. Im Vordergründigen spielt sich das Alltagsgeschehen des Königtums ab; aber im Hintergründigen, halb verborgen, findet sich ein hortus deliciarum, ein paradiesischer Fleck, in dem sich der König gelegentlich ergeht. Dort erholt er sich vermutlich am Abend von den Tagesgeschäften. Und darin steht als gehütete Kostbarkeit der wundersame Baum mit den goldenen Äpfeln. Der König rückt ins Licht eines etwas spießig-nüchternen Monarchen, indem er die goldenen Früchte zählen läßt. Was als Gottesgabe reift, überführt er in prosaischen Staatsbesitz. Er läßt ein Inventar anlegen und erwartet Rechenschaft darüber. Gewiß, es sind Goldfrüchte, und diese sind offenbar so rar, daß die wenigen auf jeden Fall erhalten bleiben müssen. Ungeachtet der Beschlagnahme schwindet des Nachts einer der Goldäpfel, irgendein Unbefugter vergreift sich also am Eigentum des Königs. So gliedert sich ein Tag- und ein Nachtgeschehen ab: Am Tag wird gezählt, befohlen, der Rat versammelt, der Rat begutachtet und vergleicht (»die Feder sei mehr wert als das gesamte Königreich«); in der Nacht aber geschieht das Geheimnisvolle, das Unerhörte, der »Raub«. Der König besitzt und will behalten, ja nicht nur behalten, er will mehr dazu. Er befiehlt, den ganzen Vogel beizuschaffen.

Über den Tag gebietet der König. Was sich da ereignet, dessen ist er sicher. Was die Nacht birgt, kann er selbst nicht mehr durchschauen; er ist viel zu sehr irdischer Regent geworden. Für die Entschleierung der Nachtgeheimnisse ist er auf seine Söhne angewiesen. Gerade daß der König bereits drei Söhne hat, nicht mehr nur einen, sagt uns, daß wir in einem vorgeschrittenen Zeitpunkt der Entwicklung angelangt sind, wo sich die neuentsprossenen Seelenkräfte schon weitgehend ausgegliedert haben. Deutlich heben sich im Charakter die beiden älteren Söhne vom jüngsten ab. Der König hält die älteren Brüder für gescheit, dem jüngsten traut er nichts zu; »es fehlt ihm am Besten«. Die Fähigkeiten von Zählen, Klugdenken und Aneignen umfassen für den König den Inbegriff des Besten – und daran mangelt es offenbar dem Dummling. Dafür hat der Jüngste als einziger die Kräfte, die der übrigen Königswelt fehlen: Er allein vermag die Nacht zu durchstehen, und auf diesen Durchbruch durch das Mitternachtstor kommt es an. So entdeckt der verkannte Jüngste wirklich den Boten einer goldenen Nachtwelt. Gehört nicht auch der Lebensbaum der kostbaren Früchte zur goldenen Nachtwelt? An diesem einzigen Baum im irdischen Bezirk gedeihen die Äpfel gerade noch, wenn auch *hinter* dem Schloß, hinter dem Tagesgetriebe, an der Schwelle zum Traumreich. Sie hängen aus dem Traumreich herüber.

Den König beunruhigt der Schwund »seiner« Äpfel; jemand stiehlt sie, stellt er fest. Aber stiehlt ein Vogel wirklich, wenn er im Herbst in den Baum einfliegt und einen reifen Apfel pickt? Der Vogel sättigt sich. Er holt sich, wessen er bedarf. Das ist sein von Gott verliehenes Recht. Von der Vogelschau her gehören ihm die reifenden Äpfel so gut wie die Luft, die er atmet und mit seinem Gezwitscher durchtönt. Das ist alles eins. Stiehlt also in unserem Märchen der goldene Vogel die goldenen Äpfel? Er trägt sie fort in seine Kammer. Merkwürdigerweise läßt er es damit gut sein; sie finden sich später unversehrt dort wieder. Will er nur Vorrat sammeln für »seinen« Winter, oder was mag es mit dieser Entführung auf sich haben? Gold zieht offenbar Gold an. Es ist ja nicht gemeine Frucht; es ist Frucht von Gold, und doch gewachsen auf einem Grund am Rande des Diesseits und vielleicht dadurch ausgezeichnet vor den Gewächsen an jenseitigen Orten. Es ist diesseitsgereiftes Gold, was den Vogel lockt. Aber gerade in diesem Erdenreich weiß man nichts Besseres mit den Goldfrüchten anzufangen, als sie zu zählen, um sie letztlich vielleicht der Schatzkammer einzuverleiben, wo sie dicht verpanzert bei anderen polierten Schätzen vertrauern mögen. Holt der goldene Vogel der Nacht die Goldfrüchte zurück, weil die Krämer des Tages sie eigentlich nicht wert sind?

Halten wir fest: Vom Augenblick an, wo der Jüngling mitternächtig des goldenen Vogels ansichtig wird (wir sehen das Gefieder sonnenhaft aufleuchten in der Dunkelheit!), hat er als Vorbote der bis dahin nachtblinden Königswelt den Vorboten der Nachtreiche *erkannt,* und es wird nun seine Aufgabe sein, die tief und tiefer verborgenen Schätze der Nachtwelt zu erobern, bis er endlich den letzten Schatz, die Königstochter vom goldenen Schloß, heimführen kann in die diesseitige Welt. Aber bis dahin ist es weit.

Der Jüngling schießt mit einem *Pfeil,* und eine goldene Feder fällt zur Erde. Das ist die erste Erkenntnisbeute. Der Vogel hat viel mehr verloren als nur ein Fetzchen Gefieder; er hat seine Verborgenheit verloren, er ist entdeckt worden. Die Feder wird zur sicheren Spur, ihn als ganzes Wesen ausfindig zu machen. Seitdem der Vogel erkannt wurde und ein Teil seiner Hülle zur Erde fiel, haftet er nach unten. Unten aber ist ein Erdensohn herangewachsen, der die nächtlichen Luftreiche ergründen wird. So wie der Pfeil durch die Luft schwirrt, wird bald der Jüngste auf dem Fuchsschwanz dem Vogel durch die Luft nachjagen. Der Jüngste wird selber zum Pfeil! Um den ganzen Vogel zu erreichen, muß der ganze Mensch sich erheben und der Flugkraft hingeben. Er kann es nicht allein. Dazu hilft ihm der Fuchs. Der Jüngste vereinigt sich mit dem Fuchs und wird sein Schüler, indem er sich seiner Obhut und Lenkung anvertraut. »Da ging's über Stock und Stein, daß die

Haare im Winde pfiffen« – und dies von Station zu Station, immer weiter vorwärts.

Genau wie das Wachbleiben in der Mitternachtstunde einem Wunder gleichkommt und eine ungeheure Kraftanspannung voraussetzt, muß auch den Fuchs leben zu lassen einer hohen, kaum leistbaren Selbstüberwindung entsprechen. Die natürliche Regung der beiden Älteren ist jedenfalls, daß sie sofort auf den Fuchs schießen (und zum Anlegen läßt sich sogar der Jüngste verleiten) – wenn sie auch nicht geschickt genug sind, ihn zu treffen; sie *wollen* ihn treffen. Beim Ältesten wird der Vorgang deutlich geschildert. Was schießt denn in diesem klugen Sohn? Er hält den Fuchs für ein »albernes Tier«, schaut von oben herab, ist in der menschlichen Selbstheit befangen. Er sucht das *Seine* – nicht den goldenen Vogel. Und das Seine (eben was ihm entspricht und wonach sein Wesen gelüstet) findet er in dem lustig-fidelen Wirtshaus, wo gesungen und gesprungen wird. Er will sich ausleben, nicht sich auf seinen Auftrag sammeln. Dazu müßte er das Wirtshaus vom armseligen Aussehen aufsuchen. Inwendig ruht es sich nämlich gut in dem geringen Wirtshaus; man sieht's ihm von außen nicht an, aber beim Jüngsten wird es ausdrücklich bestätigt: »wo er ruhig übernachtete«. Es schenkt Ruhe – die Grundstimmung, wenn man etwas finden will. Auch die Einkehr zu nehmen in diesem Wirtshaus scheint hohe Selbstüberwindung zu kosten.

In den drei Söhnen scheidet sich die Königswelt. Zwei der Brüder schlagen dem König nach, sind ihrer selbst sicher und in seinen Augen erdentüchtig. Was dem Jüngsten fehlt, ist jenes Zuviel am »Besten«, an dem die Älteren scheitern. Dennoch trägt auch der Jüngste das Erbe seines Vaters in sich: eine eigene Urteilskraft, die sich künftig immer entschlossener zeigen wird, freilich in ganz anderer Bewertung der Dinge, als sie seine Brüder ausleben. Die zwiegespaltene Königswelt legt in den Wirtshäusern am Grenzübergang die Probe ab, wohin sie in Wahrheit strebt; die älteren Brüder verjubeln sich; der jüngere beginnt seine eigentliche Bahn.

Der Einbruch in die drei verborgenen Reiche

Am anderen Morgen, wie er auf das Feld kam, saß da schon der Fuchs und sagte: »Ich will dir weiter sagen, was du zu tun hast. Geh du immer gradaus, endlich wirst du an ein Schloß kommen, vor dem eine ganze Schar

Soldaten liegt; aber kümmere dich nicht darum, denn sie werden alle schlafen und schnarchen: geh mittendurch und geradewegs in das Schloß hinein, und geh durch alle Stuben; zuletzt wirst du in eine Kammer kommen, wo ein goldener Vogel in einem hölzernen Käfig hängt. Nebenan steht ein leerer Goldkäfig zum Prunk, aber hüte dich, daß du den Vogel nicht aus seinem schlechten Käfig herausnimmst und in den prächtigen tust, sonst möchte es dir schlimm ergehen.« Nach diesen Worten streckte der Fuchs wieder seinen Schwanz aus, und der Königssohn setzte sich auf – da ging's über Stock und Stein, daß die Haare im Winde pfiffen. Als er bei dem Schloß angelangt war, fand er alles so, wie der Fuchs gesagt hatte. Der Königssohn kam in die Kammer, wo der goldene Vogel in einem hölzernen Käfig saß, und ein goldener stand daneben – die drei goldenen Äpfel aber lagen in der Stube umher.

Bis zu diesem Punkte, wo er im Innern der Kammer mit sich allein vor der Entscheidung steht, ob er den Vogel im hölzernen Käfig wegtragen oder ihn umsetzen soll in den herrlichen Goldkäfig daneben, hat er getreulich vollführt, was ihm der Fuchs geraten. Aber hier wird der Jüngling seinem Rater untreu, er mißachtet das »Hüte dich« und wird auf eine folgenschwere Art seinen Brüdern ähnlich: Sein väterliches Erbe setzt sich durch – er beginnt aus Eigenem zu denken:

Da dachte er, es wäre lächerlich, wenn er den schönen Vogel in dem gemeinen und häßlichen Käfig lassen wollte, öffnete die Tür, packte ihn und setzte ihn in den goldenen. In dem Augenblick aber tat der Vogel einen durchdringenden Schrei. Die Soldaten erwachten, stürzten herein und führten ihn ins Gefängnis. Den andern Morgen wurde er vor ein Gericht gestellt, und da er alles bekannte, zum Tode verurteilt. Doch sagte der König, er wolle ihm unter einer Bedingung das Leben schenken, wenn er ihm nämlich das goldene Pferd brächte, welches noch schneller liefe als der Wind, und dann sollte er obendrein zur Belohnung den goldenen Vogel erhalten.

Offensichtlich hat der Jüngling durch seinen geplanten Raub die Welt des Schlosses vom goldenen Vogel in hellen Aufruhr entflammt. Er will den höchsten Besitz dieses Königs entführen und kann sich vom Tode nur retten, wenn er den noch begehrteren Schatz, das goldene Pferd, herbeischafft – eine

Aufgabe, die wesentlich über den Raub des goldenen Vogels hinausreicht. Wie weit hat ihn sein Menschendenken und -empfinden in ein unlösbares Verhängnis verstrickt! Kein Wunder, daß ihm nur zu seufzen übrigbleibt und er traurig die Flügel hängen läßt. Niemals würde er auch nur den Weg zu dem goldenen Pferde finden, säße nicht der Fuchs, sein alter Freund, am Wege.

»Siehst du«, sprach der Fuchs, »so ist es gekommen, weil du mir nicht gehorcht hast. Doch sei guten Mutes, ich will mich deiner annehmen und dir sagen, wie du zu dem goldenen Pferde gelangst...«

Und er gelangt tatsächlich zu dem goldenen Pferd auf dem Schwanz des Fuchses – und mißachtet abermals den Rat seines Freundes, wird von neuem zum Tode verurteilt und kann sich nur loskaufen, wenn er das dort begehrte Kleinod der Königstochter vom goldenen Schlosse herbeiführt. Von Mal zu Mal wird das Lösungsgut kostbarer und die Aufgabe in fernere Bezirke gerückt. Jedesmal rät ihm der Fuchs genau den *heimlichen* Weg, und im entscheidenden Augenblick lockt den Jüngling sein Eigenwille ins sichere Verderben. So zäumt er das goldene Pferd mit dem goldenen Sattel statt mit dem hölzernen; die Jungfrau läßt er Abschied nehmen von ihren Eltern, statt sie wortlos zu entführen. Dadurch wird er auch im goldenen Schlosse entdeckt und zum dritten Male zum Tode verurteilt. Dreimal läuft der Jüngling in seinen Tod und entrinnt ihm dreimal durch die unbegreiflich geduldige Hilfe des Fuchses.

Wir müssen das Verhalten des Jünglings wie das des Fuchses in ihrem aufreizenden Widerspiel näher zu fassen versuchen. Vergegenwärtigen wir uns den Augenblick, wo der Jüngling mitten im Eroberungseifer hingeführt wird vor die beiden Möglichkeiten

hölzerner Käfig *oder* prächtiger Goldkäfig,
schlechter Sattel von Holz und Leder *oder* Goldsattel,
Raub der Jungfrau ohne Abschied *oder* Nachgeben ihrem Drängen.

Plötzlich folgt er, ganz auf sich gestellt, nur seiner *eigenen* Eingebung – er wird *in sich selber wach.* Und in diesem Augenblick *werden auch die geraubten Wesen* und beraubten Bewohner *wach.* Der Vogel schreit durchdringend, das Pferd wiehert, die Eltern der Jungfrau wachen auf; Soldaten, Wächter, alle Schloßbewohner der beraubten Reiche, die sonst in tiefem Schlafe gelegen, wachen nacheinander auf! Ein unerhörter Eingriff wird ruchbar, Entsetzen durchtobt die entfriedeten Gemächer. Ein Ungebetener dringt ein, der sich in die Schlafzone einschleicht und heimlich das Beste entführen will. Jeder Raub gelänge unbemerkt, wenn der Königssohn sich hielte an das, was der Fuchs rät. Aber sofort werden wir des Kurzschlusses inne: Beließe es der Jüngling beim Rat des Fuchses, wäre das Abenteuer bereits nach dem Einbruch ins Schloß des goldenen Vogels und dessen Gewinn zu Ende. Daß es ein goldenes Pferd und gar eine Königstochter vom goldenen Schlosse gibt, würde der Königssohn nie erfahren!

Welche widerspruchsvolle Dynamik liegt hier vor? Ist es doch, als *müsse* er dem Fuchs ungehorsam werden, um der Entdeckungen selber willen! Durch die Widersetzlichkeit erweitern sich die Aussichten in bis dahin unbekannte Wesensgründe hinein, immer herrlichere Schätze tauchen aus dem lethargischen Frieden einer Allbetäubung auf. Ja es zeigt sich, daß gerade dies die Zielschätze sind. Von der goldenen Feder an (und auch sie ist schon ein gewaltsam entrissener Gewinn) geht es in steilem Hochflug zur letzten und verwegensten Aneignung. Denn Königssohn und Königstochter gehören zusammen, von Urbeginn an, auch wenn sie nichts voneinander wissen. Oder »weiß« der Königssohn gerade von dieser letzten Bestimmung im Tiefsten seines Wesens, nämlich in jener geheimnisvoll verborgenen Schicksalsschicht, die dem Verstandeszugang völlig verdeckt lebt und immer dann impulsierend hindurchblitzt, wenn er einen Goldschatz zu fassen seine Hand ausstreckt – diesen goldenen Schatz aber in der »falschen Fassung« sieht?

Wie anders wäre sonst zu erklären, daß in solchen Augenblicken der Jünglein sein zu Anfang so heilsames Prinzip des Genügens am Unscheinbaren durchbräche? Er entdeckt etwas, das bisher offenbar niemanden gestört hat, eine kosmische »Unordnung« – daß zwei Dinge nebeneinander liegen, die zusammengefügt sein wollen. Denn der hölzerne Käfig ist des goldenen Vogels nicht würdig, der ledern-hölzerne Sattel steht dem goldenen Pferde nicht an. Wahrhaft zueinander gehören Goldvogel und Goldkäfig, Goldpferd und Goldsattel. Erst die substanzgleiche Hülle vervollkommnet die Wesen. Und muß uns nicht auffallen, daß Goldkäfig und Goldsattel bereitstehen, wer weiß wie lange schon? Es fehlte bisher nur der erkennende Blick, die empfindende Hand, die sie zusammenfügt. Es fehlte der Kühne, der ihren Zusammenhang durchschaut und die Kraft aufbringt – was immer daraus folgen möge –, ihnen zukommen zu lassen, was ihnen vorbestimmt. Der

Königssohn vollzieht jenes *Gesetz, das in den Wesen selber ruht.* Gold will zu Gold. Und so findet sich das Zusammengehörige. Dies ist ein Aufwachen füreinander. Es sind Schreie der *Freude,* die Goldvogel und Goldpferd ausstoßen! Plötzlich fließt Kraft in die Wesen. Alles Verschlafene, alles verträumte Dahinwarten ist weggeblasen. Tatbereit vibrieren sie.

Der Jüngling bringt demnach Vogel und Pferd eine Erfüllung. Freilich hätten sie sich hölzern vergittert und ledern bezäumt, aber auch schlafbetäubt wegführen lassen und wären flügelhängend oder matt dahintrottend geblieben. Nun sind sie erst ganz das, was sie sein sollen. Und wer sie besitzt oder, mehr noch, zu pflegen und sich ihrer Fähigkeiten zu bedienen weiß, wird mächtiger, als je einer zuvor war.

Wie aber laufen die Ereignisse mit der Jungfrau? Gewiß hätte er auch sie entführen können, ohne auf ihre Bitten zu achten, und hätte sich damit viel erspart. Denn nachdem er ihr einmal auf ihrem nächtlichen Gang ins Badhaus den Kuß geraubt hat, bleibt sie auf immer an ihn gebunden. Sie weiß, daß sie ihm nun angehört.

Sie sagte, sie wollte gern mit ihm gehen, bat ihn aber flehentlich und mit Tränen, er möchte ihr erlauben, vorher von ihren Eltern Abschied zu nehmen. Er widerstand anfänglich ihren Bitten, als sie aber immer mehr weinte und ihm zu Fuß fiel, so gab er endlich nach.

Man muß sich in die Lage des Jünglings versetzen: Den Tieren gegenüber bleibt er überlegen, er kann sich denkerisch entscheiden, denn die Tiere schlafen ja noch; er allein ist wach. Die Jungfrau aber ist selber schon wach und steht ihm als flehendes Wesen gegenüber. Sie weint, fällt ihm zu Fuß – da bleibt kein Zoll am Jüngling unbeteiligt, ein Widerstreit der Empfindungen durchrüttelt ihn. Wäre er hart, packte er sie einfach und trüge sie fort. Das bringt er nicht übers Herz. Sein Herz spricht mit. Er wird in das Schicksal der Jungfrau als Mitleidender verflochten – zunächst zu seinem eigenen Mißgeschick. Aber was nützte ihm künftig eine weinende Jungfrau? Wird sie nur weinend entführt, wird ihr Dasein dem, der sie besitzt, zum Vorwurf. Denn weinend bleibt sie ihrem Sinn nach dort, wohin sie zurückweint – hier bei ihren Eltern. Sie wäre nicht »da«. Mit anderen Worten, die Bindung an Vater und Mutter muß entflochten werden. Die Eltern müssen von der Trennung wissen. Und was noch wichtiger scheint: Entführte er die Jungfrau gewaltsam und heimlich, bliebe es in der Tat immer ein Raub. Das Gleichgewicht fordert eine Gegenleistung. Er muß erst eine Prüfung bestehen. Zwar gehören Königssohn und Königstochter als Bräutigam und Braut zusammen wie Goldpferd und Goldsattel, Goldvogel und Goldkäfig; gelingt ihm auch noch die letzte geforderte Leistung, hat er seine Braut wahrhaft erdient und erlitten.

Der Berg vor dem goldenen Schloß

Wie lautet nun die Aufgabe, die der Vater der Königstochter als unabdingbare Gegenforderung für seine Tochter ansetzt?

Am anderen Morgen sprach der König zu ihm: »Dein Leben ist verwirkt, und du kannst bloß Gnade finden, wenn du den Berg abträgst, der vor meinem Fenster liegt und über welchen ich nicht hinaussehen kann, und das mußt du binnen acht Tagen zustande bringen. Gelingt dir das, so sollst du meine Tochter zur Belohnung haben.«

Er soll einen Berg versetzen, und das heißt hier, eine Tat, eines Herakles würdig, verrichten. Wir fragen uns: Als der König sein goldenes Schloß erbaute, hat er da den Berg nicht gesehen? Wenn der Berg schon da war, warum baute er so gegen alle Aussicht? Aber offenbar bestand der Berg zu jener Zeit noch gar nicht, wuchs erst nachher auf und schob sich so störend vor den Blick. Denn im Seelen-Geist-Gebiet des Märchens setzt Urweisheit die goldenen Schlösser, und sie haben von Urbeginn an freie Sicht in alle Breiten, Weiten, Höhen und Tiefen. Im Ursprung *sah* der König aus diesem Fenster heraus wie aus allen seinen Fenstern. (Erinnern wir uns an den Zinnensaal der Königstochter im »Meerhäschen«, aus dessen zwölf Fenstern die Königstochter alles übersehen kann, »was über und unter der Erde war«.) Wieviel muß geschehen sein inzwischen, daß vor diesem wichtigen Okular, an dem dem König soviel liegt, das undurchdringliche Massiv sich auftürmen konnte! Was ist da gehäuft? Ist auch die Welt im fernen Goldschlosse entzweigefallen in lebendig Wachsendes und verdorrt Erstorbenes? Wartet auch diese Welt auf ihren Reiniger und Verjünger? Sind es Traumgespinst-Ballen, die nicht verbraucht wurden? Erstirbt auch der Kosmos?

Oder hat sich aus der unteren Welt, aus der der Jüngling kommt, hat sich aus der Welt der zwei Wirtshäuser heraus das Trübe, Irregeleitete, ungar Verdorbene aufgeschichtet und hingeschoben vor den Blick des Goldschlosses der Ferne, und zwar so, daß von dort der reine Einblick in die Erdenwelt verschlossen ward? Wird das von dort als ein »Berg« empfunden? Ist es eine Wand des Unverständnisses, die sich aus dem Diesseits aufgerichtet hat? Wer kann's entscheiden?

Wie dem sei, den König vom Schloß der Jungfrau beeinträchtigt dieser Berg. Er gehört nicht in sein Reich, aber er ist nun einmal da. Scheinbar im Grimm des beraubten Vaters legt der König dem Jungen, der da eben nächtlich angekommen ist, die Probe auf, den Berg zu beseitigen – die *neue* Überschau zu schaffen. Vielleicht war keiner erwartungsvoller als dieser König, daß endlich der Rechte auftauche, um die Goldwelt von dem gehäuften Alterstorbenen zu befreien. Er reibt sich den Schlaf der müden Zeit »am andern Morgen« aus den Augen; endlich ist der Rechte erschienen. Wer bis zur Jungfrau vorzudringen vermag, kann auch Berge versetzen. Der Vater erhofft es, er verlangt es.

Aber auch der Jüngling, so unverdrossen er anfängt und sich sieben Tage redlich müht: Dieses Mal ist ihm der Tod als Letztes gewiß. Er schaufelt den Berg nicht ab. Dies bringt nur der Fuchs zustande, der Nieversagende. Und so taucht er am Abend des siebenten Tages auf:

Du verdienst nicht, daß ich mich deiner annehme, aber geh nur hin und lege dich schlafen, ich will die Arbeit für dich tun.

Es ist Zeit, vom Fuchs zu sprechen.

Der Fuchs und sein Geheimnis

In der achten Nacht (der Nacht der Oktave!) beseitigt der Fuchs das Hindernis. Wir erfahren nicht, wie, wir erkennen nur, er allein hat die bergversetzende Tatkraft, die hüben wie drüben sonst keinem innewohnt. Es muß eine hohe, übermenschliche Kraft sein.

Der Fuchs ist die Rätselgestalt des Märchens. Er weiß immer das Rechte und meistert jede Gelegenheit. List und Schlauheit sind ihm eigen, Klugheit zu jeder Gegenwart. Aber gegenüber aller irdischen Klugheit ist die seine eine weltweit tiefere, denn sie bleibt immer selbstlos.

Wir müssen vom Ende ausgehen, um zur wahren Größe dessen zu kommen, der sich als Helfer in der schäbigen Tiergestalt verbirgt. Bittet er doch am Ende, nachdem alle Abenteuer glücklich vollendet, den menschlichen Gefährten, ihm seinen Dank abzustatten, indem er ihm Kopf und Pfoten abhaue. Unter Widerstreben nur erfüllt der Jüngling die seltsame Bitte. Und da

verwandelte sich der Fuchs in einen Menschen und war niemand anders als der Bruder der schönen Königstochter, der endlich von dem Zauber, der auf ihm lag, erlöst war.

Er wird nicht erst jetzt – nach der Verwandlung – der Bruder der Königstochter und steigt nicht erst jetzt zum königlichen Rang auf. Er *ist* königlichen Geschlechts von Anfang an. Er war bisher verzaubert, und die Enthauptung bringt nur den eigentlichen Wesenskern *rein* zur Erscheinung, der vorher verhüllt war durch das Fuchsgewand. »Er verwandelte sich« besagt, er streift Hüllen ab, die *unseren* Blick getrübt haben, so daß er armseliger erschien, als er in Wahrheit war; Hüllen, die ihn gehindert haben, als volle Erscheinung der zu sein, der er seinem Wesensumfang nach ist – und die doch offenbar notwendig angenommen werden mußten. Erst von diesem letzten höchsten Adel her erhellen sich die rätselhaft weitsichtigen, immer gegenwartsgemäßen, nie erlahmenden, vorwärtstragenden Fähigkeiten des Fuchses: weil er eben der Bruder der Braut selber ist. Und wenn die königliche Braut das erstrebenswerteste, letzte Ziel aller Ereignisse bleibt, kann dann der Bruder von geringerer Natur sein? Ist er nicht der Gleichgeartete, eben der brautgerechte Bruder? Wir fassen sein Ganzes erst, wenn wir auf die zwei entgegengesetzten Hauptwelten des Märchens achten.

Diesseits, am Ausgangspunkt, finden wir den König mit den *drei* Söhnen; zwei Klugen und einem Dummling, der sich jedoch als der gutgeartete, weisere verhält; denn nur er vermag wach und objektiv zu urteilen und zu handeln. In diesem Bereich grünt ein schöner Lustgarten hinter dem Schloß. Darin wächst als Edelstes der Baum der goldenen Äpfel. Wir sind in einem Erdenkönigreich mit dem gerade noch hereinragenden Paradiesbaum der geisterfüllten, wahren Träume.

Jenseits, am Weltenursprungs- und -wendepunkt, herrscht ein König mit *zwei* Kindern, einem Sohn und einer Tochter. Hier liegt eine andere Geschlechterfolge vor. Der königliche Wesenskern teilt sich in männlich –weiblich, aber beide Kinder bleiben uns zunächst verborgen. Dieser König ist der Herr vom »goldenen Schloß«. Aber der fatale Berg *vor* seinem Fenster sperrt die reine Sicht. Die Tochter wird geschildert als »die schöne Jungfrau«, als das höchste Schatzgut, für das der vorhergehende König vom goldenen Pferd gern seine eigene Wundergabe hingeben würde. Dieses Jungfrauwesen ist die einzige weibliche Erscheinung des Märchens: das Ewig-Weibliche in unberührter Reinheit, beim Vater verblieben, in Himmelshöhen. Sie ist die Jungfrau Sophia, die ewig jungfräuliche Weisheit des Goldherrn, wohnend im goldenen Schloß, nachts im Sterngeflimmer ins Bad tauchend, in die göttliche Urflut.

Der Sohn dieses Vaters im Goldreich ist jedoch ein Erdwanderer geworden, ein zwielichtiger kleiner Fuchs. Was ist da geschehen? Wurde der Jungfraubruder ausgestoßen? Ausgestoßen doch nicht vom Vater? Wer hat ihn in den Fuchs verzaubert? Oder hat ihn vielleicht doch der Vater auf seine Erden-Fuchsfahrt geschickt? Darüber bleibt ein Schleier gebreitet. Mußte er vielleicht in den Fuchspelz der Tiefe nur deswegen hineinschlüpfen, um den drei Brüdern, oder wenigstens einem von ihnen, den Weg zur Goldjungfrau zeigen zu können? Daß er aus einem Weisheitsgeschlecht stammt, tut auch die kleinste seiner Handlungen dar.

Nun läßt sich mit vollem Gewicht einwenden: Hielte sich der Jüngling streng an den Rat des Fuchses, so wäre das Abenteuer schon mit dem goldenen Vogel am Ende. Der Fuchs scheint also doch nur kurzsichtig zu planen. Aber so einfach liegen die Dinge nicht. Daß der menschlich geborene Königssohn aus eigenem Urteil den goldenen Tieren zu ihrem wahren Käfig und Sattel verhilft, entspricht *seinem* königlichen Wesen. Das ist die Eigentat des Menschensohnes; das ist sein grandioser Beitrag, den kosmischen Wesen gerecht zu werden. Er wagt das Gefährliche und verstrickt sich selbst nur in immer neu beschworene Prüfungen. Schlimm wäre es nun, wenn der Fuchs nach der Katastrophe sich zurückzöge; wenn er genug hätte an dem »Unfolgsamen«. Aber eben dies liegt nicht vor. Das Erregende des Märchens liegt darin, daß der Fuchs *nicht* von seinem Schützling abläßt; daß er sich dem Hilfsbedürftigen in keiner Lage verschließt, obwohl er vom menschlichen Kurzschlußdenken her allen Grund dazu hätte. Er kommt ungerufen, wenn der Jüngling seiner bedarf. Er sitzt einfach am Weg und läßt sich finden. Im Grunde wartet er immer darauf, sich finden zu lassen. Er drängt sich nicht auf, erspäht aber die genau rechte Zeit und ist im Augenblick der Not zur Stelle, wenn der Menschenwitz versagt. Er ist ein Begleiter von der grenzenlosen Geduld eines weisen Führers und Helfers.

Dieses Hin- und Widerspiel zwischen Fuchs und Jüngling, zwischen Hilfeleistung einerseits und eigensinnigem Übertreten des Rates andererseits, erweist sich letzten Endes als ein kontrapunktisches *Zusammenwirken* zweier Partner, von denen immer einer eine Phase lang zum Überlegenen, die Fesseln Sprengenden, Größeren wird, um dann dem anderen wieder sich anzuvertrauen. Es ist ein Ineinanderspiel von Fähigkeiten, die sich ergänzen. Aber der Mensch ist der eigentliche Gewinner, er gewinnt die Königstochter als seine Braut. Und der andere bleibt immer nur Helfer.

Bis zum goldenen Schloß weiß der Fuchs die Wege – ist es doch der Weg in seine eigene Heimat zurück! Von Ort zu höherem Ort eröffnet der Bruder der Braut neue Bahnen, bis der Gefährte endlich dort anlangt, wo dieser Bruder selber seinen Ursprung hat.

Was nun bei alledem beachtet werden muß, ist die Art, wie der Fuchs seinen Schützling anreizt, den von ihm gegebenen Rat zu übertreten. Das liegt in der Tat, so wenig es auf den ersten Blick möglich scheint, vor, indem er von vornherein aufmerksam macht: Du wirst zweierlei finden, das und das, aber nimm nicht das Bessere! Indem er das Bessere ausdrücklich in den Blick rückt und gerade weil er davon abrät, *weckt* er auch schon Neugier und Verlangen, das Bessere zu ergreifen. Er kennt seinen Schützling gründlicher als dieser sich selbst. Indem er vorenthält, lockt er den Widerstand heraus. Der Fuchs weiß genau, wie er mit einem Sohn der zwiegefallenen Welt umzugehen hat; dort sind die Widersprüche heimisch, und erst aus den Widersprüchen wächst das Neue. Davon geht er aus. Er weiß, daß in der irdischen Welt das helle Wirtshaus das Wirtshaus der trüben Gesellschaft ist und das geringe erst die Herberge der Tüchtigen sein kann. Im zwiegefallenen Irdischen täuscht der Schein, die Pracht liegt im Vordergründigen, und der Kern ist verdorben; die zwei älteren Söhne mit ihrer eigensüchtigen Klugheit fallen darauf herein. Hinter den Wirtshäusern hört diese Wertung ohnehin auf und die wesentlich tiefere setzt ein. Wir sind in der Welt der *wahren* Werte, wo das Geringe gering bleibt und das Echte echt; also bleiben auch Holz und Leder hölzern und ledern, Gold aber golden. Schein und Sein stimmen hier überein. Der Fuchs vertraut auf den glimmenden Funken Würdigung des Echten in dem Königssohn, auch wenn er einen Sohn des Zweifelkönigs vor sich hat. Wir wissen: »Der Jüngling war gutmütig.« An diesen Gutmut zum Wahren und Schönen in seinem Schützling knüpft der Fuchs an, und darin täuscht er sich nicht.

Aber der Fuchs ist selbst ein Zwei-Gefallener: außen ein Fuchs, inwendig ein Goldsohn. Er muß seinem Anheimgegebenen die Freiheit lassen, selber zu prüfen. Er darf nur die Möglichkeiten eröffnen, nur weisen. »Lerne durchschauen«, sagt alles an ihm. Und so stellt er deutlich das Zwiefache hin: Willst du es leicht haben, begnüge dich mit Holz und Leder; es gibt aber auch Gold, damit ist das Schlimme und Schwere verknüpft. Du hast die Freiheit, da oder dahin zu greifen. Dein Entschluß wird dein Schicksal. – Und im Moment der Entscheidung ist der Jüngling ganz auf sich gestellt. Wer weiß, wiese der Fuchs nicht so ausdrücklich auf die zweifachen Möglichkeiten hin, bemerkte der Jüngling wahrscheinlich sogar im Eifer des Zupackens nach dem goldenen Vogel gar nicht, daß daneben noch die zugehörige Hülle, das sinnvoll Edlere bereit liegt. Er sähe gar nicht hin und stürmte mit seiner Beute gleich wieder fort. Der Fuchs *öffnet überhaupt erst das Auge des Königssohnes!* Das ist seine beiläufig verhüllte geniale Leistung. Die Mahnung, gerade dies andere nicht zu nehmen, erregt in dem Jüngling den königlichen Eigensinn, sich auf das Edlere zu besinnen und das Schlimme in Kauf zu nehmen. Durch dieses scheinbar widersprüchliche Verhalten erreicht der Fuchs das Wunderbare, daß der Königssohn *freiwillig*, fast kann man sagen, schuldhaft den kühnen Eroberungsprozeß weitertreibt.

Von der Rückschau her ergibt sich somit die erstaunliche Tatsache: Der Fuchs erstrebt insgeheim und erhofft von vornherein, daß der Königssohn über Goldvogel und Goldpferd hinaus bis zur schönen Jungfrau, seiner Schwester, vordringen wird! Und ob der Jüngling die dreifach gesteigerte Widerstandskraft, dem Tod ins Auge zu sehen, aufbringen wird – das ist die bange Frage, die für den Fuchs bleibt. Er kennt die Schätze, um derentwillen sich der Eroberungsflug lohnt! Es ist keine Frage, von Stufe zu Stufe bildet das Gefundene nur einen Unterwert vom nächst Höheren; alle drei Werte wachsen vereint zu einem unschätzbaren Ganzen an. Sie sollen und müssen am Ende sich fügen in eine Trinität von beseelt-durchgeisteten goldenen Wesen.

Wie sie der Königssohn in seiner Hand vereinigen kann, zeigt ihm der Fuchs auf dem Heimweg in allen Einzelheiten. Es geschieht durch Täuschung der Könige in den Zwischenreichen, also durch Schuld. Aber auch dafür muß der Jüngste schließlich selbst einstehen; die gegen ihn gebrauchte List seiner Brüder bildet das Echo darauf – er wird von den Brüdern in den Brunnen gestürzt. Sie wollen ihn töten und die Schätze für sich behalten.

Nur nützen sie ihnen nichts, denn das Pferd frißt nicht, der Vogel pfeift nicht und die Jungfrau sitzt und weint. Für die Brüder ist die Jungfrau gar nicht anwesend im Erdenland – sie weint ihrem verlorenen Bräutigam nach und wird erst wieder fröhlich, da sie seine Nähe spürt. Noch steckt der wahre Eroberer im Brunnenschacht. Diesmal schilt ihn der Fuchs gründlich aus – und mit Recht; denn im Erdenland, das sie inzwischen wieder betreten haben, *gilt* der Rat des Fuchses wirklich aufs Wort. Genau wie er sich auf der Ausfahrt warnen ließ vor der Einkehr ins trügerische Wirtshaus, hätte sich der Jüngling bei der Rückkehr in die Wirtshauswelt hüten müssen vor dem Kauf des »Galgenfleisches« – der Wiederverbindung mit seinen verdorbenen Brüdern. Und dennoch fährt der Fuchs fort:

»Ich kann's aber doch nicht lassen; ich will dir wieder an das Tageslicht helfen.«

Wir ahnen, für den Fuchs ist es selbst ein Lebensziel, seinen Schützling heil zurückzubringen.

Hülfe der Fuchs dem Jüngling nicht mit seinen Heimkehr-Listen, brächte der Held – obwohl er im vierten Schloß die Jungfrau geküßt und im dritten das Goldpferd von seinem Ruheort gelöst hat – doch nur den Vogel aus dem zweiten Schloß in das erste Schloß heim. Dann würde der dritte König ihm die Jungfrau abgenommen und der zweite König das Goldpferd eingetauscht haben. Jungfrau und Pferd hätten lediglich ihren Standort gewechselt. Sie wären zwar näher an den Erdenort herangerückt, aber dort von neuem festgebannt. Die Dreiheit bliebe zersplittert. Nur der Fuchs hat die Kombinationskraft, die goldene Drei zusammenzuführen; er ist der Neuordner der Besitztümer, und mehr noch, ein Lenker der Sonnen-Goldschätze zum Erdenort hin.

Des Fuchses ganzes Sinnen und Trachten ist zur Erde gewandt. Denn warum bleibt der Bruder Fuchs, einmal zurückgekehrt, nicht drüben im goldenen Schloß, wo er doch sein ursprüngliches Zuhause hat, und warum gibt er sich dort überhaupt nicht zu erkennen? Es läge so nahe, daß er »zu Hause« aus seiner Fuchshaut herauschlüpfte. Ist er doch der Sohn dieses Vaters, dem er den Berg abträgt! Warum wirkt er dort nur verborgen und vollzieht heimlich (als ob es sein Schützling vollbrächte), was zu tun notwendig ist? Warum auch ist er nicht dort schon erlöst? Ist es gar nicht Heimweh, was ihn ins Abenteuer des Jüngsten hineingetrieben hat? Offenbar nicht. Wie der Verlauf zeigt, muß ihm unermeßlich viel daran liegen, seinen Schützling auch wieder zurückzuführen ins Erdenland, und auf dem Rückweg geschieht ja erst die Vereinigung der drei Schätze. Das aber ist die Mission des Fuchses: sein *Bereitsein für den Jüngsten.* Sein eigenes Schicksal hat sich vom »goldenen Schloß« getrennt und mit dem Schicksal des Erdensohnes verbunden. Deswegen kann letztlich auch nur der Erdensohn die Fuchshüllen von dem Verzauberten lösen.

Wir können uns diesen Umkehrprozeß gar nicht deutlich genug vergegenwärtigen. Versuchen wir es an der Goldskala. Im ersten Schloß, dem der drei Söhne, hat das Gold gerade noch Fruchtcharakter; noch sind es nur goldene Äpfel und keine bewegungsfreien Wesen. Da fällt die goldene Feder zur Erde. Sie ist Flaum aus einer Welt, in der es geflügelte Wesen von Gold gibt. Im zweiten Schloß scheint aber der Vogel das einzig nennenswerte Wesen von Gold zu sein – eingesperrt im Holzkäfig. Ungenutzt der goldene Behälter daneben. Hier ist das Wesen der sonnenbeflügelten Phantasiekraft zu Hause – im Grund gefangen. Im dritten Schloß wird allein das Pferd als golden benannt, schlafend neben seinem goldenen Sattel, angepflockt und ungebraucht die wundergleiche Schnellkraft sonnenhafter Gedanken. In *Zwischen*reichen liegen die goldenen Tiere; es sind dienende Wesen, Vorboten einer höheren Regentschaft. Im vierten Schlosse endlich gewinnt das Gold seinen vollen Stellenwert. Es fließt überall, dichtet sich nicht mehr nur in den beseelten Boten, wird zum Daseinsgrund bis ins Baugefüge des Schlosses hinein. Wir sind am Sonnenort, wo das Gold »zu Hause« ist. Weisheitsglanz durchwirkt dieses letzte Reich (das eigentlich das erste und höchste genannt werden müßte). Und der Schatz dieses Königs ist wiederum »die schöne Königstochter«, wohlbehütet, zurückgehalten im Goldgeheimnis. Und gerade dieser König hat sein »ander Teil«, seinen Sohn, verloren an die Tiefe. So unberührt rein die Jungfrau verblieben, so mit allen Wassern gewaschen, mit Listen beschlagen, mit Lüften wie Wäldern und Schächten vertraut, taucht der Brautbruder am andern Ort auf. Beide Geschwister sind Wesensträger *eines* Vaters – in doppelter Art. Was die Jungfrau in der Himmelsreinheit bewahrt hat, trägt der Fuchs verhüllt, nach innen genommen, in die zwiegespaltene Welt herunter. Er macht das Schicksal der Erdenwelt mit, verkannt und von schlechten Schützen bedroht. Und einzig er kann den Zwiespalt am andern Ort auflösen, indem er sich dem einzig herangereiften Königssohn verbindet. Ihn lenkt er. Um seinetwillen bringt er die zersplitterten Goldschätze zur Einheit, aber entfernt vom Ursprung und in neuer Zuordnung. Die Goldschätze wandern im Verlauf unserer Abenteuer aus dem Streukreis der aufgeteilten Schloßbereiche in den neuen Mittelpunkt eines jungen Königs – durch die Selbsthingabe des Fuchses.

Selbstlose Weisheits-Goldkraft waltet in ihm. Und er bringt die hohen Kräfte erdgemäß, zeitgemäß, situationsgerecht zur Geltung. Die Weisheit muß hineinschlüpfen ins Fuchsgewand. Nur ratend und weisend tritt der Wissende auf. Hat der Königssohn gewählt, was er will, und ist es das Rechte – darauf muß der Jüngling von selbst kommen, im Moment des Entschlusses steht er allein –, so trägt ihn der wartende kundige Führer zur nächsten Stufe. Eine hohe, umfassende Geistindividualität verhüllt sich bis zur letzten Wendung dem oberflächlich-menschlichen Blick ins Unscheinbare hinein. Das Geheimnis des Fuchses ist ein Zeitgeist- und Weisheitsmysterium. Man darf vielleicht sagen: Ein Wesen aus der Ratwelt der Weisheit übernimmt eine Zeitenlenkeraufgabe. Es hat das Opfer der Einwohnung in die Erdsphäre auf sich genommen und führt den Königssohn die Wege – unter völliger Wahrung der Freiheit –, auf denen die Schätze zu selbsterworbenen, selbsterlittenen für diesen werden. Nur so gelingt das Werk, die Dreiheit der Goldschätze aus der Höhe der Sonnenregion herabzugeleiten und dem Königsbezirk des jüngsten der hierarchischen Söhne einzugliedern.

Vergessen wir nicht, daß uns das Märchen in dem Geheimnis des Fuchses selber einen Berg vor Augen setzt, den wir zu bewältigen haben. Versuchen wir seine Verhüllung zu durchschauen, so lösen wir auch etwas vom Berg der Mißverständnisse vor dem Weltenplan auf. Im Schicksal des jüngsten Königssohnes ist unser eigenes vorentfaltet, und auch wir sind Schüler dieses Meisters, der am Waldrand sitzt und wartet auf den, der des Weges kommt und sich ihm anvertraut. Ob nur zum goldenen Vogel oder weiter zum goldenen Pferd oder gar zur schönen Jungfrau, hängt von der Kraft unseres Goldblickes ab.

DER GEIST IM GLAS

Seinem Gestaltenkreis nach ist dies das lapidarste Märchen. Es hat nur drei Akteure: einen Holzhacker, seinen Sohn und den Geist im Glas. Nur ganz am Rande tritt noch ein Goldschmied auf. Nur der Sohn, die Mittelgestalt, begegnet dem Geist. Um des Sohnes Erlebnisse kreist das Märchen. Jede der drei Gestalten hat ihre eigene Ausstrahlung. Es beginnt damit, daß ein armer Holzhacker mit seinem bißchen ersparten Geld seinen Sohn auf die hohe Schule schickt, ihn aber wieder zurückholen muß, weil bald alles aufgebraucht ist. Mit einer geliehenen Axt begleitet der Sohn den Vater in den Wald zum Holzhauen; in der Vesperpause, während der Vater ausruht, hat dann der Sohn seine merkwürdigen Erlebnisse, die ihn an den Rand des Todes bringen. Wir dürfen den Text voraussetzen (und es ist dringend erwünscht, ihn Wort für Wort aus der Grimmschen Sammlung zur Kenntnis zu nehmen), um in großen Perioden die Ereignisse zu durchdringen.

Vom Vater

In der Einleitung eröffnet sich die Umwelt des Vaters, ein enger Kreis von Arbeit und Armut. Mit der Axt rodet der Holzhauer den Wald. Solange der Wald unbehindert wächst, verwächst er zu einem dichten Gewirr aus Laub, Geäst und Stämmen. Der Wald als Ganzes stirbt nicht, er erneuert sich ewig. Soll das Holz dem Menschen *dienen,* muß der Baum aus dem Leben heraus gefällt werden. Im behauenen Stamm haben wir den idealen Baustoff alter Zeit – gewonnen mit der Axt. Insbesondere im waldreichen Norden gründet sich auf dieses Werkzeug die menschliche Wohnkultur.

Der Holzhacker stellt eine Stufe elementarer Seßhaftigkeit dar. Sehen wir einem Holzhacker zu (heute bietet sich kaum noch die Gelegenheit, die Motorsäge erledigt es schneller), so nötigt uns seine Tätigkeit höchsten

Respekt ab. Jeder Axthieb muß »sitzen«, er fordert gespannteste Kraft, gepaart mit Zielsicherheit. Der ganze Gliedmaßenmensch legt sich in den Schlag hinein, da bleibt kein Zoll am Leibe unbeteiligt. Die Beine spreizen federnd am Boden, die Hände packen »mit eisernem Griff« den Axtholm, die Arme schwingen weit aus. In der Hüfte hat der Mann seinen Drehpunkt, selbst der Oberkörper schwingt im Wechsel von Zuschlag und Ausholen mit. Allein das Haupt sitzt starr auf der Schulter. Der ganze Mann ein Koloß bebenden Willens. Hodlers Bild im Kunstmuseum Bern setzt dem Holzfäller ein eindrucksvolles Denkmal.

Von der Kraft seiner Arme lebt der Holzhacker. Und doch bringt ihm der Arme Mut nur Armut ein. Ob etymologisch die Armut aus dem Mut der Arme entspringt, mag dahingestellt bleiben. Daß »Arbeit« und »Armut« derselben Sprachwurzel entstammen, stellt Kluge in seiner »Etymologie« deutlich fest, und daß sie tatsächlich im Ursprung eins sind, sagt uns das Märchen. Denn einen »reichen Holzhacker« gibt es nicht. Das Märchen kennt immer nur einen »armen Holzhacker«. Er kann keine Schätze häufen. Was er zehren will, muß er sich schaffen, und was er schafft, zehrt der Tag wieder auf. Erspart er dennoch etwas, muß er es vom Munde absparen, es beruht auf Verzicht. Das Holzhackerlos ist keineswegs beneidenswert, und so wird verständlich, daß sich der Geplagte sehnt nach friedlicheren Tagen. Seinem Sohne will er ein müheloseres Dasein verschaffen. Läßt aber der Vater seinen Sohn studieren, so beruht das Studium des Sohnes auf Opfern des Vaters. Anspruchslos und redlich seinem Tagwerk obliegend, denkt der Holzhacker nur an das Zweckmäßige. Wir sehen eine geradlinige, konsequente Natur, von einfältigem Wesen, wobei dieses »einfältig« nichts Abwertendes enthält: Vorsatz und Handlung stimmen überein. Dieser Mann kennt keine »Kniffe«, kein Schwanken, keine Seiten- und Abwege. Wir werden erfahren, daß gerade diese der Sohn, im Gegensatz zum Vater, liebt. Der Vater lebt ein Leben am Rande des Waldes und doch im Kampf mit dem Wald. Er lebt *vom* Wald und steht doch ständig im *Widerspruch* zum Wald – durch seine Axt. Die Axt kennzeichnet den Holzhacker, er hütet sie, sie ist sein Organ.

Wir müssen auf das Wesen der Axt näher eingehen. Durch die Axt greift der Mensch ein in den lebendigen Bestand, durch sie mindert er das Gewachsene. Wenn man will, kann man auch sagen, durch die Axt treibt er den Todeskeil in die winddurchrauschten Wälder. Die Axt selber ist weder gut noch böse; sie ist ein Instrument und dient einem bestimmten Prinzip, dem des Einhalts gegenüber dem wuchernden Wachstum. Sie lichtet aus, wo die Flutwelle des Lebens ungebrochen vorwärts drängt und die Erde sich breithin mit Grün und Holz bedeckt. Die Axt in der Hand des Menschen wird zum Werkzeug der Ordnung und des menscheigenen Bauens und Bildens. Indem sie den Stamm zum Balken des Hauses kantet, schafft sie den Stoff der Behausung, und in der Behausung grenzt sich der Mensch einen gesicherten Bezirk aus dem wogenden Feld der Natur heraus.

Kein Tier beherrscht die metallene Klinge. Baut ein Tier sein Nest, so höhlt es den Boden aus oder trägt die Abfallprodukte des natürlichen Lebensprozesses zusammen. Nur der Mensch führt die trennende Klinge, das scharfe Sichelmesser, die spaltende Axt. Er hat seiner Hand das Metall dienstbar gemacht. Dazu muß er es erst gewinnen – und hier wiederum bemächtigt er sich im großen Entwicklungsgang des *Eisens* zuletzt. Er handhabt als Werkzeug zuerst den Stein, lernt dann Kupfer und Zinn zu Bronze mischen, und erst auf der nächsten Stufe, kurz vor der Zeitenwende, wächst seiner Kenntnis die Verwertung des Eisens zu. Eisen nun, das kaum gediegen vorkommt, muß als Erz gebrochen, dann durch einen Schmelzprozeß ausgesondert und in weiteren Feuerprozeduren gehärtet werden, um eine brauchbare Dichte zu gewinnen für die menschlichen Dienste. Mit anderen Worten: Bis das Eisen sich schmiedgerecht zum Werkzeug formt, muß eine weitläufige Folge energischer und intelligenter Bemühungen ablaufen. Mit der Axt schafft sich also der Mensch einen Raum der Selbstbehauptung *gegen* den Naturprozeß – sein Freiheitsgeviert. Dadurch wird die Axt in der Hand des Menschen zum Instrument seiner Ichwerdung. Sie gibt ihm Macht und Würde, schützt und verteidigt ihn, ist Werkzeug, Waffe und Zepter zugleich. Bei manchen Naturvölkern tragen die Häuptlinge heute noch, treten sie als Stammesfürsten auf, die Axt als Zeichen ihrer Gewalt über Leben und Tod in der Hand. – Noch bei den Römern hat sie diese symbolische Kraft. Vor den hohen römischen Magistraten gingen die Liktoren einher, ein Ehrengeleit von Freigelassenen, je nach Rang des Magistraten fünf bis zwölf oder gar vierundzwanzig Männer. Die Liktoren trugen als Amtszeichen die Fasces mit, Rutenbündel, und zwar im Frieden ohne Beile, im Krieg aber, wo die Befehlshaber das Recht über Leben und Tod hatten, mit Beilen. Die Liktoren hatten dem Magistraten Platz zu schaffen und zu sorgen, daß ihm die gebührende Ehrfurcht erwiesen wurde, und schließlich hatten sie an den

Verurteilten die zuerkannte Strafe zu vollziehen. So waren die Bündel- und Beilträger die verlängerten Arme des Magistraten, sichtbare Fühler seiner Macht. Im Zeichen des Rutenbündels mit dem Beil drangen die römischen Legionen nicht nur in die germanischen Wälder ein, sie nahmen die ganze damals bekannte Welt in Besitz.

Wir finden um die Zeitenwende die Axt als Ausdruck der Besitzergreifung. Sie verleiht Selbstkraft. Das weist uns aber auch hin auf einen geistigen Tatbestand. Wir sagten, die Axt sei die Waffe des Widerstandes gegen die Woge des Lebens. Und wir sagten, der Holzhacker müsse sich im Widerspruch zum Wald seine Existenz erkämpfen. Der Widerspruch, in welcher Form auch immer, ist die geistige Axt, die in die naturgewachsene Ordnung hineinfährt. So wie der urtümlich wachsende Wald wild sprossend immer dichter die Welt überdecken würde, träte ihm nicht die menschliche Hand mit der Axt entgegen, so würde in der ursprünglich gewachsenen Ordnung des Geisteslebens *nie* ein *Freiheitsimpuls* auftreten, wenn nicht der *Widerspruch* in das gottgesetzte Gefüge einbräche. Der Widerspruch ist die geistige Axt in der Intelligenz des Menschen. Der Widerspruch schafft der inneren Freiheit Bewegungsraum. Aber es gehört zum Wesen des Widerspruchs, daß er nur durch Trennen, Zerkleinern, Zerstören, durch Spaltung wirken kann – verwundend, schmerzerzeugend, vernichtend. Es sind genau die Eigenschaften, die der Mensch mit der Axt in der Hand ins Stoffliche hinein betätigt. Freiheit könnte nie entstehen ohne Widerspruch. Aber der Widerspruch verlangt, da er nun einmal die Welt verwundet, aus sich selbst nach einer *Gegenkraft,* die die Wunden wieder schließt, das Verletzte heilt, anstelle des Vernichteten neue Keime einsenkt, neues Leben gebiert. Der Widerspruch für sich allein, unentwegt weitergetrieben, muß zur Selbsterstarrung führen (was das Märchen andeutet, wenn es sagt, dem Vater wird bang vor dem Alter und seinen »steifen Gliedern«) – der Widerspruch ruft nach Heilung und Versöhnung. An den *Sohn* knüpft sich die Hoffnung auf *Versöhnung.* In ihm ist veranlagt, was die zerspaltene Welt des Widerspruchs von neuem ins Gleichgewicht pendeln wird.

Auf diesem Hintergrund erschließt sich das Märchen.

Wir haben im *Vater* – in schlichtester Form und gerade dadurch als Urgestalt – den Menschen des Widerspruchs vor uns, der in seiner Axt eine ungemein nützliche, aber auch tödliche Waffe führt, das Instrument, worauf er seine Existenz gründet, womit er sich ernährt. Durch die Axt wird er ein

Selbsterhalter und Selbstbehaupter. Folgerichtig wird er dadurch auch ein einsamer Eigenbrötler. In dem Wort »Eigenbrötler« liegen Stolz und Tragik des Widerspruchsmenschen zugleich. Er legt Wert darauf, sein selbstgezogenes Brot zu verzehren, und nur dies. Arm sein heißt in unserem Falle, ganz im Arme sein, ganz aus seinen eigenen Armen leben, das heißt *nur bei sich sein.* Alles, was wir um unserer selbst willen erwerben, und sei es durch noch so redliche Arbeit, bleibt in der Armut. Alles, was wir wieder hinausfließen lassen in den Umkreis, in das »Reich«, schafft Reichtum. Selbstloses Hinströmenlassen in die Reiche des Umkreises nennen wir Liebe. Die Liebe vermehrt den Reichtum der Welt. Die Axt, so widersinnig es klingt, verarmt die Welt. Sie treibt Raubbau.

Am Vater unseres Märchens hat noch die planende Fürsorge für den Sohn den Beigeschmack der Selbstliebe: »Lernst du etwas Rechtschaffenes, kannst du mich im Alter ernähren ...« Was der Sohn für sich selber davon hat, ist nicht so ausschlaggebend. Der Vater erwartet einen praktischen Nutzen, der ihm selber zugute kommt. Denn er fühlt sich in seiner mühsam errungenen Eigenständigkeit keineswegs glücklich. Er leidet unter dem ständigen Sich-klein-Fühlen vor der mächtigen Naturwoge; sie droht jeden Augenblick über ihm zusammenzuschlagen. Die Sorgen erdrücken ihn. So verzagt der alte Mann schier in seiner Armut. Eben deshalb wünscht er sich in seinem Sohn ein von der irdischen Mühsal losgelöstes Dasein. Der Sohn soll nicht nur umgehen, sondern auch herrschen mit der selbständig gewordenen Menschenkraft der Intelligenz (die ihm, dem Vater, bisher nur die blanke Axt in die Hand gedrückt hat). Deswegen schickt er den Jungen auf die hohe Schule, dort soll er die vollkommene Stufe der Intelligenz erreichen, ohne Verhaftung an den Arm. Diese Absicht, zu Ende gedacht, muß aus dem Sohn das getreue Ebenbild des Vaters machen, nur eben auf der Stufe des Kopfes, jener Egoitätsstufe, die der Vater in den Gliedmaßen darlebt. Der Vater hält sich auf seine Art für das Maß des Menschen und wünscht sich den Sohn genau nach seinem Charakter, nur eine Stufe höher und freier. Was der Vater will, nennt er das Rechtschaffene.*

* Vergessen wir nicht, daß gerade die römische Epoche (die der Axt nämlich) die Epoche des Rechtschaffenen und damit des Recht-Schaffenden ist, eine Epoche, die die Persönlichkeitsbedürfnisse des Einzelmenschen in genauen Rechtsbegriffen sichert und in Regeln prägt. Auf dem damals abgefaßten Corpus iuris civilis des Justinian fußt weitgehend noch unsere heutige Rechtsauffassung.

»Rechtschaffen« tritt uns der Vater in jedem Zuge entgegen. Gewitzigt im praktischen Verstand, hat er von dem, was er anpackt, sachliche Vorstellungen, und er will es unmißverständlich. Dem Sohne traut er auf dem Feld seiner Arbeit nichts zu; dem Vater gilt nur, was einer sich erarbeitet hat. Der Sohn hat noch nichts erwiesen. Mit seinen Kräften geht der Alte haushälterisch um – zur rechten Zeit Arbeit, zur rechten Zeit Ruhe. Er schilt den Sohn, daß er beim Vesper fortläuft, statt auszuruhen, und nörgelt nachher, daß der Streuner Arbeit versäumt hat. Daß der Sohn gar die Axt verdirbt, entsetzt ihn; die »geschändete Axt« empfindet er als Schandfleck der eigenen Ehre. Und so schneidet er den entschuldigenden Einwand kurzweg ab: »O du Dummkopf! Vom Holzhacken hast du keinen Verstand.« Der Vater hat ihn. Er hat den Holzhackerverstand, und zwar gründlich, aber nicht mehr. Und es zeigt sich das Sonderbare, daß der Widerspruchsmensch selber keinen Widerspruch erträgt. All das macht den Vater, so hoch wir ihn auch schätzen, ja bewundern in seiner unbeirrbaren Redlichkeit, grämlich und verhärmt. Er weicht keinen Fingerbreit von der Geraden ab, wird aber engstirnig und kann nicht verzeihen. Wenn er zornig spricht: »Das hat keine Art!«, will er sagen, »das hat nicht *meine* Art«. Im sturen Arbeitsernst verläuft sein Tag. Eiserner Wille prägt ihn. Wir haben den »Eisen-Menschen« in reiner Gestalt vor uns, mit all den charakterlich eindrucksvollen, aber auch einengenden galligen Eigenschaften.

Wie ganz anders finden wir den Sohn!

Der Sohn

Er tritt nicht von vornherein in einem Gegensatz zum Vater oder gar als Rebell auf. Rebell wird er überhaupt nie. Wir finden ihn eingangs als fügsamen Jungen, der hinnimmt, was das Schicksal verlangt. Er muß aufhören zu studieren, und so geschieht es.

»Wenn's Gottes Wille also ist, so wird's zu meinem Besten ausschlagen; ich will mich schon drein schicken.«

Sein Ton unterscheidet sich vom Ton des Vaters wie Dur von Moll. Es ist der Ton des Glückskindes, dem letzten Endes alles zum Besten ausschlägt. Nicht als ob das Glückskind von Anfang an wüßte, wie solches geschehen kann. Eine unbefangene Sicherheit *lebt* in ihm und leitet ihn. Das bestätigt sich, wenn der Sohn ganz am Ende sagen kann, »wie er im Vertrauen auf sein Glück den guten Fang gemacht hätte«. Gewisse Charakterzüge des Vaters sind also anfänglich unverkennbar, gerade indem der Sohn das Los des Vaters bejaht:

> *»Ich will mit euch gehen und euch helfen ... Leiht euch eine Axt so lange, bis ich mir selbst eine verdient habe.«*

»Was ich will, das kann ich«, sagt der Trommler. Dieser hier: Gib mir die Axt in die Hand, ich werde mit ihr zurechtkommen – denn ich bin dein Sohn. Deutlich liegen die Wurzeln des Sohnwesens beim Vater; aber die Wipfel wehen drüber weg. Er wird über den Vater hinauswachsen. Der Vater richtet den Blick gradaus und auf den Boden. Der Blick des Sohnes schweift ab in den Umkreis und in die Höhe, ins Lichtgeflimmer, in die Blätterkronen, er sucht »Vogelnester«.

So macht der Sohn zunächst die Wege des Vaters getreulich mit, steht auch seinen Mann neben ihm, läßt sich aber nicht an den Pflichtenring anketten. Während der Vater ausruht, sorgsam bedacht, um so gefestigter die Arbeit wieder aufzunehmen, fängt der Sohn zu streunen an. Für ihn sind Dasitzen und Warten aufs Wiederanfangen keine Erholung von der Arbeit. Er erholt sich im Wechsel der Aufmerksamkeit. Die Lust, sich umzuschauen, verführt ihn. Es locken die Kreuz- und Querwege, es lockt das vertraute Unerforschte. Bedenken wir, daß er, eben als Sohn eines Holzhackers, die Kinderjahre im Bannkreis des Waldes verbracht, seine Tage mit Blumen, Gräsern, Steinen und Tieren, an Bächen, unter Bäumen und Felsen verspielt hat. Die Jugend leuchtet spürbar hindurch, da wir den Sohn vor uns sehen, wie er nun, sein Brot verzehrend, mit Vergnügen den Wald durchstöbert. In diesem »Ich will ein wenig auf und ab gehen« tastet er den Spielraum der Freiheit ab, den der Vater schuf. Der Vater erringt zwar die Freiheit, er selber zu sein, legt sich dabei aber die Fesseln der unentrinnbaren Arbeit an. Der Junge handhabt die Freiheit ins nutzlos Spielerische hinein. Bis zur Brotzeit bleibt er der gehorsame Sohn seines Vaters, jetzt setzt er sich – wenn auch auf geschmeidige Art – in Widerspruch zum Vater. Er bricht aus der Geraden des rechtschaffenen Weges aus und entschlüpft seitab ins Niebetretene, ins Hintergründige der Freiheitswelt.

Er beginnt eigene Pfade zu gehen, die dem Vater höchst überflüssig erscheinen. Der Sohn liebt das Überflüssige, hat weder Rast noch Ruhe – er ist ein »Quecksilber«. Dieser Teil seines Wesens führt ihn mit unwiderstehlicher Anziehungskraft an den anderen Pol des Märchens hin zum Geist, jenem Geist, der sich selbst den »großmächtigen Merkurius« nennt. Das Verwandte zieht sich an. Niemals könnte der Vater den Geist Merkurius erlösen, nicht einmal entdecken, weil ihm die quecksilbrige Beweglichkeit fehlt, die den Sohn in allen Fasern durchpulst. – Anders gesagt: Mit der Trennung vom Vater während der Vesperzeit verläßt der Sohn die Eisensphäre, die man auch die Marssphäre nennen kann, und nähert sich der Sphäre Merkurs – einer anderen Welt. Wir stehen am Wendepunkt.

Von der Natur des Geistes

Ist es berechtigt, von einer »Natur des Geistes« zu sprechen? Wir werden sehen, so gut der Sohn eine Vaterseite hat, hat der Geist eine Naturseite, einen unteren Pol, der sich in deutlichen Wirkungen kundtut. Und von dieser Seite her macht der Junge die erste Bekanntschaft mit ihm.

Mit der Trennung vom Vater setzt die Dramatik des Märchens ein. Alles bis dahin Geschehene nimmt sich aus wie das Vorspiel einer Alltagsgeschichte. Harmlos noch bahnt sich der Fund der Geisterflasche an. Die Augen ins Geäst gerichtet, tändelt der Junge dahin, »ob er etwa ein Nest entdecke«. Warum, dreifach betont, gerade Vogelnester? *Leere* Vogelnester wären reizlos. Wenn aber volle, kann uns das Märchen nur in die Zeit zwischen Himmelfahrt und Johanni führen, vor der Sonnwende; dann sind sie voll jungen Lebens. Will er sie ausheben und zerstören? Oder will er seine Freude haben an den flüggen Jungen, wie sie die Hälse recken und aufgeregt die Flügel spreizen? Ja, er will dabeisein, nah genug, wenn sie den Flug erproben. Zu den Flügelgeschöpfen zieht's ihn hinauf, weil in ihren Höhen auch sein Sinn schwebt. Er ist »hochgemut« und möchte selber Flügel haben.

Da hört er den dumpfen Ruf, und er hört ihn, als ob er aus der Erde heraufkäme. Ihn drängt es in die Lüfte, er wird aber an die Wurzel verwiesen. Dort sitzt verkerkert der Geist und jammert kläglich. Der Junge entdeckt ihn erst nach einigem Bemühen. Er holt die Flasche herauf – und hat sich damit in einen Handel verstrickt, der zu unerwarteten Schlüssen führt. Im Handumdrehen kehrt sich der hilfsbereite Griff ins Tödliche um. Das winzige Schrumpfgebilde im Glas wächst, losgelassen, zum Riesen empor und streckt seine Würghand aus. Dem arglosen Jungen wie uns bleibt unbegreiflich, daß der Geist, endlich befreit, nichts Freundlicheres zu bieten hat als den Tod. Menschliches Ermessen würde Dank erwarten. Nichts dergleichen. Auch der Geist setzt mit einem Widerspruch ein, und zwar einem sehr schockierenden. Wir können für den rätselhaften Vorgang nur ein Verständnis gewinnen, wenn wir von der Naturseite her dem Geheimnis des Geistes nachspüren, vom irdischen Abbild seiner Wirksamkeit her. Merkurius ist der Geist des Quecksilbers.

Quecksilber gehört zu den sieben im Altertum bekannten Metallen und wurde von den Alchimisten dem Planeten Merkur zugeordnet. Auf ihn ist der in die meisten Kultursprachen übernommene Namen Merkurius für das Metall zurückzuführen. In der technisch-wissenschaftlichen Sprache gilt heute für Quecksilber das lateinische Hydrargyrum; doch Quecksilberverbindungen als Heilmittel heißen auch heute noch Merkurialia.

Kommt Quecksilber, selten zwar, in gediegener Form in der Erde vor, dann eingeschlossen ins Gestein in kleinen Tropfenkügelchen. Es ruht »eingekerkert« in luftverschlossenen winzigen Felskammern. Wird ein Felslager aufgeschlagen und das Quecksilber berührt sich mit der Luft, löst es sich auf und verdampft verhältnismäßig rasch. Quecksilberdampf ist außerordentlich giftig. Die mit der Gewinnung des Metalls umgehenden Menschen setzen sich ständig der Quecksilbervergiftung (Merkurialismus) aus. Märchenhaft gesprochen, soeben befreit, bedroht der Geist den Jungen auch schon mit dem Tod.

Noch deutlicher wird die Verflechtung des Quecksilbergeheimnisses mit dem Inhalt des Märchens, sehen wir uns an, wie der Mensch nun eine Technik entwickelt, das Metall »loszulassen« und doch zu bändigen. Indem er es gewinnt, überlistet er es auch. Quecksilber wird am weitaus häufigsten in der festen Form einer Schwefelverbindung gefunden, als Sulfid, in der Erzform des roten Zinnobers. Das quecksilberhaltige Gestein wird in Schmelz- oder Röstöfen erhitzt, wobei sich das Metall als Dampf aus der Erzmischung löst und aufsteigt. Der Dampf, freigelassen, würde sofort verflüchtigen – und dabei zugleich seine tödliche Wirkung verbreiten. Doch der Mensch läßt es zum Entweichen ins Unfaßbare gar nicht kommen; er schließt an den Röstofen Eindampfungsröhren an. Dorthin gedrängt, schlägt sich das Gasige nieder, sinkt ab und gerinnt in einen flüssigen Zustand. Der flüchtige Quecksilberdampf wird also gleich wieder zur Erde heruntergezwungen und als *rein* verdichtetes Metall in Behältnisse aufgefangen.

Jetzt erst, im zweiten Zustand, hat der Mensch das geläuterte Quecksilber in seiner Gewalt, und jetzt erst wird es ihm in der vielfältigen Art förderlich, wie wir es kennen: zu technischen Zwecken in Amalgamen, das heißt genau abgestimmten Verbindungen mit anderen Metallen (und kein Metall hat eine solche Verschmelzungsbereitschaft wie gerade Quecksilber), aber auch zu den mannigfaltigen Heilmittelverbindungen. Immerzu besteht natürlich die Gefahr einer Quecksilbervergiftung. Mit Vorsicht und Geschicklichkeit muß der Verarbeiter dem Metall beikommen. Dann aber kann er aus den zauberhaft vielfältigen Eigenschaften die heilsamsten und fruchtbarsten Wirkungen holen. Die bekanntesten physikalischen Dienste leistet es uns in Thermometer und Barometer. Als Zinnamalgam begegnen wir ihm im Spiegelbelag. Es wird gebraucht zum Vergolden und Versilbern, als Zinnober in Farben, als Salz in Färbereien, als Reagens in der Chemie und eben zu Medikamenten in der Pharmazie. Die »graue Salbe« (ein Quecksilberpräparat gegen die Syphilis) kannte man schon im Mittelalter. Kein anderes Metall wird so häufig gegen die Krankheiten der Menschen angewandt.

Die Quecksilbergewinnung in allen Stufen und Gefahren spiegelt das Märchen wider; es »stimmt« bis in diese Zusammenhänge der Natur hinein. Aber wir unterschätzten das tiefschichtig durchlässige Wesen des Märchens, wollten wir uns mit dem Verständnis dieser Seite begnügen. Richten wir unseren Blick ins seelisch-geistige Feld und fragen uns: Was geht in den Handelnden selber vor?

»Ich will's wagen«

Vom Augenblick an, wo der Jüngling dem Geist gegenübertritt, wird er nicht mehr »der Sohn« genannt, sondern »der Schüler« – eine wichtige Wendung. Er wird vor unseren Augen ein Lernender.

Merkwürdigerweise – wir erfahren es erst später – nimmt der Junge seine Axt mit auf den Wandergang. Warum belädt er sich mit dieser Last, da er sich bloß ergehen will? Aber so wenig er den »Sohn eines Holzhackers«, als der er ins Dasein getreten ist, nach Belieben ablegen und verleugnen kann, so wenig kann er die Axt, nachdem sie ihm einmal anvertraut wurde, irgendwohin an den Rand legen, als gehe sie ihn nichts mehr an. Er ist verantwortlich für sie, und so muß sie bei ihm bleiben. Das Märchen will sagen, er trägt, auch wenn es ihn vom Vater weglockt, dennoch das Vaterwesen in sich mit, nämlich Widerspruch und Selbstbehauptung. Er nimmt in der Axt die Eisen-Errungenschaften mit in die Sphäre des Merkurius – und wie notwendig er sie braucht, zeigt uns die Auseinandersetzung, in die er verwickelt wird. Vor dem Geist braucht er die Axt nicht zum groben Schlag, aber er braucht, was sich aus der Handhabung der Axt ergibt: die Unerschrockenheit, das Zielsichere und Standfeste des Axtschlägers, um sich als Selbst vor dem Geist zu behaupten.

Verfolgen wir das Zwiegespräch, so zeigt es, wie aus dem unbefangenen, nichtsahnenden Jungen in Gedankenschnelle nicht nur ein höchst gelehriger, sondern ebenbürtiger, ja überlegener Gegenspieler des Geistes Merkurius wird. Die schreckliche Ankündigung, daß ihm der Hals gebrochen werden soll, beantwortet der Schüler:

»Das hättest du mir früher sagen sollen, so hätte ich dich stecken lassen; mein Kopf aber soll vor dir wohl feststehen, da müssen mehr Leute gefragt werden.«

Er spricht es mit der unverletzlichen Gelassenheit eines Glückskindes im Angesicht des Todes. Denn von Leuten findet sich weit und breit keine Spur, hier steht er allein. Indes, er hat sofort den Kern erfaßt, das Prozessuale des Ausdehnens, dem notwendig auch ein Zusammenziehen eigen sein muß. Indem ihn diese Eingebung blitzschnell durchzieht, wirft er die Schlinge, den Geist zurückzuholen: Er läßt sich den Prozeß vorführen.

»Sachte, so geschwind geht es nicht, erst muß ich auch wissen, daß du wirklich in der kleinen Flasche gesessen hast und daß du der rechte Geist bist; kannst du auch wieder hinein, so will ich's glauben.«

Dieser Zug, es demonstriert haben zu wollen, um sich zu überzeugen (ein Charakteristikum des Ichmenschen), tritt nachher noch einmal hervor, als der Schüler den Lappen erhält: »Erst muß ich sehen, ob es seine Richtigkeit hat ...« Er prüft genau und sachlich. Das Experiment soll die Eingebung bestätigen.

Abermals wird der Geist eingefangen und fleht, ihn freizulassen. Nun kommt die Scheitelfrage: Was wird der Schüler tun? Er ist gewarnt. Der Geist verspricht Belohnung und Glück, aber wer weiß, was wirklich dabei herauskommt? Die erste Erfahrung sagt eindeutig, rühre die Flasche nicht mehr an, es kostet dein Leben! Mißtrauen steht gegen Versprechen, dazwischen liegt eine Kluft. Als halte der Schüler einige Herzschläge den Atem an vor dem aufgetanen Abgrund, stockt das Geschehen – dann entscheidet er sich:

»Ich will's wagen, vielleicht hält er Wort, und anhaben soll er mir doch nichts.«

Der Satz enthält das Herzstück des Märchens, einen Schöpfungsaugenblick im menschlichen Seelenfeld: die Geburt des Vertrauens aus dem Widerspruch. Der Schüler verhält sich *gegen* alle Logik irdischer Erfahrung (die gleichbleibende Wiederholung erwartet) und folgt der Überzeugung von der Wahrheitskraft des Wortes. Das Wort holt ihn zu sich.

Beachten wir: Da der Geist von den Eichwurzeln herauf zum ersten Male rief, versprach er nichts – nichts Gutes und nichts Schlechtes. Er jammerte, »laß mich heraus, laß mich heraus«, und der Junge ließ den Geist heraus. Der Junge ging zunächst an die Sache heran, wie der Mensch durchweg an Naturgegebenheiten herangeht, an ihnen herumklopft, mit ihnen manipuliert; er ahnt nicht, was dabei herauskommt. So zog er den Pfropfen, halb hilfsbereit, halb neugierig, wollte sehen, was dahintersteckt. Der kleine Griff kostete keine Überwindung. Überwindung kostet es ihn erst im zweiten Kräftemessen. Jetzt weiß er von den möglichen Folgen und soll dennoch handeln. Der Geist wiederholt nun dringlicher seinen Jammerruf, und der Schüler, zur Vorsicht gewitzt, antwortet:

»Nein, zum zweiten Male nicht; wer mir einmal nach dem Leben gestrebt hat, den laß ich nicht los, wenn ich ihn wieder eingefangen habe.«

Aber diesmal fängt der Geist an zu versprechen – das hat er vorher nicht getan, und das fügt sich als Neues an:

»Wenn du mich freimachst, so will ich dir so viel geben, daß du für dein Lebtag genug hast.«

Immer noch steht der Schüler im Bann des Schreckens, den er eben zu verkraften hatte:

»Nein, du würdest mich betrügen, wie das erste Mal.«

Von einem ersten Betrug am Schüler kann aber keine Rede sein, denn es lag kein Versprechen vor, das der Geist gebrochen hätte. Der Schüler wußte nur nicht, an was er sich vergriff. *Wenn* einer betrogen ward, so der Geist, da ihn der Schüler in die Flasche zurücklistete und wieder zu den Eichwurzeln warf. »Und der Geist war betrogen«, sagt das Märchen. Der Schüler fürchtet nun, und nach menschlichem Ermessen mit Recht, daß ihm seine List heimgezahlt werde. Noch steckt er völlig im einseitig Menschlichen, in einer Denksphäre, die nur menschliche Interessen zum Inhalt hat, während der Geist – zumal unten »bei den Wurzeln«, wo ihn der Schüler findet – einer außermenschlichen Gesetzmäßigkeit angehört. In Merkurius steht der Schüler einer hohen (»großmächtigen«), energiegeladenen Macht gegenüber, die in die Tiefe des Gewordenen, in die Wurzelklüfte gebannt und damit in eine quälende Seinsenge gefesselt ist, unwürdig ihrer hohen Abkunft. Und als blanke Naturgewalt wirkt die verdichtete, dann plötzlich entfesselte Geistesenergie amoralisch und unmenschlich. Das heißt nicht mehr und nicht weniger als: unvorbereitet freigelassen muß sie den Menschen vernichten.

Nun aber ist ein neues Verhältnis eingetreten. Der Mensch hat ein Geist-Geheimnis durchschaut, sich des Merkurius bemächtigt, ihn mit List zurückgebannt. Er ist seiner *Herr* geworden. Für die zweite Befreiung ist Merkurius einem *erfahrenen* Gegenspieler überantwortet, einem, der ihn wirklich als Herr der Lage in der Hand hat. Also muß der Geist Merkurius dem neuen Herrn auch mehr von seinem Wesen offenbaren, will er bei ihm etwas erreichen. Jetzt fleht der Geist nicht nur, »laß mich heraus«, er gibt noch etwas preis, was er bis dahin verschwiegen hat. Er fängt an zu enthüllen, was sich jenseits der Naturverklammerung und jenseits des Todes verbirgt, deutet einen Reichtum an, der Fülle für den ganzen Lebenstag verspricht. Aber daß der Geist nun einen Schatz von Gaben anbietet an der scheinbar gleichen Stelle, wo er in der ersten Runde nur den Tod bereit hielt, ist der neue Widerspruch, den der Schüler nicht sogleich auflösen kann. Über ihn hinwegzukommen, ist die eigentliche, ja die einzig entscheidende Prüfung des Schülers.

Andererseits kann sich der Mensch, nachdem er sich einmal mit dem Geist eingelassen hat, nicht leichthin wieder von ihm abkehren. Der Schüler macht zwar den Versuch, will den gefährlichen Ort verlassen. Doch der Ruf bleibt in seinen Ohren, nötigt ihn, zurückzukehren und auf das Schicksal der von ihm entdeckten und neu gefesselten Macht einzugehen. Er wird den Geist, der ihn rief, nicht wieder los; beider Schicksal hat sich verflochten. Etwas bis dahin Nichtvorhandenes hat sich angebahnt; man könnte sagen, ein Zusammenwirken auf Gegenseitigkeit will entstehen. Der Geist hat etwas von seiner inneren Größe, von der in ihm verborgenen, lebenspendenden Gabenfülle preisgegeben, er ist aufgeschlossener, vertraulich-flehender, »menschlicher« geworden, und so muß auch der Schüler etwas von seinem menschlich beschränkten Behauptungsfeld hinter sich lassen, er muß »geistiger« werden, das heißt den Bereich des Geistes zu fassen versuchen, um dem Phänomen auf den Grund zu kommen. In seinem kühnen »Ich will's wagen ...« beflügelt ihn Mutdenken; die Flügel, die er vorher im Vogelreich suchte, sind ihm selbst gewachsen (die Flügel Merkurs, die wir an den antiken Bildnissen des Gottes sehen!), und sie tragen ihn über sein doppeltes Nein und alle grollenden Einschränkungen hinüber. In diesem Augenblick hat der Schüler Widerspruch und Mißtrauen in sich selbst überwunden. Er hat den Übergang in die Sphäre von Merkurius gefunden, in des Geistes eigenen Bereich, in die Sphäre der Mitte und der Vermittlung.

Wenn irgendwo in einem Märchen, dann sind wir hier Zeuge einer völlig *freien Entscheidung*. Kein Ratgeber steht dem Schüler helfend oder hindernd zur Seite. Er muß für sich allein und aus sich selbst die Entscheidung finden, und er findet sie – für den Geist. Der Holzhackersohn betätigt hier seine Freiheit in Selbstlosigkeit, ohne seine Selbstsicherheit zu verlieren. Aus dem Schüler ist ein Meister geworden. Einen solchen Meister nannten die mittelalterlichen Kundigen einen Adepten.

Die Läuterung des Mißtrauens zum Vertrauen, der Furcht in die Hingabe, der Selbstverschanzung in die Todbereitschaft ist ein alchimistischer Vorgang, der nicht nur auf den Eigner beschränkt bleibt, sondern als befreiende, erlösende Kraft den Geistraum durchstrahlt; der Geist kehrt heim in den Umkreis, und diesmal in seine *schenkenden* Reiche, eben des *reinen* Geistes. Die Lösung des Adepten von der Angst um sich selbst hat zugleich die Todnatur Merkurs verwandelt, so daß heilendes Leben daraus entspringt.

Was überreicht der Geist? »Einen kleinen Lappen, ganz wie ein Pflaster« – nicht mehr. In anderen Märchen öffnen sich nach der Erlösung Truhen von Gold und Silber, Edelsteinen und Perlen. Auch der Geist im Glas hat versprochen, »ich will dich reichlich belohnen«. Aber in diesem Märchen des Widerspruchs enthält noch die letzte Glücksverheißung einen Widerspruch, der sich erst lösen muß. Das Genughaben wird nicht in gemünzten Schätzen erfüllt, es liegt in einem Stückchen Gewebe, das sich in eine Handhöhle schmiegt. Der unscheinbare Lappen wird zum Glücksbringer erst durch das Wort des Geistes:

»Wenn du mit dem einen Ende eine Wunde bestreichst, so heilt sie, und wenn du mit dem anderen Ende Stahl und Eisen bestreichst, so wird es in Silber verwandelt.«

Der Schüler erhält genau besehen überhaupt keinen Reichtum, er erhält eine *Fähigkeit.* »Wenn du bestreichst«, sagt der Geist; er legt das Reichtumschaffende in die Hand des Schülers, und der Schüler hat die Freiheit, es anzuwenden oder nicht, und auf welche Art er will. Er kann Wunden heilen oder Eisen und Stahl in Silber verwandeln. »Mit dem einen Ende ..., mit dem andern Ende« – beide Wirkungen fließen aus derselben Mitte. Wunden heilen und Eisen in Silber verwandeln werden hier als Kraftströme gleichen Wertes bezeichnet, einmal ins Menschliche gerichtet, das andere Mal in die Naturwelt hinein.

Daß sich Eisen gerade in Silber verwandelt und nicht in ein anderes Metall – Gold ergäbe für den münzbaren Reichtum eine weit befriedigendere Ausbeute –, weist uns darauf hin, daß Merkurius eine innere Veränderung der Qualität »Eisen« im Sinn hat. Es wäre hier der Ort, von den Eigenschaften des Silbers zu sprechen, insbesondere, wie sie mit dem Heilprozeß in Verbindung stehen. Der Arzt Rudolf Treichler formuliert die therapeutische Silberwirkung unabhängig vom Märchen und dadurch um so überzeugender im Einklang damit: »Mit dem Silber knüpft man unmittelbar aus der irdischen Erstarrung wieder an die kosmische Gestaltung an, man lockert den Organismus erneut für die kosmischen Wirkungen auf, man schafft die Voraussetzungen für eine teilweise Neugeburt aus dem Schoß des Kosmos.«*

* Dr. med. Rudolf Treichler in: Das Bild des Menschen als Grundlage der Heilkunst, Verlag Freies Geistesleben, Stuttgart 1958, Band II, S. 380.

Halten wir im Blick: Eisen festigt und individualisiert, Silber löst aus der Verfestigung und harmonisiert, es bewirkt eine Neubelebung der Ätherkräfte. Gerade dies Element fehlt dem einseitig verbohrten Vater Holzhakker, dem bange wird vor der zunehmenden Versteifung seiner Glieder. In der Hand des Sohnes verwandelt sich die Axt, sie wird Silber. Damit verliert sie ihre schneidende, tötende Gewalt im gewohnten Sinn; sie legt sich um beim Schlag, sie macht den Todesauftrag nicht mehr mit – zum Schrecken des Vaters. Was der Vater für eine Katastrophe hält, birgt in Wahrheit seine Erlösung. Der Vater ahnt nicht das Wunder der Umkehr, das durch den Sohn in seinem »Ausflug« vollbracht wurde, sondern empfängt den Streuner mit einem Klagelied:

»Wo bist du herumgelaufen, warum hast du die Arbeit vergessen? Ich habe es ja gleich gesagt, daß du nichts zustande bringen würdest.«

Und nach dem mißglückten Axthieb grollt er fassungslos:

»Ach, was hast du gemacht! Nun muß ich die Axt bezahlen und weiß nicht womit; das ist der Nutzen, den ich von deiner Arbeit habe.«

Je mehr sich der Vater erbost, um so verschmitzter verhält sich der Sohn. Auch in seinem Schelmenhumor bricht gemüthaft die vorgeplante Natur durch; er ist ein wendiger Merkur geworden. Er umspielt des Vaters Kummer mit beschwichtigenden Ausreden und behält den eigentlichen Trost im Hintergrund, bis die Zeit kommt, die Wandlung zu eröffnen. Der Trost für den Vater stellt sich ein durch den Erlös der silbernen Axt. Damit werden alle Schulden getilgt, und der Vater wird seiner Altersmühen enthoben. Die in die Erstarrung führende Plackerei hat ein Ende. »Es soll euch niemals fehlen, lebt nach eurer Bequemlichkeit.«

Den Sohn aber charakterisiert, daß er sich selber nun nicht ins Wohlleben setzt. Wäre es doch das menschlich Nächstlockende, viel Geld zu schaffen – er bräuchte nur den Wunderlappen auf Stahl oder Eisen spielen zu lassen und in Verschwendung und Nichtstun seine Tage zu genießen! Wir hören nicht einmal von einer zweiten Silberprobe. Diese bezieht sich einzig auf den greisen Vater, auf die Wende aus der einseitigen Verfestigung, und hat damit ihre Aufgabe erfüllt. Die Silberkunst deutet auf die innere Wandlungskraft, die dem Sohn anvertraut wurde. Sie beendet die Epoche einer Alleinherrschaft der eisernen Axt. Der Sohn selbst wählt von den gebotenen Wegen den nach innen weisenden; »er lernte weiter«. Ihm liegt an einer Vollendung seines Studiums in jener »hohen Schule«, die Angelus Silesius im Sinn hat:

> In Schulen dieser Welt wird uns der Geist beschrieben.
> In Heiligen Geistes Schul lernt man ihn schaun und lieben.

Der Schüler wird Jünger. Er trägt, durchdrungen vom Wesen des heilenden Geistes, die Liebe unter die Menschen. Das Märchen sagt, er setzt seinen »Reichtum« in heilende Tätigkeit um. Schließt sich eine Verletzung und verbindet sich das Getrennte wieder zu einem Ganzen, so ist das ein echt merkuriales Geschehen. Und da es der Wunden in der Welt und unter den Menschen unendlich viele zu heilen gibt, hat der Sohn der Aufgaben wahrhaftig »für sein Lebtag genug«. Im Versprechen des Geistes auf »Genug« für alle Zeit erschließt sich damit eine Perspektive, die auch der Sohn vermutlich vorher nicht geahnt hat. Er kann schöpfen aus der nie versiegenden Quelle eines geisterfüllten Lebens. Indem er selbstlos daraus spendet, kommt ihm der Dank der Menschen entgegen, er braucht den Ruhm nicht zu suchen. »Und ward der berühmteste Doktor auf der ganzen Welt.«

Gegen alles hier Gesagte läßt sich einwenden: »Ist ja nur ein Märchen! Wo findet sich das in der Wirklichkeit?« Paracelsus zum Beispiel hat es gelebt. Er bringt das Geheimnis seines Arzttums auf den schlichten Satz: »Der Grund der Arzenei ist die *Liebe.*« Aber Paracelsus braucht nicht der einzige zu bleiben und ist es wohl auch schon längst nicht mehr.

Trinität

Von vornherein ist uns aufgefallen die Dreiheit: Vater – Sohn – Geist. Das Märchen bietet sie unübersehbar als Grundgefüge an. Wir suchten Vater und Sohn menschlich zu begreifen, denn Vater und Sohn *sind* Menschen. Erst beim Geist berühren wir die Sphäre einer anderen Wesenswelt.

Demgegenüber wissen wir von der anderen Trinität, der göttlichen, zu der wir aufschauen: Vater – Sohn – Geist. Hat das Märchen in seiner »menschlichen« Trinität mit der göttlichen Trinität etwas zu tun? Je länger man sich in das Märchen versenkt, um so mehr; die göttliche Trinität enthüllt sich als ihr Spiegelbild – in umgekehrter Erscheinungsform. Was in der göttlichen am höchsten droben, am weitesten draußen, am schwersten zu begreifen in kaum ergründbaren Fernen urständet, ist im Märchen am nächsten bei uns, unserem Alltagsdenken am verständlichsten, zuunterst; damit beginnt es, beim Vater. Und die Grundeigenschaften des irdischen Vaters sind *Gegen*eigenschaften des himmlischen; der Selbsterhalter und Ernährer in der Armut hier ist dort der Allerhalter in der Fülle, denn der göttliche Vater trägt und umfaßt alle Geschöpfe. Um der Plage des Alltags zu entrinnen, schickt der irdische Vater seinen Jungen nach oben auf die Hohe Schule, der Holzhacker möchte seinen Sohn zum Herrn erhoben wissen. Der himmlische Vater schickt seinen Sohn in die Tiefe zur Einwohnung ins Irdische; der göttliche Sohn *ist* der Herr, aber er nimmt die Knechtschaft des menschlichen Leibes an. Diese Einwohnung ist eine *freie* Tat des himmlischen Sohnes und doch geschieht sie in reiner Übereinstimmung mit dem Vater, in »Gehorsam«, während der irdische Sohn im entscheidenden Augenblick seinem Vater ungehorsam entweicht, aber gerade dadurch zur Geistsphäre vordringt. Der Holzhauersohn wird vom Tode nur bedroht – Christus geht wirklich durch den Tod. Er *ist* der Heiland und sendet nach seiner Auferstehung in die Herzen der Menschen, die ihn suchen, den Heiligen Geist. Der Erdensohn *findet* den Geist (zunächst als Naturkraft) und wird nach seiner Wandlung und damit der wahren Erkenntnis des Geistes zum Heiler *durch* den Geist.

So hat die irdische Trinität eine gegenläufige Richtung zur himmlischen, beide Trinitäten streben zueinander, von oben nach unten und von unten nach oben. In der Geiststufe berühren und durchdringen sich die Sphären doppelgesichtig. Der irdische Vater weiß nichts vom Geist; er werkt erdgebunden und geistfern dahin. Beim himmlischen Vater hat der Geist seinen Ursprung, aber er ist lange schon in die Tiefe gebannt, »Natur« geworden. Dem menschlichen Blick enthüllt sich zuerst die Naturseite des Geistes, all das, was aus dem göttlichen All heraus an Schöpfungsenergie in den Seinsgrund eingesenkt ruht. Das Zusammengepreßtsein im irdischen Zustand muß der Geist als »Strafe« empfinden; er strebt zurück in seine Heimat, die kosmische Weite. Hat der Vater den Geist verzaubert, so erwartet der Geist vom Sohn die Erlösung. Während des hier geschilderten Verlaufs geht der Geist aus der Sphäre des Vaters in die Sphäre des Sohnes über; aus der Sphäre der Macht in die Sphäre der Liebe. Die Urtat hierzu geschah beim Tod und bei der Auferstehung Christi. In dem Entschluß des Schülers: »Ich will's wagen ...« liegt ein Auferstehungsakt. Vom Augenblick an, wo sich der

Schüler aus der Selbstangst losreißt und Vertrauen zum *Wort* faßt, hat er den Geistraum der göttlichen Trinität erreicht. Er verbündet sich dem »heiligen Geist«, und dieser begabt ihn aus der Substanz von Christi Wesen.

Von hier aus verstehen wir das heidnisch klingende Wort eines alten Alchimisten: »Christus verus mercurius« – Christus der wahre Merkur. Und hier ist nun auch der Ort, wo uns für einen letzten und tiefsten Aufschluß dieses Märchens eine Angabe Rudolf Steiners zu Hilfe kommt. In der Geisteswissenschaft faßt man die Erdenentwicklung so auf, daß man von zwei Hälften derselben spricht: von der Marshälfte und der Merkurhälfte. An einem gewissen Punkt ihrer Entwicklung hatte die Erde als Planet eine ganz entscheidende, durchdringende Begegnung mit dem Planeten Mars. Vorher hatte die Erde kein Eisen. Der Einfluß des Planeten Mars begabte die Erde mit Eisen. Erst von da an waren auf der Erde die Bedingungen geschaffen, daß sich der Mensch als ein Ichwesen verleiblichen konnte (mit dem wichtigen Einschluß von Eisen im Blut, das ihn zu einem selbständigen Wesen heranreifen ließ). »In der ersten Erdenhälfte des Erdendaseins ist das Maßgebende für die Erdenentwicklung der Einfluß des Planeten Mars, ebenso wie es für die zweite Hälfte der Einfluß des Planeten Merkur ist. Der Mars hat der Erde das Eisen gegeben, und der Merkur-Einfluß zeigt sich auf der Erde dadurch, daß er die Menschenseele immer freier macht, so daß sie immer unabhängiger werden kann ... Man bezeichnet mit diesem Mars und Merkur nicht die heutigen Sterne, sondern eben das, was in der ersten und zweiten Hälfte diese bezeichnenden Einflüsse ausübte.«*

»Mars« und »Merkur« sind hier als gewaltige kosmische Einflüsse im Erdengeschehen zu sehen. »Mars« führte herein zur Verselbständigung des Menschenwesens, aber auch zu seiner einseitigen Verfestigung. »Merkur« jedoch pendelt die Entwicklung zurück in ein schwebendes Gleichgewicht zwischen dem starr Verharrenden und der Verflüchtigung. Im Gleichgewicht finden sich Oben und Unten in einer beweglichen Mitte. Deuteten wir zu Anfang an, der Widerspruch der Selbstbehauptung bedürfe der Versöhnung, so dürfen wir nun sagen, der göttliche Sohn *bringt* die Versöhnung. Erdenwandel und Tod Christi enthalten die versöhnende Tat, sie bilden die Zeitenwende. Daran knüpft das Märchen an und stellt dar, was ein *Erdensohn* tun kann in der *Nachfolge*. Im Vertrauen zum Wort wandelt er sich in

* Rudolf Steiner: Die Theosophie des Rosenkreuzers, GA 99, Dornach 1962, S. 80.

einen Jünger Christi. Im Zeichen der Nachfolge wird die künftige Hälfte der Erdenentwicklung stehen.

Selbst daß der Vater im Märchen ein Mann der Axt ist, ein Holzhauer, hat im Ereignis der Menschwerdung Christi, im Leben Jesu von Nazareth sein Urbild, eine Tatsache, auf die sonst kaum geachtet wird: Joseph, der *Nährvater* Jesu, ist ein Zimmermann, ein Mann der Axt, und die Juden fragen sich mehr als einmal in dem dramatisch umwälzenden Geschehen, das sich vor ihren Augen abspielt und das sie nicht begreifen: »Ist er nicht Jesus, der Sohn des Zimmermanns, wie kann er Gottes Sohn sein?« Aber aus dem Sohn des Zimmermanns *ist* Gottes Sohn geworden durch das Mysterium der Einwohnung bei der Jordantaufe.

Die Übereinstimmung zwischen Märchen und Weltengeschehen läßt uns hinhorchen auf Rudolf Steiners Darlegung, wonach die ursprünglichen Märchenbildner – Steiner spricht von wandernden Rhapsoden – in den Tempeln der Rosenkreuzer ihre Weisheit erhielten.* Die Rosenkreuzer waren Jünger des Auferstandenen. Sie wußten um die großen Epochen der Menschheitsentwicklung und wirkten auf weite Sicht, wenn auch den Blicken der Welt verborgen. Die Rosenkreuzer schickten ihre Boten hinaus in die Welt, um die Menschen anzuweisen, und jene Rhapsoden erzählten den Menschen die Wahrheiten des Werdens – als Märchen. In den kleinen künstlerischen Gebilden, die dann unscheinbar und anspruchslos verhüllt von Mund zu Mund überliefert wurden, begegnen wir den tiefen Geheimnissen der Zukunft heute noch, und sie sind so wahr wie am ersten Tag. Freilich – Rudolf Steiner hat Schlüssel geschenkt, sie neu zu erleben, und so können sie heute ihre Weisheitsschätze erneut vor uns auftun.

* Rudolf Steiner: Rosenkreuzerisches Weistum in der Märchendichtung. Dornach 1963.

RAPUNZEL

Geburt im Zeichen der Gelüste

Ein Mann und eine Frau wünschen sich lange vergeblich ein Kind. Endlich macht sich die Frau Hoffnung, der liebe Gott werde ihren Wunsch erfüllen. Die Leute haben in ihrem Hinterhaus ein kleines Fenster, daraus läßt sich in einen prächtigen Garten sehen, der voll der schönsten Blumen und Kräuter steht. Er ist aber von einer hohen Mauer umgeben, und niemand wagt hineinzugehen, weil er einer Zauberin gehört, die große Macht hat und von aller Welt gefürchtet wird. Der Garten ist demnach verschlossen für sterbliche Menschen, liegt er doch hinter dem Menschenhaus und ist nur durch ein Fensterchen beschaubar. Er liegt in verzauberten Traumtiefen – ein verlorenes Paradies.

Die schwangere Frau, in sich versunken, steht an dem kleinen Fenster zum Garten und erblickt ein Beet der schönsten Rapunzeln. Die sehen so frisch und grün aus, daß sie lüstern wird, davon zu essen. Das Verlangen nimmt jeden Tag zu, und da die Frau weiß, daß sie keine Rapunzeln bekommen kann, fällt sie ab, wird blaß und elend. Der Mann erschrickt und fragt, was ihr fehle.

»Ach, wenn ich keine Rapunzeln aus dem Garten hinter unserem Hause zu essen kriege, so sterbe ich.« – Der Mann, der sie lieb hatte, dachte: »Eh du deine Frau sterben lässest, holst du ihr von den Rapunzeln, es mag kosten, was es will.«

Und so steigt er in der Abenddämmerung, im Übergang zur Traumzeit, über die Mauer in den Garten der Zauberin und sticht in aller Eile eine Handvoll Rapunzeln und bringt sie seiner Frau. Sie macht sogleich einen Salat daraus und ißt ihn voller Begierde auf. Sie hat nun erreicht, was sie gewollt hat; ist damit auch ihr Verlangen gestillt? Keineswegs.

Sie hatten ihr aber so gut, so gut geschmeckt, daß sie den andern Tag noch dreimal soviel Lust bekam. Sollte sie Ruhe haben, so mußte der Mann noch einmal in den Garten steigen.

Wieder in der Abenddämmerung, aber diesmal empfängt ihn die Zauberin, und sie funkelt ihn an vor Zorn:

»Wie kannst du es wagen, in meinen Garten zu steigen und wie ein Dieb mir meine Rapunzeln zu stehlen? Das soll dir schlecht bekommen!«

Der Mann erbittet Gnade vor Recht, seine Frau müsse sterben, wenn sie nicht davon zu essen bekäme, so groß sei ihr Gelüsten. Da läßt die Zauberin in ihrem Zorn nach, und er darf Rapunzeln mitnehmen, so viel er will – unter der Bedingung:

»Du mußt mir das Kind geben, das deine Frau zur Welt bringen wird. Es soll ihm gut gehen, und ich will für es sorgen wie eine Mutter.«

In seiner Angst sagt der Mann alles zu. Sogleich nach der Geburt erscheint die Zauberin, gibt dem Kinde den Namen Rapunzel und nimmt es mit sich fort. –

Bis hierher ist das eine seltsame Geschichte. Erst wünschen sich die Eltern vom lieben Gott ein Kind, lange vergeblich. Endlich wird ihr Wunsch erfüllt. Aber kaum halten sie das Kind in Händen, müssen sie es weggeben an die Zauberin – und haben wieder keins. Und so verläuft es, weil der Blick in den verschlossenen Garten ein Verlangen weckt, das unbezähmbar wächst und das Leben der Mutter verzehrt. Dem Gelüste zuliebe wird der Vater zum Dieb! Ein Furioso der Wünsche grollt auf: Unruhe, Gereiztheit, Mut der Verzweiflung und Angst, schließlich der Zorn der Zauberin. Vater und Mutter begeben sich selbst ihres gottgeschenkten Schatzes.

Sind die kleinen Grünwirbelchen diesen tragischen Wettlauf um Gewinn und Verlust wert? Merkwürdig, daß sich das Gelüsten der Mutter gerade auf eine Salatpflanze richtet. Und mit welcher Begierde macht sie sich über den Salat her! Sie kann nicht genug davon kriegen. Nicht das Süße lockt; das Bittere, das Zusammenziehende hat es ihr angetan, als fördere gerade dies die Geburt. Wir haben eine Verführungsgeschichte vor uns, ein Miniaturbild eines Sündenfalles. Doch wohnt das Menschenpaar schon nicht mehr drinnen in dem schönen Garten; er ist verschlossen. Das Paar hat nur von seinem

Erdenhaus aus durch das Fensterchen an der Rückseite noch einen Blick hinein, und die Wunschesstimme dringt nicht mehr vom Baum herab an die Verführten heran; der Verführer sitzt schon inwendig. Aber die Folgen sind nicht weniger schlimm. Die Lüste spielen Vater und Mutter in die Hände der Zauberin. Diese will jedoch gar nicht die Eltern, sie will das Kind. Im Kind nimmt sie das individuell Eigene der Eltern in Beschlag. Fällt uns nicht auf, daß sich der Zorn der Zauberin sofort legt, da sie entdeckt, durch die begehrten Rapunzeln das Paar in seine Macht zu bekommen?

»Verhält es sich so, wie du sagst, so will ich dir gestatten, Rapunzeln mitzunehmen, so viel du willst; allein ich mache eine Bedingung...«

Scheinbar großmütig geht sie auf das Begehren ein und entflammt daran das viel tiefgründigere eigene Begehren: Das Neue, Mencheneigene, das auf dem Weg ist in die Welt, zu besitzen, das ist der Zauberin Begier. Und wirklich entschwinden die Eltern nach der Geburt des Kindes namenlos. Namenlos sind sie aufgetaucht, werden nur »Mann« und »Frau« genannt, und so entgleiten sie wieder, als seien sie nie gewesen. Die Begierde hat ihr Eigenleben aufgezehrt.

Im Blick bleibt allein Rapunzel, das aus der Versuchung geborene Kind. Und doch ist es in sich selbst so unschuldig, wie nur ein Paradiesgeschöpf unschuldig sein kann. Sein Schicksal liegt bei der Zauberin, und diese verfügt über alle Mittel, ihren Besitz auszukosten. Sie nimmt das Neugeborene mit sich fort, »wie eine Mutter«, ist aber nicht seine Mutter. Sie ist weniger – und mehr. Ihre Liebe übersteigt menschliche Pflege und Sorge, die freilassend dem Kinde zugute kommt. Ihre Liebe ist magisch einseitig. Sie erzieht nicht, sie hüllt ein, sie schafft Ergebenheit. Sie bildet ein Traumverharren.

Wer ist die Zauberin? In der Urfassung des Märchens steht »Fee« statt Zauberin; das Wort Hexe wird nicht gebraucht. In den ersten drei Teilen der Geschehnisse erleben wir sie als eine allmächtige Herrscherin. Sie braucht nicht von vornherein als heimtückisch und böse zu gelten. Gerade daß sie niemals Hexe, sondern immer nur die Zauberin oder »die Alte« und von Rapunzel »Frau Gothel« benamt wird, was mundartlich Patin bedeutet, läßt uns denken an jene im Dämmer der Geschichte liegenden Zeiten, wo die *Muttergottheit* für die Menschen einen überragenden Einfluß hatte. Die große Mutter, die lebenschaffende, lebentragende zeugende Erde mit ihren alles umschließenden Rhythmen, hatte die Menschen in Urzeiten ganz in ihrem Schoß. Sich aus dieser übermächtigen Gestalt herauszulösen als eigenständiges Menschenwesen bedurfte es für die menschliche Seele einer ganz anders gearteten Kraft. Im Märchen bringt sie der Königssohn. Indem er auftaucht, bricht er in den gleichförmig abrollenden Tageslauf, in den Kreis der Naturrhythmen ein. Der Königssohn setzt dem magischen Netz der Zauberin eine andere Seinskraft entgegen. Die Zauberin fürchtet von einem bestimmten Zeitpunkt an – da Rapunzel zwölf Jahre alt wird – diesen Einbruch einer individualisierenden Macht in ihren Bannkreis. Deswegen schließt sie Rapunzel von diesem Alter an in einen türlosen Turm im Walde ein, ganz für sich, unzugänglich, abgeschieden. Der Turm steht im Wald als ein Traumgehäuse für eine geheimnisvolle verwunschene Welt. In dem Turm kann man auch den menschlichen Leib sehen, in den Rapunzel nun mit den Jahren stärker hineinsinkt. Aber auf dem großen Hintergrund der magischen Selbstliebe, die die Zauberin mit Rapunzel treibt, wird der Turm zu einer Tagresidenz der Zauberin. Es ist Rapunzels Daseinsraum, gleichzeitig aber auch für die Zauberin Sitz ihrer Gelüste. Den Tag über ist die Zauberin nämlich oft anwesend im Turm; das wird an einer Stelle deutlich gesagt. So sie will, gehört ihr Rapunzel, sie erhält und erfrischt sich an dem jungen Ding; das ist der Zauberin Freude. Rapunzel wird im Turm zu einem Organ der großen alten Mutter.

Rapunzel im Turm

Wird sie es erst im Turm? Gehört sie der Zauberin nicht von vornherein ganz und gar? Wo hält die Zauberin denn Rapunzel in den ersten zwölf Jahren verborgen, von denen wir nichts erfahren? Wenn sich mit zwölf Jahren der Ort des Verbleibens zusammenzieht zu einem Turm, war es dann vorher nicht ein anderes Revier im Besitz der Zauberin? Hieß es nicht im Beginn der Geschichte, da sei ein prächtiger Garten, voll der schönsten Blumen und Kräuter; »er war aber von einer hohen Mauer umgeben«? Ist dieser Garten Rapunzels Kindheitsland? – auch dort schon von einer hohen Mauer umschlossen; denn eifersüchtig auf fremden Einbruch hütet die Zauberin das Ihre. Stammt nicht Rapunzels Namen und Wesen selbst aus diesem Hort? Ja, Rapunzel ist der Inbegriff des Gartens. Das Würzige und Schöne des Gartens trägt Rapunzel herüber ins menschlich Beseelte. Und Rapunzel wird das schönste Kind unter der Sonne. Wirklich trägt sie in ihrem goldenen Haar, ellenlang gesträhnt, Golderbe der Sonnenzeit an sich, jener Werdezeit, in der der Schöpfer der Welt als der große Gärtner die Pflanzenarten geschaffen hat. Im Haar Rapunzels wird Ursprungsgold zu einer Menschenzier. Und im Turm wird dieses Haar zur Verbindungssträhne zwischen Tiefe und Höhe. Am Seil der goldenen Haare hangelt sich die Zauberin auf, wenn sie zu Rapunzel gehen will. Daß sie goldene Haare hat, weiß Rapunzel selbst nicht; sie weiß nicht, was goldene von anderen Haaren unterscheidet, denn Rapunzel kennt keine anderen Wesen außer »Frau Gothel«. Und ertönt der beschwörende Ruf, so bindet das Mädchen die Zöpfe los, wickelt sie um den Fensterhaken und läßt sie in die Tiefe fallen, »zwanzig Ellen tief«. Das geschieht traumhaft natürlich, wie Atemzüge geschehen. Sie ist als Seelenwesen ein Kind, folgend in allem der großen Mutter. Und so ist sie wohl das Labsal der Zauberin.

Dann wird gesagt, daß Rapunzel singt. Damit vertreibt sie sich zu anderer Zeit die Einsamkeit im Turm. Von ihrer süßen Stimme wird gesprochen – als sei etwas von der Paradiesesmelodie herübergerettet in Menschenklang. Vielleicht reichen die Töne aus Rapunzels Wesen noch tiefer in den Schöpfungsborn hinein, als ihr goldenes Haar in den Sonnenhof reicht. War nicht Klang und Einklang noch vor dem Licht das einigende Band der Wesen?

Der Gesang Rapunzels zieht aus dem anderen Reich den Befreier an. Der Sohn des Königs reitet durch den Wald und hört die Stimme. Noch müssen wir aber bedenken, daß über Rapunzels Verweilen im Turm »ein paar Jahre« vergehen. Es sind Jahre der Einsamkeit vor aller übrigen Welt, in Wahrheit aber Jahre einer verzauberten, intensiven Gemeinsamkeit mit der magischen Mutter. Die Jahre sinken spurlos in den Werdegrund. Zeit vergeht hier wie nicht geschehen. Es ist geschichtslose Zeit, nur mythisch erfahrbar. Und nun, nach Jahren erscheint eine männliche Gestalt im gehüteten Reich der Alten. Die Alte merkt die Annäherung zunächst nicht. Der Königssohn umkreist den Turm, angezogen vom Gesang Rapunzels – »der war so lieblich, daß er still hielt und horchte«. Er möchte erkunden, wem die Stimme zugehört, findet aber keinen Eingang zum Turm. So bleibt ihm nur übrig, Tag für Tag zu kommen und zu lauschen. Der Gesang rührt sein Herz, so wird gesagt. Der Königssohn hat ein Ziel, des Verweilens wert, gefunden; die süße Stimme bezaubert ihn. Auch Rapunzel wird, auf ihre Art, als Tochter der großen Mutter, zu einer Zaubernden – sie bannt den Königssohn, ohne es zu ahnen, in ihren Kreis.

Und in diesem hingegebenen Bezaubertsein Tag für Tag wird er einmal, hinter einem Baum verborgen, Zeuge, wie Rapunzel ihr Haar herabläßt für die Zauberin. »Ist das die Leiter, so will ich auch einmal mein Glück versuchen.« Er findet nun auf dem Weg der goldenen Haare Rapunzel von Angesicht zu Angesicht. Welch einen Umsturz diese erste Begegnung für Rapunzel bedeutet, können wir kaum ermessen: »Anfangs erschrak Rapunzel gewaltig, als ein Mann zu ihr hereinkam, wie ihre Augen noch nie einen erblickt hatten.« In eine bis dahin nur weiblich erfahrene Inwelt bricht eine neue Existenz herein, für die Rapunzel jeder Vergleich fehlt. Als der Königssohn davon spricht, daß ihr Gesang sein Herz so sehr bewegt habe, daß es ihm keine Ruhe gelassen habe, sie selbst zu sehen, verliert Rapunzel ihre Angst. Aus dem schuldlos fernen Glück des Lauschens wird das gefährliche Glück der Nähe und der Umarmung. In diesem Augenblick hat die Zauberin Rapunzel verloren. Es folgen die entscheidenden Worte:

> *...und als er sie fragte, ob sie ihn zum Manne nehmen wollte, und sie sah, daß er jung und schön war, so dachte sie: »Der wird mich lieber haben als die alte Frau Gothel«, und sagte »Ja« und legte ihre Hand in seine Hand.*

Entscheidend ist dieser Passus vor allem deswegen, weil hier mit dem Eintritt des Königssohnes die überhaupt erste selbständige Denkregung von Rapunzel (»so dachte sie«) verzeichnet wird. Bis dahin werden keine Worte von ihr überliefert, nur Gesang. Und das erste *laute* Wort Rapunzels ist ein »Ja«. Mit dem auftauchenden Königssohn springt auf Rapunzel die wortformende, denkgeleitete Selbstkraft über! Die Zeit der allmächtigen Zauberin, dumpf bindend in traumhaftem Gehorsam, läuft aus. Was er bisher nicht war, nun nach der ersten neuen Begegnung wird der Turm zum Gefängnis. Und sofort zeugt die angestoßene Gedankenkraft in Rapunzel auch die befreiende Idee:

> *»Wenn du kommst, so bringe jedesmal einen Strang Seide mit, daraus will ich eine Leiter flechten, und wenn die fertig ist, so steige ich herunter und du nimmst mich auf dein Pferd.«*

Eine Weile leben die beiden in einem verborgenen Glückszustand. Er entspricht in seltsamem Einklang ihrer Umwelt, dem verwunschenen Wald, dem heimlich hochgeschlossenen Turmgelaß; sie sind für sich. Aber hier ist auch die Stelle, wo es heißt, daß der Königssohn Rapunzel nur des Abends besuchen kann, was den Charakter des Heimlichen verstärkt, denn bei Tag kommt die Alte. Rapunzel lebt eine Zeitlang zweien zugleich gehörig – obwohl ihr Herz klar entschieden hat. Aber gerade dies wird ihr zum Verräter. Rapunzel bereitet die Flucht in die Freiheit vor, nur bricht vorher schon die Katastrophe herein, durch Rapunzel selbst.

Eine arglos gestellte Frage (nun hat sie auch fragen gelernt!), ein laut gedachter Vergleich löst das Verhängnis aus. Nicht der Königssohn verrät Rapunzel, Rapunzel verrät den Königssohn. Sie wägt ab die leichte Bürde des Jünglings mit der Last der alten Zauberin, die für Rapunzel inzwischen bleiern geworden ist. Der Königssohn ist für Rapunzel Jugend ihrer eigenen Jugend; er ist der Ewigjunge. Die Zauberin jedoch, weit über das Alter von Vater und Mutter erhaben, reicht ins nicht mehr zu bemessende Ewig-Vergangene zurück. Und eines Tages läuft ihr, deren Herz so voll ist, der Mund über:

»Sag sie mir doch, Frau Gothel, wie kommt es nur, sie wird mir viel schwerer heraufzuziehen als der junge Königssohn, der ist in einem Augenblick bei mir.«

Schlagartig ist für die Alte die Kluft aufgerissen. Der bisher verheimlichte Lösungsvorgang steht grell im Raum: Die Zauberin sieht, sie hat Rapunzel verloren, und ruckartig auch ändert sie ihr Gesicht. Sie wird in diesem Augenblick zur Rachegöttin und vollstreckt nun – jedoch völlig anders, als Rapunzel es erwartet hat – die Trennung. Schon als sich Rapunzel entschloß, die Stränge von Seide zur Leiter zu flechten, verzichtete sie auf den Gebrauch der sonnendurchwirkten Stränge ihres Goldhaares – für sich selbst. Sie gab den Gebrauch der Haare preis, ohne sie verlieren zu wollen. Aber daß sie ihre Haare verlieren muß, das *ist* der Preis, den sie für den Gewinn des Königssohnes und ihrer Freiheit zu bezahlen hat.

Die Alte packt die Haare und schneidet ritsch-ratsch mit einer Schere die goldene Tracht radikal ab. Indem die Zauberin die Schere ergreift, ändert sich der Ausdruck ihres Wesens von Grund auf. Einstmals entdeckte sie, daß man aus ihrem Garten Rapunzeln stahl; aber dort wußte sie durch den Diebstahl zu gewinnen. Und so hieß es dort: »Da ließ die Zauberin in ihrem Zorne nach.« Jetzt wird ihr das Ein-und-Alles, das Menschenkind Rapunzel entführt; nun verhärtet sie sich im Zorn. Sie wechselt aus der genießend-bebrütenden Sphäre (»wie eine Mutter«) hinüber ins Grausame und wird zu einer satanischen Gewalt, die erbarmungslos die Machtschere des Bösen schnappen läßt. Die Schere, wir kennen sie vielfach im Märchen, schneidet scharf und gründlich das reine Naturgeschenk weg vom Seelengrund; sie ist Werkzeug der Trennung, ein Stahlgebiß. »Und die schönen Flechten lagen auf der Erde.« Rapunzel wird sie nie mehr besitzen; sie muß künftig ohne sie auskommen. Die goldene Zeit heimlicher Versenkung ist für immer vorüber. – Dieser gründliche Racheakt stillt aber noch nicht den Zorn der Alten: »... sie war so unbarmherzig, daß sie die arme Rapunzel in eine Wüstenei brachte, wo sie in großem Jammer und Elend leben mußte.« Wüstenei – Jammer – Elend. Als unfruchtbare Wüstenei und steinige Öde bietet sich der neue Daseinsgrund der ausgestoßenen Menschenseele dar, die einmal in einem Paradiesgarten heranwuchs. Dann folgte ein Turm, hochgeschlossen in einem üppig ins Laub schießenden Wald. Jetzt hat die felsenhart gewordene Zauberin eine Wüstenei bereit für das Liebkind ihrer Frühe. Und Armut, Jammer, Elend folgen als dreistimmiger Mißakkord dem Dasein in der erstorbenen Welt.

Noch sind bedeutsam die Worte der Alten, die sie vor dem Schnitt mit der Schere Rapunzel entgegenzischt: »Ach du gottloses Kind – ich dachte, ich hätte dich von aller Welt geschieden, und du hast mich doch betrogen!« Für die Alte blieb und bleibt Rapunzel immer Kind. Sie kann keine in die Freiheit entwachsende Tochter anerkennen. Und warum nennt sie Rapunzel »gottlos«? Weil sie selbst, die große Mutter, die uralt Gewaltige, bisher Rapunzels Göttin war und es nun nicht mehr ist. Rapunzel hat die bei der Geburt gesetzte Göttin in ihrem Herzen entthront; sie hat sich dem magischen Wirken entzogen.

Der Geblendete

Die Rache der Alten verändert die Welt. Sie fegt das Idyllische, Geborgene weg. War der Turm bisher ein einsamer Schauplatz zweier Glücklicher, wird er nun zu einer Falle. Die Alte lauert im Turm auf ihr zweites Opfer, den Königssohn – und das ist der eigentliche Gegengott, den sie vernichten will. Nichtsahnend stellt sich zum Abend der Königssohn ein und ruft seinen

Zauberspruch. Die Alte läßt das abgeschnittene Haar herunter, zum letzten Mal; trügerisch wird die Leiter der schönen Weisheit in den Händen der Rächerin zum Fangstrick. Und im hochgelegenen Gemach empfängt ihn die Lauernde mit bösen und giftigen Blicken. Hier stechen die satanischen Eigenschaften besonders heraus, und der Hohn zeigt deutlich genug den gewandelten Charakter der Frau Gothel:

»Aha, du willst die Frau Liebste holen, aber der schöne Vogel sitzt nicht mehr im Nest und singt nicht mehr, die Katze hat ihn geholt und wird dir auch noch die Augen auskratzen. Für dich ist Rapunzel verloren, du wirst sie nie wieder erblicken.«

Sie genießt die Qual ihres Opfers und würzt ihm den Verlust der Geliebten auf Furienweise. Der Königssohn gerät außer sich vor Schmerz und springt in Verzweiflung den Turm hinab. Die Alte braucht gar nichts weiter zu tun; ihr Hohn wird für ihn zur Schere. Er verliert den Halt und stürzt. Die Dornen zerstechen ihm die Augen. Nichts mehr von einem schönen Garten wie ehedem. Es wurde schon gesagt: Zorn und Wut der Alten haben die Welt verwandelt. Sie schneidet mit der Schere und blendet mit Dornen und hält für Gottlose und Abwendige eine Wüstenei bereit.

Der Königssohn irrt blind in der Welt umher; auch er wird Jammer und Elend ausgesetzt. Er fristet kümmerlich sein Leben im Wald und weint. Es fällt uns auf, daß er völlig passiv bleibt. Warum hat er sich nicht gegen die Alte gewandt, versuchte wenigstens, sie zu bekämpfen? Ist er feige – oder liegt gerade im Durchleiden seine Größe? Gegen die Schärfe und Härte der Alten, gegen ihre Erbarmungslosigkeit wäre der Königssohn vielleicht tatsächlich ein Unterlegener. In ihrem Alter liegt die verhärtende Steigerung ihrer Macht. Des Königssohnes Wesen liegt in einem lebendigen Erneuern. Er tritt jedenfalls einzig mit der Waffe des Erleidens auf. So wird er ins Trostlose gestürzt. In der zur Wüste gewordenen Erdenwelt sucht er die Geliebte. So weit die Wildnis reicht, er findet sie schließlich, wundersam geführt wieder. Wie aber kann er sie finden, da wir ihn blind wissen?

Er vernahm eine Stimme, und sie deuchte ihn so bekannt, da ging er darauf zu, und wie er herankam, erkannte ihn Rapunzel und fiel ihm um den Hals und weinte. Zwei von ihren Tränen aber benetzten seine Augen, da wurden sie wieder klar, und er konnte damit sehen wie sonst.

Abermals leitet den Königssohn sein Gehör. Die goldenen Haare hat Rapunzel verloren, nicht aber Wort und Stimme. Es wird nicht einmal gesagt, daß es Gesang sei, der ihn anzieht. Er erkennt ihre Stimme. – Und nun geschieht das Wunder, daß Liebe auch neue Augen schafft. Die Tränen Rapunzels benetzen die Augen des Geblendeten, und die Blindheitszauberdecke wird von ihnen abgehoben. Ein zweites Schauen wird geboren, und dieses Schauen wird die Alte nicht mehr rauben können.

Der Königssohn findet die Geliebte wieder, und nicht nur sie; er findet auch ihrer beider Kinder: Zwillinge, die Rapunzel geboren hat, einen Knaben und ein Mädchen. »Er führte sie in sein Reich, wo er mit Freude empfangen ward, und sie lebten noch lange glücklich und vergnügt.« – Und so erhält die dritte Generation, das Zwillingspaar der Leidgeprüften, eine Heimat im Lande des Königssohnes, in einem glücklicheren Reich – jenseits der Wüstenei.

Zwischen Zauberin und Königssohn

Den Betrachter beschäftigt im Rückblick vor allem die Frage, welch eine seltsame, verhaltene Rolle der Königssohn in dem Märchen innehat. Er tritt anders auf als in anderen Märchen; hier nur hinnehmend, duldend, hörend, fast tatenlos. Um dieses Verhalten zu ergründen, müssen wir uns noch einmal den Gestaltenkreis vergegenwärtigen.

Von übermenschlichem Format erscheint aufs erste nur die Zauberin. Sie hat »große Macht« und wird »von aller Welt« gefürchtet. Sie herrscht über Garten und Wald und lenkt die Geschöpfe ihrer Macht.

Dann ergibt sich auf der Menschenstufe deutlich eine dreifache Generationenfolge:

Mann und Frau – das Elternpaar Rapunzels zu Beginn,
Rapunzel und Königssohn – die Mittelpunktsgestalten,
Zwillinge, Knabe und Mädchen – die neue Generation am Schluß.

Die Zwillinge werden gerade noch in den Ausklang des Märchens hineingenommen. Daß es Zwillinge sind, läßt uns auf eine künftige Epoche gleichgewichtigen Wirkens schließen, die mit ihnen anheben wird. Sie sind in der Schmerzenszeit geboren, werden aber diese nicht noch einmal zu durchleben brauchen, nicht noch einmal in der gleichen Art, wie sie Rapunzel und der Königssohn erlitten. Was durch die Zwillinge geschehen will, ist noch so fern, daß es verhüllt bleibt.

Um so einseitiger hebt sich der Vorrang heraus, den die weiblichen Hauptgestalten innehaben. Die überragende Magierin hat überhaupt keinen gleichrangigen männlichen Partner neben sich – so scheint es. Das Märchen entfaltet sich ausschließlich im Erdenfeld, dem Ort der großen Mutter, der Mutter jenes Matriarchats der Vorzeit, wo die Vaterwirksamkeit so gut wie ausgeschaltet war und bedeutungslos blieb. Man lese nach, was Forscher wie J. J. Bachofen und Karl Barth vom Hertha-Rhea-Kult, vom Mutterrecht und den Amazonen berichten, und man blickt in Gesellschaftsformen des Weiblich-Mütterlichen, die für uns heute nur gedanklich nachvollziehbar, nicht aber in ihrer sozialen Auswirkung ermeßbar sind, weil sie unserer eigenen gesellschaftlichen und sozialen Gepflogenheit zuwiderlaufen. S. v. Gleich* faßt zusammen:

»Der erdenmütterlichen Würde der Frau entsprach ihre gesellschaftliche Stellung vor allem bei den kleinasiatischen und pelasgischen ›Mondvölkern‹: dort warb das Mädchen um den Mann, das Kind ward nach der Mutter benannt und wurde ein freier Bürger, auch wenn sein Erzeuger ein Sklave war. Die Töchter erbten das Vermögen der Eltern. In Familie und Gemeinwesen herrschten nicht die Männer, sondern die Mütter. Darum nannten die Bewohner von Kreta, wo der Rhea-Kult herrschend war, ihre Heimat nicht Vater- sondern Mutterland.«

Kein Wunder, daß im Eingang unseres Märchens der Mann nur als ein Springinsfeld seiner Frau in Erscheinung tritt! Als williges Organ der Wünsche seiner Frau übersteigt er in der Dämmerung die Mauer zum Garten, und in seiner Angst sagt er alles zu. Verhindern kann er nichts. Gerade wenn der Mann seine Beine in Bewegung setzt, sagt das, wie innerlich machtlos er bleibt gegenüber dem unerhört antreibenden Wesen seiner Frau, die zu Hause sitzt. Das weiblich-seelische Gelüsten heizt ihm ein – er muß ausführen, was sie will.

In ein Gleichgewicht zu pendeln scheint diese Abhängigkeit des Männlichen vom Weiblichen zwischen Rapunzel und dem Königssohn, dem mittleren Gestaltenpaar. Und doch wird zum Leitmotiv auch für den Königssohn

* S. v. Gleich, Marksteine der Kulturgeschichte, Kapitel »Hethiter, Phrygier und Amazonen«, Mellinger Verlag, Stuttgart 1963.

der Gesang Rapunzels. Ihr Gesang rührt sein Herz. Das Mädchen bezaubert den Jüngling. Der Königssohn vergißt darüber alle weiteren Wege, weil er auf lieblichste Art im Bann der jungfräulichen Seele steht. Immer wieder kommt er zurück, erwartungsvoll und ratlos zugleich den Turm umkreisend. Unternehmend finden wir ihn ein einziges Mal, da er es wagt, der Zauberin den Rang abzulaufen, indem er ihren Einstieg in die Turmhöhe nachahmt. Aber auch das geschieht heimlich. Da gelangt er wirklich ans Ziel. Vor der Zauberin selbst verzagt der Königssohn. Hat er sein Schwert vergessen? Warum kämpft er nicht? Warum stürzt er sich zum Fenster herab, noch ehe die Zauberin die Hand nach ihm reckt? Ist das von Rapunzel verlassene Turmgemach, nur noch von der Zauberin böse und giftig durchfunkelt, so verödet und grausig geworden, daß den Königssohn das Entsetzen in die Tiefe stürzt? Die Leere stößt ihn aus ins Elend, und er irrt von da an blind durch die Lande, ein Zeuge duldenden Ertragens.

Wieviel mehr Tatenlust geht von Rapunzel aus! Erinnern wir uns des glücklichen Augenblickes, da sich die beiden finden; wie ihr da unmittelbar der Einfall entspringt:

»Wenn du kommst, so bringe jedesmal einen Strang Seide mit, daraus will ich eine Leiter flechten ... und du nimmst mich auf dein Pferd.«

Was ist aus der Leiter geworden? Hat sie daran gar nicht geflochten? Hat er die Seide vergessen? Bedeutungsvoll scheint, daß »draußen« eine Leiter (hier eine Strickleiter) noch gar nicht zu existieren scheint – sonst könnte sie ja der Königssohn das nächste Mal gleich mitbringen! Nichts dergleichen. Es klingt, als müßte eine Leiter von der Hand Rapunzels überhaupt zum ersten Male geflochten werden. »Ich will flechten«, sagt Rapunzel. Erfinden und Selbsttun keimen in Rapunzel auf. Der Königssohn ist nur einfach da.

Und schließlich geht wiederum von Rapunzel aus, daß sie allem vertraulichen Beisammensein ein Ende macht – durch ihre Erzählfreudigkeit. Sie prüft vor sich selbst das Schwere und Leichte, das Dichte und das Lichte, und sie beraubt sich selbst ihres Geliebten durch ihr laut gedachtes Wägen – wie sich einst die Mutter ihres Kindes beraubte durch ihre laute Begier. Die im Singen so liebliche Jungfrau wird hier im Denken, seiner noch ungewohnt, töricht genug, preiszugeben.

So sind es die menschlich-weiblichen Gestalten, die das Leid heraufbeschwören. Aber es ist auch die Liebefähigkeit Rapunzels, die aus dem

Lebensstrom die heilenden Tränen weint. Sie schenkt dem Geliebten das Augenlicht wieder. Das ist Rapunzels eigenste Gabe.

Wir sehen deutlich das Zünglein der Waage inmitten des Märchens schwanken. Die Gewichte verlegen sich beim Einstieg des Königssohnes in den Turm. Das ist die Wende. Mit dem jungen Königssohn tritt für Rapunzel eine Weltenkraft in Erscheinung, die sie vorher nicht kannte. Die alte Macht äußert sich magisch; sie webt in den Anfängen noch golden-urweisheitsvoll aus abgründigen Tiefen herauf (oder hinab, »zwanzig Ellen tief«, wenn sie sich des Haars von Rapunzel wie eines Instrumentes bedient). In diesem Zustand bleibt die Menschenseele ganz dem rhythmisch-gleichförmigen Zauber der großen Mutter verfallen. Und diese Herrscherin will das Ihre, ein nur ihr ergebenes Geschöpf. Der Königssohn nun weckt in Rapunzels Gemüt Denkkraft. Diese Fähigkeit bleibt zunächst keimhaft schüchtern gegenüber der allseitig gewaltigen Mutterstrahlung. Die Denkkraft Rapunzels wagt sich beglückt als Neugierde hervor, streckt auch ihre Fühler aus, eine Fluchtleiter zu knüpfen, läßt sich jedoch verleiten, am falschen Ort auszuplaudern. Rapunzel erwacht im Angesicht des Königssohnes in sich selbst – und muß dieses Erwachen teuer entgelten. Sie wird ausgestoßen in die Wüstenei.

Das Märchen stellt einen Übergang der Menschenseele dar aus der Welt der Mutterhörigkeit in die Eigenständigkeit. Es führt uns weit zurück in Urzustände menschlichen Daseins. Deswegen hat das Vater-Mutter-Paar Rapunzels den vorindividuellen, den allgemeinen Menschencharakter, ein Adam-Eva-Paar, ohne jeden Rang und Stand. Auch Rapunzel wird durch ihre Namensgebung aus der Pflanzenwelt als vor-ichhaften Ursprungs gekennzeichnet. In Rapunzel selbst jedoch vollzieht sich dieser Übergang. Sie begegnet dem Königssohn; der Königssohn sucht sie auf, und mit ihm zieht ein neuer Werdeimpuls in das Seeleninnere ein, so seltsam zurückhaltend sich auch der Königssohn äußert. Und dies hängt mit der Freiheit zusammen: Rapunzel muß selbst ihre Freiheit wollen. Und sie will sie. Sie kommt auf die Idee, die Leiter zur Flucht zu flechten.

Hier sei Bachofen zitiert (aus S.v.Gleich, S.208); wir können aus seinen Sätzen, in der wissenschaftlichen Sprache des 19.Jahrhunderts formuliert, die Abfolge des Märchens wiederfinden:
»Das Mutterrecht ist das Recht des stofflichen Lebens, das Recht der Erde, aus welcher jenes seinen Ursprung herleitet. Im Gegensatz dazu ist das

Vaterrecht das Recht unserer unstofflichen, unkörperlichen Natur... So fällt der Übergang aus dem Mutterrecht in das Vaterrecht mit einer höheren, religiösen Entwicklung zusammen. Es ist der Fortschritt vom stofflichen zum intellektuellen, vom physischen zum metaphysischen Prinzip der Religion. Es ist die Erhebung, das Aufsteigen von der Erde zum Himmel.«

Damit rückt der Königssohn des Märchens in ein bedeutsames Licht. Er ist der Abgesandte des Vaterrechts (seine erste Erwähnung lautet: »der Sohn des Königs«). – Zunächst überragen die weiblichen Gestalten des Märchens die männlichen. Sie sind ihnen an Energie voraus. In einsamer Throngewalt rafft vor allem die große Zauberin die weibliche Überlegenheit zusammen. Sie scheint keinen gleichwertigen Gegenspieler zu haben. Aber ihr ebenbürtiger Widerpart ist gerade der Königssohn. Er kommt aus einem anderen Reich und bringt das Neue. Er bringt eine Liebe, die zur Freiheit impulsiert. Die Vorherrschaft der weisheitsvollen, aber dumpfbindenden Naturgöttin wird durch ihn überwunden. Er tritt im Märchen nicht als Kämpfer auf – sein bloßes Erscheinen in der Mutterwelt bringt schon den Verwandlungsimpuls herein. Sein bloßes Dasein verwandelt Rapunzels Gemüt. Was im Widerstreit der Mächte geschieht, muß die Menschenseele Rapunzel inwendig im Turm erleiden. Sie kann es der großen Mutter gegenüber nicht erkämpfen. Hingegeben verschworen dieser Menschenseele leidet der Königssohn mit. Hinter der Rätselgestalt des Königssohnes tauchen Züge des menschgewordenen Gottessohnes auf. Als der menschlich Liebende gibt er seinen hohen Strahlungsadel nach außen auf zugunsten einer inneren Einwohnung. Er überwindet durch Hingabe.

DIE GOLDKINDER

Fischfang

Ein Mann und eine Frau besitzen nichts als eine kleine Hütte, nähren sich vom Fischfang und leben von Hand zu Mund. Mit Armut setzt das Märchen ein, doch einer Armut besonderer Art. Sie kann unvermutet in Reichtum umschlagen – durch den Fischfang.

Beobachten wir einen Fischer, so fällt uns auf, daß entscheidend ist, ob er einen fischreichen Grund entdecken kann. Dafür muß er einen Spürsinn haben. Ist er am rechten Ort angelangt, hat er das meiste getan. Er wirft seine Angel oder sein Netz, sitzt nieder und wartet. Vergleichen wir mit ihm den Ackerbauer, einen anderen urtümlichen Beruf, so beginnt dessen Tun erst, wenn er vor sein Feld hintritt. Breitbeinig im Widerstand zur Erde schlägt er die Hacke in den Boden oder ritzt mit dem Pflugeisen den Acker auf. Im Vorwärtsschreiten wirft er in die Furchen den Samen und bedeckt ihn wieder mit Erde. Auch er muß dann warten – aber einen Sommer lang. Er muß auch wieder dem Wachsenden den Boden lockern. Schon die Geräte bekunden den fundamentalen Unterschied. Beim Ackerbauer müssen sie scharf, spitz, hartkantig sein. Des Fischers Netz bleibt geschmeidig, es ist maschig geflochten. Um das Netz im Flug durch die Luft zu breiten, daß es sich gelöst ins Wasser senke, bedarf es geschickten Schwunges – und der Windstille. Der Fischer muß auf die Strömungen von Wind und Woge achten. Hat er aber gut geworfen, so hat er seinen Arbeitswillen hingegeben. Von diesem Augenblick an darf nichts mehr seine Anwesenheit verraten. Er muß Natur geworden sein, soll der Fang glücken.

Achten wir auf die hingebend verhaltene Art dieses Tuns. Der Fischer wird zum geduldig Beschenkten aus der Schöpfung. Und da ereignet sich im Märchen, daß dem Kauernden am Strand ein glücklicher Zufall das Kleinod der Schöpfung selbst zuspielt.

Es geschah aber, als der Mann eines Tages beim Wasser saß und sein Netz auswarf, daß er einen Fisch herauszog, der ganz golden war.

»Es geschah aber« – wie schön sagt es die Sprache, daß ein Wesen, außerhalb aller menschlichen Macht und »ganz golden«, die menschliche Sphäre berührt. Bei den Fischlein unserer Aquarien freuen wir uns an dem feurig glänzenden Schuppenkleid; das Gold hat da nur übertragenen Sinn. Hier sagt »ganz golden«, daß die Goldsubstanz eine völlig erfüllende ist. Sie wird Kern und Schale zugleich. Die Sonne – Urbild des Goldes – hat sich selbst ins Beseelte verfruchtet. Alles Schönfarbige des Meeres schießt zusammen in diesem aufleuchtenden Wesen. Anders gesagt: der König des Lebensmeeres hat sich dem Menschenufer genähert. Der Fang des Fischers wird zum Fang aller Fänge. Die königliche Würde und Gewalt wird gleich auf deutliche Weise kund – und der Fischer kann zu alledem nur verwundert staunen. Der Fisch hebt zu sprechen an:

»Hör Fischer, wirfst du mich wieder hinab ins Wasser, so mach ich deine kleine Hütte zu einem prächtigen Schloß.«

Ein Versprechen, das auch uns die Augen aufgehen ließe, stünden wir in des Fischers Schuhen. Doch sogleich läßt uns der Zwiespalt der Umstände auch fragen, warum wohl das goldene Wesen sich so weit ans Ufer und in die Gefahr begibt, eines simplen Menschennetzes Opfer zu werden? Wer so viel Zauberkraft besitzt, sollte der nicht einem kleinen Netz entrinnen können? Warum verläßt der Fischkönig das Zentrum seines Reiches – es handelt sich doch wohl im Märchensinne um sein goldschimmerndes Meerschloß – und wagt sich bis in die Randzonen des flüssigen Elementes, so daß eben der Mensch am Strand der Armut seiner habhaft werden kann? Liegt darin Zufall oder eine Notwendigkeit, die weit über des Fischers Horizont geht? Noch scheint ein Zufall zu walten, scheint es nicht an der Zeit, daß der goldene Herr der Gewässer dem Menschen überantwortet werde. Es findet nur für einen Augenblick eine Ankunft statt, aufblitzend im Netz des Bewußtseins. Und im selben Augenblick verlangt den Fisch auch schon wieder zurück ins Wasser. Ein Begegnungswunder hat sich ereignet. Aber dem einfältigen Fischer kommt es gar nicht auf das hintergründig Brauende dieses Wunders, sagen wir auf das Wunderbare an sich, an – ihm genügt, daß für sein leibliches Wohl gesorgt werde. Und so lautet seine Antwort, fast murrend: »Was hilft mir ein Schloß, wenn ich nichts zu essen habe?« – Auch dafür wird gesorgt sein, verspricht der Fisch.

»Es wird ein Schrank im Schloß sein; wenn du den aufschließest, so stehen Schüsseln darin mit den schönsten Speisen, soviel du dir wünschest.« – »Wenn das ist«, sprach der Mann, »so kann ich dir wohl den Gefallen tun.« – »Ja«, sagte der Fisch, »es ist aber die Bedingung dabei, daß du keinem Menschen auf der Welt, wer es auch immer sein mag, entdeckst, woher dein Glück gekommen ist; sprichst du ein einziges Wort, so ist alles vorbei.«

Nicht wahr, indem sich die armselige Hütte zu einem prächtigen Schloß verwandeln soll, wird inwendig nochmals ein tabernakelartiger Schrein verheißen, ein Schrank, aus dem die Fülle des Nährenden quillt. Verheißen allerdings unter der Bedingung, alles muß im Verschwiegenen bleiben; darauf besteht der Fisch. Kein Wort darf laut werden über das Woher, »zu keinem Menschen auf der Welt, wer es auch immer sein mag«. Die Forderung ist um so schwerer zu fassen, als der Fisch selbst – und unbefangen erzählt es uns ja das Märchen – sich der verständlich klaren Worte bedient. Aber wahrscheinlich sind die Worte des Fisches gar keine gewöhnlichen Menschen-, sondern sphärische Worte, in den Wellenanschlag geraunte, verhüllt vernommene Worte, wie im Traum erlauscht. Eine schützende Tagtraumglocke hüllt diese Begegnung ein. Bleibt doch das Beste eines Traumes unsagbar in der Seele seines Träumers! Der Fisch führt mit dem Fischer ein Eingebungsgespräch. Denn noch schwebt das schöpferische »Wort« im Lebensgewässer. Noch ist die Zeit des göttlichen Wortes, menschlich offenbar zu werden, nicht erfüllt. Und das unter Menschen gängige, menschlich gestammelte Wort kann die Geschehnisse nur von außen beschreiben, keine Taten bewirken. Das kosmische Wort hingegen müßte die Verdünnung ins flachwache Reden als Verrat empfinden. Noch waltet es draußen im strömenden Meer der Gottheit. Sowie sich menschliches Wissen dazwischendrängt, muß der vom kosmischen Wort ausfließende nährende Strom des Lebens versiegen. Dieser webt, dem Verstande unbewußt, aus der Meerestiefe herüber in den Schrein der Hütte und ergießt sich ganz ins Leibliche des Fischerdaseins hinein. So durchströmt heute noch in jedem kindlichen Leib, unbewußt, die Fülle eines göttlichen Fischzuges die Tiefen unterm menschlichen Sonnengeflecht (der organischen Entsprechung des Fischernetzes im Märchen). Jedes Kind trägt traumverborgen einen solchen Goldfischer in seiner Leiblichkeit.

Entwicklungsgeschichtlich befinden wir uns im Eingang des Märchens an einer sehr frühen Schwelle menschlichen Daseins. Zwar ist der Mensch schon ausgesetzt aus den reinen Paradiesgefilden an den Strand der Entbehrung und Mühsal. Und doch liegt dieser Strand noch traumnah der Fülle. Mörike ahnte den Strand:

»Du bist Orplid, mein Land!
Das ferne leuchtet;
Vom Meere dampfet dein besonnter Strand
Den Nebel, so der Götter Wange feuchtet.«

Urzeiten der Atlantis dämmern im Märchen auf; es sind Grenzerlebnisse mit dem periodisch traumhaft einkehrenden Reichtum des Unsagbaren. Und doch bilden Land und Meer hier schon eine Doppelwelt. Sie liegen nah verbunden und doch deutlich getrennt nebeneinander. Und so leben auch in der kleinen Fischerhütte zwei nebeneinander, Mann und Frau. Das Paar, so eng es zusammengehört, bietet sich von Grund auf verschieden dar in seiner Seelengestalt. Der Fischer geht hinaus und schöpft »zufällig« aus dem Schöpfungsgewässer den goldenen Fisch. Die Frau sitzt im Haus. Niemals hat sie selbst die unmittelbare Begegnung mit dem Meer oder gar mit dem goldenen Fisch. Sie nimmt zwar über den Mann teil an dem gewährten Glück, sie sättigt sich aus dem gleichen köstlichen Schrank. Aber was ihm, dem Mann, von Angesicht zu Angesicht schaubar und ins Gehör hinein vertraut wird, bleibt ihr versagt. Wie naheliegend ist, daß sie es »wissen« will. Der Fisch warnt vor der Gefahr – und sie droht nicht von irgendeinem Fremden auf der Welt, auch wenn die weite Welt vom Fisch angesprochen wird. Im Nachhinein scheint es, als gäbe es außer den zwei Fischersleuten überhaupt keinen weiteren Menschen; als lebe nur dieses einsame Paar in seiner Hütte an diesem Strand. Die Gefahr droht dem Fischer allein von der eigenen Gefährtin, von seinem Anderteil. Mann und Frau rücken hier zu einem Urmenschenpaar auf, gleich dem biblischen. Und bedenken wir noch, wie nur innerhalb der wandlungsfähigen Hütte sich die Mann-Frau-Gespräche abspielen, so wird offenbar, wie die innermenschliche Doppelnatur das Goldereignis zu bestehen hat. Das geschieht in einem schier alltäglich anmutenden Ehediskurs; aber er hat seine Doppelbödigkeit. Meisterhaft läßt es der Erzähler sich entfalten:

Nun warf der Mann den wunderbaren Fisch wieder ins Wasser und ging heim. Wo aber sonst seine Hütte gestanden hatte, da stand jetzt ein großes Schloß. Da machte er ein paar Augen, trat hinein und sah seine Frau, mit schönen Kleidern geputzt, in einer prächtigen Stube sitzen. Sie war ganz vergnügt und sprach: »Mann, wie ist das auf einmal gekommen? Das gefällt mir wohl.« – »Ja«, sagte der Mann, »es gefällt mir auch, aber es hungert mich auch gewaltig, gib mir erst was zu essen.« Sprach die Frau: »Ich habe nichts und weiß in dem neuen Haus nichts zu finden.« – »Das hat keine Not«, sagte der Mann, »dort sehe ich einen großen Schrank, den schließ einmal auf.« Wie sie den Schrank aufschloß, stand da Kuchen, Fleisch, Obst, Wein und lachte einen ordentlich an. Da rief die Frau voll Freude: »Herz, was begehrst du nun?« und sie setzten sich nieder, aßen und tranken zusammen. Wie sie satt waren, fragte die Frau: »Aber Mann, wo kommt all dieser Reichtum her?« – »Ach«, antwortete er, »frage mich nicht darum, ich darf dirs nicht sagen; wenn ichs jemand entdecke, so ist unser Glück wieder dahin.« – »Gut«, sprach sie, »wenn ichs nicht wissen soll, so begehr ichs auch nicht zu wissen.« Das war aber ihr Ernst nicht, es ließ ihr keine Ruhe Tag und Nacht, und sie quälte und stachelte den Mann so lang, bis er in der Ungeduld heraussagte, es käme alles von einem wunderbaren goldenen Fisch, den er gefangen und dafür wieder in Freiheit gelassen hätte. Und wie's heraus war, da verschwand alsbald das schöne Schloß mit dem Schrank, und sie saßen wieder in der alten Fischerhütte.

Mit einer Frage begrüßt die Frau den Heimgekehrten; das ist ihre erste Äußerung. Von den fünf Sätzen, die sie spricht, münden drei in einer Frage. In den beiden anderen Sätzen betont sie resigniert – ihr Nichtwissen. Schon mit der ersten Frage wird das Verhängnis geboren. Hinter der Frage steckt der Drang, zu wissen. Es ist der Griff nach der Frucht vom Baum der Erkenntnis, und diesem Griff folgt, wir kennen es, die Ausstoßung aus dem Paradies. Das Wissen schnürt ab vom golden-nährenden Strom. So war es vorverkündet, und so geschieht es. Es liest sich durchaus erheiternd im Märchen und schildert doch nichts weniger als die tragische Vertreibung aus einem Nachparadies, in das des Fischers Fang das Menschenpaar für eine Weile zurückgeleitet hat.

Die Frau erweist sich seelisch stärker als der Mann. Der Mann geht als Träumer durch seinen Tag. Naiv schmeckt er seine Existenz wie eine Frucht und hat völlig Genüge am Erschmecken. Dagegen vermag den einmal erregten Wissenstrieb der Frau keine Macht zu befrieden; auch nicht der Hinweis, daß dieser Trieb in Armut stürzt. Ja gerade das will der Wissenstrieb bewiesen haben – ob es wirklich stimmt! Im Grund öffnet sich eine Tiefe, unheimlich, wenn es heißt: »... es ließ ihr keine Ruhe Tag und Nacht, und sie quälte und stachelte den Mann so lang, bis er in der Ungeduld heraussagte...« Mit dem Wissenstrieb wurde die Seele friedlos. Vielleicht war der Friede die schönste und reifste Frucht des jenseitigen Gartens.

Der Mann muß von vorn anfangen. Er wandert wieder zum Strand. Und das Glück will es, daß er den goldenen Fisch abermals herauszieht. Wiederum also kreist der Fisch an den Grenzen seines Gewässerreiches. Es bahnt sich etwas Umwandelndes an. Denn warum begibt sich der Fisch abermals auf diese Bahn, vor der er doch vom ersten gefährlichen Verfangen her gewarnt sein könnte? Gewarnt wohl von der menschlichen Logik her, aber der göttliche Logos hat andere Schlüsse im Sinn. Und so fängt ihn der Fischer zum zweiten Mal im Netz. Und doch verlangt den Fisch auch diesmal ins Wasser zurück. Noch einmal verspricht der Fischer, er werde das Wort hüten, und noch einmal blüht im Haus die vorige Herrlichkeit auf. Schloß und Schrank erstehen, um dies oder jenes verändert oder gemindert vielleicht,

> *und die Frau war in einer Freude über das Glück, aber die Neugierde ließ ihr doch keine Ruhe, daß sie nach ein paar Tagen wieder zu fragen anhub,*

– kurz, sie macht den Mann, mag er auch eine Zeitlang schweigend die Fragen an sich abtropfen lassen, endlich so ärgerlich, daß er herausplatzt und das Geheimnis verrät. Im selben Augenblick verschwinden Schloß und Reichtum abermals. Zwei klüger Gewordene sitzen in der nackten Hütte wie zuvor.

> *»Nun hast du's«, sagte der Mann, »jetzt können wir wieder am Hungertuch nagen.« – »Ach«, sprach die Frau, »ich will den Reichtum lieber nicht, wenn ich nicht weiß, von wem er kommt; sonst habe ich doch keine Ruhe.«*

Dieser Satz enthält den Extrakt aller forschenden Energie; er enthält Stolz und Mut zum unabdingbaren Wissen – und zugleich den Schlüssel zu vielen unheilvollen menschlichen Verwicklungen. Er enthält sogar den Widersinn, daß der Mensch nicht entfernt abschätzen kann, was er in den Welten außerhalb seiner Hütte durch seinen Trieb in Szene setzt; daß nämlich sein Wissenwollen nicht weiß, wohin es eigentlich geführt sein will. Zu Ende gedacht könnte die letzte Frage, die sich aus dem Fragetrieb ergibt, nur sein, ob die Seele Frau vielleicht von neuem zu Frieden und Ruhe gelangen würde, wenn sie auch das Letzte, was gewußt werden kann, endlich wüßte. Oder in der Sprache des Märchens: wenn *sie selbst* einen Zugang zu dem Goldgeheimnis des Fisches aus eigener Erfahrung hätte. Hinter dem Fisch verbirgt sich das Geheimnis des Sonnensohnes. Denn: »Ik bün keen rechten Butt, ik bün'n verwünschten Prins«, heißt es in dem gleichgearteten Märchen »Von dem Fischer un syner Fru«. Dort nennt sich der Verborgene deutlich mit seinem Wesensnamen, gewissermaßen mit seinem Namen von »drüben« her. In den »Goldkindern« zeigt der »Fisch, ganz golden« seine schimmernde Verhüllung. In den Zeiten des Urchristentums verehrte man unter dem Bild des Fisches den Gottessohn.

Im Wißbegierweg, folgerecht zu Ende gedacht, müßte eigentlich liegen, daß die Frau selbst zum Fisch gelangen möchte. Wahren Frieden würde sie vielleicht erreichen, wenn sie gar ins ferne Schloß des Goldsohnes einkehren könnte. Aber sie geht gar nicht ans Meer. Fischer ist nur der Mann, ständig unterwegs. Die Frau als »Hausteil der Seele« sitzt und hütet die Hütte. Soll das heißen, daß sie das Haus gar nicht verlassen kann? Ja es scheint, als verlange es sie fürs praktische Exempel gar nicht daraus heraus; das Wißbare soll zu ihr einkehren! Wenn dem so ist, wird die wißbegierige Seele nie durch ihre Schritte zum Goldsohn gelangen. Also muß, damit auch ihr die Begegnung voll zuteil werde, etwas ganz anderes geschehen. Eine Umkehr der bisherigen Weltenordnung muß eintreten – und das ist die Logik, nach der der goldene Fisch seine Bahn zieht. Damit die entfriedete Seele den Goldsohn finden könne, muß der Goldsohn in die Hütte einkehren. Und nicht nur in die Hütte, er kehrt in die Frau selbst ein, sie nimmt den Fisch auf, verzehrt ihn. Er wird Substanz und Leben in ihr. Ob sie, die Frau, dann wirklich »weiß«, wen sie zu sich nimmt und was sich dadurch vollzieht, sagt das Märchen mit keiner Silbe. Vermutlich nimmt die Frau dieses tiefste Mysterium ohne sonderlich aufzumerken wie etwas Alltägliches hin; verzehren wir doch auch das tägliche Brot und sorgen uns nicht, was uns im Brote speist.

Diese Einwohnung vollzieht sich beim dritten Fischzug, »über eine Zeit«. Nun endlich ist die Zeit reif. Diesmal spricht der Fisch zum Fischer:

»Ich sehe wohl, ich soll immer wieder in deine Hände fallen; nimm mich mit nach Haus und zerschneid mich in sechs Stücke, zwei davon gib deiner Frau zu essen, zwei deinem Pferd und zwei leg in die Erde, so wirst du Segen davon haben.«

Zwillinge

Die Wende ist herangekommen. Aus freien Stücken beschließt der Fisch, sich zu opfern. Er verläßt das Lebensgewässer, folgt an Land, legt sich menschlich faßbar in die Hände des armen Mannes. Bei den bisherigen Fängen schwebte der Fisch immer noch im Netz über dem Wasser. Nun läßt er sich zerstückeln. Und er verheißt, daß die Geschöpfe des festen Landes Gewinn davon haben werden; der Pflanzengrund, Tier und Mensch.

Noch ahnt der Fischer nicht, was seine Hände tun, wenn er den Fisch zerteilt; daß er den Zwillingssamen goldenen Lebens verteilt in die dreigestuften Reiche der irdischen Kreatur. Und sieh, aus den beiden Stücken der Erde entsprossen goldene Lilien, das Pferd wirft goldene Füllen, die Frau gebiert zwei goldene Kinder.

Daß der Fisch ausdrücklich in sechs Stücke geteilt werden will und dann dreimal wiederholt »Zwei davon gib...«, ist eines Nachsinnens wert. Er hätte sich ja auch einfach in drei Teile zerlegen, oder noch einfacher, er hätte allein der Frau zur Speise dienen können! Von der heutigen Einstellung her wäre ja noch selbstverständlicher, daß Pferd und Garten gar nichts davon bekommen, sondern bestenfalls Mann und Frau den Fang verzehren. Denn erstaunlicherweise rührt der Mann keinen Bissen davon an! Er hält sich genau an das, was ihm der Fisch aufträgt – und verhält sich damit weiser, als wir seiner Einfältigkeit zugestehen würden. Hier wird exakt dreimal die Zwei ins Geschehen hereingenommen, jene Zwei, die wir gemeinhin als das Wahrzeichen der Spaltung kennen. Schon im bisherigen Verlauf des Märchens herrscht die Entzweiung der Existenz deutlich genug: durch die kosmisch begründete Teilung des Umkreises in Meer und Strand, aber auch durch die Trennung im menschlichen Bereich, den die Hütte umschließt, in Mann und Frau. Der Fisch knüpft an die Tatsache der Entzweiung in Welt und Leben an. Die Entzweiung kann, da sie einmal die Einheit der Welt in Gegensätze gesprengt hat, nicht wieder rückgängig gemacht werden. Das getrennt wirkende Prinzip bleibt auch weiter erhalten, erfährt aber an diesem Wendepunkt durch das Opfer des goldenen Fisches eine Verwandlung, nämlich einen inwendig aufleuchtenden *einheitlichen* Goldgrund. Der bisher widersetzlich zerfallenden Zweiheit werden gleichgeborene, golden verschwisterte Zwillinge geschenkt. Und gleichzeitig vervielfältigt sich diese Wandlung dreifach in alle geschaffenen Reiche hinein. Damit verbündet sich die Zwei mit der Drei, die Zahl der Spaltung mit der Urzahl der Harmonie. Die Zwei findet durch diese Steigerung ihre Erlösung. Ein neuer Akt im Drama der Gegensätze hebt an, der geboren wird aus der Versöhnung, durch das Opfer des Fisches.

Zugleich verschiebt sich der Schwerpunkt alles folgenden im Märchen. Die Frau gibt als Mutter ihr Leben an die Zwillinge hin; dann geht sie unter in Schweigen. Fast möchte man sagen, sie stirbt bei der Geburt der Kinder, so urplötzlich versiegt von da an jedes Wort von ihr und über sie. Das Frauliche tritt erst wesentlich später wieder auf, und zwar an ganz anderem Ort. Frauen treten erst später in der rittweit in Erdabenteuer verwickelten Zone auf; das Frauliche erscheint dann in ein Doppeltes aufgegliedert: einerseits jungfräulich in dem schönen Mädchen, der Braut des Goldkindes; andererseits altverdorrt in dem »Mütterchen«, das im gleichen Atemzug »Hexe« genannt wird und den Bräutigam zu Stein erstarren läßt. Aus der »Frau« werden diese beiden Frauengestalten. Doch dies greift vor. Die Vorschau ergibt sich aus der auffälligen Tatsache, daß eben die Frau, die Unruhfeder der bisherigen Ereignisse, von der Geburt der Kinder an verlischt. Der Vater dagegen gewinnt vom selben Augenblick an einen neuen Stellenwert. Für die Söhne bleibt nur der Vater im Blick. Mit ihm sprechen sie, und er spricht zu ihnen. Von »Eltern« ist nie die Rede. Der Vater wird uns auch nicht mehr als Fischer gezeigt. Als habe sein Meeresgang mit dem dritten Fang des goldenen Fisches aufgehört, rückt er von da in den Rang eines ehrwürdigen Patriarchen oder noch stärkerer Wertschätzung auf.

An diesem Abschnitt entgleitet auch das Meer dem Blick. Allein der feste Erdenboden bleibt Schauplatz des Geschehens, und mit dem Schicksal der Söhne fährt das Märchen fort. Mit dem goldenen Fisch hat das Meer seinen Mittelpunkt verloren und scheidet für die nächstfolgende menschliche Entwicklungsdramatik aus.

Die Söhne wachsen heran, werden groß und schön. Neben ihnen gedeihen auch die Goldfüllen zu prächtigen Rossen heran. Ebenso strecken die Goldlilien ihre Stengel und blühen auf. Es scheint, als sei in des Vaters umschlossene Welt durch die Goldlilien ein neuer Duft paradiesischen Sprießens eingekehrt. Da reift in den Goldkindern der Wille, aus des Vaters Gartenreich hinauszureiten in die Welt. Sehnsucht nach Weite erwacht, als fange in ihnen an zu wirken, was durch den goldenen Fisch als kreisendes Element in sie eingesenkt wurde. Und von diesem Entschluß an wird des Vaters bleibender Ort gleichsam hinaufverklärt in den Charakter einer die Urheimat bewahrenden höheren Welt. Es ist nur noch vom »Vater« die Rede, und sein Bezirk wird durchlässig für das Reich des himmlischen Vaters. Es ist eine Welt des Vertrauten, Geborgenen; für die Söhne bleibt dort die ruhende Stätte.

Der Vater sieht mit Sorge dem Aufbruch der Söhne zu:

»Wie will ich's aushalten, wenn ihr fortzieht und ich nicht weiß, wie's euch geht?« Da sagten sie: »Die zwei goldenen Lilien bleiben hier, daran könnt ihr sehen, wie's uns geht: sind sie frisch, so sind wir gesund; sind sie welk, so sind wir krank; fallen sie um, so sind wir tot.«

Beim Vater bleiben die Goldgewächse zurück, und sie sind mehr als nur eine Zierde. In den Lilien hat das Leben der Söhne seine Entsprechung am ewigen Ort. Die einverleibte Goldsubstanz hier wie dort verbindet die Söhne mit ihren Lilien, auch wenn die Söhne fortziehen. »Im Geiste wurzelt alles Leben«, lautet die Zeile eines Wahrspruches von Rudolf Steiner. Was auf dem Feld irdischer Abenteuer geschieht, wirkt durch die goldene Strahlung bis in den väterlichen Garten zurück. Dort blühen oder welken die Lebenslilien, und daran hat der Vater ein untrügliches Zeichen. In die Goldgrundbilder alter Meister, des Konrad Witz z.B., sind noch solche Lilien- oder andere Blattornamente in die Hintergründe eingeprägt.

Die Sechsteilung rückt damit nochmals in ein neues Licht. Schien es erst, als sei die Austeilung des Fisches an Erde, Tier und Mensch ein vereinzelt ersonnener Akt, so erweist sich die sechsfache Teilung je länger um so mehr als eine Neufassung der Schöpfungsimpulse – in der Umkehr. Die biblische Genesis berichtet ursprünglich von sieben Elohim, die ihre Fülle ausbreiten. Bald aber schwindet die göttliche Siebenheit aus dem biblischen Wortlaut, je irdischer und konkreter nach unten sich die Schöpfung ausbildet. Schließlich bleibt in der mosaischen Gottesschau von der siebenfachen Gottheit ein einziger Gott, den sie Jahve nennt. Es sieht zuletzt aus (und so lautet auch die

Lutherische Übersetzung), als ginge alles von *einem* Gottesimpuls aus. Hier im Märchen, an dem entscheidenden Wendepunkt, geht die Opferung wirklich von *Einem* aus, aber dieser Eine gliedert die sechs verlorenen Elohimkräfte wieder allem bisher Geschaffenen aufs neue ein, um die Schöpfung von innen zu beleben und zu durchsonnen. Die neue Schöpfung geschieht nicht durch Entfaltung weiterer Arten vom Kosmos her, sondern in der *Wandlung* der vorhandenen Arten, einer Durchlichtung von innen her.

Und noch einen Zug darf man an dieser Stelle hervorheben. Während das Märchen im ersten Teil das Menschliche in Mann und Frau trennt, in den Gegensatz der Geschlechter, in ein Altgeschlecht, das sein Leben mehr träumt, als wach zu führen scheint, aber doch durch die Frau zur Wachheit drängt, wird im zweiten Teil, von der Sechsteilung an, dem menschlichen Schicksalserleben ein verändernder Einschlag zugefügt. Der Goldkeim bewirkt, daß die zweite Generation sich nicht aufteilt ins Männlich-Weibliche (es könnten ja auch ein Knabe und ein Mädchen als Zwillinge geboren werden), sondern allein ins geisterzeugte Männliche: Die Kinder der Altvordern werden zwei Jünglinge. Ihr Schicksal wird nicht mehr geschlechts-, sondern bewußtseinsbetont verlaufen. Jetzt erst beginnt das selbständige, wache Menschenabenteuer, – als Bewußtseinsereignis. Solange die beiden Jünglinge auf dieser gemeinsamen Goldspur zusammenhalten, kann ihnen nichts geschehen. Aber es zeigt sich auch zwischen diesen beiden Söhnen eine merkwürdig gespaltene Anlage. Nur einer von ihnen verwirklicht den Impuls des Fisches, er bleibt in der Goldsphäre. Der andere sinkt in die geschlechtsabhängige Mutterspur zurück, auch wenn er paradoxerweise der Vorwärtsstürmende ist. Man kann sagen: Obwohl beide Söhne dem Geschlecht nach nur das Vaterwesen weitertragen, leben untergründig in den Söhnen beide Elternströmungen fort. Den einen zieht es fast magisch zum Vater zurück; den andern jedoch hinaus in jene Zone, wohin die entschwundene Mutter, aufgeteilt in Jungfrau (Braut) und »Mütterchen« (Hexe), ihr Dasein verlegt hat. Und beim Mütterchen endet der Weltendurstige.

Folgen wir den Spuren der Söhne. Bald wird sich zeigen, daß es vorwiegend die Fährte des tatendurstigen Muttersohnes ist, der wir folgen; des Sohnes, der scheitert.

Sie reiten fort und kommen in ein Wirtshaus. Sie suchen die erste Herberge auf ihrer Fahrt – und sofort erwartet sie eine üble Erfahrung. Im Wirtshaus sitzen viele Leute. Die beiden Goldkinder treten ein, die Leute fangen an über sie zu lachen und zu spotten. Warum lachen die Leute? Was wirkt an einem Goldkind lächerlich? Schwer zu begreifen. Wir begreifen es nur, wenn wir uns das Wirtshaus als eine zwielichtige Diesseitsherberge vorstellen, und die Leute darin sind alles andere, nur keine Goldkinder. Es werden Habenichtse sein, denen nichts geblieben ist als Spott der Zunge. Ihren herausfordernden Spott sticheln sie vom Zechtisch aus, ellbogenbreit aufgestützt, den Ankömmlingen hin. Die Goldsöhne sind in eine Bettlerherberge geraten. Das Gold reizt die Besitzlosen. Der Spott leckt das Gold an, er will es aus den Fugen kratzen, um es zu entwerten. Das ist die erste Erdenerfahrung der Goldkinder.

Darüber entsetzt sich der eine der Brüder so sehr, daß er wieder heimreitet zum Vater. Er schämt sich – nicht seiner, sondern der Spötter. Er will nicht einkehren in eine Welt, die das Gold nicht freuen mag. Ihn zieht es zurück zu den Lilien der Reinheit. – Um so entschiedener drängt der andere Bruder vorwärts. Mögen die Spötter spotten; bald wird er selbst ein schäbiges Fell umhängen und sich dem Stile anpassen, der von der Grenzscheide des Wirtshauses an in der Welt gilt.

Die Wege trennen sich. Das Zwillingsband der Brüder wird zunächst zerrissen. Der eine kehrt zum Vater zurück, der andere wagt sich hinein ins Abenteuer der gemeinen Welt. Schon in der nächsten Station gerät er in den Bannkreis eines gefährlichen Waldes, in dem Räuber hausen, Räuber in zweierlei Gestalt – ihr gewisperter Dialog hinterm Dickicht verrät es. Im Dickicht sitzen die Ausbeuter jener Gesellen, die als heruntergekommene Spötter im Wirtshaus ihren Kummer verhökern. Jedoch die Räuber witzeln nicht, sie gehen ans Leben und schlagen tot. Ihre Art nach dem Gold zu trachten ist schon viel massiver. In dieser Region kann dem Goldkind sein Gold zum tödlichen Lockmittel werden. Andere Leute machen aufmerksam auf die Gefahr (sind es besonnen den Weg weisende Gerechte?), aber das Goldkind läßt sich nicht abhalten. Hier fällt zum ersten Male das markante Wort, das noch zweimal folgen wird: »Ich muß und soll hindurch« – und um die Räuber zu täuschen, schlüpft der Goldsohn in eine Bärenhaut. Das Gold verschwindet dem äußeren Blick. Es zieht sich ins Tiefschichtige zurück. Obenauf täuscht das rauhe Fell der Dutzendgesellen. Und das Dutzendgebaren »Benütze, was dir nützt«, nützt ihm in der Tat: Einen Bärenhäuter anzufallen (»kahl wie eine Kirchenmaus«) lohnt nicht. Ungeschoren entkommt er den Räubern. Wahrlich, er hat etwas gelernt von den Kumpanen im Wirtshaus, er deckt den schäbigen Schein über die Lauterkeit. Er beginnt, sein Gold zu verleugnen. Aber er muß wohl so handeln, sonst wäre ja schon bei den Räubern seine Weltfahrt am Ende und er nicht mehr am Leben. Er gelangt heil heraus aus dem Räuberwald. Wie lange der Waldritt dauert und welche Zeit danach vergeht; durch welche Täler und Gründe ihn sein weiterer Ritt führt – all dies bleibt unausgesprochen.

»Eines Tages« nun kommt er in ein Dorf und macht hier Rast. Die Bärenfelle hat er offenbar vergessen abzulegen – oder hat er sich so an sie gewöhnt, daß sie inzwischen zu seinem bleibenden Gewand geworden sind? Jedenfalls geht aus dem Nachherigen hervor, daß er sie auch dann noch trägt, als ihn die Räuber längst nicht mehr bedrohen. Er trägt sie ja noch bei der Hochzeit später – eine merkwürdige Sache, wenn es nur Vergeßlichkeit wäre! Achten wir darauf, daß von einem Dorf die Rede ist, in dem er ankommt, nicht von einer Stadt oder einem Schloß. Er kommt in eine bäuerliche Siedlung – wir sind gründlich unten in den Landschaften der gewöhnlichen Erde. Da begegnet dem Jüngling auch keine Königstochter, sondern einfach ein Mädchen. Und doch empfindet er eine so große Liebe zu dem Mädchen, daß er hingeht und spricht: »Ich habe dich von ganzem Herzen lieb, willst du meine Frau werden?« Und das Mädchen antwortet: »Ja, ich will deine Frau werden und dir treu sein mein lebelang.«

Der Verfasser gesteht, daß ihn immer aufs neue, sooft er auch das Märchen erzählt hat, die karge und keusche Kürze ergreift, in der sich diese Liebe ausspricht. Das spontane und bedingungslose Vertrauen der beiden zueinander kann nicht schöner gefaßt werden. Hat sich hierhinein das Gold zurückgezogen? Wie könnte sonst, was der Jüngling sagt, so überzeugend wirken, daß die Geliebte auch nicht einen Augenblick an den Bärenfellen Anstoß nimmt! Es bedarf weder Nennung eines Standes noch Ranges, noch eines sichtbaren Prunkes, um dem Mädchen das Jawort zu entlocken. Der Jüngling wirbt nur mit dem, was aus seinem Wort spricht, »von ganzem Herzen«. Mit der Goldwünschelrute eines herzlichen Wortes findet der Jüngling die Geliebte. Äußerlich weiß er nichts von dem Mädchen; so wenig wie es von ihm. Es ist, wie es ihm entgegentritt, irgendein Mädchen irgendeines Dorfes, anonymes Glied eines Werktagsgeschlechtes. Aber für ihn wird es im Augenblick der Begegnung zum ein und alles. Er *glaubt* an die Geliebte und glaubt nicht, daß eine schönere in der Welt sein könnte – was doch besagt, daß ein *individueller Funke* überspringt von ihm zu ihr und ihr zu ihm. Denn das Mädchen bringt nur mit, was sein Antlitz verschönt – sich selbst. Liebe wird zu einem Akt des Vertrauens.

Seit der goldene Fisch in die Geburt einging, bahnt sich der Reichtum eines neuen Reiches unter Menschen den Weg durch dieses Nadelöhr. Der Reichtum von außen ist dem Blick erloschen. Die beiden Liebenden treten uns – wenn auch nur für den Augenblick, da sie zueinanderfinden – als Erstlinge entgegen. Sie feiern Hochzeit – ohne jemanden weiter zu fragen. Ob das Fest in einem wohlbestallten Haus, in einem Palast oder einer Hütte gehalten wird, darüber fällt kein Wort, weil es nicht wichtig ist. Auch von Gästen ist keine Rede. Die beiden Brautleute bestimmen sich selbst und handeln aus sich selbst. Und sie sind »eben in der größten Freude«, da kommt der Vater der Braut erst heim. Gerade dieser Zug bestätigt uns, wie sehr, was hier geschieht, im Widerspruch zu allem bisher Geltenden steht; zum mindesten im Widerspruch zum geltenden Vatergesetz. Den Vater der Braut entsetzt die Eigenmächtigkeit der Hochzeithaltenden. Er gerät in Zorn: »Nimmermehr soll ein Bärenhäuter meine Tochter haben«, er will den ungebetenen Freier erschlagen. Da hält ihm die Tochter den entwaffnenden Einwand entgegen: »Er ist einmal mein Mann, und ich habe ihn von Herzen lieb.« Der Vater läßt sich still sprechen, aber nur an der Oberfläche. Man muß sich in die Lage des Vaters versetzen, um Unmut und Bestürzung zu verstehen. Wurde ihm doch hier in einem Augenblick der Abwesenheit das bislang unangetastete Vorrecht seines Machtspruches von einem unvermutet ankommenden Fremden entwunden! Der Brautvater ragt herein aus einer Zeit, wo der Erzeuger auch als Verfüger galt. Was Besitztum und Würde sei, davon hat der Vater eine wohlgegründete Anschauung. Wenn er Reichtum meint, meint er Werte, die sich auch ins Sichtbare hinein ausdrücken. Der Tochter ist die Liebe ihres Herzens Gold genug. Für den Vater blieb die Tochter sein »Kind«, auch wenn er sie für eine Zeit allein gelassen hat. Nun stößt er auf einen eigensinnigen Selbstwillen. Er kann die Veränderung nicht begreifen und wird fast zu einer tragischen Gestalt: Den neuen Blick hat er noch nicht, aber mit dem alten Recht hat er nichts mehr zu sagen, und den

Moment der Wandlung hat er versäumt; da war er nicht da. Wo war er inzwischen? Hat er sich auf einer Reise befunden, das Seinige zusammenzuhalten, und war damit der zu Hause eingetretenen Gegenwart entrückt? Wir erfahren nicht, welcher Rang oder Stand hinter diesem Vater steckt. Fest steht nur, daß der Brautvater bei der Heimkehr zurückprallt vor einer umstürzenden Veränderung. Es sind die Bärenfelle, die ihn in Rage bringen; er empfindet sie als Beleidigung.

Der Tag verwirrt den Vater. Es läßt ihm keine Ruhe. Er sinnt und findet keinen Schlaf, und da, am frühen Morgen, begibt er sich an das Lager, um seiner Tochter Mann zu sehen. Er muß Gewißheit haben, »ob er ein gemeiner und verlumpter Bettler wäre«.

Wie er aber hinblickte, sah er einen herrlichen goldenen Mann im Bette, und die abgeworfenen Bärenfelle lagen auf der Erde. Da ging er zurück und dachte: »Wie gut ist's, daß ich meinen Zorn bändigte, ich hätte eine große Missetat begangen.«

Welch eine bewundernswerte Kraft spricht sich im Vater aus! Indem er sich in den Nachtbereich begibt mit seiner Sorge, greift er die einzig ihm gebliebene Fährte auf, zur Wahrheit zu kommen, die Fährte zum Ursprung zurück. Denn er weiß (und darin zieht er das Erbe der ganzen Vergangenheit zusammen): Was die Nacht offenbart, kann nicht trügen. Der Vater der Braut hat noch die Kraft, sein Bewußtsein in der Nacht aufrechtzuerhalten. Er steht vor dem Bett des Bräutigams. Der Bräutigam selber schläft. Das junge Geschlecht sinkt hin für die Nacht und verschläft sie. Das junge Geschlecht weiß gerade in der Nacht von sich selbst nicht. Darin wird deutlich, was den alten Mann von der jungen Generation trennt. Im Nachtblick enthüllt sich dem Alten die innere Goldsubstanz seines Tochtermanns. Und ergreifend wird das Geständnis, mit dem der nächtlich Schauende seine Tagesblindheit gesteht, um dann in Geistesschnelle den Anschluß an die Gegenwart zu finden. Er bejaht den Bräutigam.

Hirschjagd

Mit dem Schlaf des Bräutigams leitet das Märchen eine neue Krise ein. So unmerklich ein Abschnitt in den anderen überzugehen scheint, wir müssen uns zwischen der Hochzeit und dem nun folgenden traumerfüllten Schlaf eine längere Zeitspanne verlaufend denken.

Dem Goldkind aber träumte, er zöge hinaus auf die Jagd nach einem prächtigen Hirsch, und als er am Morgen erwachte, sprach er zu seiner Braut: »Ich will hinaus auf die Jagd.« Ihr war angst, und sie bat ihn dazubleiben und sagte: »Leicht kann dir ein großes Unglück begegnen«, aber er antwortete: »Ich soll und muß fort.« Da stand er auf und zog hinaus in den Wald, und gar nicht lange, so hielt auch ein stolzer Hirsch vor ihm, ganz nach seinem Traume. Er legte an und wollte ihn schießen, aber der Hirsch sprang fort. Da jagte er ihm nach, über Gräben und durch Gebüsche, und ward nicht müde den ganzen Tag; am Abend aber verschwand der Hirsch vor seinen Augen.

Irdisch gesehen weiß der Jüngling nichts von sich in der Nacht – und erlebt doch so viel, daß er ein Bild über die Schlafschwelle mitbringt, ein Bild, das ihn fasziniert. Er wacht am Morgen mit dem Entschluß auf: »Ich will hinaus auf die Jagd – ich soll und muß fort.« Zum zweiten Mal entringt sich ihm das Schlüsselwort. Riß es ihn beim ersten Mal hinweg vom Bruder in die spottbereite Erdenwelt, so reißt ihn der neue Entschluß von seiner Braut fort. Hat er nicht in seiner Braut das Schönste schon zum »Eigentum«? Warum will er dem Hirsch nachjagen? Er liebt seine Braut. Die Frage ist nur, liebt er sie mehr als sich selbst? Ihr wird bange vor seinem Entschluß; sie ahnt, daß er die Erscheinung des Hirsches verkennt. Freilich, indem ihm der Hirsch im Traum erscheint, schwebt er, als Träumender, *über* der Erdensphäre. Aber statt nun zur Höhe, zur Wahrheit der hohen Traumsphäre vorzustoßen, zieht es den Bräutigam in die Breite, hinaus in die Wälder, in deren einem Revier auch die Räuber hausen. Statt dem Nachterlebnis auf die Spur zu kommen, sucht er den Hirsch draußen im Tag – und setzt all seine Jagdtriebe ein. Er will den Hirsch jagen. Damit setzt ein zweiter Sündenfall auf der Erdfahrt des Jünglings ein. Sein erster war, sich die Bärenfelle zuzueignen. Im zweiten deutet er das Traumtier zu einem Freibeuterwild um. Doch der Hirsch wird sich nie erjagen lassen! Im Gegenteil, je mehr er verfolgt wird, um so mehr entfernt er sich. Als flirrendes Lockbild gaukelt er vor dem Blick und entzieht sich genau dann, wenn der Verfolger ihn schußgerecht im Ziel hat. Der Jäger verrennt sich in blinder Hetzgier, und der Wald wird ihm, solange er ihn schußgierig durchtollt, zum Irrwald. Hinter der Jagdlust pocht Tötungslust. Jagdlust will den Tod des Opfers, um es ganz zu »besitzen«.

Wie anders könnte dem Goldkind die Erscheinung des Hirsches fruchten, wenn er den Jäger oder Treiber in sich überwände und den Heger erwachen ließe, das heißt, wenn es ihm gelänge, sich dem Traumtier friedlich zu verbinden! Der Hirsch will »erkannt«, er will gerufen, er will angenommen werden. Er erscheint als Bote, nicht als Beute. Allerdings, eine solche Auffassung läuft entgegen aller brutalen Verfolgungsgier. Sie setzt voraus, daß der Jäger seinen Sinn zu wandeln bereit ist. – Ist uns nicht schon in anderen Märchen aufgefallen, daß sich das Verhängnis zu Hause im Schloß ereignet, wenn der Mann, der König, auf den es ankäme, seine Jungvermählte zu schützen, sich eben auf der Jagd befindet? Wird nicht in »Brüderchen und Schwesterchen« die junge Königin, nachdem sie ein schönes Knäblein zur Welt gebracht hat *»und der König gerade auf der Jagd war«*, von der alten Hexe im heißen Bad erstickt und derweil die falsche Königin installiert? Indem der König draußen in tödlicher Absicht sich lustiert, kehrt der Tod in sein Haus ein. Der Jäger muß selbst vom Tod ablassen, wenn er den Frieden im eigenen Bezirk bewahren will.

Die Hirschjagd wird in den »Goldkindern« wie selbstverständlich an dieser Stelle eingeflochten. Sie gehört zum Selbstverständnis des Jägers. In ihr schlägt sich ein brennendes Problem des Menschen nieder; das Verhältnis zur Triebwelt seiner Seele – und gerade dadurch hängt die Hirschjagd mit der Braut zusammen. Wir sagten schon, indem der Jüngling den Hirsch vor sich hertreibt, entfernt er sich von seiner Braut. Wir können darauf zurückkommen, wenn wir ein klareres Bild vom Hirsch gewonnen haben, dem die Jagd gilt.

Sehen wir uns zu seinem Verständnis ein scheinbar entlegenes Gegenbild an: des Meisters Matthis (Grünewalds) Tafel mit dem »Gespräch der beiden Einsiedler« vom Isenheimer Altar. Da sitzen die beiden hochbetagten Männer Paulus und Antonius. Der Eremit Paulus deutet dem fragenden Antonius die heiligen Geheimnisse des Glaubens, und sie wölben sich durchsichtig über ihn wie der lichte Himmel. Zu Füßen des Paulus liegt friedlich eine Hirschkuh. Wie klug und wissend hört sie zu! Sie schläft nicht eingerollt; sie hebt den Kopf und ist vollkommen da. Sie nimmt teil an diesem Gespräch – oder ist sie gar der tragende Grund des Gedankenstroms? – In der Tiefe des Felsentores äst ebenso friedlich ein geweihtragender Hirsch. Er ist nicht ganz da, aber nah; er nimmt Nahrung auf, sichtlich zu Antonius gewandt. Das ist der Antonius zugehörende Hirsch. So nimmt die Seele des Antonius das geistige Wort auf, das Paulus zu geben hat, während die Besinnlichkeit ausstrahlende Hirschkuh ganz des Paulus Kräftekreis zugeordnet erscheint. Den menschlichen Partnern, sagend und lauschend im Austausch der Gedanken vereint, wird als gebendes und aufnehmendes Seelenelement das Hirschpaar beigesellt. Hirsch und Hirschkuh gehören zum Kreis, den der Landschaftseinblick umschließt. Alles Natürliche dieses Bildes der beiden Eremiten scheint eine romantisch gefällige Idylle und ist doch ein wirklichkeitsgenauer geistiger Ausdruck. Bis in die Baumgestaltung hinein läßt sich ablesen, wie hier die Schöpfung in sich selbst kreist. Wir finden auf des empfangenden Antonius Seite (er selbst ist noch ganz eingepanzert in eine würdevolle Abtstracht) die knorrig-knotige Buche mit ihrem winterlich kahlen Geäst, von dem im leisen Zerfall die Moosflechten herabhängen. So muß das Gewordene entwerden, sagt die Geste. Genau hinter dem Haupte des Paulus jedoch erhebt sich die junge üppige Palme. Auf der Seite des Spenders also (dessen Leibesgewand, ein kärglich deckendes Palmblattgeflecht, bereits zerfällt) durchpulst menschlich leibfrei ein kraftvoller Lebensstrom die pflanzliche Bildung und verfächert sich vielgefiedert im Licht. Wie kommt die Palme in diese nordisch anmutende Waldeinsiedelei? Meister Matthis erweist sich an der Schwelle von Mittelalter und Neuzeit noch vertraut mit der Sprache der ersten christlichen Jahrhunderte; dort wurden Palme und Palmfächer als ein Signum des durch Christus erneuerten Lebens empfunden. Zwischen Verfall und Erneuerung kreist die durch das Mysterium von Golgatha bewirkte Wandlung. Und so enthalten Natur und Kreatur in Meister Matthis' Landschaft sichtbar nach außen entfaltet das paulinische Wort.*

Wir dürfen sagen, Hirsch und Hirschkuh befinden sich hier an ihrem wahren Ort. In des Paulus Reich fühlen sie sich frei und aufgehoben; seine Heimstatt ist die ihre. Vergegenwärtigen wir uns, in welch eine dramatisch chaotisierte Arena der Jagd uns die unmittelbar vorausgehende Tafel des Isenheimer Altars »Die Versuchung des Antonius« weist: Dort ist nicht Antonius der Jagende, er wird von den Dämonen gejagt. Die Zerstörungstriebe zeigen ihr Gesicht und kehren sich gegen den Menschen selbst. – Hier

* Friedrich Husemann: Der Isenheimer Altar. Verlag Freies Geistesleben, 1969.

im »Gespräch« schließt sich jede Spur von »Jagd« von selbst aus. Der Wald hat sich gewandelt zu einer Oase des Wortes, einem seelisch gereinigten Raum. Das Seufzen der Kreatur hat sich hier zu einem friedlichen Aufatmen gelöst.

Welcher Charakter zeichnet nun im besonderen das Hirschpaar aus und gibt ihm die Ehre, zu Gefährten der beiden Geistsucher erkoren zu sein? Denn außer den Hirschen befindet sich als tierisches Geschöpf nur noch ein Rabe im Bild der Eremiten: ein Bote der Lüfte, der das Doppelbrot – Mahl der oberen Welten – den im Gespräch Vereinten herabträgt. Der Hirsch gehört zum Seelenbild der im Erdenleib wandelnden Menschen. Er bezeugt im Gleichnis die aus der Erdenverkörperung herausstrebenden höheren Seelenfähigkeiten.*

Das ergibt sich aus der Natur des Hirsches. Von vornherein wissen wir, er ist ein reiner Pflanzenverzehrer. Dem Leibesbau nach schnellfüßig und von graziler Majestät, liegt das eigentliche Wunder seiner Leibesbildung im Geweih. Das Geweih erneuert sich von Jahr zu Jahr. Wo alle anderen natürlichen Wesen am meisten verhärtet sind, in ihrer Kopfzone, hat sich das Rotwild eine machtvolle Auffrischungskraft erhalten. Zwar verhornt das im Frühjahr Entsprossende im Lauf des Jahres zur widerstandsfähigsten Dichte, aber mit jedem Frühling erneuert sich der Prozeß, und jedesmal gabelt das Geweih um eine Sprosse höher. Das Geweih wird Stolz und Zierde einer Selbstbehauptung, es wird aber auch eine weitgriffig verzweigte »Himmelsleiter« in den Lichtraum. Des Hirsches Bildekräfte auferstehen im Geweih, von Jahr zu Jahr immer höher getragen. Um dieser natürlichen Auferstehungskraft willen wurde der Hirsch den schaubegabten Wissenden der älteren Zeit zum Symbol einer innerseelischen Auferstehungsfähigkeit.

In der Legende von St. Eustachius, der als römisch-heidnischer Feldherr Placidus hieß, führt der Hirsch seinen Jäger unmittelbar zum Auferstandenen selbst. In der Legenda aurea heißt es: Es geschah eines Tages, daß er zu der Jagd fuhr; da kam ihm für eine Schar Hirsche, unter denen war einer sonderlich groß und schön, der sprang von den andern und floh in den wilde-

* Der Psalm 42/2–3 lautet;

»Wie der Hirsch schreiet nach frischem Wasser,
so schreiet meine Seele, Gott, zu dir.
Meine Seele dürstet nach Gott, dem lebendigen Gott.
Wann werde ich dahin kommen, daß ich Gottes Angesicht schaue?«

sten Wald. Da ließ Placidus die andern Ritter sich mit den andern Hirschen bekümmern und folgte mit ganzer Kraft einzig diesem Hirsche, und suchte, wie er ihn finge. Da er ihn also mit aller Macht verfolgte, sprang der Hirsch zujüngst auf einen steilen Felsen; da ging Placidus nahe hinzu und betrachtete begierlich in seinem Geist, wie er den Hirsch fangen möchte. Da er aber den Hirsch also mit Fleiß betrachtete, da ersah er zwischen seinen Hörnern die Gestalt des heiligen Kreuzes, das gab einen Glanz lichter denn die Sonne, daran hing das Bild des Herrn; der hub durch des Hirsches Mund ... zu ihm zu reden an und sprach: »O Placide, warum verfolgst du mich? Ich bin dir zulieb in diese Tieres Gestalt erschienen, denn ich bin Christus, welchen du unwissend ehrest. Deine Almosen sind zu mir emporgestiegen, darum so bin ich zu dir kommen, daß ich dich durch diesen Hirsch fahe, den du selber zu jagen wähntest.« Als Placidus das vernahm, fiel er vor großem Schrecken von seinem Roß zur Erde. Über eine Stunde kam er wieder zu sich selber, und hub sich von der Erde und sprach: »Erkläre mir, was du da sagst, so will ich an dich glauben.« Und Christus sprach: »Placide, ich bin Christus, der Himmel und Erde erschaffen hat; ich machte das Licht aufgehn und teilte die Finsternis; ich habe die Zeiten gesetzt und Tag und Nacht, und habe den Menschen aus einem Erdenkloß erschaffen: ich bin zum Heil menschlichen Geschlechts im Fleisch auf Erden erschienen, ich ward gekreuzigt und begraben, und bin am dritten Tage auferstanden.« Als Placidus das vernahm, fiel er zum andern Male zur Erde nieder, und sprach: »Herr ich glaube, daß du es bist, der alles erschaffen hat und die Irrenden bekehret.«

In der Legende gewinnt der Hirsch unverhüllt seinen höchsten Stellenwert. Die Legende zielt ins überhaupt noch Sagbare und nimmt dazu die christliche Bekenntnissprache zu Hilfe. Im Geweih erscheint der Geweihte. Das Märchen bleibt demgegenüber im Vorfeld einer künstlerisch verhüllten Imagination. Es schildert aus innermenschlicher Sicht heraus die Ereignisse der Hirschjagd als tragisch verlaufendes individuelles Schicksal. Denn die Jagd im Märchen wird zum Schicksal des Jägers in entgegengesetzter Richtung. In der Legende führt die Jagd den Jäger zur Erweckung (mit den fast gleichen Worten, wie sie Paulus bezeugt vor den Toren von Damaskus); im Märchen endet die Jagd nach dem Hirsch bei der Versteinerung des Jägers.

Halten wir fest: Die Erscheinung des Hirsches im Traum ruft zur Selbstläuterung auf. Hat denn das Goldkind eine Selbstläuterung nötig? Dem muß wohl so sein. Bedenken wir, daß wir, die teilnehmenden Begleiter, immer das ganze Märchen vor uns haben und also aus unserer Überschau heraus immer auch den goldenen Ursprung des Jünglings gegenwärtig haben. Für uns bleibt Goldkind immer Goldkind. Blieb es das wirklich? Von dem Augenblick an, wo der Jüngling die Bärenfelle anzog, tauchte er ein in die Gepflogenheiten der unteren Welt. Die Bärenfelle wurden ein Teil seiner selbst, durch den ganzen Tag, durch alle Tage hindurch. »Sage mir, womit du dich kleidest, und ich will dir sagen, wer du bist.« Das Goldkind erwachte in den Tag hinein und verlor seinen goldenen Ursprung aus dem Gedächtnis, vergaß Vater, Bruder und Lilie im fernen Garten. Im Bild des Märchens: die ursprünglich lose getragenen Bärenfelle verwachsen mit ihrem Träger und prägen ihm ein Stück Bärennatur ein. Aus dem Goldkind wird ein Erdensohn, und der Erdensohn geht in der Verzauberung der Bärennatur auf. Und nun, irdisch gesonnen, mit voll erwachten Sinnen, trägt er sein Eigenwesen hinein in den Wald der Wünsche; mit allem profanen Drum und Dran – in Bärengelüsten. In Wahrheit jagt der Bär den Hirsch, das Raubtier den Seelengeleiter. Deswegen muß die Jagd im Verhängnis enden, auch wenn immer noch vom »Goldkind« die Rede ist.

Versteinerung

Das Verhängnis wird am Ende des Jagdtages geschildert. Dieser neigt sich zum Abend.

Am Abend aber verschwand der Hirsch vor seinen Augen. Und als das Goldkind sich umsah, so stand er vor einem kleinen Haus, darin saß eine Hexe. Er klopfte an, und ein Mütterchen kam heraus und fragte: »Was wollt Ihr so spät noch mitten in dem großen Wald?« Er sprach: »Habt Ihr keinen Hirsch gesehen?« – »Ja«, antwortete sie, »den Hirsch kenn ich wohl«, und ein Hündlein, das mit ihr aus dem Haus gekommen war, bellte dabei den Mann heftig an. »Willst du schweigen, du böse Kröte«, sprach er, »sonst schieß ich dich tot.« Da rief die Hexe zornig: »Was, mein Hündchen willst du töten!« und verwandelte ihn alsbald, daß er dalag wie ein Stein, und seine Braut erwartete ihn umsonst und dachte: Es ist gewiß eingetroffen, was mir so angst machte und so schwer auf dem Herzen lag.

In der Dämmerung, an der Schwelle zur Nacht, ändert sich plötzlich das Bild. Der Hirsch entschwindet, der Jäger sieht sich »vor einem kleinen Haus« – seinem Leibeshaus – und daraus tritt eine neue Gestalt in den Blick. Die Gestalt tarnt sich im ersten Moment als »Mütterchen«, um sich schon im nächsten unmißverständlich als Hexe zu betätigen. Hat der Hirsch den Jäger gerade zu dieser Gastgeberin führen wollen? Gewiß nicht. Den Jäger hat sein eigenes Mißverständnis der Hirscherscheinung hergeführt. Nun erlebt er das unwiderrufliche Halt und die Umkehr der Jagd – dafür sind wir an der Schwelle angelangt. Was ihm hier entgegentritt, ist ein eigenes Inbild: was er aus seiner Braut in sich gemacht hat. Wesenhaft steht vor ihm ein Ausdruck seiner jagdverzehrten Seele. Wir zitieren Clement A. Wertheim Aymes*: »Die alte Frau stellt die verworrenen astralischen Kräfte der ungeläuterten Triebe und Leidenschaften vor. Wo sie die Oberhand gewinnen, erscheinen sie in den Märchen als Hexen. Man könnte es so sagen: Wo diese Hexenkräfte im Menschen walten, ist die Seele alt und vertrocknet, sie hat die Verbindung mit den lebendigen Quellen verloren.«

Und immer noch reißt bei dem einseitig verblendeten Jäger die Kette der Fehldeutungen nicht ab. An der Schwelle zur Nacht müßte die Selbsterkenntnis einsetzen: Das bist du! Aber noch hängen die letzten Tagesstrahlen im Gebüsch hinter des Jägers Rücken. Sein Blick sieht feindlich von außen, was ihm als Selbstspiegel entgegenkommt. Im Grunde ist es ein Selbstgespräch, wenn er die Alte fragt nach dem Hirsch und sie ihm antwortet: »Den Hirsch kenn ich wohl« – ist der Hirsch doch, schlicht gesagt, der Gegenpol der Alten. Hexe und Hirsch schließen einander aus; wo der eine ist, kann die andere nicht sein, und umgekehrt. Die Hexe kennt den Hirsch als ihre eigene Verneinung. Dafür hat sie zum Hausgefährten den Hund, eine Miniatur des Schwellenhundes Cerberus. Und auch der Hund bellt als Echo dem Jäger nur entgegen, was der Jäger selbst den Tag über in den Wald hineingekeucht hat, schrill und verletzend. Aber keineswegs mag der Jäger vernehmen, wie sich Jagdgestöhn und Hetzgeschrei aus anderer Kehle gestoßen ausnehmen; verstört und verärgert droht er kurzweg, den Hund zu erschießen. Das läßt die Hexe nicht zu; auch die Weltgerechtigkeit könnte es nicht zulassen, Weltentatsachen mit einem Schimpfkoller und Kurzschluß abzutun! Im Gegenteil, das harte Wort des Jägers »Böse Kröte« für den Hund kehrt sich gegen ihn

* Aus seinem für die Märchenkunde auch sonst bedeutsamen Buch: »Die Bildersprache des Hieronymus Bosch«, Verlag van Goor Zonen, Den Haag, 1961.

selbst. Im Zorn verwandelt ihn die Hexe, daß er daliegt, »wie ein Stein« – was nichts anderes heißt, als daß im Augenblick der Berührung das ausgemergelte, steinalte Wesen der Hexe überspringt auf ihn, den Mann an der Schwelle. Wider Willen muß er sich identifizieren mit dem, was aus seiner Seele geworden ist. Was einmal goldenen Ursprungs war, wurde Stein, ins Irdische absackende Schwere. Nicht einmal der Bärenhäuter blieb übrig. Die Verzauberung der Steinalten triumphiert vollkommen.

Man kann fragen: Wie wäre es ihm bei der Alten ergangen, wenn er sich nicht von Ungeduld und Schimpfwut hätte hinreißen lassen? Unbeherrscht hat er um so rascher die Katastrophe beschworen. Hätte ihn vielleicht das »Mütterchen« ungeschoren ins Haus aufgenommen und bewirtet zur Nacht? Warum wirkten Schreck und Schock des Gebells auf ihn so tief? Er erschrak doch damals nicht, als beim Auszug der Söhne im Wirtshaus Spott und Gelächter die beiden empfing! Ja damals hatte er noch goldenen Gleichmut und eine lebendige Fülle der Selbstgewißheit. Dort tauchten bereits Spott und Gelächter der armseligen Kläffer auf als die Vorboten einer radikalen Abkehr vom Golde. Die Spötter forderten geradezu heraus, das Gold zu verleugnen. Bei der Alten, Verknöcherten angelangt, ist er selbst ein Entleerter geworden. Hier bellen ihn plötzlich Geistspott und Intriganz als Echo der eigenen Haltung an und entsetzen ihn an der Nachtschwelle, bringen ihn »aus dem Häuschen«. Der Geistspott des Hexenhundes leckt mit dem letzten Seelengold auch die letzte Spur Geduld und Selbstbeherrschung aus des Jünglings Fugen. Am Sitz der Alten steht kahles Gemäuer. Der Mensch wird Stein in einer steinernen Welt. Die Frage, was geschehen wäre, wenn er das Gebell ertragen hätte, bleibt eine rhetorische Frage, denn er konnte es nicht ertragen. Die Gegebenheiten lassen sich nicht austauschen. Was geschieht, geschieht konsequent aus dem Weg, den der abenteuerdurstige Zwilling eingeschlagen hat, seit er sich im Wirtshaus von seinem Bruder schied. Er endet in der Selbsterstarrung.

Bruderschaft

Nun wechselt sprunghaft die Ebene in jene Sphäre hinüber, in die sich vor Zeiten der Zwillingsbruder zurückzog. Was auf Erden geschieht, zeigt sich am jenseitigen Ort. Im selben Augenblick, wo der Abenteurer versteint niedersinkt, knickt seine Lebenslilie um. Und nicht der Vater, sondern der Bruder wacht über die Lilie, als fürchte er schon lange dieses Unheilzeichen. Es wird ausdrücklich gesagt:

Daheim aber stand der andere Bruder bei den Goldlilien, als plötzlich eine davon umfiel. »Ach Gott«, sprach er, »meinem Bruder ist ein großes Unglück zugestoßen, ich muß fort, ob ich ihn vielleicht errette.« Da sagte der Vater: »Bleib hier, wenn ich auch dich verliere, was soll ich anfangen?« Er aber antwortete: »Ich soll und muß fort.« Da setzte er sich auf sein goldenes Pferd und ritt fort und kam in den großen Wald, wo sein Bruder lag und Stein war.

Jetzt gewinnt auch der Zwillingsbruder einen deutlichen Umriß. Einst schien seine Scham, sich ins Getümmel der Welt zu mischen, Feigheit oder Schwäche zu sein; es schien, als könne oder wolle er nichts ertragen. Aber nun offenbart sich diese Zurückhaltung in der Sphäre der Reinheit als eine Stärke höchster Kraft. Es mangelt ihm so wenig an Mut wie dem Vorausgeeilten. Nur sind Anlaß seines Aufbruchs in die Welt und sein Ziel darin andere: In der tiefsten Krise bringt der Bruder die Wende. Auch jetzt hören wir – und nun zum dritten Mal – ein »Ich soll und muß fort«, doch mit dem alleinigen Antrieb, »ob ich ihn vielleicht errette«. Von vornherein ist diesem Mut Opfersinn gepaart. Er wagt sein Leben für den unglücklichen anderen, der einmal sein Goldbruder war. Der Ausdruck »tot« erscheint nicht; tot im Sinne von Ausgelöschtsein; nur »Stein«. Offenbar kann man Mensch und doch zugleich Stein sein und steinern existieren. Man braucht nur das physische Dasein für das allein existente zu halten. Das ist die Berückung der Hexe: Wenn das Gold des Geistes ausgelaugt ist, bleibt nur die auf den Knochen pochende Existenz übrig. In diesem Zustand verharrt der Bruder.

Ohne Zögern greift der bis dahin beim Vater verborgene Zwilling ein, ein junger Gott. Er besteigt sein Goldpferd und reitet geradenwegs in die Welt. Vom Menschen her gesehen kann man sagen, ein neues Urbild vom Menschen tritt auf den Plan, ein neuer Adam, eben aus der Hand des Schöpfers entlassen. Er hat sich im Urstand bewahrt. Sich bewahren heißt doch wohl, sich im Wahren erhalten, das zugleich Leben ist. Lebendige Wahrheit ist unüberwindlich und unverletzbar. Der zweite Goldbruder verfällt nicht den Künsten der Hexe. Er stellt sich der dunklen Magierin entgegen, hält aber doch vor einer letzten Annäherung zurück, daß sie ihn nicht erfassen kann.

Seine Waffe ist sein Wort. Die Strahlkraft dieses Wortes hat Gewalt über die Hexe. Sie muß sich beugen und den Verzauberten aus dem Bann des nur noch Steinseins entbinden. Sie muß, was sie vom menschlichen Leben herausgezogen hat, wieder freigeben.

Sie rührte, so ungerne sie's auch tat, den Stein mit dem Finger an, und alsbald erhielt er sein menschliches Leben zurück. Die beiden Goldkinder aber freuten sich, als sie sich wiedersahen, küßten und herzten sich und ritten zusammen fort aus dem Wald, der eine zu seiner Braut, der andere heim zu seinem Vater.

Und das Märchen geht zu Ende mit dem Spruch des Vaters: »Ich wußte wohl, daß du deinen Bruder erlöst hattest, denn die goldene Lilie ist auf einmal wieder aufgestanden und hat fortgeblüht.« – Da nun das Schicksal des Unglücklichen sich zum Guten wandte, könnten auch wir uns beruhigen. Es geht gut zu Ende, wie immer im Märchen. Aber haben wir wirklich nur eine individuelle Geschichte erlebt? Verdichtet sich nicht in dem Schicksal des einen das Schicksal des Menschengeschlechts überhaupt? Im Märchen reitet der Goldbruder im rechten Augenblick hernieder. Im Zeitenlauf ereignet sich die Geburt von Bethlehem. Abseits geschieht sie und wird doch zum Entscheidendsten, was weit und breit in der Welt geschehen kann. Nur nimmt das turbulente Wirtsgetriebe der Welt ihrerseits nicht die geringste Notiz davon. Sie hat viel Wichtigeres zu tun. Die Menschheit ist um diese Zeit schon so verflochten im irdischen Besitz, daß Grenzpfähle die Eroberungen abstecken müssen. Die römischen Cäsaren setzen ihren Stolz darein, Untertanen als Besitz auszuzählen (»daß alle Welt geschätzet würde; und diese Schatzung war die allererste«, sagt Lukas). Die Menschen werden geschätzt, wie man einen gemünzten Schatz auszählt. Da ist er ja, schon um die Zeitenwende, der Mensch als »Stein«! In diese Jagd der Zeitlichkeit senkt sich von oben eine überzeitliche Menschwerdung. In der Zeitenwende wird dem Menschen sein Urbild wieder geschenkt, und die Natur ergreift ein neuer Lebensstrom, der den behexten Wald nach und nach zu paulinischen Zellen des Friedens umzubilden vermag.

Sollte uns nicht zu denken geben, was es mit der Braut für eine Bewandtnis hat? Vom Goldkind wissen wir alles, von der Braut nichts. Sie wird uns nur als Dorfmädchen vorgestellt, aber unter ihrer Verhüllung verbirgt sich weit mehr; vielleicht doch die Königstochter anderer Märchen? Ist sie nicht auch von Goldsubstanz durchdrungen, so gut wie der Bräutigam? Wir können es ahnen, wenn wir in ihr ein verjüngtes Neubild der früh verstorbenen Mutter sehen – die doch den goldenen Fisch gegessen hat! Und es ward auch ihr Los, ins unscheinbare Dorfgewand zu schlüpfen. Indem das Goldkind von dem Hirsch träumt, will der Hirsch als Seelenbote den Bräutigam hinleiten in die innere Sphäre, wo er in seiner alltäglich werkenden Braut durch alle Verhüllungen hindurch die Jungfrau Sophia zu erblicken vermag: die golden Durchdrungene. Sie wartet darauf, in ihrem wahren Wesen geliebt und erkannt zu werden. Zwar liebt der Jüngling seine Braut, und anfänglich von ganzem Herzen, aber dann liebt er doch mehr noch als seine Braut die Jagd und sich selbst. Unachtsam der bräutlichen Warnung stürmt er hinaus und jagt etwas nach, was sich nur aus einer inneren Läuterung entfalten kann.

»So tauml ich von Begierde zu Genuß,
Und im Genuß verschmacht ich nach Begierde«

– das ist Faustens Hirschjagd! Faust handelt genau wie der Goldsohn, selbstversessen. Dort wie hier wird der Hirsch zum mißverstandenen, verwirrenden Lockbild vom »Großen Glück«. Der Unrastgehetzte wird all seine Tage nicht dahin gelangen, wo er die festklebenden Bärenfelle wieder los wird und ihm das Gold seiner Braut erstrahlt; er gelangt nur in die Nacht einer lähmenden Umarmung – bei der Steinalten.

Nun ihn der Himmelsbruder erlöst, wird die Bahn zu einem neuen Leben frei. Der menschliche Zwillingsbruder bleibt im selbstgewählten Erdenfeld, reitet heim zu seiner Braut, und er mag sie nun mit anderen Augen ansehen. Im selben Maße wie ihm ihr Urbild deutlich wird, finden unsere Augen im Umkreis der beiden Liebenden Hirsch und Hirschkuh friedlich äsend wieder.

DER ARME UND DER REICHE

Das Märchen schildert eine Begebenheit aus dem Erdenwandel Christi. Es liest sich wie eine fromme Legende, in der die Dinge schlicht im Hell-Dunkel aufgemalt werden. Die dunkle Seite entbehrt nicht des Humors. Ein Wunder steht in der Mitte, das dem Hilfsbereiten zum Heile gereicht, dem Hartherzigen zum Unheil. – So schlicht die Geschichte erzählt wird, sie hat ihre Hintergründe. Im Gegensatz zum biblischen Gleichnis vom reichen Mann und vom armen Lazarus, wo ähnliche Ereignisse auf den zwei Ebenen der dies- und jenseitigen Welt sich abspielen, bleiben die Vorgänge des Märchens ganz im Erdenbereich, sozusagen unter uns Menschen. Jeder kann tun und lassen, was er will. Wir treten ein in den vielschichtigen, verwirrenden Bereich der menschlichen Wünsche. Worten wird magische Kraft verliehen, und die Folgen der magischen Kraft stellen sich sofort und sichtbar ein. Man kann klar überschauen, wohin Wünsche führen. Hören wir:

Vor alten Zeiten, als der liebe Gott noch selber auf Erden unter den Menschen wandelte, trug es sich zu, daß er eines Abends müde war und ihn die Nacht überfiel, bevor er zu einer Herberge kommen konnte. Nun standen auf dem Weg vor ihm zwei Häuser einander gegenüber, das eine groß und schön, das andere klein und ärmlich anzusehen, und gehörte das große einem reichen, das kleine einem armen Manne. Da dachte unser Herrgott: dem Reichen werde ich nicht beschwerlich fallen; bei ihm will ich übernachten.

Der Herr gibt eben durch seine Wanderschaft Anlaß, daß Taten und Wünsche der Menschen sich selbst kundtun. Insofern ist das, was erzählt wird, zeitlos, und es könnte gestern geschehen sein, so gut wie damals. Und geschieht es nicht täglich aufs neue? Die Umstände sind nicht immer so durchsichtig; der Herr verbirgt sich im Unscheinbaren. Der reiche Mann des

Märchens tritt jedenfalls als Jedermann von heute auf, wenn er nun den lieben Gott taxiert:

Der Reiche, als er an seine Tür klopfen hörte, machte das Fenster auf und fragte den Fremdling, was er suche. Der Herr antwortete: »Ich bitte um ein Nachtlager.« Der Reiche guckte den Wandersmann vom Haupt bis zu den Füßen an, und weil der liebe Gott schlichte Kleider trug und nicht aussah wie einer, der viel Geld in der Tasche hat, schüttelte er mit dem Kopf und sprach: »Ich kann Euch nicht aufnehmen, meine Kammern liegen voll Kräuter und Samen, und sollte ich einen jeden beherbergen, der an meine Tür klopft, so könnte ich selber den Bettelstab in die Hand nehmen. Sucht Euch anderswo ein Auskommen.« Schlug damit sein Fenster zu und ließ den lieben Gott stehen.

Was der Reiche dem lieben Gott von oben herunterblättert, klingt plausibel: Er wünscht seine Ruhe durch keinen lästigen Dritten gestört. In allem, was nicht eindeutig seinem Reichtum zugute kommt, wittert er schon Vergeudung. Wir werden den mißtrauisch-verschlossenen Mann in Kürze ganz anders wiederfinden, wenn er sich überstürzt im Eifer, um eine verpaßte Gelegenheit nachzuholen. So verdrossen er sich diesen Augenblick zurückzieht, so bereitwillig wird er nachher in die Weite jagen. Er wird sich drehen und wenden vor Begier, das Glück oder was er dafür hält, in sein eben noch eigensüchtig abgeschirmtes Haus zurückzuergattern.

Daß die beiden Häuser so verschieden am Wege stehen, gibt dem Herrn Gelegenheit, sich seine Gedanken zu machen. Von außen präsentiert sich das eine Haus groß und schön, das andere klein und ärmlich, aber merkwürdigerweise hat das armselige dann mehr Platz als das groß und schön herausgeputzte. Denn im Haus des Reichen liegen all die vielen Kammern »voll Kräuter und Samen«. Gebraucht der Reiche nur eine schäbige Ausrede? Oder stimmt, was er sagt? So oder so: er hat inmitten seiner »Ernte« keine Herberge für den Menschen. Die Fülle knistert vertrocknend im Eigennutz. Charakteristisch für den Reichen bleibt, daß er sich nur am Fenster zeigt. Die Tür hält er grundsätzlich verschlossen. Alles an ihm sagt: Ich liebe keine fremden Vögel in meinem Hanfsamen. – Nachdem also der Herr beim Reichen eine Abfuhr erhält, wendet er sich an das gegenüberliegende Haus.

Kaum hatte er angeklopft, so klinkte der Arme schon sein Türchen auf und bat den Wandersmann einzutreten. »Bleibt die Nacht über bei mir«, sagte er, »es ist schon finster, und heut könnt Ihr doch nicht weiterkommen.« Das gefiel dem lieben Gott, und er trat zu ihm ein. Die Frau des Armen reichte ihm die Hand, hieß ihn willkommen und sagte, er möchte sich's bequem machen und vorlieb nehmen; sie hätten nicht viel, aber was es wäre, gäben sie von Herzen gerne. Dann setzte sie Kartoffeln ans Feuer, und derweil sie kochten, melkte sie ihre Ziege, damit sie ein wenig Milch dazu hätten. Und als der Tisch gedeckt war, setzte sich der liebe Gott nieder und aß mit ihnen, und schmeckte ihm die schlechte Kost gut, denn es waren vergnügte Gesichter dabei.

Hier scheint es außer Kartoffeln keinen Vorrat zu geben. Schon die Milch dazu trägt kurz vor dem Mahl noch die Ziege im Euter. Was der Arme hat, reicht gerade vom Tag in den Tag hinein. Aber das wahrhaft Sättigende des Mahles steckt in dem »Von-Herzen-gern«, und die vergnügten Gesichter sind die unbezahlbare Würze dazu. – Und dann: wie selbstverständlich öffnet der Arme sein Türchen! Kaum hat es geklopft, »schon« klinkt er es auf – als bestünde sein Haus nur aus einem einzigen Raum. Von Schlüssel und Verschließen ist keine Rede. Und das Erstaunliche zeigt sich: Der geringe Raum hat Platz genug. Freundlicher Wille weitet die Enge. Das Raumproblem taucht dringlicher noch als beim Mahl zur Schlafenszeit auf. Die beiden Alten (oder sind es Junge, die in der Hütte wohnen?) lassen es sich nicht nehmen, dem Gast ihr Bett anzubieten – die Frau besteht darauf: »Er ist den ganzen Tag über gegangen, da wird einer müde« – und sie selbst machen sich eine Streu. Zwar sträubt sich der Fremde, das Lager anzunehmen, aber schließlich läßt er sich bereden. Und in der Frühe setzt sich der Dienst am Gast willig fort, bis er wieder aufbricht. Durch all die Zeit fragt das Paar nicht nach Warum und Wohin und schon gar nicht nach Entgelt. Es gibt, was es hat, weil es geboten scheint für diesen Augenblick.

Von der heutigen Selbstbehauptung her mutet so viel Bereitschaft und Uneigennützigkeit schier einfältig an. Man kann die Hingabe der beiden auffassen wie einen Nachklang aus einer unschuldigen Vorzeit, wo allen alles gehörte, ohne Eigentumsversessenheit, ichlos – oder auch als Vorzeichen einer Zukunft, wo wieder allen alles bereitstehen mag. Wäre das Ganze mit ein wenig bedeutsamerem Anspruch vorgetragen, sagen wir mit den Borten der Feierlichkeit verbrämt, müßte man es für das Gebaren von Heiligen halten. Aber nur einsilbig-beschränkte Überlegungen, wie sie der Alltag bringt, kommen über die Lippen der beiden. Sie wissen gar nicht, daß sie fromm sind – das sagt ihnen erst später ihr Gast. Sie handeln aus »seligem« Bewußtsein. Schon nimmt der Fremdling Abschied, und sie haben immer noch nicht gefragt, wer er sei. Vielleicht ein Mann »Namenlos«, aufgetaucht am Abend, entwandernd am Morgen, nie wiederkehrend? Oder spüren sie das Außergewöhnliche ihres Gastes? Würden sie nicht jeden anderen Wanderer ebenso bewirtet haben? Man kann sich ihre Verwunderung vorstellen, als sich am Morgen der Gehende unter der Tür zurückwendet und spricht:

»Weil ihr so mitleidig und fromm seid, so wünscht euch dreierlei, das will ich euch erfüllen.« Da sagte der Arme: »Was soll ich mir sonst wünschen als die ewige Seligkeit, und daß wir zwei, solang wir leben, gesund dabei bleiben und unser notdürftiges tägliches Brot haben; fürs dritte weiß ich mir nichts zu wünschen.«

Der Arme spricht aus, was eingebettet schon in ihnen liegt. Die ewige Seligkeit ist jener Zustand des Friedens, in dem sie sich – ihren Wünschen nach – hier schon befinden, nur dort in den höheren Reigen der Geister verflochten. Außer dem täglichen Brot fällt kein Wort von einer Mehrung des Besitzes, denn sie besitzen ja alles, dessen sie bedürfen. Und ginge es dem Armen nach, würde von dem nächtlichen Ereignis in seinem Haus niemals etwas ans »Licht der Öffentlichkeit« gelangen, nämlich der äußeren Welt sichtbar werden. Seine zwei spontan geäußerten Wünsche zielen ins Verborgenbleibende – und fürs Dritte weiß er nichts. Mit dem Dritten, das der Herr nun dem Armen als Zugabe schenkt, wird das Wunder des Morgens auch nach außen deutlich sichtbar – und damit zu einem Stein des Anstoßes für den reichen Nachbarn.

Der liebe Gott sprach: »Willst du dir nicht ein neues Haus für das alte wünschen?« – »O ja«, sagte der Mann, »wenn ich das auch noch erhalten kann, so wär mir's wohl lieb.« Da erfüllte der Herr ihre Wünsche, verwandelte ihr altes Haus in ein neues, gab ihnen nochmals seinen Segen und zog weiter.

Hier darf man fragen: Warum läßt es der Herr nicht bei den zwei Wünschen bewenden? Nur einfach, weil die Drei zur Rundung der Harmonie gehört? Bürdet er nicht mit dem neuen Haus dem Armen eine Last auf, die er seiner Art nach nicht nötig hätte und nach der es ihn von sich aus gar nicht verlangen würde? Setzt ihn der Herr nicht sogar einer Gefahr aus (sich im Besitz zu verlustieren), die bisher nur den Reichen in ihrer Zange hielt? An den Häusern schieden sich bisher die Geister. Sie zeigten als Standespegel an, wer etwas hat und wer wohin gehört. Nun wird plötzlich der Welt etwas »gegenüber« gesetzt, was wider alles Standesherkommen spricht und was der Reiche nicht begreifen kann. Und fast muß man auf den Gedanken kommen, der Herr wolle mit dem neuen Haus nicht nur den Armen beglücken, sondern zugleich den Reichen stutzig machen. Und das gelingt zweifellos:

Es war schon voller Tag, als der Reiche aufstand. Er legte sich ins Fenster und sah gegenüber ein neues, reinliches Haus mit roten Ziegeln, wo sonst eine alte Hütte gestanden hatte. Da machte er große Augen, rief seine Frau herbei und sprach: »Sag mir, was ist geschehen? Gestern abend stand noch die alte, elende Hütte, und heute steht da ein schönes, neues Haus. Lauf hinüber und höre, wie das gekommen ist.«

Das tut die Frau und bringt wahrheitsgetreu Auskunft zurück. Wir sind genau in der Mitte der Geschichte, und in der zweiten Hälfte wird des Paares der Armen nur noch mit einem einzigen Schlußsatz gedacht, während sie sich jetzt ausschließlich mit dem Zirkeltanz der Wünsche des Reichen beschäftigt. – Was die Frau ihrem Mann berichtet, wirkt auf den Reichen wie ein Schlag. Er taumelt vor Selbstanklagen:

»Ich möchte mich zerreißen und zerschlagen; hätte ich das nur gewußt! Der Fremde ist zuvor hier gewesen und hat bei uns übernachten wollen, ich habe ihn aber abgewiesen.« – »Eil dich«, sprach die Frau, »und setze dich auf dein Pferd, so kannst du den Mann noch einholen, und dann mußt du dir auch drei Wünsche gewähren lassen.«

Auffällig wird, wie die Frau schneller und gründlicher als der Mann die Lage erfaßt. Ja, auffällig tritt hervor, wie jede der beiden Frauen, die arme wie die reiche, das, was der Mann will, noch steigert. Hüben wie drüben geht von der Frau elementare Triebkraft aus. – Macht nicht die Frau des Armen den selbstlosen Vorschlag zum Räumen der eigenen Lagerstatt? – Hier aber heftet die findige Reiche ihren hilflos wütenden Gemahl der verpaßten Gelegenheit an die Fersen. Ihr fällt das Pferd ein, das einzige, was die Sache retten kann.

Der Reiche befolgte den guten Rat, jagte mit seinem Pferd davon und holte den lieben Gott noch ein. Er redete fein und lieblich und bat, er möcht's nicht übelnehmen, daß er nicht gleich wäre eingeladen worden, er hätte den Schlüssel zur Haustüre gesucht, derweil wäre er weggegangen; wenn er des Weges zurückkäme, müßte er bei ihm einkehren. »Ja«, sprach der liebe Gott, »wenn ich einmal zurückkomme, will ich es tun.« Da fragte der Reiche, ob er nicht auch drei Wünsche tun dürfte wie sein Nachbar? Ja, sagte der liebe Gott, das dürfte er wohl, es wäre aber nicht gut für ihn, und er sollte sich lieber nichts wünschen. Der Reiche meinte, er wollte sich schon etwas aussuchen, das zu seinem Glück gereiche, wenn er nur wüßte, daß es erfüllt würde. Sprach der liebe Gott: »Reit heim, und drei Wünsche, die du tust, die sollen in Erfüllung gehen.«

Daraus hebt sich hervor, wie gefällig »fein und lieblich« sich der Reiche nun aus dem vermeintlichen Mißgeschick herauszuwinden weiß. Es fließt der Seim süßer Worte. – Zum anderen fällt auf, wie beharrlich der Bittsteller an seinem Vorsatz klebt. Obwohl ihn der Herr deutlich warnt – der sein Gegenüber wahrlich durchschaut –, er läßt sich nicht davon abdrängen. Dabei übersieht der Reiche etwas unabdingbar Wichtiges, als sei es eine selbstverständliche Läpperei: daß dem Nachbarn die freien Wünsche erst *nach* der gewährten Herberge, eben am andern Morgen zuteil wurden! Was dort unerwartete Zugabe war, holt sich hier der blindgierige Mann als einen falschen Vorschuß auf etwas nur Versprochenes vorweg. Er erzwingt die Wunschwahl in einer Art Kurzschluß, und der Kurzschluß stellt sich prompt ein. Das Verhängnis knüpft sich an den Umstand, daß der Reiche ein Pferd besitzt. Besäße er es nicht, hätte er ja niemals den längst entwanderten Herrn einholen können. Auch durch das Pferd unterschied sich bisher der Reiche vom Armen; es war sein stolzer Besitz – und wie kümmerlich meckerte dagegen die Ziege im Schuppen vom Haus gegenüber. Aber wie nasführt ihn nun das Pferd! Es geschieht das Groteske, daß das schnelle Tier den wunschversessenen Reiter bis auf Nasenlänge ans Ziel seiner Wünsche heranträgt, um ihn dann gründlich stürzen zu lassen. Dies geschieht auf dem Rückritt vom Herrn. Es entwickelt sich eine Tragikomödie, um derentwillen das Märchen überhaupt aufgezeichnet erscheint.

Nun hatte der Reiche, was er verlangte, ritt heimwärts und fing an, nachzusinnen, was er sich wünschen sollte. Wie er sich so bedachte und die Zügel fallen ließ, fing das Pferd an zu springen, so daß er immerfort in seinen Gedanken gestört wurde und sie gar nicht zusammenbringen konnte. Er klopfte ihm an den Hals und sagte: »Sei ruhig, Liese«, aber das Pferd machte aufs neue Männerchen. Da ward er zuletzt ärgerlich und rief ganz ungeduldig: »So wollt ich, daß du den Hals zerbrächst!« Wie er das Wort ausgesprochen hatte, plump, fiel er auf die Erde, und lag das Pferd tot und regte sich nicht mehr; damit war der erste Wunsch erfüllt.

Der Reiche wird die Sache konsequent weiterführen und auch seinen zweiten Wunsch auf diese Art verlieren. Geizig wie er ist, lädt er sich den Sattel des toten Pferdes auf den Rücken und stapft zu Fuß weiter, sich tröstend, daß er immer noch zwei Wünsche vor sich habe. Stellen wir uns den geplagten Mann in seinem Zwiespalt vor: Einesteils läuft er nun unter der heißen Mittagssonne als Packesel mühsam und schwitzend durch den mahlenden Sand, weit entfernt von zu Hause – und wie lange schon mag er nicht mehr zu Fuß gegangen sein, so daß ihm jeder Schritt schwerfällt! Andererseits hebt ihn eine Fata Morgana der immer noch möglichen Möglichkeiten zweier Wünsche heraus aus aller Gegenwart. Als gespaltenes Doppelwesen sehen wir ihn: das Ich an den Esel des Leibes gebunden, stöhnend unter der Sattellast; die Phantasie seiner Seele jedoch schweift innerlich über alle Grenzen hoch in ungemessene Weiten der Wünsche hinein, an nichts Genüge findend, denn immer glaubt er das Beste noch nicht am Zipfel erwischt zu haben.

»Wenn ich mir auch alle Reiche und Schätze der Welt wünsche, so fällt mir hernach noch allerlei ein, dies und jenes, das weiß ich im voraus. Ich will's aber so einrichten, daß mir gar nichts mehr übrig zu wünschen bleibt.« … Manchmal meinte er, jetzt hätte er es gefunden, aber hernach schien's ihm doch noch zu wenig. Da kam ihm so in die Gedanken, was es seine Frau jetzt gut hätte, die säße daheim in einer kühlen Stube und ließe sich's wohl schmecken. Das ärgerte ihn ordentlich, und ohne daß er's wußte, sprach er so hin: »Ich wollte, die säße daheim auf dem Sattel und könnte nicht herunter, statt daß ich ihn da auf meinem Rücken schleppe.« Und wie das letzte Wort aus seinem Munde kam, so war der Sattel von seinem Rücken verschwunden, und er merkte, daß sein zweiter Wunsch auch in Erfüllung gegangen war. Da ward ihm erst recht heiß; er fing an zu laufen und wollte

sich daheim ganz einsam in seine Kammer hinsetzen und auf etwas Großes für den letzten Wunsch sinnen.

Der arme Reiche! Vernarrt und beglückt schwebt er in den Höhen der Spekulation. Gleichzeitig setzen ihm aber auch die Schikanen zu, unter denen er fußwärts zu leiden hat, und der Alltagsärger hat, wie immer, die weitaus stärkere Gewalt; durch ihn springt die Mißgunst ins Spielfeld herein und verdirbt das Spiel. Daß der Mann doch immer wieder vergißt, wie locker ihm Fluch und Vermaledeiung zwischen den Zähnen sitzen! Er flucht aus Macht der Gewohnheit, vergißt aber auch aus Macht der Gewohnheit, daß er flucht. Gerade, daß sich die Wunschphantome der Sterblichen *nicht* so erfüllen, wie sie ausgesprochen werden, haben die Götter zu unserem Segen als eine eherne Schranke vor unsere Torheiten gesetzt. Dieser Sterbliche hat jedoch mit entschiedenem Vorsatz den Schutzwall durchbrochen und sich vom Herrn ausdrücklich die Erfüllung seiner Wünsche erzwungen, und so wird sein Wunschwort wahr. Laut gesprochen, erfüllt sich augenblicklich, was er sagt – gegen ihn selbst. Das ist das schreckliche Wunder, das sich der Unselige von dem Herrn erbettelt hat. Er hat ein Zauberwort erbettelt, ohne ihm gewachsen zu sein. Denn das magische Wort entschlüpft ihm gerade dann, wenn er sich unten im Stolperfeld befindet: wenn ihm von Verdruß übermannt die Wut hochschießt und die Zeit des Fluchens anhebt. Er möchte Lustschlösser gebären, bringt's aber nur zu kleingemusterten Verhängnissen.

Wie er aber ankommt und die Stubentür aufmacht, sitzt da seine Frau mittendrin auf dem Sattel und kann nicht herunter, jammert und schreit. Da sprach er: »Gib dich zufrieden, ich will dir alle Reichtümer der Welt herbeiwünschen, nur bleib da sitzen.« Sie schalt ihn aber einen Schafskopf und sprach: »Was helfen mir alle Reichtümer der Welt, wenn ich auf dem Sattel sitze; du hast mich darauf gewünscht, du mußt mir auch wieder herunterhelfen.« Er mochte wollen oder nicht, er mußte den dritten Wunsch tun, daß sie vom Sattel ledig wäre und heruntersteigen könnte; und der Wunsch ward alsbald erfüllt. Also hatte er nichts davon als Ärger, Mühe, Scheltworte und ein verlorenes Pferd. – Die Armen aber lebten vergnügt, still und fromm bis an ihr seliges Ende.

Es geschieht alles folgerecht. Hat die Frau den Unglücksritt angezettelt, ist sie es auch, über die er sich inzwischen so gewaltig ärgert, weil sie es gut hat und er nur die Plage. Jetzt preßt sie ihm seinen letzten freien Wunsch aus, um den schimpflichen Sitz wieder loszuwerden.

Zwar ruft uns das Märchen am Ende die Armen noch einmal ins Gedächtnis und will uns mit dem Blick auf sie friedlich entlassen. Aber eindringlich bleibt uns das Unglückspaar der Reichen im Sinn. Mehr als wir wahrhaben wollen, sind wir ihm verwandt. Die Traumwelt der Triebe erfüllt den eigentlich seelischen Bezirk unseres Wesens. Die Triebwelt pocht ständig aus der Tiefe an unser Tagesbewußtsein heran. Vieles rumort im Subtilen, abgedämpft, verdeckt, taucht auf, verlockt, taucht wieder unter. Wie wenig gestehen wir uns unsere geheimen Wünsche ein! Wären wir ihrer mächtig, wie sie unbedacht aufsteigen, würden sie sich chaotisch und zerstörend ins Leben ergießen – es sei denn, sie richten sich auf reine Ziele, derentwillen zu leben lohnt. Aber wie karg empfinden wir gerade das, was wir »erreichen«, gegenüber dem, was wir erwünschen. Wie sich die untergründig drängenden Wunschgestalten ausnehmen, wenn sie schrankenlos in die normalen Daseinszusammenhänge einbrechen, dazu gibt der Herr in unserem Märchen reich wie arm die Gelegenheit. Der Reiche scheint gar keiner reinen Wünsche fähig; statt zu wünschen, stößt er Verwünschungen aus. Habgier und Neid führen das Wort. Er bricht seinem Pferd das Genick, gerät darüber erst recht in die Mahlmühle der Gier und verpufft schließlich seinen Ansturm, nimmersatt, ins Leere. Nichts bleibt übrig als Leere – aus den unendlichen Möglichkeiten der Erfüllung.

Der Arme beherbergt den unbekannten Wanderer, dessen Geschick ihm gilt wie das seine. Er handelt selig im Geiste: Er schenkt selbstlos und wird beschenkt. Was er sich erbittet im täglichen Brot, wird Brot des Lebens. Seine Hütte verwandelt sich in »ein neues, reinliches Haus«. – Wünsche werden hier wie dort Schicksal. Durch Christi Berührung erfüllen sich die moralischen Kräfte der Seele zur schöpferischen Substanz und bilden Welt.

HÄNSEL UND GRETEL

Die Austreibung

(Vom Vater, von der Frau und von Hänsel)

Die Kinder müssen fort von zu Haus, und die Frau treibt sie aus. Unwillkürliche Frage: Wie kann eine Mutter so hart gegen ihre Kinder sein? Sofort auch die Gegenfrage: Ist sie denn die Mutter? Durchweg wird von der »Frau« gesprochen, man kann es nachzählen, vierzehnmal – bis auf eine Stelle, ziemlich am Anfang, wo der Ausdruck »die Stiefmutter« auftaucht. Gleich löscht der Erzähler die »Stiefmutter« wieder aus, als habe er sich vertan, und bringt hinterher zweimal die »Mutter«, um dann endgültig bei der unverbindlichen »Frau« zu bleiben. Ob Mutter oder Stiefmutter, wir bleiben im Ungewissen. »Die Frau« – das ist die treibende Kraft. Wie könnte sich die Geschichte entwickeln, wenn die Frau nicht so wäre, wie sie ist? Es liefe auf eine lamentable Kleinhäuslergeschichte hinaus, die Kinder könnten daheim bleiben, die Armut triebe Alte wie Junge zwischen Wald und vier Wänden allewege einher. Nur durch die Stoßkraft der Frau werden die Kinder ihrem selbständigen Schicksal ausgesetzt – außerhalb des Vaterhauses. Die Frau klinkt die Tür auf und ver-führt die Kinder, und sie tut es nüchtern-brutal; es liest sich, als sei sie egoistisch nur auf ihren eigenen Bissen Brot bedacht. Was tut der Vater dagegen? Er sinniert.

Wie er sich nun abends im Bette Gedanken machte und sich vor Sorgen herumwälzte, seufzte er und sprach zu seiner Frau: »Was soll aus uns werden? Wie können wir unsere armen Kinder ernähren, da wir für uns selbst nichts mehr haben?« – »Weißt du was, Mann«, antwortete die Frau, »wir wollen morgen in aller Frühe die Kinder hinaus in den Wald führen, wo er am dicksten ist – da machen wir ihnen ein Feuer an und geben jedem noch ein Stückchen Brot, dann gehen wir an unsere Arbeit und lassen sie allein. Sie finden den Weg nicht wieder nach Haus, und wir sind sie los.« – »Nein, Frau«, sagte der Mann, »das tue ich nicht; wie sollt ich's über's Herz bringen, meine Kinder im Walde allein zu lassen; die wilden Tiere würden bald kommen und sie zerreißen.« – »O, du Narr«, sagte sie, »dann müssen wir alle vier Hungers sterben, du kannst nur die Bretter für die Särge hobeln«, und ließ ihm keine Ruhe, bis er einwilligte. »Aber die armen Kinder dauern mich doch«, sagte der Mann.

Der Vater muß die Verführung zulassen. Er ist der Frau nicht gewachsen. Unbeirrt setzt sie ihre Idee in die Tat um; sie holt die Kinder aus dem Schlaf der Frühe: »Steht auf, ihr Faulenzer«; sie reißt Hänsel aus seinem Abschiedsträumen: »Narr, das ist dein Kätzchen nicht...«; sie auch gibt die Anordnung: »Legt euch ans Feuer... wenn wir fertig sind, kommen wir wieder und holen euch ab« – obzwar sie von vornherein den genauen Vorsatz hat, es nicht zu tun. Und wie empfängt sie die Kinder, nachdem sie durch die Nacht hindurch doch einen Rückweg gefunden haben? »Ihr bösen Kinder, was habt ihr so lange geschlafen, wir haben geglaubt, ihr wolltet gar nicht wiederkommen.« Sie dreht das Wort um. Sie straft die Kinder Lügen, um auf jeden Fall recht zu behalten. Sie kann doch unmöglich vergessen haben, daß sie gesagt hat: »wir ... holen euch ab«. – Die Kinder kehren gegen den Willen der Frau zurück, aber für ein kurzes nur. Nicht lange danach nagt die Not wieder in allen Ecken. Im Furioso attackiert die Frau erneut den Mann: »Die Kinder müssen fort ... tiefer in den Wald ... damit sie den Weg nicht wieder herausfinden.« Sie hört auf keinen Einwand, sie schilt, macht Vorwürfe; der Vater muß sich fügen. Wieder reißt sie die Kinder aus dem Bett, höhnt Hänsel mit einem schneidenden: »Narr, das ist dein Täubchen nicht«, als freue es sie, jedes blühende Wort zu skelettieren. Ausdrücklich betont der Erzähler:

Die Frau führte die Kinder noch tiefer in den Wald, wo sie ihr Lebtag noch nicht gewesen waren. Da ward wieder ein großes Feuer angemacht, und die Mutter sagte: »Bleibt nur da sitzen...«

Obgleich hier zum andernmal das Wort »Mutter« auftaucht: was die Frau will, läßt sich nicht einmal mit dem Wort »stiefmütterlich« erfassen. Hier geschieht ein Raub, der an die Substanz der Kinder geht. Die Kinder werden um das bergende Zuhause beraubt. Die Frau weiß mehr, als sie sagt. Vielleicht weiß sie sogar das Gute, nämlich das letztlich zu Erreichende für die Kinder; sie spricht aber nur das Harte, für den Moment Unwiderrufliche aus, und so hört es sich an wie das nackte Böse.

Wie verblaßt dagegen der Vater in seinem matten Entschluß! Er quält sich zwar in Sorge um die Seinen, bringt ergreifende Stoßseufzer vor: »Das tue ich nicht, wie sollt ich's übers Herz bringen...« – »Aber die armen Kinder dauern mich doch.« Und obwohl er sagt: »Es wäre besser, daß du den letzten Bissen mit deinen Kindern teiltest«, geschieht es nicht. Seine zaghaften Einwände nützen nichts; das Unheil nimmt seinen Lauf. Damit wird ebenso berechtigt die Frage: Wie kann sich der Vater, wenn er schon anders möchte, so übertölpeln lassen von der Frau? Und so wird fast noch rätselhafter als die Frau die Gestalt dieses Vaters, dessen Herzensgüte mehrfach herausgehoben wird – eine Herzensgüte, die null und nichtig bleibt. Und nimmt man es genau, fällt sogar vom Vater selbst das erste Wort zur Sonderung: »Wie können wir unsere armen Kinder ernähren, da wir für uns selbst nichts mehr haben?« Das sagt der Vater – und hier liegt sein Sündenfall. Er trennt zwischen Eltern und Kindern, setzt die Scheidewand zwischen »uns selbst« und ihnen. Auf Selbsterhaltung bedacht, gibt er der Frau die Berechtigung, den Keil hineinzutreiben zur Trennung. Dennoch wird bis in den Ton hinein deutlich: Im Vater haben die Kinder ihren Halt. Beim ersten Gang in den Wald zündet er ihnen das Feuer an, er will ihnen die wärmende Bleibstatt schaffen. Seiner Nähe vertrauen die Kinder, meinen seine Axtschläge zu hören. Durch alle Zeilen wird spürbar: Wo der Vater weilt, ist für die Kinder ein Daheim. Verlassen sind sie erst ohne ihn. Muß sich der Vater in das Unvermeidliche fügen, weil dieses Unvermeidliche letztlich – wenn auch im Widerstreit zu seiner Güte – doch auch seinem Willen entspricht? Noch begleitet sie der Vater auf dem Weg in den Wald hinein, und von ihm kommen die Worte: »Hänsel, was guckst du da und bleibst zurück, hab acht und vergiß deine Beine nicht.« Und beim zweiten Mal: »Hänsel, was stehst du und guckst dich um, geh deiner Wege.« Muß er die Kinder dieses Weges geleiten, weil es der einzig mögliche Weg ist, um zu etwas anderem für die Kinder zu gelangen? Muß er sie sogar zum Vorwärtsgehen ermuntern, obwohl er sie viel lieber zurückführte in sein Haus? Ja, so geschieht es; er geleitet sie hinaus an die Trennungsstätte, tritt dann unmerklich zurück und verstummt. Die Kinder werden zweimal ausgetrieben, und beide Male spricht die Frau als letzte zu ihnen, nicht der Vater. Sie setzt den Schlußpunkt.

Die kindliche Welt, aus der sie herausmüssen, faßt sich zusammen in dem schlichten Wort: »ihres Vaters Haus«. Nie wird gesprochen vom Eltern-

oder Mutterhaus. Dreimal leuchtet »ihres Vaters Haus« als markierender Zufluchtsort in ihrer Irrfahrt auf. Die drei Stellen lauten:

»Sie gingen die ganze Nacht hindurch und kamen bei anbrechendem Tag wieder zu ihres Vaters Haus« – bei der ersten Heimkehr.

»Nun war's schon der dritte Morgen, daß sie ihres Vaters Haus verlassen hatten« – im Walde irrend.

Und dann erst bei der endgültigen Heimkehr wieder: »Da kam ihnen der Wald immer bekannter und immer bekannter vor, und endlich erblickten sie von weitem ihres Vaters Haus.«

Aber bis dahin ist weit. Und doch darf man sagen: Nur auf dem Hoffnungsgrund, heimzukehren in des Vaters Haus – von fast religiösem Klang getragen –, können die Kinder das Abenteuer ihrer Selbstwerdung bestehen. Demnach sehen wir als Ziel der Vertreibung aus dem Vaterhaus eine Selbstwerdung, die wieder im Vaterhaus mündet.

Selbstwerdung? Bleiben die Kinder nicht durch das ganze Märchen hindurch Kinder? Sie bleiben es nur dem äußeren Blick. In Wahrheit geschieht eine tiefgreifende Umwandlung. Wenden wir uns den Kindern zu.

Im ersten Teil des Märchens liegt allein bei Hänsel die Führung – bis zu dem Tiefpunkt hin, wo er ins Gitterställchen der Hexe gesteckt wird. Er ist es, der im Vaterhaus, da sie das nächtliche Gespräch der Alten hören, Gretel beruhigt und einen Ausweg sucht. Mutig hören wir von ihm: »Ich will uns schon helfen«, von Gretel nur, daß sie bitterlich weint. Gleich steht Hänsel auch auf, flitzt durch die Hintertür hinaus in den Hof; er hat die rettende Idee, Kieselsteine aufzulesen, die ihm zu Wegmarken und Richtungsweisern dienen. Gretel läuft nur mit. – Hänsel setzt die Zeichen. Er auch schaut zurück zum Vaterhaus, hält die Verbindung wach im Blick. Er könnte – ließe sich einwenden – genausogut die Steine im Vorwärtsgehen fallen lassen. Nein. Während er die Steine legt und damit die Brücke baut, die im Mondensilberlicht wieder aufglänzen kann, wirkt er zugleich im Zurückblicken den Erinnerungs-Leitfaden, der sie untrüglich heimleiten soll.

Beachten wir, daß beim ersten Rückweg die Kinder ausdrücklich auf den Mond warten, sich an ihn wenden und auf ihn vertrauen. Der Mond leuchtet in der Nacht, und die Steine reflektieren sein Licht. Die kleinen Wanderer stützen ihre Nachterinnerung auf den Mond – den uralten Verbindungspfad der Menschen zu den Göttern. Man muß sich das deutlich sagen: Nicht der Sonne, sondern dem Mond danken die Ausgestoßenen ihre erste Heimkehr. Ein Urgeheimnis menschlicher Gottesverbindung spricht sich aus: Im reflektierenden Mondenlicht gaben die Götter in frühen Zeiten ihre Antwort auf die an sie gestellten Fragen der alten Priesterweisen. So sagt es Rudolf Steiner*. – Ganz anders wird es beim zweiten Gang in den Wald, wenn Hänsel keine Kiesel mehr aufsammeln kann, weil die Frau »die Untertür« verschlossen hat. Denn die Untertür, hinten hinaus, das war das stets offene Tor zur Vergangenheit, und dies eben mußte zu einem bestimmten Zeitpunkt, da der Weg nur noch nach vorwärts gegangen werden sollte, verschlossen werden – hier geschieht es durch die Frau als Schicksalsantreiberin. Und so wird Hänsel seine steinsetzende Orientierung (ein Miniatur-Nachbild der nordischen Druidenkultur) unmöglich gemacht. Ihm bleibt für den zweiten Gang in den Wald nur noch Brot übrig, mit dem er sich helfen muß. Hänsel verliert auch da den Mut nicht und tröstet Gretel: »Weine nicht und schlaf ruhig – der liebe Gott wird uns schon helfen.« Vertrauen in die Schicksalsführung bleibt das einzige Orientierungslicht in Hänsels Sinn; eine winzige Leuchte in einem brauenden Ungewitter. Düsterer geballt als je zuvor liegt die Macht der Frau in dieser Nacht überm Vaterhaus. Wird Hänsel in dem ungleichen Kampf der Kräfte sein Köpfchen behalten? Er will auch diesmal Zeichen setzen, bröckelt sein Brot und wirft Bröcklein auf den Weg. Doch der alte Kunstgriff nützt nichts mehr.

Als der Mond kam, machten sie sich auf, aber sie fanden kein Bröcklein mehr, denn die viel tausend Vögel, die im Walde und im Felde umherfliegen, die hatten sie weggepickt.

Im Brot nehmen die Kinder die Sonne mit auf den Weg. Das ins Pflanzliche ausgeströmte Leben der Sonne wird zum Lebensbrot der beseelten Kreaturen. Brot wird von den Wesen freudig aufgenommen; es baut sie auf – für den Tag. Das Tagesgeschehen beginnt zu überwiegen. Die Kiesel waren Erinnerungshelfer der Nacht, Glanzspiegel – aber Spiegel. Nur die tote Substanz – »wie neugeschlagene Batzen« – kann den Glanz wiedergeben. Im Brot spiegelt sich kein Mond mehr; die Sonnensubstanz bildet und nährt. Indem Hänsel die Brotbröcklein streut, opfert er etwas, das ihm selbst

* Vortrag vom 25.6.1922 in »Menschenfragen und Weltenantworten«, GA 213.

geschenkt wurde, weil er es braucht für den Tag; aber sein Opfer kann die Nachterleuchtung nicht ersetzen. Er wird blind für die Nacht und findet den Rückweg nicht mehr.

Fassen wir Hänsels Charakter zusammen, so dürfen wir sagen: Hänsel, der kleine Wicht, purzelt in dem ungeheuerlichen Verhängnis nicht um. Er weiß wendig, was zu tun ist. Wo der herzensgute Vater gelähmt im Schweigen verstummt, keimt findige Lust in Hänsel auf. Das Söhnlein erbt, ja es übernimmt des Vaters Entschlußkraft. Hänsel geht keck und besonnen die Fährnisse an, und er bleibt besonnen, bis sie ans neue Ziel gelangen. Hat ihn aber die Hexe erst einmal ins Ställchen eingesperrt – »er mochte schreien, wie er wollte, es half ihm nichts« –, ist es mit der Findigkeit für Weg und Steg vorbei. Er kann nur noch stillhalten – und die Hexe täuschen. Wir wissen, er streckt aus seinem Gefängnis das dürre Knöchelchen heraus, der Hexe zum befingernden Griff, ob er bald fett sei; denn die verknöcherten Materialisten halten nur das für wahr, was sich mit Händen tasten läßt – Hänsel überlistet die Hexe in ihrer eigenen Methode. Von diesem Augenblick an geht die führende Rolle von dem Eingesperrten im Ställchen auf Gretel über. Mit dieser Szene haben wir aber bereits den Hexenbereich betreten, und der liegt drei endlos währende Tage einer Waldirrfahrt von des Vaters Haus getrennt.

Im Hexenhaus

(Von Gretel, von der Hexe und vom Rätsel des Bösen)

Eine merkwürdige Geschichte, daß die Kinder aus Nahrungsnot in die Wildnis verstoßen werden, drei Tage zum Verschmachten hungrig durch den Wald irren und dann plötzlich vor einem leibhaftigen Brothäusel ankommen! Wunder die Fülle steht bereit, sie rundum aufzunehmen! Nur findet sich das Brotwunder – wieder im diabolischen Widerspruch – in Händen einer Heuchlerin. Es wird gesagt, die Hexe habe es aufgebaut, um die Kinder damit anzulocken, und es ist ihr offenbar aufs schmackhafteste geraten: Wände von Brot, ein Dach von Kuchen, die Fenster von hellem Zucker.

»Da wollen wir uns dranmachen«, sprach Hänsel, »und eine gesegnete Mahlzeit halten. Ich will ein Stück vom Dach essen, Gretel, du kannst vom Fenster essen, das schmeckt süß.«

Geschaffen zum Einknuspern – wer könnte den Kindern ihr Entzücken nicht nachfühlen! Und da kommt aus dem Innern der Stube die feine, leise gedämpfte Stimme (ist es die Hexe, die ruft?):

»Knusper, Knusper, kneischen,
Wer knuspert an meinem Häuschen?«

Und der Genius der Kinder selbst antwortet aus dem Mund der Kinder:

»Der Wind, der Wind,
Das himmlische Kind.«

Denn die Kinder kommen am Erdenort an und sind dabei, ins Erdenhaus einzuschlüpfen. In diesem Augenblick, durch den Anruf von innen warnend geweckt, leuchtet noch einmal ihr himmlischer Ursprung in wundersamer Klarheit in ihnen auf! Ist nicht jedes Kindes Wesen himmlischer Natur und weht dem Winde gleich aus den oberen Welten herein, drängend zur irdischen Leiblichkeit, sich zu durchsättigen mit ihr? –

Behalten wir nach dieser Einmütigkeit für später im Sinn, warum sich Hänsel das Dach vorbehält, Gretel aber ans Fenster verweist; Hänsel hat einen genauen Blick für das, was jedem von ihnen guttut. Sie sind ein Geschwisterpaar, gehören zusammen und sind doch gründlich verschieden, eben ein Knabe und ein Mädchen. Solange Hänsel vorne bleiben kann, folgt Gretel ohne eigenen Willen. Gretel wacht erst auf, als Hänsel im Gefängnis steckt. Und sie wird von der Hexe wachgerüttelt – im selben Ton, den schon die Frau an sich hatte:

»Steh auf, Faulenzerin, trag Wasser und koch deinem Bruder etwas Gutes ... Wenn er fett ist, so will ich ihn essen.«

Ein schreckliches Aufwachen im Hexenhaus! Gretel fängt an, bitterlich zu weinen, sie weint vergeblich. Sie muß tun, was die Hexe verlangt. Hänsel wird das beste Essen gekocht, Gretel bekommt Krebsschalen. Wir sehen: in Lauf- und Magddienste gepreßt, frei auf den Füßen, aber darbend, das wird das Los von Gretel in der Tyrannis der Hexe. So gehen die vier Wochen vergeblicher Mast an Hänsel vorüber, dann folgen die Befehle hageldicht:

»Heda, Gretel! Sei flink und trag Wasser – Hänsel mag fett oder mager sein, morgen will ich ihn schlachten und kochen.« Ach, wie jammerte das

arme Schwesterchen, als es das Wasser tragen mußte, und wie flossen ihm die Tränen über die Backen herunter! ... »Spar nur dein Geplärre«, sagte die Alte, »es hilft dir alles nichts.«

Auf diesen Todesmorgen spitzen sich die Ereignisse zu. Das Wasser wurde schon am Vortag getragen, jetzt muß Gretel den Kessel mit Wasser aufhängen – und *Feuer* anzünden! Diesen Befehl hat die Hexe bisher noch nicht gegeben. Feuerzünden hat sich die Hexe seither allein vorbehalten, als wüßte sie wohl, was sie damit in der Gewalt hat. Jetzt wird sie unvorsichtig – zugunsten von Gretel. Solange Gretel nur Wasserdienste übertragen bleiben, bleibt sie auch dumpf befangen in der Befehlszange der Hexe. In dem Augenblick, in dem Gretel das Herdfeuer zünden darf, springt plötzlich in das Wesen des Mädchens ein Funke über, der zur Wende führt. Nicht im Wassertragen – im Feuerzünden liegt eine Wende.

Wir sind am Scheitelpunkt angelangt. Das männliche Element mußte völlig zurücktreten: Wie der Vater am Eingang des Märchens im Schweigen schwand, sitzt auch das Söhnlein machtlos gefesselt hinter dem Gitter. Alles spielt sich nun zwischen den beiden weiblichen Wesen ab, zwischen der Hexe, der verhärtet erstarrten, bös funkelnden Gewalt, und Gretel, der jungen, werdenden menschlichen Seele, leidend und weinend bedrängt. Auf Gretel rückt die Katastrophe zu. Ob sie will oder nicht, an Gretel hängt aller Schicksal, sowohl Hänsels, als auch ihr eigenes; das Schicksal der Hexe wie letztlich das des Vaters. Sie soll in den Backofen kriechen (»aus dem die Feuerflammen schon herausschlugen«) und prüfen, ob recht eingeheizt ist. Fügt sie sich, wird sie verzehrt werden vom Feuer. Dieses Feuer brennt aus der Gier und Leidenschaftlichkeit der Hexenwut, denn den Backofen hat die Hexe selbst eingeheizt; Gretel durfte nur das Küchenfeuer zünden! Da heißt es, im Anblick der lodernden Flammen: »Aber Gretel *merkte*, was sie im Sinn hatte...« Dem Feuer gegenübergestellt, blitzt der Feuerfunke in Gretel selbst auf. Sie stellt dem Gierfeuer das winzige Fünklein Einsicht entgegen, dessen sie mächtig ist, stellt sich ungeschickt: »Ich weiß nicht, wie ich's machen soll; wie komm ich da hinein?« Die Hexe, von dem aufkeimenden Widerspruch gereizt, wird wütend, schimpft »Dumme Gans« – und verliert den Kopf dabei. »Sie verliert den Kopf«: Die Gier zieht ihren eigenen Kopf ins verzehrende Feuer. Gretel erfaßt sekundenschnell die Wende, denn das *ist* die Wende: Die Hexe streckt sich selbst ins Feuer, Gretel braucht nur noch einen Stups zu geben und den Riegel vorzulegen. Daß Gretel sich zu dem Stoß aufrafft, ist ihre Geistesgegenwart. Aus dem weinerlichen Mädchen wird an der Feuerstelle eine entschlossen Handelnde.

Der Angelpunkt liegt ausschließlich bei Gretel, im rechten Augenblick das Rechte zu tun, und sie tut es entschieden. Sie schaltet die Tyrannin aus. Von da an lichtet sich das Verhängnis zum Guten. Als nächstes befreit sie Hänsel aus dem Ställchen.

Und weil sie sich nicht mehr zu fürchten brauchten, so gingen sie in das Haus der Hexe hinein, da standen in allen Ecken Kasten mit Perlen und Edelsteinen.

Damit machen sie sich auf zum Vater und brauchen sich auch da nicht mehr zu fürchten, denn auch hier hat sich eine Wende vollzogen: Daheim in des Vaters Haus ist die Frau gestorben. Die allen das Leben zur Qual verdarb, auch sie ist plötzlich nicht mehr da, als hätte sie der Erdboden verschluckt. – Wieso gestorben, die vorher noch so fest auf ihren Füßen stand? War sie nicht die letzte an der Feuerstätte im Wald? Klingt uns nicht noch ihr letztes Wort in den Ohren?

»Bleibt nur da sitzen, ihr Kinder, und wenn ihr müde seid, könnt ihr ein wenig schlafen – wir gehen in den Wald und hauen Holz, und abends, wenn wir fertig sind, kommen wir und holen euch ab.«

Mit einer scheinfreundlichen Geste der Fürsorge verabschiedete sich »die Frau« von den Kindern – und mit einer scheinfreundlichen Geste der Fürsorge empfing die »steinalte Frau« nach dem dreitägigen Irren im Wald die Kinder wieder:

»Ei, ihr lieben Kinder, wer hat euch hierher gebracht? Kommt nur herein und bleibt bei mir, es geschieht euch kein Leid.«

Wie, wenn sich hinter »Frau« und »steinalte Frau« ein und dasselbe Wesen verbärge? Stoßen wir hier auf ein zentrales Phänomen des Märchens? Hat sie als die eine die Kinder deshalb so energisch vom Vaterhaus fortgetrieben, fort vom Vater, dem grundguten, um sie als die andere hier in ihrem gesonderten Bereich ganz für sich zu haben und desto gründlicher allein zu »genießen«? Und erscheint sie erst hier, getrennt von der mildernden Güte des Vaters, ganz wie sie wahrhaft ist: stein-alt, verknöchert, mit der Krücke humpelnd, mit wackelndem Kopf? Mehr noch: haben wir hier im Häuschen, aus Brot gebaut, mit Kuchen gedeckt, geschönt mit blindglitzernden Fenstern aus hellem Zucker, das *Mutterhaus?* Wie überzeugend stimmen Verhältnisse und Substanzen überein: Findet nicht das himmlische Kind in der Leibeshülle der Mutter eine Fülle, die nährt und bildet und ganz umschließt? Eine Fülle, die das Erdendasein aufs süßeste schmackhaft macht? Und wie hungrig nach Wachsen und Werden leibt sich das Geschwisterpaar Geist-Seele in diese nährende Hülle ein! – Ja, das ist das Mutterhaus.

Nur fassen wir den Widerspruch nicht, seltsam und wunderlich: Die dürre Alte, kann sie die Mutter, überhaupt eine Mutter sein? Kehrt sie sich hier nicht noch grausamer heraus als daheim die Frau, gierig auf das Leben der Kinder?

Die »Steinalte«, das ist die andere Seite der Mutter, jene Seite, die sich endgültig gelöst hat vom kosmischen Vatergrund. Hier begegnen wir der Raub- und Stiefmutter auf dem großen, von den Göttern geplanten Hintergrund, dem sich der Vater des Märchens zu fügen hat. Mutter, matrix der Wesen, die formend Gebärende, ist zur Aus-Geformten geworden. Sie hat sich im Formprozeß erschöpft und im Mineralisch-Stofflichen verhärtet – sie steht am Ende der Wege Gottes. Die schiere Gewalt der Materie schaut uns an, als Hexe, die lauernd ihr Reich bewacht – in dem *auch* das Brothäuslein steht. Dies stammt wie eh und je (ob geraubt oder überantwortet, bleibt offen) aus Gnade und Leben der ersten Schöpfung, aber sie, die nun Gewalt darüber hat, regiert als Widersacherin des Vaters. Sie vergällt die Süße zur bitteren Qual – und schien doch alles einen himmlischen Anfang zu nehmen im Mutterhaus:

> *Da ward gutes Essen aufgetragen, Milch und Pfannekuchen mit Zucker, Äpfel und Nüsse. Hernach wurden zwei schöne Bettlein weiß gedeckt, und Hänsel und Gretel legten sich hinein und meinten, sie wären im Himmel.*

Wie werden die beiden herausgerissen aus ihren Träumen, »frühmorgens«! Sie finden sich wieder in einer Welt des Brutalen und der Knüffe, der Kanten und Kuben. Das Mutterhaus entpuppt sich über Nacht als Hexenstätte; »hexis«: die Beschaffenheit des Körpers. Hänsel, das junge Menschen-Ich, ins Gitterställchen geschleppt, kann nur noch mit Knöchelchen hantieren. Sein eigenes Knochensystem wird ihm als Todeszelle zugewiesen, ein Skelettgehäuse. Gretel, wendiges Seelenwesen, geht zwar ungehindert ein und aus, schuftet aber in der Fron der Sinne. Zwischen Gier und Tod ängstigt sich das Mädchen und wächst heran zu *seinem* Augenblick, in dem es die »gottlose« – die aus dem göttlichen Vater-Element herausgefallene – Hexe in die Flammen der Selbstauflösung stößt.

Die Frau stirbt in dem Augenblick, in dem die Hexe im Backofen verbrennt. Wenn die Richtkraft des Feuers auf Gretel übergegangen ist, haben Stiefmutter und Hexe ihre Aufgabe erfüllt.

Steinalt ist die Hexe – die älteste mit den physischen Anlagen des Menschen verbundene Gewalt. Man darf sagen, es ist die von Gott, vom Vater der Väter, sich selbst beigesetzte Gewalt, die dem Menschenwesen hilft, in seinem Erdenleibe die tiefsten und edelsten Lichtgeheimnisse zu entdecken. Als Perlen und Edelsteine heben Hänsel und Gretel den Schatz. Daß die Menschenseele zu sich selbst erwacht und die Härte des Feuerentschlusses ergreift, ist das Meisterstück Gretels, das ihr die Hexe aufnötigt. Keilt die Alte nicht alles darauf zu? Es entsteht sogar die Frage, ob die Hexe nicht geopfert sein *will?* Wir berühren hier das Rätsel des Bösen überhaupt: daß das Böse uns versucht und peinigt, damit wir es bestehen; daß es uns schreckt, damit wir erwachen; daß es Knüffe austeilt, an denen wir im Widerstand erstarken. Die Hexe triumphiert, wenn wir kuschen – aber *will* sie triumphieren? Vielleicht liegt ihre Tragik gerade darin, daß wir klein beigeben, statt uns zu widersetzen. Solange sie triumphieren kann, bleibt sie unerlöst. »Spar dein Geplärre«, schilt die Hexe. Das Weinen gefällt ihr gar nicht. Unerlöst – auch in der Hexe wirkt verzaubert Gottes Kraft. Vielleicht ist das *letzte* Verlangen der Hexe gerade das, was wir am wenigsten glauben möchten: daß sie auf die beherzte Selbsterhebung von Gretel wartet. Die Hexe spricht nicht etwa aus: »Ich will ins Feuer gestürzt werden«; ihre Widerspruchsnatur verbietet ihr das. Gretel muß selbst darauf kommen! Im Erkennen liegt der Funke: »Da merkte Gretel ...« Die wortfeindliche Alte bietet die viel grandiosere Chance; durch eine *Tat* fordert sie auf zur Tat: Sie streckt selbst den Kopf ins Ofenloch! Gretel braucht sich nur aufzuraffen und muß den Stoß wirklich tun. Feuer ist das einzige Element, das die Verhärtung der Hexe aufzuschmelzen vermag. Wir sagen in unserem kurzgebundenen Denken, das sei die gerechte Strafe. Hier kann von Strafe nicht mehr die Rede sein; von der andern Seite her gesehen, wird Gretels Tat der Hexe zur Wohltat. In der reinigenden Flamme verzehren sich die Schlacken. Der darin verzauberte Geist kehrt in seinen Ursprung im Licht zurück.

Heimkehr

(Vom schneeweißen Vöglein und vom Entchen)

Hat der Vater die Kinder in ihrer Not vergessen? Nein, keine Minute hat er sie vergessen. »Der Mann hatte keine frohe Stunde gehabt, seitdem er die Kinder im Walde gelassen hatte.« Die Frau ist den Kindern gefolgt, hat sie in verwandelter Gestalt in ihre düstere Zucht genommen; sie begegnet ihnen, man könnte sagen, vorausgeeilt, im tiefsten Walde wieder. Ist auch der Vater mitgegangen? Durfte er mitgehen? Der Vater ging nicht mit. Und doch hat ein Bote vom Vater die Kinder begleitet – denn was wäre das schneeweiße Vöglein, das ihnen am dritten Mittag im Wald von einem Baume herab so lieblich singt und dem sie verzückt lauschen, was wäre es anderes als ihr Täubchen, das weiße Täubchen vom Dach des Vaterhauses? Als Hänsel das Sonnenbrot streut, das von den Vögeln aufgepickt wird, gierig und gern, hat er auch sein Täubchen mitgelockt und gefüttert. Und folgen die Kinder nicht eigentlich dem Vöglein als Führer in der Wildnis und Verirrung? Zunächst bemerken sie es nicht. Aber dann ist es da, es singt ihnen und zeigt den Weg. Genau zum Brothäusel führt es sie hin und bleibt da sitzen – wieder auf dem Dach, wie zu Hause. Führt sie demnach nicht gerade das schneeweiße Vöglein in das Verhängnis? Man kann kritisch fragen: Spielt die steinalte Frau mit dem schneeweißen Vöglein ein abgekartetes Spiel? Oder anders: sagt somit auch der Vater zu den Lockkünsten der Alten ja? Die rätselhafte Frage bleibt stehen.

Mit dem schneeweißen Vöglein muß es ein eigenes Geheimnis haben. Es wird nicht offenkundig ausgesprochen, es war Hänsels Täubchen, das vor ihnen herflog; aber wie sich die Frau zur Hexe verhält, mag das Täubchen mit dem schneeweißen Vöglein übereinstimmen – gewiß ist es ein Bote des Guten, Reinen, das sagt uns sein »Schneeweiß«. Im Märchen wird die Farbe nicht nur zum Schein des Gewandes, sondern zum Unterpfand des durchschimmernden Wesens (wie die roten Augen der Hexe ihr inneres Glutflammen-Wesen verraten). Wo das schneeweiße Vöglein singt, ist der gute Geist des Vaters nahe, er schwebt über ihnen und »schwingt seine Flügel« – der *Geist* des Vaters.

Ja, auf das Dach des Häuschens setzt sich das schneeweiße Vöglein nieder und will sagen: Hier ist unser Ziel – und das ist es offenbar. Und vor Freude über das sättigende Brot, über Kuchen und süßen Zucker vergessen die Kinder wieder das Vöglein; es wird nicht mehr von ihm gesprochen. Sie stürzen aufs Häusel zu und verknuspern sich darein. Wo bleibt nun das Vöglein? Fliegt es zum Vater zurück, oder bleibt es bei ihnen? Schweigen schluckt das Vöglein mitsamt seinem Singen, die Stimme von oben verstummt. Allein die leibliche Zehrung wird wichtig. Die Kinder schlüpfen hinein ins Haus, und die Hexengeschichte rollt ab; es geschieht alles, wie es geschehen muß, bis die Hexe tot ist. Aber dann, im Augenblick des Hexentodes, taucht das Vogelmotiv verwandelt wieder auf, urplötzlich am anderen Ort:

Gretel aber lief schnurstracks zum Hänsel, öffnete sein Ställchen und rief: »Hänsel, wir sind erlöst, die alte Hexe ist tot.« Da sprang Hänsel heraus, wie ein Vogel aus dem Käfig, wenn ihm die Tür aufgemacht wird.

Das Vogelwesen in Hänsel – sein Täubchen – atmet nun wieder die goldene Luft der Freiheit. War also das schneeweiße Vöglein doch nicht fortgeflogen, nicht irgendwohin und auch nicht zum Vater, war es bei ihnen geblieben: hat es Hänsel mitgenommen in seinen Käfig, seine inwendige Kammer? Zu Hänsel gehört das Täubchen, das ursprünglich auf des Vaters Dach sitzt, sich dann auf das Dach des Brothäusels niederläßt – und vom Dache her dringt Hänsel ins Brothäusel ein. Hänsel, Täubchen und Dach bilden eine Einheit. Mögen wir darin einen Hinweis sehen, daß sich das männliche Element, das Ich-Geistwesen im Menschen, zuvörderst am Kopfe, dem »Dach« des Menschen orientiert. Hänsel hat ja auch, solange er frei schalten darf, die »Einfälle«, wie sie dem findigen Kopf entsprechen. Sein Täubchen gibt sie ihm ein.

Man kann in höherer Region auch von dieser Trinität sprechen: Vater, Hänsel und Täubchen gehören zusammen. Ins Märchengewand gehüllt stellt das eine Miniatur der Urtrinität von Vater, Sohn und Heiligem Geist dar, die in allem Welten- und Erdenwerden ineinanderwirkt. – Da das schneeweiße Vöglein bei ihnen ist, haben die Kinder, hat vor allem das Söhnlein auch Kunde vom Vater.

Und noch einmal begegnen wir dem Vogelmotiv, ganz anders, aber nicht minder bedeutsam, im Entchen. Die Kinder haben sich im Haus der Hexe Taschen und Schürzchen mit Perlen und Edelsteinen gefüllt.

»Aber jetzt wollen wir fort«, sagte Hänsel, »damit wir aus dem Hexenwald herauskommen.« Als sie aber ein paar Stunden gegangen waren, gelangten

sie an ein großes Wasser. »Wir können nicht hinüber«, sprach Hänsel, »ich seh keinen Steg und keine Brücke.« – »Hier fährt auch kein Schiffchen«, antwortete Gretel, »aber da schwimmt eine weiße Ente, wenn ich die bitte, so hilft sie uns hinüber.« Da rief sie: »Entchen, Entchen... Nimm uns auf deinen weißen Rücken.«

Gretel entdeckt das Entchen – gehören die beiden auch zusammen? Hänsel vermag nur zu konstatieren: »Wir können nicht hinüber, ich seh keinen Steg und keine Brücke« – und es klingt, als wollte er sagen: Mein Witz ist am Ende. Das Hänselköpfchen versagt, da Steg und Brücke fehlen. Er hat die Kiesel gesetzt, suchte mit dem Brot eine Markierung, und so sucht sein konstruktiver Sinn auch jetzt das fest Gefügte. In der geringfügigen Wendung, mit der Gretel dem Bruder beipflichtet, »hier fährt auch kein Schiffchen«, liegt der Wesensunterschied der Geschwister verborgen: Wenn Gretel schon einmal einen Einfall hat, hat sie ihn vom Beweglichen her. Sie denkt aus der rhythmischen Zone heraus, denkt an ein Schiffchen, das auf den Wogen auf- und abfahren kann. Aber hier fährt nicht einmal ein Schiffchen. Alles Feste, auch in der wendigsten Form, entfällt an dieser Stelle, die sie nun erreicht haben.

An welche Stelle kommen sie auf ihrem Rückweg ins Vaterhaus? »An ein großes Wasser.« Vielleicht sind sie an jenem Ufer angelangt, wo (nach Worten von Rudolf Steiner) die Raumeswelt in das Geistesmeereswesen übergeht; wo alles tektonisch Erdgeformte endet und das Ätherisch-Flutende, das immer bewegte Meer des Lebens beginnt, das große Wasser. Und mit dem Wasser hat Gretel bislang schon tüchtig zu tun gehabt. Erinnern wir uns, daß das erste Wort, womit die Hexe Gretel wachrüttelt, lautet: »Steh auf, Faulenzerin, trag Wasser.« Mit dem Hexenwasser werden Suppen gekocht; es ist Wasser im Frondienst des Leibes. Später, da die Hexe zur Vernichtung Hänsels ausholt, wiederholt sich's: »Heda, Gretel, sei flink und trag Wasser...« – »Ach, wie jammerte das arme Schwesterchen«, heißt es weiter, »als es das Wasser tragen mußte, und wie flossen ihm die Tränen über die Backen herunter!« Wasser, Tränen und Gretel liegen nahe beisammen; Gretel hat ans Wasser gebaut. (Während von Hänsel nicht ein einziges Mal gesagt wird, daß er weint, werden Gretels Tränen fünfmal angemerkt.) Gretel lebt ihrer Natur nach im wässerigen Element; das will sagen, im Element des Lebendigen selbst. Nur im Erdenland, auf sich gestellt, muß sie auch den

Feuerfunken fangen. Hier, am großen Wasser, verhält sich Gretel wahrhaft wassergemäß. Sie ist im Umgang mit dem Wasser herangewachsen, hat am irdischen Wasser ihr Schicksal durchlitten – wird nun das große Wasser auch Gretel tragen? Das Wasser wird sie tragen durch den guten Geist des Wassers, das Entchen. Gretel ist mit dem Entchen verbunden. Sie kennt Sprache und Zauberspruch, daß das Entchen zu ihnen kommt.

Und was hat es mit dem Entchen auf sich? Dieses kleine, plumpe Tier, das im Geflügelhof nur mühsam umherwatschelt, auf dem Wasser fühlt es sich wohl, zieht ruhig und gelassen seine Bahn: ein lebendiges Schiffchen. In ihm ist das Vogelwesen eine Stufe tiefer gefallen, als es sonst die Vögel sind, man kann auch sagen, tiefer herabgestiegen. Es bleibt nicht schwingend in den Lüften wie das Täubchen, es schwebt auf den Wassern wie der Geist Gottes im Urbeginn, da er die Geistkeime des Werdens dem Lebensmeer anvertraut: Wir sind hier den Welten-Mutterkräften nahe. Hat vielleicht das Entchen mit der wahren Mutter der Kinder zu tun?

Den Schlüssel kann uns das Märchen »Die drei Männlein im Walde« geben, und so müssen wir einen kleinen Exkurs machen. In den »Drei Männlein« sieht der Küchenjunge, wie in der Nacht eine Ente durch die Gosse geschwommen kommt und spricht: »König, was machst du? Schläfst du oder wachst du?« – Aber der König kann nicht antworten, er schläft wirklich. Und so fährt die Ente fort: »Was machen meine Gäste?« Diesmal antwortet der Küchenjunge (er allein ist wach): »Sie schlafen feste.« Fragt sie weiter: »Was macht mein Kindelein?« Antwortet der Küchenjunge: »Es schläft in der Wiege fein.« – Und nun wird offenbar, wer sich hinter der Ente verbirgt: »Da ging sie in der Königin Gestalt hinauf, gab ihm zu trinken, schüttelte ihm sein Bettchen, deckte es zu und schwamm als Ente wieder durch die Gosse fort.« Die Königin, die wahre Mutter des Kindes in der Wiege, lebt hier nicht mehr in der irdischen Gestalt, denn sie wurde zuvor von den Widersacherfrauen bei der Geburt des Kindes in den Fluß geworfen. Doch ist sie nur dem irdischen Auge tot, lebt in Wahrheit im Wasser-Ätherbereich fort. Von der Sorge um das Kind getrieben, taucht sie auf und schwimmt im Hüllengewand der Ente daher. Dem reinen, unverdorbenen Blick des Küchenjungen – den er aber nur in der Nacht haben kann, wenn die »Gäste«, nämlich seine Sinne, schlafen – wird sie auch in ihrer ursprünglichen Erscheinung sichtbar, als Königin und Mutter des Kindes; sie pflegt das Kind und entgleitet schließlich als Ente wieder in den Wasser-Lebensstrom, bis sie in der dritten Nacht der erweckte König endlich befreit und zurückverwandelt in die vorige Menschengestalt. Im Entchen lebt die Mutter fort.

So treffen wir im Entchen von »Hänsel und Gretel« einen Mutterboten an, wie im Täubchen einen Vaterboten. Das tragende Schiffchen naht zur rechten Stunde. Und daß es von reinster Lauterkeit ist, sagt uns auch sein Gefieder. Gretel beschwört ausdrücklich: »Nimm uns auf deinen weißen Rükken.« Weiße Magie darf wieder gelten, nachdem im Hexenbereich so lange die rotglutende und schwarzfinstere geherrscht hat. Und das Entchen folgt willig Gretels Ruf. Wie sorgsam noch warnt Gretel den Bruder, dem Entchen nicht zuviel zuzumuten – »es wird dem Entchen zu schwer, es soll uns nacheinander hinüberbringen« –: Die Mutter spricht in Gretel, aus Gretel die Mutter.*

Die Verborgene ist da und erwartet sie hier. Vielleicht mußte sie, wie Sneewittchens Mutter, bei der Geburt der Kinder »sterben«, zurücktreten dem äußeren Blick, um der anderen Frau, der Stiefmutter, für eine Weile die Zuchtgewalt über die Kinder zu überlassen. Am Lebensgewässer naht ihnen das Mutterwesen im Entchen wieder, und Gretel knüpft das zerrissene Band an. Nur so können sie übersetzen über die trennende Furt, heim ins Vaterhaus. Auf diesem Hintergrund gewinnt der karge Satz vom Tod der Stiefmutter (»Die Frau aber war gestorben«) eine verwandelte Bedeutung und Aussicht: *In Gretel kehrt dem Vater das verjüngte Inbild der wahren Mutter zurück.* Sie ist die Tochter – aber nicht mehr Kind. Gretel, die rührend Mädchenhafte, ist auf dem Hexenweg zur Mitratenden und Mittätigen geworden, sie ist nicht mehr nur die hilflos Weinende wie zu Beginn. Bis zuletzt bestätigt es sich, daß auf ihr vom Tiefpunkt des Märchens an der führende Akzent liegt: Sie überwältigt die Hexe, sie erlöst den Bruder, sie bewirkt auch die Überfahrt zum Vaterufer. Und sie ist es, die beim Vater zuerst ihr Schürzchen ausschüttelt, daß Perlen und Edelsteine in der Stube umherspringen; dann erst wirft Hänsel »eine Handvoll nach der anderen aus seiner Tasche dazu«.

* Hier wird auch der Name von Gretel durchsichtig. Der Verfasser dankt den Hinweis Ottokar Graf Wittgenstein in seinem Buch »Märchen, Träume, Schicksale« (Eugen Diederichs Verlag, 1965), das sonst ganz andere Wege der Märchendeutung geht. Gretel ist die kindliche Form von Grete, der Abkürzung von Margarete. Margarete tritt auf in Verbindungen wie »Mys margaritae« – die Perlmuschel, »matrix margaritae« – Perlmutter; matrix entspricht Mutter und Mutterleib, Margarita der Perle darin. Wir kommen im letzten Abschnitt darauf zurück.

Anfang und Ende, Armut und Reichtum

(Von Edelsteinen und Perlen)

Noch bleibt der Gegensatz von Anfang und Ende, Armut und Reichtum zu betrachten. Das Märchen beginnt in der Holzhackerkümmernis, wo Not nistet und im Vaterhaus zwei zuviel sind, zwei Junge zuviel. Der Vater muß sie ziehen lassen ins Ungewisse, das auch ihren Tod bedeuten kann. Ist er doch verurteilt zur Fron einer Arbeit, die ihn gerade selbst erhält. Die Axt des Holzhauers haut sich stumpf in der Armut. Die Zehrung endet in der Auszehrung. Eine neue Erfüllung muß kommen. Werden die Kinder zu etwas gelangen, das es vorher noch nicht gab?

In Mythen und Märchen stellen Kinder immer eine neue Werdestufe dar, nicht nur eine Wiederholung der alten Stufe, als wirke das schon Bestehende unverändert und allein fort. Jede Generation trägt die Anlage zu neuen Erträgen in sich, und mit jeder beginnt ein neues Abenteuer der Entwicklung. Wie sich die Jungen, um deren Entwicklung es geht, bewähren, kann niemand voraussehen. Am Beginn des Märchens stehen wir in der Krise der Holzhakkerepoche. Die Kinder haben das väterliche Wesen in sich – und etwas dazu. Sie sind ebenso Geschöpfe der Mutter, und gerade das Mütterlich-Weibliche tritt uns als Doppelnatur entgegen. Die verborgene wahre Mutter können wir nur erahnen; der stiefmütterlich-hexenhaften begegnen wir offensichtlich genug. Die Gefahr erwächst nicht aus dem Vatererbe; das Vatererbe möchte sich geradlinig und einheitlich weiter entfalten; es möchte bei sich bleiben. Deswegen sucht Hänsel mit allem Verfügbaren die Verbindung zum Vaterhaus aufrechtzuerhalten. Aber das Väterlich-Männliche wird ausgeschaltet, allein das Weibliche tritt in den Vordergrund. Der Zwiespalt entspringt der doppelspurigen Mutterlinie – und die Entscheidung liegt folgerecht bei Gretel, dem Mädchen.

Es wäre frevelhaft anzunehmen, der Vater lasse die Kinder von sich ziehen, damit sie ihm am Ende den Reichtum zuführen. Wie könnte er das wissen oder gar erwarten, da er nicht einmal wissen kann, ob sie je wiederkommen? Seine schwer verständliche Haltung am Anfang, sein widerrufend gestammeltes Einverständnis zur Trennung von den Kindern ist weder Schwäche noch Feigheit – es ist ein Opfer. Es ist das Opfer, sie ziehen zu lassen, daß sie die Freiheit erlangen. Der Vater fügt sich der Notwendigkeit einer Trennung, obschon er fast vergeht vor Schmerz darüber. Nicht umsonst heißt es am Ende, da die Kinder heimkehren und ihm um den Hals fallen: »Der Mann hatte keine gute Stunde gehabt, seitdem er die Kinder im Walde gelassen hatte.« Er leidet im Vaterhaus den Weg ihrer Selbstwerdung Stunde um Stunde mit. Endlich aber kommen sie wieder und bringen mit, was nur im *Mutterland* unter der Hexenfuchtel gewonnen werden kann: Edelsteine und Perlen.

Freilich, die kostbaren Bestandteile dieser Gebilde sind gar nicht irdischer Natur: *Licht* flutet frei und alldurchwebend in den kosmischen Höhen; *ätherischer Glanz* glimmt auf den Strömen der Gewässer, sich ständig wandelnd und verflüchtigend, durch alle Breiten. Erst im Hexenrevier gerinnen diese feinen Substanzen ins Feste zur Dauerform. Aus Licht, eingezaubert in die Erdentiefen, über denen das Brothäusel steht, entstehen die Edelsteine, aus dem ätherischen Schimmer von Wasser und Tränen gerinnen die Perlen.

Während Hänsel und Gretel ihr Schicksal aushalten, prägt sich zugleich die Form der Gebilde. Die Edelsteine haben vor allem mit Hänsel zu tun, die Perlen mit Gretel.

Hänsel bricht am Dach des Häuschens ein, wird von der Hexe gepackt und nach unten gesteckt, sitzt in sich geduckt fest und kann sich kaum rühren in seinem Bau; das Knöchelchen wird sein Finger und sein Finger zum Knöchelchen. In diesem Stillhalten geschieht der Verwandlungsprozeß, unmerklich. Die Edelsteine, erst am Ende ins Sichtbare gehoben, werden zum Realbild für die Vergeistigung der Erdenleibesform, die eben am Ende aller Ereignisse zum Menschenziel wird. Der Menschengeist bringt ein Kristall-Lichtgehäuse mit aus seiner düsteren Gefangenschaft, von dem er sich während der Gefangenschaft auch nicht entfernt träumen läßt. Im Farbigen bewahrt, findet er die Vielfalt der bitteren Tage verwandelt und auskristallisiert wieder. – Nur im geformten Leibe kann sich das Ich als Eigenwesen erleben und halten – im Widerstand. In jenem Endereignis fallen Eigensein und Wieder-Teilhaben an der Geistgemeinschaft in eins zusammen, wenn der Licht-Edelsteinbau aus dem Erdensein herausgeläutert heimgetragen wird; denn dann wird er auch durchlässig sein für das Licht der oberen Welten. Darauf deutet Rudolf Steiners Wort: »Ein menschlicher, ein tierischer Leib hat Begierden, Leidenschaften und Triebe. Der Pflanzenleib hat keine Begierden mehr, aber er hat noch Trieb. Der Steinleib hat weder Begierden noch Triebe, deshalb stellt er uns Menschen ein Ideal vor, nämlich, daß unsere Triebe vergeistigt werden sollen – und in ferner Menschenzukunft wird das erreicht. Leiber ohne Begierden und Triebe werden die Menschen haben. Einst wird der Mensch diamantgleich sein, er wird nicht mehr innerliche Triebe haben, sondern sie sind dann äußerlich beherrscht. Der Stein stellt schon heute diese Keuschheit dar. Er ist begierdelose Materie.«*

Hänsel entsteigt seiner Gefängnisgruft als ein Verwandelter, ein Johannes. Seine Befreiung ist ein Auferstehen. Die Edelsteine sind Vorboten eines Auferstehungsleibes.

Sind die Edelsteine, wie gesagt, im wesentlichen Hänsels Gabe, so steuert Gretel die Perlen dazu. Wie kann das sein? Erinnern wir uns: Bei der Ankunft stößt Gretel die Fenster-Zuckerscheibe ein. Von vornherein wird das Mädchen an die Nahtstelle von innen und außen verwiesen, wird auch von der Hexe nicht in den engen Stall gesperrt, sondern muß aus dem Haus heraus und hinein, Wasser tragen und kochen. Das Geistige, eben Hänsel, soll nach dem Willen der Hexe gemästet, in den vegetativen Prozessen des Stoffwechsels überflutet und abgelähmt werden. Gretel, Seelenwesen von Natur, wird an die Sinnesfunktion gekettet, hat es mit Fenster und Tür zu tun, kann frei aus und ein – aber nur scheinfrei. Wassertragen, Kochen, es sind Magddienste, die nach unten wirken, den Stoffwechsel fördern. Gretel wird eingespannt, den Bruder ins Verderben zu bringen. Aber währenddes reift ihre Gabe. Denn wenn im Märchen von der »Gänsehirtin am Brunnen« die jüngste Königstocher Perlen weinen kann statt Tränen – ist nicht jede menschliche Seele die jüngste Königstocher? Viele Tränen fließen auf dem Prüfungsweg aus Gretels Augen; immerzu weint Gretel in ihrem Schmerz. Am inneren Muschelrand der Seele aber wächst unterm Stachel des Leids die Tränensubstanz zum feuchtschimmernden Juwel. Gretel begegnet ihren Tränen in den Perlen wieder. Die Hexe hat sie aufgesammelt, das ist Gretels eigenster Schatz. Wir sagten schon vorher, daß der Name Margarita Perle bedeutet. Wenn das Märchen am Ende unbefangen erzählt: »Gretel schüttelte sein Schürzchen aus…«, so scheint dieses Ausschütteln eine pure Geste der Freude zu sein. Aber der Name selbst ist Gretels Schürzchen, dem nun sein wahrer Inhalt entkollert: die Perlen. Name und Wesen enthüllen sich als eins. Wie Hänsel zu Johannes, wird Gretel zur Margarita.

Mit den Kindern kommen neue Schätze in des Vaters Haus. Die Freude am Ende ist die Freude, wieder vereinigt zu sein; der Reichtum ergießt sich von

* Rudolf Steiner, Das christliche Mysterium, GA 97, Vortrag vom 13. 10. 1906.

selbst dazu. Wir erleben die Umkehr des Anfangs: Sohn und Tochter beschenken den Vater. »Da hatten alle Sorgen ein Ende, und sie lebten in lauter Freude zusammen.« Unter der schlimmen Regentschaft der »steinalten Frau« läutert der Mensch die Edelsteinform seines Wesens heraus und trägt sie am Ende der Erdenzeit heim ins endlos Währende, Ewige; gleichermaßen den Perlenschimmer der Seeleninnigkeit – Geschenke, die das Vaterhaus vorher nicht kannte. Im Augenblick der Feuerprobe geschieht die Verwandlung.

Und wie lange dauert das Abenteuer? »Drei Tage« und »vier Wochen«? Ja – sieben Äonen lang. Als sie heimkehren, sind Hänsel und Gretel keine Kinder mehr, obwohl uns die Namen und Gestalten kindlich vertraut bleiben wie eh und je.

FRAU HOLLE

Zwei Mädchen gehen denselben Weg, und aus denselben Begegnungen bringt das eine Mädchen Gold, das andere Pech nach Haus – kraft der unterscheidenden Vorzeichen »schön und fleißig«, »häßlich und faul«.

Bei der Mutter finden wir den Schlüssel. Sie lebt als Witwe. Der Vater ist gestorben; sie blieb im Erdenhaus mit ihren beiden Töchtern zurück. Die ursprüngliche Einheit hat sich geschieden in *zwei* Reiche: das jenseitige des Vaters und das hiesige der Mutter, und in jedem Reich herrschen eigene Gesetze. Im Mutterfeld wird mit zweierlei Maß gemessen. Denn die Witwe hält ihre rechte Tochter – zwar »häßlich und faul« – besser als die andere. Demnach stammt das Mädchen »schön und fleißig« aus einer vorausgehenden Ehe des Vaters. Gleich taucht auch der Ausdruck Stiefmutter für die Witwe auf. Wir sind an einem Weltenabschnitt angelangt, wo statt der Allmutter die blanke Stoffesgewalt herrscht. »Unbarmherzig« fordert sie das Unmögliche. – Das Märchen versetzt uns ins gegenwärtige Zeitalter der mater materialia und stellt uns in den beiden Töchtern das Schicksal der hellen und der dunklen Seite unserer Seele dar.

Im fleißigen Mädchen lebt die geistgezeugte Schönheit einer Harmonie vom Urbeginne her. Das Mädchen wird von der Stiefmutter gedemütigt, ja verachtet. Es muß draußen sitzen, an der Straße der weiten Welt. Im Erdenhaus wird ihm nur als Aschenputtel Wohnrecht gewährt. Schönheit dient im Magdgewand.

Wohl sein läßt sich's im Hausgestühl die andere Tochter. Daß sie faul und häßlich sei, darf so geradeheraus nur das Märchen sagen. Vom Blickwinkel der Mutter her muß man sie anders titulieren. Denn »häßlich und faul« schließen nicht aus, daß sie auch respektable Eigenschaften besitzt. Die Faule erweist sich als intelligent und einfallsreich. Sie bewegt sich, einmal angeschubst, auf den Pfaden des geringsten Widerstandes. Chancen auszudenken, macht ihr Spaß. Findig wägt sie, was ihr nützt. Was nichts einträgt, rührt sie nicht an; darin besteht ihre Faulheit. Charakteristisch treten im zweiten Teil der Geschichte ihre kleinen Kniffe zutage. Damit die Spule rasch blutig werde, stößt sie selbst die Hand in die Dornhecke. Die Spule entgleitet ihr nicht ungewollt – sie wirft sie hinein in den Brunnen. Sie inszeniert vorsätzlich, was dem fleißigen Mädchen wider Willen geschieht. »Sie wußte sich nicht zu helfen«, heißt es von jenem. Die Faule weiß sich zu helfen; sie tut, als ob ihr geschähe. Sie beherrscht die Spielregeln des »Tun als ob« – und daraus wächst ihr Verhängnis. Sie tut in Wahrheit nichts um seiner selbst willen, etwa aus Freude an der Arbeit oder gar Liebe, sondern immer im Hinblick auf den Nutzen. Sie liebt das Bequeme und spart ihre Kraft. Und eben dies imponiert der Mutter.

Die Fleißige wird auf die Straße gesetzt, ins Außerhäusliche. Zu Hause sind wir im Selbst. Sie wird verwiesen ins Selbstlose. Und da gibt sich das Mädchen hin mit aller Kraft, »daß ihm das Blut aus den Fingern sprang«. Sein Blut geben, heißt sich selbst geben; Selbsthingabe wird Selbstopfer. – Hat die Selbsthingabe einen gewissen Punkt erreicht, entsinkt die Spule in den Brunnen. Solange das Mädchen die Spule in Händen hält, kann es im Irdischen etwas tun. Die Spule stellt die Verbindung her zum irdischen Leib; an sie ist der Lebensfaden geknüpft. Fällt sie in den Brunnen, zerreißt der Lebensfaden, das Leben hat sich erschöpft. Mehr kann auf Erden nicht geleistet werden. Die Stiefmutter schilt und fordert das Widersinnige: »Hast du die Spule hinunterfallen lassen, so hol sie auch wieder herauf.« Aber die Spule läßt sich nicht wieder heraufholen; nicht so und jetzt, wie es im Mund der Stiefmutter klingt. Sie spricht, als ob es möglich sei; was sie wirklich meint, verbirgt die Frau. Das Mädchen ist ihr lästig, sie will es los sein. Es soll in die Tiefe springen, daß sie es nicht mehr zu sehen braucht.

Da ging das Mädchen zu dem Brunnen zurück und wußte nicht, was es anfangen sollte, und in seiner Herzensangst sprang es in den Brunnen hinein, um die Spule zu holen. Es verlor die Besinnung...

Und nun folgt die erstaunliche Wendung: Wo alles zu Ende schien, geht unerwartet eine neue Welt auf.

Das Mädchen erwacht an anderem Ort, auf einer schönen Wiese, »wo die Sonne schien und viel tausend Blumen standen«. Das Mädchen stürzt zwar in die Tiefe, gelangt jedoch, genau besehen, eine Stufe höher – in jenes elementare Reich reinen Lebens, das als feineres Prinzip die physische Erdendecke durchwebt, in die Welt ätherischen Sprossens und Sprießens. Aus dem sinkenden Leiblichen hat sich das darin eingewobene Lebendige herausgelöst und steigt nun leicht geworden auf.

Staunen beflügelt den Schritt. Es beginnt ein Entdeckungsgang im Wiesenreich. Da steht ein Backofen, und er ist voller Brot, und das Brot fängt an zu sprechen. Ist das Brot die Summe unserer freudig und schmerzvoll getanen Taten, die uns hinter der Brunnenschwelle erwarten? Brot ist zwar seiner spezifischen Form nach ein menschliches Erzeugnis, aber keineswegs seiner Substanz nach. Der Mensch tut etwas dazu, doch eh Brot zum Brote wird, geht viel voraus. Erst muß das Saatkorn in die Erde gelegt werden (wozu der Mensch wieder den Boden bereitet), muß keimen und wachsen einen Sommer lang. Es wird von Regen und Tau benetzt, wiegt sich in Wind und Luft, reift in der Sonne und wird dann vom Menschen geerntet. Nun erst mahlt der Mensch das Korn, zerstört den Naturzustand, mischt das Mehl mit Zutaten, knetet den Teig und setzt ihn einem Hitze-Feuerprozeß aus. Jetzt bäckt das Brot. Naturgabe und Menschentun wirken zusammen. Wäre »Brot«, wie es im Backofen des Märchens ruft, nur ein Sinnbild von Menschenwerk, wie könnte auch für die Faule ein voller Backofen bereit sein? Sie tut doch gar nichts. Aber auch sie wird vom rufenden Brot angesprochen. »Brot« bleibt ein übermenschliches Produkt, selbst wenn es durch Menschenhand zubereitet wird. Alles, was wir uns im Erdenleib an nährenden Substanzen zuführen, ist Geschenk – wir nehmen es nur zu selbstverständlich als uns Zukommendes hin. Hier wird auf den überindividuellen, göttlichen Ursprung der lebenspendenden Nahrung hingedeutet. An der Faulen zeigt sich, wie achtlos sie dem Geschenk des Brotherrn gegenübertritt: Weil die Faule im Augenblick kein Brot zum Mahl benötigt, interessiert sie der volle Backofen nicht. Denn auf der Wanderung von der Erde hinweg ist sie nicht im gewöhnlichen Sinne hungrig, also rührt sie nichts an, weil es sie schmutzig machen könnte. Ihr einziges Ziel steht nach Gold, das sie von Frau Holle erwartet. Sie merkt nicht, daß Gold nur dann (und dann von selbst) kommt, wenn man das Unscheinbare oder Gefährliche auch auf sich genommen hat. Beim Brotschieben gibt's Aschenfinger und kann man sich verbrennen; geschüttelte Äpfel fallen, wie sie wollen, auch auf den Kopf.

Uns muß stutzig machen, daß das fleißige Mädchen zwar ungesäumt das Brot herauszieht, sich selbst aber keinen Bissen davon einverleibt. Es bedarf seiner im Augenblick nicht zum Hungerstillen. Ihm genügt zu vollbringen, was das Brot fordert. Aber für wen ist dann das Brot gebacken? Eine Frage zum Nachsinnen. Darf man sagen: Es ist Brot, das erst auf der Rückwanderung gegessen wird? Oder nähren sich ungenannte, unsichtbare Wesen der jenseitigen Welt davon, die darauf warten, daß es einer herauszieht, weil ihnen selbst die dafür geschickten Hände fehlen? Oder bedürfen seiner Menschenkinder, die auf dem Gegenweg *zur* Erde hier vorüberkommen und es als Wegzehrung mitnehmen – die ein »Brothäuslein« suchen, um sich zu inkarnieren? Was spricht dagegen, daß es so wäre? Fest steht, daß man, um das Lebensbrot herausziehen zu können aus dem Backofen, auf der Erde gelernt haben muß, den Brotschieber zu gebrauchen. Das fleißige Mädchen erkennt die Situation im ersten Anruf und setzt die Sprache der Dinge fachgerecht und sachgemäß in die Tat um. Daß es dies kann, ist Frucht seines Erdenfleißes. – Nicht anders verhält es sich vor dem Apfelbaum. Hier wird noch deutlicher, daß es sich nicht um seine eigenen Erdenfrüchte handeln kann. Die Äpfel wachsen als irdisch gepflegte und doch kosmische Frucht und reifen; sind sie reif, wollen sie geschüttelt sein. Das Mädchen schüttelt und bangt nicht, getroffen zu werden. Aber auch hier rührt es keinen der Äpfel zum Hineinbeißen an; es liest sie nur zuhauf. Wer wird die Früchte verzehren?

Früchte und Brot warten an den Wegstationen als Geschenke der Paradies-Gotteswelten, ständig bereit für die Hinabwandernden. Und doch sind die Gaben nicht griffig, wenn nicht der erdengeschulte Mensch das Seine dazu beiträgt. Die Fähigkeit, im geistigen Gebiet das Rechte im rechten Augenblick zu tun, ist die wahre Erdenfrucht, die der Mensch ins Wiesenreich hinein mitbringt. Oder auch: er muß den Gottesprozeß fort- und zu Ende führen. Das geschieht auch hier schon im leiblichen Dasein, aber erst im Nachtodlichen kann der Menschenseele aufleuchten, *wie* sich die Himmelskräfte die goldenen Eimer reichen und wie die menschliche Tätigkeit als Glied dieser Kette verflochten ist.

Doch die entscheidende Erfahrung für das fleißige Mädchen folgt auf der weiteren Wanderung. Es kommt zur Frau Holle. Man lese die schöne Stelle im Märchen nach.

Die alte Frau nennt selbst ihren Namen »Frau Holle«. Es ist Hel, die Göttin der Unterwelt bei den Germanen; keine Hexe, obwohl sie die großen

Zähne hat und zum Fürchten scheint. Ihr Alter deutet auf Verdichtung hin. Sie zieht alles Geschehene in sich zusammen. Hier wird eine Schaffnerin des Schicksals sichtbar. Frau Holle bewahrt aber nicht nur das Vergangene. Sie wird auch das künftige Schicksal aus dem Gewesenen heraus und den sich offenbarenden Fähigkeiten des Menschen zur neuen Bahn lenken. Das Märchen sieht ihr Haus als die Wandlungsstätte. So erwartet Frau Holle die des Weges Kommenden. Mit jedem spricht sie, wie ihm zusteht. Zur Fleißigen sagt sie: »Was fürchtest du dich, liebes Kind? Bleib bei mir...« Denn das fleißige Mädchen braucht hier nichts mehr zu fürchten; die Furcht vom Stiefmutterhaus hat ein Ende. Frau Holle durchschaut die vor ihr Stehende und ermuntert sie. So faßt sich das Mädchen ein Herz und willigt ein.

Worauf es der Schicksalsmeisterin ankommt, fordert sie so bestimmt wie behutsam: »Du mußt nur achtgeben, daß du mein Bett gut machst... dann schneit es in der Welt.« Und für uns bleibt die wunderliche Frage, wie sich Bettenschütteln in Schneefall verwandeln kann. Gewiß, fliegender Flaum kann wie Schneeflocken aussehen. Das scheint eine hübsche Brücke zum Verständnis. Nur eine Brücke? Was liegt da zugrunde? Legen wir uns zum Schlaf ins Bett, atmet der Körper seine Wärme hinein in die Daunen. Die Federn halten als Hülle die Wärme zusammen. Jeder Mensch hat seine individuelle Wärme, die er abstrahlt, und so prägt jeder Mensch auch etwas von seinem seelischen Wesen den Daunen ein. – Hier, bei Frau Holle, ist nun der Ort, wo das Bett tüchtig ausgeschüttelt werden muß: Das bisher hineingewärmte Individuelle wird aus der Einbettung gelöst und wirbelt hinaus in den Weltraum. Dort entsteht daraus eine umgekehrte Hülle: Schnee bildet die Winterhülle der Erde; die Schneedecke schützt das außermenschliche, vor allem das pflanzliche Leben. Die Kälte des Schnees liegt zwar um den Gefrierpunkt, aber eben nur gerade an diesem. Der eisigscharfen Windkälte gegenüber bleibt die Schneekälte eine warme Kälte. Der Schnee wirkt als Mantel für das keimende Leben der Erde. – Wichtig dabei scheint, daß die Schneegebilde, so gleichförmig sie dem Auge vorübertanzen, in der Tat unzählbar verschiedene Kristallformen enthalten. Alle sind zwar hexagonal, nach dem Gesetz der Sechszahl, gebaut, doch unter Abertausenden gleicht keine Flocke völlig der andern, und jede Flocke stellt realisiertes geometrisches Spiel dar – ein unfaßbares Wunder. »Die zarteste aller irdischen Hüllen – und vielleicht die schönste« nennt ein Biologe die Schneehülle. Und dem Manne, der sein Leben ausschließlich der Erforschung der Schneekristalle gewidmet hat, war »jedes neue Schneekristall wie ein neuer Planet«.*

Birgt demnach das Hollewort »Gut das Bett zu machen und fleißig aufzuschütteln« die Aufforderung, zu prüfen, wieweit die vom Menschen innerhalb seines Erdenlebens in sein Bett hineingeatmete individuelle Wärme nun, im Nachtodlichen, sich »lüften«, den Lüften anvertrauen und verwandeln läßt, daß sie der Planetenwärmehülle einverwoben werden kann? Zu prüfen, wieweit sich die Eigenwärme den Schneegesetzen einordnet? Wir lieben es auf Erden nicht, wenn beim Bettenmachen die Federn fliegen, dann taugt das Bettzeug nichts. Aber hier sollen sie gerade fliegen. Als Dringlichstes entsteht sogar die Frage: Hat der Mensch überhaupt etwas mitgebracht an Eigenwärme, so daß es sich tatsächlich lohnt aufzuschütteln? Friedrich Husemann spricht in einem Vortrag über Frau Holle (10.9.1956) von dem Zusammenhang, der besteht zwischen menschlichen Seeleneigenschaften und den meteorologischen Vorgängen. Solange der Mensch im Leibe lebt, sagt Husemann, sind die Seeleneigenschaften individuell an die Ichgrenzen gebunden; sie bleiben bei ihm. Nachtodlich strömen sie vom Ichkern ab und helfen »das Wetter machen«; sie objektivieren sich, breiten sich aus in den Umkreis. Das seelische Verhalten hat auch für die kosmische Umwelt eine sachliche Bedeutung.

Bei dem fleißigen Mädchen heißt es: »Es besorgte auch alles nach ihrer Zufriedenheit und schüttelte ihr das Bett immer gewaltig auf, daß die Federn wie Schneeflocken umherflogen.« Es bringt also von vornherein reichen Vorrat mit an Tätigkeitswärme, die es nun hingibt an die Weiten. Die Seelenwärme wird Reichtum an der kristallschaffenden Hülle der Welt. Vergleicht man, wie es sich später bei der Faulen ausnimmt, könnte man einwenden, da wiederholt sich der gleiche Vorgang, und es ist das gleiche Bett, das aufgeschüttelt werden muß, eben das der Frau Holle. Wieso bringt das Bett in einem Fall die Eigenwärme der Fleißigen, im anderen die Eigenwärme der

* Wilson A. Bentley (1865–1931), ein einfacher Farmer in Jericho/Vernon/USA, entwickelte im Verlauf von 50 Jahren eine eigene Technik der Mikrophotographie, »um der Welt die Schönheit und das Geheimnis der Schneeflocke, die Gesetzmäßigkeit ihrer sechszackigen Gestalt und die unendliche Zahl ihrer zauberhaften Formen zu offenbaren«, wie auf seiner Gedenktafel steht. Erst nach jahrelanger Arbeit trat er vor die wissenschaftliche Öffentlichkeit. Von über 5000 Photos enthält das 1931 verlegte Standardwerk »Snow Crystals« fast 2500 Aufnahmen. – Bereits Johannes Kepler schrieb 1611 eine mathematisch-philosophische Abhandlung »Über den hexagonalen Schnee«.

Faulen? Beinahe möchte man sagen, jeder hat seine *eigene* Frau Holle! Hat nicht auch jeder Mensch seinen eigenen Genius – oder geisteswissenschaftlich gesprochen, seinen eigenen Schwellenhüter? Erwartet nicht Frau Holle ganz sichtbar jedes Mädchen an der Schwelle ihres Hauses? Sie ist die Schwellenhüterin des nachtodlichen Hauses. Tatsächlich ergibt sich aus der sparsamen, aber doch genauen Schilderung, daß sich Frau Holle zu jedem der Mädchen so verhält, wie es das Mädchen zuläßt. Frau Holle gibt als übermenschliche Gestalt wieder, was die Seele auf Erden selbst ins Schicksalshaus hineingezeugt hat. Frau Holle kann demnach nur das herausarbeiten lassen, was darinnen ist. So daß die Faule, auch wenn sie das Bett der scheinbar fremden Frau Holle aufschüttelt, ihren eigenen Schlaftaten wiederbegegnet. Frau Holle hat den auf Erden geschlafenen Schlaf an sich genommen und aufbewahrt. Jetzt, da der irdische Ichzustand entfallen ist, wirkt das auf Erden Beschlafene verfremdet, ist quasi in Frau Holles Bett hineingeschlüpft. Und so lüften Fleißige wie Faule ihr eigenes Bett unter dem Blickwinkel der Ewigkeit. Deutlich tritt hervor, *wie* sich die Faule anstrengt, Frau Holle zu Gefallen zu sein.

Am ersten Tag tat sie sich Gewalt an, war fleißig und folgte der Frau Holle, wenn sie ihr etwas sagte, denn sie dachte an das viele Gold, das sie ihr schenken würde; am zweiten Tag aber fing sie schon an zu faulenzen, am dritten noch mehr, da wollte sie morgens gar nicht aufstehen. Sie machte auch der Frau der Holle das Bett nicht, wie sich's gebührte, und schüttelte es nicht, daß die Federn aufflogen…

Was das Märchen in humorvoller Sequenz ablaufen läßt, sagt im Grunde, die Faule *kann* das Bett gar nicht aufschütteln, sie ist nun, im Reich der absoluten Wahrheit, der Sklave ihrer Faulheit. Der Versuch zur Tätigkeit erlahmt, obwohl das Mädchen schütteln möchte. Hier hilft nicht mehr der gute Vorsatz (auf Erden kann man mit dem guten Vorsatz den Anlauf finden, sein Leben zu ändern), hier hilft nur die bereits vorhandene Kraft. Was auf Erden eingeleitet wurde, gestaltet sich jetzt aus, nicht mehr und nicht weniger. Ja, es wird tragisch sichtbar, die Faule hat keine Kraft! Sie kann sich nicht aufrichten, bleibt unfähig liegen, in halbem Dämmerschlaf umnebelt von der Illusion: Es wird schon auch so gehen. Es geht auch so – nur kommt am Ende etwas anderes heraus als das erwartete Gold; es regnet Pech.

Bleiben wir noch beim fleißigen Mädchen. Wir hörten, es besorgte alles nach Frau Holles Zufriedenheit; »dafür hatte es auch ein gut Leben bei ihr, kein böses Wort und alle Tage Gesottenes und Gebratenes«. Wie aber führt das Mädchen »ein gut Leben«, da es doch so fest zu arbeiten hat? Das mußte es auch zu Hause, und da war das Leben eine Qual. Der Ton liegt auf: »kein böses Wort«. Der Ton der Stiefmutter machte das Leben zur Hölle, nicht die Arbeit. Bei Frau Holle wird, was dort Hölle war, Ermunterung – durch das Wort. Die Seligkeit des Jenseitigen besteht nicht im Genießen; sie besteht im Mitarbeiten an den kosmischen Aufgaben, nach Maßgabe weiser Mächte. Sich den Geistern der Weltenweisheit willig-tätig hinzugeben, heißt selig sein. Darin sind Durst und Hunger gestillt.

Verwundert liest man dann den Satz vom Heimweh:

Nun war es eine Zeitlang bei der Frau Holle, das ward es traurig und wußte anfangs selbst nicht, was ihm fehlte; endlich merkte es, daß es Heimweh war; ob es ihm hier gleich vieltausendmal besser ging als zu Hause, so hatte es doch ein Verlangen dahin.

Warum will das Mädchen wieder heim? Hier liegt in der Tat der Angelpunkt des Märchens. Im Abstand von der Erde reift der Entschluß, wieder zur Erde zurückzukehren. Man kann auch sagen, die Seele spürt von einem gewissen Entwicklungsstadium an die Kraft, ein neues Erdenleben zu beginnen. Aus dem Geistsein im höheren Chor und der willigen Hingabe an seine ordnende Macht erwächst nun das Verlangen, aufs neue mit den Menschenbrüdern und -schwestern im Erdenhaus vereint zu sein und dort geistgemäß zu wirken: »Und wenn es mir auch noch so gut hier unten geht, so kann ich doch nicht länger bleiben, ich muß wieder hinauf zu den Meinigen.« – Und Frau Holle zeigt sich keineswegs ärgerlich, eine so gute Helferin zu verlieren, im Gegenteil, sie geht ohne Zögern darauf ein:

»Es gefällt mir, daß du wieder nach Hause verlangst, und weil du mir so treu gedient hast, so will ich dich selbst wieder hinaufbringen.«

Sagt das nicht, es liegt im Sinn und Willen der Gottheit, daß die Menschenseelen zur Erde zurückkehren? Nicht das göttliche Jenseits ist unser letztes Ziel, sondern die Erde. Den Götterkreis durchmessen wir, um neues Maß zu finden – für die Erde. So wird nun Frau Holle von der Geistseite her zur Geburtshelferin. Sie führt das Mädchen »vor ein großes Tor«. Von drüben her, mit der Perspektive der geistigen Welten im Hintergrund, hat das Tor der Wiederkehr riesige Maße; es zieht sich im Übergang von der Empfängnis zur eigentlichen Geburt aufs engste zusammen, bis es zum schmalen diesseitigen Muttertor wird. Und beim Abschied vor dem Tor fällt das Wort: »Weil du mir so treu gedient hast...« Auch Hans im Glück hat seinem Herrn sieben Jahre treu gedient und erhält zum Lohn seines Dienstes ein Stück Gold, groß wie Hansens Kopf. Auch Hans nimmt als ein Erdensohn Abschied im Geistgebiet und wird belohnt mit Gold. Treue im Geist wandelt sich in Gold. Hier beim fleißigen Mädchen fließt unterm Tor ein gewaltiger Goldregen über die Gestalt und bedeckt sie über und über. Man kann auch sagen, Gold dringt in feinster Substanz ein in die ganze Seelenhülle. Das Gold verbindet sich so sehr mit der Erscheinung, daß nicht mehr unterscheidbar wird, ist es an ihr oder in ihr. Seelenhülle und Seelenwesen werden durchgoldet. – Im Gold wirkt Sonnenerbe: Weisheit gleichermaßen wie Licht. Weisheit und Licht, Güte und Liebe werden von dem fleißigen Mädchen auf Erden ausgehen.

Wie sieht es bei der Faulen aus? Von ihr heißt es, daß sie bei Frau Holle schon am zweiten Tag liegenbleibt. Aber es kommen ja noch mehr Tage, und sie bleibt immer liegen! »Das ward die Frau Holle bald müde und sagte ihr den Dienst auf.« Die von ihrer Trägheit Gelähmte verdämmert nachgerade die Zeit im Geistgebiet. Sie arbeitet nicht, weil sie die Arbeit nicht anmacht; genau besehen, weil ihre Tätigkeitsorgane verkümmert sind. Sie trödelt sich durch die Schule von Frau Holle durch. Hier kommt aber *auch* die Zeit der neuen Geburt heran. Nur bildet hier nicht »Heimweh« den Antrieb, sondern Frau Holle »sagt ihr den Dienst auf« – es greift schlichtweg das Weltengesetz ein, das die Seele zurückschickt ins Erdenleben. Und ihr wird nun Pech übergegossen. Es hört sich an, als handle es sich um einen Kübel willkürlichen Unmuts, den Frau Holle strafhalber ausschüttet. Aber Frau Holle kann der Faulen am Geburtstor nur die Gegengabe mitgeben, die diese sich erworben hat. Der Extrakt wird erschreckend drastisch als »ein großer Kessel Pech« bezeichnet. Pech bekommt die Pechmarie mit. Pech wird sie haben auf ihrem Lebensweg. Das kann sich in vielfacher Weise einstellen. Die Seele wird nicht aufzunehmen vermögen, was Menschen und Dinge ihr sagen wollen. Günstige Gelegenheiten wird sie verschlafen; ihre Chancen erst einsehen, wenn sie verpaßt sind. So wird sie Begegnungen verkennen, und sie wird selbst verkannt werden. Die Umwelt wird sie abstoßen, und sie wird sich vereinsamt fühlen. Es kann Pech regnen ohne Unterlaß. Die Arme weiß nicht warum und steht betroffen. Daß sie bei Frau Holle war und schon auf dem

Weg dorthin die guten Gelegenheiten vertan hat, hat sie vergessen. Aber die Umgangssprache hat »Pech haben« behalten; hier hat es seinen Ursprung, bei der Pechmarie.

»Das Pech aber blieb fest an ihr hängen und wollte, solange sie lebte, nicht abgehen.« Eine bittere Geschichte – ein Leben lang. *Alle* Leben lang? »Solange sie lebte«, heißt es. Aber sie wird ja wieder einmal durch die Brunnentiefe bei Frau Holle einkehren, und dann vielleicht mit gewandeltem Sinn. Denn solange die Seele im Leibe auf Erden weilt, kann sie jeden Tag anfangen, etwas von dem Versäumten nachzuholen. Wo Torheit sie betrübt, reift sie am Schmerz. Sie kann im Kleinsten beginnen, die verhängnisvolle Kette der Verdumpfung aufzuhellen. Wie heißen die Zauberworte der Wandlung? Einige heißen: Geduld, Verzicht, Gelassenheit im Ertragen. Rudolf Steiner schildert in einem solchem Zusammenhang* zunächst eine Reihe ursächlicher Eigenschaften, die die Seele abschnüren von der Welt und in die Antipathie der Menschen führen und damit Leid und Torheit beschwören, die die Seele über sich verhängt. Er fügt aber als wichtigstes *Wendewort* hinzu das Wort »Liebe«. Liebe kann den von Pech und Dumpfheit gezeichneten Weg wieder aufhellen; Liebe, die der törichten Seele von ihren Mitmenschen entgegengebracht wird; Liebe, die sie selbst Menschen und Dingen gegenüber keimen lassen kann.

So wie die Sterblichen heute leben, ist kaum einer von uns nur »die Fleißige«, keiner nur »die Faule«. Im Märchen wird die Doppelheit der Seele in den beiden Gestalten vor uns ausgebreitet. Irgendwo dazwischen können wir uns finden. Aus »faul« und »fleißig« mischen wir das Leben Tag für Tag.

* Esoterische Betrachtungen Karmischer Zusammenhänge, Band I, GA 235, Vortrag 24.2.24.

DIE DREI MÄNNLEIN IM WALDE

Märchen spiegeln auf eigene Art Geheimnisse der Jahreszeiten wider. Das zeigt sich nicht in reiner Naturschilderung, sondern die Seelengestalten handeln unter dem bestimmenden Einfluß eines Jahreszeitregenten. So können wir »Jorinde und Joringel« als Frühlingsmärchen erkennen: Während die Sonne durch die Maibuchen scheint, unterliegen die jungen Liebenden der Verzauberung durch ihre erwachenden Sinne; Jorindes Singen wandelt sich inmitten der Zeile in ein Vogelgezwitscher, lähmendes Erleiden wird über die beiden verhängt. Alles, was sich später anschließt, erwächst aus diesem Eingang. Es wäre einer eigenen Besinnung wert, den Reigen Grimmscher Märchen im Reigen der Jahreszeiten vor den Blick zu rücken. Wir wollen ein Wintermärchen betrachten: *»Die drei Männlein im Walde«*.

Eine alte Weltenzeit ist abgelaufen, die ursprüngliche Harmonie zerbrochen. Das Märchen setzt damit ein, daß einem Mann seine Frau gestorben ist; geblieben ist ihm nur eine Tochter. Ebenso starb einer Frau ihr Mann, und auch ihr ist nur eine Tochter geblieben. Die Alten der Welt befinden sich im Witwenstand. Erstaunlicherweise geht nun der Antrieb zu einer Verbindung der Verwitweten von der Frau aus; sie wirbt um den Mann, indem sie dessen Tochter verspricht, wenn es zur Heirat käme, dürfe sie, die Vatertochter, sich jeden Morgen in Milch waschen und Wein zum Mahl genießen – sie verspricht ihr ein uraltes königliches Vorrecht. Dem Vater ist nicht wohl bei dieser Werbung: »Das Heiraten ist eine Freude und ist auch eine Qual.« Er ist unsicher, was er tun soll, weil er die unmittelbare Verbindung mit der Weisheitswelt verloren hat, und so soll ein Orakel, eine Zwischenoffenbarung, ihm kundtun, was die unsichtbar gewordenen Lenkermächte beschlossen haben. Seltsam genug nimmt sich dieses Orakel aus! Der Vater zieht seinen Stiefel aus, schickt seine Tochter damit auf den Boden, sie soll ihn aufhängen und Wasser hineingießen. Wird der Stiefel voll, will er heiraten, läuft das Wasser hindurch, will er verzichten. Der Stiefel hat aber ein Loch in seiner Sohle, und wir denken, das Wasser müsse hindurchlaufen. Aber siehe, das Wasser zieht das Leder zusammen, der Stiefel hält das Wasser. Daran erkennt der Vater, er soll heiraten. Schon äußerlich drückt sich hier eine Wintereigenschaft aus: daß sich die Materie zusammenzieht. Aber für den Vater bedeutet es mehr. Von den beiden Möglichkeiten »Freude« und »Qual« legt das Orakel den Akzent auf das Verdichtende, Bittere: Die »zweite Ehe« wird eine Qual werden. Dennoch heiratet der Vater, denn er fühlt es als Spruch der ferngerückten Götter, daß das Bittere unausweichlich von ihm verlangt wird. Und gleich folgt auch das letzte Wort vom Vater: »... und freite sie, und die Hochzeit ward gehalten«. Von da an verlöscht seine Gestalt aus allem Geschehen; er hat nichts mehr zu sagen und sagt nichts mehr. Nur noch die zweite Frau führt die Macht in ihren Händen. Sie hat erreicht, was sie will, und will alles ganz anders, als sie in der Phase der Werbung versprochen hat. Kein neuer Frühling zieht mit dieser zweiten Ehe ein – ein harter Winter ist angebrochen, Seelenwinter, Weltenwinter. (Wir sollten uns hüten, was im Märchen geschieht, mit einer Ehe auf menschlicher Ebene gleichzustellen. Das Märchen hat eine weit umfassendere Entwicklung im Blick.)

Dargestellt wird nun das Schicksal der beiden Mädchen, der Tochter des Mannes und der Tochter der Frau, unter dem neuen Regiment. Die Tochter des Mannes, so »schön und lieblich« sie ist, so »spinnefeind« wird ihr die Stiefmutter. Die menschliche Seele, die wahre Tochter des Vater-Sonnenreiches, wird nach einer dreitägigen Übergangszeit zur Laufmagd gedemütigt und von da an gepeinigt. Ein kalter Eiswind überfegt die Gefilde. Und deutlich prägt sich der Winter bis in die Landschaft hinein aus: »... als es steinhart gefroren hatte und Berg und Tal vollgeschneit lag.« Das ist die rechte Zeit für den Anschlag der Stiefmutter. Sie macht dem Mädchen ein Papierkleid und sagt: »Da, zieh das Kleid an ... und hol mir ein Körbchen voll Erdbeeren; ich habe Verlangen danach.« Sie verlangt eine Sonnenfrucht in der tiefsten Winterzeit. Sie weiß ganz gewiß, daß der Wald im Winter keine Erdbeeren hergibt; sie erwartet gar nicht, daß das Mädchen sie bringen könne. Die Erdbeeren sind ein Gelüst, gewiß – wie schön schmeckten sie im Winter! Für die Frau werden die glanzroten Früchte zum Vorwand, höhnisch ausgesonnen: Gerade was du nicht finden kannst, sollst du holen – und nicht wiederkommen. Denn Papier wärmt nicht, es hüllt nur; jeder Dorn kann es zerreißen. Das Mädchen wird der Kälte preisgegeben. Es wandert hinaus in den Wald, und noch einmal hören wir: »Da war nichts als Schnee die Weite und Breite, und war kein grünes Hälmchen zu merken.« Im Wald nun kommt das Mädchen an ein Häuschen, aus dem drei Haulemännerchen (Höhlenmännlein) herausschauen, also Gnomen. Warum begegnet das Mädchen nicht etwa Sylphen, Salamandern, Undinen oder Nixen? Weil zu jeder Jahreszeit andere Elementarwesen ihr Wirken entfalten. Der Winter ist die Zeit der Gnomen; da werken sie im Bereich der Erde, in den Wurzelschichten, in ihren Höhlen. Sie tun das ganz für sich, niemand sieht es, und sie lassen sich auch nicht gern zuschauen dabei. Die Menschen haben kein Auge für ihr Tun, sie wissen nichts davon. Hier aber nähert sich nun jemand, und so lugen die drei Männlein – gelassen und doch auch gespannt – zum Fenster hinaus, ob sich Vorwitz oder ehrliche Not ins abseitig Verlassene gewagt habe. Das Mädchen wünscht den Männlein die Tageszeit und klopft bescheidentlich an die Tür; sie rufen herein, es setzt sich an den Ofen, will sich wärmen, sein mageres Brot verzehren. Die Haulemännerchen erbitten etwas davon, und das Mädchen teilt mit ihnen. Dann fragen sie, was es wolle zur Winterzeit in dem dünnen Kleidchen im Wald. »Ach«, antwortet es, »ich soll ein Körbchen voll Erdbeeren suchen und darf nicht eher nach Hause kommen, als bis ich es mitbringe.« Die Männlein hören das an, gehen jedoch nicht auf den Inhalt der Klage ein, sondern geben dem Mädchen einen Besen in die Hand: »Kehre damit an der Hintertüre den Schnee weg.« Statt bedauert zu werden, erhält das Mädchen einen neuen Arbeitsauftrag, der es abermals in die Kälte führt. Was sich daraus ergeben wird, ahnt das Mädchen und wissen auch wir noch nicht. Die Männlein bleiben zurück und sprechen untereinander: »Was sollen wir ihm schenken, weil es so artig und gut ist und sein Brot mit uns geteilt hat?« Und jeder von ihnen schenkt ihm eine Gabe: der eine, daß es jeden Tag schöner werde, der andere, daß ihm Goldstücke aus dem Mund fallen, sooft es ein Wort spreche, und der dritte, daß ein König komme und es zu seiner Gemahlin nehme. Draußen verrichtet das Mädchen, was ihm geheißen, »und was glaubt ihr wohl, daß es gefunden hat? Lauter reife Erdbeeren, die ganz dunkelrot aus dem Schnee hervorkamen«. Das Sonnenfruchtwunder geschieht, über alles Erwarten, mitten im Winter. Wie mag das zugehen?

Beachten wir, daß sich dieses Fruchten unter der Schneehülle *hinter* dem Häuschen der Gnomen ereignet. Das Mädchen muß also erst durch das Häuschen der drei Männlein hindurchgegangen sein, um hinter dieser Schwelle in einen Bereich zu gelangen, der dem vordergründigen Wald nur noch scheinbar gleicht. Hier erst, hinter dem Haus, breitet sich der Haulemännerchen eigentliches Schaffensreich aus, ihr verborgener Bezirk. Wir würden ein solches Erdbeerwunder vergeblich im Alltagswald erwarten. Das Mädchen tritt in diesem Augenblick ein in den Hintergrund einer ätherischen Geschehenswelt. Da, im verschlossen Gehegten, bilden die Höhlenmännlein in der Winterszeit vor, was erst im nächsten Sommer vorn im gewöhnlichen Wald unterm Sonnenkuß reifen kann und sich dann auch, unter Halm und Laub versteckt, dem Alltagsblick zeigen wird. Gäbe es nicht diesen heimlichen Bezirk hinter dem Hause der Haulemännerchen, in dem sie vorbereiten – zu einer Zeit, da keiner von uns daran denkt –, was wir um Johanni als Sommergabe selbstverständlich entgegennehmen, so würde überhaupt nichts wachsen. Belebten nicht die Gnomen zur Winterszeit die Wurzelschichten der Erde, müßten die Wurzeln absterben und könnten im Frühling nicht wieder austreiben.

Die Männlein lassen das Mädchen teilnehmen an ihrem vorbildenden Schaffen und schenken ihm davon – hat es doch auch ihnen von seinem Brot geschenkt. Was die Stiefmutter aus der Perspektive der nüchternen Tageswelt als Unmögliches fordert, kann allein in dieser tieferen Zone erfüllt werden, denn hier *ist* es wahr und zur »Unzeit« schon Ereignis. Es sind nicht zufällig übriggebliebene Früchte des vergangenen Jahres, sondern erste, vorzeitige des künftigen, die das Mädchen findet. Nur muß es bis zu dieser Zone vordringen. Man kann sagen, in seiner Not, ausgestoßen aus der physischen Behausung, gejagt von dem absurden Auftrag läuft das Mädchen ins Aussichtslose hinein und gerät kraft seiner Unschuld genau an den rechten Ort. Aber es muß auch dessen, was ihm die Gnomen gewähren sollen, würdig sein. An ihrem Sitz (im Häuschen) wird das Mädchen zunächst auf Gebaren und Lauterkeit geprüft. Die Gnomen sind klüger, als wir vermuten – im Grund haben sie dem Mädchen schon längst angesehen, was es herführt, aber der Mensch, der zu ihnen kommt, soll erst *sich selbst* aussprechen, spricht doch an dieser Schwelle jedes Wort wie jede Tat für den Seelengrund, aus dem sie sprießen. Die Gnomen warten. Je nachdem offenbar wird, was im Seelengrund lebt, können auch sie ihr Geheimnis offenbaren oder blanken Vorwitz abweisen. Dabei spielt der Vorgang mit dem Besen eine wichtige, ja die entscheidende Rolle. Wie sich das Mädchen zu diesem schlichten Gerät des Alltags verhält, danach wendet sich sein Geschick. Die kunstvollen Bildner der Natur verlangen die kunstloseste, »niedrigste« Arbeit, eine Arbeit purer Demut. Das Mädchen wandelt sich hier in des Wortes alter Bedeutung zum Mädgen oder Mägdlein, zur Magd: zur tätigen, selbstlos dienenden Seele. Daß die Sonnengebilde im Gnomenreich sich enthüllen können, dazu bedarf es letztlich dieser Spur menschlich betätigter Eigenwärme, Arbeitswärme. Ein bezeichnendes Wort des Mädchens lautet: »Von Herzen gern«, und so ist Herzenswärme der menschliche Keim des Wunders. Von diesem Augenblick an kehrt sich das Orakel um: Zur Freude wird sich wandeln, was bisher Qual war.

Denn zugleich vollzieht sich für das Mädchen – ohne daß es eine Ahnung davon hat – insgeheim eine Wende in der Richtung seines Schicksals. In dem, was die Männlein inwendig der Stube wünschen (während es draußen kehrt!), wird nun ein Zukunftsbild dessen entfaltet, was in dem Mädchen selbst schon vorblüht an Schönheit, Liebesgold und Opfersinn. Sie beschenken es, heißt hier, sie verstärken die schlicht vorhandenen, aber wunderfähigen Anlagen in der Seele des Mädchens (eben auch in der »Wurzelschicht«). Prophetisch sehen die drei Männlein deren sich steigernde Fülle voraus. All ihre Gaben werden sich folgerecht und »von selbst« aus den betätigten Eigenschaften ergeben.

Wie ganz anders laufen die Dinge bei der Tochter der Stiefmutter! Sie macht sich auf denselben Weg zu den Haulemännerchen, aber im gezielten Verlangen, auch so schön zu werden, auch zu Gold zu kommen. Sie poltert ohne zu grüßen ins Häuschen ein, verweigert, das Frühstück zu teilen, verweigert, den Besen in die Hand zu nehmen, und geht, da sich nichts ereignet, was ihr dienen könnte, verdrießlich wieder fort. Sie erwartet alles wunschgierig »von außen«, und nur, was ihr etwas einbringt, gilt. Doch nur, was der Mensch selbst hinzugeben bereit ist an der Schwelle der Prüfung, das kann erfüllt werden. Die Männlein sprechen wiederum nur das aus, was diese andere Tochter aus sich selbst darlebt, wenn sie ihr schenken, daß sie häßlicher werde mit jedem Tag, daß ihr bei jedem Wort eine Kröte aus dem Mund falle und daß sie eines unglücklichen Todes sterbe. Es ist eine Vorschau der Linie, die sich ergeben muß aus Verdruß, Ablehnung und Selbstsucht – geistgemäß zu Ende gedacht. Nun erschrecken wir vor der unerbittlich harten Konsequenz. Dem zweiten Mädchen wird der Wintergang in den Wald zum eigenen Gericht.

Die leidvolle Zeit des ersten Mädchens ist durchaus nicht beendet. Zurückgekehrt zur Stiefmutter, sinnt diese, wie sie der wachsenden Schönheit »alles Herzeleid« antun könne. Die haßglutende Natur kommt deutlich zum Ausdruck, wenn die Frau nun Feuer unterm Kessel schürt und Garn siedet, Garn der Ränke, könnte man sagen. Das Mädchen soll am zugefrorenen Fluß das Garn schlittern. Die flammenwütende Stiefmutter treibt das Mädchen abermals dem eisklirrenden Vetter Frost in die Arme. Diesmal bleibt nicht nur eine leicht-flockige Schneedecke abzuheben, da genügt kein Besen mehr. Das Mädchen erhält eine Axt in die Hand und muß ein Eisloch hauen – welch ein Akt der Erkraftung wird von ihm gefordert! Aber gerade da, wo es am untersten Ufer am härtesten front, ist ihm die Begnadung und Erhöhung am nächsten. Vergegenwärtigen wir uns, daß das Mädchen keineswegs weiß, was ihm das dritte Männlein geweissagt hat: ein König werde kommen. Dieser König ist der wahre Herr, nicht nur der Elemente (und damit auch der Herr der Gnomen), sondern des umfassenden höheren Reiches. Die Männlein konnten dem Mädchen nur ein Weihnachtswunder der elementaren Erdenhülle vermitteln. Der König jedoch zieht das Mädchen aus der Winterfron empor an sein Herz; er erhebt es zu seiner Gemahlin, und »von Herzen gern« folgt es ihm in sein Reich. Über ein Jahr – wieder mitten im Winter! – gebiert die junge Königin einen Sohn. Das sagt uns: Was sich am Eisfluß angebahnt hat, findet über ein weiteres Werdejahr seine Erfüllung, erhoben in die Gemächer des Schlosses, im Menschen-Seelenreich.

Aber auch diese Königsgeburt im Märchen entbehrt nicht des Herodesanschlages, hier ins Weibliche abgewandelt. Man lese nach, wie sich die Stiefmutter ins Schloß einnistet und auch jetzt noch ihre Attacken führt. Mit ihrer häßlichen Tochter holt sie aus zum letzten, tödlichen Stoß gegen die junge Mutter (nicht gegen das Kind). »Als der König hinausgegangen und sonst niemand zugegen war«, werfen die beiden Frauen die hilflose Königin zum Fenster hinaus in den Fluß, und die Tochter der Frau nimmt die Stelle der jungen Mutter ein. Zunächst scheint der König wie von Blindheit geschlagen, daß er den Betrug nicht merkt. Doch gehört auch diese tragische Verkettung in den leidvollen Werdeplan. Denn die wundersamen Möglichkeiten einer geistigen Führung der Menschenseele finden auch die leisen Hinweise und Wege, um den König zu wecken. Es geschieht über den Küchenjungen, der als einziger das nächtlich sich nähernde Entlein sieht, hinter dem sich die Geistgestalt der Königin verbirgt. In der dritten Nacht, durch den Küchenjungen gerufen, schwingt der König dreimal sein Schwert über der ätherischen Gestalt, und die junge Königin kehrt ins Leben zurück. Jetzt erst, nachdem der König seine Gemahlin neu gewonnen hat, kann der Sonntag der Kindestaufe angesetzt werden: Am Sonnentag wird die Wahrheit offenbar. Da wird ausgesprochen vor der Welt der ewige Name des Königskindes, das die junge Mutter im Arm hält. – Die bösen Mächte dagegen sprechen ihr eigenes Urteil, und auch dies am Sonntag offenbarer Wahrheit: Eingeschlossen in das Faß ihrer Selbstsucht, das gespickt ist mit den nach innen gegen sie selbst sich kehrenden Stacheln der Antipathie, werden die beiden Widersacherfrauen in den Fluß gerollt. Der Fluß schwemmt sie ins Meer, ins Vergessen.

Unter den vielen Madonnenbildern des frühen Mittelalters gibt es die innige Darstellung der »Jungfrau im Grünen« oder auch der »Madonna im Gärtlein«. Die Madonna hält das Kind in ihrem Arm, zu ihrer Seite blühen Rosen, zu ihren Füßen stehen Krug und Schüssel (die unscheinbaren Geräte des Alltags), rings breitet sich ein Gras- und Blumenteppich, darin reifen Erdbeeren. Als weihnachtliches Trostbild, gleichsam als Idylle, wird hier die neue Menschwerdung vor uns hingestellt. Im Märchen erleben wir, was dem lieblichen Madonnenbild zugrunde liegt – als inneres Ereignis der Menschenseele in dramatische Stationen entfaltet. Wir nehmen von Stufe zu Stufe daran teil: durch die Härten des Seelenwinters zur Erfahrung verborgener Sonnengeheimnisse, durch die Mittwintergeburt bis hin zur Epiphanie, dem Sonnentag der Taufe, an dem das ewig und göttlich Gezeugte bleibend ins Offenbare tritt. Von da an wird es wachsen in der Gemeinschaft der Menschen. Die Hoffnung der Menschen ruht auf ihm.

DIE BREMER STADTMUSIKANTEN

Ein humorvoll erzähltes Glanzstück der Grimmschen Sammlung; aber die Ereignisse, von denen das Märchen ausgeht, sind alles andere als heiter. Die vier ausgedienten Veteranen haben den gewaltsamen Tod vor Augen. Ihm trachten sie zu entfliehen. Was soll aus ihnen werden? Etwas Neues, sagt der Esel, denn mit dem Alten, Abgeklapperten ist es unwiderruflich vorbei. Und er hört schon sich selbst im Klanghimmel musizieren. Das Erheiternde beruht in der Hochstimmung, die den findigen Esel angesichts der traurigen Ereignisse erfaßt. Zwischen dem, was kommt, und dem, was er erhofft, klafft ein abgründiger Zwiespalt – so scheint es uns wenigstens. Des Esels Selbstgewißheit wird jedoch zur Brücke, die den Zwiespalt zusammenzieht; eine Eselsbrücke. Von Hochstimmung getragen, machen die vier ihr Glück. Ob der Esel bei sich und seinen Kameraden das musikalische Talent zu Recht vermutet, bleibt des Nachsinnens wert; wir kommen darauf zurück.

Die vier Landesflüchtigen sind nicht die einzigen im weiten Märchenrevier, denen nach abgeschundenem Arbeitsleben so krasser Undank geschieht. Die Betrachtung »Des Teufels rußiger Bruder« bringt von anderer Seite her Beispiele dafür. Dort sind es gediente Soldaten, die danklos der Straße überantwortet werden. Aber auch sie wissen durch das Nadelöhr des Nichts hindurchzuschlüpfen und finden ihr Weiterkommen in unerwartete Bezirke hinein. So werden die todgeweihten Ausreißer unseres Märchens im entscheidenden Augenblick der Not zu einem starken Viergetürm – sie ersingen sich übereinandergetürmt eine Bleibstatt. Das Haus steht im Wald und war bisher von Räubern besetzt. Es existierte also bereits, stand nur unter liederlicher Wirtschaft. Einmal erobert, gefällt es den vieren darin so wohl, daß sie nicht wieder herauswollen. Und so hat man den Bremer Stadtmusikanten zwar aus geziemendem Dank für den guten Ruf, mit dem sie sich für Bremen verdient machten, in Bremen ein Denkmal errichtet, doch die vier Gesellen sind nie nach Bremen gekommen. Sie brachen aus, um Künstler zu werden, vergaßen aber unterwegs ihren Entschluß und begnügten sich schon nach dem ersten Tag ihrer Wanderung statt mit Musik mit Häuslichkeit.

Das Märchen gliedert sich deutlich in drei Ereignisabschnitte. Im ersten wirbt der Esel seine Kameraden; dann wandern die vier in die Nacht und beziehen das Haus; schließlich suchen die Räuber vergeblich, ins Haus zurückzukehren. Eine strenge Folgerichtigkeit liegt darin, daß sich die Flucht der vier vor dem Tod an einem Samstag abspielt (der Hahn spricht vom morgigen Sonntag!) – unter der Regentschaft Saturns. Saturn, der Uralte, hat Anfang und Ende aller Erdenwege in der Hand. Hier läuft eine Entwicklungsphase aus. Ein neuer Sonntag soll erreicht werden. Was aber bietet der absinkende Samstag? Ein Trümmerfeld scheinbar nutzlos gelebter Leben.

Die vier Tiere

Beim ersten Auftreten gibt jedes der vier Tiere eine präzise Charakteristik seines Wesens, indem es seine Schicksalssituation beschreibt. Alle vier sind Todgeweihte, und keines der Tiere hält mit seinem Kummer, seiner Todesangst hinterm Berg – außer dem Esel! Er beherrscht souverän die Lage. Hat er bisher unverdrossen Säcke zur Mühle getragen, hat er auch zur rechten Zeit den Riecher, daß kein guter Wind weht und sein Herr ihn aus dem Futter zu schaffen gedenkt. Dazu läßt es der Esel nicht kommen, er dreht die Geschichte um, nimmt die Sache in die Füße – »etwas Besseres als den Tod findest du überall« – und hat zugleich den rettenden, wenn auch für uns abwegigen Gedanken, er könne Stadtmusikant werden. »Ich spiele die Laute«, sagt er zum Hund. Er sagt es, wie man »selbstverständlich!« sagt. Da gibt es keinen Zweifel. Er hat Selbstgewißheit hohen Grades – und Humor! Und dies in einer Krise des Alters, hinter der eine Attacke lieblosen Undanks steckt. Kein Ton des Verzagens kommt über des Esels Lippen. In wahrhaft saturnischem Entschluß strebt er ein verjüngtes schöpferisches Dasein an. Der verborgene, nur von ihm selbst geahnte Künstler in ihm regt sich und handelt. Und seine Überzeugungskraft überträgt sich auch auf die andern. Aus vier vereinzelten Leidensgenossen bildet der Esel eine Gemeinschaft. Die vier brechen auf in ein deutlich bezeichnetes und doch sehr fernes, ungewisses Paradies, Bremen genannt, das ihrer harren soll. Paradies bedeutet: »jenseits des Tages«. Stößt sie der bisher gelebte Alltag aus, so sucht der Esel jenseits des abgelebten Tages eine neue Erfüllung, eben die Musik.

Als ersten trifft er den *Hund* am Weg, einen alten Jagdhund; er nennt ihn »Packan«. Packan jappt wie einer, der sich müde gelaufen hat, er ringt nach Luft. Und des Hundes begrüßender Laut wird zum stöhnenden »Ach«.

»Ach, weil ich alt bin und jeden Tag schwächer werde, auch auf der Jagd nicht mehr fort kann, hat mich mein Herr wollen totschlagen, da hab ich Reißaus genommen; aber womit soll ich nun mein Brot verdienen?«

Beim Hund kommt deutlich das Müde, Resignierte, Ratlose seines Wesens heraus. Er, der sich immer an seinen Herrn hält, fühlt sich nun der Ohnmacht ausgeliefert, weil ihn sein Herr von sich abstößt. Ohne Herrn verliert er seinen Halt. Der Hund jault die Klage enttäuschter Treue. Um wieviel eigenständiger wächst der Esel in der Not über sich hinaus! Und der Esel weiß auch sofort das Richtige für den Hund: »Du schlägst die Pauken.« Wieso gerade die Pauke? Das Musikalische der Pauke entspringt der rhythmischen Steigerung, die sie der Sinfonie verleiht. Und so dirigiert der Esel seinen Kumpan an den ihm gemäßen Ort; er sagt sich: Der verborgene Künstler im Hund dürfte ein guter Rhythmiker sein. Nicht umsonst wird uns der Hund gleich beim ersten Wort nach Luft jappend vorgestellt – mit dem aus dem Gleichgewicht geratenen Atemrhythmus! Den musikalisch gehaltenen Rhythmus muß er von neuem oder überhaupt erst richtig gewinnen.

Die *Katze* tituliert der Esel gutmütig spottend »Alter Bartputzer«. In dem Spitznamen steckt die ganze Katzenart: der Zug zum Reinlichen, Gepflegten, Geleckten. Das Fell der Katze liegt glatt und glänzt. Man spürt die sanfte Wärme, wenn man eine Katze streichelt – und das Fell lockt zum Streicheln. Sie läßt es sich wohlgefallen und fängt an zu schnurren vor Behagen. Hier nun heißt es, sie »machte ein Gesicht wie drei Tage Regenwetter«. Da kann nur ein verdrießliches Lamento dahinter hervorkommen. Und so bringt es die Katze auch nicht zu einem Zornausbruch (den liefert der Hahn), sie grollt und schmollt dem Schicksal. Auf die Frage des Esels, was ihr in die Quere gekommen sei, antwortet sie akkurat aus dem Schmollwinkel heraus:

»Wer kann da lustig sein, wenn's einem an den Kragen geht? Weil ich nun zu Jahren komme, meine Zähne stumpf werden und ich lieber hinter dem Ofen sitze und spinne, als nach Mäusen herumjage, hat mich meine Frau ersäufen wollen; ich habe mich zwar noch fortgemacht; aber nun ist guter Rat teuer: Wo soll ich hin?«

Was beim Hund ein Futterproblem wird (»wo ... mein Brot verdienen?«), drückt die Katze auf der seelischen Ebene aus; sie maunzt beleidigt und traurig, keinesfalls kann sie lustig sein. Sonst jagte sie nach Mäusen – und wie spielt eine Katze mit ihrer Beute: In fast artistischer Lust am Laufenlassen und Wiederfangen erprobt sie die Angst des Opfers – eine angriffslustige Genußnatur! Zwischen Spannung und Entspannung lebt sie. Denn ebenso genießerisch rollt sie sich zu anderen Zeiten ein, meist untertags, und döst ihren Dämmerschlaf. Bei der Altgewordenen unseres Märchens hat dieser Zug die Oberhand gewonnen: »Weil ich lieber hinter dem Ofen sitze und spinne«, sagt sie. Die nächtlichen Schleichwege zu Abenteuern liegen hinter ihr, sie sind Erinnerung geworden. Wie nähmen sie sich aber aus, wenn gar Musik daraus würde? Gäbe es nicht ein geschmeidiges Auf und Ab, und wären es nicht geschwungene Läufe von Melodien? »Du verstehst dich doch auf die Nachtmusik«, anerkennt der Esel spontan ihren musikalischen Instinkt. Für uns freilich bleibt die Nachtmusik einer scharmutzierenden Maikatze entbehrlich! Der Esel appelliert an ein Melos verwandelter Art und von reinem Klang in ihrem Wesen. – Die Katze spricht nun nicht mehr von ihrem »Herrn«, sie spricht von ihrer »Frau«, sie untersteht also weiblichem Regiment. Durch die Frau wird der seelische Nimbus der Katze gehoben. Und nun will diese Frau ihre Katze gar ersäufen! Welchen Horror Katzen vor dem Wasser haben, weiß, wer mit Katzen umgeht. Die Katze ist ein Haustier im buchstäblichen Sinn; sie bedarf nicht so sehr des Menschen als ihrer Stütze, sie bedarf des Hauses als ihrer Hülle, sie sucht ein Daheim im weiteren Sinn.

Der *Hahn* wird vom Esel »Rotkopf« geneckt und damit scharf getroffen. Denn der Hahn tritt uns als Nervenbündel entgegen, in heller Aufregung. Er schreit aus Leibeskräften »durch Mark und Bein«! Aber hier spielt er uns kein fröhlich-stolzes Kikeriki zu; es neigt sich zum trostlosen Abend, und der Arme hat gerade noch Zeit, seine Empörung auszuschmettern. Er kann den Widerspruch und Undank nicht fassen:

»Da hab ich gut Wetter prophezeit, weil Unserer Lieben Frauen Tag ist, wo sie dem Christkindlein die Hemdchen gewaschen hat und sie trocknen will; aber weil morgen zum Sonntag Gäste kommen, so hat die Hausfrau doch kein Erbarmen und hat der Köchin gesagt, sie wollte mich morgen in der Suppe essen, und da soll ich mir heute abend den Kopf abschneiden lassen. Nun schrei ich aus vollem Hals, solang ich noch kann.«

Der ganze kleine Federkerl wirkt wie geballter Zorn und sich aufbäumender Stolz. Und doch versprüht der Zorn im hilflosen Aufschrei. Wieviel gelassener betrachtet sich und alle zusammen Vetter Grauschimmel! – Er habe »gut Wetter prophezeit«, rühmt sich der Hahn. Im Abschnuppern der Wind-Wetter-Verhältnisse ist er den andern um Halslänge voraus. Reckt er doch seinen Kopf senkrechter hoch als die Vierbeiner und visiert ins Licht-Luft-Bereich des Umkreises. Wenn der Hahn sich nun darauf beruft, er habe all seine Kunst aufgeboten, »weil Unserer Lieben Frauen Tag ist, wo sie dem Christkindlein die Hemdchen gewaschen hat und sie trocknen will«, so flicht das Märchen in diesem kindlich naiven Satz eine bedeutsame Tatsache ein. Wetter braut in einer Verbindungsregion, die auch etwas von den kosmischen Geschehnissen ahnen läßt. Dem frommen Hinschauen des Gemüts öffnet sich im roten Abendgold ein Himmelsspalt, und ein Heilsereignis leuchtet auf: die ewige Kindheit des göttlichen Kindes in der Hut »Unserer Lieben Frau«. Rudolf Steiner macht in einem Vortrag über Adalbert Stifter (vom 8.6. 1923) einmal darauf aufmerksam, welches Fundament in Adalbert Stifters Leben und Wesen durch die Tatsache gelegt wurde, daß seine Großmutter ihn als Kind in ähnlichem Sinne unterwiesen habe:

»Adalbert Stifters Großmutter sagte zu dem Knaben: Kind, was ist die Abendröte? Kind, wenn die Abendröte erscheint, dann hängt die Gottesmutter ihre Kleider heraus, denn sie hat viele solche Kleider, um sie allabendlich auszuhängen am Himmelsgewölbe. – Das ist eine Rede, aus der Götter schöpfen können für die weitere Fortbildung der Welt! Die heutige Wissenschaft sucht so genau wie möglich dasjenige in Begriffe zu fassen, was jetzt ist. Aber das soll ja niemals Zukunft werden. Das ist eben Gegenwart. Adalbert Stifters Großmutter, die noch viel bewahrte von dem, was in den alten Seelen lebte, die sagt etwas, worüber selbstverständlich der Wissenschaftler der Gegenwart nur ein Lächeln hat. Er wird es ja vielleicht schön finden; aber er weiß nichts davon, daß es für den Kosmos eine größere Bedeutung hat als alle seine Wissenschaft, wenn die Großmutter von Stifter das Kind so unterwies, daß die Abendröte die ausgehängten Kleider der Gottesmutter sind. Denn das schöpfen die geistig-göttlichen Mächte, um damit weiterzubilden die Gegenwart des Kosmos in die Zukunft hinein.«*

Wenn wir dies unbefangen genug fassen, tritt erschütternd zutage: der Hahn bietet sein Bestes auf, eine Spur himmlisch schimmernden Bewußtseins in den Menschen zu entfachen, aber »die Hausfrau hat doch kein Erbarmen«. Der Liebfrauen-Prophet soll gerade am Sonntag, dem Auferstehungstag des Erbarmers, in den Suppentopf wandern! Die »Hausfrau« im Menschen mag von »Unserer Lieben Frau« nichts mehr wissen. Die eine hat die andere ausgelöscht. Der Hahn klagt die Stumpfheit der nur noch irdisch gesonnenen Seele an.

Die Klagen von Hund, Katze und Hahn summieren sich nicht nur, sie steigern sich auch: Der Hahn artikuliert seine Anklage am schärfsten, und sie reißt objektiv am deutlichsten die Kluft menschlichen Versagens auf. Der Hahn wird zum Ankläger des verkümmerten Bewußtseins. Auf des Hahns »gute Stimme« legt der Esel besonderen Wert – wegen ihrer durchdringenden Artikulationskraft. Beim Hahn geht der Laut schon fast übers Musikalische hinaus und pocht an das Tor der Sprache. Der Ruf »Kikiriki«, den der deutsche Sprachsinn dem Hahn zulegt, erweist sich als lautbildnerische Meisterschöpfung: Dreifach federt der Ichlaut I auf dem dreifachen Stoßlaut K ab und schnellt einer Sprach-Licht-Lanze gleich in den tagenden Morgen. Und den Morgen wollen die vier aus ihrem Mißgeschick wieder erreichen.

Nachtordnung

Bis zum Hahn hin reicht die Überredungskunst des Esels. Er hat drei dazu geworben, nun sind sie zu vieren, damit begnügt er sich. Vorwitz könnte es für Zufall halten und sagen, hätte sich der Esel noch ein wenig weiter umgetan, wären ihm vielleicht noch mehr der Abgedankten über den Weg gelaufen, ein fünfter, sechster, siebenter. Die Umstände wollen es jedoch, daß, als er viere beisammen hat, kein weiterer Leidensgenosse mehr auftaucht. Zugleich dämmert auch der Abend, die Nacht bricht ein, und damit haben

* In: Das Künstlerische in seiner Weltmission, GA 276.

Werben und Wandern ohnehin ein Ende. Das besagt, die vier Zueinandergehörenden haben sich gefunden. Wieso gehören sie zusammen? Der lauernde Tod hat sie vor sich hergetrieben, aber sonst kommt doch jedes Tier aus einem anderen Lebenswinkel. Wir blicken in klar unterschiedene Tätigkeitsfelder: den Tiefengrund der Mühle beim Esel, das weit gespreitete Feld- und Waldrevier beim Jagdhund; die kleingestiefelte Schleichwelt zwischen Hecke und Haus bei der Katze, die Miniatur einer »Vogelschau« im umzäunten Hühnerhof beim Hahn. Die Tiere beklagten sich als Entrechtete über ihre Umwelt. Ohne Umwelt werden sie heimatlos. Sie bleiben auch, solange sie auf der platten Tagesebene nebeneinander hermarschieren, Entwurzelte ihrer gewöhnlichen Natur. In der Horizontale wandernd, ist jedes der Tiere für sich ein Kummerstück seines Schicksals, ein trauriges Individuum, nicht mehr. Gehören sie also wirklich zusammen?

Mit der einbrechenden Nacht tritt ein Ruhepunkt ein, der sie zueinander selbst in eine bestimmte Ordnung fügt, auch wenn sie wie zufällig entsteht: eine Rangordnung der Senkrechten! In der Art, wie die Tiere nämlich ihr Nachtlager suchen, sprechen sich Neigungen aus, die die einzelnen Naturen klar nach Höhenstufen gliedern. Esel und Hund, der Schwere ergossen, wählen ihren Platz am Fuß des Baumes. Sie schmiegen sich ein in die Bodensenke der Wurzeln, halten sich ans Gediegene, Feste, man kann auch sagen an den derb-lebendigen Bereich im Irdischen. Die beiden andern Tiere, von zierlicherem Gliederbau, lieben das Leichtere, Lichtere. Von ihnen heißt es:

Die Katze und der Hahn machten sich in die Äste, der Hahn aber flog bis in die Spitze, wo es am sichersten für ihn war. Ehe er einschlief, sah er sich noch einmal nach allen vier Winden um, da deuchte ihn, er sähe in der Ferne ein Fünkchen brennen...

Er ist es, der von seiner hohen Warte aus mit scharfem Auge in der Ferne das Licht erspäht. In der höchsten Spitze des Baumes fühlt er sich nicht nur am sichersten, hier hat er auch die Sicht, zu der es ihn drängt; nach oben und allen vier Winden sich wendend, wird er zum Herold des Lichtes. Katze und Hahn wiegen sich demnach im Luftig-Lichthaften und verbinden sich damit dem seelisch-erweckenden Element. Siehe, die Tiere, wie sie sich so übereinander in ihrem Baum zum Schlafen hinlagern, kommen uns vor wie Abgesandte einer höheren menschlichen Ordnung, einer Stufung der menschlichen Wesensglieder, von der die Geisteswissenschaft spricht. Betrachten wir den Menschen, stoßen wir als erste und auffälligste Erscheinung auf seinen physischen Leib, vom Knochengerüst stabilisiert – den uns das Märchen im Esel vorführt. Sprach nicht Franziskus vom Bruder Esel, wenn er den Leib meinte? Dieser physische Leib hält alle »Kameraden« zusammen. Jedoch innerhalb des physischen Leibes wirkt ein Kräftestrom, dem wir die Prozesse des Wachstums und der lebendigen Erneuerung verdanken, der Bildekräfteleib. Im Märchen taucht dafür der lahmgejappte Hund auf, der Rhythmiker. Er bleibt mit dem Esel verschwistert »unten« am Schlafbaum. Nach »oben« gerückt aber finden wir im Menschen seine seelische Innerlichkeit; Rudolf Steiner spricht vom astralischen Leib mit den vielfältig schimmernden Regungen von Freude und Schmerz. Das Märchen nennt uns die Katze als Trägerin dieser seelischen Welt. Schließlich thront über den dreien die denkend dirigierende Kraft des Ich – und das sollte Rotkopf Hahn im Märchen sein. Aber der aufgeregte Hahn ist im Märchen nahe daran, den Kopf zu verlieren. Was beim Hahn in Gefahr steht, ergänzt im Märchen der weise Esel mit Geduld und Humor: die Kraft der Überschau und die Zuversicht, zu überleben. Als gejagte Geschöpfe ihres Schicksals, als Karikaturen ihrer Urbilder erscheinen uns die vier am Tag, wenn sie sich getrennt nebeneinander dahinschleppen. Aber indem sie nachts in die Senkrechte aufrücken, erklettern sie die ursprüngliche Wesensordnung, sie erringen ihren kosmischen Urstand! Nicht umsonst ratschlagen sie, wie sie die stärkste Kraft gewinnen können, die Räuber hinauszujagen: In der Stufenordnung genau auf- und übereinander liegt das Geheimnis ihrer Kraft; Hund auf Esel, Katze auf Hund, Hahn auf Katze – das ist ihre wahre Phalanx, ein Gefüge kosmischer Senkrechte! Und so ist es weit mehr als nur ein drolliger Einfall, wenn die vier Gesellen vor dem Fenster am Räuberhaus als getürmte Pyramide ihren Chorus schmettern. In dieser Ordnung, vereint mit ihrer Musik, brechen sie unwiderstehlich ins Haus ein. Eine greuliche Musik für menschliche Ohren, kann man sagen. Es ist aber ein Notschrei! »Wenn wir zusammen musizieren, so muß es eine Art haben«, prophezeite der Esel. Wahrlich, sie hat es in sich, und sie schlägt die Räuber in die Flucht.

Man kann fragen: Was gibt dem Esel die Zuversicht, sich auf die Musik als das rettende Element zu verlegen? Sieht man in ihm den Sprecher des physischen Leibes, läßt sich sein Anspruch durchaus begreifen. Von Urbeginn her ist in den physischen Leib eine Fülle von Weisheit eingeborgen; er stellt *verkörperte* Weisheit dar. Die Gesetze seines Baues entsprechen den Gesetzen kosmischen Zusammenklangs. Die Harmonie der Sphären bildet sich ins Mikrokosmische hinein ab. Wir finden im Leib eine erstarrte und in Funktionen umgesetzte Musik. Erinnern wir uns dann des Wortes: »Der Leib ist der Tempel Gottes«, und erinnern uns weiter, wie die Griechen ihre Tempelarchitektur nach musikalischen Gesetzen gestalteten, im Tempel also eine sichtbar werdende Musik erscheint, so bedeutet das, auf unser Märchen gesehen: Der Esel »Leib« stammt schon von Urtagen her aus musikalischem Geschlecht, die Musik ist ihm von der göttlichen Schöpfung her zugeboren. Nur hat das der gewöhnliche Tag- und Tragesel vergessen; des Müllers Peitschenschlag hat es ihn vergessen lassen. Der Müller liebt keine musikalischen Kapriolen, er will Arbeit sehen. Überm Schuften im Alltag schwand dem Esel vorerst die Lust am tänzerischen Lautenschlag. Aber unser Grauschimmel im Märchen besinnt sich am Ende seiner Tage noch rechtzeitig auf die Urmusik seiner Natur und entflieht der Zwangsjacke »Tag«, um »jenseits des Tages« die zurückgehaltene Fähigkeit zu beleben. Der Klang aus erster Gotteshand erwacht in ihm – die Sehnsucht nach diesem Klang erwacht: der zu sein, der er seiner Anlage nach sein könnte, ein Lautenschläger! Ist nicht die Laute ein Instrument mit gebauchtem Leib? Daß der Leib zur Laute werde, wird dem Esel zum Ideal. Und auch seinen Schicksalsbrüdern weist er musikalische Qualitäten zu, gewiß mit gutem Grund, denn auch sie wurden – jeder an anderem Sternenort und zu anderer Werdezeit – aus der göttlichen Harmonie geboren. Freilich, so rasch läßt sich das dumpf gewordene Organ der Musik in den steifen Gliedern nicht wieder geschmeidigen, das Altgewordene so zauberschnell nicht verjüngen, wie sich's Grauschimmel in seiner Hochstimmung verspricht. Die fingerfertig gemeisterte Laute hängt im Augenblick tatsächlich noch zu hoch. Auf ihr zu akkordieren, bleibt Zukunftsmusik. Also muß für den Augenblick die Stimme des altgewordenen Esels ihre Musik hergeben. Wir wissen – und jeder Eselsschrei bestätigt es uns –, sie klingt rostig und jammervoll. So darf es uns nicht wundern, wenn sich das musikalische Gelüsten der vier auch schon erschöpft, sobald sie das Haus der Räuber erobert haben. Im Rückblick erscheint das Verlangen nach Musik schier nur ein Vorwand. Wichtiger als die Kunst dünkt den vieren schließlich doch noch, gemeinsam das Haus zu besitzen.

Verwunderlich bleibt nach wie vor, daß der Esel, scheinbar der Starrste, Schwerste und Plumpeste unter ihnen, sich zugleich als der Unternehmendste erweist. Indem das Märchen die vier nacheinander einführt, drückt es zugleich ihr Alter aus, ihr Alter nach jener wesenhaften Gliederung, in der wir sie des Nachts erleben. Der Leib ist seiner Anlage nach die älteste Schöpfung, somit der Esel der Erstgeborene und Älteste unter den vieren. Schon im gewöhnlichen Dasein trägt er seine drei anderen Brüder unverdrossen, ja unsichtbar in sich vereint. Im Märchen knüpft er die Versprengten in einen Bund. Ihm vertrauen die drei Jüngeren, daß er sie zum Neuland führe. Und doch gibt er nur den Funken Mut dazu her. Der in der Nacht wirklich das Licht entdeckt, ist der Hahn. So gelangen sie ans Haus.

Die Räuber

Daß die Räuber im Wald wohnen, abseits der andern, bringt ihr Geschäft mit sich; sie wollen nicht entdeckt werden. Ihr Haus scheint ein Versteck. Unter Tags ziehen sie auf Raub aus, nachts genießen sie das Geraubte und wähnen sich meilenweit allein. Sie lassen ihr Fenster helleuchtend ins Freie strahlen. Übermut macht sie leichtsinnig.

Der Esel, als der größte, näherte sich dem Fenster und schaute hinein. »Was siehst du, Grauschimmel?« fragte der Hahn. »Was ich sehe? Einen gedeckten Tisch mit schönem Essen und Trinken, und Räuber sitzen daran und lassens sich wohl sein.«

Die drinnen haben also aufgefahren, was der Tisch hält. Den Hungrigen vorm Fenster wässert der Mund.

»Das wäre was für uns«, sprach der Hahn. »Ja, ja, ach, wären wir schon da!« sagte der Esel.

Das Verlangen ist nicht mehr zurückzuhalten, und in diesem Augenblick sind unsere vier Gesellen, genau besehen, im besten Zuge, selbst zu Räubern, Einbrechern und Dieben zu werden. Zwar halten wir es für ausgemacht, daß den Tieren ihr Einbruch nicht zu verübeln sei, nachdem ihnen selbst so übel mitgespielt wurde. Also ein Unrecht gegen das andere? Es läßt sich nicht wegdeuteln: Soll es rechtens zugehen, muß den Tieren, wenn sie es sich holen, mit gutem Grund zustehen, was drinnen aufgetischt wurde. Anders gesagt: die Räuber müssen mit den Tieren etwas zu tun haben, und die Tiere müssen an ihre eigenen Räuber geraten sein, nicht an zufällige. Wer sind die

Räuber? Das Märchen läßt sie einfach dasein; es setzt sie als gegeben voraus, und es wird wohl wissen, warum.

Friedrich von der Leyen meint in seiner Einleitung zur Edition der Grimmschen Märchen bei Diederichs, der ursprüngliche Sinn des Märchens sei der Sieg der Haustiere über die wilden Tiere des Waldes. Aber warum treten dann statt der wilden Tiere Räuber auf mit einem Hauptmann? Das Märchen kennt doch auch sonst wilde Tiere und nennt sie mit Namen, z. B. Wolf und Tiger. Warum soll hier »Räuber« ein Deckname für wilde Tiere sein? Und warum sieht der Räuber unseres Märchens später alles, was ihm im Dunkeln des Hauses begegnet, aus menschlich gefühltem Blickpunkt heraus? Es wird ganz natürlich erzählt, wo jedes der Tiere nach dem Mahl gegen Mitternacht seine Lagerstätte aufschlägt: der Esel auf dem Mist, der Hund hinter der Tür, die Katze auf dem Herd in der warmen Asche, der Hahn auf dem Hahnenbalken. Der zurückschleichende Räuber verkennt samt und sonders die Phänomene, denen er sich ausgesetzt sieht: Zunächst hält er die Katzenaugen für glühende Kohlen; dann wird ihm die aufgeschreckt fauchende Katze zur »greulichen Hexe«, die ihn anhaucht und »mit ihren langen Fingern das Gesicht zerkratzt«. Beißt ihn der Hund schlichtweg ins Bein, wird das für den Räuber »ein Mann mit einem Messer«. Vom Esel und seinem Schlag mit dem Hinterfuß sagt er: »Ein schwarzes Ungetüm, das hat mit einer Holzkeule auf mich losgeschlagen.« Schließlich schreit der Hahn, vom Lärm aufgestört, ein fahl verirrtes Kikeriki; der Räuber aber hört daraus für sich das Schlimmste, was ihm geschehen kann: »Und oben auf dem Dache, da sitzt der Richter, der rief, bringt mir den Schelm her.« Der Räuber erlebt nicht die Tiere, wie sie als Tiere sind, er erlebt ein schwarzes Ungetüm, einen Messermann, eine Kratzhexe und den Richter. Was man nicht durchschaut, bauscht sich auf ins Phantastische, kann man sagen. Ist das aber alles, was sich folgern läßt?

Die Kardinalfrage bleibt: Wer sind die Räuber? Wir nehmen an keinem Raubzug dieser Räuber teil. Oder vielleicht doch? Bringt nicht gleich der Beginn des Märchens einen Tatbestand, der viermal einem Raub gleichkommt? Zwar ist nicht von »Raub« die Rede. Nur davon, daß der Herr seines Esels unverdrossenen Tragdienst ein Leben lang in vollem Maß hingenommen, der Herr des Hundes seinen vierbeinigen Genossen so lange es irgend ging als Jagdtreiber und Beutespürer ausgenützt hat. Dasselbe gilt von der Frau, der die Katze bislang Mäuse fing, und nicht minder von der Frau des Haushahns. Nicht, daß sie sich den Dienst der Tiere gefallen ließen, macht die Herren und Frauen zu Räubern, sondern daß sie nichts für die Tiere übrighaben, als sie wegzuschaffen. Denn an diesem Samstag ist es doch geschehen: Die Menschen haben den vier Gesellen (jedem an seinem Ort) ihre Bleibstatt geraubt, nachdem sie den Extrakt ihrer Arbeit eingeheimst haben und nichts mehr zu holen bleibt. Die Menschen finden das in Ordnung und merken nicht, wie grausam sie sich verhalten; *unter Tags* merken sie es nicht. Sie handeln aus selbstverständlichem Egoismus.

Nachts sieht die Sache anders aus. Da zeigt das menschliche Verhalten sein hintergründiges Gesicht; ein moralisches Element tritt hinzu. Die Nachterlebnisse, weiß man seit alter Zeit, spiegeln für den, der sie wachbleibend mitmachen kann, die Tagesereignisse in der Umkehr. Und indem uns das Märchen die Nachterlebnisse der Tiere schildert, werden wir Zeuge dieser Umkehr. Die Geschehnisse spielen im »Wald«; auch dies besagt, wir haben die normale Ebene des menschlichen Tagesbewußtseins verlassen und erleben den Tagessachverhalt von »drüben« her. Und so ergibt sich: Die »Herren« und »Frauen« der Tiere und des gewöhnlichen Tages, die zu Anfang des Märchens genannt werden, entpuppen sich nachts als Räuber, die im Menschenhaus wirtschaften – undankbar, treulos, selbstisch und unbarmherzig. Nicht nur daß sie die Tiere knechten, sie wollen sie schließlich als lästige Zehrer ausrotten. Und wenn die Räuber nächtlich am reichgedeckten Tisch sich gütlich tun, so verzehren sie die Lebensgaben, die ihnen die Tiere einbrachten. Demnach dürfen die vier draußen mit Recht sagen: »Ja, ja, ach, wären wir da!« Denn sie gehören in dieses Haus, sie sind seine berufenen Wirtschafter. Es ist *ihr* Haus, in das sie einziehen.

Im Nachtblick der Ereignisse wachsen die »vier Landesflüchtigen«, wächst das Unglücks-Kleeblatt ausgestoßener Haustiere in ein übermenschliches Seelenformat; wir sagten, sie repräsentieren das viergliedrige Menschenwesen – von einer jenseitigen Warte aus; insofern nämlich, daß ihre Sehnsucht nach Musik, nach kosmisch gestalteter Ordnung und Harmonie, sie zu dem werden lassen *könnte*, was vom Ursprung her in ihnen veranlagt wurde und zu dem sie der Alltagsmensch nicht kommen läßt. Im Frondienst des Menschen wurden und werden sie ausgebeutet. Stellen wir uns die Habgier, die Rafflust und Erbarmungslosigkeit der »Herren« und »Frauen« der Tiere wesenhaft wirksam – im nächtlichen Feld sichtbar geworden – vor, bleiben uns die »Räuber« nicht länger unverständlich. Äußerlich gesehen schläft der Müller, der seinen Esel aus dem Futter schaffen will, zur selben Zeit daheim in seinem Bett – und weiß von nichts. Und auch die anderen schlafen, der Jägersmann schläft, die Hausfrauen schlafen. Sie schlafen alle und meinen den Schlaf des Gerechten zu tun und ahnen nicht, daß die Dunkelgängergestalten ihrer Seelen sich dem wachen Nachtblick als Räuber präsentieren.

Von hier aus wird verständlich, warum die Verteidigungskniffe der vier Tiere, die uns im Märchen auf natürlichste Weise erklärt werden – daß nämlich jedes Tier kratzt, beißt, tritt und schlägt, wie es seine Natur hergibt –, auf den spionierenden Räuber eine so verheerende moralische Wirkung haben: Er sieht *übermenschliche Rächergewalten* in den Tieren (und das sind sie in gewissem Sinn). Die »Hexe«, der »Messermann«, das »schwarze Ungetüm« jagen ihn durch das Fegefeuer einer Läuterung. Er erlebt eine Treibjagd der Vergeltung: Indem sich die Tiere selbst verteidigen, bricht für den »Räuber« ein Selbstgericht herein, das sein schlechtes Gewissen ihm bereitet – und er erlebt es stellvertretend für alle Räuber. Gerade aus der Angst, man kann auch sagen, aus dem erwachten Gewissen des Räubers heraus wird der gewissensunschuldige, hohe Standort der vier unscheinbaren Gesellen deutlich. Der Räuber fühlt sich vor den Richtstuhl ewiger Gerechtigkeit geschleppt. Der Hahn schreit nur Kikeriki, aber der Weckruf in diesem Augenblick und an diesem Ort wird zur peinvollen Anklage: »Bringt mir den Schelm her!« In den Räuber schlägt blitzartig das Urteil ein: »Schelm und Schuft, der du bist!« Die Wahrheit spricht. Die Räuber geben sich geschlagen. Die wahren Haushalter bleiben im Haus.

Kraft und Schranke der vier

Es muß auffallen, daß es gerade vier sind, die nach Bremen wollen, nicht drei oder fünf. Schlicht betrachtet, sind wir um Antwort nicht verlegen: So ergibt es sich eben. Der Esel ist unterwegs, die drei anderen findet er und nimmt sie mit; das scheint zufällig und könnte auch anders sein. Aber der Zufall hat in den vieren doch eine Gruppe markant gestufter Erztypen zusammengeführt. Der Esel, als erster der Ausgestoßenen, umweht von düsterer Schicksalsluft, zieht einen nach dem anderen der heimatlos Gewordenen an sich und vereinigt sich mit den dreien zu einer eigenständigen *neuen*

Einheit der vier. Was sie bindet, ist der fast aussichtslose Vorsatz, sich gemeinsam der Musik zu widmen. Aber nicht durch den Vorsatz zur Musik, sondern durch eine Tat – indem sie nächtlich das Haus erobern – werden die vier Vereinzelten zum Ganzen einer Schicksalsfamilie. Auf den Nachterlebnissen ruht die bindende Kraft – und von einem neuen Morgen, an dem sich im Weiterwandern weitere Gesellen anschließen könnten, ist nicht mehr die Rede.

Ihre Nachterlebnisse enden ausdrücklich damit, daß sich die vier völlig eins und zufrieden fühlen in dem, was sie in der Nacht errungen haben – sie *sind eins* geworden in ihrem Haus:

Den vier Bremer Musikanten gefiels aber so wohl darin, daß sie nicht wieder heraus wollten.

Die Vier ist zur Schicksalszahl geworden.

Zu der Zahl Vier läßt sich einiges sagen. Es ist die Zahl des Festgefügten und der irdischen Sicherheit. Nicht das Zweirad und nicht das Dreirad, sondern erst der Wagen, der auf vier Rädern läuft, sichert den ungefährdet rollenden Transport. Die vier Elemente Erde, Wasser, Luft und Feuer bilden im Weltbild der Antike das Gefüge des Irdischen überhaupt; durch diese vier manifestieren sich Grundlage und Leben der Erde. Und in den vier Jahreszeiten runden sich die ineinandergreifenden Naturgesetze im Jahresgeschehen zu einem sich unabänderlich wiederholenden Kreislauf. Ins menschliche Gebiet übertragen, unterliegt die menschliche Natur den vier Temperamenten. Sie enthalten in ihrer Vierheit (und den gegenseitigen Durchdringungen) die Möglichkeiten aller Gewohnheitsabläufe, denen eine menschliche Konstitution verhaftet sein kann. Nicht als ob sich der Mensch vom Temperament zwingen lassen müßte; aber wo die Temperamentskräfte überwiegen, ist der Mensch ein Gebundener seiner Natur. Alles, was in der Vier abläuft, hat verdichtende, in sich selbst verfugte Festigkeit. Ist die Zwei eine Zahl des Gegensatzes*, so ist die Vier eine Zahl des gesteigerten oder stabilisierten Gegensatzes, was vom Kosmischen her gesehen sagen will: Die irdischen Gesetze haben das Übergewicht erlangt. Mit der Vier hat Notwendigkeit die Erde betreten.**

Auf unser Märchen bezogen, in dem Tiere als handelnde Gestalten auftreten, dürfen wir sagen: Alle Vierfüßler sind der Schwere des Irdischen ausge-

* Von der Zwei zur Drei, siehe S. 98

** Walter Friedjung: Vom Symbolgehalt der Zahl, Europa Verlag Wien, 1968.

liefert und müssen sich den Gesetzen der Schwere einordnen. Sie fallen zurück, wenn sie sich erheben wollen, und stürzen, wenn sie aufgerichtet den Halt verlieren. Erst die Sechs- und Mehrfüßler (Insekten) bewegen sich schwerelos; sie können, den Rücken nach unten hängend, die Decke entlangkriechen. Sie kennen keine Zugkraft zur Tiefe und spotten des Falls.

Das Märchen von den »Bremer Stadtmusikanten« endet mit einem befriedigenden Stimmungsbild; die vier fühlen sich wohl im Haus und wollen nicht mehr heraus, wird gesagt. Wir verlassen sie beruhigt schlafend. Und doch werden wir, je länger wir uns den Tatbestand vergegenwärtigen, indem wir uns quasi zu heimlichen Mitbewohnern des Nachthauses machen, uns nicht verhehlen können, wie fragmentarisch das Märchen abbricht. Die vier Tiere haben errungen, was sie wollten – in einer Art Kraftakt. Aber wird der Tisch für sie immer gedeckt bleiben? Zehren sich die Vorräte nicht auf, und wer schafft neue herbei? Und wie werden die vier in diesem Haus miteinander harmonieren? Wie sieht es mit der Geselligkeit der einzelnen Charaktere aus? Kurz: *Wie geht das Leben der vier am Morgen nach der Eroberung und all die folgenden Tage weiter?* Was nämlich am andern Morgen die Gemeinschaft der vier erwartet, bleibt in Schweigen gehüllt.

Man hat den Eindruck: »Die Bremer Stadtmusikanten« enden als Bruchstück eines größeren Zusammenhangs. Hier wird eine bestimmte Etappe geschildert, die Etappe, wie die vier ihr Haus zurückgewinnen, indem sie die darin festsitzenden Räuber hinaustreiben. Wohlgelungen dürfen sie ihren Triumph in den mitternächtlichen Schlaf mit hineinnehmen. Das rätselhafte Aber jedoch bleibt im Hintergrund stehen. Das Aber, wieso die Räuber in Menschengestalt und mit menschlichen Reaktionen, die Bremer Stadtmusikanten jedoch als Tiere auftreten. Ihr Ziel, »Stadtmusikanten« zu werden (welchen Titel der Esel großzügig seinem Viergespann beilegt), stattet sie zwar mit menschlich respektablem Anspruch aus, sie reden in menschlicher Sprache (wenn auch immer mit der Nuancierung ihrer jeweiligen Tiernatur); aber eben in ihrer Verhaltensweise, z. B. im Fensterkonzert wie auch in den natürlichen Schlafgewohnheiten (daß jedes Tier in Wald und Haus seine ihm gemäße Lagerstätte wählt) verharren sie absolut in der Tiernatur. In diesem Zwiespalt beruht das erheiternde Stilelement des Märchens, aber eben auch das existentielle Rätsel. Alle vier bleiben, trotz ihrer musikalischen Vorsätze, *Verzauberte* ihrer Tierheit. Müssen sie das in alle Ewigkeit bleiben? Wir werden im Märchen »Das Waldhaus« wieder auf diese Frage stoßen.

DAS WALDHAUS

Hier finden wir, vom Gesichtspunkt der Vier her, eine Fortsetzung der »Bremer Stadtmusikanten«, so wenig die beiden Märchen auf den ersten Blick miteinander gemein haben. Das »Waldhaus« greift auf, was wir dort als rätselhaft und ungeklärt stehenlassen mußten: Wie geht es im Haus der Tiere künftig zu? Bleibt den vieren nichts mehr zu wünschen übrig?

Im »Waldhaus« liegt der Schwerpunkt auf den Ereignissen, die sich drinnen im Haus abspielen. Das Haus liegt so tief im Wald verborgen, daß es *nur* in der Nacht erreicht werden kann. Dreimal wird uns eine Übernachtung geschildert, dreimal dieselbe Szene von Abend bis Mitternacht, keine Ankunft spielt am Tage. Die Nachterfahrung gibt den Hausgeschehnissen eine Gewissensnote.

Ein armer Holzhacker hat drei Töchter. Seine Hütte steht am Rand des einsamen Waldes. Er geht morgens zur Arbeit hinaus in den Wald, eine der Töchter soll ihm zu Mittag sein Mahl bringen. Die Älteste macht sich als erste auf den Weg. Der Vater streut hinter sich aus einem Säckchen Hirse, damit sie den Weg finde. Aber die Hirse wird von den Feld- und Waldsperlingen, den Lerchen und Finken, Amseln und Zeisigen aufgepickt, noch ehe das Mädchen den Weg betritt. Der Vater kennzeichnet seinen Pfad erstaunlicherweise mit völlig untauglichem Streugut; müßte er doch selbst wissen, daß er damit den Vögeln begehrtes Futter spendet. Aber so geschieht es, und der Vater wird sich wohl etwas dabei denken. Jedenfalls bleibt der Vater unauffindbar; das Mädchen sucht vergebens die väterliche Spur. Auf sich gestellt, irrt das Mädchen in die Tiefe des Waldes hinein, der Tag neigt sich, es muß die Nacht im Wald verbringen. In Angst und Not läuft es einem fern aufschimmernden Licht entgegen und kommt an ein Haus mit erleuchteten Fenstern. (Genauso erfahren es die vier Musikanten auf ihrer Nachtwanderung; auch dort ist das Haus, weit in der Ferne sichtbar, hellerleuchtet.) Das Mädchen klopft an, eine rauhe Stimme ruft von innen »herein«. Noch geht es nicht direkt in die hellerleuchtete Stube, sondern erst durch »die dunkle Diele« und abermals vor eine Tür. Ein zweites »nur herein« läßt das Mädchen unter die Hausbewohner treten. Wer sind sie? Es sind ihrer vier:

Und als es öffnete, saß da ein alter eisgrauer Mann an einem Tisch, hatte das Gesicht auf die beiden Hände gestützt, und sein weißer Bart floß über den Tisch herab fast bis auf die Erde. Am Ofen aber lagen drei Tiere, ein Hühnchen, ein Hähnchen und eine buntgescheckte Kuh.

Ein uralter Mann und drei Tiere. Von den Bremer Stadtmusikanten treffen wir Freund »Rotkopf« wieder, das Hähnchen. Die anderen Tiere und der Greis sind uns neu. Aber daß ihrer vier hier vereinigt sitzen, läßt uns aufmerksam werden. Ohne den Erscheinungen Gewalt anzutun, lassen sie sich auch in einer anderen Reihenfolge nennen: der eisgraue Mann, die buntgescheckte Kuh, schön Hühnchen und schön Hähnchen – und wir hätten Freund Rotkopf wieder dort, wo er bei den Bremer Stadtmusikanten die Pyramide krönte, an der Spitze. Bestehen auch zwischen dem eisgrauen Mann, der buntgescheckten Kuh und schön Hühnchen Übereinstimmungen zu Esel, Hund und Katze? Werden die Gestalten füreinander transparent?

Nur von der seelischen Seite her. Katze bleibt Katze, wenn wir mit zoologischem Blick schauen. Suchen wir jedoch von der Temperamentfarbe aus oder vom inneren Stellenwert her an die Gestalten heranzukommen, so lassen sich durchaus Übereinstimmungen in der seelischen Qualität finden. Dies vor allem dann, wenn wir bedenken, daß im Waldhaus ein Ruhezustand herrscht, eine Art schläfriger Benommenheit. Die Bremer Stadtmusikanten hingegen traten uns in heftigster Erregung entgegen. Hier liegt ein ruhiges Abwarten im Raum – unter einer tiefen Schicht jedoch die Spannung, wie sich der Ankömmling verhalten werde. Von diesem Ankömmling hängt das Schicksal der vier in Zukunft ab.

Bei der Kuh stellt sich am leichtesten eine Gleichung zum Hunde ein, zumindest zum Hund der Bremer Stadtmusikanten in seiner resigniert schnappenden Schnaufart: fanden wir doch in ihm den müde gejappten Rhythmiker unter den vieren. So lebt auch die Kuh ganz im Rhythmus des Stoffwechsels. Stundenlang malmt sie in Ruhe das Gefutterte und bildet es in einem vielfach gegliederten Prozeß ihrer Magenorganisation um zur Milch. Sie ist die Ernährende unter den vieren, am stärksten der belebenden Ätherwelt eingegliedert.

Eier liefert freilich auch das Hühnchen und hilft so zur Versorgung mit. Aber seiner Natur nach ist es ein »heißes« Tier, dem das Blut rascher zirkuliert. Und nicht umsonst werden hier die Schmuckworte beigesetzt: »schön Hühnchen«, »schön Hähnchen«. Was den alten »Bartputzer«, die Katze, als das Gepflegte, Reinliche auszeichnete, ist hier in dem »schön« aufgefangen. Im Hühnchen treffen wir ein weibliches Element des Zierlich-Zärtlichen an. Wie massig tritt uns die Kuh entgegen, in die Schwere ergossen und kühl, während schön Hühnchen mit aufrechtem Köpfchen stolziert: adrett, kokett und unter seinesgleichen manchmal auch zänkisch im Futterneid. Kokett – hier stellt sich das ein wenig abseitige Wort »Cocotte« ein, und doch paßt es hierher; es ist der französischen Kindersprache entnommen und bedeutet – Hühnchen. Damit sind wir nun wirklich in der Zone eines betörten und betörenden Anschmiegens. »Schön Hühnchen« vertritt das elementar Seelenhafte, das Liebeselement unter den vieren, wie dort die Katze.

Am schwierigsten wird es, zwischen eisgrauem Mann und Esel eine Verbindung zu ziehen, aber doch nicht unüberwindlich schwer. Klammern wir die Kluft aus zwischen Menschen- und Tierwelt, sehen wir nur auf die Funktion oder Amtsgewalt der beiden, so ist uns gerade am Esel aufgefallen, daß er den hilflosen Kameraden vorsteht. Er hält die Ausgestoßenen zu einer Gesellschaft zusammen und führt die Gruppe. Er ist der Gewichtigste unter ihnen. Seiner Intelligenz, Tatkraft und Beharrlichkeit fügen sich die anderen. – Genau diese Rolle kommt dem Alten des Waldhauses zu. Er ist Herr und Sprecher des Hauses, prüfend und wägend; hier in die menschliche Erscheinung erhoben, aber verdorrt in die Knochenhärte – auch er verzaubert, wie wir später erfahren. Und es ist charakteristisch genug, mit welchen Merkmalen ihn das Märchen kennzeichnet: eisgrau, mit weißem Bart, der fast bis auf die Erde fließt. Als er sich später zu Bett legt, deckt ihn das Haar wie ein Mantel – wie den knochigen Esel sein Fell deckt. »Grauschimmel« – der Grauweiße wird der Esel genannt. Da haben wir die Merkmale von »eisgrau« und »weißem Bart« vereinigt. Und wie in den »Bremer Stadtmusikanten« alles Geschehen sich vom Grauschimmel an aufstockt, weil er als erfahrungsreifster und ältester unter den »Musikanten« gilt, ist der eisgraue Mann, der Uralte des Waldhauses, der eigentliche Patron der Stube. Wonach den Alten in Wahrheit verlangt, erfahren wir erst am Ende – während uns Grauschimmel Esel schon in den ersten Sätzen verrät, wonach sein Sinn steht. Den Esel verlangt nach der erlösenden Musik, den Alten nach seiner königlichen Heimat und nach ewiger Jugend. Letzten Endes zielt beider Verlangen nach dem schöpferischen Ursprung, nach dem, wovon sie ausgegangen sind und was ihnen entzogen wurde in ihrer Verzauberung.

Abgewandelt treffen wir die vier Bremer Stadtmusikanten als Insassen des »Waldhauses« wieder. Und das Märchen vom Waldhaus setzt die Handlung an jener Stelle fort, wo der Abgesandte der Räuber nächtlich zurückkehrt und die Lage erforscht. Dem Räuber der »Bremer Stadtmusikanten« bekommt sein Erkundungsgang schlecht. Er wird mit Schlägen und Gewissensbissen endgültig fortgejagt.

Nicht anders ergeht es der ältesten Tochter des Holzhauers im Waldhaus. Sie platzt herein in den dumpfen Frieden der vier Insassen und bittet um ein Nachtlager. Fragt der Alte die Tiere:

»Schön Hühnchen,
schön Hähnchen
und du, schöne bunte Kuh,
was sagst du dazu?«

»Duks!« antworteten die Tiere, und das mußte wohl heißen: »Wir sind es zufrieden«, denn der Alte sprach weiter: »Hier ist Hülle und Fülle, geh hinaus an den Herd und koch uns ein Abendessen.« Das Mädchen fand in der Küche Überfluß an allem und kochte eine gute Speise, aber an die Tiere dachte es nicht. Es trug die volle Schüssel auf den Tisch, setzte sich zu dem grauen Mann, aß und stillte seinen Hunger.

Fanden wir schon das Räuberhaus mit reichgedeckter Tafel vor, wundert uns fast noch mehr, daß auch in diesem so dürftig gezimmerten Waldhaus der Holzhauer-Ära die Küche »Hülle und Fülle« birgt! Ein seltsamer Umstand. Aber es ist *Nacht*vorrat, der hier gehäuft liegt, geschöpft aus einer anderen Welt jenseits des Tages (denn die Küche liegt *hinter* der Stube, »draußen«, sagt der Alte; während *vor* der Stube, also von der Tagseite her, erst der *Vor*raum einer dunklen Diele zu passieren bleibt). Wir sollten nicht vergessen, daß das ganze Waldhaus in die geheimnisvolle Sphäre der Nacht gehüllt ist. Wir schauen zunächst mit völlig unzulänglichen, irdisch verhangenen Augen in diese Nachtwelt hinein, eben mit den Augen des Holzhauermädchens, das aus seiner Hütte der Armut vom Waldrand herkommt, wo die nüchternen Gesetze des Alltags gelten. Und noch mit seinen Alltagssinnen wahrnehmend, bricht das Mädchen in das Waldhaus ein; es bringt sein eigenes Werturteil mit. *Seiner* Betrachtung (und damit auch unserer) erscheinen der Mann als der eisgraue Alte, die Tiere als Tiere. Was sich in Wahrheit hinter ihnen verbirgt, durchschaut das Mädchen nicht.

Die Aufforderung des Alten: »Koch uns ein Abendessen«, mißversteht das Mädchen, konsequent seinem irdisch-egoistischen Sinn folgend, als: »Koch dir und mir ein Abendessen.« Daß der Alte damit die ganze Gemeinschaft der vier beziehungsweise nun aller fünf meint, entgeht dem Mädchen. Letzten Endes läuft es darauf hinaus, daß das Mädchen nur für sich selbst kocht.

Es trug die volle Schüssel auf den Tisch, setzte sich zu dem grauen Mann, aß und stillte seinen Hunger.

Es wartet nicht einmal ab, bis der Alte den ersten Griff zur Schüssel tut und damit das Mahl eröffnet; es setzt sich und ißt. Daß dem Alten über diesem Gebaren schon der halbe Appetit vergeht, bemerkt es nicht, und die Tiere beachtet das Mädchen überhaupt nicht. Es ist nur für sich selbst da. So fragt es, satt gegessen, schlankheraus:

»Aber jetzt bin ich müde, wo ist ein Bett, in das ich mich legen und schlafen kann?«

Der Alte schweigt. Dafür antworten die Tiere, und zwar unmißverständlich (und damit werden sie auch hier zu Gewissenserforschern und Richtern der menschlichen Handlung):

»Du hast mit ihm gegessen,
du hast mit ihm getrunken,
du hast an uns gar nicht gedacht,
nun sieh auch, wo du bleibst die Nacht.«

Jetzt erst greift der Alte wieder ein und gibt dem Mädchen eine letzte Gelegenheit, über sich selbst hinauszudenken und Rück-Sicht zu nehmen:

»Steig nur die Treppe hinauf, so wirst du eine Kammer mit zwei Betten finden, schüttle sie auf und decke sie mit weißem Linnen, so will ich auch kommen und mich schlafen legen.«

Wiederum entgeht dem Mädchen, daß die Forderung eingeflochten ist: »Warte auf mich! Wenn ich komme, kannst auch du dich niederlegen – nicht eher.« Es steigt, wie ihm befohlen, die Treppe hoch, schüttelt und bezieht die Betten (»mit weißem Linnen« – den Laken makelloser Reinheit nächtlicher Sternenweiten, die in der oberen Kammer bereitliegen), legt sich dann aber sofort in ein Bett, »ohne weiter auf den Alten zu warten«.

Nein, keine der Proben besteht das Mädchen. Es kreist nur um sich selbst und beschleunigt auf diese Weise den Fall – aus der eben betretenen Gemeinschaft wieder heraus. Das Märchen sagt: Der Alte kommt nach, beleuchtet die Schlafende mit dem Licht, schüttelt den Kopf, öffnet eine Falltür und läßt sie in den Keller sinken. Sie liegt schon längst vorher in der Plumptiefe ihres Egoismus drinnen; man kann auch sagen, sie hat sich gar nicht daraus erhoben. Sie bleibt immer in sich eingeschlossen, auch wenn sie unter Tags als »wilde Hummel« herumschwärmt. Der Alte vollzieht nur, was des Mädchens Wesen selbst als Fall verlangt.

Die zweite Tochter, am nächsten Morgen ausgeschickt, verliert die Linsenspur zum Vater, wie die erste die Hirsespur verloren hat, landet nachts im Waldhaus und verfährt um keinen Handstreich und keine Herzensregung geschickter als ihre Schwester verfuhr. Sie sinkt hinab zu ihr in den Keller.

Erst von seiner jüngsten Tochter hat der Vater Holzhacker die Zuversicht, sie sei »gut und gehorsam«, »klug und verständig«; sie werde »auf dem rechten Weg bleiben« – und das bleibt sie, wenn auch in ganz anderem Sinn, als des Vaters Spruch vorerst vermuten läßt. Diesmal streut der Vater Erbsen. Aber selbst diese großkörnigen Früchte verschwinden – diesmal in den Kropf der Waldtauben, und das Mädchen sucht, solange es Tag ist, des Vaters Arbeitsort vergeblich.

Es war voll Sorgen und dachte beständig daran, wie der arme Vater hungern und die gute Mutter jammern würde, wenn es ausbliebe.

Die Nacht im Wald wird auch sein Los – und die Pfade der Nacht führen unweigerlich zum Waldhaus hin. Wie jedoch ändert sich vom ersten Schritt an in die Stube hinein der Ton! Wie aufmerksam spitzt das Mädchen die Ohren, da der Alte seine Tiere fragt, was sie dazu meinen, und sie geben nicht mehr und nicht weniger von sich, als sie schon bei den Schwestern von sich gegeben haben, das nichts- und allessagende »Duks«, einen Krächzton – aber sie *hört* dieses »Duks«! Von diesem Augenblick an ist die Jüngste der Angekommenen wach für *alle* Insassen des Hauses. Sie tritt zu den Tieren, liebkost Hühnchen und Hähnchen und krault die bunte Kuh zwischen den Hörnern. Das ist der »rechte Weg«, den der Vater in seiner Jüngsten vorgezeichnet sah – der Weg zu den Tieren. Auch sie bereitet die Suppe und stellt sie auf den Tisch – und besinnt sich:

»Soll ich mich sättigen und die guten Tiere sollen nichts haben? Draußen ist die Hülle und Fülle, erst will ich für sie sorgen« –

holt Gerste für Hühnchen und Hähnchen und Heu für die Kuh, bietet ihnen den Wassertrunk an, »laßt es euch schmecken, ihr lieben Tiere« – und setzt sich dann erst zu Tisch und ißt, was ihr der Alte zur Zehrung gelassen.

Die Wende hat sich ereignet. Nicht mehr der Alte braucht zu fragen; das Mädchen nimmt ihm, da alle gesättigt sind, die Frage der Stunde im Sinne *aller* ab: »Sollen wir uns nicht zur Ruhe begeben?« – Im »Wir« liegt das Neue, mit dem sich das Mädchen nun unmittelbar an die Tiere wendet:

»Schön Hühnchen,
schön Hähnchen
und du, schöne bunte Kuh,
was sagst du dazu?«

Und die Tiere antworten im Dank des gemeinsamen »Uns«:

»Du hast mit uns gegessen,
du hast mit uns getrunken,
du hast uns alle wohl bedacht,
wir wünschen dir eine gute Nacht.«

Siehe, fast von selbst geschieht das Weitere, was über der Treppe zu geschehen hat. Das Mädchen schüttelt die Federkissen, deckt frisches Linnen auf, und als es fertig ist, kommt der Alte, legt sich in das eine Bett – und noch einmal wird der Gram seiner Verzauberung beschworen, wenn es heißt: »und sein weißer Bart reichte ihm bis an die Füße«, aber es wird die letzte Nacht der bärtigen Verhüllung sein. – Das Mädchen legt sich ins andere Bett, verrichtet sein Gebet und schläft ein. Es ahnt nicht, daß sein freudig gesprochenes »Wir« einen Entzauberungskeim in das altersgraue Waldhaus hineingetragen hat. Erst um Mitternacht wird die gestreute Saat die Verkrustungen durchbrechen.

Alles, was bis jetzt geschah, war immer noch ein Geschehen *vor* Mitternacht, und alles wurde bis jetzt immer noch gesehen und geschildert aus dem Augenwinkel des Holzhauermädchens, so wie es ihm erschien und auch uns zunächst vorkommen mußte – mit irdischen Augen: der Alte uralt und verfallen, die Tiere als Tiere. Wir sagten schon, wir kommen von der Holzhakkerseite her herein ins Waldhaus, und es sind die Wege von Holzhackertöchtern, die wir mitmachen. Sie tragen das karge, vermutlich von der Mutter bereitete Mahl dem Vater hinaus, der sie freilich umsonst draußen erwartet. Man darf fragen, was wir schon beim Auszug der Ältesten andeuteten: Ist der Vater nicht selbst schuld, daß die Töchter ihn nicht finden? Wie kann er Samenkörner streuen, statt den Töchtern handfeste erkennbare Wegzeichen zu setzen? Hülsenfrüchte nimmt er, als wolle er von vornherein dem Schwarm hungriger Waldvögel einen leckeren Tag bereiten. Handelt der Vater aus Unverstand so töricht? Oder weiß er, überbewußt (denn unter Tags muß er selbst dafür hungern), daß mehr noch als er die Verzauberten im Wald und im Waldhaus auf den Boten des Mahles warten? Ja, der Vater weiß, was er tut, da er Hirse, Linsen und Erbsen streut – er tut nämlich am Tage schon das, was später in der Nacht von seinen drei Töchtern erwartet wird! Aber nur die Jüngste erkennt dies und wiederholt es – wenn sie Gerste streut und Heu hereinträgt. Sie allein findet wahrlich des Vaters Fußspuren der Futterstreu und bleibt auf dem rechten Weg. Sie allein errät des Vaters geheimen Sinn, der nur dem oberflächlichen Blick als eine verfehlt angelegte Wegmarkierung erscheint. Keine Probe ihrer Logik wird von den Mädchen gefordert (wie der Vater auch gegen alle Logik handelt), sondern eine Gemüts- und Tatprobe tieferen Sinnes, vom Vater selbst in Szene gesetzt.

Der Taggang, den gestreuten Körnern nach, bleibt ein Vorspiel, fast nur ein Vorwand, die Mädchen loszureißen vom Taghaus ins Nachthaus hinein, wo sich erweisen soll, wes Geistes Wind sie in der klobig gefugten Hütte draußen am Waldrand angeweht hat, was geworden ist aus den Erdentöchtern und was sie an eigener Substanz mitzubringen haben in das Geisthaus der Nacht. Auf dem *Mahl* liegt die Betonung des Geschehens. Das Mahl tritt in dreifacher Abwandlung auf. Es muß zu denken geben, daß das Mahl des Vaters den Anlaß bietet, die Mädchen auf den Weg zu schicken, und daß der Vater mit einem Vogelmahl das wegweisende Zeichen gibt, um jede seiner Töchter um so gewisser im Wald sich selbst zu überlassen. Und erst das von jedem der Mädchen im nächtlichen Waldhaus zu bereitende Mahl wird zum

Charakterexamen. Sie sind also zunächst, schlicht gesagt, Essensträger, gehen auf einer wieder verflüchtigten Nahrungsspur hinaus in den Wald und werden dort zu Selbstbereitern einer Abendmahlzeit berufen. (Und eine Frage taucht auf: Was fangen sie mit der Mittagskost des Vaters an, die diesen niemals erreicht? Verzehren sie diese Kost auf ihrem durch den Tag währenden Gang?) – Fest steht, daß sie hungrig das Waldhaus erreichen und ihr Bleiben zur Nacht verdienen müssen durch eine Tätigkeit. Für diese Tätigkeit werden sie durchaus angesprochen, wie Holzhauermädchen angesprochen werden können. Der eisgraue Alte fordert von ihnen nur, worin sie zu Hause sind: Kochen, Bettenmachen, nichts, was ihren Horizont überstiege. Aber wie sie es tun, darin liegt die Prüfung. Die Jüngste besteht sie selbstlos.

So kommt auch für die Jüngste, als sie neben dem Alten im Bett schläft, Mitternacht heran. Die Zeiger decken sich lotrecht. Es ist der Augenblick, in dem sich für die Schwestern die Falltür zur Tiefe geöffnet hat. Bei der Jüngsten steigt umgekehrt die Tiefe auf. Äußerlich gesehen schläft bis dahin das Mädchen einen ruhigen Schlaf, aber an der Mitternachtsschwelle erwacht es über der Unruhe, die durch das Haus geistert. Es geistert von Geistern, die das alte Haus abbrechen und der verwünschten Form ihre wahre Gestalt anerbauen.

Da fing es an, in den Ecken zu knittern und zu knattern, und die Tür sprang auf und schlug an die Wand; die Balken dröhnten, als wenn sie aus ihren Fugen gerissen würden, und es war, als wenn die Treppe herabstürzte, und endlich krachte es, als wenn das ganze Dach zusammenfiele.

So nimmt es das Mädchen aufgeschreckt im Dunkel wahr. Seinem schlafbenommenen Sinn bedeutet es ein Rückerwachen in den vergangenen Abend hinein. Das Mädchen kennt vom Abend her nur das *alte* Haus; daran halten sich die aufgeschreckten Gedanken. Welche Wandlung sich derweil begibt, wird erst der neue Morgen zeigen, »bei hellem Sonnenschein«. Da folgt dann das zweite Erwachen – drüben über der Schwelle. Das Waldhaus erlebt endlich seinen »anderen Morgen«, und seine Bewohner erleben ihn mit ihm. Doch auch dieses endgültige Erwachen führt nochmals durch die Täuschung einer Zwischenzone: »Das Mädchen glaubte, es wäre ein Traum.« Aber es ist kein Traum, es erwacht tatsächlich an höherem Ort, in einer königlichen Umwelt:

Es lag in einem großen Saal, und ringsumher glänzte alles in königlicher Pracht: an den Wänden wuchsen auf grünseidenem Grund goldene Blumen in die Höhe, das Bett war von Elfenbein und die Decke darauf von rotem Samt, und auf einem Stuhl daneben standen ein Paar mit Perlen gestickte Pantoffel.

Die Pantoffeln scheinen neben Samt und Seide und Elfenbein hier als der nicht mehr überbietbare Gipfel königlicher Lebensart zu stehen: statt bisher barfuß über Kieselsteine und Waldmoos zu laufen, nun geruhsam mit perlenbestickten Pantoffeln durchs Dasein zu wandeln! Wie muß die Mädchenseele aus armem Holzhackerhaus in Entzücken geraten! Gleich präsentieren sich auch drei Diener dazu und warten auf Befehle. Das Bewußtsein des Mädchens kann den überwältigenden Ereignissen nicht schnell genug folgen, so ungewohnt fluten sie herein. Das kann nicht für mich sein, folgert es, und mit dem Uhrwerk selbstverständlicher Gewohnheit sucht das beherzte Jüngferlein anzuknüpfen, wo es gestern aufhörte, indem es zu den Dienern spricht:

»Geht nur, ich will gleich aufstehen und dem Alten eine Suppe kochen und dann auch schön Hühnchen, schön Hähnchen und die schöne bunte Kuh füttern.«

Und es denkt weiter, es habe sich verschlafen, der Alte wird schon aufgestanden sein, sieht sich nach seinem Bett um, aber nicht der Alte, sondern ein verwandelter Schläfer bietet sich dar. Nun fängt vollends das Staunen an, da es ihn betrachtet und sieht, daß er jung und schön ist. Da erwacht auch der Schläfer – von ihrem Blick geweckt! –, richtet sich auf und spricht. Jetzt erst schlägt der Blitz des Erkennens in die Seele des Mädchens ein; jetzt erst, schwinden die letzten Reste der Holzhackerhütten-Sicht, und die Wahrheit der »anderen Seite« rückt ins volle Licht:

»Ich bin ein Königssohn und war von einer bösen Hexe verwünscht worden, als ein alter, eisgrauer Mann in dem Wald zu leben, niemand durfte um mich sein als meine drei Diener in der Gestalt eines Hühnchens, eines Hähnchens und einer bunten Kuh. Und nicht eher sollte die Verwünschung aufhören, als bis ein Mädchen zu uns käme, so gut von Herzen, daß es nicht gegen die Menschen allein, sondern auch gegen die Tiere sich liebreich bezeigte, und das bist du gewesen, und heute um Mitternacht sind wir durch dich erlöst, und das alte Waldhaus ist wieder in meinen königlichen Palast verwandelt worden.«

Und der Königssohn sagt seinen Dienern, sie sollten fortfahren, Vater und Mutter des Mädchens zur Hochzeitsfeier herbeizuholen. »Aber wo sind meine Schwestern?« fragt das Mädchen. Im Keller, sagt der Königssohn, und morgen sollen sie in den Wald geführt werden und so lange bei einem Köhler als Mägde dienen, bis auch sie die armen Tiere nicht mehr hungern lassen. Rückkehr in die Welt der Reifung ist ihr Los.

Zu den vieren die fünfte

Versuchen wir eine Zusammenschau zu gewinnen:

In den »Bremer Stadtmusikanten« ziehen vier Vertriebene aus und ersingen sich mit gespenstischer Stimme, besser gesagt, einem Notschrei ihrer Naturlaute, das Haus, in dem die Räuber prassen. Häuslichkeit wurde den Tieren entrissen, sie erobern sich die Häuslichkeit wieder, aber sie bleiben Verzauberte ihrer Natur: im Tierfell befangen. Not einigt sie; auf die Not-Wende warten sie.

Auf die Not-Wende warten auch die vier Insassen des Waldhauses. Sie sagen nichts davon und dürfen nichts sagen. Der eintretende fünfte Gast muß selbst darauf kommen, wo die Tiere das Fell drückt und wo die Wende einsetzen kann. Die Wende liegt in der ebenso schlichten wie selbstverständlichen Liebe zu den Geschöpfen – da darf keine Berechnung hineinspielen, wie hoch der Lohn sei, den man für eine Handreichung empfange. Es geht um die Frage: Wessen bedürfen die Bedürftigen? Sie sind hungrig und durstig, also müssen sie gespeist und getränkt werden, das ist alles. Und doch scheint dieses einfache Mitfühlenkönnen so schwer zu sein, daß zwei von dreien daran versagen. Es ist eine Stufe des Menschseins, die über das egoistische Nur-sich-selbst-Kennen hinausreicht.

Die drei Mädchen, Töchter des Menschenrepräsentanten Holzhacker zu einer Zeit der Wende (die Epoche der Axt liegt in der Zeitenwende), treten als Seelengestalten des Menschseins hinein in das nächtliche Haus der vier – aber nur eine der Töchter erweist sich als die wahre fünfte, die das erlösende Wort bringt, die sich *erst* an die Tiere wendet, ehe sie an sich selbst denkt. Sie erzeigt sich »liebreich« – an Liebe reich. Liebe schmilzt die Verkrustungen des Zwanges und der Armut auf. Wieso Armut, da doch den Mädchen die Anweisung gegeben wird, »draußen ist Hülle und Fülle«! Ja, draußen, hinter der Stube der vier, wo es noch weiter hinausgeht in die Randkammer der Nacht, da speichert sich Fülle. Sie muß erst hereingeholt werden von draußen, in die Stube hinein, in die zentrale Mitte, wo die vier vereint sitzen. Merkwürdigerweise muß nämlich jedes Mädchen *allein* hinausgehen an den Herd; die vier Insassen bleiben unverrückt gebannt im Geviert ihrer Stube. Selbst im eigenen Haus sind sie noch Befangene ihrer Räumlichkeit. Als einzig Freie kann sich die Neuhinzukommende umtun. Sie bringt die Beweglichkeit mit nach allen Seiten – ob sie aber ihren eigenen inneren Reichtum mitbringt oder ihre Armut, liegt bei ihr.

Hier bekommen die Räuber der »Bremer Stadtmusikanten« nochmals eine zusätzliche Beleuchtung. Dort waren die Räuber zu Unrecht eingedrungene fünfte, menschlich aufrechte Freie, die sich holen konnten, was sie wollten. Sie hatten sich selbstsüchtig des Hauses bemächtigt und schöpften aus dem vollen. Erst nach der Neueroberung des Hauses setzten sich dann die geschundenen Musikanten an den gedeckten Tisch.

An dieser Stelle mag folgen, was Walter Friedjung, auf den wir schon bei der Betrachtung der Vier verwiesen, über die Fünf zu sagen weiß. Er entwikkelt diese Zahl aus eigenen mathematisch-arithmetischen Gesichtspunkten, jedenfalls nicht vom Märchen her, und doch klingen seine Ausführungen wie aus dem Märchen heraus gesprochen: »Während die Tiere – die noch kein individuelles Ich besitzen und denen daher die Möglichkeit fehlt, Freiheit zu erlangen – der Vier unterworfen sind, enthält die Fünf jene Züge, welche die ersten *Saatkörner* echter Freiheit darstellen können, oder, wie wir sagen könnten, die ersten Öffnungen nach der Möglichkeit einer solchen Freiheit hin.«*

Da nämlich die Fünf ihre beherrschende Rolle in den fünf Sinnen spielt, die dem Menschen die irdische Welt erschließen, öffnet die Fünf zugleich die Möglichkeiten zum Guten wie zum Bösen hin. Friedjung gebraucht sogar den Ausdruck einer »Unartigkeit«, die der Fünf innewohne (wobei »Unart« eben auch als eine Folge der Freiheit auftritt), wie auch die »Weigerung, sich zu benehmen« – Eigenschaften der Zahl Fünf, die die beiden älteren Schwestern im Märchen vom Waldhaus praktizieren. Es ist die Neigung, aus Eigensinn anders zu sein, die Dinge auf den Kopf zu stellen: Wird das göttlich balancierte Pentagramm auf den Kopf gestellt, so daß es mit seiner Spitze

* Vom Symbolgehalt der Zahl, S. 22.

nach unten steht und seine gespaltenen »Beine« drohend in die Luft streckt, wird dieses Zeichen zum Bild des gefallenen Engels, der sich losgesagt hat vom Ursprung – ein Bild des Bösen. Aber der Mensch kann die gestürzte Figur wieder umkehren und ins rechte Lot rücken, wenn er sich den göttlichen Zielen einordnet. Auch die wahre Fünf will erobert sein. Liebe aus selbständiger Freiheit – als dem Göttlichen zugewandter Extrakt der Fünfheit – vermag die Notwendigkeit, wie sie sich in der Vierheit ausprägt, zu verwandeln oder zu erlösen.

Die scheinbar etwas sentimentale Quintessenz des Waldhaus-Märchens: »Habet die Tiere lieb!« reicht in die Gründe fundamentaler Menschlichkeit hinein. Quintessenz in der alten Chemie bedeutet das fünfte, feinste Destillat eines Stoffes, dem vier Läuterungsprozesse vorausgegangen sein müssen. Unser selbständiges, auf Freiheit aufgebautes Menschsein hat unter sich als Grundlage die Stufenfolge einer elementaren Vierheit. Anders gesagt: das Gehäuse unserer Leiblichkeit, in dem sich das Menschsein darleben kann, ist von vier Elementen ausgestaltet und bietet vier Wesensgliedern Platz. Niemals würde diese Stätte der Leiblichkeit sich entwickelt haben, wenn nicht Wesen *vor* dem vernunft- und freiheitbegabten Menschen als Haushelfer und Haushalter daran gewirkt hätten. Höhere Wesen haben ihre Boten vorabgesandt, die nun als Elementarverzauberte ihre Kraft hineinergossen haben in das Gehäuse. Wir sprechen sehr nüchtern von mineralischen, wäßrigen, luftigen und lichthaft-feurigen Bestandteilen unserer Körperlichkeit, vergessen aber darüber die *Wesen*, deren *Opfer* eben das leibliche Gebilde erzeugt hat. Stellvertreter dieser Wesen treten uns im Märchen als die vier Insassen des Waldhauses entgegen: der eisgraue Alte und die Tiere. Sie sind die Vorgeeilten der Schöpfung, die dem fünften das Haus bereithalten, in dem er wohnen soll – mit ihnen. Sie warten auf ihn, daß er sie erkenne als zu sich gehörig. Sie warten auf die liebende Seele, die die Vierheit ihrer über sie verhängten Verzauberung enthebt und ihr die »Saatkörner« einer verjüngenden Freiheit streut. Fußwaschung ergibt sich als Dank an die Unteren. Der eisgraue Alte enthüllt sich letztlich als ein verwünschter Königssohn, will sagen als Geistgeborener der Schöpfungsmächte vom Urbeginn, den ein massiver Alterungsprozeß gefangenhielt. In der »bösen Hexe«, von der der Entzauberte spricht, verbirgt sich die Stoffverzauberungsgewalt, der alle geschaffenen Wesen unterliegen, sobald sie ins Irdische eintreten und irdische Erscheinung annehmen.

Unter Tags bahnen sich Verwandlungen an, aber erst nächtlich zeigen sie sich. Das Holzhackerdasein spielt sich im Vordergründigen ab, in der Tageswelt der kleinen Hütte einer vierkantigen rauhen Wirklichkeit. Von seinen Töchtern erwartet der Vater, daß sie die Fähigkeit entfalten, zu der er ihnen die Saatkörner als Spur legt, nämlich das belebende Mahl zu bereiten, ein Mahl *aus ihrer Hand*, das aber geschöpft ist aus der Vorratskammer des Lebens hinter der Schwelle und das sie selbstlos zu teilen bereit sein sollen mit allen, die da atmen und ihr Teil längst geleistet haben. Durch das Waldhaus raunt das Seufzen der Kreatur, von dem Paulus spricht. Die Jüngste nimmt das Seufzen in sich auf und enthebt die Kreatur der Verzauberung.

DAS TAPFERE SCHNEIDERLEIN

Ein Intermezzo von Intelligenz und Mut

Ein kleiner windiger Geselle vollbringt nach und nach einige aufregende Heldentaten. An deren Beginn steht nur eine Musbrotaffäre, im Schneidersitz abgetan, mit sieben erschlagenen Fliegen im Lappen. Aber daran erwacht ein Selbst- und Heldenbewußtsein von zerfließenden Ausmaßen, erwacht eine ungebärdige Weltlust. Den Schneider kann plötzlich keine Werkstatt mehr halten. Mit einem bestickten Gürtel auf dem Leib und einem alten Käs' in der Tasche, zu dem er einen verfangenen Vogel gesellt, zieht er in die Weite. Sein Reisegepäck ist an Umfang ein Nichts, doch genau das Rechte, wie sich später herausstellt. Ungesehen führt er noch eine Fadenrolle Pfiffigkeit mit, aber auch einen Schuß echter Courage und ein Einschlagtüchlein voll situationsgenialer Einfälle. Mit diesen Schneidergaben bringt er die Welt der Riesen ins Wanken, bändigt Bestien, treibt die gedungenen Entführer seiner selbst in die Flucht und behauptet endlich die ihm zugestandene Königstochter. Ja, der Schneider wird König, und keiner vermag ihn mehr vom Thron zu lupfen, so leichtgewichtig er auch darauf zu sitzen scheint.

»Kraft und Stärke« heißen seine Zauberworte. Sie strahlen von ihm aus, als besäße er, was damit gesagt ist. Dabei steht von vornherein fest, daß ihm gerade diese Eigenschaften fehlen, erbittet er sie doch vor dem Verzehr seines Musbrotes inständig und freudig von Gott: »Das Mus soll mir Gott gesegnen und Kraft und Stärke geben.« Fast möchte man sagen: Welch eine Wunderkraft liegt im Gebet! Hier beweist sie sich, denn das Musbrot verzehrt er nie. Nach der Fliegenattacke ist kein Wort mehr vom Verzehr die Rede, der Appetit scheint mit den erschlagenen Fliegen im Rausch der Weltlust vergangen; sofort nach dem Fliegentod fängt das Schneiderlein an, seinen Gürtel zu sticken. Also kann ihm Gott nie im besagten Musbrot, sozusagen in physischer Ausfertigung, Kraft und Stärke verliehen haben, und doch wandeln diese beiden Kampfsäulen mit ihm und setzen seine Widersacher matt. Er verfrachtet sie in den Spruch »Siebene auf einen Streich«, und der Spruch wirkt Wunder. Das Wunder geschieht auf dem Fußmarsch des Schneiderleins in eine Welt hinein, wo man vor allem Geschriebenen einen unwahrscheinlichen Respekt hat. »Gestickt« auf einem Gürtel steht hier so gestochen wie anderwärts Geschriebenes oder Gedrucktes auf Papier. Donnerwetter! – denken die staunenden Entzifferer der Gürtelzier.

Aber auf diesen Schachzug allein darf des Schneiderleins Siegeszug nicht gegründet werden. Noch kommt ein anderes hinzu.

Es sind nur bis zu einem gewissen Grad Intelligenzleistungen, wenn er die Riesen tötet, das Einhorn unschädlich macht und das Wildschwein fängt. Nicht wahr, er tötet die Riesen nicht selbst, sie schlagen sich gegenseitig tot – er arrangiert das. Er läßt sich einfallen, wie solches geschehen kann; einfallen, was vor ihm noch keinem einfiel. Der König samt seinen alterprobten Kriegern mußte bislang hilflos die Übergriffe der Waldungeheuer dulden. Daß zwei Hosentaschen voller Steine genügen könnten, die Ausrottung der Riesen in Marsch zu setzen, ist der geniale Pfiff des Schneiderleins. So hat David zum Feldstein gegriffen für Goliath. Hier hausen zwei der Goliathe; deswegen muß David hier auch viel mehr Steine sammeln. Aber nicht einmal die Schleuder steht ihm zur Hand. Was tun? In der Tasche drinnen nützen die Steine noch nichts. Erst wenn sie vom Hochsitz herab senkrecht zu den riesigen Schläfern nach unten sausen, werden sie zu Reizgeschossen des Todes. Und das eben setzt voraus, daß der kleine Mann hinauf ins Geäst klettert und die gefährliche Senkrechte genau über den Schläfen sucht. So beruht die Leistung des Helden bei diesem Unternehmen zu erheblichen Stücken in dem Risiko, von oben herab Mut- und Wutzeuge der aufgestachelten Gewalten zu werden, wie sie sich selbst vernichten – um Haaresbreite an dem Mitvernichtetwerden vorbei! Er muß das leibhaftig mitmachen. Wird ihm nicht hinterher noch ein wenig schwindelig, wenn er nach vollbrachtem Getümmel aus dem Baumhimmel herab sich auf dem Boden der Tatsachen wiederfindet?

»Ein Glück nur, daß sie den Baum, auf dem ich saß, nicht ausgerissen haben, sonst hätte ich wie ein Eichhörnchen auf einen andern springen müssen – doch unsereiner ist flüchtig!«

Und beim nächsten Abenteuer, dem mit dem Einhorn, bleibt das Risiko um keinen Deut geringer. Wartet nicht das Schneiderlein bis zum letzt-letzten Augenblick, ehe es einen Moment vor dem Zuspät behend hinter den Baum springt, um desto sicherer das daherrasende Tier sich einrammen zu lassen in den Baum, vor dem das Menschlein eben noch stand? »Sachte, sachte, so geschwind geht das nicht« – solch ein Wort muß man vor sich hinsagen und abwarten können; mit solcher Ruhe der Ruhe gewappnet sein, Sekunden vor dem todsicheren Aufgespießtwerden! Das ist leichter gedacht als getan und scheint mir ein höchst respektables Aufkommen an Mut.

Nur beim dritten dieser Vernichtungsaufträge gerät des Schneiderleins Zuversicht, es auf jeden Fall allein zu schaffen, fast zum Verhängnis. Denn das Wildschwein stürmt schneller heran, als dem Fallensteller der Einfall kommt, wie die Falle zu stellen sei. Hier nützt kein Auf-den-Baum und kein Hinter-den-Baum, hier bleibt nur schiere Flucht nach vorn – und da stellt Gott zur rechten Zeit eine Kapelle in den Weg. Die kleine Kapelle im Wald wird Zufluchtsort, und siehe, in dem Augenblick, da der Flüchtende in sie hineinstürzt, blitzt ihm der zündende Funke als wahre Gotteslenkung auf: pfeilgrad zum Fenster wieder hinauszuspringen, um die Kapelle herumzuwetzen, die Türe zuzuschlagen und das nachschießende Tier in die Kapelle einzuschließen! Ich möchte sehen, Freunde, was wir an des Schneiderleins Stelle getan hätten – ohne den genialen Zünder. Vermutlich hätten wir versucht, beim Lauf in die Kapelle gerade noch die Tür hinter uns zuzuschnappen, aufschnaufend in die Knie zu sinken und dann zum Altar gewendet Gott zu danken für die Hilfe in der Not. Es wäre keine Schande, das einzugestehen. Das Untier vor der Kapelle hätte sich gewiß nach einiger Zeit wieder verzogen. Aber damit wäre es auch munter am Leben und im Revier geblieben und hätte weiter Schrecken verbreitet. Dergleichen durfte nicht in dieses künftigen Königs Bahn liegen! Er springt also durchs Fenster quasi über seine eigene ehrenwerte Rettung hinaus und läßt den erbaulichen Platz hinter sich seinem Verfolger. Dadurch entwürdigt er allerdings das kleine Gotteshaus zur Wildschweinfalle – und hier wird die Sache ein wenig anrüchig. Was das Wildschwein inwendig der Kapelle angerichtet hat, bis ihm die Jäger vollends den Garaus machten, laßt uns nicht ausmalen. Wir sind uns wohl alle bewußt: Die Geschichte mit dem eingesperrten Wildschwein in der Kapelle bleibt bedenklich, ob wir sie nun als Notwehr deuten oder wie sonst immer. Wir könnten es einem frommen Christen nicht verübeln, wenn er empört loswetterte: Warum mußte der frivole Kerl gerade die Kapelle anpeilen? Konnte er sie nicht rechts liegen lassen und weiterwetzen, bis er an einen Heustadel käme, wo er mit gutem Gewissen den Fang des gottlosen Tieres hätte bewerkstelligen können? – Freilich hätte er können, wenn ein Heustadel in der Fluchtlinie bereitgestanden hätte! Im Märchen steht nur die Kapelle da, und daran müssen wir uns halten. Das können wir auch getrost, das stimmt dann schon; ich halte Märchen für ehrliche Geschichten. Verzichten wir lieber darauf, der seltsamen Verquickung, um die es hier geht, eine passende Rechtfertigung anzuschneidern.

Mir scheint, wir können dem schmächtigen kleinen Mann dennoch unser Wohlwollen gönnen, auch ob der kleinen Kniffe und harmlosen Prahlereien, mit denen er sich zu Anfang den Riesen gegenüber durchmogelt. Uns könnte er sicher nicht hereinlegen, denn wir sind selbst klug genug, ja wir fühlen uns ohne Zweifel »aus dem Schneider heraus«. Aber bei den Riesen hapert es oben ein bißchen, sie lassen sich vor ihren Augen einen alten Käs' für einen Stein zerquetschen und merken auch nicht, wenn ein Vogel statt eines Kiesels in die Luft aufschießt. Diese Renommierstückchen hören am Königshof auf. Da beginnt die Zeit der Leistungen. Was der gelernte Nadelmann sich auf seine Weste gestickt hat, wird plötzlich zur Verpflichtung. Er muß vollbringen, was er vorgibt zu können – und vollbringt es auch. Ja, es stellt sich imponierend genug heraus, daß die zu Anfang nur frech erträumte Tapferkeit im Lauf der Ereignisse sich als wahre *Selbstprophetie* verwirklicht. Wächst er nicht nach und nach in das vorgeschaute Format seiner Tapferkeit hinein, indem er das Land von tyrannischen Plagen befreit? Sind solche drei Taten nicht Morgengaben an eine Braut und an ein ganzes Königreich, die sich sehen lassen können?

Es bezeugt den mit Ahnung gesättigten Sinn seiner Klugheit, daß er für den Einhornfang zu zwei Dingen greift, die er dann wirklich braucht, zu Seil und Axt, und sich mit keinem Stück mehr belastet, etwa mit Spieß oder Säge und Sack und weiterem dergleichen, was nach unserem Ermessen genauso treffend bei der Aktion benötigt werden könnte. Doch am auffallendsten bleibt, daß der kleine Held dem mysteriösen Renner gegenüber die allerzuverlässigste Waffe, das Jagdgewehr, völlig verschmäht. Er denkt in seinem Herzen trotz kluger Einfälle nicht ans Abschießen aus einem Hinterhalt heraus. Alles Grell-krachend-Laute ist ihm zuwider. »Sachte, sachte«, hörten wir als sein eigentliches Leitwort, und er sagt es nicht nur, er beweist auch, daß es sachte geht! Und dies in einer Welt protziger Kraftmeierei!

Oder sehen wir uns ein anderes seiner prophetisch witternden Glanzstücke an: daß er als Gast in der Höhle der Riesen, schlafsuchend, von vornherein in eine verlorene Ecke der Höhle kriecht, statt sich in die Mitte des angebotenen Riesenbettes, sozusagen ins Paradezentrum der Liegestatt hineinverführen zu lassen. Das Bett wird dann auch prompt und heimtückisch vom Gastgeber Riese um Mitternacht entzweigehauen! – Solches Abspüren der Gefahr deutet auf phänomenale Einfühlung in die gegnerische Taktik. Seine eigene Taktik jedoch weiß er als Kriegsmann streng zu verbergen. Man wundert sich zunächst, daß er alle angebotenen Helfer lächelnd ablehnt; sie könnten ihm doch unter Umständen nützlich sein – denkt man. Er denkt anders. Er mag keine Mitwisser. Er fürchtet sich nicht vor Ungeheuern, er fürchtet sich nur vor Zeugen seiner Taktik. Anders gesagt, er hat eine fast jüngferliche Scheu, sich in dem, wie er tut, was er zu tun hat, vor den Blicken anderer zu blamieren. Die Angst vor dem Ausgelachtwerden ist seine schwache Stelle, aber er münzt auch diese Schwäche zu einer Stärke um: Indem er allein auf sich steht, wird er wach nach allen Seiten.

Im Feuerkessel der Gefahr entwickelt er die mannigfaltigen Spielarten des Schneidermutes. Er spioniert im federnden Tänzerschritt die Gelegenheit aus, hält sich – wenn es unten bewegt wird! – im geduckten Eichhörnchensitz zwischen zwei Astgabeln zurück, oder er fetzt im gestreckten Galopp durchs Fenster, wenn es hinter ihm schnaubt. Da ist nichts Blamables daran, das muß in diesem Augenblick so sein. Anders umschrieben: so zart an Haupt und zierlich an Gliedern, so wendig und geschickt in allen Lagen, und immer beherzt rundum. In allem, was er tut, steckt der kleine Kerl ganz. Unnachahmlich gewinnend sprüht die entschlossene Freude, mit der er seine Sachen anpackt. »Sein Herz wackelte ihm vor Freude wie ein Lämmerschwänzchen« – darin steckt schon der halbe Sieg. Ebenso graziös präsentiert er überlegene Heiterkeit nach der Tat. Ob er inmitten der Ereignisse einmal zittert, geht niemanden etwas an.

Schade, daß die Königstochter am Ende doch nicht völlig überzeugt ist von den hohen Qualitäten ihres Gemahls. Sie stößt sich an der niederen Abstammung, dieweil er geboren ist in der Meckerlingsgasse. Schade, daß die junge Gemahlin – vaterbefangen – nicht ein bißchen Spürsinn entwickelt für das Originelle, das hier frisch geboren in die Welt tritt. Gegenüber dem abgestandenen Griesgram und Vorbehaltsknausern des eben noch residierenden alten Herrn und Brautvaters steckt gerade in des jungen Königs fröhlichem Sinn ein neuer Adelskeim! Manchmal bleiben auch im Märchen Differenzen übrig, die ihre Lösung aufsparen für spätere Kapitel. Aber den Thron streitig machen kann ihm niemand mehr, dem bewährten Mann.

DIE GOLDENE GANS

Ein Dummling gewinnt die Königstochter und wird König nach des alten Königs Tod. Das kommt in anderen Märchen ähnlich vor, doch werden dort auch königliche Tugenden von seiten des Freiers verlangt. Ohne festen Vorsatz, ohne Mut und glückende Tat geht es nicht, sollte man meinen. Der Dummling hier ficht weder Kämpfe aus, noch überlistet er ein Ungetüm, opfert weder ein Stück seiner Haut, noch weiß er überhaupt, daß er auszieht, eine Königstochter zu erlösen. Sie fällt ihm zu wie Gnade. Sein Glück liegt am Weg, und er hebt es auf. Seine Leistung besteht darin, daß er unterwegs das alte graue Männlein beachtet und dessen bescheidene Bitte um einen Imbiß erfüllt – im Gegensatz zu seinen Brüdern. Daraus entwickelt sich eine Helferfreundschaft, die alles Herkömmliche übersteigt. Wie geht das zu?

Es war ein Mann, der hatte drei Söhne, davon hieß der jüngste der »Dummling« und wurde verachtet und verspottet und bei jeder Gelegenheit zurückgesetzt.

Die Einleitung verschweigt Stand und Abkunft des Vaters und damit den »Rang« der Familie. Deutlich hebt sich nur der Dummling heraus als Zielscheibe des Spottes. Man sieht die älteren Brüder vor sich, überlegen, wie sie zu Roß davonstieben und den Dummling in einer aufgewirbelten Staubwolke bei Hütediensten stehenlassen. Aber irgend etwas kann an dem Hochmut der Familie nicht stimmen. Schon der nächste Satz sagt ernüchternd:

Es geschah, daß der älteste in den Wald gehen wollte, Holz hauen, und eh er ging, gab ihm noch seine Mutter einen schönen feinen Eierkuchen und eine Flasche Wein mit, damit er nicht Hunger und Durst erlitte.

Also ist die Sippe im Grunde angewiesen auf ihrer Hände Arbeit: Holzhauen. Das ist keine Schande, wenn man sich der Arbeit nicht schämt. Aber dies scheint ein zu Wohlstand gekommenes Geschlecht zu sein, denn daß es sich Eierkuchen und feinen Wein leistet, bringt Abwandlung in die sprichwörtliche Holzhackerarmut! Und es ereignet sich nun das Ungewöhnliche, daß alle drei Söhne nacheinander und einzeln sich im Holzhauen versuchen. Holzhauen scheint schlechthin eine männergemäße Betätigung. Käme es aber auf einen tüchtigen Einschlag an, könnten ja alle drei gemeinsam losziehen und eine Ladung schaffen. Nichts dergleichen. Der Vorgang erhält hier Examenscharakter. Die beiden älteren erweisen sich klugen Kopfes, doch wenig begabt für das Handwerk, denn der erste haut gleich fehl und verletzt sich am Arm; dem zweiten widerfährt dasselbe am Bein. Der Dummling schließlich besteht seine Probe unverletzt. Ihm wird auch nur aufgetragen, einen alten Baum umzulegen, und das macht offenbar wenig Mühe. Was er in den Baumwurzeln findet, enthebt ihn dann unvermittelt des Wäldlerloses. Er braucht künftig keine Axt mehr anzurühren. Was hat es also für einen Sinn, wenn das Holzhauen in jedem Betracht schiefgeht? Der Vater ist wahrscheinlich ein »gelernter« Holzhacker. Die drei Söhne machen mit. Sie kommen – und das ist wichtig für ihre seelische Einstellung – aus dem Milieu des Holzhackers. Als Abkömmlinge dieses Vaters leben sie mit seinen Vorzügen und Beschränktheiten. Beim jüngsten will sich des Vaters Verstand jedoch nicht recht einstellen; die Seinen meinen, er sei darin zu kurz gekommen. Vermutlich ist er aber schon darüber hinaus. »Holzhauen« wird für die Söhne zu einem Vorwand, von dem sie sich abzusetzen haben. Sie sind, wenn sie in den Wald gehen, Holz zu hauen, in Wahrheit zu etwas Neuem unterwegs, denn mit dem Geschlecht der Söhne bricht eine neue Zeit an. Insgeheim sollen sie dem kleinen grauen Männlein begegnen, und wie sie sich ihm gegenüber verhalten, das wird zu ihrer Prüfung – nicht so sehr, wie geschickt sie sich beim Holzhauen selber anstellen. Aber die Klippe wird keinem vorher angekündigt. Dann wäre es ja ein leichtes, keinen Fehler zu machen. Das Pech der beiden älteren ist, daß sie den Moment verpassen, auf den es ankommt. Gerade da ist ihnen ihre genormte Klugheit im Weg, ihre familiäre Verständigkeit. Ein jeder denkt engstirnig an sich und verkennt das graue Männlein, das unversehens am Rand auftaucht und zu ihm die Hände hebt. Es sagt beim ersten:

»Gib mir doch ein Stück Kuchen aus deiner Tasche, und laß mich einen Schluck von deinem Wein trinken, ich bin so hungrig und durstig.« Der

kluge Sohn aber antwortete: »Geb ich dir meinen Kuchen und meinen Wein, so hab ich selber nichts, pack dich deiner Wege«, ließ das Männlein stehen und ging fort.

So einfach ist es, mit einer Bitte fertig zu werden, und eine Gelegenheit, nie wiederkehrend, zu verschenken! Genauso verständig spricht der zweite Bruder ein wenig später: »Was ich dir gebe, geht mir selber ab, pack dich deiner Wege«, läßt das Männlein stehen und geht fort. Scheint es doch nur eine Handvoll Irgendwer, die sich anbiedern will!

Indem jeder der Brüder die volle Zehrung für sich rettet, fortgeht und den Bittsteller stehen läßt, marschiert einer wie der andere wesenlos aus der Geschichte heraus, als habe es ihn nie gegeben. Kein Blick fällt im späteren Fortgang auf die beiden zurück.

Hartnäckig besteht der Dummling darauf, auch versuchen zu dürfen, woran seine Brüder scheitern. Der Vater versagt es zunächst, läßt ihn schließlich widerwillig ziehen, »durch Schaden wirst du klug werden«. Die Mutter hat nur abgestandene Reste für sein Vesper übrig. Der Jüngling weiß das wohl. Auf die Bitte des Männleins um Speise und Trank spricht er es unbefangen aus:

»Ich habe nur Aschenkuchen und saures Bier; wenn dir das recht ist, so wollen wir uns setzen und essen.«

So einfach wiederum ist es, durch ein bescheidenes Anerbieten ungeahnte Folgerungen zu eröffnen! Denn als er nun seinen Aschenkuchen herauszieht, ist es ein feiner Eierkuchen geworden und das saure Bier ein guter Wein. Sie essen und trinken miteinander, und nun folgt der Dank des Männleins, der alle Zukunft des Dummlings in andere Wege lenkt. An dieser Stelle wird auch der einzige königliche Schatz des Jünglings ins Licht gerückt, der alle sonstigen Heldenfähigkeiten aufwiegt:

»Weil du ein gutes Herz hast und von dem Deinigen gerne mitteilst, so will ich dir Glück bescheren. Dort steht ein alter Baum, den hau ab, so wirst du in den Wurzeln etwas finden.«

Verstehen wir uns recht: Er muß den alten Baum umhauen, also muß er wenigstens die Axt zu führen wissen. Hier wird deutlich, daß er auf des Vaters Fähigkeiten fußt, auch wenn dieser ihn verachtet; das Vatererbe kommt ihm zugute, er wendet es an. Und siehe, in den Wurzeln des umgehauenen Baumes verbirgt sich »eine Gans, die hatte Federn von reinem Gold«. Er hebt sie heraus, nimmt sie an sich und begibt sich in ein Wirtshaus, um dort zu übernachten. Das sagt, er kehrt nicht mehr ins Elternhaus zurück. Aschengebäck und saures Bier waren die Abschiedszehrung der alten Welt an ihn. Jetzt geht er unter die Menschen und trägt von diesem Augenblick an etwas mit, das ihn auszeichnet. Bald wird er auch merken, worin das Besondere liegt, das von dem goldenen Wesen ausstrahlt: Wer sich am Golde vergreift, bleibt hängen, kommt nicht wieder los. Dies läßt uns fragen, was es mit dem »wunderlichen Vogel« auf sich habe.

Seit uralten Zeiten wird die Seele als ein Vogelwesen dargestellt, das mit seinen Schwingen Zeit und Zonen frei zu durchmessen vermag. Die Seele gehört ihrem Ursprung nach in die Gefilde der Geistluft. Aber sind die menschlichen Seelen nicht je länger je mehr ins irdisch Schwere gefallen? Sie haben den Höhenflug vergessen und »kleben« an der Erde. Sie haben gelernt, sich ein festes Haus zu bauen, sich selbst zu behaupten, Totes wichtig zu nehmen, das Verdorrte zu nützen – wovon die Holzhauermenschen Zeugnis geben. Sie fühlen sich »unten« zu Hause. Insoweit der Dummling Sohn dieses Vaters ist, zählt er zu den unten Heimischgewordenen. Und gehört nicht die Gans zu jenen Vogelwesen, die ihrerseits das sphärische Element verlassen und sich herabbegeben haben auf die Gewässer und das feste Land – gleich unseren Seelen? Doch Ente und Schwan zählen ebenso unter die Gänsevögel; warum spielt das graue Männlein dem Dummling keinen goldenen Schwan oder ein goldenes Entlein zu? Wäre es ein Schwan, wäre der Jüngling vielleicht zur erlesenen Schar der Schwanenritter erkoren, gleich Lohengrin. Gibt es auch eine »Ritterschaft der goldenen Gans«? Das klänge unseren Ohren schon komisch-pathetisch. So wird dergleichen gar nicht ausgesprochen – und doch begibt sich an dem Jüngling Außerordentliches! Vom Wesen der Gans gehen starke, wilde, triebhafte Energien aus. Die schlafen »bei den Wurzeln«, solange der Jüngling zu Hause kleingehalten wird. Im beharrlichen Verlangen, in den Wald der Prüfung zu gelangen, regen sie sich im Jüngling, aber sie unterscheiden sich vom geilen Ganshaften der Dutzendseelen: Heraufgehoben, unverdorben erstrahlen diese starken Energien des Jünglings versöhnt und leuchtend – von reinem Gold. Weil er geradeaus von Sinn ist und ein gutes Herz hat, sind Jüngling und goldene Gans eins, innen wie außen. Gold des Herzens wie Gold des Gefieders stammen aus derselben Sonnensubstanz. Indem das Männlein den Jüngling die goldene Gans finden läßt, sagt es ihm: Das bist du wert. Es ist an der Zeit, mach dich auf. Du taugst für die Welt, und die Welt braucht dich. Fern wartet jemand auf dich. Geh ruhig, auch wenn sie dich noch lange den Dummling nennen. Vertrau auf das Gold des geflügelten Wesens – das bist du selbst. Dein Gold wird zum Probierstein der Lauterkeit. Hebst du es aus dem verborgenen, aus den Wurzeln herauf in die Mitte, hat es magische Gewalt.

So geschieht's denn auch. Gleich im nächsten Wirtshaus versuchen die drei Wirtstöchter eine Feder zu stibitzen, eine nach der andern, und heften sich schön der Reihe nach fest – auch wenn die zwei älteren der jüngeren wehren wollen: »Bleib weg, ums Himmelswillen bleib weg«, denn die Kleine begreift nicht, warum sie wegbleiben sollte, wenn die Großen doch auch schon dabei sind. Und also sind sich hier einmal drei Schwestern völlig eins und müssen aneinandergeheftet andernmorgens dem Dummling, die Gans unterm Arm, getreulich folgen; zweifelsohne ein hübsches Bild! Er schreitet vornweg, ohne ihrer zu achten, und es sieht aus, als sei er ein herzloser Bruder den Mädchen gegenüber. Aber der große Reigen beginnt erst. Den Herrn Pfarrer, querüberfeld im Amt, entrüstet das unziemliche Gegängel: »Schämt euch, ihr garstigen Mädchen, was lauft ihr dem jungen Burschen durchs Feld nach, schickt sich das?« Nach seiner Meinung nicht. Er packt die Jüngste, sie wegzuziehen, und schon hat es ihn selbst gepackt. Den Küster, ebenfalls in Geschäften unterwegs, faßt basses Erstaunen, den Amtsherrn in so verführter Gesellschaft zu finden, meint dessen Gedächtnis mit der Kindstaufe nachhelfen zu müssen, die sie heute noch vor sich haben, zupft den geistlichen Herrn am Ärmel und sitzt nun als fünfter am Zopf. Was ist begreiflicher, als daß der zornwütige Pfarrherr zwei Bauern herbeizitiert, ihn samt dem Küster zu befreien – was die Truppe zuverlässig auf sieben der Nachläufer erhöht!

Mit sieben hat sich der Dummling eine himmlische Zahl angebandelt, die Zahl einer bedeutungsvollen, weil planetarischen Harmonie. Wir wollen sie nur insoweit fassen, als sie schon auf flüchtigen Blick durch die vorgeschirrte Mädchenschar in eine zierliche Drei weiblicher Jugend, durch die angehängte Männlichkeit in eine gröbere Vier gesetzten Alters zerfällt. Der wort- und sittengewaltige geistliche Herr markiert die Mitte und setzt zugleich die männliche Wucht ins Übergewicht. Reizvoll fällt auf, wieviel näher sich die drei Mädchen dem goldenen Vogel befinden als die gestandenen Männer. Die in sich verliebte Neugier weiblicher Wesen hat wenigstens ein Organ für das Wunderbare, Reine, das hier in die Welt tritt – und möchte etwas davon. Es ist die Frage, ob auch nur einer der Männer die goldene Gans überhaupt sieht; ob der Männer Blick und Aufmerksamkeit nicht völlig von den drei Mädchen aufgesogen wird und weiter von gar nichts in diesem Zusammenhang! Schon der Pfarrer richtet sich ausschließlich an die drei Mädchen und bemerkt offenbar nicht das goldene Bindeglied zwischen Bursch und Mädchen, sonst würde er doch selbst einen Augenblick lang ins Staunen geraten über die goldene Gans und wetterte nicht sofort die Verschüchterten an, als tanzten sie auf tagerhelltem Landweg straks in den moralischen Abgrund! Er sieht, was er vermutet, nicht was er sehen könnte. Eifrige Verschrobenheit kettet sich selbst an. – Nun, da die Gliedzahl sich füllt, wird es Zeit, daß sich das Drollige kröne. Es geht zum Königshof.

Er kam darauf in eine Stadt, da herrschte ein König, der hatte eine Tochter, die war so ernsthaft, daß sie niemand zum Lachen bringen konnte. Darum hatte er ein Gesetz gegeben, wer sie könnte zum Lachen bringen, der sollte sie heiraten. Der Dummling, als er das hörte, ging mit seiner Gans und ihrem Anhang vor die Königstochter, und als diese die sieben Menschen immer hintereinander herlaufen sah, fing sie überlaut an zu lachen und wollte gar nicht wieder aufhören.

Hier bringt ein vollkommener Gegensatz das Wunder der Erlösung zustande. Das Gold strahlt seine Formkraft aus, die Menschen liefern ihre Torheit dazu, und so gelingt dem Humor ein Triumph. Bedenken wir es wohl: ein therapeutischer Triumph! Das Märchen macht es offenkundig: Humor heilt die Königstochter. »Die war so ernsthaft...« – ums Himmels willen, warum nur? Warum so ernsthaft, daß der König ihretwegen gar ein Gesetz erlassen muß? Liegt ein Panzer um sie und in ihr, daß nicht einmal ein leichtes Zwinkern die Augenlider streift? Hat sie auch als Kind nie gelächelt? Dann ist sie ja noch gar nicht heimisch geworden auf der Erde. Mit dem ersten Lächeln sagt das Kind ja zur Welt und zu denen, die es anlacht. Lächeln – ein Zeichen des Wohlgefühls auf Erden. Oder hat sie ein Schock getroffen, der sie in einen Abgrund von Traurigkeit stürzte? Ist sie zu tief in sich gerutscht, fühlt sich abgeschnitten und gepeinigt in einer zersplitterten Welt der Erscheinung; herausgerissen aus höherem Zusammenhang, den sie einmal besessen hat? Welch ein Verhängnis liegt vor? Hängt der Sinn der

Königstochter in so erhabenen Höhen, daß vor Heimweh nach diesen Fernen alles menschliche Lachen erstirbt, ihr nur wie Frevel klingt? Träumt sie Licht und Gold als himmlischen Gespielen nach und sehnt sich nach dem Planetenreigen himmlischer Sphären, immer nach »Drüben« seufzend, fühlt sich aber trostlos taub in ihrer Leiblichkeit? Das Märchen sagt nur, »die war so ernsthaft« – und das klingt abgrundtief. Sie ist irdisch nicht faßbar, wie du und ich es sind. Sie ist gar nicht »da«. Ihr Ernst verliert sich in unendlichen Tiefen. Mit anderen Worten: der Unglücklichen fehlt ein heilsames Gleichgewicht ins Dies-eitige herein. Was soll aus einem Königreich auf Erden werden, dessen Zukunft an einer Königstochter hängt, die für ihr Hiersein sich zu erwärmen nicht die geringste Kraft oder Lust zeigt? Nicht umsonst verbrieft der König, daß sie der zur Frau kriegen soll, der das Wunder vollbringt, sie ins Lachen zu erwecken.

Der melancholischen Träumerin tritt nun der Dummling entgegen. Wir sollten den Überraschungseffekt der Dummlingsparade nicht unterschätzen. Da flaniert plötzlich eine menschliche Siebenheit daher, unterschiedlichsten Standes und Charakters, jedoch als tragikomische Clownerie – von geheimer Goldgewalt gesträhnt! Das Gold entlarvt jeden »Tip« bis auf den Grund: die Mädchen, wie sie schämig erröten und sich geziert winden, den Pfarrherrn, der bäuchlingsgravitätisch seinen Protest vor sich herträgt, den Küster, wie er schlurfenden Gangs und ein wenig schiefgebuckelt sich an die Geistlichkeit anpaßt, und schließlich die grobkörnigen Bauern als widerwillig ergebene Gefolgsmänner. Das hatscht so daher. Die sieben Geketteten fühlen sich schnöde überwältigt, weil sie müssen, ohne zu wollen. Von freier Gemeinschaft ist da keine Spur. Magische Gewalt bindet sie in ein armseliges Häuflein geworfener Existenzen. In dieser Würfelung wird jede Würde zuschanden, und das gilt am meisten für die Würde des Mannes inmitten: als sei Jupiter in eine Fuchsfalle geraten! Ja, vor dem Blick der Königstochter entbreitet sich die Karikatur einer herrlichen Planetensiebenheit – die Karikatur, und gerade das löst den befreienden Koller aus. Läßt sich ein Lachen erklären? Eine Philosophie des Lachens müßte zugleich die Tragödie des Komischen enthüllen – und hier wird eine Weltenordnung kosmischen Grades mit Menschenmitteln grotesk-spottend ins Beispiel gesetzt! Wer das vermag, verfügt über eine Goldesstrahlkraft, wie sie sonst nur der Sonne eigen ist: energiegeladen, schöpferisch, zum sphärischen Tanze fugend:

»Die Sonn erreget all's, macht all Sterne tanzen,
Wirst du nicht auch bewegt, so g'hörst du nicht zum Ganzen...«

so Angelus Silesius. Hier geschieht dasselbe, jedoch tölpisch und komisch ins Menschliche übertragen. Indem sich die Königstochter überm Anblick der »gansgenasführten« sieben – fast ein wenig schadenfroh – gesund lacht, lacht sie sich ins Menschliche herein oder zurück, wie man will – dem Jüngling zu. Wie steril muß es an des Königs Hof bisher zugegangen sein, daß der Königstochter alles plastische Leben vorenthalten war! Hier taucht ein Jüngling auf, urwüchsig, von Klugheit ungeschliffen, bringt aber ein lauteres Herz mit. Er bringt Gold in lebendig-eigentümlicher, in kräftiger Gestalt an den zeremoniell erstarrten Königshof heran. Das ist das Neue, was mit dem Dummling einkehrt. Seine goldene Gans hat Ausstrahlungs- und Anziehungskraft. Der Dummling wird Bräutigam der Königstochter.

Da verlangte sie der Dummling zur Braut, aber dem König gefiel der Schwiegersohn nicht, er machte allerlei Einwendungen.

Das ist nun seltsam, daß sich der König selbst über die Erlösung seiner Tochter gar nicht recht freut. Ging es ihm zu schnell? Der Schwiegersohn gefällt ihm nicht. Es sieht aus, als würde er am liebsten sein Gesetz wieder umstoßen. Denn was besagen nun die Einwände, die er dem Dummling macht? Der König verlangt kurzweg, bevor er die Königstochter bekomme, müsse er erst einen Mann bringen, der einen Keller voll Wein austrinken könne. Und als das dem Dummling gelingt, verlangt er auch einen Mann, der einen Berg Brot aufessen könne. Und als auch diesen der Dummling findet, trumpft der König damit auf, nun müsse er erst noch ein Schiff bringen, das zu Land und zu Wasser fahren könne. »Sowie du aber damit angesegelt kommst, so sollst du gleich meine Tochter zur Gemahlin haben.« Es klingt aber mehr, als sage der König, das wird dir nie gelingen, auch wenn du das andere bewältigt hast; das gibt es bisher nicht in meinem Königreich, das versteht keiner von uns, fahren zu Wasser und Land zugleich.

Der König verlangt ausgefallene Dinge. Um sie zu deuten, kann man sie vom Motivischen wie vom Dynamischen her betrachten. Legt man mehr Wert auf das Motiv, so haben wir in Brot und Wein, die da verzehrt werden müssen, ein höchstes Symbol: das des heiligen Mahles. Auf das Märchen angewendet, könnte das besagen (ich zitiere im folgenden eine Freundesstimme):

»Die Erlösung der Königstochter ist mit der bloßen Begegnung mit dem Dumpfling (Dumb-ling) und seiner goldenen Gans samt Anhang noch nicht vollständig. Es muß erst Brot und Wein gegessen und getrunken werden, das heißt der Dumbling muß erst die Möglichkeit einer communio – einer Verbindung – zwischen zwei Welten schaffen, und das vollbringt das alte graue Männlein für ihn, aber es offenbart sich erst beim letzten Beweis, bei dem Schiff, das zu Wasser und zu Land fährt, mit dem der Dummling beweisen muß, daß er ein Organ hat, das ihn durch beide Welten trägt, daß er ›Bürger zweier Welten‹ ist. Das alles war nur möglich aus der Kraft seiner Herzensfähigkeiten, ›weil du barmherzig gegen mich gewesen bist‹. Dann erst bekommt er die Königstochter und kann König werden« (Ruth Wagner-Nigrin).

Das leuchtet ein und stimmt letzten Endes gewiß; man könnte sich damit auch zufrieden geben. Man kann aber für die ersten beiden Aufgaben statt vom Motiv auch von der Dynamik ausgehen, das heißt darauf achten, *wie* die Vorgänge selbst geschehen.

Die beiden Forderungen des Königs, die sich auf den Verzehr von Wein und Brot (also umgekehrt) beziehen, nehmen so maßlose Dimensionen an, daß sie schon jedes gewöhnliche Mahl sprengen. Das Geschehen des heiligen Mahles – die communio – bezieht sich überhaupt auf keine quantitative leibliche Sättigung oder Ernährung; Brot und Wein werden nur in kleinster Menge eingenommen, im reinsten Sinne symbolisch, als Wahr-Zeichen einer individuellen inneren Vereinigung. Des Königs Forderung stellt diese Grundtatsache der feierlichen Handlung auf den Kopf: er verlangt das dem sterblichen Menschen Unmögliche, einen *Keller* Wein auszutrinken und einen *Berg* Brot zu verzehren. Beachtet man also die Wucht und das Ausmaß, mit dem hier Wein und Brot dem Prüfling beziehungsweise »seinem Mann« aufgetischt, ja aufgenötigt werden, so bleibt da doch über die Symbolinhalte von Brot und Wein hinaus die Frage stehen: Warum will der König, daß sein Weinkeller von einem übermenschlichen Trinker (in einem Tag!) leer getrunken wird? Warum läßt er das Mehl aus dem ganzen Reich herbeischaffen und verbacken zu einem ungeheuren Brotberg, um ihn von einem einzigen Mann in einem einzigen Tag aufessen zu lassen? Wovon löscht nun der Königshof seinen Durst, wenn der Keller leer ist, wovon ernährt sich das brotlos gewordene Volk im weiten Land? Kann hier allein die kultische Bedeutung von Brot und Wein gelten? Könnte nicht der Akzent auf den Verzehr an sich, dem Verzehr der ungeheuren Mengen liegen? Aber was für Mengen Wein und Brot sind dann gemeint? Gibt es da eine Alltagsbedeutung für eine Alltagsspeise? So sei hier aus dem Stil des Märchens heraus (das die groteske Verformung liebt und in dem Siebener-Anhang bewiesen hat) noch eine andere Deutung zur ersten gewagt:

Muß, wer König werden will, so viel verdauen können, wie »Keller-voll« und »Berg« andeuten? Wer kennt eines Königs Nöte von dieser Seite? Der alte Herr, so ausflüchtig und grämlich er scheint, stellt dem Freier unmißverständlich fundamentale Königsfragen: Du hast dich zum Thronanwärter herangepirscht und glaubst, mit der Königstochter sei dir alles Schöne geschenkt. Damit möchtest du dich zufriedengeben. Verfügst du jedoch über jenen heimlichen Helfer, trink- und verzehrgewaltig, der dich nie im Stich läßt, der dir schlucken, auflösen, verdauen hilft, wenn sich Allzumenschliches mit Dämonischem vermischt vor deinen Stufen staut? Das sind Berge von Schaum- und Traumillusionen, verhockte Eigenbröteleien, Fuhren rauschgeladenen Übermuts und Jahrgänge Kummers und Tränen der Menschen. Du wirst allein darüber verzweifeln. Schau dich um nach dem, der damit ins reine zu kommen vermag, sonst bleibt alles eitel. –

Und dem Dummling fällt der einzig Rechte ein, der dem zu Leibe rücken kann. Er eilt zurück in den Wald, an den Ort, wo er die Gans aus den Wurzeln hob, ob er nicht das alte graue Männlein entdecke, das schenkende, gütige. Und er entdeckt es, und es hilft in der Tat. Es hilft als Durstiger wieder anders denn als Hungriger – magisch vermögend dehnt es sich in Breite und Länge – und zeigt sich erst bei der Schiffsgabe in ursprünglicher Gestalt, aber jedesmal erfüllt es voll, was der kritische Königsvater zu fordern recht befindet. Es ist, als wisse das Männlein schon voraus, was sich am Königshof abspielt und daß der Jüngling kommen wird, denn immer *erwartet* es den Dummling schon, der unverdrossen zwischen Stadtbezirk und Waldestiefe hin- und herläuft und zwischen Forderung und Erfüllung den Mut nicht verlieren darf. Ja, das ist des Jünglings Tätigkeit: anhören und herbeischaffen, – er vermittelt. Er verkörpert in reiner Weise den Mittler zwischen der offenen Regierungsstadt und dem verborgenen Waldgrund, zwischen greisenhafter Tradition und einer quellfrischen Gegenwart, zwischen Erstarrung und Entstehung. Der Jüngling lebt im Schritt, ein Mensch der

Bewegung. Aber erst seine letzte siegende Errungenschaft enthebt ihn der Mühsal des Schreitens: Da er mit dem Schiff angefahren kommt, das zu Wasser und zu Land gleich sicher segelt, oder sagen wir es klarer, das auch die Lüfte durchmessen kann, hat er den Durchbruch in die Königshöhen erlangt. Es ist das Flugwerk beherzter Gedanken, die überall hindringen, überall zu Hause sein können – im Geiste gegenwärtig. Ein solch menschlich betätigtes, gedankenkräftiges und steuerbares Fahrzeug besaß der König bisher nicht, er sehnte sich aber danach, deswegen verlangt er es vom Freier seiner Tochter. Plötzlich ist es da. Das Männlein schenkt dem Dummling dieses Schiff. Hat das Männlein dieses krönende Königsinstrument in aller Stille heimlich gebaut – aus den Fähigkeiten des Jünglings während seines Wettlaufs? Denn mit dem Schiff umgehen, es nützen und führen zu können, dazu bedarf es der in vielen Fußmärschen erworbenen Beharrlichkeit, bedarf es der Zielsicherheit und Eisenfestigkeit eines Menschen, der ausging Holz zu hauen, aber auch der Tragkraft des Herzens. Nun, indem der Jüngling damit angefahren kommt, hat er endgültig die Dummlingsstiefel abgelegt. Das allüberwindende Schiff macht die Ferne nah und befähigt zum souveränen Gebieter über Land und Meer und Lüfte. In dem Jüngling hat der König den rechten Thronerben gefunden. Er kann ihm ruhig seine Tochter anvertrauen.

Dies alles wäre nicht möglich ohne das alte graue Männlein. Ein Rätsel des Märchens bleibt: Welch eine seltsame Gewalt verbirgt sich hinter dem grauen Männlein? Naheliegend wäre, einen Elementargeist von Gnomenart dahinter zu vermuten. Aber warum steht das Männlein am Wegrand, gerade da, wo die Söhne vorüberkommen müssen? Und warum verlangt es entschieden und inbrünstig, von deren Vorrat genährt zu werden, als hinge seine Existenz davon ab? In wunderbarer Komposition setzt das Märchen damit ein, daß ein Bissen gespendeter Speise und ein Schluck Wein die Anknüpfung geben zwischen Jüngling und Männlein. Brot und Wein als Gabe von Mensch zu Mensch tauchen zunächst wie ein Keim auf. Es ist die Spur eines Selbstverzichts, der von dem Jüngling freilassend *erbeten* wird. Der Dummling weiß an dieser frühen Stelle sowenig wie wir, daß er einmal jemanden brauchen wird, der *stellvertretend an seiner Statt* ins Maßlose gestapelte Mengen Brots und Weins wird verzehren sollen! Was als Selbstverzicht zuerst eine schlichte persönliche Tugend ist, nimmt, wenn es Königstugend werden soll, die nicht mehr abgrenzbaren Maße eines Weltenopfers an. Am königlichen Ort genügt nicht mehr das gewöhnliche menschliche Maß, ein übermenschlich gesteigertes muß hinzukommen. Und darüber verfügt das alte graue Männlein. »Alt« und »grau« haben hier mit Weltenaltern zu tun, die grau und verhangen hinter unserem heutigen Denkvorhang liegen, in die aber diese Gestalt ihrem Wesen nach reicht. In dem Jüngling erwacht beim Holzhauergang in den Wald hinein das Gespür für den, den man gemeinhin vergessen hat, den Genius menschlichen Wesens. Unscheinbar, kaum des Ansehens wert, steht ein Geistesvater am Weg und wartet auf die Söhne, mit denen er sich neu verbinden will. Das ist die Prüfung der Söhne: Im Urahn den eigenen geistigen Ursprung zu erkennen, sich zu ihm zu bekennen, um neue Schöpfungsvollmacht zu gewinnen. Sich diesem Ahn zu verbinden, bedarf es der Ehrlichkeit und eines Tropfens Goldtinktur Güte aus dem Herzen heraus – eigentlich gar nicht viel. Dann vollzieht sich das Wunder. Die wahre Größe des alten grauen Männleins verhält sich logikverkehrt zum Augenschein. Es sieht verkümmert und bedürftig aus. Dahinter strömt Allvermögen und göttliche Güte.

DES TEUFELS RUSSIGER BRUDER

Abgedankte Soldaten

Über die ganze Sammlung der Brüder Grimm verstreut finden wir Märchen, in denen ein Soldat die Hauptrolle spielt:

»Bruder Lustig«
»Der Bärenhäuter«
»Des Teufels rußiger Bruder«
»Das blaue Licht«
»Der Stiefel von Büffelleder«
»Sechse kommen durch die ganze Welt«.

In all diesen Märchen hat ein Soldat dem König treu gedient. Ist der Krieg zu Ende, wird er vom König kurzerhand abgedankt, fortgeschickt. Undank wirft ihn auf die Straße wie einen nichtsnutzenden Scherben. Den Tod der Schlacht hat der Mann überstanden, nun erwartet ihn elementare Not, der Hunger. Das ist in allen »Soldatenmärchen« gleich. Der eine Soldat besitzt als Zehrpfennig noch vier Kreuzer und einen Laib Kommißbrot, der andere drei Heller, die meisten gar nichts. Niemand will die Abgedankten haben, den Bärenhäuter auch nicht seine eigenen Brüder. Was sollen sie beginnen, womit ihr Brot verdienen? Kurz – wir finden sie ausgenützt und verworfen nach einem tatvoll durchstandenen Leben. Kummerschicksale tun sich auf – und doch führen die Wege der sechs Vereinsamten in sehr verschiedene Richtungen. Am Ende gelangt jeder Soldat – außer Bruder Lustig – zu Reichtum und Ansehen, drei von ihnen holen sich eine Braut, zwei gelangen zu Braut und Königsthron. Das bleibt eine erstaunliche Wendung nach so miserablem Vorspiel.

Um des einen willen, den wir eingehender zu betrachten uns vorgenommen haben, des Teufels rußiger Bruder, seien auch ein paar Lichter auf die Genossen geworfen. Es ergeben sich in der Reihe der Sechsheit charakteristische Stufen: von Bruder Lustig, dessen Geschick deutlich gelenkt wird, bis zu dem Mann in »Sechse kommen...«, der sein Geschick entschlossen selbst lenkt, Stufen vom so Dahintreiben bis zu den Künsten überlegener Macht.

Bruder Lustig schlägt sich als vergnügter Schelm durchs Leben. Ihn verlangt nach keiner Braut, nur nach einem guten Bissen. Pfiffig spürt er die Gelegenheiten ab, wo immer was Günstiges für ihn herauszuholen sei. Doch auch ihm, unentwegt auf kleine Vorteile bedacht, muß man ein gutes Herz bestätigen. Mehr als billig verschenkt er auf der ersten Wegstrecke sein letztes Laibchen Brot und von seinen vier Kreuzern Zehrgeld drei Kreuzer an den heiligen Petrus, der ihn als Bettler in dreifacher Gestalt um Almosen anfleht. Warum tut das der heilige Mann? Er prüft den Schelm. Da Bruder Lustig im rechten Augenblick bereit ist, das Seine zu teilen – dem Ärmeren gegenüber, der noch weniger hat –, nimmt sich Petrus seiner an. Das bedeutet, Bruder Lustig darf teilhaben an den Wohltaten des Heiligen. Weil der Heilige im Erdenwandel Gutes wirkt (und eben dazu will er seinen Schützling anweisen), gibt es auch Golddukaten der Dankenden. Das Gold säckelt Bruder Lustig auf der Straße des gemeinen Sinnes bedenkenlos wieder aus. Zwischen Petrus und Bruder Lustig liegt ein Zusammenspiel reifer Überschau und nichtsnutziger Lebenslust vor, eine Bruderschaft wie von höherem und niederem Ich, auch wenn die ausgesprochenen Weltansichten oft auseinanderfallen. Bruder Lustig bleibt immer ein Sankt-Peter-Mann, ein Verstandes-Stehaufmännlein, das sich zuletzt noch in den Himmel mogelt. Das geschieht zwar gegen den Willen Petri – er hält ihn nicht zeitig genug für den Himmel –, aber Bruder Lustig vollbringt das Kunststück genau mit dem Petersranzen, den ihm der großmütige Heilige einst geschenkt hat. Der Kumpan überlistet also zuletzt noch seinen Schutzpatron mit dessen eigener Wundergabe. So drollig wie listig plaziert sich Bruder Lustig vor dem Gegenwartssinn als der ewig kregel bleibende »kleine Mann«. König zu werden reicht es bei ihm keinesfalls.

In *»Das blaue Licht«* betreten wir die Sphäre des Magischen. Mit dem nie verlöschenden, blau brennenden Licht ist ein kleines schwarzes Männchen verbunden; das vollführt für den abgedankten Soldaten als seinem Herrn alles, was dieser will. Und der ungerecht entlassene Haudegen nimmt seltsame Rache an seinem König. Er läßt durch das Männlein nachts die Königstochter aus ihrem Bett herüberholen in sein Wirtszimmer. Er traktiert sie wie eine Magd: »Frisch an die Arbeit!« Sie muß die Stube kehren, ihm die Stiefel ausziehen; die Stiefel wirft er ihr ins Gesicht, sie muß sie aufheben, reinigen, glänzend machen. Sie tut alles ohne Widerstreben, stumm, mit halbgeschlossenen Augen. Beim ersten Hahnenschrei läßt er die Königstochter ins Schloß und in ihr Bett zurücktragen. – Das Ganze ein makabres Spiel, ein »blaues Wunder«, kein rosiges! Die geschundene Königstochter glaubt, sie habe geträumt, der König aber wittert die Wahrheit. In der dritten Nacht geht es schief, fast kommt der Soldat dann an den Galgen, aber das schwarze Männchen verhindert das Letzte. Es fährt mit einem kleinen Knüppel zickzack unter die Häscher. Dem König wird angst, er verlegt sich aufs Bitten, und um nur das Leben zu behalten, gibt er dem Soldaten das Reich und seine Tochter zur Frau. – Erst wenn man sich eingangs des Märchens noch einmal den klassischen Abschiedssatz des Königs an seinen Soldaten vergegenwärtigt, begreift man, wie Magie hier das moralische Gleichgewicht am Königshof herzustellen berufen ist. Der König sagt nämlich dort unverblümt: »Du kannst heimgehen, ich brauche dich nicht mehr, Geld bekommst du weiter nicht, denn Lohn erhält nur der, welcher mir Dienste dafür leistet« – und das sagt der König einem Manne, der nach langen Jahren treuen Dienstes seiner vielen Wunden wegen nicht mehr weiterdienen kann! Die Magie des blauen Lichtes ist dem Abgedankten nicht nur zufällig, sie ist ihm seiner Wunden willen zugewachsen.

Wurde eben noch Magie wie von außen betätigt, so tritt sie in *»Der Stiefel von Büffelleder«* ganz von innen her auf. Hier verfügt der Soldat aus sich selbst heraus über zauberhafte Kräfte. Es geschieht dies auf reizvolle, verblüffende Weise. Wie ein Leitwort steht über ihm der erste Satz: »Ein Soldat, der sich vor nichts fürchtet, kümmert sich auch um nichts.« Das heißt, er ist völlig frei, in welcher Lage auch immer. Er gelangt in einen Wald, stößt dort auf einen verirrten, feingekleideten Mann, den er seiner glänzend gewichsten Stiefel wegen »Bruder Wichsstiefel« nennt (er selbst trägt Stiefel von haarigem Büffelleder), sie marschieren einem Licht entgegen, geraten in ein Räuberhaus, den Räubern wird aufgetischt, der Soldat hält es vor Hunger nicht mehr aus, tritt kühn vor die Räuber, die wollen beide aufhängen, er verlangt erst noch zu essen und zu trinken. Und mit Essen und Trinken beginnt das Wunder. Erst ißt er sich satt, dann schwenkt er die Flasche über den Köpfen der Räuber und ruft: »Ihr sollt alle leben, aber das Maul auf und die rechte Hand in der Höhe«, trinkt einen herzhaften Schluck – und augenblicks sitzen die zwölf Räuber bewegungslos, offenen Mauls und strecken den Arm in die

Höhe. Und so müssen sie verharren, bis sie der Soldat wieder frei läßt – natürlich erst später und mit herbeigeholter Hilfe gleich ins Gefängnis hinein. Auch der Lösungsspruch lautet: »Ihr sollt alle leben!« Der magische Spruch rettet Bruder Wichsstiefel und ihm das Leben und rottet die Räuber aus. Daß sich hinter Bruder Wichsstiefel der König verbirgt, erfahren wir erst sehr spät. Der König aber wird sehr nachdenklich über die Taten des Mannes in den rauhen Stiefeln und lädt seinen Retter ein, nach Belieben am Königshof einzukehren. Es findet also eine »Wiedergutmachung« statt. Das Märchen funkelt in den unbefangenen Redewendungen des Helden von Humor. Keiner würde vermuten, daß er die Magie des Lebens beherrscht. An welchem Ort hat er sie gewonnen? Welche Märsche müssen hinter ihm liegen – »durch dick und dünn«, wie er sagt –, um so frei zu werden, wie er ist? Ein liebenswerter Mann.

Noch ganz anders nimmt sich der zauberkundige Soldat aus von *»Sechse kommen durch die ganze Welt«*. Dieser steigert seine Kräfte, indem er fünf Gesellen an sich heranzieht mit weit über alles gewohnte Maß hinausragenden Sinnesfähigkeiten. Die macht er sich zunutze. Er ist kein Nichtsnutz, sondern ein Übernutz. Als Kopf seiner Sechsergemeinschaft dirigiert er den Wettkampf auf Leben und Tod um die Königstochter am Königshof. Darin überragt er alle übrigen Helden der Soldatenmärchen. Da ihm eine besondere Betrachtung gewidmet ist, hier nur der Hinweis.

Am engsten miteinander verwandt erscheinen *»Der Bärenhäuter«* und *»Des Teufels rußiger Bruder«*. Diese Soldaten haben nichts mit Magie zu tun. Sie geraten nur aus dem Regen in die Traufe. Ihrer Not nimmt sich kein Heiliger an, sondern der Teufel. Er wartet am Weg und verlockt sie zu einem Pakt mit ihm – kein leichtwiegendes Unterfangen! Und doch gehen beide Burschen ohne Federlesen darauf ein, sind sie doch selbst nicht mehr als arme Teufel, lästig gewordene Schlucker, von den Tischen des Lebens vertrieben. Und sie sagen Ja mit einer Gelassenheit, die nichts erschrecken kann. Sie nehmen die kläglichsten, unwürdigsten Bedingungen an, nur um zu überleben. Der Teufelspakt fordert Willensproben äußerster Entsagung. Der *Bärenhäuter* darf jedoch auch während seiner sieben Paktjahre auf der Erde bleiben. Er muß nur auf sich nehmen, die Jahre hindurch äußerlich verkommen herumzuwandern – und kein Vaterunser zu beten, hat aber Geld in Fülle. Und damit dämpft er Schimpf und Schande, die sein Anblick erwekken. Geld beschwichtigt die hartherzigsten Wirte. Der wichtigste Umstand für den Bärenhäuter bleibt: Er kann seine Schritte lenken, wohin er will, ungeschoren innen wie außen. Als Bärenhäuter wird ihm von einem dankbaren Mann eine Braut versprochen; nach Ablauf der Teufelszeit, da er wieder aussieht »wie ein tapferer Kriegsmann« und viel schöner als je vorher, holt er sie heim.

Höllendienst

Hans in *»Des Teufels rußiger Bruder«* wird, als einziger unter allen Kameraden, seiner Freiheit radikal beschnitten. Nicht nur daß er sich verwahrlosen lassen muß, er wird zugleich vom Teufel ins Höllenquartier gesteckt. Dort muß er schuften als des Teufels Handlanger. Er muß sich in des Wortes voller Bedeutung mit dem Bösen handgreiflich auseinandersetzen. Konsequenteren Abstieg kann es vom Menschlichen her nicht mehr geben. Es klingt dann fast wie Hohn, wenn der Höllenherr dem so Gedungenen nach sieben Jahren Dienstes den Ehrentitel gibt »Des Teufels rußiger Bruder«. Und doch gilt der Titel zu Recht. Der rußgeschwärzte Mann bleibt nicht nur ein Teufelsknecht, sondern wird von einem bestimmten Moment des Kontraktes an des Teufels Bruder.

Wir lassen das Märchen wörtlich folgen, weil es einerseits knapp, andererseits in den meisten Kinderausgaben nicht enthalten ist. Es ist ein Erwachsenenmärchen.

Ein abgedankter Soldat hatte nichts zu leben und wußte sich nicht mehr zu helfen. Da ging er hinaus in den Wald, und als er ein Weilchen gegangen war, begegnete ihm ein kleines Männchen, das war aber der Teufel. Das Männchen sagte zu ihm: »Was fehlt dir? Du siehst ja so trübselig aus.« Da sprach der Soldat: »Ich habe Hunger, aber kein Geld.« Der Teufel sagte: »Willst du dich bei mir vermieten und mein Knecht sein, so sollst du für dein Lebtag genug haben; sieben Jahre sollst du mir dienen, hernach bist du wieder frei. Aber eins sag ich dir, du darfst dich nicht waschen, nicht kämmen, nicht schnippen, keine Nägel und Haare abschneiden und kein Wasser aus den Augen wischen.« Der Soldat sprach: »Frisch dran, wenn's nicht anders sein kann«, und ging mit dem Männchen fort, das führte ihn geradewegs in die Hölle hinein. Dann sagte es ihm, was er zu tun hätte: er müßte das Feuer schüren unter den Kesseln, wo die Höllenbraten drinsäßen, das Haus reinhalten, den Kehrdreck hinter die Türe tragen und überall auf Ordnung sehen; aber guckte er ein einziges Mal in die Kessel hinein, so würde es ihm schlimm ergehen. Der Soldat sprach: »Es ist gut, ich will's schon besorgen.« Da ging nun der alte Teufel wieder hinaus auf seine Wanderung, und der Soldat trat seinen Dienst an, legte Feuer zu, kehrte und trug den Kehrdreck hinter die Tür, alles wie es befohlen war. Wie der alte Teufel wiederkam, sah er nach, ob alles geschehen war, zeigte sich zufrieden und ging zum zweitenmal fort. Der Soldat schaute sich nun einmal recht um, da standen die Kessel rings herum in der Hölle, und war ein gewaltiges Feuer darunter, und es kochte und brutzelte darin. Er hätte für sein Leben gern hineingeschaut, wenn es ihm der Teufel nicht so streng verboten hätte; endlich konnte er sich nicht mehr anhalten, hob vom ersten Kessel ein klein bißchen den Deckel auf und guckte hinein. Da sah er seinen ehemaligen Unteroffizier darin sitzen. »Aha, Vogel«, sprach er, »treff ich dich hier? Du hast mich gehabt, jetzt hab ich dich«, ließ geschwind den Deckel fallen, schürte das Feuer und legte noch frisch zu. Danach ging er zum zweiten Kessel, hob ihn auch ein wenig auf und guckte, da saß sein Fähnrich darin. »Aha, Vogel, treff ich dich hier? Du hast mich gehabt, jetzt hab ich dich«, machte den Deckel wieder zu und trug noch einen Klotz herbei, der sollte ihm erst recht heiß machen. Nun wollte er auch sehen, wer im dritten Kessel säße; da war's gar ein General. »Aha, Vogel, treff ich dich hier? Du hast mich gehabt, jetzt hab ich dich«, holte den Blasbalg und ließ das Höllenfeuer recht unter ihm flackern.

Also tat er sieben Jahre seinen Dienst in der Hölle, wusch sich nicht, kämmte sich nicht, schnippte sich nicht, schnitt sich die Nägel und Haare nicht und wischte sich kein Wasser aus den Augen; und die sieben Jahre waren ihm so kurz, daß er meinte, es wäre nur ein halbes Jahr gewesen. Als nun die Zeit vollends herum war, kam der Teufel und sagte: »Nun, Hans, was hast du gemacht?« »Ich habe das Feuer unter den Kesseln geschürt, ich habe gekehrt und den Kehrdreck hinter die Tür getragen.« »Aber du hast auch in die Kessel geguckt; dein Glück ist, daß du noch Holz zugelegt hast, sonst war dein Leben verloren; jetzt ist die Zeit herum; willst du wieder heim?« »Ja«, sagte der Soldat, »ich wollt auch gerne sehen, was mein Vater daheim macht.« Sprach der Teufel: »Damit du deinen verdienten Lohn kriegst, geh und raffe dir deinen Ranzen voll Kehrdreck und nimm's mit *nach Haus. Du sollst auch gehen ungewaschen und ungekämmt, mit langen Haaren am Kopf und am Bart, mit ungeschnittenen Nägeln und mit trüben Augen, und wenn du gefragt wirst, woher du kämst, sollst du sagen, ›aus der Hölle‹, und wenn du gefragt wirst, wer du wärst, sollst du sagen, ›des Teufels rußiger Bruder und mein König auch‹. Der Soldat schwieg still und tat, was der Teufel sagte, aber er war mit seinem Lohn gar nicht zufrieden.*

Sobald er nun wieder oben im Wald war, hob er seinen Ranzen vom Rükken und wollt ihn ausschütten; wie er ihn aber öffnete, so war der Kehrdreck pures Gold geworden. »Das hätte ich mir nicht gedacht«, sprach er, war vergnügt und ging in die Stadt hinein. Vor dem Wirtshaus stand der Wirt, und wie ihn der herankommen sah, erschrak er, weil Hans so entsetzlich aussah, ärger als eine Vogelscheuche. Er rief ihn an und fragte: »Woher kommst du?« – »Aus der Hölle!« – »Wer bist du?« – »Dem Teufel sein rußiger Bruder und mein König auch!« Nun wollte der Wirt ihn nicht einlassen, wie er ihm aber das Gold zeigte, ging er und klinkte selber die Türe auf. Da ließ sich Hans die beste Stube geben und köstlich aufwarten, aß und trank sich satt, wusch sich aber nicht und kämmte sich nicht, wie ihm der Teufel geheißen hatte, und legte sich endlich schlafen. Dem Wirt aber stand der Ranzen voll Gold vor Augen und ließ ihm keine Ruhe, bis er in der Nacht hinschlich und ihn wegstahl.

Wie nun Hans am andern Morgen aufstand, den Wirt bezahlen und weitergehen wollte, da war sein Ranzen weg. Er faßte sich aber kurz, dachte: »Du bist ohne Schuld unglücklich gewesen«, und kehrte wieder um, geradezu in die Hölle. Da klagte er dem alten Teufel seine Not und bat ihn um Hilfe. Der Teufel sagte: »Setze dich, ich will dich waschen, kämmen, schnippen, die Haare und Nägel schneiden und die Augen auswischen«, und als er mit ihm fertig war, gab er ihm den Ranzen wieder voll Kehrdreck und sprach: »Geh hin und sage dem Wirt, er sollte dir dein Gold wieder herausgeben, sonst wollt ich kommen und ihn abholen, und er sollte an deinem Platz das Feuer schüren.« Hans ging hinauf und sprach zum Wirt: »Du hast mein Gold gestohlen, gibst du's nicht wieder, so kommst du in die Hölle an meinen Platz und sollst aussehen, so greulich wie ich.« Da gab ihm der Wirt das Gold und noch mehr dazu und bat ihn, nur still davon zu sein; und Hans war nun ein reicher Mann.

Hans machte sich auf den Weg heim zu seinem Vater, kaufte sich einen schlechten Linnenkittel auf den Leib, ging herum und machte Musik, denn das hatte er beim Teufel in der Hölle gelernt. Es war aber ein alter König im Land, vor dem mußte er spielen, und der geriet darüber in solche Freude, daß er dem Hans seine älteste Tochter zur Ehe versprach. Als die aber hörte, daß sie so einen gemeinen Kerl im weißen Kittel heiraten sollte, sprach sie: »Eh ich das tät, wollt ich lieber ins tiefste Wasser gehen!« Da gab ihm der König die jüngste, die wollt's ihrem Vater zuliebe gerne tun; und also bekam des Teufels rußiger Bruder die Königstochter und, als der alte König gestorben war, auch das ganze Reich.

Das Märchen bietet in seinem Verlauf einige Überraschungen. Die erste: daß Hans in den Brodelkesseln der Hölle seine allernächsten Schicksalsgenossen wiederfindet: Unteroffizier, Fähnrich und General. Es sind seine irdischen Vorgesetzten, zu denen er »droben« aufschauen mußte, die ihn aber offenbar kräftig geschunden haben – so lassen seine Sprüche beim Dekkellupfen vermuten. Daß gerade sie in den Kesseln sitzen könnten, hatte er nicht erwartet, es gibt ja genug Sünder auf der Welt. Die Probe für Hans besteht darin, auszuhalten ohne irre zu werden, wenn er die Chargierten so eingetunkt zu sehen bekommt. Seine mitfühlende Seele darf ihm keinen Streich spielen, sie aus den Kesseln herauszulassen – und er bleibt fest darin. So sicher ist sich der Teufel nicht von vornherein, daß Hans diese Probe besteht!

Der Teufel ist zwar »des Chaos wunderlicher Sohn«, aber es mußte uns schon bei der Einweisung Hansens in die Höllenregel Eindruck machen, worauf der Teufel größten Wert legt: »... das Feuer schüren, das Haus *rein* halten, den *Kehrdreck* hinter die Tür tragen und überall auf *Ordnung* sehen ...« Wer hätte gedacht, in der Hölle einen Ordnungs- und Reinlichkeitspedanten anzutreffen? Oder ist das gar nicht pedantisch, sondern unumgänglich? Das Chaos in des Teufels eigenem Wesen ist längst gebändigt, nachdem einmal sein Abfall von den fortschreitenden Gotteswesen vollzogen war. Er ist zum Geist des Widerstandes geworden und als solcher Glied einer Weltordnung, in der er eine tragisch umwitterte Aufgabe zu erfüllen hat. Er weiß als Teufel genau, was er will und soll. Freilich stiftet er in den Menschenseelen »oben« auch heute noch Verwirrung. Es liegt in der Freiheit des Menschen, ihm zu widerstehen. Ist der Mensch aber einmal seiner Verführung erlegen, die ihn letztlich nach dem Erdensein in das peinvolle

»Feuer der Läuterung« bannt, dann darf kein menschliches Kurzschluß-Mitleid der Weltgerechtigkeit in den Arm fallen – darauf hat der Teufel im eigenen Haus zu achten. Märchenhaft gesprochen: Einmal im Dienste des Teufels, darf sich Hans auf keinen Fall verleiten lassen – auch wenn er es in der Hand hat! –, an den Entscheidungen des Weltgewissens zu manipulieren. Der Teufel ist hier Vollstrecker einer Ordnung, die in ihren Gesetzen nicht verbessert, nur *erkannt* werden will!

Auf Erden sind wir frei. Erst jenseits der Erde formt sich aus, was sich konsequent aus unseren Taten ergibt. Daß er sich hier im Kessel wiederfindet, brockt sich der Mensch auf Erden selbst ein. Das Ganze kann erst wieder anders werden, wenn es »ausgekocht« ist. Hier gilt nicht Uniformenrang, nur Tatgehalt. Und was besonders ins Auge springt: die sich im Irdischen nahe waren, bleiben auch drüben verbunden. Eine »auf Pech und Schwefel« verkittete Gemeinschaft zeigt sich, Unterdrücker wie Unterdrückter. Aber die Tyrannen von oben finden sich als Opfer wieder, der Schikanierte hingegen als Handlanger des Ausgleichs. Und seine Neugier treibt ihn, nicht nur zu schaufeln und zu schüren, sondern er will auch schauen und wissen. Und in dem Augenblick, wo ihm blitzartig die Einsicht aufgeht: »Du hast mich gehabt, jetzt habe ich dich«, diese Einsicht in das unerbittlich präzise Gleichgewicht der Weltenwaage, wird Hans tatsächlich vom dumpfwerkelnden Jockel des Teufels zu des Teufels Mitwisser. Er wird sein rußiger Bruder.

Nun aber kann man die Frage stellen, wieso der gutartige Hans überhaupt in die Fänge des Teufels gerät? Beachten wir, daß der Teufel Hans nicht kurzerhand beim Wickel packt und in die Hölle schleift und auch in einen Kessel steckt. Dazu bietet Hans keinen »Stoff«. Das Geradlinige schützt ihn vor dem direkten Zugriff. Und doch muß auch Hans etwas an sich haben, was den Teufel lockt, und wäre es nur die Gleichgültigkeit der Not, von der sich der Teufel verspricht, daß sie Hans gefügig machen werde. Das tut sie auch. Nimmt man nun hinzu, daß Hans unter schlechten Herren in Kriegsläufen gedient hat, so hat er, wenn auch nur als deren Fußmarschierer und ohne eigenen Antrieb, Fahrten und Raubstücke der harten Burschen durchaus mitgemacht. Er war ihr unterster Genosse und gehörte zu ihnen. Womit er umging, das haftet ihm an: der Geruch des Schlechten. Diesem spürt der Teufel nach, da er von den Siedkesseln der drei, die schon unten sitzen, sich auf Fahrt begibt, den vierten ausfindig zu machen. Es ist Hansens Soldatentum, das dem Teufel die Fährte gibt, ihn als Heizer der drei zu engagieren.

Welche Rolle spielt der Soldat im Märchen? Wirkt er im Guten, mit lauterem Sinn, wird er zu einem Ordnung schaffenden Organ. Von ihm wird verlangt, selbstlos das innen Entfaltete nach außen zu schützen, Angriffe abzuwehren. Der Soldat gehorcht einem Befehl von oben und setzt für ein über ihn selbst hinausreichendes Ziel sein Leben ein. Der Heerzug treibt ihn umher, stellt ihn in die Gefahr, fordert Mut im Kampf, Geschick, Tapferkeit, Entbehrung. Der Soldat hat keine Heimat. Kurz: Soldatentum läßt sich gleichsetzen mit einer rigoros harten Willensschulung. Die außerordentliche Stählung der Willenskräfte führt zu einer einseitigen Stärke in diesem Bereich, aber auch zur Schwäche in manchem übrigen Seelenhaften, vor allem zu einer Schwäche allem Gefühlten gegenüber. Der Schönheitssinn des Soldaten wird durch sein Handwerk barbarisiert; er verkümmert.

Von daher gesehen fordert der Teufel nichts allzu Abwegiges von Hans, und er riskiert nichts Unmögliches, so unverschämt es klingt:

»... du darfst dich nicht waschen, nicht kämmen, nicht schnippen, keine Nägel und Haare schneiden und kein Wasser aus den Augen wischen«,

denn das alles hat Hans bisher schon praktiziert, wenn auch nicht in letzter Konsequenz, und so hören wir auch prompt statt eines Lamentos ein munteres: »Frisch dran, wenn's nicht anders sein kann.« Vielleicht sagt sich Hans: Da drinnen in der Hölle verliert Schönheit ohnehin ihr Gesicht; was soll sie auch da? Der Teufel packt Hans bei seinem Soldatenverstand und Soldatenwillen. Zu dem, was der Teufel verlangt, wäre ein anderer »Handwerker« nicht fähig. Die Höllenhitze übersteigt jede Feldzugsstrapaze, die strenge Regel am Ort des feurigen Weltenwillens jeden irdischen Befehl – und gleichzeitig verlangt dieser Dienst die gröbste Vernachlässigung des menschlich Würdigen und Maßvollen, jeder natürlichen Pflege. So blitzproper Hans die Hölle zu fegen hat – bis auf die Aschenkrümel vor den Feuerlöchern –, so radikal muß er sich selbst verwildern lassen. Wenn einer eine probatere Schule der Selbstlosigkeit zu nennen weiß, sage er's. Hier ist die Tiefe erreicht: Der Teufel fordert Selbstverleugnung in Vollkommenheit. Ein merkwürdiges Teufelsideal! Weiß Hans, wozu es ihm gut ist?

Lohn der Teufelsjahre

Für Unteroffizier, Fähnrich und General wird der Teufel zum Zuchtmeister, für den Soldaten zum Lehrmeister. Es sind Lehrjahre im verborgenen, Geduldsjahre. Sie laufen gleichförmig dahin, immer am gleichen Ort, immer im gleichen Trab: Feuer schüren – kehren – den Kehrdreck hinter die Tür tragen – und nicht an sich selbst denken. Das vollzieht Hans getreulich. Die sieben Jahre verfliegen, als wären sie ein halbes Jahr. »Jetzt ist die Zeit herum, willst du wieder heim?« – »Ja«, sagt Hans, »ich wollt auch gerne sehen, was *mein Vater* macht.« Welch ein bescheidener Wunsch, und doch wie charakteristisch für Hans! Im Märchen vom starken Hans lautet der gemäße Ausspruch des jungen Draufgängers: »Ich will wissen, wer mein Vater ist.« Auch der starke Hans sitzt bei den Räubern der Tiefe, in die Felshöhle eingeschlossen, und die Ursehnsucht nach dem himmlischen Vater treibt ihn an, die Gefangenschaft zu zerbrechen. Ein Schimmer dieses Vaterverlangens durchwärmt Hans im Höllendienst, Sehnsucht nach Daheimsein im väterlich-göttlichen Reich. Hans erinnert das Licht. Ja, er will heim.

Daß die Hölle ihre ewigen Gesetze hat, scheint nach dem bisherigen erwiesen. Daß aber der Teufel auch immer und unweigerlich einem armen Schwartenhals gegenüber sein gegebenes Wort halten müsse – wer garantiert es? Wäre der Teufel ein schlechter Mensch, bräche er nach Belieben sein Wort, denn ein schlechter Kerl ist ja darum schlecht, weil er sein Wort bricht. Der Teufel bricht es nicht. So schlecht wie ein Mensch sein kann, ist der Teufel gar nicht – welch ein frappierender Widerspruch! Hans darf erwarten, daß er seinen Siebenjahreslohn erhalte, und er erhält ihn auch. Er wird vom Teufel nicht einfach und infam fortgejagt wie ein mit Wunden geschlagener Haudegen aus einem Königsregiment. Der Teufel sagt: »... raffe dir deinen Ranzen voll Kehrdreck und nimm's mit nach Haus«. Und aufs erste hört sich's an, als sei es doch nur Spott und Hohn auf einen Lohn. Aber weit gefehlt – das ist die zweite große Überraschung des Märchens! Wie gut, daß Hans seine erste Enttäuschung verschluckt! Wie gut, daß er aus Gewohnheit, rein zu halten, die von ihm so sauber gescheuerte Teufelsklause nicht eigenhändig zum Abschied beschmutzt, indem er den Deckslohn dem Teufel gleich vor die Füße pfeffert! Denn daß Kehricht Kehricht sei und bleibe, darin sind sich Hans und wir bis zu dem Augenblick im Wald droben einig, wo sich Hans wirklich entschließt, ihn loszuwerden. Er schaut in den Ranzen – es ist Gold.

Seht Ihr den Teufel, wie er in diesem Moment drunten am Guckloch steht und zu Hans herauf ätsch macht? Er lacht sich ins Fäustchen, daß es ihm gelungen ist. Hans kann nur Luft schnappen und sagen, wie Hänse bei Überraschungen zu sagen pflegen: »Das hätt ich mir nicht gedacht.« Und er wird vergnügt und geht getrost in die Stadt hinein.

Aber uns kann es noch keine Ruhe lassen: Wieso wird der Kehrdreck Gold? Hat sich der Teufel tatsächlich einen Scherz geleistet? Oder lacht der Teufel nur über des Menschen kurzen Verstand, der immer glaubt, daß dies und das dasselbe sei, weil es hier auf Erden so ist? Vielleicht wüßten wir mehr, wenn wir wüßten, was das für eine »Tür« ist, hinter die Hans die ganzen Jahre den Kehrdreck zu schütten hat. Geht es dahinter in noch tiefere Kammern des Höllenreichs hinein – oder ist es ein Seitentürchen, wieder ein wenig heraus aus der Hölle? Liegt dahinter eine Abfall-Vorratskammer für Kehrdreck? Irgend etwas muß »hinter der Tür« *geschehen* mit dem Kehrdreck, daß er angehaucht wird, sich nach Jahr und Tag in Gold zu verwandeln. Der Höllen-*Abfall* fällt wieder dem Himmel zu, er lichtet sich auf, wenn er nach *oben* getragen wird – durch Hans. Denn der Kehrdreck hat durchaus mit Hansens eigenen Diensten zu tun. Hans könnte sinnen: Wieviel Asche habe ich aufgefegt, die abfiel von den Läuterungsprozessen der weltgerechten Geister; viele, viele Schaufeln voll, Jahr um Jahr. Nun hat mir der Teufel *eine* Kehrschaufel voll zurückgegeben, und er versprach mir gleich beim Handschlag der Einstellung in seinen Dienst, ich sollte am Ende für mein Lebtag genug haben. Eine Schaufel! Wieviel mag sich erst hinter all dem Hinweggetragenen verbergen? Hans müßte über das Geheimnis der Asche nachsinnen, und daß darin schon der Keim aller Erneuerung steckt. Aber soweit treibt es Hans nicht. Er ist froh, daß er nun Gold im Ranzen trägt. Es ist Gold der Erfahrung, der Standhaftigkeit, der Willenslauterkeit, Hansens Gold. Damit öffnet er sich alle Türen auf Erden. Das Märchen sagt, auch die Tür des geizigen Wirtes, der zunächst vor Hans erschrickt.

Denn der Teufel schickt ja Hans im vollen, gewachsenen Teufelskostüm auf die Erde und paukt ihm das Sprüchlein ein, das er zu sagen hat, wenn man ihn fragt, woher er komme und wer er sei: »Aus der Hölle! ... Des Teufels rußiger Bruder und mein König auch!« Sagt damit der Teufel: »Geniere dich nicht, bei der Wahrheit zu bleiben. Sie wird es dir aufs erste nicht bequemer machen, sie wird den Wirt schockieren. Zuletzt wirst du aber doch mit der Wahrheit kommen, wohin du gehörst – auf den Königsthron?« Oder betont der Teufel durch den grammatikalisch nicht ganz einwandfreien Nachsatz: »Du sollst dich zwar meinen Bruder nennen, aber ich bin doch auch dein König«? Oder stecken *beide* Sinne darin, daß es hübsch doppeldeutig und verrätselt bleibt? Denn wenn der Teufel jetzt schon auf Hansens Zukunft anspielt, regt sich leise die Frage: Wieso haben sich unter dem Rußdreck der Hölle sogar die Würdezeichen eines Königtums gebildet? – Tatsache bleibt, daß der Teufel seinen »Bruder« grauslig verwildert entläßt, offenbar zu seiner und des Wirtes Prüfung. Denn der Wirt hält den Schwarzen, der so entsetzlich aussieht, auch im Oberstübchen für hinter der Welt zu Haus und betrügt »den dummen Teufel«. Damit setzt der Wirt, ohne es zu wollen, die zweite und eigentliche Lösungswelle in Gang. Hans kehrt nach dem Diebstahl seines Ranzens geradenwegs wieder zur Hölle zurück, *freiwillig*, und klagt seinem Lehrmeister den unverdienten Raub. Und der Teufel empfängt ihn nicht etwa hämisch und sagt, siehst du, wärst du bei mir geblieben, du kannst dich sowieso nicht mehr hineinfinden nach sieben Jahren in die verlotterte Welt da droben – nein, da Hans aus freien Stücken wiederkommt, *befreit* ihn der Teufel nun eigenhändig vom Schmutz der Höllenjahre, und diese Geste sagt wahrlich: Geh frei, ich habe keine Gewalt mehr über dich, du bist des Kontraktes endgültig ledig. Aber du kannst dem Wirt schon sagen, daß ich ihn im Auge habe.

Hans wird wieder Mensch unter Menschen und trägt in seinem Marschgepäck außer zwei Ranzen Goldes noch etwas anderes Zukünftiges mit. Was beginnt er nun? Er könnte als reicher Mann sich in Samt und Seide kleiden, ein prächtiges Haus errichten und es damit gut sein lassen, privatisieren. Ob dem Selbstlosigkeit Gewöhnten inwendig ein tieferer Sinn seines Sprüchleins »Und mein König auch« aufgegangen ist – wer weiß? Er tut jedenfalls nicht dergleichen. Kein Stolz schwellt ihn. Er kauft sich nur »einen schlechten Linnenkittel« und macht sich auf den Weg »heim zum Vater«. Und da, auf diesem Heimweg zum Vater, entdecken wir schließlich die letzte und erstaunlichste Fähigkeit, die Hans aus der Hölle mitgebracht hat: Er macht *Musik*, »denn das hatte er bei dem Teufel in der Hölle *gelernt*«. – Wieso und wann in der Hölle gelernt? Davon war drunten auch nicht in Andeutung die Rede. Wir hatten eher den Eindruck, daß es vor den Heizkesseln rauh und polterig herging, keineswegs klangschön. Vielleicht sang oder pfiff Hans, da er sich einmal an den Rhythmus gewöhnt hatte, in den Pausen vor sich hin? Doch warum heißt es dann »...bei dem Teufel gelernt...«? Also muß des

Teufels Einwirkung damit verbunden sein – und dies dürfte das tiefsinnigste Rätsel des Märchens bleiben. Wir werden es sicher nicht lösen, wir werden es nur umkreisen können.*

Musik ist ein Einklang mit der Weltenharmonie. Wenn sich uns als Quintessenz des Soldatentums auf Erden *ordnende* Kraft ergab, die der Soldat entwickelt, dann ist die beim Teufel durchgemachte Läuterung des Chaotischen ins Klare, ins Folgerechte und Friedsame eine fundamentale Steigerung dieses Ordnungssinnes! Es ist ein wichtiger »Elementarunterricht« für das Transponieren ins Wohlgefügte und Melodiöse der Welt, für den *Zusammenklang.* Nicht daß Hans musiziert hätte in der Hölle (wir merkten nichts davon), aber offenbar eignete er sich die Voraussetzung zum Musizieren an. Gehört vielleicht sogar die strenge Bedingung, für sich selbst nichts zu tun, mit in die musikalische Schulung hinein – nämlich einen gediegenen Resonanzkörper vorzubereiten? Unsinn! wird man einwenden. Aber bedenken wir: Die restlose Hingabe Hansens an das andere, was außer ihm, um ihn herum (im Welten-Innern!) sich vollzieht, verlangt von ihm den totalen Verzicht eines »gepflegten«, sprich schöpferischen Eigenlebens. Staut sich dieser Verzicht in den Leibes- und Seelenorganen als ein Öffnen für das Erklingen des *Weltenmelos?* Werden solche Organe der Wahrnehmung durch die uneigennützige Hingabe überhaupt erst gebildet? Auf der Erde kann es dann inwendig aus Hans heraustönen. So jedenfalls geschieht es, Hans musiziert nun.

Sein Spiel gefällt dem alten König des Landes wohl. Wartet der König schon lange auf einen solchen Spielmann, weil er ihn so freudig begrüßt? Kommt endlich einer heran – auf den Wegen der Tiefe treu befunden, in der Selbstverleugnung weise geworden –, der die Menschen-Weltenmelodie neu und anders erklingen läßt als die tabulaturerstarrten alten Fiedler des Königs? Der König findet, diesem Spielmann gebühre die Königstochter. Aber die älteste Tochter mag ihn nicht, sie schaut nur auf die Zierart des Gewandes, ihr mißfällt »der weiße Kittel« an Hans – und der gerade ist ein Ehrenstück seiner inneren Reinheit, seiner Bescheidenheit und Selbstlosigkeit. Nicht so die jüngste Königstochter. Sie liebt ihren Vater und schließt des Teufels rußigen Bruder in diese Liebe ein.

* Mögen vor allem Musiker nicht enttäuscht sein. Sie haben gewiß ihre Musik aus dem Himmel mitgebracht. Daß sie Hans beim Teufel erlernt, will unserem Ohr schlecht eingehen. Es liegt ein ungewöhnlicher Schicksalsweg vor. Wie tröstlich, sagt das Märchen, auch darin steckt noch, was Ihr nicht erwartet.

Daß er die Braut gewinnt und König wird nach des alten Königs Tod, dankt Hans der Musik. Die Musik dankt er dem Teufel. Die Begegnung mit dem Teufel dankt er seinem Los als Soldat. Undank hat ihn einst verworfen – »und wußte sich nicht zu helfen«. Im Verworfenen noch tiefer hinab wird ihm Hilfe. Wird Hans auf dem Thron ein gütiger König sein – aus dem erlernten Grundbaß der Gerechtigkeit heraus?

SPINDEL, WEBERSCHIFFCHEN UND NADEL

Das Mädchen unserer Geschichte verliert schon als kleines Kind Vater und Mutter. Es entbehrt früh die Elternhülle, unter der andere Kinder gedeihen. Eine alte Patin nimmt das verwaiste Kind zu sich, hält es zur Arbeit an und erzieht es »in aller Frömmigkeit«. Die Alte selbst ernährt sich vom Spinnen, Weben und Nähen. Die Patin haust allein in einem Häuschen »am Ende des Dorfes«. Wir spüren, welche Atmosphäre das Kind umfängt: Einsamkeit und Armut wehen als Luft in der kleinen Hütte. Die Hütte liegt fast an der Grenze zum Niemandsland, abgeschieden, unbeachtet. Die Alte lehrt das heranwachsende Mädchen ihr eigenes Tun: Spinnen, Weben und Nähen. Und die Patin hat gerade so lange zu leben, bis die Ziehtochter das 15. Jahr erreicht, ein Alter an der Schwelle zur seelischen Reife. Die Alte übergibt ihrer Schutzbefohlenen das Häuschen und die drei Werkgeräte: Spindel, Weberschiffchen und Nadel, segnet sie und stirbt. Beachten wir: Es ist kein ausgemünzter Reichtum, es sind Arbeitsgeräte, die ihm seine Patin vermacht. – Sie selbständig zu betätigen, ist für das Mädchen mit dem Tode der Patin unweigerlich der Zeitpunkt herangekommen. Nur mit diesen Fähigkeitshilfen kann es sein Leben fristen. Und das Mädchen ist in der Tat so fleißig, daß seine Arbeit einen Überschuß abwirft. Es finden sich Käufer, die reichlich vergüten, und so kann das Mädchen von dem Selbsterworbenen noch etwas mitteilen an andere. Selbsterhaltung und Selbstopfer schweben im Gleichgewicht.

Nun tritt ein Königssohn auf, der eine Braut sucht. Wie er das anstellt, hat eine auffällige Note: Es steht im Widerspruch zu aller Gepflogenheit von Prinzen bisher, denn »eine Arme sollte er nicht wählen, und eine Reiche wollte er nicht«. Was bleibt ihm übrig? Er sagt: »Die soll meine Frau werden, die zugleich die ärmste und die reichste ist.« Und das bedeutet etwas, das sich scheinbar in sich selbst aufhebt. Vergegenwärtigen wir uns: Reichtum im alten Königssinn setzt Geburtsadel und ein hohes Maß von ererbtem Gut voraus, quasi eine Gottesfülle von alters her. Zum alten Königtum gehört der Reichtum als selbstverständlicher Umkreis hinzu. Er braucht nicht erst geschaffen zu werden. Deswegen läge es im hergebrachten Stil, daß der Königssohn eine reiche Braut wählt. Aber davon hält ihn etwas ab. Ihn zieht es zur Armut. Armut kettet an Arbeit, und Arbeit ergibt sich, um der Not zu steuern. Arbeit wird überhaupt erst gefordert, wenn der überkommene Reichtum in Verschleiß geraten oder zu Ende gegangen ist. Sie verlangt Selbstbetätigung. Legt gerade darauf der Königssohn Wert?

Nun kommt der Königssohn und fragt, wie er überall fragt, »wer in dem Ort die Reichste und die Ärmste wäre«. Er meint in seinem Sinn, die Reichste und Ärmste zugleich – aber so deutlich spricht er es nicht aus, und wer versteht von den gewöhnlichen Sterblichen schon die geheimen Gedanken eines künftigen Königs? Man zeigt ihm folgerichtig *zwei* der Bräute, das reichste Mädchen des Ortes und das ärmste, zeigt ihm jedenfalls die beiden Mädchen, die dafür gelten.

Ein nachdenksamer Zug des Märchens tritt nun sofort hervor: daß der Königssohn sich zu beiden Mädchen hinbegibt, aber zu keinem der Mädchen, dem reichen wie dem armen, nicht ein einziges Wort spricht! Er schaut sie an und zieht wortlos weiter – eine sehr seltsame Brautwerbung!

Die Reiche sucht er zuerst auf. Sie sitzt vor der Tür ihres Hauses, als erwarte sie den Bräutigam schon. Weiß sie denn im voraus, daß der Königssohn kommen wird, und sitzt deswegen zum Empfang bereit? Sie weiß es soviel und sowenig, wie es die Arme vorauswissen kann. Die Reiche lebt ihr Dasein. So *ist* sie, wie sie sich in diesem Augenblick verhält: Sie wartet nicht nur diesen Moment, sie wartet immer. Sie wartet darauf, daß das ihr Zustehende, wie es ihr vorschwebt, zu ihr komme. Man kann sagen, sie fühlt nicht nötig, etwas anderes zu tun, als zu warten und entgegenzunehmen. Sie würde Arbeit als eine Zumutung der Armut von sich weisen. Sie kann es sich leisten, am hellen Tag im »Staat« zu prangen. Es heißt: »Die Reiche saß vor der Haustür in vollem Putz.« – Beachten wir, *vor* der Tür, sie fühlt sich im Gesehenwerden wohl. Sie weiß auch, was sich schickt, und so zeigt sie sich im Augenblick, da der Freier erscheint, von ihrer adrettesten Seite.

... als der Königssohn sich näherte, stand sie auf, ging ihm entgegen und neigte sich vor ihm.

Der Königssohn hält still, schaut sie an und reitet weiter. Gerade weil die Begegnung schweigend verläuft, wird sie um so tiefgründiger. Vielleicht darf in diesem Stadium der Werbung überhaupt kein Wort laut werden. Wir sollten uns hüten, den stummen Weiterritt von vornherein als ein Zeichen der Beurteilung oder gar der Verurteilung zu deuten. Es muß etwas anderes vorliegen. Denn der Königssohn verhält sich ja kurze Zeit später bei dem armen Mädchen genauso schweigend – und hier kann von Verurteilen schon gar keine Rede sein. Bei der Armen kann uns überhaupt erst aufgehen, was es mit dem wortlosen Blick auf sich haben mag. Versuchen wir den Vorgang von der Seite der Armen her zu verstehen.

Die Arme trifft der Königssohn nicht vorm Haus an. Sie sitzt drinnen in der Stube am Spinnrad und spinnt emsig. Er hält sein Pferd an und sieht durchs Fenster, »durch das die helle Sonne schien«. Schien sie schon die ganze Zeit hindurch, oder scheint sie erst jetzt hinein, da der Königssohn den Fensterrahmen erfüllt? Ist vielleicht gar sein Antlitz die helle Sonne selbst, und fallen Schein der Sonne und Blick des Königssohnes in diesem Augenblick in eins? Zumindest für diesen Moment stellt es das Märchen so dar: Indem der Königssohn hindurchblickt, scheint die helle Sonne in die Stube. Wie lange der Königssohn hineinsieht, wird nicht gesagt. Es wird nur gesprochen von der Verwirrung, die das Mädchen drinnen befällt. Das Mädchen vergißt aufzustehen und den Gast am Fenster zu grüßen, vergißt auch sich vor ihm zu verneigen, was doch naheliegend wäre und was die Reiche so artig vollführt hat. Schließlich reitet auch hier der Königssohn fort, ohne einen deutbaren Hinweis, ob ihm gefällt, was er sieht, oder nicht. Er kommt, schaut und geht. Was mag im Sinn des Königssohnes vorgehen, beim ersten wie beim zweiten Mädchen? Hat er sein Ideal nicht gefunden und reitet unerreichter Dinge wieder heim?

Ein Verzicht auf die Braut kann nicht im Wesen des Königssohnes liegen, nachdem er einmal den Entschluß gefaßt hat, eine Braut zu suchen. Er reitet auch in Wahrheit durchaus nicht ohne Braut wieder fort. Die Fäden der Verknüpfung werden schon im nächsten Augenblick vor unseren Augen gesponnen. Denn indem er fortreitet, setzt eine zweite Stufe seiner Werbung ein – und die wird erst entscheidungsvoll. Die Frage kann nur lauten: Was bedeutet der rätselhafte Blick des Königssohnes für die Braut? Wie ein Sonnenblick im Frühjahr den Pflanzenkeim zu Wachstum und Blüte erweckt, so bewirkt hier der Blick des Königssohnes die Erweckung der Braut. Nicht umsonst wird bei der Armen im entscheidenden Augenblick von der hereinscheinenden hellen Sonne gesprochen. Aber unterm Sonnenblick kann nur wachsen, was bereits als Keim in der Erde liegt. Der wachstumsfähige Keim muß da sein, an den die Sonne anknüpfen kann. Und so wird der Blick des Königssohnes zu einer Prüfung für die Braut. Das ist der zweite Teil der Werbung: ob der Sonnenblick des Königssohnes in der Braut Leben wachruft, ja noch deutlicher, ob der Braut die Sonne tönt und sie den Ton zurückgeben kann! Verhüllte Wortestonkraft schickt der Blick des Königssohnes aus – aber nur das arme Mädchen vermag sie aufzunehmen und zu beantworten. Gleich nachdem der Freier weggeritten ist, wird das Mädchen zu singen beginnen und damit staunenswerte Ereignisse in Gang setzen.

Der Unterschied zur Reichen besteht darin, daß der Reichen der Blick bloßer Blick bleibt: Für sie tönt die Sonne nicht; ihr scheint sie nur, und der Schein verlöscht im Entschwinden. Nichts bleibt als die Enttäuschung.

Stellt man sich die Reiche vor – denn auch sie ist vollgültig als mögliche Braut vor den Blick des Königssohnes getreten –, so kann man sich ausmalen, wie hilflos abgeschlagen sie sich vorkommen muß, nachdem der Königssohn wortlos entreitet. Was wird sie nun beginnen? Wird sie wütend werden oder sich verkriechen und weinen? Woran soll sich ihr verletzter Stolz halten? Sie hat nichts in Händen, woran sie sich halten könnte. Siehe, sie ist arm auf eine ganz eigene Art. Wie sie mit ihrer trostlosen Lage fertig wird, erfahren wir nicht. Sie kann nur weiter sitzen und warten mit leeren Händen – eine törichte Jungfrau. Der Freier kommt nicht zurück.

Vom armen Mädchen erfahren wir bis in die Einzelheit, wie es sich verhält. Solange der Königssohn am Fenster steht, unterbricht das Mädchen seine Arbeit nicht, es schaut nur auf, sieht ihn, wird über und über rot, schlägt die Augen nieder und spinnt weiter:

Ob der Faden diesmal ganz gleich ward, weiß ich nicht, aber es spann so lange, bis der Königssohn wieder weggeritten war.

Dann jedoch kommt eine bis dahin nie verspürte Regung in das Mädchen. Wird nicht mit zierlicher Geschämigkeit seine erwachte Neugier verbrämt, wenn es zum Fenster tritt – »es ist so heiß in der Stube« –, das Fenster öffnet, dem Königssohn nachblickt, solange es noch irgend die weißen Federn an seinem Hut erkennen kann? Für einen Augenblick gerät das Mädchen außer sich: Es streckt den Kopf zum Fenster hinaus, um auch das Letzte des Entschwindenden zu erhaschen. Dann setzt es sich, fährt in seiner Arbeit fort, aber seltsam verwandelt. Es ist fröhlich geworden, hat Lust zu singen, und da kommt ihm ein Spruch in den Sinn, »den die Alte manchmal gesagt hatte, wenn es bei der Arbeit saß«. Beachten wir, bei der Alten war es ein Spruch; sie sagte ihn gelegentlich vor sich hin. Plötzlich, in der Gegenwart des Königssohnes, gebiert sich der Sinn des Spruches für den Sinn des Mädchens, füllt sich mit Klang und Leben, wird Lied.

»Spindel, Spindel, geh du aus,
Bring den Freier in mein Haus.«

Das reiche Mädchen erbte von seinen Vorfahren Geld, Gut, schönen Putz, aber nicht das Wort. Das arme Mädchen erbte von seiner Patin neben den drei Wirkgeräten den unscheinbaren Spruch. Es ahnte nicht, welche Zauberkraft ihm innewohnt, als es ihn aus dem Mund der Alten in den Raum geraunt vernahm. Er war wie ein Same hingestreut und fiel unter den Webertritt. Stieg denn dem Mädchen der Spruch niemals bei seiner Arbeit auf? Es wird nichts davon gesagt. Daß er an der Königssohn-Stelle zum ersten Male erwähnt wird, bezeugt, er spielte bisher keine Rolle. Es war sinnlos, den Spruch zu sagen, denn das Mädchen dachte bisher an keinen Freier. Aber nun kam die glückliche Stunde: Der Freier erschien – und plötzlich einigt sich in traumhaft sicherem Durchbruch das Tun der Hände mit dem magisch-melodischen Sang.

Die Spindel springt aus des Mädchens Hand, tanzt zur Tür hinaus, den Weg entlang, zieht hinter sich her einen glänzenden goldenen Faden – dem Königssohn nach. Siehe, die Spindel vollführt flink, was das Mädchen wünscht und singt, nicht mehr und nicht weniger. Es ist, als habe die Spindel nur auf die Strophe gewartet: Sie tanzt bis zu den Füßen des Königssohnes. Er staunt verwundert. Er sieht nicht nur die lustige Spindel hüpfen, er sieht auch den goldenen Faden daran, der just in diesem Augenblick zu Ende läuft: Die Spindel hat ihr Ziel erreicht. Wieso ein goldener Faden? Hat das Mädchen bisher nicht Lein gesponnen? Wie kann sich der weiße Leinenzwirn in einen Goldfaden verwandeln? Der Gesang durchwirkte ihn mit Herzsubstanz, das Herz ist die Goldquelle im Menschen. Aus Lein wird Gold. Vergessen wir nicht: Die Spindel reißt sich nicht los von dem Mädchen, die Spindel dehnt nur den Faden hinaus ins Feld bis zu dem Königssohn hin. Der Faden hat seinen Knüpfpunkt beim Herzen des Mädchens. Wir sagen scherzhaft, ein Mädchen halte seinen Liebsten am Fädchen. Das Märchen entbreitet den Vorgang sichtbar vor unseren Augen. Es ist der Goldfaden der Liebe, der sich spannt zwischen Mädchen und Königssohn. Und der Königssohn folgt dem Geleite ohne Zögern: »Die Spindel will mir wohl den Weg zeigen?« Er dreht sein Pferd um und reitet den goldenen Faden zurück.

Was ereignet sich inzwischen im Häuschen am Dorfende? Da dem Mädchen, fast ohne zu spüren, wie es geschah, die Spindel entglitten ist, greift es zum Weberschiffchen. Kann es vor Aufregung nicht stillsitzen? Es muß zu tun haben. Und auch da geschieht es traumhaft von selbst. Wo bisher nur die Hände webten, webt wieder eine Liedstrophe mit:

»Schiffchen, Schiffchen, webe fein,
Führ den Freier mir herein.«

Das Lied erst vollendet die Webkunst. Das Schiffchen springt aus des Mädchens Hand, bleibt aber in der Nähe. Es springt nur bis vor die Tür. Und unmittelbar vor des Hauses Schwelle beginnt das Schiffchen ein emsiges Spiel:

... einen Teppich zu weben, schöner als man je einen gesehen hat. Auf beiden Seiten blühten Rosen und Lilien, und in der Mitte, auf goldenem Grund, stiegen grüne Ranken herauf, darin sprangen Hasen und Kaninchen; Hirsche und Rehe streckten ihre Köpfe dazwischen; oben in den Zweigen saßen bunte Vögel; es fehlte nichts, als daß sie gesungen hätten. Das Schiffchen sprang hin und her, und es war, als wüchse alles von selber.

Mit dem Weberschiffchen wird eine tiefere Schicht des Wesens rege. Weben und Leben haben nicht nur den Sprachklang gemeinsam, sie sind ihrem Wesen nach innig verflochten. Webend geschieht Leben. Das Mädchen webt deutlich einen Lebensteppich aus seinen eigenen Lebensinhalten. Man kann sagen, plötzlich verknüpft und verknotet sich außerhalb der Schwelle ins Anschauliche hinaus, was bisher nur innerhalb des Gemütes verborgen wob – eine Paradiesesmythe wird Bild. Und was als Vogellied den gewirkten Geschöpfen scheinbar fehlt, hat das Mädchen in seinem Gesang im voraus den Lüften anvertraut. Das Mädchenlied schwebt über dem Teppich.

Was enthält der Teppich? Er zeigt, in ein Geflecht verdichtet, Natur auf goldenem Grund, von Rosen und Lilien verschönt, von Tieren beseelt, eine friedliche Natur, wie sie im Ursprung war, als Gottes Wort sie schuf. Hier wird sie aus dem behüteten Seelenfeld eines Mädchens herausgehoben – wiedergeboren aus der »Armut«. Der zauberhaft gewirkte Teppich verdankt sein Dasein nicht dem alten Reichtum, er wird auch nicht im Auftrag eines großen und reichen Herrn geschaffen. Er quillt aus sich selbst hervor, nämlich aus einer Seelensubstanz, deren Wurzel Entbehrung heißt, und er ist gereift in einer Zeit des Schweigens. Was die Hände emsig in dieser langen Schweigezeit vor der äußeren Welt unscheinbar getan haben, verwandelt sich in diesem einen Augenblick in sichtbare Schönheit. Das Wort »emsig« wird vom Märchen für das Mädchen in seiner Arbeit ausdrücklich gebraucht. Emsig bedeutet im Althochdeutschen »beständig, beharrlich, fortwährend«, hat auch mit den »Emsen«, den Ameisen zu tun, deren lauffreudiges Gemeinwesen das Vorbild allen Emsigseins darstellt. Bei dem häuslichen Mädchen sind die Hände nimmermüde.

Nachdem das Weberschiffchen, dem Lied gehorchend, den zierlichen Teppich vor der Tür webt, bleibt von da nur noch ein kleiner Schritt zur dritten Tätigkeit des Mädchens: Es greift zur Nadel und singt:

»Nadel, Nadel, spitz und fein,
Mach das Haus dem Freier rein.«

Und wie könnte es nach den vorangegangenen Wundern anders sein: die Nadel springt dem Mädchen aus den Fingern und fliegt in der Stube hin und her, so schnell wie der Blitz.

Es war nicht anders, als wenn unsichtbare Geister arbeiteten, alsbald überzogen sich Tisch und Bänke mit grünem Tuch, die Stühle mit Sammet und an den Fenstern hingen seidene Vorhänge herab.

Das winzige Gerät, die Nadel, wird zum flinksten und mächtigsten. Es bedeckt die dürftige Stube mit dem Glanz eines königlichen Gemachs. Die Nadel allein vollbringt aber das Wunder nicht. Der Märchenerzähler drückt es vorsichtig aus, wenn er sagt: »als wenn unsichtbare Geister arbeiteten«. Es sind eben diese unsichtbaren Geister, die, von drüben gesehen, ihren irdischen Pol in der kleinen Nadel haben. Ist nicht die Nadel ein Stahlgebilde? Die Nadel wirkt, diesseits gesehen, als ein Willensmagnet, der die Wesen herbeizaubert, aus deren Substanzen heraus sich der Raum schmückt. Grünes Tuch bezieht die hölzern-harten Möbelstücke des Alltags. Und bei Tuch allein bleibt es nicht, Samt und Seide werden verschwendet.

In Samt und Seide präsentieren sich die edelsten Stoffe, man möchte sagen, Gewebe gewordenes Licht. Um das zu begründen, bedürfte es einer kulturhistorischen Abschweifung. Wir kämen in das klassische Land der Seidengewinnung, China, wo in jahrtausendealter Pflege eine Kultur der Seide entwickelt und über weite Zeiten hin bei Strafe des Todes streng gehütet wurde. Seide entsteht aus dem Kokon der Seidenspinnerraupe. Die Seidenspinnerraupe lebt vom Maulbeerbaum. Daß es einen Maulbeerbaum gibt, schreiben die Chinesen den Göttern zu. Welcher Meister die Chinesen gelehrt hat, den nur 3–4 cm großen Kokon zu beachten, davon den hauchdünnen kostbaren Faden abzuhaspeln und daraus Stoffe herzustellen, weiß niemand zu sagen – nur ein Genius kann es gewesen sein, dessen Haupt zu den unsichtbaren Geistern hinaufragte, daß er von dort die Eingebung herunterholte. Übrigens ist auch Samt ursprünglich reine Seide, in sechsfädigen Schlaufen verwebt; die Fadenschlingen werden aufgeschnitten und geschoren. Dadurch entsteht das weiche, schmiegsam erhabene Polster. – Hier wird also dem Königssohn ein Brautgemach bereitet aus dem zartesten, dem leichtesten und lichtesten Gewebe. Und auch dies gehört zur Innenwelt des Mädchens wie Teppich und goldener Faden.

Kaum hatte die Nadel den letzten Stich getan, so sah das Mädchen schon durch das Fenster die weißen Federn von dem Hut des Königssohnes, den die Spindel an dem goldenen Faden herbeigeholt hatte. Er stieg ab, schritt über den Teppich in das Haus herein, und als er in die Stube trat, stand das Mädchen da in seinem ärmlichen Kleid, aber es glühte darin wie eine Rose im Busch. »Du bist die ärmste und auch die reichste«, sprach er zu ihr, »komm mit mir, du sollst meine Braut sein.« Sie schwieg, aber sie reichte ihm die Hand...

Er nimmt sie mit auf sein Schloß, und die Hochzeit wird gefeiert.

Die Frage bleibt offen: Was wird aus dem Häuschen? Steht es nun verlassen, und wäre dann der herrliche Verwandlungsprozeß ganz umsonst geschehen? Von den drei Geräten, Spindel, Weberschiffchen und Nadel, vermerkt das Märchen ausdrücklich, daß sie in die Schatzkammer gebracht und in großen Ehren gehalten werden, und wir dürfen überzeugt sein, daß mit den drei Wunderdingen das Wunder von Samt und Seide, gewirktem Teppich und goldenem Faden im Königsschloß gegenwärtig bleibt. Vielleicht wird das kleine Brauthaus ebenso einverwandelt in das große

Königshaus, wie ein Sakramentshäuschen in einer Kathedrale steht – wer weiß?

Und schließlich kann man fragen: Wer war die Patin? Eine weisheitsvolle Gestalt verbirgt sich hinter der unscheinbaren Frau. Indem sie auf dem Sterbebett die fünfzehnjährige Jungfrau ins selbständige Dasein entläßt, übergibt sie dem Mädchen ihre ganze sichtbare Habe. Von dem Freierlied jedoch spricht sie keinen Ton, und gerade dies wird letzten Endes zum wichtigsten Vermächtnis. Von der magischen Kraft schweigt sie, wie sie wohlweislich den möglichen Freier verschweigt. Sie respektiert das Eigenleben des Mädchens, das vom Sterbetag der Patin an einsetzt. Dem Mädchen muß im rechten Augen-Blick das inständig empfundene Lied von selbst einfallen. Und es wird ihm einfallen, darauf vertraut die Patin. Alles Wirken richtet sich darauf, das Mädchen in Freiheit vorzubereiten für die Begegnung mit dem Königssohn. Die Begegnung ereignet sich ungeweissagt und auf ungewöhnliche Art. Aus der Hüterhand der Alten reift eine Königsbraut heran – im Zeichen der Armut. Die junge Armut jedoch vermag gleichwohl Gold zu spinnen und Samt und Seide zu wirken. Sie entwirkt den Reichtum aus der Armut. Das ist das Neue, bisher nie Gesehene. Insofern ist die Patin eine Geburtshelferin von Zukunftsfähigkeiten.

So wie sich der Königssohn von den allseits freienden Königssöhnen durch sein Schweigen bei der Werbung unterscheidet, unterscheidet sich die Braut von den hochgeborenen Königsbräuten. Auf die Armut hat der Königssohn willentlich sein Wesen gerichtet. Das ist die Wende. Sitzt das erste Mädchen, das reiche, untätig wartend vor der Tür, wirkt indes das zweite Mädchen drinnen unverdrossen. Inwendige Tätigkeit unterscheidet sie. Und wiederum inwendig steigt das Lied auf. Und das Seltsame wird wahr: Nicht der Bräutigam ruft die Braut; die Braut ruft den Bräutigam. Sie findet im bewegten Herzen den Ton, die Melodie, das magische Wort, das der königliche Bräutigam erwartet. Freilich, bis dieser Moment, so unvermutet wie überwältigend, sich gebiert, darf das Mädchen nicht müde werden, im gewöhnlichen Alltag durch Jahr und Tag Spindel, Weberschiffchen und Nadel zu gebrauchen, als ginge es nur ums tägliche Brot. Denn der Bräutigam kommt unangesagt.

DIE DREI SPRACHEN

Grafenzeit: Lehrjahre und Ausstoßung

In der Schweiz lebt ein alter Graf mit seinem einzigen Sohn. Nicht mehr König und Königssohn, nur noch Graf und Grafensohn stehen im Blick. An dem abgesunkenen Adel ist abzulesen, daß die Zeiger der Weltenuhr schon weit vorgerückt sind. Lange Abschnitte der Entwicklung liegen zwischen dem Urkönigtum und diesem Grafenstand, und selbst der Graf des Märchens ist alt, er herrscht schon lange. Die Vorzeit göttlicher Weisheit liegt in verdämmernder Ferne. Besinnen wir uns auf das Wesen des Grafen.

Karl der Große teilte sein Reich in kleinere Verwaltungseinheiten ein, denen er als Würdenträger Grafen vorsetzte. Um sich deren Treue zu versichern, stellte er den amtierenden Grafen eine Sondergruppe von Sendgrafen zur Seite, die, vom Kaiser unmittelbar befohlen, nun ihrerseits die Gaugrafen zu überwachen und die jährlichen Majestätstage, sogenannte »Maitage«, abzuhalten hatten. Man sieht: schon zu jener Zeit umspannte ein gründliches Kontrollsystem die Lande mit gleichzeitiger Überwachung der Bewacher. Die Grafen waren also Beamte des Königs oder Kaisers. Ihnen oblag, die Wehr- und Finanzrechte des Reichsherrn in ihrem Amtsbezirk wahrzunehmen, den Gesetzen Nachdruck zu verleihen, Streitigkeiten zu schlichten. Ursprünglich ist deutlich abzulesen, wie sich vom königlichen Wesen ein Teil der Macht in das Grafenamt hinein abspaltet: die Vollmacht für die Verwaltung eines irdischen Bezirks. Wenn das Märchen vom Grafen spricht, so meint es einen Hüter irdischer Ordnung.

So braucht uns nicht zu wundern, daß der Graf unseres Märchens darauf drängt, seinem Sohn Verstand beizubringen. Aber der Sohn ist dumm. Verzweifelt ruft der Vater aus:

»Ich bringe nichts in deinen Kopf, ich mag es anfangen, wie ich will. Du mußt fort von hier, ich will dich einem berühmten Meister übergeben, der soll es mit dir versuchen.«

Vom Reichtum des alten Vollmenschen, des Königsmenschen, ist dem Grafen nur das Ideal intellektueller Tüchtigkeit geblieben. Die anderen zwei Drittel einer weisheitsvollen Kraft und Güte sind ihm entglitten, sie gelten für ihn nicht. Und so will er seine einseitige Klugheit möglichst vollkommen in den Sohn hinüberverfrachten, der Kopf soll gescheit werden.

Der Sohn ist ganz anderer Natur. Wohlwollend besehen könnte man ihn für einen Träumer halten; ein nüchterner Beurteiler würde ihn eher unbegabt, schwachsinnig nennen. Der Kopf des Jungen bleibt taub, er nimmt nichts auf. Der Sohn wird im Verlauf durchweg passiv geschildert. Ganz im Gegensatz zum »starken Hans« stürmt oder schlägt er niemals darauf los; er hält zurück nach außen, horcht, nimmt in sich hinein, schweigt, läßt sich drängen. Die Begebenheiten geschehen mit ihm. Erst im späten Drittel des Märchens reift der Jüngling zu einem eigenen Entschluß heran, wenn es heißt: »Über eine Zeit kam es ihm in den Sinn, er wollte nach Rom fahren« – es erwacht in ihm ein Organ für das, was er zu tun hat: So spät erst wird auch sein Bewußtsein ergriffen von der inneren Reifung. Dies eilt aber voraus.

Zunächst stellt der Graf das Nutzlose seiner Bemühungen fest. Mit dem Kopflernen bei seinem Sohn geht es nicht voran, nicht in der Art, wie es den Erwartungen des alten Herrn entspricht. Also schickt der Vater den Sohn in die Lehre zu einem berühmten Meister in eine fremde Stadt. Offenbar kennt der Vater diesen Meister nur vom Hörensagen, und es muß ein eigenartiger Meister sein, denn einesteils erwartet der Vater so viel von ihm – daß er seinem Sohn etwas Rechtes beibringe – und ist andererseits hinterher so ärgerlich erstaunt, als der Sohn zurückkehrt und als Frucht seines Lehrjahres nur den kargen Satz mitbringt, er verstünde nun, »was die Hunde bellen«.

Was bellen denn die Hunde? Wer das Vergnügen hat, auf dem Lande zu wohnen, in einer Siedlung, wo im Umkreis zu jeder Familie ein solcher Hausgenoß zählt, kann ergiebige Beobachtungen machen. Zehn Hunde im Geviert – wenn sie Luft schmecken, schießt ihr gestautes Gebell lauthals heraus. Eifern sie sich – durchaus nicht selten – gegenseitig an, so lärmt, jault, heult es wie in einem Hexenkessel. Was spektakulieren sie denn? Gehortete Wut oder nur schrankenlose Wichtigtuerei? Eine Skala freuender, leidender Äußerungen dröhnt und stöhnt im Hundegebell. Leidenschaftlichste Teilnahme scheint aller Hunde gemeinschaftliches Merkmal – ob im Schmerz oder in der Lust am Dasein, bleibt offen. Sie reicht von der erheiternden Spielerei bis zum drohenden Zubiß.

Hunde jagen das Wild. Der Jäger hat sie sich dienstbar gemacht, er hat sich das Schnobernde, Stöbernde, Streitbare, Kampfsüchtige, Zerreißlustige, Heißwütige, kurz den Leidenschaftscharakter der Hundenatur verpflichtet. Der Hund ist das dem Menschen engst verbundene Haustier und dadurch das unfreieste der Tiere. Er hungert nach einem freundlichen Blick und guten Wort seines Herrn, nährt sich von Zuneigung und verkümmert ohne Wohlwollen. Sind die Hunde ein Seelenorgan? Sind sie Organ einer seelischen Zwischenwelt, in die der Mensch durchaus hineinreicht? Ist es eine Welt uralter, abgestumpfter Instinkte, die nur noch verkommen, als »Blutdurst«, im Menschen ein verdecktes Dasein führen? Einst waren diese Instinkte wunderbare Fühler für die Nachtseiten des Daseins; für jene Sphären, wo die eigentlichen Weisheitsschätze aus dem kosmischen Sternbereich hereinstrahlten. Die Schätze liegen jetzt im Turm, in der menschlichen Leibestiefe, verborgen dem Tagesbewußtsein. Wir halten sie unbewußt in der eigenen Turmtiefe versenkt. Um diesen Schatz herum kreisen die Hunde. Sie sind die verwünschten Instinkte selbst und hüten den Schatz, von dem keiner mehr etwas weiß. Die Hundenatur liegt um die Truhe des tief-tiefen Goldes der Sonnenweisheitszeit.

Das zweite Jahr bringt zu dem ersten nicht viel Besseres hinzu. Zwar steht wiederum ein Meister hinter der Lehre – daß es ein »Meister« ist, wird auch vom Vater vorausgesetzt, ein Meister, der geheimnisvoll verborgen bleibt. Und *wie* die Lehre betätigt wird, bleibt ebenso verborgen. Wir erfahren nur, der Sohn hat am Ende des zweiten Jahres gelernt, »was die Vögli sprechen« – im Sinne des Vaters abermals nur Schnickschnack.

Der Sohn lernt *Sprachen der Tiere,* und er lernt sie wirklich, denn er beherrscht sie, wie sich nachher zeigt. Aber es sind Sprachen, die dem Vater das Törichste vom Törichten erscheinen, etwas, womit sich im zählenden, wägenden Grafensinn niemals etwas anfangen läßt. Alle kostbaren Eigenschaften des Vaters werden mißachtet. So ist des Vaters Wut durchaus folgerecht:

»O du verlorner Mensch, hast die kostbare Zeit hingebracht und nichts gelernt, und schämst dich nicht, mir unter die Augen zu treten?«

Schon bei der Vogelsprache verliert der Sohn seinen Vater, der Vater gibt seinen Sohn preis. Der Jüngling wird ein verlorner Mensch, ein Allerweltssohn. Die Abstammungsbande reißen; sie hängen nur noch an einer dünnen Strähne.

Und auch die letzte Strähne reißt im dritten Jahr nach der dritten Lehre. Versetzen wir uns an des alten Grafen Statt. Ein drittes Mal noch will er dem Sohn die Möglichkeit einräumen, daß endlich der Durchbruch zum Erdenverstand einsetze. Wir müssen zugeben, es ist für den ungeduldig hoffenden Alten schwer, an sich zu halten, da er das Beste will. Was der Sohn aus seinem dritten Lehrjahr mitbringt, muß dem Vater wie Hohn erscheinen. Diesmal lernt der Jüngling, »was die Frösche quaken«, – eine Kunst, banal und komisch zugleich. Für den Vater zerstieben die letzten Hoffnungen. Er gerät »in höchsten Zorn«:

»Dieser Mensch ist mein Sohn nicht mehr, ich stoße ihn aus und gebiete euch, daß ihr ihn hinaus in den Wald führt und ihm das Leben nehmt.«

Ein tief zu bedenkender, radikaler Eingriff, den der Vater vollführt. Woher nimmt er das Recht, den Sohn töten zu lassen? Er ruft seine Leute zusammen und bekundet den Urteilsspruch mit einer öffentlichen Schaustellung. Man sieht den deutenden Finger des Vaters als Richter vor sich und den wehrlos Gerichteten: *»Dieser Mensch ...«*, sehet ihn an, »ich gebiete euch, daß ihr ... ihm das Leben nehmt.«

Manchmal klingt im Märchen durch eine einzige Wortwendung ein urbildliches Geschehen auf. Eine Passion entsteht.

Doch wenden die Gerichtsvollstrecker den Tod ab.

Aber als sie ihn töten sollten, konnten sie nicht vor Mitleiden und ließen ihn gehen.

Sie haben Mitleid mit diesem Menschen, der nur noch Mensch ist, nichts mehr sonst; ausgestoßen, vaterlos (verwaist? wo ist seine Mutter?). Und weil sie ein Wahrzeichen der Tötung bringen müssen, töten sie ein Wild. Der Graf fällt ein Bluturteil; er fällt es aus einseitigem, nüchternem Tagesbewußtsein, wie es der schnellfertigen Zeit zur Hand ist. Was mit dem Sohn geschieht in den drei Lehrjahren, spielt sich ganz im Verhüllten ab; der Junge lernt in verborgenen Schulen. Auf dem Pfade der Hingabe macht er Stufen einer Elementarerkenntnis durch, ja Stufen einer Einwohnung in Seelenbereiche, für die der Vater nie ein Verständnis gewinnen wird. Es sind Bereiche, zu denen sich die Tierwesenheiten wie Organe verhalten.

Mitleid rettet dem Ausgestoßenen das Leben; an seiner Statt stirbt das Reh. Das Blutgericht trifft ein Tier, unschuldig wie je ein Sündenlamm oder ein Brandopferwidder. Ist nicht auch das Reh ein gehörntes Tier, ein Geschöpf aus dem »Widdergeschlecht«?

An diesem Punkt liegt im Märchen der erste große Einschnitt. Bis hierher beherrscht des Vaters Wort und Gewalt das Geschehen. Der Sohn äußert sich nur in drei kargen Aussagen. Er muß gefragt werden, von sich aus sagt er nichts. Wenn aber der Sohn dumm ist, so daß in seinen Kopf nichts hineingeht, bleibt um so erstaunlicher, daß er dennoch die drei Sprachen lernt. Mit welchen »Fühlern« lernt er sie denn, da der Kopf versagt? Gibt es noch andere Aufnahmeorgane als das kombinierende Gehirn? Das Wort vom »Mitleiden« gibt den Hinweis, daß um den Sohn Herzströmungen wirksam sind.

Wichtig sind die verborgenen Meister. Wichtig wird auch, daß dem Sohn durch das Todesurteil alles genommen wird. Übrig bleibt nackthin der Mensch, arm, entblößt, nur aus Mitleid am Leben gelassen. Zu eigen hat er nur noch den Lehrschatz der verborgenen Meister. Mit ihm geht er in die Welt.

Bewährung im Turm: neue Sohnschaft

Der Jüngling wandert fort und kommt nach einiger Zeit zu einer Burg, wo er um Nachtherberge bittet. »Ja«, sagt der Burgherr,

> *»wenn du da unten in dem alten Turm übernachten willst, so gehe hin, aber ich warne dich, es ist lebensgefährlich, denn er ist voll wilder Hunde, die bellen und heulen in einem fort, und zu gewissen Stunden müssen sie einen Menschen ausgeliefert haben, den sie auch gleich verzehren.«*

Der Jüngling fürchtet sich nicht und bittet, ihm etwas mitzugeben, das er den Hunden vorwerfen könne. »Mir sollen sie nichts tun.« Und als er eintritt, bellen sie ihn nicht einmal an, wedeln mit den Schwänzen freundlich um ihn herum und fressen, was er ihnen hinsetzt. Ohne ein gekrümmtes Härchen erscheint er am andern Morgen zu jedermanns Erstaunen und sagt zu dem Burgherrn:

»Die Hunde haben mir in ihrer Sprache offenbart, warum sie da hausen und dem Lande Schaden bringen. Sie sind verwünscht und müssen einen großen Schatz hüten, der unten im Turm liegt, und kommen nicht eher zur Ruhe, als bis er gehoben ist, und wie dies geschehen muß, das habe ich ebenfalls aus ihren Reden vernommen.«

Alle freuen sich, die das hören, und der Burgherr sagt, er wolle ihn an Sohnes Statt annehmen, wenn er es glücklich vollbrächte. Und so geschieht es; er steigt wieder hinab und vollführt, was zu tun ist. Und von der Zeit an wird das Geheul der wilden Hunde nicht mehr gehört, sie sind verschwunden. Die mit Gold gefüllte Truhe aber wird ans Licht gehoben.

Das altertümlich Lastende, Abgeschlossene, Düstere tritt uns hier sofort als Stimmung entgegen. Da der Jüngling Nachtherberge sucht, wird ihm etwas zugewiesen, was man sonst niemandem anzubieten wagt, weil sich kein Sterblicher ohne Gefahr des Lebens hineinbegeben kann. Geht von dem Jüngling schon bei seinem Erscheinen der Zauber eines Unberührbaren aus, daß ihn der Burgherr so anspricht? Traut ihm der Burgherr mehr als den anderen vor ihm zu? Der Turm ist ein Dämonskessel der Tiefe, und die wilden Hunde warten auf ihr Opfer. Die ganze Gegend, wird gesagt, ist »voll Trauer und Leid«, und doch kann niemand helfen; die Furcht verzehrt alle. Was von Furcht befallen werden kann, verzehren die Hunde. Warum braucht der Jüngling sich nicht zu fürchten? Nur, weil er daran denkt, den Hunden Futter mitzubringen? Er fürchtet sich nicht, weil er vorher die Furcht schon überwunden, die Todesprüfung bestanden hat. Da er ein »verlorner Mensch« ist, hat er nichts mehr zu verlieren, auch sein Leben nicht, er hatte es schon verloren und zum anderen Mal, fast wie eine Gnade, geschenkt bekommen. So umwedeln ihn die Hunde freundlich.

Im Furchtlossein muß mehr liegen, als nur keine Angst zu haben, das heißt, von etwas frei zu sein. Dahinter pulst eine höchst regsame Kraft. Ist es die Liebe, jene magische Spiralkraft des Herzens, die auch von Franziskus ausging? Die Hunde lassen den Jüngling in Frieden, ja sie offenbaren sich ihm in ihrer Sprache – und jetzt ergibt sich, daß der Jüngling die Sprache wirklich gelernt hat –, warum sie da hausen und warum sie sind, wie sie sind: wild und blutdürstig. »Sie haben mir offenbart«, lautet der Ausdruck; sie haben das Innere ihres verwünschten Wesens vor ihm geöffnet, und er gewinnt Einblick, wie Natur zur Unnatur geworden ist und der goldene

Schatz in die Tiefe sank. Sie offenbaren ihm, und er kann Weltzusammenhänge durchschauen. Erst wenn das Gleichgewicht wieder hergestellt, der Schatz erkannt und das Gold der Tiefe wieder dem Gold des Lichtes zugeführt wird, kommen die Hunde zur Ruhe.

Eigenartig bleibt nur, daß der Jüngling den Schatz nicht gleich in der ersten Nacht hebt. Es wäre so naheliegend, da er nun einmal das Geheimnis erfahren hat und an Ort und Stelle ist, den Schatz gleich emporzutragen. Kann er es im Augenblick des Entdeckens noch nicht tun, weil etwas fehlt? Was aber fehlt zu der Hebung des Schatzes? – Erst kommt der Jüngling »am anderen Morgen« noch einmal hervor, zu aller Erstaunen, und wendet sich mit seinen Nachterlebnissen an den Burgherrn. Und nun fügt sich ein, was sich wie das fehlende Glied zur Vollendung ausnimmt: »Der Burgherr sagte, er wolle ihn an Sohnes Statt annehmen, wenn er es glücklich vollbrächte.« Das ist das Gegenstück zur Ausstoßung durch den Grafen. Der vaterlose Jüngling, ein verlorener Mensch, wird von neuem als Sohn angenommen, die Sohnschaft erneuert sich auf einer anderen Ebene.

Kann der Mensch im Seelisch-Geistigen ohne den »Vater« nicht sein und nichts vollbringen? Offenbar bedarf er für die entscheidende Tat einer Bestätigung, einer kraftverleihenden Bejahung durch jene stützende Vaterkraft, die uns das Märchen durch die Gestalt des Burgherrn vor Augen führt. Wer aber ist der Burgherr? Dem Wortsinn nach der Herr eines umschlossenen Eigentums, eines befestigten Schlosses; er ist Herr einer in sich bestehenden Ichwelt. Verhüllt sich hinter dem »Herrn« in umschriebener Weise die Geistgestalt dessen, der sagte: »Ich und der Vater sind eins«, *der*, durch den die Menschen wieder zum Vater kommen, und nur durch ihn? Die geheimnistiefe Stelle im Märchen – wer auch immer sich hinter dem Burgherrn verberge – sagt schlichthin: Die Erhöhung des Menschen in eine neue Vater-Sohnes-Beziehung erst gibt die Kraft, das Werk im Zwinger zu vollenden, den Schatz aus der zehrend-zerreißenden Meute der Begierden herauszulösen.

Im Märchen geschieht das, was sich der Verstand nicht ausdenken kann. Die wilden Hunde bewachen den Schatz, aber sie wollen gerade, *daß* er gefunden und ans Licht gebracht werde. Sie sind nicht wütend, daß ihn jemand stehlen will, sondern wütend, daß niemand den Mut, niemand die Erkenntnis und die Kraft hat, ihn zu ergreifen – hier: aus der Verzauberung der Tiefe heraufzuholen. Die Furcht liegt wie eine Wolke der Verdüsterung um den Turm, und im Turm das Gebell der Hunde wie ein Wall um den Schatz. Die Furcht hindert, daß der Schatz überhaupt bemerkt wird, weil die Menschen ihre Schätze in ganz anderen Ebenen suchen. Die Furcht ist nur das Hohlbild einer Überheblichkeit. Anmaßung hindert die Menschen, die wahre Sprache der »Hunde«, das Eigenwesen ihrer Begierdennatur, zu durchschauen und zu bändigen; Anmaßung bewirkt, daß »niemand« helfen kann. Der Jüngling vollbringt es.

Am Ende des zweiten Teiles hat der Burgherr einen Sohn, der Jüngling einen neuen Vater gefunden. Ein freier Entschluß führt beide zusammen. Nicht mehr Abkunft und Stand, sondern Fähigkeit und Charakter bilden das Band der Verwandtschaft. – Eine golden gefüllte Truhe wird gehoben und das Land von einer Plage befreit. Die Menschen atmen auf. Sind nur die Menschen frei, nicht auch die Hunde von ihrer unseligen Verwünschung entzaubert? Ihr Gebell wird nicht mehr gehört. In welche Sphäre haben sie sich zurückgezogen? Sind sie nun erhöhte Dienekräfte im menschlichen Seeleninnern?

Romfahrt: Begegnung am Weg und Erwählung am Ziel

Über eine Zeit kommt es dem Jüngling in den Sinn, er wolle nach Rom fahren. Auf dem Weg kommt er an einem Sumpf vorbei, in dem Frösche quaken. Er horcht auf, und als er vernimmt, was sie sprechen, wird er ganz nachdenklich und traurig. Endlich langt er in Rom an, wo gerade der Papst gestorben ist und unter den Kardinälen großer Zweifel herrscht, wer der Nachfolger werden soll. Zuletzt werden sie einig, derjenige solle zum Papst gewählt werden, an dem sich ein göttliches Wunderzeichen offenbare. Und gerade als sie dies beschließen, tritt der Jüngling in die Kirche. Da fliegen zwei weiße Tauben auf seine beiden Schultern und bleiben da sitzen: Das erkennen die Geistlichen für das Zeichen Gottes und fragen ihn auf der Stelle, ob er Papst werden wolle. Er ist unschlüssig und weiß nicht, ob er dessen würdig wäre, aber die Tauben reden ihm zu, und endlich sagt er »ja«.

Da wurde er gesalbt und geweiht, und damit war eingetroffen, was er von den Fröschen unterwegs gehört und was ihn so bestürzt gemacht hatte, daß er der heilige Papst werden sollte. Darauf mußte er eine Messe singen und wußte kein Wort davon, aber die zwei Tauben saßen stets auf seinen Schultern und sagten ihm alles ins Ohr.

Der dritte Teil, wie vorher der zweite, setzt nach einer Zeit ein. In diesem Märchen, das die Fülle seiner inneren Geschehnisse auffällig knapp und verdichtet erzählt, geschieht viel zwischen den Zeilen, im Verhüllten. Was an Ereignissen hingestellt wird, sind nur die bedeutenden Höhepunkte von Entwicklungsstufen. Unausgesprochen mündete der zweite Teil in einer neuen Heimat, die dem Jüngling beim Burgherrn zuteil wurde. Eine Zeit der Ruhe und Reifung folgte. Und nun, »nach einer Zeit«, kommt es dem Jüngling in den Sinn, er wolle nach Rom fahren. Jetzt also tritt der geistige Ansporn von innen her in den Kreis des Bewußtseins; noch seine Turmfahrt ergab sich aus einer unbewußten Schicksalslenkung.

Friedrich Husemann weist in einem Vortrag über dieses Märchen vom 6.7. 1941 darauf hin, daß »nach Rom fahren« für den mittelalterlichen Menschen bedeutet, »die höchste Form des Geistes auszuschöpfen. Dort findet man den Anschluß an die uralte Tradition; das ist das Höchste. Mehr kann man im Mittelalter nicht tun.« (Hat das Wort »Alle Wege führen nach Rom« auch mehr zum Inhalt als nur den räumlichen Bannkreis der Stadt am Tiber? Letztlich führen alle Wege zum Geist, die Wege aller Schicksalsprüfungen, so verschieden sie auch sein mögen.)

Auf dem Wege nach Rom tauchen im Sumpf die Frösche auf und quaken. Wieder ist die Kluft zu empfinden zwischen der kleinen, beiläufig erzählten Szene und dem gesteckten Ziel. Rom, eine Stätte, mit Geschichte gesättigt, die der Besucher mit ehrfürchtigem Schauer betritt – dort vorgelagert ein Sumpf am Weg, in dem ein paar Frösche quaken. Ein gemeiner Tümpel, abgestanden und keiner Beachtung wert, als Zwischenstation eingeschaltet – ein merkwürdiger Einfall! Freilich, hinterher erfahren wir, wie bedeutend dieser »Gemeinplatz« vor dem erhabenen Ziel für den Jüngling wird. Aber so geschieht es ja wohl im allgemeinen: Wer beachtet schon einen Tümpel, wenn er »Rom« im Sinn hat?

Was hat es mit den Fröschen auf sich, den Zwitterwesen zwischen dem Flüssigen und Festen? Sie werden als reine Wassergeschöpfe geboren, wandeln die frühe Kiemenatmung in eine Lungenatmung um, die sie dann auch zum Leben am festen Ufer befähigt. Sie machen eine deutliche Wandlung durch. Die ausgewachsenen Frösche patschen mit Wonne im Wasser, schmecken aber auch mit Ruhe und Behagen die Luft. Sie galten den Alten als verlässige Wetteranzeiger. Das Wasser hat eine wunderbare Tragfähigkeit für Bewegungsimpulse. Die Fische z. B. hören ertastend das Kommen eines Schrittes am Ufer in den feinsten Schwingungen stehender Gewässer. Nun, die Fische bleiben stumm, um so lauter quarren die Frösche, gleichsam als Sprachorgane jenes ätherisch-wässerigen Zwischenreiches, in dem Lebensprozesse weben und sich heranbilden, die erst später sichtbar zutage treten.

Die Frösche wohnen, wo das *Werdende* sich bildet, das, was noch nicht ganz ins Irdische hineingeboren, aber »auf dem Wege« dahin ist. Der Jüngling ist auf dem Wege nach Rom. Die Frösche erspüren das um ihn Webende, was aus ihm selbst heraus wahr werden will. Sie quaken das aus, was der Jüngling mitbringt, was er in die Atmosphäre hinein ausstrahlt. Sie quaken aber auch das aus, was sich aus der Atmosphäre heraus an ihn hinbildet (aus der Wetterzone heraus, denn sie sind ja die Wetterpropheten) – und so werden sie zur Stimme der atmosphärischen Erwartungen an den Jüngling.

Versuchen wir den inneren Prozeß nachzuempfinden. Der Jüngling erscheint, und in ihm ist ein ganz neuer Geistimpuls wirksam. Die Zeit wartet auf ihn, und die Stimmung der Zeit kommt ihm entgegen. Er gliedert sich ein, was die Zeit raunt. Was mag sie raunen? Es ist Not in der Welt. Der Geiststuhl in Rom ist verwaist, der alte Geistträger ist verstorben. Bis zu dem Augenblick, da der Jüngling zu den Fröschen kommt, trägt er nur das neue Selbstbewußtsein in sich (»es kam ihm in den Sinn, er wollte nach Rom fahren«). Als er zu Hause aufbrach, wußte er noch nicht, was ihn in Rom erwarten könnte; nur ein Drang in seinem Innern lenkte den Sinn zum Aufbruch.

Man muß nachempfinden, was geschieht, wenn ein solcher Jüngling, den wir im Verstandessinne einen reinen Toren nennen dürfen, wissend jedoch auf anderer Ebene, unterwegs ist: wie gleichsam ein inneres Licht von ihm ausgeht, eben das Leuchten des Geistselbstes, einer höheren Entwicklungsstufe des Ich, und in die Nebel-Brauwelten der Atmosphäre hineindringt. Die Melancholie der Not, des Verfallenen und Verwesenden umbrauen den Erdkreis. Ist es nicht ein Sumpf, an den wir geführt werden? Indem der Jüngling auftaucht, geschieht etwas in der Atmosphäre. Ja, *weil* er kommt, können die Frösche quaken, was sie quaken. Das herangereifte Selbst im Menschen und das Werdende im Zeitenstrom begegnen sich. Zu den Wartenden kommt der Erfüller, zu den Bedürfenden der Heiler. Die Frösche grüßen auf ihre Art den Jüngling als den Retter, wie die Hunde im Turm ihn als Freund umwedelt haben. Der Jüngling selbst aber wird »ganz nachdenklich und traurig«. Die Zeitenstimmung geht in ihn über; er tritt ins Zeitbewußtsein ein. Nun erst nimmt er wahr, *warum* er auf dem Weg nach Rom ist. Die Größe seiner Aufgabe taucht vor ihm auf: Er soll Träger werden einer Zeitaufgabe.

Der Jüngling erschrickt über diese Größe der Aufgabe, zu der er ersehen ist. Wäre er nicht reif für sie, könnte er umkehren. Er kehrt nicht um. Könnte ihn nicht auch Stolz schwellen, daß gerade *er* es ist, auf den Rom wartet? Prüfen wir uns, wie sich unser Sinn verhielte mit einer solchen Prophetie vor Augen; ob wir uns des Anfluges der Genugtuung enthalten könnten? Natürlich würde uns unsere Bescheidenheit vor dieser Gefahr bewahren – denken wir. Seltsam nur, daß wir nicht verstehen, was die Frösche quaken. Woran mag es liegen? Und was mögen sie überhaupt quaken, wenn *wir* vorübergehen? Würden wir überhaupt auf ihr Quaken achten?

Kein Triumph, kein Glücksgefühl erfüllt den Jüngling; er sucht nichts für sich. Nachdenkliche Traurigkeit zieht sein Wesen zusammen: Gelassenheit gegen die Verführung des Ruhms. Er geht seinen Weg. *Wie* geschehen wird, was geschehen soll, weiß er noch immer nicht. Erst beim Eintritt in die Kirche flattern die schneeweißen Tauben heran. Sie sind die göttlichen Wunderboten: Gestaltungen des einströmenden Geistes in die Aura des Raumes. Die Kardinäle erkennen und anerkennen in diesem Gnadezeichen den Retter des verwaisten Lehrstuhles der Christenheit.

Rührend mutet des Jünglings unschlüssiges Zögern an, »ob er dessen würdig wäre«, und wie die Tauben ihm zureden, bis er endlich ja sagt. Jetzt sind Nachdenken und Entschluß in eins geschmolzen, und in diesem Augenblick erst sagt uns das Märchen, was der Jüngling von den Fröschen vernommen und was ihn unterwegs so bestürzt gemacht hat.

Indem er die Messe singt und ihm die beiden Tauben dazu die Worte einsprechen, wird das uralte Geheimnis der Inspiration vom Märchen aufgegriffen. Es ereignet sich hier neu, denn bisher weiß der Jüngling »kein Wort davon«, und doch steht ihm das geistgemäß Wahre im rechten Zeitpunkt und in rechter Art zur Verfügung. Der Vorgang hat in der gewöhnlichen Welt kein Vorbild. Aber die Tauben versagen nicht. Sie sind stets gegenwärtig und hauchen dem jungen Geistesführer die rechten Worte ins Ohr. Man muß, um ein vergleichbares Bild zu finden, in Dämmerfernen zurückgehen: So sprach vor fast fünftausend Jahren der Horusfalke dem König Chefren* die göttlichen Geheimnisse der Staatslenkung zu, hinter dem Königshaupt die Flügel spreitend. Wir erleben ein erneuertes Weltenwortmysterium, nun mit der Messe vereint, durch das göttliche Sohnesopfer sprechend. Dieser Jüngling wird nicht König oder Herrscher im üblichen Sinn. Er wird »Lenker der Christenheit«, will sagen, ein zeitgemäßer Verkünder jenes Geistes, der sich durch das Golgathageschehen mit der Erde verbunden hat.

Pfingsten leuchtet in diesem Sprechen aus der unmittelbaren Geistesverbindung auf. Das Zeitalter einer bewußten Geistes-Gegenwart beginnt.

Dreifache Sprache der Ehrfurcht

Rätselhaft bleiben die Meister der drei Sprachen – berühmt und gleichermaßen ungekannt. Undurchschaubar bleibt auch ihre Lehrart vor dem gewöhnlichen Blick. Nichts wird davon kund, denn Schweigen hüllt die Lehrjahre des Jungen ein. Nur Kennworte kommen an die Oberfläche, »was die Hunde bellen«, »was die Vögli sprechen«, »was die Frösche quaken«. Die Hunde führen uns in die Tiefe des alten Turms und in die Nachtsphäre; die Tauben in die geweihte Helle an den Altar, die Frösche leben im Sumpf am Weg, nebenan im Wasserdunst. Von den Hunden geht es abwärts und hinein ins Vergangene, ins Verrufene, Verwünschte. Sie hausen am Ort, wo sich keiner hintraut. Die Tauben geleiten aufwärts ins höchste Erreichbare, ins Geistgebiet, zu dem die Menschen ihren Blick hinaufrichten, in dem aber keiner handeln kann, es sei denn, er verstehe die Sprache der Tauben. Die Tauben befähigen diesen einen mit der Pfingstgewalt des wiedergefundenen Weltenwortes; Zukünftiges leuchtet auf. – Die Frösche quaken aus, was im Werden braut. Sie bemerken und lassen lautwerden, wie sich die Gegenwart aus dem Vergehen des Alten und Heranbilden des Neuen ständig wandelt. Sie sitzen am Weg und bequaken den Tag.

Sind nicht die drei Sprachen in den Ehrfurchten der »Pädagogischen Provinz« von Goethes »Wilhelm Meister« enthalten? Oder besser, lassen uns die drei Ehrfurchten, wie sie Goethe schildert, nicht die Geheimnisse der drei Sprachen auf andere Art ahnen?

* Chefren, ägyptischer Pharao, 2800 v. Chr.

Ehrfurcht haben vor dem, was *unter* uns ist, was uns trägt und dem wir unser physisches und psychisches Dasein verdanken – es ist das Reich der verwünschten wilden Hunde in ihrem Zwinger, das dunkle Reich der chthonischen Kräfte. Aus dieser Ehrfurcht heraus werden die Hunde erlöst.

Ehrfurcht vor dem, was *über* uns ist, west im Licht, das Göttliche, dem wir die Klarheit der Vernunft und die Weltenkraft des Wortes danken, diese Ehrfurcht führt ins Reich der Tauben, und durch sie hat der Mensch teil an diesem Reich.

Und schließlich Ehrfurcht vor dem, was *neben* uns ist, die eigentliche Menschenachtung: die schwerste der Ehrfurchten, die selbstverständlich scheinende und doch zuletzt erlernte in der »Pädagogischen Provinz«. Wer die dritte Ehrfurcht hat, weiß, wie dem Nächsten zumute ist, er versteht ihn. Er liest in den Zeitzeichen und im Seelenweben seiner Mitmenschen. In diesem Bereich quaken die Frösche am Weg, neben uns. Wir befinden uns alle füreinander im Froschbereich und verstehen uns – dessen sind wir sicher – ausgezeichnet. Wieviel bleibt von unserem Verstehen? Ist nicht der Tag von Anfang bis Ende mit oberflächlich Gehörtem erfüllt, mit Halb- und Mißverständnissen, mit Unverständnissen des Willnicht, Magnicht, Kannicht? Wer sich der dritten Ehrfurcht erschließt, hört nicht nur, was die Frösche quaken – denn am Hören allein liegt es gar nicht, wir hören sie durchaus –, sondern er *versteht*, was sie sprechen. Im Märchen heißt es: »... und als er vernahm, was sie sprachen« – der Jüngling nimmt auf, was sie sprechen. Und das wohl erst macht die Sprache zur eigenen: was sich da kundtut, in sein Leben hereinzunehmen und sich dann aufzumachen dahin, wo die Zeitenaufgabe im Menschenzusammenhang den einzelnen braucht.

In jeder Minute, in der wir atmen, haben wir die Welt um uns: die untere, die obere und die breite ringsum, drei Sphären, die sich mit der dreistufigen Ehrfurcht erkennen und entschlüsseln lassen. Das sind Möglichkeiten, die drei Sprachen des Märchens nachzuvollziehen, Möglichkeiten, die Rudolf Steiner im weiteren Sinn erschlossen hat in seinem Buch »Wie erlangt man Erkenntnisse der höheren Welten?«. Darin ist die erste der elementaren Übungen, die der Geistesschüler erlernen soll, die Übung der Ehrfurcht.

*

Noch kann man fragen: Warum spielt das Märchen in der Schweiz? Widerspricht es nicht aller Märchengepflogenheit, sich auf eine irdische

Landschaft festzulegen? Das Märchen führt immer in Seelenbereiche, es läßt sich nicht einengen in irdische Grenzen. Hier scheint eine Ausnahme vorzuliegen, die im »Rom« unseres Märchens ihre Ergänzung – und in den »Bremer Stadtmusikanten« ihr Gegenstück hat. Von diesen Musikanten haben wir schon gehört. Was aber die »Schweiz« angeht, so hat diesem eigenartigen Zusammenhang ein Schweizer eingehende Aufmerksamkeit gewidmet: F. Eymann in seinem Büchlein »Die Weisheit der Märchen im Spiegel der Geisteswissenschaft Rudolf Steiners« (Troxler-Verlag Bern, 1952). Eymann weist hin auf Niklaus von der Flüe wie auch andere, mehr im Legendären bleibende Geist-Erwählte, die in der Schweiz gewirkt haben, vor allem aber auf den Gottesfreund vom Oberland und seine Genossen, wodurch sich ein Blick eröffnet auf eine »durch die äußere Geschichtsforschung fast ganz unterschlagene Geistesströmung«. Auf einem solchen Boden, eben einer Schweiz als *geistiger* Lokalität, konnte ein Märchen wie die »Drei Sprachen« sich bilden und gedeihen: ein Märchen mit Ausblicken in eine verborgene zukunftskeimende Spiritualität, die in ein neues und ursprüngliches Elementarerleben eingebettet ist und in Inspirationswelten hinaufreicht.

DAS WASSER DES LEBENS

Hof ohne Hoffnung

Trauriger kann ein Märchen nicht einsetzen:

Es war einmal ein König, der war krank, und niemand glaubte, daß er mit dem Leben davonkäme. Er hatte aber drei Söhne, die waren darüber betrübt, gingen hinunter in den Schloßgarten und weinten. Da begegnete ihnen ein alter Mann, der fragte sie nach ihrem Kummer. Sie sagten, ihr Vater wäre so krank, daß er wohl sterben würde, denn es wollte ihm nichts helfen. Da sprach der Alte: »Ich weiß ein Mittel, das ist das Wasser des Lebens; wenn er davon trinkt, so wird er wieder gesund – es ist aber schwer zu finden.«

Wenn der König, der Erste und Höchste eines Reiches, unheilbar krank liegt, hängt die Wolke der Verdüsterung über dem ganzen Reich. Mit dem König krankt das Land. Welch ein Siechtum hat den König befallen? Wie alt ist der König? Immerhin so alt, daß er drei fast erwachsene Söhne hat, aber längst nicht alt genug, um sterben zu wollen. Und offenbar weiß im Schlosse niemand Rat, sonst könnte es nicht so hoffnungslos heißen: »und niemand glaubte, daß er mit dem Leben davonkäme«. Sicher hat der König Ärzte, aber ihre Kunst trifft nicht den Kern, »denn es will ihm nichts helfen«. Das Infame liegt in dem hinhaltend Schleichenden. Die Söhne flüchten in den Garten hinab, ihren Kummer auszuweinen. Und da begegnet ihnen der alte Mann – im Garten erst, nicht schon im Schloß. Hält sich der Alte nur zufällig hier auf, oder gehört er zum Garten; gehört er selbst zum Lebendigen und ist schon aus seiner Art heraus nur hier unter wachsenden Bäumen und nicht droben in den Gemächern geschliffenen Parketts zu finden? In ergreifendem Schmerz sehen wir die drei Brüder vereint, sie weinen zusammen. Und es ist, als sei es gerade dieser Schmerz, der den Alten anzieht. Muß die Betrübnis bis zu Tränen geronnen sein, daß der kundige Alte auftauchen kann? Zwischen den Tränen der Söhne und dem Wasser des Lebens, von dem er dann spricht, scheint ein Zusammenhang zu bestehen, als werde das Wasser des Lebens gerade denen verheißen, die Tränen des Mitleidens weinen können. »Es ist aber schwer zu finden« – es wird verheißen und zugleich rätselvoll fernegerückt.

Rätselvoll wird im längeren Verweilen der Alte selbst. Sollte es wirklich der Schloßgärtner sein? Dann wüßte er doch schon, ehe er den Mund auftut, um den Kummer der weinenden Söhne und brauchte sie nicht erst zu fragen. Und die Söhne könnten ihn auch hinterher noch fragen, was sie im gegebenen Augenblick völlig vergessen: sich den Weg sagen zu lassen. Der Alte verkündet ihnen das rettende Mittel, keiner aber von ihnen bringt die Frage auf die Lippen, wie man zu ihm gelange, auch der später so besonnene Jüngste nicht. Dieser Umstand deutet darauf hin, wie tief benommen die Söhne sind in ihrem Schmerz bei dieser Begegnung, aber auch darauf, daß es sich um ein Dämmerereignis der Frühe oder des Abends handeln muß: um eine kurze, in der Aura des Schmerzes aufleuchtende und gleich hernach wieder verglimmende Wahrnehmung der Söhne. Es ist, als wolle die Gestalt, anmutend wie der Gärtner des Königs und dadurch das Vertrauen der Jünglinge weckend, ihnen zunächst nur den Sinn aufschließen, tröstend: »Es gibt noch ein Mittel…«, und dann verlischt die Gestalt wieder, noch bevor die Söhne zum vollen Erwachen in der Wahrnehmung kommen.

Auf dem Hintergrund dieser Szene taucht wie ein Urbild jene andere Begegnung im Garten auf, die sich beim offenen Felsengrab am Ostermorgen zuträgt, als Maria von Magdala der »Gärtner« erscheint und sie fragt: »Weib, was weinest du?« und sie ihn nicht gleich erkennt, sondern erst, als er ihren Namen ausspricht. Seit dem Auferstehungsereignis fließt für Menschensöhne erreichbar das Wasser des Lebens – darauf weist der Alte im Garten des königlichen Schlosses hin. Wer davon trinkt, wird wieder gesund. Er sagt aber nicht, wo und wie es zu erlangen sei. Dessen fündig zu werden, bleibt den Söhnen anheimgestellt. Da sie weinen können, werden sie auch zum Wasser des Lebens gelangen, das setzt der weise Alte voraus; die Fähigkeit haben sie. Tränen fließen im Kummerland des Irdischen. Wasser des Lebens, muß es nicht im Reich des Lebendigen seinen Quellort haben? Und fließt es dort jedem? Ja, jedem Würdigen. Also wird für die Söhne nach dem Entschwinden des Alten zur entscheidenden Prüfung, den rechten Weg zu finden.

Von dem Augenblick an, da die hinweisende Kunde das Ohr der Jünglinge berührt, splittert die Einheit der drei Söhne in die Vielheit drei selbständiger einzelner auf. Der Älteste sagt spontan: »Ich will es schon finden.« Sein »Ich will« springt kühn heraus. Nur stimmt etwas mit seinem Herzen nicht, denn in seinem Herzen denkt er: »Bring ich das Wasser, so bin ich meinem Vater der liebste und erbe das Reich.« Sein Sinn sorgt sich mehr um sich selbst als um den Vater und dessen Siechtum. Heilung verschaffen bedeutet für ihn, desto sicherer die Erbschaft antreten.

Zu den Merkwürdigkeiten des Märchens gehört nun, daß der leidende Vater dem Entschluß seines Ältesten nicht etwa freudig zustimmt, sondern scharf entgegensetzt: »Nein, die Gefahr dabei ist zu groß, lieber will ich sterben.« Demnach hat der Alte im Garten nur den Söhnen etwas Verborgenes eröffnet, da er von dem Wasser des Lebens spricht, nicht dem König. Der König weiß schon von diesem Wasser, so klingt es; aber woher? Und warum hat er einen solchen Schrecken vor der Gefahr, der fast einer heftigen Abwehr vor dem Wasser gleichkommt? Von eigener, mißlungener Suche danach? Und hängt sein »Lieber will ich sterben« nur mit der Sorge um die Söhne zusammen, oder drückt sich darin sogar etwas von dem verqueren Sinn des Königs aus, einem aussichtslosen In-sich-Verbohrtsein, das zu seinem Siechtum gehört? Wäre sein Siechtum vielleicht eine Art Krankheit gewordener »Unglaube«? Der Älteste bittet aber so lange, bis der König einwilligt.

Also machte er sich auf, und als er eine Zeitlang fortgeritten war, stand da ein Zwerg auf dem Wege, der rief ihn an und sprach: »Wo hinaus so geschwind?« – »Dummer Knirps«, sagte der Prinz ganz stolz, »das brauchst du nicht zu wissen«, und ritt weiter. Das kleine Männchen aber war zornig geworden und hatte einen bösen Wunsch getan. Der Prinz geriet bald hernach in eine Bergschlucht, und je weiter er ritt, je enger taten sich die Berge zusammen, und endlich ward der Weg so eng, daß er keinen Schritt weiter konnte; es war nicht möglich, das Pferd zu wenden oder aus dem Sattel zu steigen, und er saß da wie eingesperrt.

Damit hat die Heilsfahrt des Ältesten schon ihr Ende erreicht. Der rechte Weg ist vertan. – Auch der zweite Bruder hat für den Zwerg am Weg nur ein spöttisches »Kleiner Knirps« übrig, läßt ihn stehen, reitet sich fest im Geklüft, und auch er wird nie das Wasser des Lebens erlangen.

Erst der Dritte antwortet dem Zwerg auf die Frage, wohin er so eilig wolle: »Ich suche das Wasser des Lebens, denn mein Vater ist sterbenskrank.« Und da gehen dem Jüngling Auge und Ohr auf über dem, was der kleine Mann zu sagen hat, wo das Elixier zu finden sei.

»Es quillt aus einem Brunnen in dem Hof eines verwünschten Schlosses; aber du dringst nicht hinein, wenn ich dir nicht eine eiserne Rute gebe und zwei Laiberchen Brot. Mit der Rute schlag dreimal an das eiserne Tor des Schlosses, so wird es aufspringen; inwendig liegen zwei Löwen, die den Rachen aufsperren; wenn du aber jedem ein Brot hineinwirfst, so werden sie still, und dann eile dich und hol von dem Wasser des Lebens, bevor es zwölf schlägt, sonst schlägt das Tor wieder zu und du bist eingesperrt.«

Der Prinz dankt ihm, nimmt die Rute und das Brot und macht sich auf den Weg.

Wir sollten uns einen Augenblick fragen, was dies nun für eine sonderbare Gestalt sein mag: der Zwerg. Er steht auf dem Weg der Jünglinge, erbittet nichts zu essen und zu trinken, nur ein offenes *Wort*, wobei dann dies ehrliche Wort das Wunder wirkt, den Wissens- und Gabenschatz des kleinen Mannes aufzuschließen. Die Bezeichnung »Zwerg« läßt an einen Gnom denken. Gnome wissen mehr als Menschen, wenn es um die Geheimnisse der Erde und des Erdenumkreises geht. Dieser Zwerg ist aber im besonderen mit dem Geheimnis vom Wasser des Lebens vertraut – als sei er sein Hüter. Er weiß nicht nur, wo es quillt, er verfügt auch über die magischen Mittel, die zum Eindringen ins Schloß unabdingbar vorausgesetzt werden. Besteht ein Zusammenhang zwischen dem Alten im Garten und dem Zwerg am Weg? Tritt das mit dem Wasser des Lebens verbundene Hüterwesen den Söhnen hier in verwandelter Gestalt entgegen? Es *will* sie hingeleiten, aber hier, unterwegs, ist nun die selbstklärende Station der Söhne. Haben sie bei der Begegnung im Garten, vom Schmerz benommen, versäumt, sich den Wegaufschluß geben zu lassen, wird ihnen hier noch einmal – und nun jedem für sich, selbstentscheidbar – Gelegenheit geboten, das Versäumte nachzuholen. Im Garten erhielten sie die Kunde, es gäbe das Wasser; nun, auf dem gemutmaßten Weg, wird durch eine neue Begegnung offenbar, wie die Kunde in jedem der Söhne lebt, in welcher Absicht sie ausziehen, das Wasser zu finden. Sie haben die Freiheit, freimütig zu antworten, ohne ihre Absicht zu verbergen. Das ist die Prüfung der Söhne: So winzig die äußere Erscheinung, so Herz und Nieren prüfend steht der strenge Wächter am Grenzübergang in den ätherischen Bereich, in dem das Schloß sichtbar werden kann. Die hochmutbesessenen Brüder verbergen ihre egoistische Absicht, sie ver-bergen; sie versteigen sich in den Gesteinsschluchten der Berge. Nur der Jüngste spricht sich offen aus, selbstlos auf den Vater bedacht. Er erhält den öffnenden Schlüssel und das Brot, das die Löwen besänftigt.

Das verwünschte Schloß

Alles geschieht, wie es der Zwerg voraussagt – und einiges mehr. Unterm dritten Rutenschlag springt das eiserne Tor auf, die Löwen lassen sich mit den Laiberchen Brot zufriedenstellen. Dann tritt der Prinz ein ins Schloß, kommt in einen großen Saal, und hier erwartet ihn die erste Überraschung. Hier sitzen »verwünschte Prinzen«, denen zieht er die Ringe vom Finger, es liegt da ein Schwert und ein Brot, und Schwert wie Brot nimmt er mit. Und weiter kommt er in ein Zimmer, darin findet er eine schöne Jungfrau, die freut sich, als sie ihn sieht, küßt ihn und sagt, er hätte sie erlöst und sollte ihr ganzes Reich haben, und wenn er in einem Jahr wiederkomme, so sollte ihre Hochzeit gefeiert werden. Auch sagte sie ihm, wo der Brunnen fließt mit dem Lebenswasser, er müsse sich aber beeilen und daraus schöpfen, bevor es zwölf schlüge. Wieder geht er weiter und kommt in ein Zimmer, wo ein frischgedecktes Bett steht – und hier kann er nicht widerstehen; weil er müde ist, will er ein wenig ausruhen, schläft ein und erwacht erst unterm Dreiviertelschlag. Er springt erschrocken auf, läuft zu dem Brunnen, schöpft einen Becher, der daneben steht, voll Lebenswasser und eilt, daß er fortkommt. Eben unterm Tor, schlägt es zwölf. Das Tor schlägt so heftig zu, daß es ihm ein Stück der Ferse weghaut.

Warum hat der Zwerg nichts von den Prinzen gesagt, nichts von der Jungfrau und auch nichts von dem verführerischen Bett unmittelbar vor dem Brunnen? Weiß er nichts von all diesen Verborgenheiten des Schlosses? Er weiß so gut davon, wie die Jungfrau weiß, daß hinter ihrem Gemach das Bett auf den Jüngling wartet – die stärkste Verführung unmittelbar vor dem Ziel! Aber hier in diesem Schloß ist alles auf *Freiheit* angelegt. Hat der Jüngling einmal den magischen Rutenschlag ans Tor getan, hat er die Löwen zur Ruhe gebracht, ist er freier Herr dieses Schlosses – für diesen Augenblick. Er muß aus seinem eigenen Ermessen heraus mit den Wundern, die ihm unvermutet entgegentreten, fertig werden; er muß sich in rechter Weise mit ihnen verbinden, muß auch allein die Verführung bestehen. Zwerg wie Jungfrau weisen ihn auf die gefährlichste Klippe des Schlosses hin; er müsse sich beeilen und von dem Wasser schöpfen, bevor es zwölf schlüge. Sie sagen ihm deutlich, auch wenn sie das Bett nicht nennen: Verschlafe nicht! Denn was liegt näher, als daß er dem einladenden Bett erliege?

Wenn dieses Schloß verwünscht ist, worin besteht die Verwünschung? Darin, daß es von außen so abweisend verschlossen liegt und daß nur geschmeidigtes Eisen, die eiserne Rute, den Panzer zu durchdringen vermag? Oder noch mehr darin, daß die Verwünschung inwendig die Kraft hat zu lähmen, zu betäuben und zu erstarren? Sitzen nicht in dem großen Saal schon die Prinzen so reglos und lassen sich gefallen, daß ihnen der Neuankömmling Ringe wie Schwert und Brot entführt? Was sind das für Prinzen? Verzauberte Rater der Königstochter? Oder Freier nach mißglückter Werbung? Selbst von der schönen Jungfrau heißt es, sie »stand« im Zimmer, als habe sie bis dahin als Standbild verharrt und sei erst durch den Eintritt des Jünglings von der Betäubung erwacht und zur Rede erweckt. Denn sie ist das einzig sprechende Wesen im Schloß, wie er das einzig sich frei bewegende bleibt. Wie groß die Gefahr und Verlockung der Lähmung, erfährt der Jüngling an sich: Er kann nicht an dem frisch gedeckten Bett vorüber, ohne es zu erproben. Ja, es scheint, als hätte »der Schlaf der Welt« das Schloß verwünscht und lüde arglos auch diesen Fündigen zu Stillstand und Ruhe ein und damit zum Ende seiner Mission.

Doch fällt auf, daß diese lockende Stillstandszone sich nur über den eigentlichen Wohnbezirk des Schlosses erstreckt: gerade auf jenen Teil im Innern, den der Zwerg *nicht* erwähnt; auf den Freiheitsgürtel der Ereignisse. Im Vorhof jedoch liegen sehr wach die Löwen auf der Lauer, bereit, den zu verschlingen, der vorüber will, ohne ihrer gedacht zu haben, denn sie haben Hunger nach Menschlichem, nach Brot aus Menschenhand. Und über die Gemächer der Jungfrau hinaus findet sich das andere Lebendige des Schlosses, der Lebensbrunnen. Ihm kann die Verwünschung nichts anhaben. Die Verwünschung liegt nur auf dem Weg zu dem Brunnen. Dieser Brunnen füllt sich von innen, rinnt, fließt über, und so ist alles Quellende lebendig. Hier strömt der Brunnen aller Brunnen mit dem reinen Wasser des Lebens. Nur – für wen fließt es immerzu? Wohin strömt das Wasser, und welcher Mensch wird seiner teilhaftig, wenn er nicht ins Schloß eindringt, in diesen innersten Innenhof?

Bis zum Eindringen in das eigentliche Schloß (nach den Löwen) hat der Held des Märchens nur das Ziel, zum Wasser des Lebens zu gelangen. Er will dem Vater helfen. Plötzlich erhält das Ziel eine Zugabe. In den Wohngemächern des Schlosses wartet auf ihren Erlöser eine schöne Jungfrau, von der vorher mit keinem Wort Erwähnung war. Welch eine Gestalt hohen Geistesadels muß die Jungfrau sein, da in ihrem Schloß der Wasserbrunnen ewigen Lebens seinen Quellort hat? Ist sie nicht die Herrin dieses Wasserwunders? Fast wird der Becher des heilenden Elixiers eine Gabe aus ihrer Hand an den siechen Vater. Daß den Weg zu finden zum Wasser des Lebens zugleich bedeutet, die verzauberte Schloßherrin zu erlösen, bringt die überraschende Wende in den Gang des Märchens. Aus der selbstlosen Tat, die dem fernen Vater zugute kommt, gebiert sich unterwegs als Frucht diese neue, die nun das Leben des Jünglings entscheidend verändert – nach einem Jahr, sagt die Jungfrau. Sie verspricht ihm Hand und Reich, wenn er nach einem Jahr wiederkäme. – Warum kann die Hochzeit nicht gleich geschehen, und sie zögen zusammen heim? Ist der Jüngling, wie er jetzt vor ihr steht, doch noch nicht reif, der Jungfrau zuzugehören? Muß er nicht erst noch an dem Bett vorüber, dann den Becher vollschöpfen und ihn heil ins Siechtumsland zurückbringen? Was hat er überhaupt geleistet bis hierher? Er hat die Tränen geweint mit seinen Brüdern im Garten. Er hat sich wie sie auf den Weg gemacht und hat dem Zwerg eine freundliche, eine wahre Auskunft gegeben. Alles übrige vertraute sich ihm an, er nahm es auf und gebrauchte es in Unschuld. Indem er die Jungfrau findet, erreicht er einen Höhepunkt, dem er zunächst nur für einen Moment aufleuchtend angehören darf. Dann wird ihm weiterer Weg auferlegt. Glücklich entreißt er sich noch dem verfänglichen Fall in den Schlaf ohne Ende. Er erreicht das Tor gerade noch unterm Zwölferschlag – und schon dieses Säumen kostet ihn die Ferse! Aber das Schwerste seines Heimweges steht ihm noch bevor. All dies überschaut vielleicht die Jungfrau, er selbst weiß es nicht, da er das Schloß verläßt. Die eigentliche Zeit der Reifung für ihn setzt erst ein.

Drei Reiche und ein Meer

Der Rückweg verläuft weit verwickelter als der Herweg. Zunächst trifft der Jüngling wieder den Zwerg am Weg, und zwar so unmittelbar beim

Schloß, daß sich bestätigt: Der Zwerg gehört als Hüter vor dem Tor so eng zur Burg, wie innerhalb des Tores die Löwen als Wächter zu ihr gehören. Weiß doch auch der Zwerg sofort, was es mit Schwert und Brot auf sich hat, die der Jüngling schier traumhaft greifend im Saal der Prinzen an sich genommen hat: »Damit hast du großes Gut gewonnen, mit dem Schwert kannst du ganze Heere schlagen, das Brot aber wird niemals all.« Dann folgt die ergreifende Szene, daß der Jüngling um die Freilassung seiner Brüder bittet. »Lieber Zwerg, kannst du mir nicht sagen, wo meine zwei Brüder sind? Sie sind früher ausgezogen ... und nicht wiedergekommen.« Wie sollte ihn das köstliche Gut freuen, ohne daß seine Brüder daran teilhätten? Aber der Zwerg wittert Verderben und will die beiden nicht loslassen. Doch da der Prinz so inständig bittet, geschieht des Menschen Wille; der Zwerg kann nur warnen: »Hüte dich vor ihnen, sie haben ein böses Herz.« Was er sich damit beigesellt, ahnt der Arglose nicht. Offenherzig begrüßt er die Brüder, zeigt seine Schätze, erzählt die Geheimnisse, auch die Aussicht, in einem Jahr mit der Prinzessin vermählt und in ihr Reich eingesetzt zu werden. Die Brüder schweigen und ziehen mit. Die Gelegenheit zu handeln wird sich bieten.

Nun führt das Schicksal die drei seltsame Pfade. Sie gelangen durch drei hintereinandergelegene Reiche, von denen vormals nie die Rede war. Haben sie die auch auf ihrer Anreise durchquert? Dort schien der Weg zum verwünschten Schloß gerade eine Tagreise nah; der Heimweg wird Reiche weit – Elendsreiche! Denn es geht schlimm zu in diesen Reichen. Hunger und Krieg wüten, des Volkes allgemeinste Plagen. Die Könige glauben, sie müßten verderben. Ein Retter übermenschlicher Macht täte not. Da gibt der Jüngste willig Brot und Schwert den Königen. Die Zeit ist da, das Erbe der geheimnisvollen Prinzen unter die Menschen zu bringen. Und das Brot sättigt den Hunger des Volkes, das Schwert schlägt die feindlichen Heere. Dies vollzieht sich dreimal nacheinander. Das Brot verbraucht sich nicht, es teilt sich aus und bleibt doch ein Ganzes. Der Jüngling kann es zurücknehmen und weiterreichen, andere zu sättigen. Auch das Schwert kehrt nach vollbrachter Tat in seine Hand zurück – es ist immer bereit.

Erinnert das Brot in seiner nährenden Fülle nicht an die Speisung der Fünftausend? Was aber wirkt im Schwert die unwiderstehliche Gewalt? *Wer* wirkt in Brot und Schwert? Und an dieser Stelle darf eine Frage nachgeholt werden, die Frage nach den Ringen der Prinzen. Wir sehen den Jüngling noch, wie er im schönen, großen Saal der Prinzen den reglos Sitzenden die

Ringe vom Finger zieht. Sind die Ringe ebensolche Wundergaben wie Brot und Schwert? Und warum werden sie nicht mehr erwähnt? Eignet sich der Jüngling diese Ringe widerrechtlich an? Dann dürfte er ja auch nach Brot und Schwert nicht greifen – und damit stiftet er doch auf dem Heimweg wahrlich Segen! Also gehören sie gewiß auch zu dem Vermächtnis der Prinzen an den Jüngsten und warten, von ihm in Empfang genommen zu werden. Werden diese Ringe überhaupt erst zu einer Wirkung kommen über Jahr und Tag – wenn er selbst einmal Regent sein wird im Schloß der goldenen Straße? Und welchen Dämonen wird er damit gebieten? Dämonen der Tiefe? Sind mit den Ringen Sternenkräfte verbunden? Den Äon, der mit ihrer Macht verbunden ist, läßt das Märchen verhüllt.

Nicht nur drei Reiche, gar noch ein Meer taucht auf in dieser Odyssee der Heimkehr, und auf dem Meer geschieht das Verhängnis. Während der Fahrt auf dem Schiff wird die Mißgunst der zwei Älteren laut: »Der Jüngste hat das Wasser des Lebens gefunden und wir nicht, dafür wird ihm unser Vater das Reich geben, das uns gebührt, und er wird unser Glück wegnehmen.« Und als er einmal fest eingeschlafen ist, spielen sie ihm die Tücke, gießen das Wasser des Lebens aus seinem Becher in den ihren, füllen ihm bitteres Meerwasser hinein und warten auf den Augenblick der Ankunft am väterlichen Hof.

Hof des Todes

Auf dem Meer erwachen die Rachegedanken der Brüder; auf dem Meer tauschen sie das »süße« Lebenswasser aus gegen das bittere Salzwasser. Trinkt der König das salzige Wasser, wird er im Siechtum vollends erstarren; so ist der Plan der Brüder. Der König wird dies als einen Anschlag des Jüngsten auf sein Leben ansehen. Einzig, daß sie dem Betrogenen das Leben lassen und nur das Wasser des Lebens rauben, mildert ihr Schelmenstück. Sie rechnen, das Leben könne der getäuschte Vater seinem verräterischen Sohne selbst abfordern, das brauchten sie nicht auch noch zu besorgen. Und so trinkt der König des Jüngsten Trank, das salzige Meerwasser, und wird kränker als zuvor. Dann bringen die Brüder das geraubte Lebenswasser, und der König wird davon gesund, ja »stark und gesund wie in seinen jungen Jahren«. Mit dem Wasser ist die Gabe ewiger Jugend verbunden. Das Heilungswunder geschieht – aber es geschieht aus der Hand der Brüder. Nun sie Liebkind geworden sind, kosten sie ihren Triumph aus und verspotten den Jüngsten:

»Du hast zwar das Wasser des Lebens gefunden, aber du hast die Mühe gehabt und wir den Lohn; du hättest klüger sein und die Augen aufbehalten sollen ... Übers Jahr, da holt sich einer von uns die schöne Königstochter. Aber hüte dich, daß du nichts davon verrätst, der Vater glaubt dir doch nicht ...«

Noch mehr: der Vater ist erbost über seinen Sohn, läßt den Hof versammeln und das Urteil sprechen; es lautet auf Tod. Der Verurteilte selbst erfährt nichts von diesem Urteil, es soll heimlich an ihm vollzogen werden. Ein Jäger soll ihn erschießen, zufällig, auf der Jagd. – Welch eine abgründige Welt tut sich auf! Der Angeklagte wird nicht vor ein Gericht gestellt, zur Rechenschaft gezogen; kein Gericht prüft Für und Wider. Nein, kein Gericht, der König ruft den Hof zusammen, und der Hof beschließt, was der König für rechtens hält: Der mutmaßliche Täter wird schuldlos schuldig gesprochen. Es kann nicht heilloser ablaufen. Nun wird erklärlich, welche Kluft das Reich dieses Vaters »auf dem Rückweg« trennt von dem Schloß mit dem Brunnenwasser des Lebens – drei Elendsreiche, von Hunger und Krieg überzogen, und ein Meer der Verleumdung liegen dazwischen; so weit vom Ursprung entfernt.

Der Jäger auf der Jagd hat Mitleid mit dem, den er heimlich töten soll. Er ist traurig und wagt doch nicht, es zu sagen. Der Prinz merkt wohl, daß etwas nicht stimmt: »Lieber Jäger, was fehlt dir? ... Sage heraus, was es ist, ich will dir's verzeihen« – und erschrickt »zu Tode«, als er hört, daß es sein eigener Tod sei, vor dem er stehe. Die ahnungslose Aufmunterung »Sage heraus« kehrt sich schnell um in die inständige Bitte: »Lieber Jäger, laß mich leben, da geb ich dir mein königliches Kleid, gib mir dafür dein schlechtes.« Und der Jäger läßt sich darauf ein, froh, daß er nicht zu töten braucht. Sie tauschen die Kleider. Der Jäger wendet sich heimwärts, der Prinz tiefer in den Wald hinein. Für seines Vaters Reich ist er verschollen.

Rätselhaft, fast unglaublich bleibt der Kleidertausch, wenn man ihn betrachtet vom Jäger aus. Denn der Jäger muß ja nun in des dritten Königssohnes zierlichem Wams ins Schloß heimkehren! Wird man ihn nicht erstaunt fragen, wie er zu den Kleidern komme, wieso er sie plötzlich trage?

Oder ist gerade dies ein Zeichen dafür, daß des Königs Auftrag vollzogen wurde? Ist also der ganze Hof mit dem König einig und hat die Existenz des dritten bereits ausgelöscht im Gedächtnis? Ist dem so, dann bleibt es gleichgültig, wenn der Mörder des Verworfenen dessen Kleider trägt.

Desto wesentlicher wird dieser Tausch für den Königssohn. Er sagt sich mit der Übergabe der Prinzenkleider selbst von seines Vaters Abhängigkeit los. Er wird Waldgänger, heimatlos. – Vergegenwärtigen wir uns die Stufen, die er seit Verlassen des Schlosses der Jungfrau in verdichteter Folge zu durchschreiten genötigt wurde: Erfüllt von der Freude, das Wasser des Lebens zum Vater heimzutragen, macht er seine Brüder aus ihrem Zwange frei. Dann teilt er aus von den Gaben der Prinzen an die Hungernden und Bedrängten. Auf dem Meer schläft er ein, da geschieht der erste schlimme Tausch. Er wird betrogen um das kostbare Gut, wird von den Brüdern verleumdet und mit Spott gegeißelt, vom Vater verkannt und ausgestoßen, vom Hof zum Tod verurteilt. Er erleidet den Tod in Schrecken. Mitleid rettet ihn. Mit der Prinzenkleidung streift er nun den letzten Zusammenhang zur Todeswelt des Vaters ab. Namenlos verschwindet er im Grab des Vergessens der Menschen, wartet auf eine Neugeburt – übers Jahr.

Nicht aus eigener Nachprüfung dämmert dem Vater bald hernach sein Unrecht. Aus den drei Reichen, denen der Jüngling mit seinen Guttaten zum Retter wurde, langen »über eine Zeit« drei Wagen mit Gold und Edelsteinen an für den jüngsten Sohn. Es ist der Dank der Könige jener Reiche! Dies erst läßt den Vater fragen, wie solches möglich sei, ob er nicht doch unschuldig war? Der König möchte seinen voreiligen Entschluß rückgängig machen und spricht zu seinen Leuten: »Wäre er noch am Leben, wie tut mir's so leid, daß ich ihn habe töten lassen.« – »Er lebt noch«, sagt der Jäger, »ich konnte es nicht übers Herz bringen.« Da fällt dem König ein Stein vom Herzen, und er läßt in allen Reichen verkünden, sein Sohn dürfte wiederkommen. Aber der Sohn hört es nicht, im Wald ist niemand, der es ihm sagt.

Das erlöste Schloß

Die Wende hat eingesetzt, und das Jahr des Versprechens nähert sich dem Ende. Noch ist die Zeit nicht um, aber bald. Da denkt der älteste der Brüder, er müsse sich beeilen, zur Königstochter zu kommen und sich für den Erlöser auszugeben, um sie heimzuführen und sich daneben das Reich zu holen. Also reitet er fort und kommt vor das Schloß – und hält inne und stutzt: Zieht doch wahrhaftig zum Schloß hinauf eine goldene Straße, »golden und glänzend«! Hand aufs Herz: wenn wir nicht einige Sätze zuvor im Märchentext vernommen hätten, daß die Königstochter die Straße eigens hat legen lassen zur Prüfung der Freier; wenn wir dies alles nicht wüßten und kämen vor die goldene Straße: würden wir es wagen, sie mitten hinaufzureiten? Oder wäre uns nicht auch ein wenig zumute wie dem ältesten der Freier: »Das wäre jammerschade, wenn du darauf rittest!« Er jedenfalls lenkt ab und reitet rechts der goldenen Straße ans Tor heran – und wird abgewiesen. Er weiß nicht – was wir eben zum Besseren wissen –, daß er genau inmitten der goldenen Straße ankommen muß, um *erkannt* zu werden! – »Bald darauf« macht sich auch der zweite Bruder auf und gerät in dieselbe Klemme: »Das wäre jammerschade, das könnte etwas abtreten«; er lenkt ab und sucht sich von links heranzumachen – und wird abgewiesen. »So aber geht's den Hochmütigen«, heißt es einmal am Anfang des Märchens von den beiden. Hier sind sie jedoch nicht hochmütig, nur kleinmütig. Ihre Kleinlichkeit läßt sie zögern. Gold gilt ihnen gleich Geld. Daß sich gediegenes Gold allein um des Glanzes seiner Substanz willen, allein um der Strahlkraft der Wahrheit willen unter die Füße breiten könnte, um damit zugleich alle Besitzgelüste Lügen zu strafen, kommt den falschen Freiern vermessen vor. Gold, Herzkraft der Sonne, hier ins Offenbare ausgelegt, scheidet die Geister der Brüder. Die beiden Irrläufer scheiden sich selbst aus. Später flüchten sie auf jenes salzige Meer, auf dem sie ihre Bosheit gewannen. Es schluckt sie auf.

Etwas ganz Wichtiges haben die zwei von vornherein vergessen: Das Jahr muß wirklich vollendet sein. Der Älteste reitet los, um früh als erster anzukommen. Aber es nützt ihm nichts. Das Tor springt nicht auf vor Ablauf der Zeit. Ebenso versucht es der zweite »bald darauf«. Hier gilt nicht: »Irgendwie wird es schon stimmen«, auch nicht: »Bald muß es soweit sein.« Vor der Wahrheit gilt nur: »Als das Jahr ganz herum war« – die genaue Stunde.

Als nun das Jahr ganz herum war, wollte der dritte aus dem Wald fort zu seiner Liebsten reiten und bei ihr sein Leid vergessen. Also machte er sich auf und dachte immer an sie und wäre gerne schon bei ihr gewesen und sah die goldene Straße gar nicht. Da ritt sein Pferd mitten darüber hin, und als er vor das Tor kam, ward es aufgetan, und die Königstochter empfing ihn mit Freuden und sagte, er wäre ihr Erlöser und der Herr des Königreichs, und ward die Hochzeit gehalten mit großer Glückseligkeit.

Es ist dasselbe Schloß, das wir mit dem Königssohn schon einmal betreten haben, zu dem die goldene Straße führt. Bewundernswert die Sicherheit, mit der die Königstochter vertraut, daß nur der rechte Bräutigam auf der goldenen Straße reiten werde! Ja, wie sich zeigt, wagt nur er den Ritt – benommen von Seligkeit. Die Liebe macht ihn blind, trocken gesagt. Man kann aber entgegenstellen: Der Weg der Liebe *ist* ein goldener Weg; ob es der Jüngling im Bewußtsein hat oder nicht, Gold zieht Gold an. Unter dem donnernd-galoppierenden Antritt der Hufe erklingt das Metall. War es ehemals die eiserne Rute, die das Tor schlagen mußte, um es gefügig zu machen, so kündet diesmal dröhnender Klang den Reiter an und läßt das Tor aufspringen. Denn er wird erwartet. Damals schlief das Schloß.

Dreimal spielt der *Schlaf* in seinen eigenen Weg herein, und zweimal wird ihm der Schlaf zum Verhängnis. Der erste Schlaf im frischgedeckten Bett des Schlosses – ein Schlaf des Versäumens. Er kostet ihn seine Ferse! Der zweite Schlaf, auf dem Meer treibend, kostet ihn alles, was er besitzt: das Wasser des Lebens, das Vertrauen des Vaters, sein Leben, die Sohnschaft, fast auch noch die Braut. Aus diesem Schlaf erwächst Raub um Raub, für ihn Opfer um Opfer. Der dritte Schlaf gereicht ihm zum Glück. Er verschläft am hellen Tag die goldene Straße, weil ihn sein Herz des Blickes nach unten enthebt.

Die abgeschlagene Ferse sollten wir nicht übersehen. Sie gehört als Anfangsglied in die Kette der Opfer – ein Opfer vom Blut seines Leibes. Den Eingang ins Schloß findet er durch ein Gnadenstück, durch die geschenkte Rute des Zwerges; aber seinen Austritt aus dem Schloß schließt ein Eigenopfer ab. Der Jüngling läßt ein Stück seiner selbst im Schloß zurück, und die vernarbte Wunde wird ihn den nächtlich heimlichen Ort nie vergessen lassen. Das vergossene Blut wird Rückspur für die Wiederkehr dahin, wo ihn die Jungfrau erwartet. Und die Jungfrau empfängt ihn mit Freuden, und er wird Herr des Königreiches. Bisher war er nur ein Suchender, willig, das Seine beizutragen, den Vater zu heilen. Nun wird er Herr – welch ein gewaltiges Wort in diesem Zusammenhang! Denn was ist dies für ein Reich der Jungfrau, in dessen Zentrum das wunderlich-wunderbare Schloß steht? Hat es etwas zu tun mit dem Reich dessen, der sagt, daß sein Reich nicht von dieser Welt sei? Enthält doch dieses Schloß all jene Gaben, die uns der Sohn verheißt:

> den Brunnen mit dem Wasser des Lebens,
> das nie endende Brot,
> das Schwert des Geistes, das Heere besiegt,
> das Gold, die Wahrheit zu offenbaren,

und all dies krönt sich in der Jungfrau als Braut. Mit Scheu nur verweist der Betrachter auf einige Stellen bei Johannes. So auf das sechste Kapitel mit dem zentralen Wort: »Ich bin das Brot des Lebens. Wer zu mir kommt, den wird nicht hungern, und wer an mich glaubet, den wird nicht mehr dürsten« (6/35). Und gibt nicht das Gespräch mit der Samariterin am Brunnen einen Inbegriff des ganzen Märchens in dem Wort: »Das Wasser, das ich ihm geben werde, das wird in ihm ein Brunnen des Wassers werden, das in das ewige Leben quillet...« (4/14). Und an anderer Stelle: »Wer an mich glaubet..., von deß Leibe werden Ströme des lebendigen Wassers fließen« (7/38).

Die wenigen Ausschnitte lassen darauf schließen, daß es sich bei den Geschehnissen des Märchens – soweit über Berge, Länder und Meere gebreitet sie sich auch erstrecken – doch um Geschehnisse des »leiblich beschlossenen« Menschen handelt, um das Mysterium Christi in uns. Das Schloß ist inwendig in uns – und immer noch verwünscht. Denn »verwünscht« hat in diesem Märchen nicht etwa den Charakter »zur Strafe verurteilt«, weil irgend etwas Schlechtes, Irres, Dekadentes damit verknüpft wäre (in diesem Sinne ist viel eher der kranke König und seine Hofwelt verwünscht). Das verwünschte Schloß mit seinem Brunnen ist nicht in seiner Vergangenheit erstickt und heruntergekommen; es ist ein *noch gar nicht erschlossenes* Schloß. Verwünscht heißt hier verborgen. Unsere Alltagserfahrung weiß von ihm noch nichts oder ahnt es kaum. Es *ist* da als Keim eines künftigen Reiches in uns. Es ist ein Schloß des noch Unerreichten, das wartet, daß wir es erreichen. – Hier hat einer den Weg beschritten, es in sich zu erfahren. An dem jungen König wird die Wahrheit kund. Er kehrt ein zum Brunnen und wird vermählt der Braut des ewigen Lebens. – Und vielleicht würden wir statt der »verwünschten« Prinzen nun im erlösten Schloß die himmlischen Hierarchien schauen.

DIE KRISTALLKUGEL

Das Märchen »Die Kristallkugel« steht unter den zweihundert gesammelten der Brüder Grimm an drittletzter Stelle. Bewußte oder unbewußte Lenkung hat ihm einen Ort am Ende der Sammlung zugewiesen, als fasse es zusammen, was vorige entbreitet haben. Es spricht vom Schloß der goldenen Sonne – dem ältesten, schönsten, erhabensten Schloß, das ein Märchen kennt, in den Höhen der Ewigkeit gegründet und vom Glanz der Urbeginne umleuchtet. Und das Märchen mündet im Ziel seiner Ereignisse bei der Kristallkugel in der Hand des Jünglings; es gibt kein ferneres und kostbareres Juwel, das Menschen zu erreichen vermöchten und das aus Leid und Streit in eine neue Dauer hinüberführt. In diesem Märchen wird uns ein von Kraft sprühendes Siegel übergeben. Jeder Satz birgt Verdichtungen, die tief ausgemessen werden mögen.

Die Wanderung des Jüngsten

(Im Reich der Zauberin)

Von vornherein wird die Mutter als eine Zauberin bezeichnet. Sie hat drei Söhne, die lieben einander brüderlich. Aber die Zauberin traut ihnen nicht, sie fürchtet, ihre eigene Macht durch die Söhne zu verlieren, und so verwandelt sie – für unser Gefühl wider alle mütterliche Natur – die Söhne in Tiere. Es gelingt ihr nur bei den zwei älteren, dort aber gründlich. Der dritte und jüngste Sohn entzieht sich durch heimliche Flucht. Den ältesten macht sie zum Adler; er muß auf einem Felsgebirge hausen. Manchmal sieht man ihn in großen Kreisen am Himmel auf und nieder schweben. Den zweiten verwandelt sie in einen Walfisch; er wird in die Tiefen des Meeres gebannt. Von dort bezeugt zuweilen ein mächtig aufspringender Wasserstrahl sein Dasein. Beide Verwandelte können nur zwei Stunden am Tag ihre menschliche

Gestalt erlangen. Dem dritten der Söhne droht die Verzauberung in ein reißendes Tier der Wälder; es wird gesagt, in einen Bären oder einen Wolf; aber dazu läßt er es nicht kommen, er flieht.

Die Mutter der Söhne wird »die Alte« genannt – sie hat schon viel Weltenzeit hinter sich. Wir hören von keinem Vater der Söhne, als seien sie in verdämmernder Vorzeit einmal, da die Mutter jung war, vaterlos geboren worden – oder ein ungenannter Gott bleibt ihr Vater. Ist die Zauberin-Alte die Erdenmutter selbst, die heilige allgewaltige Göttin, die die Mythologien der Völker unter verschiedensten Namen kennen? Ihr sind die Geschöpfe der Erde unterworfen. Im Märchen hat sie keinen Namen. Im Hethitisch-Phrygischen kennt man sie als die Muttergöttin Ma, im Indischen als Maja. C. Karl Barth, ein Forscher der Goethezeit, fand im Namen der indischen Maja den Namen der mondenhaften Erdenmutter Ma wieder: »Gewiß ist die Maja ursprünglich die hervorbringende Mutter Natur, die Erd-Welt-Mutter. Ma, Ma-Ma heißt Mutter, Nährerin, Maja auch die Groß-Mutter … Sie ist die Fruchtbare, alles Erzeugende, Dasein Verleihende, Allbefruchterin … die Starkwirkende, Tüchtigmachende, Erdenheil, Weltwonne, Geist des Willens und der Harmonie … die gute hohe Weltmutter und Amme.«*

Wie aber kommt es, daß sie uns im Märchen gar nicht so gütig erscheint und keineswegs das Heil der Söhne im Auge hat? Sie tritt hier nicht mehr als Spendende auf, nur noch als allgewaltige Widerstandsmacht. Ja Züge selbstvergessener Rachsucht mischen sich ein, wenn sie fürchtet, durch die Söhne verdrängt zu werden aus ihrer Herrschaft. Was kündigt sich denn in den Söhnen an, daß es die Mutter zu fürchten hätte? Die Alte ist allumfassend wie Natur – das sagen ihre Verwandlungskünste in die großgearteten Tiere! In den Söhnen möchte ein Neues, nicht mehr einseitig von der Alten allein Bemächtigtes, sondern ein dreigeteilt Ganzes entstehen. Gerade weil die Alte zu verhüten trachtet, was sich anbahnt, indem sie die älteren Söhne verzaubert, leitet sie die wahre Unterscheidung und Selbsterfahrung der drei Söhne überhaupt erst ein, und diese Selbsterfahrung wird von dem dritten und jüngsten zu Ende geführt. Er, der fürchtet, in ein reißendes Tier der Erdenbreiten verwandelt zu werden, sucht menschliche Wege – er macht sich auf nach dem »Schloß der goldenen Sonne«, wo eine verwünschte Königstochter auf Erlösung wartet.

* S. von Gleich, Marksteine der Kulturgeschichte III, Hellas und Kleinasien, S. 19.

Betrachten wir den Weg des Jüngsten, des einzig Freien. »Er war schon lange Zeit herumgezogen«, heißt es. Wir müssen uns diese lange Zeit deutlich einschreiben. Sie enthält ganze Zeitepochen, über die das Märchen schweigend hinweggeht. Lange Epochen werden vergehend gedacht zwischen dem Auftakt in der magischen Muttersphäre und dem eigentlichen Erlösungsweg, der nun von diesem Einschnitt an konkret beginnt. Jetzt erst, »nach langer Zeit« seiner Wanderung, gerät der Jüngling in einen großen Wald, in den er zwar einen Eingang gefunden hat, ohne zu merken, wie; aus dem er aber keineswegs allein herauszufinden weiß. Es muß sich um einen traumtief verwirrenden Wald handeln, heißt es doch ausdrücklich, er »geriet« hinein. Dieser Wald ist mit keinem nüchternen Tagesblick auszumachen. Der Jüngling betritt eine Zwischensphäre. Und recht zur Bewahrheitung tauchen aus der Tiefe zwei Riesen auf, die ihn heranwinken und ihm, dem kleinen Menschen, eine Entscheidung übertragen, deren sie untereinander nicht fähig sind. In welchen Zusammenhang gehören diese Riesen? Sind sie ebenfalls dem Zauberwesen der Alten entsprungen – vielleicht in weiterer Vorzeit als die drei Söhne, so daß sie deswegen auch über ein magisches Requisit verfügen, das sie den Fähigkeiten der alten Zauberin verwandt erscheinen läßt? Sie besitzen einen *Wünschhut:*

Wer den aufsetzt, der kann sich hinwünschen, wohin er will, und im Augenblick ist er dort.

Die Alte, die ihre Söhne verzaubert, hat eine gestaltverwünschende Kraft. Sie kann die Art umbilden. Da quallt und quillt der kosmische Schöpfungstag nach, wenn auch verzerrt: Statt die Tierkreatur zum Menschlichen zu erheben, drückt die Alte die menschliche Natur herab, sie vereinseitigt sie; erleiden doch die älteren Brüder das Schicksal, nur noch ein Zwölftel ihres Tages frei zu sein. Elf Zwölftel ihres Wesens werden gefesselt an die Rhythmen von Lüften und Wasserwogen. Wir müssen uns den Sitz der Alten, ihr Wirkenszentrum, von souveränem Umfang vorstellen, im Außermenschlichen begründet, da sie solche naturschaffenden Mächte ausstrahlen kann. Demgegenüber bleibt der Wünschhut der Riesen harmlos. Immerhin enthebt er seinen Träger des Ortes, man kann mit ihm den *Raum* verwünschen.

Nun sitzen die Riesen in einem »großen Wald«. Ein faßlich unfaßliches Gebiet wird umschrieben, menschlich zwar zugänglich und doch ausweglos. Offenbar hat der jüngste Bruder einen Ort des ungeschlacht Wuchernden betreten, dessen Exponenten eben die beiden Riesen sind – und sie sind untereinander zerfallen, sie streiten sich. Sie behaupten, daß sie beide gleich stark seien und deshalb einander nicht überwältigen könnten. Die alte Welt ist in sich zerstritten. Die Zauberin-Mutter wollte es nicht wahrhaben, daß nur von einer neuen *drei*gegliederten Generation die künftige Welt regiert werden kann. Die zwei Riesen sehen ein, daß sie eines dritten, gerade des jüngsten der Schöpfungsgilde bedürfen, um ihren Streit zu schlichten. Der Streit geht um den Wünschhut, den jeder für sich allein besitzen möchte. Wissen die zwei nicht, daß der Wünschhut nur einem Selbstlosen gehören kann? Ist ihnen nicht schon einfach durch ihren Streit der Hut entglitten? Die Zwei ist Zwiespalt, Streit, Zerfall. Die alte Riesenwelt tritt uns entzweigefallen entgegen.

Der jüngste Bruder nun, der kleine Mensch, kommt als dritter hinzu und entscheidet den Streit. Er nimmt den Wünschhut an sich und schlägt den Riesen einen Wettlauf vor. Gerade das, was der Wünschhut ohne alles Zutun vollbringt – räumliche Entfernungen magisch zu überwinden –, gerade dies auf eigenen Füßen abzulaufen, nötigt ihnen der kluge Schiedsrichter auf. Er weist sie auf jenen Weg der Schritte, den er, ihr Schiedsrichter, längst unter die Sohlen genommen hat, indem er sich aufmachte, die Königstochter zu suchen. Aber Wege aus eigenem Entschluß zu gehen, wird den Riesen nie einfallen; sie werden stehenbleiben und auf den Wink ihres Schiedsrichters warten. Sie werden vergeblich warten. Denn der kleine Mensch hat sie zwar zum Wettlauf sich bereitstellen geheißen, gibt aber niemals das Startzeichen dazu, und zwar schlichtweg, weil er es vergißt. Er sagt: Wartet, ich werde euch rufen, aber schon im nächsten Augenblick, wenn er die Riesen verläßt und seinen eigenen Weg wieder aufnimmt, sind ihm Riesen und Wünschhut wie nicht gewesen, und er geht immerzu, weil seinen Sinn nur eines erfüllt: die ferne Königstochter. Ist es Unschuld, Unachtsamkeit oder List, daß er die Riesen betrügt? Denn im Weitermarschieren entsteigt ihm der Seufzer: »Ach, wäre ich doch auf dem Schloß der goldenen Sonne!« – und schon trägt ihn das Wunschhütlein auf dem eigenen Kopf straks dorthin. Die Riesen sind ihren Hut los. Im Flug auf den Berg mit dem Schloß steckt auch das Opfer dieser weit hinten Zurückbleibenden.

Im Schloß der goldenen Sonne

Das Schloß steht auf einem hohen Berg, und es ist offenbar von unten nicht zu erblicken. Das erklärt, warum es der Jüngling auf seiner Wanderung in den Erdenbreiten nicht hat finden können. Man muß sich erheben, um es zu entdecken. Im Traumwald leiht der tiefe Wunsch seiner Hoffnung die Flügel. Nun steht er plötzlich am Ziel seiner Wünsche. Bis dahin kannte er nur den Namen des Schlosses.

Er hatte aber gehört, daß auf dem Schloß der goldenen Sonne eine verwünschte Königstochter säße, die auf Erlösung harrte; es müßte aber jeder sein Leben daran wagen; schon dreiundzwanzig Jünglinge wären eines jämmerlichen Todes gestorben und nur noch einer übrig, dann dürfte keiner mehr kommen.

Dieser vierundzwanzigste und letzte aller Freier ist er. Er weiß, daß er der letzte ist; dies wird uns ausdrücklich gesagt, wenn in den verheißenden Satz schon gleich die Spannung aufs Ende eingepackt liegt. Aber dies hält ihn nicht ab.

Und da sein Herz ohne Furcht war, so faßte er den Entschluß, das Schloß von der goldenen Sonne aufzusuchen.

Da er aber einmal als letzter Freier sich vornimmt, die Königstochter zu entzaubern, muß das Erlösungswerk gelingen, sonst ist alles vorbei. Versagt er, entgleitet die Rettung für immer. Und so führt uns die Spanne vom dreiundzwanzigsten zum vierundzwanzigsten in eine Endzeit. Wundern wir uns nicht, wenn in kaum überbietbarer Heftigkeit die Ereignisse der letzten Phase sich überstürzen. Ein Geisterkampf wird durchgefochten am Tor einer zeitlosen Ewigkeit. Das Märchen von der Kristallkugel hat apokalyptische Züge, wenn auch nur als Miniatur ins menschliche Seelenfeld genommen. Darauf deutet die Runde der vierundzwanzig, deuten die Gestalten der Tiere Adler und Walfisch, Auerochse und Feuervogel wie auch die Feuer- und Wasserkatastrophe am Ende.

Wie aber findet der Jüngling die Königstochter im Schloß der goldenen Sonne vor? Er durcheilt bis zur letzten Kammer die Zimmer, und sie scheinen alle verödet. Kein Bewohner wird sichtbar, als habe der Zauberer alle lebenden Wesen, wenn nicht vorher schon, so doch bei Annäherung des

Jünglings mit radikalem Griff dem Blick des Eindringlings entzogen, um ihm das einzig gesuchte Wesen so hilflos und verachtenswert zu überlassen, daß ihm gründlich alle weitere Lust verdorben werde: in infamer Häßlichkeit. Wo verbirgt sich der Zauberer inzwischen? Beobachtet er aus geheimem Versteck argwöhnisch diese Begegnung? Die Vorstellung des Häßlichen kann nie die Wirklichkeit des Häßlichen erreichen. Warum erschräke der Jüngling sonst so entsetzt, da er die Königstochter in der letzten Kammer endlich findet, er, der doch vorbereitet war, zu einer »verwünschten« Königstochter zu kommen? »Sie hatte ein aschgraues Gesicht voll Runzeln, trübe Augen und rote Haare.« Man fühlt, wie sein Herz stockt, fühlt die abgründige Enttäuschung, die sich seiner Seele entringt: »Seid Ihr die Königstochter, deren Schönheit alle Welt rühmt?« Und es klingt der Unterton mit: Wozu habe ich alles unternommen? – Aber daß seine Enttäuschung *Worte* findet, daß er nicht einfach stumm und geschlagen umkehrt, wird zu ihrer beider Heil. In seiner Frage liegt sein wichtigster Beitrag im Schloß. So nur kann die Unglückliche antworten:

»Ach, das ist meine Gestalt nicht, die Augen der Menschen können mich nur in dieser Häßlichkeit erblicken, aber damit du weißt, wie ich aussehe, so schau in den Spiegel, der läßt sich nicht irremachen, der zeigt dir mein Bild, wie es in Wahrheit ist.«

Die Verzauberte besitzt einen Spiegel der Wahrheit, den sie ihm reicht. Ihn hat der Zauberer offenbar nicht rauben können, er stammt aus der Wahrheitssubstanz selbst, die das Schloß der goldenen Sonne durchwirkt. Das Leben in diesem Quellgebiet des Lebens (so wird es hier geschildert) verkümmert unter der Herrschaft des Zauberers. Die Schönheit konnte sich nur in den himmlischen Spiegel der Wahrheit flüchten. Hier jedoch leuchtet sie unvergänglich:

Er sah darin das Abbild der schönsten Jungfrau, die auf der Welt war, und sah, wie ihr vor Traurigkeit die Tränen über die Wangen rollten.

Im Anblick der Urbildes verjüngt sich für den Jüngling in Geistesschnelle und mit Feuerkraft auch sein Entschluß, der ihn alle Wege suchen ließ: »Wie kannst du erlöst werden? Ich scheue keine Gefahr.« Und sie eröffnet ihm, wozu alles Bisherige nur eine Einleitung war:

»Wer die kristallne Kugel erlangt und hält sie dem Zauberer vor, der bricht damit seine Macht, und ich kehre in meine wahre Gestalt zurück. Ach«, setzte sie hinzu, »schon so mancher ist darum in seinen Tod gegangen, und du junges Blut, du jammerst mich, wenn du dich in die großen Gefährlichkeiten begibst.«

Wessen Lage ist bejammernswerter, seine oder ihre? Kein Wort des Selbstbedauerns entschlüpft ihr – außer dem Hauch eines Seufzers »Ach...« Sie weiß, daß dieser vierundzwanzigste ihr Schicksal in der Hand hat und daß von seinem Wagemut ihre Existenz in Zeit und Ewigkeit abhängt, und doch darf sie nicht an sich selbst denken. Ihre Liebekraft gilt ihm, dem jungen Blut. Und ihr Wort durchströmt ihn nur um so weckender, daß er beteuert: »Mich kann nichts abhalten, aber sage mir, was ich tun muß.« Und nun folgt in drei Sätzen ihre Anweisung. Es ist der Ausblick auf eine Dramatik von höchster Art.

»Du sollst alles wissen. Wenn du den Berg, auf dem das Schloß steht, hinabgehst, so wird unten an einer Quelle ein wilder Auerochs stehen, mit dem mußt du kämpfen. Und wenn es dir glückt, ihn zu töten, so wird sich aus ihm ein feuriger Vogel erheben, der trägt in seinem Leib ein glühendes Ei, und in dem Ei steckt als Dotter die Kristallkugel. Er läßt aber das Ei nicht fallen, bis er dazu gedrängt wird, fällt es aber auf die Erde, so zündet es und verbrennt alles in seiner Nähe, und das Ei selbst zerschmilzt und mit ihm die kristallne Kugel, und all deine Mühe ist vergeblich gewesen.«

An der Quelle

Nun verläßt der Jüngling die Königstochter. Bis jetzt war er auf dem Weg, jetzt setzt die Tat ein. Er gelangte an den Zielort seines Hörensagens, aber siehe: gerade *nicht* im Schloß der goldenen Sonne kann sich die Erlösung vollziehen, die Entscheidung verlangt eine ganz andere Ebene, »unten an der Quelle« – in der Tiefe. Er muß wieder hinabsteigen in die Fußregion. Er wird auf sich selbst gestellt wie eh und je.

Den Kampf mit einem Auerochsen kündigt ihm die Jungfrau an. Aber warum gerade an einer Quelle? Also wäre der Ort am Fuß des Berges durchaus ein lieblicher Ort, begrünt und umblüht, wenn nicht der wilde Auerochs ihn umkreiste! Die Quelle wird nur an dieser Stelle erwähnt und nicht wieder, nur mit dem Auerochsen verbunden; die lebendige Quelle mit dem blindwütigen Tier.

Sagten wir im vorigen, daß eigentlich droben im Schloß der goldenen Sonne das Quellgebiet des Lebens und damit der Schönheit und der sprossenden, formenden Fülle sei, daß aber dort seit der Herrschaft des Zauberers der Lebensstrom versiegt und alles verödet sei – darauf deuten die leeren Zimmer –, so dürfen wir nun sagen: Hier unten am Fuß des Berges ist eine Oase des Lebens erhalten geblieben oder das oben erstorbene Leben hat sich hier unten angesiedelt. In einem schmalen Born rinnt aus der Erde hervor, was einstmals allseitig strömend von oben herabträufte und mit goldenen Eimern die Weiten segnete. Nach allem, was bis dahin im Zeitenwerden geschehen ist, ist der Lebensquell nun mit der Tiefe vereinigt. Dies dürfen wir hineinnehmen in unsere Betrachtung, wenn ausdrücklich die Quelle unten genannt wird. Geht nicht auch um diese Quelle der Kampf?

Der Kampf geht um sie so mächtig, wie er um die Königstochter selbst geht. Wie der Spiegel droben das Urbild ihrer Schönheit bewahrt, so bewahrt der Quell der Tiefe die Lebensflut der königlichen Jungfrau – und diese Lebensflut ist in die Gewalt des Tieres geraten. Wird das Tier überwunden, wird auch die Quelle frei. Das gehört mit in die Erlösung der Jungfrau.

Kaskade der Ereignisse

Das Tier zu überwinden an der Quelle ist merkwürdigerweise die einzige Tat, bei welcher der Jüngling selbst Hand anlegt. Denn alle weiteren Ereignisse, Glied aus Glied, geschehen dann ohne ihn. Er gibt nur den Anstoß. Seine Brüder vollenden, was er begonnen.

Sehen wir zunächst davon ab, welche Qualitäten sich mit Auerochs und Feuervogel, mit glühendem Ei und Kristallkugel verbinden mögen. Suchen wir keine Deutung. Richten wir unser Augenmerk allein auf den Ablauf der Ereignisse, wie sie sich auseinander entwickeln, und es fällt uns genug des Bedeutsamen auf.

Wußte der Jüngling nicht im voraus durch die Anweisung der Königstochter, wer ihm begegnen wird und wie eins nach dem andern geschieht, so könnte er niemals ahnen, wenn er dem Stier gegenübersteht, daß sich aus dem todgetroffenen, niedersinkenden Stier der Feuervogel erheben werde; niemals würde er dann dem Feuervogel ansehen, daß dieser ein Ei in sich trägt; niemals dann vermuten können, daß aus dem glühenden Ei das kühlste, kostbarste Gut entstehen werde, die lichte Kristallkugel. Seine Menschenaugen könnten es nicht durchschauen. Die Königstochter weiß es. Sie stammt aus Zonen einer Sonnen-Schau. Aber wie hängen die Dinge zusammen?

Der Auerochse schnaubt und wütet am Fuß des Berges. Er ist eine Wirklichkeit, wie die Quelle sprudelt. Aber alle weiteren In-Geschöpfe, die die Königstochter nennt, sind noch ungeboren. Den Anstoß zu ihrer Geburt muß der Jüngling durch seine Tat überhaupt erst geben, damit sie zum Dasein *hervorgebracht* werden. Sie brauen und brodeln. Sie formen sich erst nach und nach Stufe um Stufe, Erscheinung aus Erscheinung heraus.

Man kann nämlich fragen: Ist der Feuervogel tatsächlich schon als Vogel ausgebildet existent im Leib des Stieres? Keinesfalls. Der Stier trägt nur in unwägbarer Mischung die Elemente zum Feuervogel in sich. Sein Inneres läßt der Anlage nach zu, daß sich ein solches Wesen herausspaltet, *wenn* die Bedingungen dafür geschaffen werden. Zum Feuervogel wird das Unwägbare, Ungeformte im Stier erst im Augenblick des Todes. Der Stiertod gehört als Ferment der Verwandlung dazu, damit das Feuervogelwesen aufsteigen kann. Freilich, im ewigen Plan der Götter, von dem die Königstochter als Kind des Schlosses der goldenen Sonne Kunde hat, ist dieser feurige Vogel lange schon als möglich vorausgesehen, er ist eingeplant als Werdeglied. Aber wenn der Jüngling den Stier nicht überwindet, wird der feurige Vogel nie dem Menschenblick und der Menschenwirklichkeit erscheinen. Aus dem niedersinkenden Stier erst erhebt er sich. Im Feuervogel lebt dann der Feuertrieb des Stieres weiter, aber nun der erdig-urchigen Verhaftung enthoben. Der Tod löst die vorerst noch wild rumorenden Feuerkräfte heraus, und nun, im neuen Daseinszustand, nehmen sie Vogelgestalt an, sie züngeln und flirren sich ins Luftelement hinein und streben von da einer weiteren Verwandlung zu.

Das ist das dynamische Geheimnis, das sich hier in des Wortes voller Bedeutung zeigt. Eine Existenzform enthüllt sich aus der andern. Von Wandlung zu Wandlung offenbaren die Wesen etwas von ihrem inneren Kern. Und zwar bedarf es jeweils eines entscheidenden Kampfes, der immer gewaltigere Maße annimmt – wenngleich der kostbare Extrakt immer winziger zusammenschmilzt, bis er als Kristallkugel endlich geboren wird.

Das will besagen: In dem Augenblick, als an der Quelle der Kampf auf Leben und Tod zwischen Jüngling und Auerochse beginnt, ist der letzte Gewinn, die Kugel, noch völlig im Werdeschoß der Planung aufgehoben. Als Möglichkeit ruht sie zwar bereits in der wutumbrauten, feueratmenden Stierhülle drinnen, aber als Realität schwebt sie noch hoch droben in den Höhen des Lichtes. Selbst in dem dahinfliehenden Feuervogel schießen die Kräfte seines Wesens erst im *Fluge* zusammen und verdichten sich auf seiner Flucht durch die Lüfte zum Ei. In der Angst der Flucht, in seinem Bestreben, zu entfliehen, entsteht im Vogel das Ei. Denn auch die Jagd zwischen Adler und Feuervogel wird zur Todesjagd! In der Not preßt der Vogel sein Feuer zusammen zum winzigen Glutball. Im Flug rafft der Feuervogel die Kristallkräfte aus den Lichthöhen herein. Sie werden zum Gel des Eies, im Flüssigen schwebend. Erst bedrängt vom Adler, läßt der Vogel das Ei fallen, und dieses stürzt in die Tiefe. Einmal der Luft preisgegeben, droht der Dotter im Feuerbrand aufzugehen; das Lichtgel will im Feuer verglühen. Noch im Moment des Sturzes ist nichts von Fest-Kristallinem vorhanden. Ihren Endzustand erreicht die fallende Kugel erst in dem Augenblick, da die Wasserfluten des Walfischs schockartig das Glutei überschütten und die Schale zerspringt. Aus dem kosmisch fernen Licht, durch die Stufe des flüssigen Lichtgels hindurch wird in der Wasserflut die kristallklare kühle Lichtkugel geboren. Jetzt ist sie da und so faßlich, daß eine Menschenhand das Strahlengebilde in die Hand nehmen, es handhaben kann. Und das sollte erreicht werden: daß der Jüngling die ursprünglichste Schöpfungssubstanz, den ersten Worthauch Gottes am Erdenbeginn: »Es werde Licht«, für sich selbst erringe, um des Zauberers Herr zu werden durch das Licht.

Achtet man auf das Prozessuale der Geschehnisse, so ahnt man staunend etwas vom Schöpfungsprozeß im Erdenurbeginn selbst. Wir werden Teilnehmende an Gottes Werdetaten. So mögen die Edelsteine, die Kristalle und das Kristalline überhaupt in kosmischen Evolutionen, die zweifellos mächtigen und kampfesträchtigen Geburtsvorgängen entsprechen, aus Lichthöhen in die Erdentiefen hineingesenkt worden sein; so aus Feuerstürmen geboren, durch die Zustände von flüssigförmigem Gel hindurch in irdische Form und Stofflichkeit gefestigt, zur Härte geklärt – ursprünglich reines Licht. Davon läßt uns die Miniatur des Märchens etwas ahnen – und dennoch bleibt ein diametraler Unterschied zum Schöpfungsgeschehen.

Kristall und Kugel

Das Märchen hat es nur im Widerschein mit der Kosmologie zu tun; in Wahrheit mit der menschlichen Seelenentwicklung. Ins menschliche Entwicklungsgeschehen schlagen die Rhythmen des Planetenwerdens nachwellend herein; sie erfahren dabei eine Umkehrung. Denn so sehr sich die Schöpfungsprozesse im Ablauf gleichen mögen – der Schöpfungstag Gottes im All und der kleine Kampftag des Menschen auf Erden –, die Schöpfungsgebilde unterscheiden sich in wesentlichem Betracht. Das wird an der Kristallkugel deutlich.

Keine Kristallform der Erde, für sich gesehen, von welchem Mineral auch immer, hat die Form einer absoluten Kugel. Es gibt Minerale, die sich blasigkugelig ablagern, in Nierenform sagt der Fachmann; Bluteisen zum Beispiel. Es gibt auch kugelknolliges Brauneisen. Unter den Edelsteinen gehört Malachit in die Formgruppe. Doch die Kugelstruktur geht stets an den Fließpunkten ins Amorphe, Gestaltlose über. Ja, es gibt schöngerundete Markasit-Kugeln. Doch die reine Kugel ist eine Idealform der Natur, die sie höchst selten oder nie erreicht. Sie billigt sie im Grunde nur der Erde selbst zu, der Erde als Planet. Die Kugel ist eine ganz und gar kosmische Form. Der Kristall nun, unter dem wir naheliegend den weitverbreitetsten unserer Zonen, den hellen, farblosen, wasserklaren Bergkristall verstehen, widerstrebt in seinem sechskantgeformten Kristallschaft völlig der Kugelgestalt. Die Kugel ist ihm während seines »Wachstums« in der Dunkelkammer einer Berghöhle fern, wie ihm nur eine jenseitige Welt fern sein kann. Das Licht hat dem Kristall das Geradlinige seiner Strahlen vermacht. Nichts deutet aus dem Kristall selbst auf eine Kugeltendenz hin.

Wenn also das Märchen von einer Kristallkugel spricht, hat es ein Gebilde im Sinn, das die Natur aus sich heraus niemals hervorgehen läßt; der Mensch muß es erst schaffen! Er kann es schaffen. Er kann mit Hilfe exakter Schleifmethoden aus der Leibung des Bergkristalls oder anderer Kristalle die Kugel herausdrehen. Wer eine solche Kugel in der Hand hält, wird überrascht feststellen, daß in der Brechung des Lichtes durch die Kugel hindurch die zarten Anordnungen einer Blüte oder feiner Moose sich aufs anschaulichste vergrößern. Die Kugel eröffnet intime kleine Welten dem Blick.

Aber im Märchen haben wir den Sinn der Kristallkugel tiefer zu suchen. In der Vereinigung der beiden Extreme Kristall *und* Kugel liegt das Geheimnis.

Die widerstrebenden Phänomene werden in eines gebändigt. Im Kristall lebt das strahlend selbstlose Licht, kantig gespeert und vielfältig strebend. Licht in Erdenform. Die Kugel aber bleibt, was sie von Anfang war und am Ende sein wird, die in sich selbst kreisende und vollendete Form aller Formen, die kosmische Idealform. Jeder Punkt ihrer Erscheinungsfläche ist Anfang und Ende zugleich, schwebend im Ganzen. – Finden sich Kristall und Kugel in einem zusammen, so wird ein bis dahin nicht existenter, neuer Seinszustand geboren. Der Kristall für sich allein birgt Kosmisches irdisch gefaßt. Die Kristallkugel trägt das Kosmische um das Irdische bereichert ins Kosmische zurück. Darin beruht die Umkehrung.

Hatten die alten Kaiser und Könige als Zeichen ihrer Regentenwürde getrennt in beiden Händen Zepter *und* Reichsapfel – Aufrichtekraft zum Licht im Zepter und Welteneinklang in der Weltkugel –, so durchdringen sich in der Kristallkugel beide Insignien zu einem einzigen; zum letzten Erträgnis menschlichen Werdens. Erringt der jüngste Bruder dieses Kleinod, macht er sich reif zur Königswürde im Schloß der goldenen Sonne. Dieser neue König bringt den Lebensquell der Tiefe und den Ursprungsort im Weltenall aufs neue zusammen. Durch die Kristallkugel in seiner Hand lösen sich die Gegensätze von Unten und Oben, von Irdischem und Himmlischem in einer neuen Mitte.

Man kann nun den Einwand haben: Warum werden die Kristallphänomene am Bergkristall entwickelt? Gehört nicht hierher der edelste aller Edelsteine, der *Diamant?* Setzen wir ihn ein, so bleibt der dynamische Vorgang zwar durchaus derselbe, wir ergreifen jedoch einen absoluteren Wert. Gesteigerte Härte, gesteigertes Feuer sind dem Diamanten eigen, und die schönsten und wertvollsten Exemplare sind die hellsten vom »ersten Wasser«. Der Diamant kristallisiert nach der Fachsprache der Mineralogen kubisch-regulär, in gleicher Ausdehnung nach allen Seiten, und zwar in der Grundform eines Achtflächners, einer doppelten Pyramide. Er bildet keinen langgestreckten Zwischenschaft mit (günstigstenfalls) zwei Spitzen wie der Bergkristall. Seine Grundform des Oktaeders kann der Diamant, erstaunlich genug, ausgestalten zu einem rundgeneigten Körper von achtundvierzig Flächen – im Idealfall! Dennoch ist auch ihm, bei aller Regelmäßigkeit, in seinen edlen Sorten von der Schöpfungsseite her die reine Kugelform versagt.

Produziert die Natur den Diamanten tatsächlich einmal in kugeliger Form – und auch dies kommt als Widerspruch zur Bestätigung der Regel vor –, so vermag sie das nur bei denjenigen Vorkommen des Diamanten, die ihn als unedlen, undurchsichtigen Bort, Ballas oder Carbonado begleiten: Es handelt sich um Gebilde aus Diamantsubstanz, aber in dichter schwarzer Masse, innen regellos oder radialfaserig angeordnet, diese jedoch oft in rein kugeliger Gestalt, erbsen- bis eigroß. Gerade diese unedlen Formen des Diamanten sind unter Umständen härter als der durchsichtige, helle Diamantkristall; sie sind deshalb ein begehrtes Schleifmaterial in der Tiefbohrtechnik.* Daraus ergibt sich der fast tragische Schluß, daß die Natur, wenn sie wirklich die *Form*vollendung der Kugel erreicht, auf die *Licht*vollendung des Diamanten verzichten muß: Die Härte dichtet sich in das noch Härtere, aber alle die edlen Qualitäten des Aus-sich-selbst-Strahlens werden geopfert; das Sonnenelement des Leuchtenden, Funkelnden bleibt dann versagt.

Wird dieser edelste Stein nun im Märchengeschehen aus dem Ei des stierentsprungenen Feuervogels geboren, dann schmilzt die kugelsehnsüchtige, lichte Diamantsubstanz endlich zur reinen Kugel um. Aus dieser Kugel blitzen dann die Lichtgewalten nicht mehr nur wie beim Brillanten im Widerschein der Schliffkanten, gebrochen zurückstrahlend, sondern die Kugel ist ihr eigenes Zentrum, die Kugel ist selbst Licht. Vor diesem inständigen Strahlen einer Miniatursonne zerbricht der Zwang des Zauberers. Licht bricht die Widerstandsmacht der bis dahin schier allmächtigen finsteren Magie.

Was die Alchimisten in geheimnisvoll gehüteten Prozeduren zu bilden suchten, wird hier kund. Das Märchen nennt es in genialer Einfachheit »die Kristallkugel«. Der Name ist so wahr, wie den Alchimisten der »Stein der Weisen« als letzte Erfüllung vorschwebte. Ihn, den Stein der Weisen, erwirbt der Jüngste und gründet auf ihn das künftige Reich.

Die drei Brüder

Vom Jüngsten hängt alles ab. Er allein war so wach unter den dreien, daß er rechtzeitig der Mutter entfloh. Träumten die älteren Brüder zuviel, so daß die Zauberin-Mutter sie nur noch völlig zu betören, das heißt mit einem Schubs hinüberzutreiben brauchte über die Grenze ihrer Träume, dahin, wo-

* Zum Diamant siehe Walter Cloos: Kleine Edelsteinkunde, Verlag Freies Geistesleben, Stuttgart.

hin sie ihr Träumen ohnehin schon zog; den einen in die Höhe, den anderen in die Tiefe? Da sie zu Adler und Walfisch werden, erfahren sie das Schicksal, eingefangen zu sein in ein elementares Reich. Dieses Reich können sie zwar frei durchmessen, sie werden zu Königen in ihrem Gebiet, aber der eine bedarf immer der tragenden Luft, der andere des tragenden Wassers, um seine Natur darzuleben. Sie werden einseitig gebunden zu elementarverzauberten Wesen.

Dem dritten blieb weniger und mehr. Weniger: überwöge seine Träumernatur, so hätte ihn die Zauberin als Bären ins Walddickicht geschickt, wo er Gebüschpfade abtrottete und kleinere Tiere schlüge – und er wäre mehr und mehr in den Wald geraten! Wäre er aber als Bär verzaubert den Riesen begegnet, hätten diese kürzer mit ihm verfahren und ihn vernichtet. So hat er sich freigehalten und ist der Naturverwünschung entflohen. Aber er kann nur auf seinen Füßen weiterkommen. Was sind Menschenschritte gegenüber dem königlichen Flug des Adlers oder dem machtvollen Flossenschlag des Walfisches? Auf seine Weise bleibt der Jüngste ein »kleiner Mensch«, der nur Schritt für Schritt vorwärts dringt. Darin liegt seine Beschränkung. Seine Überlegenheit liegt in der Freiheit, die Schritte zu lenken, wohin er will. Die Wege können in alle Himmelsrichtungen führen, die Ziele über allen Erdenpfaden liegen. Freilich erreicht er sie nicht immer aus eigener Kraft, doch *kann* er sie erreichen, und seien sie so fern wie das Schloß der goldenen Sonne, während der Adler im Umkreis seines Felsenhorstes seine Kreise zieht. Dem Wandernden kommen Hilfen zu, an die er im Augenblick vorher noch nicht gedacht hat, die er auch nicht berechnen konnte. Seine Freiheit erneuert sich stets im neugefaßten Entschluß. »Ich scheue keine Gefahr.«

Vom Jüngsten heißt es: »Und da sein Herz ohne Furcht war...«, und später wird gesagt, daß sein Seufzer »aus Herzensgrund« aufsteigt. Diese Charakteristika sagen uns, er hat seine Stärke in den Kräften der Mitte. Die Herzkräfte hätten auch zu Bärenkräften entarten können, schlimmstenfalls zu den reißlustigen des Wolfes. Aber da sie menschlich blieben, bändigt er sie in seinen Arm hinein, und sein Arm führt das Schwert, das er dem Auerochsen in den Leib stößt. Herzkraft vermag auch das Schwert zu führen, ohne Furcht vor dem Tod. In seiner Mutnatur zeigt sich, daß er der Bruder seiner Brüder ist. Sie strafft sich vor dem Ungeheuer in ein Format, das dem königlich großgearteten von Adler und Walfisch gleichkommt.

Warum wird nicht von einem Stier gesprochen? Warum wird zum Tyrannen der Quelle ein wilder Auerochse, der schnaubt und brüllt? Weil der Himmelsstier des Tierkreises, droben seiner Ordnung und Eingliederung der Zwölfheit enthoben, uns hier in die Tiefe gesunken entgegentritt, wo er sich zum wutgeladenen Wildstier chaotisiert. Das Märchen sagt: Vom Ringkreis des goldenen Schlosses vertrieben (der Herde Apollos entführt), wird die Weltenzeugungskraft unten an der Quelle zum Vernichtungstrieb. Aus dem lebenzeugenden Himmelsstier wird der zorn- und todfunkelnde Auerochse. Ihm steht der Jüngling gegenüber, und hier hat er allein zu bestehen. Kein Wort wird gesagt, wo er die Schwertkunst erlernte. Er tötet den Auerochsen. Das ist, was er für die Königstochter tun kann.

Aber von diesem Augenblick an setzt eine ganz andere Ereigniswelle ein. Was von da an geschieht, entgleitet dem Jüngling in kaum faßbarer Schnelle. Dem entfliehenden Feuervogel kann er nur noch nachstarren; der schwingt sich ins Nimmererreichbare auf. Unten steht ein kleiner Mensch.

Wiederum erleben wir, daß alle Vorstellungskraft, es vorher zu wissen, matt bleibt gegenüber dem, was tatsächlich geschieht. Zug für Zug hatte es ihm die Königstochter angekündigt. Jetzt übertrifft die Gewalt, mit der das gestaute Wesen »Feuervogel« entflieht, alle vorgestellten Maße. Selbst ein Wunschhütlein von Ort zu Ort vermöchte hier nichts. Denn der Feuervogel schießt in sausendem Flug durch die Lüfte. Flug ist sein Wesen, und er wird in Kürze jenseits aller Raumgrenzen verschwunden sein. Ihn sollte der Jüngling bedrängen, lautete die Anweisung der Königstochter. Aber um ihm zu folgen, müßte er selbst Flügel haben, und welche gewaltigen! Er müßte der Bruder Adler sein!

Entringen sich solche Gedanken »Wäre ich doch selbst ein Vogel ...« der Seele des Jüngsten, da er dem Feuervogel nachstarrt? Und sind es gerade diese Fluggedanken, die den Bruder Adler unwiderstehlich herbeiholen? Plötzlich und im rechten Augenblick taucht der Bruder Adler auf. – Fernkraft verbindet die Brüder, die auseinandergerissen zu existieren gezwungen sind. Liebten sie einander nicht schon im Mutterhaus brüderlich? Der gemeinsame Ursprung verbindet sie. Sie haben einander nicht vergessen. Die älteren warten auf den jüngeren, und sie verfolgen aus der Ferne seine Wege. Jetzt ruft die Seelenflugkraft des Stiertöters den Adlerbruder in seinem Horst, aber siehe, der Bruder ist schon unterwegs zu ihm, er zieht schon »zwischen den Wolken daher«. Der zwischen den Wolken Schwebende stürzt auf den Feuervogel herab und führt den Kampf weiter, den kein anderer zu führen vermöchte. Adler und Feuervogel – beides geflügelte Wesen, und doch sind beide unterschiedlichster Art. Zwei Gegenwelten stoßen aufeinander, die Welt des erdbehütenden Luftkreises und die einer erdflüchtigen, lichtsüchtigen Glut. Letztlich jedoch stammt der Feuervogel aus dem Weltenzeugungsfeuer und birgt den kostbarsten Kern. Aber diesen Kern entläßt der Vogel nur in größter Bedrängnis; er muß ihm abgerungen werden.

Weiß der Adlerbruder um das Geheimnis der Kristallkugel, daß sie nicht zur Erde stürzen darf? Wie käme ihm sonst die rettende Richtung zum Meer in den Sinn? Er will die Kugel dem Bruder Walfisch zuspielen; der Beherrscher der Meere soll sie bergen. Daß dieser Zug nicht gelingt, läßt uns die Erbitterung des Kampfes ermessen. Der Feuervogel läßt sich auf keine Weise abdrängen, das entfesselte Stierfeuer will nur steigen. Schließlich fällt das Glutei an der Grenzscheide von Land und Meer, am Ufer diesseits, und steckt die Fischerhütte in Brand. Die alte Menschenbehausung geht in Flammen auf, und mit ihr verbrennt die dürre, alte Welt. Immer stärker greifen die losgelassenen Elemente in den Kampf ums Ende ein. Das Feuer hat die Erde ergriffen – und wir sehen den Königstochterfreier machtlos beiseite stehen; er vermag nichts dagegen zu tun. Der Bruder Walfisch allein vermag es. Er wirft haushohe Wellen auf den Brand und löscht ihn. Auch er ist ungerufen zur Stelle. Welche unerforschlichen Dinge sich mit dem Dasein des Walfisches verbinden, wagen wir nicht auszuloten, denken wir nur an die Todesnächte Jonas' im Bauch des Walfisches! Im Märchen wird deutlich: Die Macht des Walfisches erst, aus der Tiefe herauf, entscheidet den Kampf, so daß die Lichtkugel unversehrt geborgen werden kann. Tatsächlich wird im Schock der Abkühlung dank der Wasserkraft die Kristallkugel geboren, sonst müßte sie verbrennen.*

* Der Einklang zwischen der Kristallkugel des Märchens und dem natürlichen Diamanten im Verhalten zu Druck-, Feuer- und Wassereinwirkung läßt sich bis in faszinierende Einzelheiten verfolgen. Wir können vom Mineralogen erfahren, daß auch der Naturdiamant, unter sehr hohen atmosphärischen Druck gesetzt und Hitzegraden von über 800° Celsius ausgeliefert, *verbrennt,* und zwar dann, wenn er in diesem hochgradig erhitzten Zustand zugleich einem starken Sauerstoffstrom ausgesetzt wird, kurz, mit intensiv sauerstoffgesättigter »Luft« in Berührung kommt. Genauso schildert es das Märchen. – Andere Forscher suchten aus Graphit Diamanten künstlich herzustellen, indem sie den Graphit, der ja wie der Diamant aus reinem Kohlenstoff, nur in einem anders entwickelten Zustand besteht, unter höch-

In drei Zonen aufgesplittert leben die Brüder. Aber am Ende wirken sie völlig übereinstimmend zusammen und erringen gemeinsam das kostbare Gut. Sie wirken in einer Trinität, die Höhe, Tiefe und Mitte umschließt. Die Brüder werden im Prozeß, die Kristallkugel zu erringen, ja sie überhaupt erst zu bilden, wieder zusammengeführt. Man darf vielleicht auch sagen: Dem Jüngsten sind die Naturgewalten allseitig dienstbar, geht es doch in der Kristallkugel um keinen egoistischen Besitz mehr, sondern um einen irdisch-überirdischen Doppelschatz, der allen zugute kommt. Der von Anfang an auf Freiheit veranlagte dritte bedarf aufs dringendste der älteren, kosmisch georteten Brüder. Ohne sie wäre alles umsonst. Die naturverwünschten Brüder ruft er heran als seinesgleichen. Ist die kristallne Kugel geboren, kann er die Brüder entzaubert mit herübernehmen in sein Reich vom Schloß der goldenen Sonne. Denn das Seufzen der Königstochter in dem »Ach« ihrer Begrüßung war zugleich das Seufzen seiner Brüder: »Das ist unsere wahre Gestalt nicht.«

Im Schloß der Jungfrau drinnen spiegelt sich, was draußen als Kampf ausgetragen wurde. Im selben Maße, wie die Feuerzungen die alte Fischerhütte verzehren und die Wasserfluten den Feuerbrand löschen, verliert die Königstochter ihr aschgraues Gesicht. Sie verliert den faltig ins Antlitz geschriebenen Kummer, sie verliert die Runzeln des Alten. Die trüben Augen hellen sich ins Kristallklare – mit der Geburt der kristallnen Kugel. Nun wird die Jungfrau auch für Menschenaugen schön, wenn diese Kugel durch Menschenwillen errungen ist. Aus den Prüfungstaten des Jünglings und seiner Brüder geht die Jungfrau in ihr Urbild zurückgewandelt hervor. »Sie stand da im vollen Glanze ihrer Schönheit.« Eine strahlend erblühte, verjüngte Braut empfängt den Bräutigam, »und sie wechselten voll Freude die Ringe miteinander«.

stem Druck (»Bedrängnis« sagt das Märchen) und unwahrscheinlich hoher Erhitzung bis 1500° (als »Glutei«) im Moment der höchsten Erhitzung schockartig abkühlten – wobei sich der umgeschmolzene Graphit durch den Abkühlungsschock tatsächlich in feinste Diamantkristalle umwandelte. – Wie die Märchenbildner diese durch die Naturwissenschaft bestätigten Tatsachen als Geistvorgang exakt darstellen konnten, und dies in der einfachsten Sprache, bleibt ihr Geheimnis. Wahrscheinlich ist das Märchen selbst aus echten alchimistischen Erfahrungen hervorgegangen.

RUMPELSTILZCHEN

Die Kinder lieben Rumpelstilzchen sehr. Bei den Märchendeutern kommt das kleine Männlein aber schlecht, teils sogar sehr schlecht weg. Daß es sich als ein Zornnickel letztlich selbst zerreißt, stärkt die Interpreten, zu Recht ein böses Wesen in ihm zu sehen. Aber schon dies mahnt zur Vorsicht: In der allerersten Fassung der Brüder Grimm, der Oelenberger Handschrift (1810), wo es noch »Rumpenstünzchen« heißt, zerreißt es sich nach der Namensnennung nicht, sondern es erschrickt und fliegt auf dem Kochlöffel fort; wohin, bleibt offen. In der zweiten Fassung, der gedruckten »Urfassung« (1812), läuft es »zornig fort« und kommt nimmermehr wieder. Auch da zerreißt es sich nicht. – In den Boden stampfen, daß es tief darin steckenbleibt usw., tut es erst in der dritten Fassung, der allbekannten Ausgabe letzter Hand; und also haben wir uns mit dieser Fassung abzufinden und auseinanderzusetzen, denn die Vorfassungen beschäftigen durchweg nur die Gelehrten; die Endfassung steht in den Kinderbüchern. Auf sie beziehen sich die nachfolgenden Gedanken. Es ist keine durchgeführte Wiedergabe des Märchens. Es ist eigentlich nur ein Echo zu dem, was schon über Rumpelstilzchen gesagt wurde. – Es bricht eine Lanze für Rumpelstilzchen.

Friedrich Rückert hat für Märchenliebhaber wie -deuter den Trost bereit:

Ein jeder deutet sich die Welt in seinem Sinn,
Und jeder deutet recht. So viel ist Sinn darin.

*

Der Müller ist arm, aber er hat eine schöne Tochter. In seiner Armut ist sie sein Stolz. Und um sich ein Ansehen zu geben, rühmt er sie vor dem König, sie könne Stroh zu Gold spinnen. Durch diese Anpreisung im Gold hebt Vater Müller seine Tochter auf die königliche Stufe; er zaubert als kühne Behauptung dem König vor: Meine Tochter ist deiner, des Königs, würdig, ihre Schönheit macht das Stroh der Armut zu Gold. Goldstufe ist Königsstufe. – Das muß sich erst zeigen, sagt der König, aber wir können es darauf ankommen lassen. Schick sie morgen zu mir ins Schloß. – Erzählt nun der Müller seiner Tochter etwas von dem, was ihn seine Sucht nach Ansehen zum König sagen ließ? Offenbar nicht. Denn wüßte sie es im voraus, könnte sie sich ja wehren und liefe nicht unschuldig hinein in die Königskammer. Sie weiß nicht, was sie dort erwartet. Sie versteht keineswegs Stroh zu Gold zu spinnen. Das sagt der Müller nur so; vergleichsweise. – Läßt sich der Vater begreifen? Warum prahlt er seine Tochter in solche Gefahr hinein? Denn der König läßt nicht mit sich spaßen. Er tritt von vornherein als ein unerbittlicher Herrscher auf. Beim Wort packend, droht er mit dem Tod, wenn das Mädchen nicht fertig wird bis zum Morgen. Er erwartet nicht nur Gold, er erwartet es auch in einer einzigen Nacht, der kürzesten Frist. Und obendrein, er schließt die Tür ab, mit eigener Hand. Er behandelt das Mädchen, das ihm empfohlen wird, als Gefangene. Gefangen fühlt sich das Mädchen, von Entfliehen kann keine Rede sein.

Um so erstaunlicher, daß das kleine Männchen später durch die vom König selbst verschlossene Tür eintritt: »Da ging auf einmal die Tür auf, und trat ein kleines Männchen herein.« Das Männchen vermag also das Schloß des Königs zu brechen, oder auch: Für das Männchen existiert des Königs Schlüsselgewalt nicht, es geht aus und ein, wo es will. Wer aber hat dem Männchen gesagt, daß hier ein Mädchen sitzt in seiner Not und sich nicht zu helfen weiß? Man stelle sich nur seine Lage vor. Der frivole Vater Müller liegt daheim und schläft in Seelenruhe, als sei alles, was er eingefädelt hat, im besten. Oder zittert auch er zu Hause darüber, wie es gehen mag? Nur – hier ist das Mädchen allein. Und auch der König, müde vom Tage, schläft, vielleicht noch vorm Einschlafen sich freuend über den guten Gewinn dieser goldwirkenden kleinen Müllerin. Er weiß, sie kann nicht entlaufen, er hat sie eingeschlossen. Und das Ergebnis wird man morgen sehen. – Die, die es dem Mädchen eingerichtet haben, schlafen. Und sie, in Todesnot und Angst, weiß nicht, was beginnen, sie weint. Da geht die Tür auf, das Männchen taucht auf. Wer hat es gerufen? Kommt es von allein? – Die Tränen haben es gerufen. Für Tränen hat das Männchen ein Herz – obwohl ein sehr strenger Beurteiler einmal gesagt hat, Rumpelstilzchen habe kein Herz; die Mitte fehle ihm. Ist es nicht umgekehrt? Müller und König scheinen weit herzloser zu sein, sie rechnen nicht mit den Tränen des Mädchens, sie geben nichts auf Tränen. Das Männchen wird aber gerade davon angezogen: »Guten Abend, Jungfer Müllerin, warum weint sie so sehr?« Und zur Bestätigung, später, nach Jahr und Tag, als es um das Kindlein geht, das Rumpelstilzchen abzuholen bei der jungen Königin erscheint, heißt es wieder ausdrücklich:

Da fing die Königin so an zu jammern und zu weinen, daß das Männchen Mitleiden mit ihr hatte: »Drei Tage will ich dir Zeit lassen ... wenn du bis dahin meinen Namen weißt, so sollst du dein Kind behalten.«

Es ringt sich dieses Zugeständnis ab, den Tränen der Königin zuliebe – entgegen seinem eigenen Recht und Verlangen! Denn eigentlich will es das Kind lieber als alle Schätze der Welt. Schätze in unserem Sinne braucht ein Rumpelstilzchen nicht; über die verfügt es von allein – kann es doch Gold wirken die Fülle! Hier sei das Wort gewagt: Das Männchen zieht es zu dem lebendigen Kind, weil es ein Herz hat. Ein Menschenkind, das ist das Besondere, das Wunderliebliche in einer elementaren Welt. Fürchten wir denn, das Männlein wolle das Kind entführen, um es zu töten und zu verzehren? Legen wir denn mit Recht sein Sprüchlein nach dieser Richtung aus?

»Heute back ich, morgen brau ich,
Übermorgen hol ich der Königin ihr Kind;
Ach, wie gut ist, daß niemand weiß,
Daß ich Rumpelstilzchen heiß!«

Heißt diese Strophe nicht viel wahrscheinlicher, daß das kleine Männlein ein Freudenfest vorbereitet, endlich ein solches Wesen bei sich zu haben, lebendig, das es hegen, pflegen, mit dem es leben kann? Wissen wir mehr, wie Rumpelstilzchen zumute ist, als diesen Vers? Wissen wir mit Sicherheit, daß in dem Verlangen etwas Unberechtigtes liege? Sollten wir ihm nicht einen solchen Wunsch zubilligen, ohne gleich das Schlimmste zu vermuten? Freilich, ob sein Verlangen erfüllt werden darf und kann und wie sich ein solches Zusammenleben ausnehmen würde, bleibt eine andere Frage. Immerhin wird eine solche Gemeinschaft zwischen den Unteren der elementaren Welt und einem Menschenkind in »Sneewittchen« aufs schönste verbürgt. Staunen nicht die sieben Zwerge das Menschenkind an, das, ausgestoßen vom Königshof in der Welt, über den sieben Bergen eine neue Heimstätte findet? »Ei du mein Gott, ei du mein Gott, was ist das Kind so schön?« Und sie sagen: »Willst du unsern Haushalt versehen, kochen, betten, waschen, nähen und stricken ... so kannst du bei uns bleiben, und *es soll dir an nichts fehlen.*« Nicht die Zwerge sind es, die Sneewittchen nach dem Leben trachten, sondern die Stiefmutter aus der salzkochenden Königswelt. – Wer sagt, daß Rumpelstilzchen schlechter sein müsse als die Zwerge bei Sneewittchen? Wo liegt das Kriterium? In dem Zorn des kleinen Männchens am Ende? Auf diesen Zorn werden wir noch schauen müssen.

Hat nicht eher der König unheimliche Züge? Zweimal führt er das Mädchen in die Kammer voll Stroh, und sein letztes Wort an sie ist zweimal eine Todesdrohung, falls sie nicht fertig werde bis zum Morgen. In der dritten Nacht, angesichts einer abermals größeren Stube voll Stroh, setzt ein Umschwung in des Königs Haltung ein, nicht überbietbar: »Die mußt du noch in dieser Nacht verspinnen – gelingt dir's, so sollst du meine Gemahlin werden.« Zweimal nichtswürdig todesreif, wird das Mädchen beim drittenmal königswürdig, hochzeitsreif. Solche Extreme der Werbung liegen im Märchen oft dicht nebeneinander. Das Motiv des Königs, die Art, wie er die Jungfer Müllerin einschätzt, bleibt dennoch schockierend. Er verhehlt in keinem Auftritt, daß es ihm nur auf das Gold ankommt, nicht auf die Jungfrau; das zeigt sich von seiner ersten Äußerung an: »Das ist eine Kunst, die mir wohlgefällt«, bis zur letzten aus seinem Munde: »Eine reichere Frau findest du nicht in der ganzen Welt.« Dazwischen liegen die schwerwiegenden Worte: »Aber sein Herz ward nur noch goldgieriger«, und: »Der König ... war aber immer noch nicht Goldes satt«.

Um so auffälliger nach diesem unersättlichen Goldhunger wird, daß der König nach der Hochzeit keinen einzigen Versuch mehr macht, seine Gemahlin zu weiterem Goldwirken in die Kammer einzuschließen. Vielleicht ließe sich die junge Königin das gar nicht mehr gefallen. Aber es muß noch etwas anderes vorgegangen sein, wenn, was vormals so rasend entflammt, nun nach der Hochzeit schlagartig erloschen scheint. Wohin wurde des Königs Goldverlangen verwandelt? Hatte der Müller doch recht, als er dem König seine Tochter anpries – goldesträchtig und königswürdig, eben um einen König zufriedenzustellen? Ist die zur Königin Erkorene selbst ihm nun Goldes genug? Aus dem Umstand, daß kein Gold mehr gesponnen wird, folgt aber die nachdenklich stimmende Tatsache, daß der König *nie* in seinem Leben erfährt, wer das Stroh zu Gold gesponnen hat. Für des Königs

Bewußtsein existiert das goldwirkende Wesen nicht, das ihm zur Königin, der Königin aber vom Tod zum bleibenden Leben verholfen hat.*

Rumpelstilzchen bleibt ein Ereignis *nur* für die Jungfer Müllerin, die spätere Königin – in der Kammer. Es mutet an, als komme die Königin nicht mehr aus ihrem Schloß heraus, nachdem sie es als Müllerstochter einmal betreten hat. Und so ist nicht sie es selbst, die die Beobachtung macht im Wald (»an einem hohen Berg um die Waldecke ... wo Fuchs und Has' sich gute Nacht sagen«). Zum Goldmachen kommt Rumpelstilzchen zu ihr in die Kammer. Müßte sie nicht, um von Rumpelstilzchen loszukommen, in einer Art Gegentat sich selbst aufmachen, *seinen* Ort draußen zu suchen? Aber sie schickt einen Boten aus, und dieser bringt die Kunde. Ist eine Botschaft gleichzusetzen einer selbsterworbenen Erfahrung? Hat Hörensagen die Qualität einer Erkenntnis – oder nur die einer Nothilfe? Den Namen finden heißt zugleich, das Wesen ergründen. Hat sich die Königin wahrhaft in den Grund des helfenden Wesens hineinversetzt? Hat sie es erkannt? Haben wir es erkannt?

Zwar, die Königin leidet viel in den drei Tagen der Namenssuche, das fühlen wir nach. Die Angst, das Kind zu verlieren, wiegt fast alles auf, fast alles. Ein Rest bleibt stehen. Die drei Nächte des Goldspinnens und die drei Tage der Namensfindung sind eng aufeinander bezogen. Einer dreifachen nächtlichen Begabung durch das Männchen muß eine dreifache Leistung der Menschenseele Königin am Tage (in der Wachheit) folgen. Die Männleins-Nächte bringt sie weinend hin, sie kann nur zusehen, was geschieht. Die Namens-Tage hingegen fordern ihre höchste Anstrengung. Sie sucht alles in Namen umzusetzen, sie glüht und kommt doch aus sich allein heraus nicht auf die Lösung. Sie muß einen anderen zu Hilfe nehmen. Mit wem verbündet sich die Königin in diesem Boten? Letzten Endes ist es nur dessen Botschaft, die sie rettet.

Der erste Tag des Namensratens bringt ein konventionelles Register, beginnt sogar mit den heiligen drei Königen – ein wenig kopflos von der Königin, denn dies schießt an dem Männlein, dem verborgenen Waldbolz, weit vorbei; damit kann sie kein Glück haben. Um so erstaunlicher, wie

* In der Urfassung von 1812 reitet der König auf die Jagd, sieht das tanzende Rumpelstilzchen am Feuer und erzählt davon nach der Heimkunft der Königin. Sie aber hütet sich, ihrem Gemahl zu sagen, was sie so froh macht an seiner Erzählung und was sie dem Männlein schuldet. Auch in dieser Fassung erfährt der König den Zusammenhang nicht.

zielnah sie sich am zweiten Tag an die Sphäre des Männleins heranempfindet. Sie beklopft das Organische, Elementare, ins Groteske gewendet: »Rippenbiest, Hammelswade, Schnürbein«. Könnte das Männlein nicht wirklich Schnürbein heißen, so gut wie nachher Rumpelstilzchen? Nein, haargenau wünscht das Männlein seinen Namen, nicht eine Beinaheausgabe davon. Lieben wir es doch nicht einmal, wenn auch nur ein Buchstabe unseres Namens verdreht, zugefügt oder weggelassen wird. Die kleinste Veränderung eines Namens bedeutet schon Entstellung. So nah die Königin an die Lösung herankommt, es ist nicht die Lösung.

Am letzten Morgen bringt der Bote, was die Königin braucht. Wie geht die Königin nun vor? Es fallen nur drei Stichworte an diesem Tag: »Heißest du Kunz?« – »Nein.« – »Heißest du Heinz?« – »Nein.« – »Heißt du *etwa* Rumpelstilzchen?« – Warum sagt sie die zwei simplen Namen noch einmal, die doch längst als unbrauchbar abgetan wurden, schon am ersten Tag? Sie beginnt, als sei noch gar nichts vorausgegangen. Foppt sie, will sie den kleinen Mann ein bißchen zappeln lasen? »Kunz und Heinz, Hinz und Kunz«, das heißt hier der und jener, irgendwer, einer und keiner. Es ist in diesem Augenblick, in letzter Sekunde vor der Entscheidung, das Allgemeinste, Zerstreuteste, das Gleichgültigste, was an Namen vorgebracht werden kann. So bedacht, verhöhnt die Königin den kleinen Mann; schlägt erst zwei Finten, um im dritten wohlgezielt den Treffstich draufzugeben. Sie trifft Rumpelstilzchen ins Herz.

Und dies geschieht dem Geschöpf gegenüber, dem die Königin zweimal ihr Leben und beim drittenmal die Erhebung in die Königswürde verdankt. Halsband und Ring hat die Jungfer Müllerin dem Männlein als Erinnerungszeichen an die Errettung vom Tod übergeben; übergeben, um immer zu wissen, daß sie ihm zu Dank verbunden sei. Das Kindesversprechen bewirkte ihre eigene Erhöhung. Es ist das tiefgreifendste Opfer, zu dem sie ja gesagt hat, um selbst zu überleben. Dort vom König mit Sterben bedroht, war ihr das eigene Leben lieber als das künftige Kind, und sie versprach das Kind. Drückte sie nicht dort schon die Augen zu vor der Konsequenz: »Wer weiß, wie das noch geht?« – Ist es nicht unbegreiflich, daß es von der Königin heißen kann nach einem Jahr, als sie das Kind zur Welt bringt: »*... und dachte gar nicht mehr an das Männchen?«* Todesangst rang ihr ein Versprechen ab, und nun, nachdem das Beklemmende vorüberging, alles ins Schöne, Geborgene gekommen scheint, hat sie es vergessen! Läßt sich das vergessen?

Oder will die Königin nicht mehr wahrhaben, was sie versprach? Es war ein folgenschweres, ein nun lästiges Versprechen.

Das Männlein vergißt nicht. Ist es deswegen zu schelten? Es wird ihm von den meisten seiner Interpreten übelgenommen, daß es nicht vergißt, sondern nach einem Jahr erscheint. Aber sollen uns die großen und kleinen Geister, die erhabenen des Kosmos und die der Natur verschwisterten nahe um uns herum, sollen sie uns alles schenken, sozusagen nachwerfen, ohne uns an irgendeinem Punkte auch einmal zu engagieren? Sind nicht die dem Männlein ausgehändigten und versprochenen Gaben (Halsband, Ring und Kind) Pfänder, die die Königin gewordene Müllerstochter wieder auszulösen hat im Reich der Elemente? Müssen die spendenden Geister nicht täglich grollen ob der Undankbarkeit und Vergeßlichkeit der Menschenseelen? »Etwas Lebendes ist mir lieber als alle Schätze der Welt«, sagt der kleine Mann. Kann die Sehnsucht eines Wesens, einbezogen zu werden ins Reich des menschlich Lebendig-Beseelten ergreifender ausgedrückt werden? »Nicht um alle Schätze der Welt« wollen die sieben Zwerge Sneewittchen wieder hergeben, selbst da es schon im Glassarg liegt. Daraus spricht der innige Wunsch, im Glassarg noch teilzuhaben an dem, was menschliche Innennatur im Kindeszustand, unverdorben, an Schönheit zu geben hat. Und die sieben Zwerge überlassen dem Königssohn Sneewittchen erst, als sie seine übermächtige Liebe zu Sneewittchen erkennen; sie schenken ihm den Sarg. – Ebenso gibt das kleine Männlein (»das Mitleiden mit ihr hatte«), obwohl es am liebsten das Kindlein gleich mitnähme, der Königin doch die noch alles rettende Frist, es schenkt ihr einen Ausweg: »Drei Tage will ich dir Zeit lassen …« Böte ein Mensch mit Rumpelstilzchens Anrecht auch dergleichen an? Wären wir verzichtfreudiger als Rumpelstilzchen? Freilich hofft es im stillen und mit Grund, die Königin werde seinen Namen nie erraten, denn wer schon unter Menschen kümmert sich um so winzige Wesen? Wer weiß, wie sie es treiben, wenn man ihrer nicht gerade bedarf? Hatte die Königin nicht seine Existenz schon aus ihrem Gedächtnis gestrichen? Und so genießt das Männlein am Abend des Ankündigungstages seine Besitzfreude in dem Tanz um das Feuer. Eine verhängnisvolle Vorfreude – für Rumpelstilzchen. Der Bote beobachtet es und findet es »ein gar zu lächerliches Männchen«! Es springt um das Feuer, hüpft auf einem Bein und »schreit«; so erzählt der Bote.

Spricht dieser Hüpfetanz, gravitätisch-linkisch-lustig, spricht sein krähendes Stimmchen nicht für die große Erregung des Kleinen, eine fast überspitzte Freude? Als es hieß »Schnurr, schnurr, schnurr, dreimal gezogen, schon war die Spule voll«, war dies nicht fröhlichstimmend anzuschauen? Warum sieht es der Bote so hochmütig als »gar zu lächerlich«? Wüßten wir mehr über diesen Boten (»das hat dir der Teufel gesagt, das hat dir der Teufel gesagt«, schreit Rumpelstilzchen!), so wüßten wir besser, wie es um die Königin steht. Durchschaut sie wirklich ihren Daseinsgrund, wenn sie so von oben herab den Namen des bis dahin Verborgenen erfährt? – eine Botschaft, die sie mit einem »etwa« gewürzt wiedergibt?

Rumpelstilzchen fühlt sich von der Königin verteufelt. Ursprünglich ein gutartiges, ja gütiges und teilnehmendes Wesen, wandelt sich Rumpelstilzchen in diesem Augenblick vor der vergeßlichen Mutter, die sich spöttisch von ihrem Versprechen abtrennt, in ein vor Zorn bebendes Wesen. Es stampft in den Boden und reißt sich auseinander. Ein sich selbst zerstörender Zorn ergreift das Männlein. Liegt das daran, daß es aus seiner eigenen Natur heraus schon von Zorn giftet – oder kocht erst die maßlose Enttäuschung, das Kind doch noch zu verlieren, seine vorher aufs höchste gestiegene Erregung, seine Überfreude, in diesen Zorn um, nicht zum wenigsten geschürt durch die Überheblichkeit der Königin? Diesem Umschwung der Erwartung ist es nicht gewachsen – das ist seine Schwäche, und es *wird da erst* zu einem Wutnickel. Daß es letzten Endes in seinem Tanz des Vorgenusses den bis dahin verschlossenen Namen sogar selbst ausgeliefert hat, vollendet die Tragik dieses kleinen, großen Helfers ohne Heil. Und es stellt sich die nachdenkliche (bedeutsame) Frage, ob der Mensch, so gut er durch seine Liebe zur Kreatur die Elementarwesen erlösen, sie durch seine Haltung, je nachdem, auch böse machen kann. – Den Märchendeutern, die in Rumpelstilzchen von vornherein ein böses oder gar den Menschen tyrannisierendes, aussaugendes Wesen sehen, sei empfohlen nachzulesen, was Rudolf Steiner in seinem grundlegenden Vortrag »Märchendichtungen im Lichte der Geisteswissenschaft«* (Berlin, 6.2.1913) von Rumpelstilzchen sagt. Dort nennt er das Männlein »einen geschickten, treuen Helfer der Menschenseele«, und er wendet sich an die Menschenseele (die Müllerstochter/Königin): »... diese Wesenheit ist klüger in dir, sie waltet in dir, sie kann dich emportragen zu höchstem Können... Du mußt nur wirklich einen Begriff damit verbinden können mit dieser in dir selber wohnenden klügeren, weiseren, geschickteren Wesenheit, als du es selbst bist...« – Das sagt deutlich genug, du kannst

* Dornach, 1969.

dir nicht nur von diesem weisen, geschickten Wesen helfen lassen, um es dann um so gründlicher zu vergessen; sondern den Namen finden, heißt erkennen, und erkennen heißt danken.

Wohin ist Rumpelstilzchen nun verschwunden? Seine äußere Vernichtung muß nicht sagen, daß es endgültig ausgelöscht sei. Es hat sich entzweigerissen. Lebt es geteilt für Königin und Kind auf anderer Ebene fort? Die Königin jedenfalls sollte es nie mehr vergessen. Rumpelstilzchen gehört in das Fundament ihrer Werdestufen. Lebt diese Erkenntnis leuchtend in ihr? – Und dem Kind in der Wiege könnte die Amme einen Vers summen. Sie könnte ihn immer wieder so summen, daß er dem Kind vertraut würde, als ob Rumpelstilzchen selbst aus ihm heraus sänge:

»Liebes Kindlein, ach, ich bitt,
Bet für Rumpelstilzchen mit.«

SCHNEEWEISSCHEN UND ROSENROT

Wir treten ein in ein vaterloses Haus. Doch die Witwe, die da abgeschieden lebt, hat an ihren zwei Kindern reine Freude. Um das Schicksal der zwei Mädchen geht es. Sie gleichen den Rosen im Garten, werden Schneeweißchen und Rosenrot genannt, und so verschieden diese zwei Farben, so gegensätzlich heben sich ihre Charaktere voneinander ab. Schneeweißchen begegnet uns still und sanft nach innen gekehrt; es sitzt gern zu Haus und liest der Mutter vor; im Winter vor allem besorgt es das Haus, zündet das Feuer an, hängt den goldglänzenden Kessel von Messing auf und schiebt abends, wenn die Flocken fallen, den Riegel vor: ein Wesen der Innenwelt. Rosenrot hingegen springt lieber draußen umher, seine Freudenzeit ist der Sommer, es läuft den Schmetterlingen nach, pflückt Blumen und stellt der Mutter morgens einen Blumenstrauß vors Bett. Aber beide sind eigentlich nur zwei Seiten *eines* Wesens. »Wir wollen uns nicht verlassen«, sagt das eine; »solange wir leben nicht«, das andere. »Was das eine hat, soll's mit dem andern teilen«, setzt die Mutter hinzu. Ob draußen oder drinnen, überall sind sie geborgen, aufgehoben in einem Mantel von Unschuld. Im Wald sammeln sie rote Beeren und haben dabei paradiesische Begegnungen mit den Tieren: Hase und Reh, der Hirsch und die Vögel sind um sie, ohne sich stören zu lassen, sie weilen mitten unter ihnen; und der Engel bewahrt sie vor dem Abgrund. Noch haben sie die Engelsicht. – Dann das tief friedvolle Winterbild: am Herd mit seiner Wärme und dem sparsamen Innenlicht sitzen alle drei – mit den Haustieren zusammen: das Lämmchen liegt am Boden, das Täubchen sitzt auf der Stange, die Mädchen spinnen, die Mutter aber liest »aus einem großen Buche«. Eine Idylle tätiger Besinnung bietet sich dar, ruhevoll in sich selbst, eine vollkommene Innenwelt. Lamm und weiße Taube: sind sie uns nicht vertraut als Sinnbilder höchster göttlicher Wesen? Durch sie lebt ein Hauch der Sohnes- und auch der Geistesgottheit im Raum; wie schlafend, also noch unentfaltet im Wirken, zukünftig. Und wo bleibt der väterliche Geist? Ihn ruft die Mutter an, indem sie aus dem großen Buch der Erinnerung liest, des Vergangenen und doch noch Gegenwärtigen, des Gewordenen und hintergründig immer noch Werdenden. Man kann in der Hand der Mutter auch das »Buch der Natur« sehen, in dem der Mensch die Innenseite der Natur aufschlägt, aber gerade die Natur zeugt ja überall vom »himmlischen Vater« und seiner schöpferischen Weisheit in allem Kreatürlichen.

Kann diese vertraulich-heimelige Welt so ungestört bleiben auf Dauer, sich selber halbwach träumend? Da bricht ein Störenfried ein, irgendwann kommt in diese wie zeitlos währende Idylle der Einbruch, der zum Umbruch werden muß:

Eines Abends, als sie so vertraulich beisammen saßen, klopfte jemand an die Türe, als wollte er eingelassen sein.

Von außen klopft es, und Rosenrot muß aufmachen. Zuschließen tut Schneeweißchen, aufschließen Rosenrot; exakt wird es auseinandergehalten. Der Bär mit seinem dicken schwarzen Kopf taucht auf, schier wie ein Ungewitter. Verstört reagieren die kindlichen Naturen: Rosenrot schreit, das Lämmchen blökt, das Täubchen flattert, Schneeweißchen versteckt sich. Die Mutter bleibt ruhig. Erst das unerwartete: »Fürchtet euch nicht, ich tue euch nichts zuleid« aus dem Mund des Bären, besänftigt die Gemüter, und sogleich vermittelt die Mutter. Sie lädt den Bären ein, »leg dich ans Feuer«, und sie ruft die Mädchen: »Kommt hervor.« Sie einverleibt ihn wie selbstverständlich der bisherigen »geschlossenen Gesellschaft«. Und damit hat die Winterstube mit einemmal ein ganz neues Lebenselement erhalten. Auf die Mädchen springt ein bis dahin nie erfahrener Funke über: sie treiben in kurzem ein höchst mutwilliges Spiel mit dem unbeholfenen Ankömmling. Friedrich Husemann (der sich in Vorträgen vom 1.1.53 und 10.1.54 auch mit diesem Märchen befaßt hat) drückt es treffend aus: »Sie kommen in die Flegeljahre.« Sie zausen, trappeln und wälgern den Bären, sie schlagen ihn und lachen. Er brummt und läßt sich's gefallen, gutmütig – bis an eine Grenze. Und da fällt dann das weit vorausgreifende Wort:

»Schneeweißchen, Rosenrot,
Schlägst dir den Freier tot.«

Aber für den Zukunftsklang einer solchen Beschwörung haben die ausgelassenen Dinger jetzt noch kein Gehör. Nur die Mutter weiß, daß alles geschehen soll, wie es geschieht. Sie sieht gelassen zu. – Und von nun an kommt der schwarze Geselle (Geselle ist ursprünglich der, der mit einem in der gleichen Kammer lebt) Abend für Abend, ja die Tür wird nicht eher verriegelt, als bis er angelangt ist. Dann eben treiben die Mädchen ihre Kurzweil mit ihm.

Und so geht es nun wohl fröhlich zu in der Stube. Vorbei sind jene Abende, in denen die Mutter aus dem großen Buch las; davon wird keine Silbe mehr gesagt. Nichts mehr von andächtigem Besinnen der Vergangenheit, alles ist Gegenwart und Erwartung auf den täglichen Spielgenossen hin. Selbsterfahrung setzt ein. – Mit den Mädchen geht eine Verwandlung vor. Noch werden sie ein- und andermal im weiteren »Kinder« genannt; aber das sind sie nach diesem Winter nicht mehr in der alten Art.

Dann kommt im Frühjahr die Abschiedsszene zwischen Schneeweißchen und dem Bären. Da blitzt plötzlich auf, daß hinter dem plumpen Tier im Pelz ein Wesen höherer Art, aus goldenem Geschlecht, verborgen sein muß. – Der Bär spricht von seinen Schätzen, die er den Sommer über im Wald vor den bösen Zwergen hüten muß; denn diese stehlen, was sie stehlen können. Bald auch lernen wir einen von ihnen kennen, einen uralt-verwitterten, mit weißem, ellenlangem Bart. Dreimal werden wir Zeuge, daß er Schätze wegträgt (die er, wenn man dem Bären glauben will, gestohlen hat) und jedesmal wird er dabei aufgehalten, eingeklemmt, angegriffen – und doch bleibt er, wenn auch nicht ungeschoren, Sieger. Dies aber nur dank der Hilfe der Mädchen. Beim Holzspalten schleppt er einen Sack Gold fort, beim Angeln geht es um einen Sack Perlen und beim Kampf mit dem Adler, auf der felsigen Heide, um einen Sack Edelsteine. Gehören im speziellen die Edelsteine zum Bären? Es liegt näher, sie als Kluftschätze dem Adler zuzuordnen, der sie ja auch verteidigen will. Zwar bietet der Zwerg am Schluß in höchster Not dem Bären die Edelsteine als Preis an, um sich loszukaufen; er sagt aber nicht etwa: »Seht, ich will euch eure Schätze zurückgeben.« Die Edelsteine sind Adlerschätze. Des Bären Revier liegt im Wald (so sagt er ja auch beim Abschied aus der Stube), und so gehört zu des Bären Schatz der Sack Gold aus dem ersten Abenteuer der Mädchen. Da liegt im Wald der große gefällte Baum, es weht Bärenluft, obwohl nur der Zwerg herumhüpft. Hat der Zwerg wirklich den Baum gefällt? Es klingt so, indem er vom Kleinholz schwadroniert, doch kann es nicht sein, diese Bärenkraft hat der Knirps garnicht. Der Baum war schon gefallen, als er kam, und gerade weil alles im Format zu groß ist, klemmt sich der Kleine den Bart ein.

Die Mädchen begegnen hier einer völlig neuen Art männlichen Wesens. Sie sehen einen vorher nie geschauten kleinen Mann in Not, und sie tun das Natürlichste und dem Menschen Selbstverständliche: sie helfen. Daß sie auf der verkehrten Seite helfen, wissen sie zunächst nicht – obwohl sie es, gewarnt durch die maßlose Beschimpfung, die doch krasse Undankbarkeit verrät, schon nach der ersten Begegnung wissen könnten. Es entwickelt sich merkwürdigerweise sogar eine Art Kameraderie zwischen den Mädchen und dem Zwerg: im Grunde *verzögern* sie durch ihre dreimalige Hilfe den vernichtenden Schlag gegen den Waldtyrannen und Schatzräuber. Sie werden in aller unschuldigen Torheit zu Handlangern, ja zu Verteidigern des Bösen: ein seltsamer Widerspruch zur frommen Atmosphäre ihrer Kinderwelt! Wie kommt das?

Hier wäre einzuflechten: die Mutter schickt sie Reisig holen, abgestorbenes, gefallenes Holz (früher sammelten sie rote Beeren, Früchte zum Essen). Jetzt lernen sie mit Totem umgehen, es wertfinden, sammeln und »heimtragen«. Sie richten ihr ganzes Augenmerk auf das aus dem Lebensprozeß herausgefallene Materielle – und verlieren damit den Blick auf das hintergründig Wahre, den ahnenden Blick, den Schneeweißchen im Wahrnehmen des Goldschimmers an der Winterschwelle gerade noch hatte. Und so entdecken die Mädchen im Wald den Zwerg, aber nicht mehr oder nicht auch den Bären, der doch eigentlich in der Nähe sein müßte während der Szene. Auch die Mädchen stehen in einem gewissen Bann. Der Zwerg, so winzig er ist, fasziniert die Sinne der Mädchen: indem er sie beschimpft, wirft er ihnen eine Art schwarzmagisches Blindheitsnetz über; sie merken nicht, mit wem sie es zu tun haben.

Aber es zeigt sich in dieser Situation, Schneeweißchen besitzt ein Scherchen. Während Rosenrot fortlaufen will, um Leute zu holen, sagt Schneeweißchen sehr selbstsicher: »Ich will schon Rat schaffen«, und holt das Scherchen heraus. Es hat dieses nützliche Gerät dabei, sogar beim Reisigsammeln! Warum? Das Scherchen entspricht einem Wesenszug an Schneeweißchen selbst. Viel stärker als Rosenrot, das allem hingegeben sich nach außen an alles verliert und bei den »Leuten« das Heil sucht, *denkt* Schneeweißchen über die Dinge nach: urteilt, scheidet dieses von jenem, unterscheidet nach eigenem Maß; trennt Zusammenhänge, um Einzelheiten kennenzulernen, und so schneidet es hier in kurzem Prozeß den Bart ab. Im Umgang mit dem Toten (Reisigsammeln) erhalten die Mädchen Einblick, wie der Widersacher arbeitet, – und da gebraucht Schneeweißchen (zum ersten Mal? zum mindesten wird eine solche Tätigkeit zum ersten Mal hier von ihm erwähnt) sein Scherchen – und das schlimme Wesen hüpft befreit davon!

Warum ist der Zwerg so erbost, daß ihm sein ellenlanger, schneeweißer Bart gestutzt wird? Erst verliert er nur die Spitzen, dann jedoch, wie er sagt, wird ihm der beste Teil davon genommen, obwohl es in Wahrheit nur weniges vom ganzen sein mag. Und wächst denn der Bart nicht wieder nach? Diesen schlichten menschlichen Gesichtspunkt hat der Zwerg nicht. Er fühlt durch den Eingriff Schneeweißchens sein Gesicht geschändet, sagt, er dürfe sich vor den Seinigen nicht mehr sehen lassen; ja, offenbar verliert er mit dem Bart von seinem Ansehen und seiner Macht. Im Bart ruht seine Kraft, so wie in Simsons wildem, unbeschnittenem Haupthaar dessen unüberwindliche Stärke ruht. Sowie Dalila Simsons Haar geschoren hat, wird der kraftstrotzende Simson schwach, ein gewöhnlicher Mensch. Das ist auch des Zwergen Geheimnis: Solange dieser Bart von Urzeit her ungeschnitten sproßt, ist seines Trägers Macht unangefochten. Aber seine Gegenmächte haben es gerade auf den Bart abgesehen: Erst verklemmt er sich im Spalt des Baumes, weil der Keil herausspringt, dann verwickelt er sich in der Angelschnur, weil der Wind weht. Es ist beide Male geschildert wie ein zufälliges Mißgeschick, das den Zwerg erwischt, und doch trifft es ihn an der verwundbarsten Stelle.

Und auch das ist wichtig zu bedenken: Sobald die Mädchen Hand an den Zwerg gelegt haben, ihn halten, an ihm zerren, bis schließlich das Scherchen den Bart schneidet, ist der Zwerg »verunehrt«, könnte man sagen. Die Menschenhände »beschmutzen« ihn, zerreißen seine bis dahin heile Aura. Er gerät in Abhängigkeit von den Mädchen, und zwar in vollem Wortsinn. – Im letzten Adlerkampf dann zerreißen sie ihm sogar sein Röckchen; es wird zerfetzt und durchlöchert, und damit verliert er zunehmend seine in sich geschlossene Hülle der Unantastbarkeit und Macht. Damit aber stellt sich dann, genau besehen, doch etwas Unerwartetes heraus. Wir sagten: Die Mädchen helfen törichterweise dem Zwerg *gegen* den Bären beim Baum, gegen den Fisch am Wasser und gegen den Adler auf der Bergheide, als seien sie Verbündete des Zwerges. Aber indem sie dem Wicht zweimal den Bart scheren und schließlich beim drittenmal sein Wams löchern, vollführen sie auf eine fast ungewollte, ihnen kaum bewußte Weise Schachzüge der Entmachtung gegen den Tyrannen. Der Bär setzt dann am Ende nur noch den Schlußstreich unter die Entmachtung. Denn man kann fragen: Warum hat der Bär nicht schon früher mit dem Zwerg Schluß gemacht? Er kriegte ihn nie, konnte ihn nie fassen. Erst seit die Mädchen eingeschaltet sind, neugierig und notwendig zugleich, und der Zwerg sich im Schimpfen mit den unerwünschten Zeugen, die seine scheinbaren »Helfer« sind, vertut, wird er, sich ausgiftend, unvorsichtig und schwach: er kann nicht mehr schnell genug fliehen. Siehe, die Mädchen sind die unentbehrlichen Helfer des Bären geworden!

Schneeweißchen als dem Scherenmädchen kommt der größere Anteil an der Überwindung des Widersachers zu, und so wird Schneeweißchen auch mit dem entzauberten Königssohn vermählt; Rosenrot aber mit dessen Bruder. Doch – wo kommt plötzlich der Bruder her? Ist er eine schöne Erfindung von Wilhelm Grimm, damit ein Mädchen so glücklich sei als das andere? Im Eingang des Märchens »Die Kristallkugel« finden wir eine mögliche Lösung des Rätsels. Dort hat eine Zauberin drei Söhne, die sich brüderlich lieben; aber die Alte fürchtet, sie wollten ihr ihre Macht rauben. Da verwandelt sie den Ältesten in einen *Adler*, der muß auf einem Felsengebirge hausen; den zweiten verwandelt sie in einen *Walfisch*, der lebt im tiefen Meer. Der dritte, jüngste Sohn, da er fürchtet, sie möchte ihn auch in ein reißendes Tier verwandeln, in einen *Bären* oder einen Wolf, flieht heimlich. Da entzieht sich also der dem Bärenschicksal verplante Jüngste diesem Verhängnis und erlöst nach vielen Abenteuern später auch seine verzauberten Brüder.

Im Märchen von Schneeweißchen und Rosenrot kämpfen die beiden »Brüder«, der große Fisch und der Adler, noch bevor der Bär im entscheidenden Kampf sichtbar wird, mit dem Zwerg. Sie haben durchaus mit dem Zwerg zu tun, genau wie der Bär. Denn auch bei Fisch und Adler entführt der Zwerg die ihnen gemäßen Schätze, die Perlen und die Edelsteine. Werden nun Adler und Fisch nach dem Tod des Zwerges ebenso wie der Bär wieder in ihre menschliche Königssohngestalt zurückverwandelt und ist einer dieser beiden – vielleicht der Adler, dessen Schätze der Zwerg zuletzt geraubt hat – der urplötzlich in Erscheinung tretende Bräutigam für Rosenrot? – Im echten Märchen sind alle Gestalten aufeinander bezogen, das heißt, sie gehören von Anfang an in den ganzen Kosmos des sich entwickelnden Geschehens hinein. Und so wirkte auch dieser »Bruder« schon lange mit, ehe wir ihn erkannten. Müßten wir nicht eher fragen: wo bleibt der dritte Bruder?

JORINDE UND JORINGEL

Die römische Überlieferung berichtet, zu Tarquinius Superbus, dem letzten der sieben legendären Könige Roms (an der Schwelle des historischen Bewußtseins), sei eine geheimnisvolle Greisin gekommen und habe ihm den Schatz von neun heiligen Büchern angeboten – zu einem ungeheuren Preis. Es war die Sibylle von Cumae, und was sie brachte, waren die sibyllinischen Bücher der Weisheit. Der König lachte, einen so hohen Preis wollte er nicht zahlen. Da verbrannte die Sibylle drei der Bücher und verlangte für die verbliebenen sechs denselben hohen Preis. Wieder lehnte der König ab. Sie verbrannte abermals drei und verlangte für die restlichen drei immer noch den gleichen ungeheuren Preis. Jetzt endlich kaufte der König. So sind von der uralten Sibyllenkunde zwei Drittel verlorengegangen. Die Seherin sah die Zeit gekommen, die aus traumhaft-göttlicher Eingebung gewonnene Sternenweisheit in die eigene Verantwortung des Regenten zu übergeben, doch der schon sehr erdsichere, skeptische König erkannte zu spät, welch ein Übergang sich hier vollziehen sollte. – Noch zwei Jahrhunderte zuvor finden wir bei dem Vorläufer des Tarquinius eine ganz andere Einstellung zu solchen Quellen der Herrscherweisheit. Von dem zweiten der römischen Könige, Numa Pompilius, wird überliefert, er habe innigen, ratsuchenden Umgang mit der Nymphe Egeria gepflegt und von ihr die Inspirationen erhalten zu dem, was er an Friedenstaten geleistet, an priesterlichen Ordnungen wie an sozialen Wohltaten (er förderte vor allem den Landbau) eingeführt habe.

So saßen in alter Zeit weise Frauen an den Quellen und in den Wäldern und ließen sich befragen zum Wohle der Menschen.

Die Erzzauberin in »Jorinde und Joringel« scheint geboren aus diesem alten Seherinnengeschlecht, aber an ihr ging der Wandel der Zeit vorüber. Sie hat sich eingenistet in eine Bastion alter Macht. Beharrt und erstarrt ein ursprünglich Gutes im Alten, ohne zu erkennen oder erkennen zu wollen, wann seine Wirkenszeit abgelaufen ist, so wird ein Böses daraus. Die Zauberin beherrscht die alten magischen Kräfte, wendet sie aber nicht mehr in die gemeingütigen Menschenbezirke hinein, sondern mißbraucht sie ausschließlich für sich selbst. Deswegen sitzt sie in unserem Märchen ganz allein in ihrem alten Schloß im großen, dicken Wald und tyrannisiert von da aus ihren Umkreis. Sie breitet unsichtbar ihre Netze aus und wechselt die Gestalt. Sie ist steinalt, »erzen«; ihre eigenen Lebensfunken sind verglüht, sie regeneriert sich aus dem Leben der in ihre Macht geratenen unschuldigen Jugend: Sie verwandelt die Mädchen in Vögel und genießt das Gezwitscher der jungfräulichen Vögel als einen Labetrank. Davon kann sie nie genug kriegen, obwohl sie schon siebentausend solcher Vögel hat.

Ihr gegenüber wirken Joringel und Jorinde, Jüngling und Jungfrau, schwach, hilflos, ausgeliefert, obwohl sie letztlich doch die Vertreter der jungen Generation sind, durch die die Alte endgültig überwunden werden soll. Zunächst zieht sie die Zaubersphäre des Schlosses unwiderstehlich an und lähmt sie, noch bevor sie sich recht der Gefahr bewußt werden. Dem Liebespaar wird todesbang, die Sonne geht unter, der Zauber wirkt. Die Jungfrau verfällt der Dämonie ohne einen Funken Widerstand: in einem Lied springt die Melodie über in zwitscherndes Gestammel. Jorinde verwandelt sich vor den Augen des Geliebten in ein Vogelwesen, wird gefangen und entführt. Der Jüngling bleibt zurück, ohnmächtig erstarrt und versteinert. Als er schließlich durch magisch-beschwörenden Spruch wieder losgebunden wird, ruft, weint, jammert er der Geliebten nach – alles umsonst. »Uu, was soll mir geschehen?«, das ist der Höhepunkt seiner Klage, und das ist keine mutvolle Äußerung aus dem Mund eines jungen Liebenden. Hätte seine Widerstandskraft nicht erweckt werden sollen? Verteidigt ein zum äußersten Gereizter auf so matte Art, was ihm am meisten am Herzen liegt? Von Entschluß zu einem Kampf gegen die »alte krumme Frau«, die über so dämonische Gewalt verfügt, findet sich bei Joringel keine Spur. Im Gegenteil, es nimmt sich eher aus wie Flucht, wenn es dann heißt:

Er ging fort und kam endlich in ein fremdes Dorf, da hütete er die Schafe lange Zeit. Oft ging er rund um das Schloß herum, aber nicht zu nahe dabei. Endlich träumte er …

Ja, Joringel ist ein Träumer. Gerade daß er Schafe hütet, verstärkt den Eindruck seines Wesens als einen duldenden, hinnehmenden Charakter, den dann erst eine Eingebung im Traum aus seinem Tagträumen aufruft – zu einer Tat.

Offenbar ist Joringel zur Zeit der Verzauberung von Jorinde noch in keiner Weise angetan, aus sich selbst heraus etwas Erlösendes zu unternehmen; er ist um diese Zeit noch unreif, – so keusch als jung und unfähig. Die »lange Zeit« seines Hirtendaseins bedeutet dann für ihn eine Lehre, die *seinem* Wesen angemessen ist; eben die, daß aus seinem Dahinträumen, aus dem formlosen, allgemein dahinflutenden Wehmutsverharren und Trauergenießen, »endlich« ein wahrer Traum aufsteigt; daß die erlittene Demütigung sich umkehrt durch die geduldige Hingabe und Liebe im Hirtendienst. Er wird reif für eine Imagination: »endlich« sieht er im Traum die Lösung. Die Schafe hüten, also ein selbstloses, rein hegendes Leben zu führen für die Herde, ihr Dasein zu fördern, ist nichts weniger als ein Gegenstück zu dem, was die Alte vollführt: sie »vereinnahmt« die Jungfrauen, mindert ihr Menschliches, macht sie zu Vögeln, sperrt sie ein und wird zur Herrin über tausende solcher Käfigkörbe. Und was hat sie davon? Was macht sie mit »so raren Vögeln«? Sie »besitzt« sie. Sie weidet sich an ihrem Anblick; daraus zieht sie ihr Daseinselixier: aus gefangenen Seelen. Er nun muß erst in die Schule des duldenden und überwindenden Lammes gehen, ehe er der Zauberin die blutrote Blume entgegenhalten und die Riegel ihres Schlosses aufsprengen kann.

Ist die blutrote Blume eine Rose? Die Eigenschaft »blutrot« wird zweimal hervorgehoben, nicht etwa nur »rot«. Geht von ihr die Kraft der Liebe aus gegenüber so viel Selbstverhärtung im Schloß der Zauberin? Lebt ein christliches Mysterium in diesem Märchen (und hierin verwandt »Rapunzel«, wo ein ebenso merkwürdig passiver Königssohn auftritt)? Fast kann man sagen, der Erlösungstraum fällt dem treuen, aber in seiner Eigenschaft weithin blaß bleibenden Jüngling Joringel wie eine Gnade zu. Er wird ihm geschenkt – nach langem, geduldigem Erharren.

Total vereinsamt und nur sich selbst erhaltend, haust die erzgewaltige Zauberin. Sie zerstört das Lebensgewebe der jungen Menschen, entreißt sie einander. Hingebende Liebe überwindet schließlich das magische Netz, löst den Bann auch für die anderen verzauberten Jungfrauen und führt die Liebenden selbst endgültig zusammen.

Das ganze Märchen überweht eine Stimmung verhaltener Schwermut. Es gibt kein anderes Grimmsches Märchen, in dem wir so unmittelbar hineinverflochten werden in den Akt einer Verzauberung wie hier. Oft begegnet uns in anderen Geschichten ein Verwünschter, aber wie sich die Verwünschung abspielt, bleibt uns entzogen. Hier bahnt sie sich an, kriecht in die Seelen der Liebenden hinein wie Todesahnung und vollzieht sich Stufe um Stufe vor uns, bis in Stimme und Gestalt hinein: ein sprachliches und kompositionelles Meisterwerk. »Einfacher, sichtbarer ist das nicht zu machen. Ein Königreich und ein Pferd für solche Sätze«, sagt die Dichterin Sarah Kirsch dazu. Die Brüder Grimm haben das Märchen fast aufs Wort genau aus Heinrich Jung-Stillings »Lebensgeschichte« übernommen. Das spricht für sie: Sie hatten Sinn für das in sich Eigenartige und Vollkommene.

DIE DREI FEDERN

»Keine Tierfamilie hat von altersher bis zum heutigen Tage mehr unter dem allgemeinen Abscheu der Menschen zu leiden gehabt, keine ist unerbittlicher und mit größerem Unrechte verfolgt worden als die der Kröte.«
(Brehms Tierleben, Kapitel »Die Erdkröte«)

Es gehört zu den Widersprüchen dieses Märchens, daß das verachtete Geschöpf »Kröte«, hessisch »Itsche«, zum Segenspender wird. Der gemeine Sinn erwartet es nie, aber Hilfe erwächst am Ende der oberflächlichen Wege aus der Tiefe heraus. Wir sollten uns den Wortlaut der Geschichte genau vergegenwärtigen. In der Ausgabe letzter Hand der Brüder Grimm (und das ist die in den Gesamtausgaben abgedruckte) lautet sie so:

Es war einmal ein König, der hatte drei Söhne, davon waren zwei klug und gescheit, aber der dritte sprach nicht viel, war einfältig und hieß nur der Dummling. Als der König alt und schwach ward und an sein Ende dachte, wußte er nicht, welcher von seinen Söhnen nach ihm das Reich erben sollte. Da sprach er zu ihnen: »Ziehet aus, und wer mir den feinsten Teppich bringt, der soll nach meinem Tod König sein.« Und damit es keinen Streit unter ihnen gab, führte er sie vor sein Schloß, blies drei Federn in die Luft und sprach: »Wie die fliegen, so sollt ihr ziehen.« Die eine Feder flog nach Osten, die andere nach Westen, die dritte flog aber geradeaus und flog nicht weit, sondern fiel bald zur Erde. Nun ging der eine Bruder rechts, der andere ging links, und sie lachten den Dummling aus, der bei der dritten Feder da, wo sie niedergefallen war, bleiben mußte.
Der Dummling setzte sich nieder und war traurig. Da bemerkte er auf einmal, daß neben der Feder eine Falltüre lag. Er hob sie in die Höhe, fand eine Treppe und stieg hinab. Da kam er vor eine andere Türe, klopfte an und hörte, wie es inwendig rief:

»Jungfer grün und klein,
Hutzelbein,
Hutzelbeins Hündchen,
Hutzel hin und her,
laß geschwind sehen, wer draußen wär.«

Die Türe tat sich auf, und er sah eine große dicke Itsche sitzen und rings um sie eine Menge kleiner Itschen. Die dicke Itsche fragte, was sein Begehren wäre. Er antwortete: »Ich hätte gerne den schönsten und feinsten Teppich.« Da rief sie eine junge und sprach:

»Jungfer grün und klein,
Hutzelbein,
Hutzelbeins Hündchen,
Hutzel hin und her,
bring mir die große Schachtel her.«

Die junge Itsche holte die Schachtel, und die dicke Itsche machte sie auf und gab dem Dummling einen Teppich daraus, so schön und so fein, wie oben auf der Erde keiner konnte gewebt werden. Da dankte er ihr und stieg wieder hinauf.

Die beiden andern hatten aber ihren jüngsten Bruder für so albern gehalten, daß sie glaubten, er würde gar nichts finden und aufbringen. »Was sollen wir uns mit Suchen groß Mühe geben«, sprachen sie, nahmen dem ersten besten Schäferweib, das ihnen begegnete, die groben Tücher vom Leib und trugen sie dem König heim. Zu derselben Zeit kam auch der Dummling zurück und brachte seinen schönen Teppich, und als der König den sah, erstaunte er und sprach: »Wenn es dem Recht nach gehen soll, so gehört dem jüngsten das Königreich.« Aber die zwei andern ließen dem Vater keine Ruhe und sprachen, unmöglich könnte der Dummling, dem es in allen Dingen an Verstand fehlte, König werden, und baten ihn, er möchte eine neue Bedingung machen. Da sagte der Vater: »Der soll das Reich erben, der mir den schönsten Ring bringt«, führte die drei Brüder hinaus und blies drei Federn in die Luft, denen sie nachgehen sollten. Die zwei ältesten zogen wieder nach Osten und Westen, und für den Dummling flog die Feder geradeaus und fiel neben der Erdtüre nieder. Da stieg er wieder hinab zu der dicken Itsche und sagte ihr, daß er den schönsten Ring brauchte. Sie ließ sich gleich ihre große Schachtel holen und gab ihm daraus einen Ring, der glänzte von Edelsteinen und war so schön, daß ihn kein Goldschmied auf der Erde hätte machen können. Die zwei ältesten lachten über den Dummling, der einen goldenen Ring suchen wollte, gaben sich gar keine Mühe, sondern schlugen einem alten Wagenring die Nägel aus und brachten ihn dem König. Als aber der Dummling seinen goldenen

Ring vorzeigte, so sprach der Vater abermals: »Ihm gehört das Reich.« Die zwei ältesten ließen nicht ab, den König zu quälen, bis er noch eine dritte Bedingung machte und den Ausspruch tat, der sollte das Reich haben, der die schönste Frau heimbrächte. Die drei Federn blies er nochmals in die Luft, und sie flogen wie die vorigenmale.
Da ging der Dummling ohne weiteres hinab zu der dicken Itsche und sprach: »Ich soll die schönste Frau heimbringen.« »Ei«, antwortete die Itsche, »die schönste Frau! Die ist nicht gleich zur Hand, aber du sollst sie doch haben.« Sie gab ihm eine ausgehöhlte gelbe Rübe, mit sechs Mäuschen bespannt. Da sprach der Dummling ganz traurig: »Was soll ich damit anfangen?« Die Itsche antwortete: »Setze nur eine von meinen kleinen Itschen hinein.« Da griff er auf Geratewohl eine aus dem Kreis und setzte sie in die gelbe Kutsche, aber kaum saß sie darin, so ward sie zu einem wunderschönen Fräulein, die Rübe zur Kutsche und die sechs Mäuschen zu Pferden. Da küßte er sie, jagte mit den Pferden davon und brachte sie zu dem König. Seine Brüder kamen nach, die hatten sich gar keine Mühe gegeben, eine schöne Frau zu suchen, sondern die ersten besten Bauernweiber mitgenommen. Als der König sie erblickte, sprach er: »Dem jüngsten gehört das Reich nach meinem Tod.« Aber die zwei ältesten betäubten die Ohren des Königs aufs neue mit ihrem Geschrei: »Wir können's nicht zugeben, daß der Dummling König wird«, und verlangten, der sollte den Vorzug haben, dessen Frau durch einen Ring springen könnte, der da mitten in dem Saal hing. Sie dachten: »Die Bauernweiber können das wohl, die sind stark genug, aber das zarte Fräulein springt sich tot.« Der alte König gab auch das noch zu. Da sprangen die zwei Bauernweiber, sprangen auch durch den Ring, waren aber so plump, daß sie fielen und ihre groben Arme und Beine entzweibrachen. Darauf sprang das schöne Fräulein, das der Dummling mitgebracht hatte, und sprang so leicht hindurch wie ein Reh, und aller Widerspruch mußte aufhören. Also erhielt er die Krone und hat lange in Weisheit geherrscht.

Auf der Erde regiert also ein alter, schwachgewordener König, der nicht weiß, welchem von den drei Söhnen er das Reich vererben soll. Gibt es kein festes Gesetz der Thronfolge? Offenbar hat hier das Vorrecht des Ältesten keine Gültigkeit. Der König verlangt Fähigkeit. Wer den schönsten Teppich beschaffen kann, der soll Nachfolger werden, entringt sich seiner Gewissensnot. Alle haben die gleiche Chance – und das ist eine fast heutige Situation. Doch liegen Streit und Neid in der Luft unter den Brüdern, – und auch das gehört wohl zu den demokratischen Gegebenheiten. Um Streit zu vermeiden, wendet nun der König ein Mittel an, das in seinen Augen tolerant genug ihre Wege trennt: Er bläst Federn in die Luft, denen sie folgen sollen, damit jeder für sich suche. Und doch bleiben in der Folge die älteren Brüder von Stufe zu Stufe immer auf der gleichen gemeinsamen Linie in ihrer maßlosen Überheblichkeit gegen den jüngeren; des Vaters Federnblasen mildert da nicht das geringste. So modern der König seinen Thron zu vergeben gedenkt, so rückständig mutet uns sein Griff zu den drei Federn an, die er fliegen läßt: ein wenig an alte Orakel erinnernd, deren Auslegung nicht immer zum Heil der Befragenden geriet. Bringt der König hier nicht Zufall ins Spiel? Sicher vertraut er, daß der Genius der Söhne die Feder jedes einzelnen die rechte Bahn treiben werde. Denn bleibt nicht den Söhnen trotz Feder-Orakel noch jede Möglichkeit offen, aus der gegebenen Richtung das Beste heimzutragen?

Und was bringen die Älteren heim? Hat der Osten nicht mehr zu bieten als grobe Tücher eines Schäferweibes? Liegt dort nicht die Heimat aller Teppichkunst? Läge nicht nahe, daß der gen Osten ziehende Bruder den herrlichsten der Teppiche zurücktrüge? – Oder bei der Ringprobe: was soll es, daß nur ein alter Wagenreif den beiden in die Hände gerät und sie sich damit begnügen? Verstehen sie das unter »schönstem Ring«? Es fällt auf, daß die zwei sich völlig gleichen in ihrem borniert-dümmlichen Verhalten – und dies aus lauter Klugheit! Ihrem Federflug nach wandern sie zwar entgegengesetzte Straßen, Ost und West; doch die Raumbegriffe Ost und West spielen hier keine deutbare Rolle, sie sagen nur, vom Schlosse des Vaters hinweg, ins Weite. Denn in Absicht und Geschmack zu den Dingen äußern sich die Brüder, als marschierten sie neben- und miteinander durch dieselbe Gegend. Ja, sie sehen die Gegend gar nicht an, ihnen genügt, den Jüngsten zu verachten; und so bringen sie exakt denselben Kram vom Ausmarsch zurück, als seien sie keinen Augenblick voneinander getrennt. Der Fixpunkt ist ihre Klugheit, die einfach nicht zulassen will, daß der Langsamentwickler, der Schweigsame, Zurückhaltende, »dem es in allen Dingen an Verstand fehlt«, ihnen über kommen könne, obwohl er längst auf dem Weg dazu ist und von mal zu mal dies auch offener bezeugt wird – durch die Gaben der Itsche.

Mit den beiden Älteren scheint zweimal derselbe Charakter hervorgebracht, und doch liegt wohl zwischen dem Ältesten und dem zweiten schon ein Altersabstand, wie zwischen dem zweiten und dem Jüngsten. Hier genügt es jedenfalls, daß sie früher geboren sind. Ihre Werdezeit fiel in die Hochblüte einer Verstandeskultur. Diese Verstandesentwicklung haben sie voll in sich aufgenommen und beherrschen sie, und darin sind sie ohne Zweifel dem Jüngsten weit überlegen. Er kann ihrer Zungenfertigkeit im logischen Diskurs nichts entgegensetzen. Andererseits wundert uns, daß den beiden nicht aufgeht, spätestens, nachdem der Jüngste den schönen Teppich bringt, daß da noch andere Qualitäten mit hereinspielen außer Klugheit, wieviel vorsichtiger sie also mit ihrem Vorurteil sein sollten. Denn schon hier wird klar, daß sie ihn so sehr unterschätzen, wie sie ihm in ihrem Denkdünkel an Gescheitheit überlegen zu sein meinen. Sprachlos und einfältig gilt der Jüngste vor den Menschen, ein Dummling; das kann aber auch heißen: weise vor Gott und der Zukunft. Einfältig heißt hier: eingehüllt ins Uranfängliche, im Wesen noch nicht entfaltet, noch von keinem egoistischen Widerspruch gegen Gott und Welt zerspalten. Er ist zu allem bereit und will werden. Die älteren Brüder wissen sich fertig. Das sind sie auch; sie sind geworden. Sie waren einmal werdend. Jetzt genießen sie ihre Vergangenheit und was sie ihnen eingebracht hat. Obwohl sie in die Weite gehen, stehen sie innerlich still. Es kommt nicht darauf an, welcher der Brüder nach Osten, welcher nach Westen geht, der Ältere oder der Zweitältere (oder umgekehrt; das ist in den verschiedenen Fassungen, Urdruck und Ausgabe letzter Hand, sogar vertauscht!), sondern darauf, daß sie ihr Heil suchen und suchen müssen in der Horizontalen, in Breite und Weite. Wichtig im Märchen ist aber der Richtungswechsel: mit dem Jüngsten setzt *Vertiefung* ein. Er gewinnt die neue Dimension: Tiefe, Verinnerlichung, Intensivierung. Er darf seiner Feder nach vom Vaterhaus weg nur ein paar Schritte geradeaus machen und ist damit äußerlich schon am Ende seiner Bahn, geht aber dennoch sehr viel weiter als seine Brüder: nach unten ins bisher Niebetretene, Unerbetene, Noch-nicht-Erkannte! Wir, die Hörer des Märchens, erleben die Katastrophe der starrsinnig verharrenden, ihrer Sache allzugewissen Brüder und den Hinabstieg dessen, der sich im Neuen, Unerforschten zurechtzufinden erst erlernen muß.

Warum führt den Jüngsten seine Feder gerade zu den *Itschen?* Uche, Ueche, Ütze, Üsse, Ütsch und Itsche sind Namen für die Kröte in den verschiedensten Gegenden; nach Kluges etymologischer Ableitung alle urverwandt mit uvidus – feucht. Die Itsche hat es mit dem feuchten Element zu tun. In der feuchten Niederung legt sie die Laichschnüre ab, im Wässerigen entwickelt sich die Laichbrut. Die früheste Brut hat mit der Endform der Kröte gar nichts gemein. Es geht eine völlige Verwandlung vor sich. Erst scheinen die Nachkommen pure Wasserwesen zu sein, den Fischen gleichgeartet. Sie wandern später vom Wasser aufs Land. Die Kaulquappe wird unter Änderung des Atmungsorgans von einem Schwimmwesen zu einem Vierbeiner, einem Erdwesen. Ein von Keimfülle und Lebenskraft strotzendes Geschöpf haben wir vor uns, und doch laufen die Lebensprozesse selbst sehr langsam; die Kröte ist Spätentwickler, das Männchen wird erst im vierten Jahr reproduktionsfähig. – Zwei Welten, die Welt des Wassers und die der feuchten Erde, vereinigen sich für den Lebensraum der Itsche.

In der Welt der Symbole – so sagen die Kenner – gilt die Kröte als ein Bild der Geschlechtlichkeit. In mittelalterlichen Bildwerken tritt die Kröte anstelle des Geschlechtsorgans auf und gilt zur Anprangerung mißbrauchter Sexualität. Hat das auch mit unserem Märchen zu tun? Manche Ausleger sehen es so. Wenn man jedoch die symbolische Zuordnung nicht von vornherein zugrunde legt, läßt sich aus dem vorliegenden Text selbst, aus der Abfolge der Ereignisse, schwer die Verbindung dazu herauslesen. Wenn diese Problematik – daß also der junge, in das Reifealter tretende Dummling im Itschenreich solchen unterschwelligen, leidenschaftserregenden und verführenden Prüfungen unterzogen wird und ihnen standhalten muß –, wenn dieser Komplex wirklich in dem Märchen drinnensteckt und angesprochen wird, so hat ihn der Stil der Darstellung meisterhaft verhüllt.

Stellen wir uns die Szene unbefangen vor. Der Dummling sitzt traurig am Ort, wo seine Feder kurzwindig niedergefallen ist. Alles scheint für ihn vorbei, noch bevor es angefangen hat, und seine Brüder haben ihn schadenfroh ausgelacht. Da entdeckt er neben sich die Falltüre, hebt sie in die Höhe und steigt in das Gewölbe herab. Nichts wird gesagt, ob es im Treppengang hell oder finster sei; er empfindet keine Furcht, sonst würde er nicht erst hinabsteigen. Er gelangt zu einer neuen Tür. Was mag dahinterstecken? Er klopft – und was hört er inwendig? Verse. Er hört das Geraune einer singsang-behäbigen Sprache; nicht ein nüchternes »Herein«. Das Geraune nimmt Anläufe, umkreist, läßt sich Zeit; man könnte eine poetische Idylle hinter der Tür vermuten. Aber was zeigt sich? Eine dicke Itsche sitzt im Kreis einer Menge kleiner Itschen, – ein Bild, das ans komisch Absurde grenzt. Stünden die beiden älteren Brüder solcherart plötzlich vor der häßlichen Itschenrunde, würden sie gewiß nach dem ersten Blick keinen zweiten darauf verschwenden, sondern ihr schleunig den Rücken kehren, zurück an die Oberfläche. Vielleicht liegt schon darin eine Prüfung des Dummlings, daß er dem seltsamen Anblick der platschigen »Familie« standhält, sie gelten läßt, ja bei ihr zu Gast geht! Es herrschen da schon eigene Gesetze! Wie heißt der Vers?

»Jungfer grün und klein,
Hutzelbein,
Hutzelbeins Hündchen,
Hutzel hin und her,
Laß geschwind sehen, wer draußen wär.«

Da läuft eine Kadenz hüpfenden Humors hindurch: Häßlichkeit wird poetisiert. »Jungfer grün und klein« – das leuchtet ein; später erweist sich, daß in der kleinen Itsche ein zauberhaft zartes Jüngferlein steckt. Aber warum »Hutzelbein«? Sind die gespreizten Schwimmhautzehen, an die gequollenen Schenkel geheftet, gemeint? Auch das ist einsehbar. Aber warum erst noch »Hutzelbeins Hündchen« beispringen muß, ehe die eigentliche Aufforderung, zu öffnen, folgt, bleibt ein Mirakel. Keine Logik und nicht einmal der Reim fordern »Hutzelbeins Hündchen«, und doch ist es da. Die große Itsche wird wissen, warum. –

Der Vers gehört zu den Sonderlichkeiten des Itschenreichs. Prägt sich im Sprachrhythmus etwas von dem *Lebensstrom* aus, über den die Itschenmutter, die Herrin dieses Reiches, verfügt? Hat auch das Wunderreich der Sprache mit der Itsche zu tun? So tief der Ort und eigenartig die Sprechende, so gehoben die Sprache. Ein wunderlich-zierlicher Umgang scheint hier zu Hause. Dies darf man doch eine Überraschung nennen.

Die zweite Überraschung präsentiert sich mit der »großen Schachtel«. Birgt die Schachtel nicht die herrlichsten Gaben, den feinen Teppich (»wie oben auf der Erde keiner konnte gewebt werden«) und den goldenen Ring (»so schön, daß ihn kein Goldschmied auf der Erde hätte machen können«) – und wer weiß, noch welche anderen? Ist die Itschenmutter Hüterin eines unerschöpflichen und unausgeschöpften Lebensschatzes? Sie verfügt über Sprachqualitäten und über wunschhaft vollkommene Gaben: es muß nur der Rechte kommen, der dieser würdig und bedürftig ist. Offenbar ist der Dummling der Rechte.

Was nützen uns hier zum Verständnis die Kröten an den Regentraufen der gotischen Kathedralen, wo sie als verteufelte Geschöpfe dem Heiligtum den Rücken kehren und sich als Regensammler nützlich machen müssen? Ist die dortige Krötensippe irgendwie der unseren verwandt? Wir müssen, was das Märchen erzählt, als eine in sich selbst gültige Aussage betrachten. Die Itschen im unterirdischen Reich (wo das lebentragende Grundwasser strömt!), treten als die gütig Schenkenden auf. Freilich, im Geistigen herrscht Strenge der Wahrheit, also auch Strenge in der Wahrheit eines Symbols. Ursprünglich waren alle Symbole Ereignisgebilde realer Vorgänge. Wer aber schöpft ein Symbol aus, das seine Grenzen nach oben und unten, zum Guten wie zum Bösen weithin ausdehnen kann? Wenn die untere Grenze der Kröte dort liegt, wo sie die mittelalterlichen Bauhüttenmeister gesehen haben als Träger sinnlich entarteter Lebenskräfte, dann befinden wir uns bei den Itschen hier an der entgegengesetzten »oberen« Grenze: sie begaben mit den strahlenden, überzeugenden Formgestalten im Ätherbereich. Wie anders ließen sich »Teppich« und »Ring« erklären? Und die Steigerung von allem findet sich in der »schönsten Frau«. Kommt das alles nicht viel mehr auf einen Gnadenakt heraus, an dem der Jüngste teil hat? Aber hat ihn ein bloßer Zufall hergeführt?

Hausen die Itschen da unten völlig abgeschlossen für sich, unbekümmert um das, was in der Königswelt geschieht? Oder warten sie vielleicht auf den Falltürfinder, den Treppengänger, der endlich anklopft? Wird die alte Itsche vielleicht sogar erst durch den Schritt auf der Treppe, durch den sich der künftige Bräutigam ankündigt, in die gehobene Stimmung versetzt und zu ihrem Spruch beschwingt, der so gemütlich wie geheimnisvoll den ratlosen jungen Mann empfängt? Kommt so der bisher Spracharme hier unten zu einer Sprachmeisterin? Mit der Tür öffnet sich ihm das Tor zu reiner Güte. Keinen Augenblick macht die alte Itsche den Versuch, ihn vergessen zu lassen, daß er oben auf der Erde einen Vater hat und daß ihn ein Reich erwartet. Sie tut alles, damit er gerade dies im besten Sinne erfüllt, was seine oberirdische Aufgabe sein muß. Sie, die unumschränkt Herrschende in ihrem Reich, verhält sich weit souveräner, freilassender als der alte König, der von seinen älteren Söhnen gegängelt wird. Ist sie die geheime Lenkerin des Federflugs der Söhne? Geht von ihr zumindest die Kraft aus für die Feder des Dummlings? Zieht sie ihn an, weil sie die Reinheit des Jünglings anzieht? Daß von ihr aus zu ihm eine Beziehung besteht schon vor der Begegnung, darf man annehmen. An ihn knüpft sich ihre Hoffnung. Was in dem Jüngling an noch Unentfaltetem schläft, erfühlt die Itsche. Doch sie kann ihn nur »heimlich« rufen. Dreimal fällt seine Feder neben die Falltüre. Daß er die Türe entdeckt und dann auch wirklich kommt, ist seine Sache. Und als es geschieht, beschenkt sie ihn mit dem Erlesensten ihrer Reichtümer; die höchsten Qualitäten der Schöpfung werden ans Licht gehoben durch ihn.

Wohl kommt es auch in der Itschenkammer zu einer Krise, im entscheidenden Augenblick, als die Itschenmutter dem Dummling die Gelbe-Rübe-Kutsche in die Hand drückt und er ratlos fragt, was er damit anfangen solle. Man spürt, wie er fürchtet, diesmal gehe es schief. Und gar, als sie noch sagt: »Setze nur eine von meinen kleinen Itschen hinein«, kämpft er einen Kampf mit sich selbst. Es bedarf der Überwindung, daß er wirklich tut, was die Itsche sagt. Er weiß nicht, was daraus wird, er vertraut, greift hinein in die Schar, und erlebt das Wunder der Verwandlung an der von ihm wahllos Gewählten – es wird die rechte Braut für ihn. Soweit das Märchen berichtet, ist dies die einzige eigene Tat des Dummlings, dieser Griff in die Itschenschar, – abgesehen davon, daß er dreimal die Falltüre hebt, die Treppe hinabsteigt und also aus freien Stücken bei der Itschenmutter eintritt.

Ein ganz anderer Kampf findet auf der Erde statt, ein Kampf der älteren Brüder gegen den jüngeren. Sie wollen es einfach, zweifach, dreifach nicht wahrhaben, daß das Recht auf seiner und das Unrecht auf ihrer Seite sei, sie müssen es sich noch ein viertes mal beweisen lassen! Sie treiben es so weit in der Aufsässigkeit, der der alte König immer wieder nachgibt, daß man an des Königs Glaubwürdigkeit zu zweifeln beginnt, wenn er erst einen strengen Maßstab für den Gewinn der Krone setzt, dann aber dreimal sein klares Wort nicht hält. Dreimal machen die Klugbrüder den König zum Narren, indem sie statt des Erlesensten, Besten, Schönsten – das Trivialste, Abgebrauchteste, Gemeine herbeischleppen. Warum läßt sich der Vater so übertölpeln von diesen Söhnen? Spürt er denn nicht, daß sie zwar ihren jüngeren Bruder verhöhnen wollen, zugleich aber ihn, den Vater, mitverhöhnen? Ist die Macht des Verstandes so groß, daß er es sich leisten kann, mit Widerlogik und Gegentat sich breitzumachen, wenn eigentlich schon alles entschieden ist – nur weil er glaubt, ohne ihn gehe es nicht, nichts könne den Verstand ersetzen –, und wenn doch alles, was aus diesem Dogma praktiziert wird, ins Banale strandet? Erleben nicht diese Starrköpfe viermal ein Fiasko?

Der melancholische, schweigsame Jüngste versinkt dreimal in die Tiefe und steigt dreimal ans Licht. Aber erst sein vierter Gewinn überwältigt endlich den zynischen Einspruch der vernagelten Brüder. Aber da steht er schon nicht mehr allein. Den vierten Sieg erringt das wunderschöne Fräulein, seine Gefährtin. Und doch kann man auch einen Funken dankenden Verständnisses für die Widersacher aufbringen: Eigentlich peinigen sie durch ihre Sturheit den jüngeren Bruder hin zu seinen Schätzen. Wären sie nicht so aufsässig, gelangte er nie zu Ring und Frau. Und was wäre er als König ohne sie?

Immer aber muß als Kern des Märchens erkannt werden, daß die Fülle der Gaben und der geistigen Schöne heraufgeholt wird aus dem Reich einer verachteten Wesenheit, die zudem für Menschenaugen ein Urbild der Häßlichkeit darstellt. Dieser Widerspruch gehört ins Fundament der Ereignisse. Teppich, Ring, Königskutsche, Rossegespann und Königsbraut – alles vermag die große dicke Itsche aus ihrem Schatzbehälter und mit ihren Wandlungskünsten zu schaffen. Konsequent könnte man weiterfragen: Wenn schon der beliebige Griff des Jünglings in die Itschenschar »ein wunderschönes Fräulein« zutage fördert, was mag sich erst hinter der großen Itschenmutter selber verhüllen? Wir hören am Ende des Märchens kein Wort von dem, was aus allen übrigen jungen und was vor allem aus der alten Itsche selbst wird! Bleibt sie mit ihrer Schar in der Tiefe, und bleibt sie auf ewig, als die sie uns erscheinen muß, – schöpferisch wie eine Göttin waltend, die Verborgene, immer spendebereit?

Erinnert nicht der Abstieg des Dummlings an den geistig und dichterisch natürlich weit großartiger explizierten Abstieg Faustens zu den Müttern? Dort geht es um die Erscheinung des schönsten Menschenpaares, das das Altertum kennt, Helena und Paris, vor allem aber um Helena. Faust holt sie aus den Tiefen mythischer Nacht herauf mit Hilfe des magischen Schlüssels; er steigt zu den Müttern hinab: »Göttinnen thronen hehr in Einsamkeit,/ Um sie kein Ort, noch weniger eine Zeit! / Von ihnen sprechen ist Verlegenheit …« (Goethe, Faust, II. Teil, Finstere Galerie). Und aus der Tiefe dieser Mütterfahrt kehrt Faust an den Königshof als ein Leuchtender, Verwandelter zurück; der Astrolog sagt von ihm: »Im Priesterkleid, bekränzt, ein Wundermann …«, denn so muß er den Menschen, die im Profanen geblieben sind, erscheinen.

Ins Miniaturbild eines Märchens gekleidet, wird in den »Drei Federn« ein ähnlicher Gang geschildert. Und im lauteren Gewand von Weihe und Weisheit erscheint am Ende der junge König, der ehemals der Dummling genannt wurde. Er hat zu Königsinsignien den Teppich aus Lebensfäden gewebt, den Edelsteinring eines in sich geründeten Bewußtseins, und er hat die schöne Jungfrau zur Gemahlin. Doch da gibt es ja noch einen anderen Ring, durch den die Frauen nach dem Verlangen der Brüder am Schluß zu springen haben. Haftet dieser Szene nicht ein wenig Zirkuszauber an, ein Element des Komischen, – wie eben Wildkatzen durch den brennenden Ring hindurchgelockt werden, um Feuermut und Geschmeidigkeit zu beweisen? Für die tapfer-deftigen Frauen des gemeinen Tages hängt der Ring zu hoch. Ätherischen Flugs, »leicht wie ein Reh«, meistert das schöne Fräulein die Probe. Ist dieser Ring wie eine kosmische Pforte von oben hereingesenkt? Das jungfräuliche Wesen schmiegt sich dem Schwebenden. Durch dieses Wesen hat der künftige König Zuflug (statt Zugang) zu den Welten, die durch die Kuppel herab ins Zentrum des Königssaales hereinwirken. Vielleicht kann man es so sehen. Die törichten Brüder wissen gar nicht, was sie verlangen, indem sie ihren eigenen Frauen das Unmögliche, der zarten Widerpartnerin aber das ihr Gemäße zumuten.

DIE DREI SPINNERINNEN

Eine Mutter hat eine Tochter, die sehr faul ist und nicht spinnen will. Eines Tages erregt sich die Mutter über die Faulheit der Tochter so sehr, daß sie sie schlägt. Das Geschrei schrillt weithin. Die Königin fährt gerade am Haus vorbei, hört es und fragt die Mutter, warum sie ihre Tochter schlage. Die Mutter schämt sich, die Wahrheit zu gestehen und sagt umgekehrt: die Tochter sei so versessen auf das Spinnen, daß sie, die Mutter, gar nicht genug Flachs herbeischaffen könne; sie sei zu arm und wisse sich nicht mehr zu helfen. – Die Königin bietet an, die Tochter an den Königshof zu nehmen: »Nichts ist mir lieber als Spinnen.« Im Schloß wird die Tochter vor einen Berg Flachs gesetzt, in drei Kammern verteilt, und eingeschlossen. Als Lohn wird ihr der älteste Sohn zum Gemahl versprochen. Allein gelassen, weint das Mädchen vor Schrecken, »denn es konnte den Flachs nicht spinnen, und wärs dreihundert Jahr alt geworden und hätte jeden Tag vom Morgen bis Abend gesessen«. Nach drei Tagen kommt die Königin, der Flachs liegt immer noch unberührt. Das Mädchen sagt, es habe vor Heimweh nicht anfangen können. Die Königin läßt es gelten, gebietet aber, es müsse morgen mit der Arbeit beginnen. Indem das Mädchen, wieder allein, ratlos ans Fenster tritt, kommen drei Weiber daher; die erste hat einen breiten Platschfuß, die zweite eine große Unterlippe, die dritte einen breiten Daumen. Sie bleiben vor dem Fenster stehen, schauen hinauf und fragen, was ihm fehle. Das Mädchen klagt seine Not. Die Weiber sprechen:

»Willst du uns zur Hochzeit einladen, dich unser nicht schämen und uns deine Basen heißen, auch an deinen Tisch setzen, so wollen wir dir den Flachs wegspinnen und das in kurzer Zeit.«

Das Mädchen sagt hocherfreut zu, »kommt nur gleich herein«. Die Weiber fangen sogleich an, die eine zieht den Faden und tritt das Rad, die andere netzt den Faden, die dritte dreht ihn, schlägt mit dem Finger auf den Tisch, und sooft sie schlägt, fällt eine Zahl Garn zur Erde, und das ist auf das feinste gesponnen. Bis die Kammern leer sind, vergeht eine Weile. Vor der Königin verbirgt das Mädchen die drei Spinnerinnen und zeigt ihr, sooft sie kommt, die Menge des Garns, und die Herrin findet des Lobes kein Ende. Bald ist aller Flachs in den Kammern zu Garn geworden, die Aufgabe erfüllt. Die Hochzeit mit dem Königssohn wird vorbereitet, der Bräutigam freut sich, daß er eine so geschickte und fleißige Frau bekomme. Das Mädchen bittet wirklich, zum Fest ihre Basen einladen zu dürfen. Doch als die drei dann in wunderlicher Tracht erscheinen, durchfährt Schrecken den Königshof. Der Königssohn fragt eine nach der andern, woher sie ihre greuliche Verunstaltung habe. In lapidarer Kürze kommt heraus: den breiten Fuß »vom Treten«, die hängende Lippe »vom Lecken«, den breiten Daumen »vom Fadendrehen«, also von den Übeln des Spinnens. Erschrocken wendet sich der Königssohn ab und gebietet:

»So soll mir nun und nimmer meine schöne Braut ein Spinnrad anrühren.«
Damit war sie das böse Flachsspinnen los.

*

In diesem Märchen geschieht das Eigenartige, daß eine Faule für ihre Faulheit belohnt wird und den Königssohn erhält – könnte man meinen. In alten Tagen gehörte es zu den selbstverständlichen Tugenden eines Mädchens, daß es Flachs spinnen könne, um später im Haus Wäsche und Kleidung aus dem selbst gesponnenen Garn zu weben und zu nähen. Hier wird am Ende, nach einer ungewöhnlichen Leistung, die junge Frau freigesprochen von dieser Tätigkeit, so daseinsnotwendig und sonst erfreulich sie auch sein mag. Im Übermaß wird »das böse Flachsspinnen« daraus, als hänge ein Fluch daran. Die junge Frau spielt nur eine Scheinrolle, doch an den drei uralten Weibern, die da am Königshof erscheinen, wird der Fluch einseitigster Arbeit kund. Ihre Körperverzerrungen bringen ans Licht, daß sie Spinnerinnen sind seit eh und je, – am ewigen Fließband, würde man heute sagen. Gibt es das? Wie kommt das Märchen zu solchen Gestalten, und wenn es sie gibt, aus welch einer Welt tauchen sie auf? Gehören sie in das unterirdische Schattenreich, etwa wie die drei Nornen, die Spinnerinnen menschlichen Schicksals? Gleicht nicht die Art, wie die germanische Mythologie das dreigeteilte Tun der Nornen beschreibt, dem dreigeteilten Tun der Weiber unseres Märchens? Urd, die erste, bereitet das Gefaser vor, sie zieht den Faden aus dem Gewölle; Werdandi, die mittlere, bildet ihn so um, wie sie ihn übergeben erhält; Skuld, die dritte, aber bestimmt die Länge des Fadens und schlägt zu. Ihr Schlag bedeutet Ende, Tod. Im Walten und Gestalten der Nornen findet das menschliche Dasein seine Grenzen.

Hier geht es nun nicht um Tod und Ende, im Gegenteil: Fülle und Segen wird durch die drei zutage gebracht. Aber was zugleich damit zutage gebracht wird und was sichtbar wird an ihrer Verbildung, das ist das Schicksal der Untergründigen selbst! Ihre Gestalt ist durch die ewig gleiche Verkettung an den Takt ihrer Tätigkeit maßlos zerschlissen. Als das Mädchen am Fenster steht und verloren hinausblickt, wird es kaum auf das Aussehen der drei Frauen geachtet haben. Es wird ja auch nicht gesagt, daß es eine Tagesbegegnung sei; viel eher dürfen wir annehmen, es liege Dämmerung über dieser Schau. Und im Augenblick solcher Not spielt das Aussehen der Vorbeiwandelnden auch keine Rolle, nur daß sie da sind und Hilfe gewähren, ist wichtig. Und so gibt das Mädchen ohne Zögern seine Zusage zu ihrem Verlangen, sie nicht zu verleugnen. Erst an der Hochzeitstafel selbst wird der krasse Abstand kund, der besteht zwischen ihnen, den Nachtgeburten, und der Königswelt oben im Glanz und Licht eines hellen Tages. Die Bewohner des Königshofes erscheinen wohlgebildet, im menschlichen Sinne harmonisch und schön gebaut.* Die drei Weiber hingegen treten abstoßend häßlich vor den Blick. Und doch bleibt das Erstaunliche: wie grundhäßlich, so grundgütig sind sie auch. Und was bewegt die bis dahin Niegesichteten, heraufzukommen an die Bewußtseinsschwelle und gerade einem leichtfertig-faulen Mädchen, das es nach oberflächlichem Ermessen gar nicht verdient hat, ihre Dienste zu schenken? Warum verlangen sie ausdrücklich als einzige Gegengabe, zu der Hochzeitstafel geladen zu werden? Ihre Sehnsucht ist, erkannt und anerkannt zu werden. Sie wollen gewußt werden an einem Ort, wo man offenbar nichts von ihnen weiß. Wie wird die königliche Familie reagieren im Anblick einer solchen Verwandtschaft der Braut? – Zwei Wesenswelten wollen und sollen sich begegnen, und in der jungen Braut liegt der Angelpunkt der Begegnung; von ihrer Haltung hängt alles ab.

* In dem motivisch ähnlichen Märchen »Die drei Schwestern der Mutter« aus Norwegen (in »Die Kormorane von Ut-Röst«, Mellinger-Verlag Stuttgart, 1965) kommt das Erstaunen und Sichsträuben der Königswelt gegen die häßlichen »Tanten« weit drastischer zum Ausdruck als in der Grimmschen Fassung.

In dem Märchen »Rumpelstilzchen« muß die Müllerstochter (in fast gleichem Zusammenhang, daß ihr in ungewöhnlichem Maße geholfen wird) dem rettenden kleinen Männchen außer ihrem Schmuck das erste Kind versprechen. Es wird also der Jungfer Müllerin, wenn sie dann zur jungen Königin geworden ist, ein Eigenopfer abverlangt. In den »Drei Spinnerinnen« tritt dieses Selbstopfer der Empfangenden in einer Abwandlung auf:

Das Mädchen darf im entscheidenden Augenblick nicht vergessen, daß es zusammenhängt für seine jetzige erhöhte Existenz im Königskreis mit den urhäßlichen Gestalten der Tiefe (das Märchen sagt, als Base verwandt). Es wird ein Bekenntnis gefordert. Wenn der Germanist Obenauer* argumentiert, daß hier schwankhaft ein erzfaules Mädchen mit Lügen zu einem unverdienten Glück komme, hat er zwar so weit recht, als das junge Ding nichts kann und nichts tut mit seinen Händen, und doch Hilfe erhält; aber er übersieht, daß es für die Braut eines Königssohnes (als die sie dann doch vor uns steht am Ende) eine gewaltige Überwindung darstellt, sich gerade am Hochzeitstag, im Moment höchster Erfüllung und Repräsentanz, diesen Müttern der Nacht »verwandt« zu bekennen. Das ist das Opfer der werdenden Königin: Sie muß Abscheu und Widerstreben in sich umwandeln; sie muß Scham, Eitelkeit und Stolz, sich lächerlich zu machen, für nichts achten; sie muß zu den abgründigen Wesen Ja sagen. – Warum nähern sich die drei gerade dieser einen? Spricht nicht der Bräutigam am Schluß von seiner »schönen Braut«? Hängt das Mädchen mit den drei seltsamen Weibern vielleicht auch dadurch zusammen, daß hohe Schönheit – selbst wenn sie nicht tüchtig im äußeren Sinne ist – heimlich beobachtet und umkreist wird von Scharen elementar häßlicher Wesen? Der Graphiker Paul A. Weber hat eine Radierung geschaffen: »Die Schönheit wird vergraben«; ein nicht abreißender Zug kleiner Kretins im Reich der Trolle trägt den Torso einer wundervollen Venusstatue zu Grabe. Sehnt sich das Häßliche nach dem Pol des Schönen?

Die mythischen Schauer, die Obenauer in diesem Märchen vermißt, wehen eben doch aus den Tiefen herauf. Wir müssen nur bei uns selber die grotesk-humorvollen Vorstellungstüchlein wegheben, die ein zerlatschter Fuß, eine hängende Unterlippe und ein breitgepratschter Daumen uns vor die Augen spielen. Das mag uns zunächst lächerlich erscheinen, doch trifft das nur leichthin schadenfroh die Oberfläche; darunter verbirgt sich das

* K. J. Obenauer, »Das Märchen«. Vittorio Klostermann-Verlag, Frankfurt/M., 1959

Schaudern. Liegt hier nicht zuletzt die Frage zugrunde, wie viel von dem, was der alltägliche Mensch (das Mädchen) als sein eigenes seelisches Erzeugnis der Königswelt (den Oberen im Licht) präsentiert, wahrhaft *sein* Erzeugnis ist? Das Märchen sagt schlicht – : nichts. Dem Mädchen geht der Anspruch voraus, ungeheuer viel zu leisten und Königswürdiges zu vollbringen; was Wunder, daß man ihm aufträgt, drei volle Kammern chaotischen Stoffes aufzuarbeiten, webfähiges Garn daraus zu drehen zur Kleidung des Königshofes! Selbst für das, was als eine Grundlage der Menschenkultur angesehen werden kann, das gewöhnliche Spinnen im Hausbedarf, ist die Jungfer unbrauchbar. Die eigene Kraft reicht nur zum Weinen und Warten. Und so geschieht alle Arbeit durch die verborgenen Meisterinnen. Wenn irgendwo, dann wird hier der törichten Seele eine Fülle von Gutem gnädig geschenkt. Wäre die Fülle nicht so groß, könnte der junge König nicht so leichten Herzens seiner neuvermählten Frau künftig alle Tätigkeit dergleichen verbieten. Es müssen drei riesige Vorratskammern Garnes sein, die die drei Spinnerinnen hinterlassen, denn im Märchen klingt es, als reiche der gesponnene Vorrat für die ganze künftige Königsperiode. Die Schafferinnen aber, die alles vollenden und nichts erwarten, als daß man ihre Existenz einmal königlich zur Kenntnis nehme, schwinden wieder zurück, woher sie gekommen, ins Verschollene.

HANS MEIN IGEL

Acht Jahre hinterm Ofen

Wie so oft, Geld und Gut wären genug da, aber an Kindern fehlt es dem Bauern und seiner Frau. Das Glück ist nicht vollständig, denn ein Bauer muß Kinder haben, wie soll es sonst weitergehen? Und als ihn dann noch auf dem Weg zum Markt die andern Bauern hänseln, warum er denn keine Kinder hätte, geht es an seine Ehre, und er poltert im Zorn heraus: »Ich will ein Kind haben, und sollt's ein Igel sein.« Und so kriegt seine Frau ein Kind, »das war oben ein Igel und unten ein Junge, und als sie das Kind sah, erschrak sie und sprach: ›Siehst du, du hast uns verwünscht.‹« Nun beginnt das ganze klägliche Elend dieser Kindheit. Das Wesen soll getauft werden, aber der Vater wagt keinen Gevatter zu bitten. Es soll getränkt werden, aber wie könnte es mit seinen Stacheln an der Mutter Brust gelegt werden? Selbst ein Bett wäre zu gut für dieses Stachelgeschöpf. Also wohin damit?

Da ward hinter dem Ofen ein wenig Stroh zurechtgemacht und Hans mein Igel daraufgelegt ... So lag er da hinter dem Ofen acht Jahre, und sein Vater war ihn müde und dachte, wenn er nur stürbe, aber er starb nicht, sondern blieb da liegen.

Versuchen wir, uns über dieses Schicksal zu verständigen. Die Mutter besteht darauf, daß er »Hans mein Igel« getauft wird. Warum nicht einfach Igelhans, warum das umständliche »mein« dazwischen? Die Mutter, da er nun einmal da ist, nimmt ihn mit dem »mein« zu eigen. Es klingt jedoch weit weniger ein besitzstolzes »Hans mein Schatz« heraus als ein demütiges »Hans mein Kummer«. Und letztlich rettet ihn auch dieses Wärmewort der Mutter nicht vor der Verbannung hinter den Ofen. Er liegt dort »für sich« und bleibt allein. Immerhin weiß sie ohne Zögern, er müsse »Hans« heißen. Ein Hans ist ein unvollkommener Ichträger, sein voller Name wäre Jo-hannes. In diesem Augenblick, eben erst geboren, ist alles freilich trostlos anzusehen, denn wo das Ich im Gesicht sich ankündigen sollte, guckt uns ein Igel an. Wird aus dem verigelten Hanswesen einmal ein selbständiger Johannes? Die Mutter fühlt das voraus, aber gerade sie entschwindet aus dem weiteren Einfluß auf das Kind. Der Vater hingegen bleibt im Blick. Er, der zornwütig »schuld« ist an ihm, lehnt ihn, da er da ist, strikte ab und möchte ihn, je eher je lieber, wieder los werden. Daß der Vater im Zorn ein igelverzaubertes Kind zeugen kann, ist für unser Verstandesdenken ein Unding. So, wie wir heute denken, Worte hervorbringen, Wünsche äußern, wissen wir sehr wohl, daß Wünsche sich nicht schon vom bloßen Lautsprechen oder gar Herauspoltern erfüllen, – gewiß zu unserem Heil. Denn würden wir immer die Konsequenzen unserer Wünsche im voraus ermessen? Wüßten wir, was wir anrichten, wenn es Wünsche wären nur um den eigenen Pol – und sie würden wahr? Wir »glauben« nichts, deswegen sind auch die Wunschkräfte verblaßt. In dem aber, was der Bauer sagt, liegt zeugende Gewalt. Er ist in jener Randzone zu Hause, »wo das Wünschen noch geholfen hat«. Die Frucht seines Zornes, die das sich verkörpernde Menschenwesen mit einer Igelshaut umkleidet, wird von ihm als »Schandkind« empfunden. Und darin bestätigt ihn ganz kräftig der Pfarrer; diesen »Versager« muß man verleugnen vor der menschlichen Gesellschaft. Das geschieht dann gründlich acht Jahre lang, in denen das ungeliebte Geschöpf dahinkümmert. Man erwartet von ihm nur, daß es stürbe, doch den Gefallen tut es dem Vater nicht. Es lebt und bleibt leben. Es liegt eingerollt in seiner Strohkuhle, schläft, wächst und wartet.

Im normalen kindlichen Dasein sind das die Jahre, in denen das Kind die von den Eltern ererbte Leiblichkeit sich vereigentümlicht. Sieben Jahre lang bleibt das Kind im Inkreis von Vater und Mutter behütet, lernt stehen, gehen, sprechen, um dann in der Zeit des Zahnwechsels den familiären Lebensraum zu durchbrechen. Mit sechs, sieben Jahren schnuppert das gesunde Kind über die geburtliche Umzäunung hinüber in breitere Menschengegenden hinein. Es löst sich aus der bloßen Elternabhängigkeit, erfährt im Schulkreis das Anderssein der andern, taucht in die Schar der Gleichaltrigen ein und wird gefordert in seinen eigenen Kräften. Vom achten bis zum vierzehnten Jahr bricht nun auch eine andere Wachstumsperiode an. Wird in den ersten sieben Jahren durch die Aneignung der grundmenschlichen Fähigkeiten das Leibliche elementar durchplastiziert, so werden in der nächsten Siebenjahresstufe die bisher ganz im leiblichen Wachstum gebrauchten *Bildekräfte* frei, und mit ihnen spielt sich das Kind in einen schöpferischen Lernbereich hinein.* Jedes Kind wird in diesem Alter zu einem kleinen Künstler. Vom rhythmisch Wogenden her wird, was es anpackt, im Spiel, in der Bewegung, der Gebärde, fast von selbst schön, echt und überzeugend. Das Kind nimmt auf und gibt wieder. Es lebt in der Phantasie. Noch dürstet es nicht so sehr nach verständlichem Wissen, mehr nach Bildern, Rhythmen und Melodischem. Sein Wesen greift umfassender aus, als es verstandesmäßig ausdrücken kann. Es fließt über. Diese Jahre sind eine Zeit praktizierter Musikalität.

Nimmt es wunder, daß Hans mein Igel, von dem man bisher nur gehofft hat, daß er stürbe, nach acht Jahren (und hier vielleicht überhaupt zum erstenmal als ein selbständiges Wesen gefragt) eine verblüffende Antwort gibt? Aus dieser Antwort heraus ändert sich die ganze Szene. – Der Vater geht wieder einmal zur Stadt, zum Markt, und siehe da, wie aufmerksam der so derbe Bauer auch sein kann: er fragt Frau und Magd, was er ihnen mitbringen solle, und da kommen die bescheidenen Bedürfnisse heraus; die Frau wünscht Notwendiges für den Familientisch, »ein wenig Fleisch und Wecke«, die Magd hübsche Sächelchen für sich selber, »ein Paar Toffeln und Zwickelstrümpfe«, Dinge, die einem Mädchen wohl anstehen. Wie in einem Lichtmoment wendet sich aber der Vater diesmal auch an den »Mißratenen« im Stroh, als letzten natürlich. Tut er es aus guter Laune, aus Scherz, um zu erproben, was herauskommt, wenn einer viel Zeit hatte, vor sich hinzudösen und dann plötzlich gefordert wird? Die Antwort klingt keineswegs dösig, eher liebenswürdig schmeichelnd: »Väterchen, bring mir doch einen Dudelsack mit.« Hans mein Igel sehnt sich nach Musik. Dafür ist nun die Zeit gekommen, das Überflüssig-Flüssige in ihm will Form werden. Und Dank sei dem sonst so widerborstigen Vater, er bringt dem Jungen tatsächlich den gewünschten Dudelsack, wie er auch die Wünsche von Frau und Magd erfüllt.

Jahre im Wald

Und wie Hans mein Igel den Dudelsack hatte, sprach er: »Väterchen, geht doch vor die Schmiede und laßt mir meinen Göckelhahn beschlagen, denn ich will fortreiten und will nimmermehr wiederkommen.« Da war der Vater froh, daß er ihn loswerden sollte, und ließ ihm den Hahn beschlagen, und

* Rudolf Steiner, Die Erziehung des Kindes vom Gesichtspunkte der Geisteswissenschaft, Dornach 1973

als er fertig war, setzte sich Hans mein Igel darauf, ritt fort, nahm auch Schweine und Esel mit, die wollt er draußen im Walde hüten. Im Wald aber mußte der Hahn mit ihm auf einen hohen Baum fliegen, da saß er und hütete die Esel und Schweine, und saß lange Jahre, bis die Herde ganz groß war, und wußte sein Vater nichts von ihm. Wenn er aber auf dem Baum saß, blies er seinen Dudelsack und machte Musik, die war sehr schön.«

Hier schießt mit einemmal aus dem Langschläfer und Spätentwickler ein ganzes Bündel von Energien auf. Hans mein Igel handelt von der ersten eigenen Regung an konsequent und fädelt, was er sich vorgenommen, mit bemerkenswerter Umsicht ein. Vor allem überrascht das Ansinnen, daß er den Vater zum Schmied schickt, zum Eisenhämmerer; der soll seinem Hahn etwas von der dauerhaften Strenge des Eisens unter die Füße heften. So macht er sich auf eigene Art beritten. Was heißt das wohl, den Göckelhahn beschlagen? Der Igeljunge macht sich die Lauf- und Flugfertigkeit des Hahns zunutze. Sehen wir im Igel, was ein Igel ist, ein nächtlich trippelndes Erden-Schnuppertier, nestgebunden und immer mit der Nase am Boden, so verbindet sich hier der kleine Kerl mit dem stolz in die Lüfte krähenden Hahn, – dem eifernden Wichtigtuer vom Tage. Er läßt ihn beschlagen, heißt zumindest: er nimmt ihn in Beschlag; er nennt ihn »*meinen* Göckelhahn«. Der Hahn dient ihm als Reittier auf der rauhen Erde, trägt ihn auch in die luftige Höhe. Er zügelt ihn. In der Symbolsprache* gilt der Hahn als Träger eines vordergründigen Ichcharakters, nach außen ein schöngezierter Rechthaber, – ihm gegenüber dünkt der Igel als ein Abend- und Nachtausflügler gering, ein Hungerleider und Kümmerling. Aber das geistige Format stülpt sich hier um: Der Igel hat es hinter den Stacheln! Ja, wenn man dem guten Symbolkenner Wertheim-Aymé vertraut, dann verbirgt sich sogar dahinter ein Wesen von hohem geistigem Rang; er sagt: »Igel oder Stachelschwein ist das Zeichen des hohen Eingeweihten.« Aber selbst in der schlichten Märchensprache zeigt sich: Der Unscheinbare in diesem Doppelgespann ist in Wahrheit der Kraftvollere, der Unternehmende. Die konträr gearteten Gesellen Igel und Hahn ergänzen sich, doch bleibt unbestritten: einer davon ist der Pfiffige, der nämlich, der den Dudelsack bläst.

* z. B. Wertheim-Aymé, »Die Bildersprache des Hieronymus Bosch«, Den Haag, 1961: »Das niedere Ich, soweit es an die männliche Instinktnatur gebunden ist, erscheint im Sinnbild des Hahns in Mythos und Märchen.«

Da wird nun von langen Jahren im Wald berichtet, und sie verlaufen nicht minder abgesondert wie die acht Jahre hinterm Ofen – verschollen vor der Welt und nicht einmal mehr im Gedächtnis der Seinen (»und wußte sein Vater nichts von ihm«), haust er im hohen Baumgeäst. Aber Hans mein Igel ist ein anderer geworden. In den Jahren hinterm Ofen lernte er warten, eingeschmiegt ins Stummsein. Er erlitt das Dasein als schlechtgeduldete Kreatur. Im Wald tut er etwas. Er hütet die Tiere und übt Musik. Er hütet im musizieren und musiziert hütend. Das eine geht in das andere über. Die Töne halten die Tiere zusammen. Ein seltsamer Wald-Orpheus haust da droben im Baum.

Und was sind das für Tiere, die er unter sich hat? »Schweine und Esel«, »Esel und Schweine« – zuletzt jedoch überwiegen die Schweine mächtig, denn, so heißt es später, »die Schweine bekamen wieder Schweine, und wurden ihrer so viel, daß der ganze Wald voll war«. Mit einer riesigen Herde bricht er endlich nach Jahr und Jahr auf aus dem Wald und leitet den Segen heim ins väterliche Dorf. Er ist also genau besehen ein Schweinehirt, und wie man sieht, ein höchst geschickter. Unter seiner Musik gedeiht ein nie erwarteter bäuerlicher Reichtum, füllt zuletzt alle Ställe daheim, so daß Haus für Haus genug geräucherten Wintervorrat haben wird. – Es ist ein heikles Kapitel, geziemend vom Schwein zu sprechen. Vielleicht ist die derbe Schilderung eben dieser Vorgänge ein Grund, warum »Hans mein Igel« von den Märchenliebhabern kaum wahrgenommen wird. Wir vermeiden über dieses Tier zu sprechen, das so »gewöhnlich« an der Erde herumsuhlt und doch unentbehrlich ist für eine kärglich-arme Bauernwirtschaft. Mag sein, daß sich nach der gebräuchlichen Märchendeutung die niedere und an die Erde gebundene Triebwelt im Schwein verbildlicht, doch damit allein können wir der riesigen Vermehrung der Herde unter Hans mein Igels unschuldigem Hirtenamt nicht gerecht werden. Denn wessen Triebe wären es, die da so üppig gedeihen? Der bäuerliche Gesichtspunkt – dem Symbol sich entziehend? – scheint für den Erzähler unseres Märchens maßgebend; denn er spricht zwar mit einem kleinen Schauder »Hu!« von dem Schlachtfest, das da nun beginnen kann, aber er scheut sich nicht, es auszusprechen und bezeugt damit auf seine Weise, daß Hans mein Igel für die Dorfbewohner zu einem Wohltäter geworden ist. Kein Mensch hat mehr an ihn gedacht, er aber beschenkt sein Dorf nach den vergessenen Jahren überreich. Man kann freilich sagen, er hat die Tiere ursprünglich von des Vaters und vielleicht auch von anderer Bauern

Herde mitgenommen, und diese »fremden« Tiere bringt er nun fruchtbar vervielfältigt wieder an ihren Ausgangsort zurück; also hat die Riesenherde, die sich im Wald unter seinem Musikbaum tummelt, mit ihm selber (seinem Wesen) wenig oder nichts zu tun. Er ist nur ihr Hirt, und Schweinehirt sein gehört zu den geringgeachtetsten Berufen. Doch vergessen wir nicht, bei seinem Aufbruch aus des Vaters Haus hat er »Schweine und Esel« aus freien Stücken mitgenommen, »die wollt er draußen im Wald hüten«. Er hat sich die Aufgabe selbst zugelegt. Gerade den Schweinehirten im Märchen blüht oft eine rosige Zukunft; sie erlangen letztendlich die Königstochter, und das wird bei Hans mein Igel auch so sein. Also muß es beim Schweinehüten noch einen Hintergrund geben, der zu dem vordergründig üblen Handwerk rätselhaft absticht.* Im Lauf ihrer Tätigkeit werden die Hüter fähig, hohe Einsichten zu haben und Auskünfte zu geben, die ein anderer nicht geben kann. Halten wir fest: hohe Einsichten. Und das sagt unser Märchen so: Hans mein Igel sitzt oben im Baumgeäst, macht Musik und hütet seine Herde. Auf dem Baum, im Bereich der Lüfte und des Lichts, herrscht eine andere Sicht als unten den Erdboden entlang: ein wenig Vogelblick der Höhen. Fernschau lernt und genießt Hans mein Igel in den vielen Jahren seiner Baumexistenz.

Der Komponist Julius Weismann schrieb eine Folge von Fugen und nannte seine Komposition den »Fugenbaum«. Sitzt Hans mein Igel in einem solchen Fugenbaum? Umwiegt ihn ein Melodiengezweig? Er hat nicht nur

* Ernst Uehli berichtet in »Nordisch-Germanische Mythologie als Mysteriengeschichte« (Mellinger Verlag Stuttgart 1965, S. 37) folgendes: »Snorri erzählt in der ›Heimskringla‹ von der norwegischen Königin Ragnhild, die große Träume hatte und weisen Sinnes war. Ihr Mann, der König Halfdan dagegen träumte nie. Er frug einen Mann, Thorleif den Klugen, um Rat, damit er zu Träumen komme. Thorleif sagte zum König, er solle im *Schweinestall* schlafen gehen. Halfdan tat dies, und es fehlte ihm nicht an Träumen. Vor allem hatte er einen Generationstraum. Er sah einen von den schönsten Locken verschiedener Größe bedeckten Mann. Eine Locke übertraf alle andern an Schönheit und Größe. Thorleif deutete ihm den Traum dahin, er werde eine große Nachkommenschaft haben. Einer werde aber mächtiger und größer sein als alle andern. Der Königstraum verbreitete sich im Volk. Er wurde Geschichte. Halfdans Nachkommen sind die norwegischen Könige, und den größten unter ihnen, Olaf den Heiligen, sah man verkündigt in der schönsten und größten Locke des Traumbildes. – Das Träumen im Schweinestall ist kein vereinzeltes Motiv, sondern eine Erscheinung, die Einblick gewährt in eine frühere, anders geartete Seelenverfassung und Seelenfähigkeit ... Die heute noch übliche Redewendung: ›Er hat Schwein, d.h. Glück gehabt‹ ist der Rest einer ursprünglichen Seelenverfassung, welcher die geistige Welt in der Gestalt von Träumen noch offen stand.«

die Weitsicht, er hat auch den Klang in sich und außer sich. »Er machte Musik, und die war sehr schön.« Sie klingt nicht nur, sie bewirkt. Sie bewahrt und läßt gedeihen. Die Herde wächst dabei. Der musizierende Hirt hat Ausstrahlungskraft, und er gewinnt zugleich im Schauen aus der Höhe weise Einsicht, als säße er in einem Weisheitshorst. Weiß er nicht bald den Weg in zwei ganz verschiedene Königreiche? Woher käme ihm dieses Wissen vom Weg, wenn da nicht im Musizieren, im Hüten und Schauen zugleich ein Verwandlungsprozeß seiner Sinne geschähe, – auch wenn er äußerlich betrachtet unscheinbar immer nur ein Igel bleibt?

Helfer der Könige

Einmal kam ein König vorbeigefahren, der hatte sich verirrt und hörte die Musik. Da verwunderte er sich darüber und schickte seinen Bedienten hin, er sollte sich einmal umgucken, wo die Musik herkäme. Er guckte sich um, sah aber nichts als ein kleines Tier auf dem Baum oben sitzen, das war wie ein Göckelhahn, auf dem ein Igel saß, und der machte die Musik. Da sprach der König zum Bedienten, er sollte fragen, warum er da säße und ob er nicht wüßte, wo der Weg in sein Königreich ginge. Da stieg Hans mein Igel vom Baum und sprach, er wollte den Weg zeigen, wenn der König ihm wollte verschreiben und versprechen, was ihm zuerst begegnete am königlichen Hofe, sobald er nach Hause käme. Da dachte der König: »Das kann ich leicht tun, Hans mein Igel versteht's doch nicht, und ich kann schreiben, was ich will.«

Also schreibt der König etwas auf, nur nicht das, was er Hans mein Igel verspricht. Der aber vertraut dem König und zeigt ihm den Weg, und der König kommt glücklich heim. Dort aber begegnet ihm nicht irgendwer, sondern die Königstochter, und nun weiß der König, was Hans mein Igel zum Lohn haben wollte. Aber er macht sich samt seiner Tochter lustig über das »wunderliche Tier«, das doch nicht lesen und also betrogen werden kann! – Und so wie dieser kommt bald darauf noch ein zweiter König ins Waldrevier und verirrt sich, »weil der Wald sehr groß war«. Es wird nicht gesagt, daß sie auf der Jagd waren, aber was sind das für Könige, die sich in ihrem Reich, in gewissen Provinzen dieses Reiches, nicht mehr zurechtfinden? Sind sie so bodenverhaftet geworden im Herumziehen in der Welt, daß ihnen die Richtung zum Zentrum ihres Hauses und ihrer Aufgabe entglitten ist? Dürfen Könige so weit von ihrem Thron weg, daß sie den eigenen Mittelpunkt und die Orientierung auf sich selbst hin verlieren? Wie sehr ist ihnen in dieser verlorenen Position der einsame Baum-Eremit da oben überlegen?! Sie, die die Schreibkunst beherrschen, sind auf dem Lebensweg hilflos geworden. Einzig er, der nicht schreiben, nur Musik machen kann, der nie im Königsschloß war, er kennt die Wege, nach hier und dort. Er hat die Übersicht und zugleich eine Art Vorschau ins Schicksal, wie sie die Könige auch nicht einmal mehr ahnungsweise besitzen. Sie sagen Ja ins Blinde hinein. Er spricht ein konkretes Unterpfand an: auch vom zweiten König erbittet sich Hans mein Igel zum Lohn für die Wegweisung das erste zu eigen, was ihm zu Haus begegne – und das wird wieder die Königstochter sein. Muß ihm damit nicht auch schon dämmern, daß ihn der erste König betrügen will?

Eine solche rigorose Forderung stellt sonst im Märchen der Teufel oder die böse Macht, in welcher Gestalt sie auch auftritt. Hier fordert es nun der ganz und gar nicht Böse; er ist ein Verwunschener, der seine Hilfe so und nicht anders abzutauschen bereit ist. Wieso und woher hat der verzauberte Hans mein Igel die Klarsicht, daß es gerade das *ihm* Erwünschte – nämlich die Braut für ihn – sein werde, was dem König daheim entgegenkommt? Natürlich kann man es auch als »Zufall« sehen, daß den Königen bei der Rückkehr »wie von selbst« die Königstochter entgegenläuft. Die Könige halten später auf sehr gegensätzliche Art ihr Wort: der erste gar nicht, der zweite im vollen Sinn. Und dabei zeigt sich in beiden Fällen, daß König und Königstochter ein Herz und eine Seele sind. Wie der König denkt, denkt auch seine Tochter; leugnend das Versprechen und sich lustig machend im ersten Fall; sich fügend, ja gern bereit, dem skurrilen Bräutigam zu folgen, wenn er käme, im zweiten, und es wird hinzugefügt: »ihrem alten Vater zuliebe«. In der Tochter lebt dem König das Liebste und Beste, sie ist Teil seines Wesens, sie trägt die Verjüngung. Und sie ist so eng mit ihm verbunden, daß sie ihn sinnend begleitet, auch wenn er fern ist, und ihn erwartet, wenn sie seine Heimkunft spürt; und sie begrüßt ihn wieder als erstes Wesen am Hof. Hat gerade für diesen Zusammenhang Hans mein Igel ein Organ, – als Frucht seiner Werdezeit oben im Hütebaum? Denn langsam rückt seine eigene Königszeit heran. Indem in diesem und dort in jenem Schloß jeweils die Königstochter ihrem Vater entgegeneilt, läuft sie Hans mein Igel zu, der noch meilenweit entfernt haust und dem eine von ihnen doch schon mit Brief und Siegel zugehört.

Erst aber muß Hans mein Igel noch seine Herde abliefern. Als er seinem Vater Nachricht sagen läßt, er käme nach Haus und sie sollten alle Ställe im Dorf räumen, so freuen sich gewiß alle im Dorf über den Reichtum, nur dieser eine nicht:

Da war sein Vater betrübt, als er das hörte, denn er dachte, Hans mein Igel wäre schon lange gestorben.

Der Vater bleibt taub seinem Sohn gegenüber, obwohl aus dem Versager indessen ein Segenspender geworden ist, und er wird taub bleiben bis in den vorletzten Satz der Geschichte hinein. Er kann dem niegeliebten Sprößling den Stachelmakel der Geburt nicht verzeihen. Er kann sich selbst nicht verzeihen, und so tilgt er diese Schande seines Geschlechts konsequent aus dem Gedächtnis. Man spürt, wie ärgerlich es ihn trifft, daß da immer noch ein Lebenszeichen oder gar der Kerl selber auftaucht! Wie anders verhält sich Hans mein Igel zum Vater! Ob vergessen oder nicht, er bewahrt in den Waldjahren sein heiteres Naturell (»war immer lustig«) und verliert nie seinen zärtlich-munteren Ton; er tröstet geradezu den Griesgram:

»Väterchen, laßt mir meinen Göckelhahn noch einmal vor der Schmiede beschlagen, dann reit ich fort und komme mein Lebtag nicht wieder.«

Ja, der Vater läßt ihn beschlagen »und war froh, daß Hans mein Igel nicht wiederkommen wollte«.

Und nun beginnt die Brautfahrt des Sohnes. Er macht sich auf ins erste Königreich, von dessen König wir wissen, daß er zwar in der Not sich helfen ließ, aber von vornherein es auch anlegte, den Helfer zu betrügen. So hat er auch vorgesorgt für dessen Ankunft:

Wenn einer käme auf einem Hahn geritten und hätte einen Dudelsack bei sich, dann sollten alle auf ihn schießen, hauen und stechen, damit er nicht ins Schloß käme. Als nun Hans mein Igel dahergeritten kam, drangen sie mit Bajonetten auf ihn ein, aber er gab dem Hahn die Sporen, flog auf, über das Tor hin vor des Königs Fenster, ließ sich da nieder und rief ihm zu, er sollt ihm geben, was er versprochen hätte, sonst wollt er ihm und seiner Tochter das Leben nehmen.

Indem der König Befehl gibt, daß alle schießen, hauen und stechen sollen, und die Soldaten wirklich mit Bajonetten gegen Hans mein Igel vorgehen, macht er sein Schloß zu einem Gegenigel, – wie er meint, uneindringlich. Doch Hans überfliegt die Bajonette. Daß er mit seinem Hahn einen Höhenflug nehmen kann, übersieht der König. Schon sitzt Hans mein Igel als Gewissensmahner vor dem Fenster des Königs (im inneren Bezirk also) und fordert das Versprochene oder bietet Tod. Woher kommt ihm solche Gewalt, ihm, der doch nach wie vor in zwerghafter Gestalt und weitum allein sich sein Recht holen muß? Aus der Kraft eines einmal gegebenen Wortes? Dem König wird angst, und er überredet seine Tochter, sich dem Unvermeidlichen zu fügen, »damit sie ihm und sich das Leben rettete«. Des Königs Handeln bleibt selbstbezogen, auch wenn er nun die Tochter mit Brautgut in einem Wagen mit sechs Pferden auf die Reise schickt.

Und der König dachte, er kriegte sie nicht wieder zu sehen. Es ging aber anders, als er dachte, denn als sie ein Stück Wegs von der Stadt waren, da zog ihr Hans mein Igel die schönen Kleider aus und stach sie mit seiner Igelhaut, bis sie ganz blutig war, sagte: »Das ist der Lohn für eure Falschheit, geh hin, ich will dich nicht« und jagte sie damit nach Haus, und sie war beschimpft ihr Lebtag.

Für Märchengegner aus der historisch-materialistischen Sicht ist diese Szene ein Exempel des »grausamen Stils« der Grimmschen Märchen. Auch der ästhetische Betrachter wird hier Schwierigkeiten haben. Geht Hans mein Igel zu weit? Könnte er die Tochter nicht auch ungestachelt wieder heimschicken, wenn er sie nicht will? Aber dies alles geschieht nicht auf der physischen Ebene, sondern in einem geistig-seelischen Feld. Im Märchen zählt die Lauterkeit der Gesinnung, und alles Tun trägt seine Konsequenz in sich selbst. Die Wahrheit der Szene läßt sich vielleicht so umschreiben: Vom ersten Moment im Walde an hat der König mit Hans ein frivoles Spiel getrieben, zunächst mit verkehrten Worten; schlimmer noch im Schloß, wo er Hans unmißverständlich Gewalt entgegensetzt. Die Bajonettstacheln sind der Ausdruck von Falschheit und Selbstsucht und Angst, nach außen gekehrt. Im Spiegel der Wahrheit (als Hans mein Igel erscheint) drehen sich die Bajonettspitzen um, kommen auf König und Tochter selbst zu. Falschheit richtet sich selbst; Hans vollstreckt nur, was sich der König als Verhängnis eingebrockt hat. Für die Prinzessin erlischt, gestachelt heimgekehrt, die

Chance, daß sie einen anderen Bräutigam fände. Das heißt zugleich, der König wird für sein Reich keinen Nachfolger finden; die Königslinie stirbt aus.

Erlösung von der Igelshaut

Wie sehr die Grundgesinnung des Vaters die Tochter beeinflußt, erweist sich auch am zweiten Königshof. Was der Vater redlich versprochen hat, wird von ihr nicht in Zweifel gezogen, und die Liebe zum Vater gibt ihr die Kraft (das wird zweimal versichert!), den wunderlichen Bräutigam zu bewillkommnen, auch wenn sie vor ihm erschrickt. Das gegebene Wort gilt, die Vermählung wird vollzogen, und weder König noch Königstochter ahnen, was daraus werden soll. Die Braut fürchtet sich vor der Nacht und vor den Stacheln, – aber gerade sie hat keinen Grund dazu. Es kommt eben auch hier anders als die vordergründige Logik sich ausdenkt.

Er aber sprach, sie sollte sich nicht fürchten, es geschähe ihr kein Leid, und sagte zu dem alten König, er sollte vier Mann bestellen, die sollten wachen vor der Kammertüre und ein großes Feuer anmachen, und wann er in die Kammer einginge und sich ins Bett legen wollte, würde er aus seiner Igelshaut herauskriechen und sie vor dem Bett liegen lassen; dann sollten die Männer hurtig herbeispringen und sie ins Feuer werfen, auch dabei bleiben, bis sie vom Feuer verzehrt wäre.

Das Ungewöhnliche in diesem Märchen ist, wie Hans die Verbrennung der Igelshaut selber anordnet und zwar in Ausmaßen, daß ein gewaltiger Kraftakt daraus wird. Warum bedarf es der *vier* Männer, um das, was er selber durch die Jahre hindurch gelassen und bei heiterem Gemüt als Haut an sich getragen hat, wegzuschaffen ins Feuer, wenn es einmal losgelöst vor dem Bett liegt? Da kann nicht das äußere Gewicht der Haut gemeint sein, dieses winzige Etwas an Materie. Und warum müssen die Männer wachen und »hurtig herbeispringen«, dürfen also auch nicht einen Augenblick säumen, die Haut dem Feuer zu übergeben, und müssen dann auch noch Feuerwache halten, bis alles verzehrt ist? Was liegt da vor?

Die Verbrennung geschieht dann genau so, wie Hans mein Igel sie angeordnet hat. Aber was er nicht im voraus ankündigte, kommt hinzu: Er selber liegt nach der Auflösung der Haut »im Bett ganz als ein Mensch gestaltet, aber er war kohlschwarz, wie gebrannt«. Das Feuer hat also nicht nur die Haut verzehrt, sondern auch ihn, den Herausgeschlüpften selber, ergriffen und »gebrandmarkt«.

Es wird in diesem dramatischen Ablauf deutlich, daß sich da ein tiefeingreifender Lösungsprozeß zwischen dem Träger, dem Verzauberten, und seiner Verzauberungshülle abspielt. Setzt Hans diese Verbrennung zu früh in Gang, weil sie fast mit einer Katastrophe für ihn endet? Fest steht, daß er den Schlußakt der Entzauberung zwar bis in die Einzelheiten planend einleiten, daß er aber die Verbrennung der abgelegten Haut nur erbitten kann, – keinesfalls kann oder darf er selber seinen »Igel« ins Feuer werfen, das heißt: er kann sich nicht selbst erlösen! Er bedarf der Hilfe des Königs. Gehören die vier Männer zu des Königs Gefolge? Oder kommen sie wo ganz anders her, weil sie der König »bestellen« soll? Es ist, als kämen sie aus den vier Elementarreichen und nähmen das, was Hans mein Igel als Verzauberungslast durch die Jahre hindurch an sich getragen, nachdem sie die Auflösung besorgt, nun als verwandelte Kraft (als Asche der Erneuerung) entgegen und mit sich in ihre Zonen.

Der König bewährt sich an seinem Schwiegersohn als Wohltäter. Er beruft den Arzt, und dieser »balsamiert« den Verletzten »mit guten Salben«. Dann endlich heißt es: »Da ward er weiß und war ein schöner junger Herr.« Die Erlösung geschieht als ein nächtlicher und doch offenbarer Akt. Die vier Wächter wachen und handeln. Aber auch der König wacht, die Königstochter wacht. Alle sind fasziniert von den geheimnisvollen Vorgängen dieser Entzauberung; ein Phönix-Feuerprozeß spielt sich ab. Der Bräutigam geht selbst mit durch das Feuer, nicht nur sein Kleid. Er wird gebrannt, heißt, er leidet, macht einen Status des Todes durch. In dieser Schwellenstunde ist es am König, im rechten Sinne einzugreifen. Des Königs Arzt bringt Heilung, und Heilung bringt Schönheit. Ein neuer Mensch erhebt sich am anderen Morgen vom Lager. Nun ist der Johannes geboren, den die Mutter mit dem Hans im Igel angekündigt sah.

Im Märchen vom »Eselein« der Brüder Grimm geht die Entzauberung ähnlich und doch mit einem grundlegenden Unterschied vor sich: da beschließt der König seinerseits (auf den Rat seines nächtlich wachenden Dieners hin) die Eselshaut in ein gewaltiges Feuer zu werfen, »und blieb selber dabei, bis sie ganz zu Asche verbrannt war«. Er bleibt auch sonst die

Nacht über wach. Also hier gibt der König die Intention, der Jüngling hingegen wird überrascht von der Tatsache, im Morgenschein sein Eselskleid nicht mehr vorzufinden und gerät in Trauer und Angst: »Nun muß ich sehen, daß ich entfliehe.« Aber der König spricht ihn ruhig und bewegt ihn zu bleiben. Im »Eselein« hat der König die zentrale Kraft, die letzten Schritte der Loslösung zum Guten zu führen.

Noch ganz anders wirkt sich die Verbrennung der Tierhaut in anderen Märchen aus, z. B. in dem siebenbürgischen »Das Borstenkind« (in »Deutsche Märchen seit Grimm«, Diederichs Verlag). Dort kommt die sentimentale, einsichtlose Mutter der Braut auf den Einfall, ihrer Tochter möglichst schnell und auch für den Tag zu dem wunderschönen, nächtlich sich enthüllenden Königssohn zu verhelfen; sie läßt das Borstenkleid des Eber-Bräutigams viel zu früh verbrennen. Als Folge der Kurzschlußhandlung wird der schockartig seines Kleides Beraubte ans Ende der Welt versetzt, das heißt, er wird aus der einen Verwünschung in eine andere, viel schlimmere verstoßen. Um ihn daraus zu erlösen, beginnt jetzt eine Such- und Leidwanderung der Königstochter: Statt vordem geduldig zu warten, wie ihr gesagt war, bis das *eine* Borstenkleid am Bräutigam aufgetragen war, muß sie nun selbst wandernd sieben Kleider und sieben Paar Schuhe abtragen, ehe sie ihn wiederfindet und ihn nach drei demütigenden Nächten aus der Gewalt der anderen Braut errettet.

Wann der richtige Zeitpunkt zur Verbrennung der Tierhaut eintritt, ist eine empfindlich-schwierige Frage. Es ist die Frage, wann der wahre Mensch, der vor der Welt verborgene, in seiner inneren Schönheit, seiner geistigen Kraft sich so gefestigt und geformt hat, daß er unverhüllt in den Tag und vor die Welt hintreten darf. Eine so vorsichtig wägende Märchendeuterin wie Hedwig von Beit* sagt zu dem Phänomen der Tierhautverbrennung, es sei für den Helden ein Wagnis von unabsehbaren Folgen. Daß es von Märchen zu Märchen einen so verschieden nuancierten Ausgang haben kann (in einem serbokroatischen stirbt sogar der Tierprinz infolge Verbrennung seiner Tierhaut) charakterisiert sie schließlich so:

»Es handelt sich hier offenbar um Dinge, die sich dem menschlichen Erkennen entziehen, so daß nicht einmal eine symbolische Aussage darüber möglich ist. Aus diesem Grunde lassen sich auch aus Märchen nie allgemein

* »Symbolik des Märchens« und »Gegensatz und Erneuerung im Märchen« (daraus Zitat S. 132), Francke Verlag Bern, 1971 und 1972.

gültige ›Lebensregeln‹ ableiten, obwohl sie so viel Lebensweisheit enthalten. Es ist nur möglich, den paradoxen Sinn des einen jeweils vorliegenden Märchens aufzudecken. Jedes bestimmte begriffliche Formulieren jedoch widerspricht nicht nur der archetypischen Unbestimmtheit des Märchens, sondern erweist sich geradezu als verfehlt.«

Kehren wir zu dem von uns betrachteten Märchen zurück, so entdecken wir das Besondere eben darin, daß Hans mein Igel selbst noch *vor* der ersten Brautnacht um die Verbrennung seiner Igelhaut bittet – ein Unikum gegenüber allen anderen! Er weiß, es ist an der Zeit und leitet die Läuterung selbst ein. Nichts überrascht ihn; er sieht dem, was geschehen muß, bewußt entgegen. Was sich im »Borstenkind« über lange Zeit und weite Wege hinzieht und ganz in die Ausdauer, Selbstverleugnung und Liebe der Königstochter gelegt ist, zieht sich in »Hans mein Igel« in eine einzige Nacht, die Brautnacht, zusammen, kraft Hansens Entschluß. Er drängt auf die Vernichtung der Haut, obwohl sich für ihn konsequent ergibt, daß er selber schalenlos dem Feuer preisgegeben sein wird. Welch eine Kraft der Individualität gehört dazu, diesem Akt auf Leben und Tod mit offenen Augen entgegenzugehen! Im Feuersturm wird seine Leidensfähigkeit geprüft – und er übersteht den Todesbrand. Er wäre allerdings verloren ohne des alten Regenten und seines Arztes Hilfe. Hans, der ein Igel war, erhält nach seiner Neugeburt das Königreich. Wird er wohl ein gerechter und zugleich stark auf sich selbst stehender König sein? Einer, der in den Motiven seines Beschließens und Handelns die Harmonie der Weltenmusik erklingen läßt – auch wenn er nun nicht mehr den Dudelsack bläst?

DER KÖNIG VOM GOLDENEN BERG

Dieses Märchen zieht an durch seinen verheißungsvollen Titel – denn wer König vom goldenen Berg wird, dürfte doch wohl auch Herrscher sein in höchsten Geistesreichen.*

Zweifellos haben wir im Vater, der uns als Kaufmann vorgestellt wird, einen Menschen, der ganz diesseits-irdisch gesinnt ist, dem aber doch noch Macht und Reichtum aus einer Ferne, jenseits des Meeres, zufließen – zunächst jedenfalls. Dann aber wendet sich das Blatt, die Schiffe des Kaufmanns sinken: Es ist, als sauge das Meer seinen Reichtum zurück. Aus dem reichen Händler wird ein Habenichts. Wie sich Adam nach der Austreibung aus dem Paradies auf dem harten Feld der Mühsal wiederfindet, so findet sich dieser Mann auf seinem Acker vor den Toren der Stadt wieder. Das ist sein einzig verbliebener Besitz. Er beginnt aber nun nicht etwa als Bauer mit Händen und Geräten den Acker zu bebauen – so einfältig ist er nicht. Sein Acker wird, gewollt oder ungewollt, zu einem Ort der Beschwörung: Der gewitzte Händlersinn zieht folgerecht den »Krämergeist« an, ein Männlein nämlich, das Geld zu schaffen verspricht, ohne zu verlangen, daß sich der Händler schmutzig mache. »Acker« bedeutet hier also: es spielt sich ab im öden Erdenfeld; die geistige Orientierung nach oben ist erloschen, jeder Rückhalt zum Ursprungserbe aufgelöst. Das Märchen charakterisiert den Kaufmann ebenso selbstsicher einerseits wie gleichgültig gegenüber dem Geistigen andererseits, denn es sagt so nebenbei, daß er Gott einen guten Mann sein läßt. Und es bringt ihm dann ja die Begegnung mit dem Männchen auch ohne Gott Reichtum in Hülle und Fülle – er muß nur versprechen, was ihm daheim als erstes wider das Bein stoße. Vier Wochen lang merkt er zunächst nichts vom Reichtum und will sich schon selbst aus der Armut heraushelfen, indem er »oben« auf dem Speicher altes Zinn zusammensucht, um es zu ver-

* Die Anregung und wichtige Gesichtspunkte dieser Betrachtung verdanke ich Frau Dr. Eva-Maria von Zastrow.

kaufen, aber gerade durch diesen Akt (das beiseite geräumte, veraltete und deshalb sinnentleerte Gebrauchs- und Andachtsgerät zu verhökern) entdeckt er plötzlich auf dem Boden den versprochenen Reichtum, »einen Haufen Geld«, nicht Gold. Zinn wird dem obersonnigen, majestätischen Planeten Jupiter zugeordnet; aber hier hat es ausgedient, ist auf dem Gerümpelspeicher gelandet und wird preisgegeben; von Königsglanz und Königssubstanz der alten Gerätschaften bleibt nur Spreu – für den Antiquitätenhändler, würden wir heute sagen. Der Kaufmann ist bereit, das letzte gediegene Gut aus der Vergangenheit abzustoßen – da findet er den neuen Geldschatz! Nun befände sich äußerlich wieder alles für ihn in Ordnung vor der Welt, hätte er nicht sein bindendes Wort dem unbekannten Männchen gegeben (das der Vater doch als ein böses Wesen ahnt), ein Versprechen, das wie ein Bleiklotz sein Gewissen belastet. Denn die Überraschung dieses Paktes mit dem Männchen lag doch gerade in dem Unbestimmten des Versprechens, er solle geben, was ihm zu Hause am ersten wider das Bein stößt. Nun ist auch dabei charakteristisch für den Vater: er denkt so für sich hin: »Was kann das anders sein als mein Hund?« – und die wehrlose Kreatur zu seinen Füßen auszuliefern, ist er bedenkenlos bereit. Aber gerade an dieser Stelle zeigt sich, wie kurzschlüssig sein Spürsinn für geistige Zusammenhänge geworden ist; wie jupiterfremd, weisheitsblind und bar jeder souveränen Überschau er urteilt. Er hat das beiläufige Geschöpf Hund im Sinn, aber das Verlangen des Männchens geht genau auf die Zukunftskraft des Menschen hin, es will den Sohn. Und so hat der Vater leichthin um ein höchstes Opfer paktiert, ohne sich zu fürchten, was er tue. Dafür werden ihm Furcht und Angst, je länger es währt, desto ausgiebiger nachbeschert.

Der Sohn hebt sich nun vom verschatteten Vater fast wie ein Lichtwesen ab. Er bringt von vornherein eine reine Gesinnung in diesen Handel. Worin liegt begründet, daß der Sohn von Anfang an sicher und entschieden sich wappnet gegen den dunklen Pakt seines Vaters? Indem er sich vom Priester segnen läßt, will er gehen mit dem starken Geleit Christi. Der Vater schlottert vor Angst; furchtlos hingegen führt der Sohn die Auseinandersetzung mit dem Dämon. Und daß er zuallererst auf dem verrufenen Acker den Kreis zieht, die rundumschützende magische Gebärde, sagt, daß er in sich selber ruhend dem göttlichen Überwinderimpuls vertraut. Für den Vater wie auch für den Geldgeist (den Antipater) galt der Sohn die ganzen zwölf Jahre hindurch als der ausgemachte Kaufpreis für das schon lang im Verzehr befindliche Geld. In den zwölf Jahren Zinszeit ist aber die Weltenuhr ein Stück weitergelaufen: Im Sohn wird – statt des erwarteten willenlosen Kindes in der Hand des Vaters – eine völlig selbständige Eigenkraft offenbar, die ihn den beiden feilschenden »Vätern« auf dem Acker entzieht und dem dritten, höheren Vater zugehörig sein läßt, – als dessen Stellvertreter ihm der Geistliche den Segen gegeben hat. Die Händlernaturen müssen den Sohn freigeben.

Das aber macht nun dessen eigenen Weg nicht leichter. Er wird aufs Geratewohl zu einer Untergangsfahrt aufs Wasser verstoßen. Wieder taucht Fließendes schicksalformend auf, doch die Gleitrichtung hat sich umgekehrt. Der alte Kaufmann blieb zu Hause, ihm brachte das Meer den Reichtum ins Haus. Der Sohn wird selber dem Gewässer ausgeliefert, er muß vom Hause (von Stadt und Acker) fort, er wird sogar mit einem Fußtritt auf Fahrt gebracht! Und so gleitet er, ohne zu wissen, wohin. – Das Wasser wird ihm eine Furt zur anderen Welt. Hedwig von Beit (in »Symbolik des Märchens«) sagt zu dem Märchen, so, wie dieser Held im Schiffchen auf dem strömenden Gewässer fahre, gleiche das durchaus den anderen Heldenfahrten im »Moseskörbchen« (z. B. in »Der Teufel mit den drei goldenen Haaren«): Die in einer solchen Hülle eingepackt und vermeintlich dem Untergang ausgesetzt werden, sind gut aufgehoben; sie sind unanfecht-, ja unvernichtbar. Das zeigt sich hier darin, daß das Schiffchen zwar kentert, aber nicht untergeht, sondern gerade dadurch für den Helden zum behütenden Häuschen wird. Das Kentern kennzeichnet den Augenblick des Schwellenüberganges: in diesem Moment entschwindet der Ausgesetzte dem irdischen Blick, um desto sicherer auf dem Strom dahinzugleiten, bis zum jenseitigen »unbekannten Ufer«.

Da betritt er ein neues Land, ein Seelenland, denn er gerät nun in das verwünschte Schloß einer Schlangenprinzessin. Damit heben zugleich einige Seltsamkeiten an. Die Schlangenjungfrau empfängt ihn mit dem Ausruf: »Auf dich habe ich schon zwölf Jahre gewartet ...« Zwölf Jahre? Und er ist doch gerade erst zwölf Jahre alt! Das würde ja bedeuten, daß zugleich mit seiner Geburt ihre Verwünschung geschehen wäre, ein Parallelereignis! Wenn sie in dieser Zauberexistenz gleich alt ist wie er – gehören sie von Anfang an zusammen? – Andererseits wird in der allerersten Zeile des Märchens gesagt, daß der Kaufmann *zwei* Kinder hat, einen Buben und ein Mädchen (wie er auch zwei Schiffe hat, die dann untergehen; er ist Repräsentant einer durchaus zweigeteilten Welt). Wo aber bleibt das geschwisterliche

Mädchen im Verlauf der Geschichte? Es ist wie weggeweht ins Vergessen nach diesem einmaligen Tupfer seiner Existenz. Da bleibt ein Dunkel. – Die Schlangenjungfrau versichert ihm also, daß sie zwölf Jahre auf ihn warte, den einzigen, der die Verwünschung aufheben kann. Und wer hat die Jungfrau ins Schlangendasein verwünscht, welche Macht? War es »der Teufel«, der auch den Vater verführt hat? Spricht nicht am Ende der Geschichte die gequälte Königin ganz deutlich in ihrer Angst diesen Alptraum aus: »Ist denn der Teufel über mir oder kam mein Erlöser nie?« Heißt das nicht deutlich vernehmbar, daß, bevor der Erlöser kam, der Teufel über ihr war?

Dann kommt der nächtliche Erlösungsvorgang, eine passive Mutprobe, die »Einweihung«. Der Jüngling hat also Erlebnisse auszuhalten, die, so furchterregend und schrecklich sie sind, ihn nicht erschüttern dürfen, die in selbstgefestigtem Gleichmut schweigend ertragen werden müssen: Zwölf schwarze, kettenbehangene Männer umringen, schlagen, stechen, quälen ihn – bis zur Mitternacht. Standen nicht in den uralten Mysterien bei der großen Einweihung zwölf Priesterweise lenkend und behütend um den zu erwekkenden dreizehnten? Und wer sagt uns, daß dem äußerlich Schlafenden, aber innerlich Hellwachen in inneren Gesichten diese heiligen Hüter nicht als unerbittliche Peiniger erschienen, die bis auf den letzten Leidenschaftsrest die Reinigung forderten, ja mit ihm vollzogen? Sind sie nur hier im Märchen als die Schreckgestalten gezeichnet, wie sie dem Seelenblick des Prüflings erscheinen müssen, nur als die begleitenden Dämongestalten der zwölf heiligen Wächter, die stellvertretend »Böses« tun – zu seinem Heil? Sie erscheinen hier jedenfalls als Wesen, die in ihrem Tun selber leiden, sonst trügen sie keine Ketten. Heißt das, sie vollziehen ihre Mission erleidend und peinigend zugleich? Vielleicht leidet das Böse als Weltenmacht im Geiste viel mehr unter dem Druck und der Schwere seiner Weltenaufgabe, als sich menschliche Vorstellungskraft ausmalen kann, – was aber die vollstreckenden Wesen nicht hindert, heftig und hohnvoll ihres Amtes zu walten!

Die Zwölfheit deutet hier auf den ganz umfassend angelegten Charakter der Prüfung: Es sind nicht ein paar oder beliebig viele Männer; es sind exakt zwölf. Kommt aus jeder Tierkreissphäre ein »Kerl«, der das Seine beisteuert, was außer ihm kein anderer geben kann? Und in der letzten Nacht die vierundzwanzig verdoppeln schließlich den Ansturm in ein apokalyptisches Maß hinein mit dem Tod am Ende – wie immer und in jeder Erlösung die dritte Nacht die Drangsale ins Letztmögliche steigert.

Diesem tief eingreifenden Vorgang gegenüber verhält sich nun die erzählende Partie des Märchens eigentümlich. Die Schlange kündigt zunächst dem Jüngling an, was ihn in den drei Nächten erwartet, und er sagt: »Gerne will ich dich erlösen.« Es klingt aus seinem Mund fast, als handle es sich um eine Gefälligkeit. Und dann folgen in einen einzigen Satz zusammengezogen die *wirklichen* Ereignisse:

Es geschah nun alles so, wie sie gesagt hatte – die schwarzen Männer konnten ihm kein Wort abzwingen, und in der dritten Nacht ward die Schlange zu einer schönen Königstochter, die kam mit dem Wasser des Lebens und machte ihn wieder lebendig. Und dann fiel sie ihm um den Hals und küßte ihn, und war Jubel und Freude im ganzen Schloß. Da wurde ihre Hochzeit gehalten, und er war König vom »goldenen Berge«.

Wie harmlos also gleitet der schwierig-gewaltige Prozeß an uns vorbei: Die Schilderung läßt es gut sein damit, es sei alles ankündigungsgemäß verlaufen. Natürlich kann man einwenden, der Erzähler scheue sich, was kurz vorher ausgesprochen wurde, nun noch einmal genauso haarklein zu wiederholen, um den Hörer nicht zu ermüden. Aber das wäre ein rein logischer Einwand aus ästhetischen Gesichtspunkten, doch nicht den Gesetzen des Märchens gemäß, wo ein dreifach ähnlich Geschehendes auch immer dreifach erzählt wird, – weil es dreifach vollzogen erst wahr wird und Gewicht erhält; dann erst hat es *alle* Lebenstiefen erreicht. Warum also wird hier das Allerwichtigste, der Kampf um die geistige Selbsterhaltung, so schnellfüßig-sparsam umgangen? Man lese den Satz noch einmal: »Es geschah nun alles so, wie sie gesagt hatte ...« und man wird den Eindruck nicht los, etwas ist zu leicht geraten an dieser erlösenden Prozedur. Dem Jüngling geschieht das, er weiß nicht wie, und schon ist alles vorbei. Die Erlöste gibt ihm das Wasser des Lebens, fällt ihm um den Hals und küßt ihn, »und war Jubel und Freude im ganzen Schloß. Da wurde ihre Hochzeit gehalten, und er war König vom ›goldenen Berg‹.«

Dieses leichte Darüberhin über das Erlösungswerk – das doch sein ganzes Wesen läutern sollte, denn er wird erweckt, ja neugeboren durch das Wasser des Lebens – wird sich acht Jahre später nach einer andern Seite hin kundtun: Da wird der Vermählte alles jetzt Gewonnene ebenso leicht-fertig wieder verlieren, ja durch eigene Schuld preisgeben.

Es ist gewiß ein schöner Zug am Sohn, daß ihm nach acht Jahren vergnügten Zusammenlebens mit der Königin sein Vater einfällt; davon wird ihm das Herz bewegt, und er will also noch einmal in die ihm so fremd und fern gewordene irdische Seinswelt einkehren. Die Königin warnt davor und will nicht, daß er von ihr gehe; ihr schwant Schlimmes: er werde versagen – und das tut er dann auch. (Ebenso wird im Märchen »Der Trommler« die wartende Königstochter vergessen, weil er die Eltern auf die rechte Wange küßt). Dieses Verlangen, noch einmal heimzukehren in das Altvergangene, ist eben die Klippe für den Helden. Jetzt müßte er beweisen, wie weit ihn selbst seine Erlösungstat für die Jungfrau verwandelt hat. Die Erhebung zum König vom goldenen Berg hat ihm zwar »seltsame und doch so reiche und prächtige Kleider« beschert, aber ein fundamentaler Kern seines Wesens scheint doch noch so gut wie unberührt vom Königtum. Gerade dieser Königskleider wegen lassen ihn die nüchternen Wächter nicht in die väterliche Stadt hinein, und so entschließt er sich, sein Königtum zu verleugnen, diese Insignien abzulegen und in einen Schäferrock zu schlüpfen* – aber diese bescheidene List hilft nur vordergründig weiter; dieser Rock wird ihm letztlich zum Verhängnis. Man kann sich geistig nicht nach Belieben zurückstufen. Die Stadtwächter lassen ihn zwar mit dem alten Schäferrock das Tor passieren, aber dem Vater kann er damit nicht kommen. Er hält den, der da vor ihm steht, für das, als was er ihm erscheint: einen alten verkommenen Schäfer. Er erkennt nicht seinen Sohn, keine Blutsstimme spricht mehr. Und als ihn dann endlich das Muttermal, die Himbeere unterm Arm, dennoch als den Sohn ausweist und der Sohn nun stolz von seinem Königtum und seiner königlichen Gemahlin wie auch dem schönen siebenjährigen Söhnlein spricht, glaubt ihm der Vater nichts von alledem. So wenig strahlt königliche Überzeugungskraft vom Sohn aus, daß er wie ein Lügner vor dem Vater steht. Dem Vater gilt nur, was er sieht: »... das ist mir ein schöner König, der in einem zerlumpten Schäferrock hergeht.« Und nun verliert der so gedemütigte Sohn in der Tat alle königliche Fassung: ihn packt der Zorn, schlagartig stellt er sich auf die gleiche Stufe mit dem Vater und wird fast zu seinem erbärmlichen Ebenbild.

* Wenn auch der Schäfer einen »Berg« (also einen erhöhten Bewußtseinsort) als Hüteplatz hat, so ist dieser Berg im Vergleich zum »goldenen Berg« des jungfräulichen Reiches ein Vor-Berg. Die dem Schäfer zugehörende Ahnungs- und Instinktkraft ist dem jungen König, der doch schon bis zur entzauberten Schlangen-Weisheitskraft vorgedrungen ist, in keinem Fall mehr angemessen. Er schlüpft also, indem er seine Königskleider mit dem Schäfer tauscht, in einen »alten Hut«; er degradiert sich geistig.

Kleinmütig rechtend mißbraucht er den Wunschring – und beschwört damit die Katastrophe. In dieser Begegnung mit dem leiblichen Vater zeigt sich letzten Endes die nur unvollkommen gelungene Läuterung seines Wesens in den drei Erlösungsnächten: Indem er sein Königtum am falschen Ort »beweist«, hat er es bereits verloren.

Es ist ja oft so im Märchen: zunächst wird gnadevoll und wie traumwandlerisch sicher ein erstes Ziel, ein erster Höhepunkt erreicht und oft schon, wie auch hier, mit der Hochzeit gekrönt. Dann setzt eine *zweite* Wanderung ein, aus unbestimmtem oder vergangenheitsbezogenem Antrieb heraus – und nun erst muß der Held bewahrheiten, was in ihm ist. In unserem Zusammenhang beprahlt und profaniert er das bereits Errungene, er zwingt die »heimliche« Gemahlin und den siebenjährigen Sohn seiner Geistehe aus den Goldhöhen herunter in die Krämerwelt. Was ist das Schlimme daran? Warum klagt die herabzitierte Königin so sehr und weint? Warum können die drei, nachdem der Fehler einmal geschehen, den sturen Vater nicht Vater sein lassen und einfach zusammen wieder zurückkehren auf den »goldenen Berg«? Es wäre doch menschlich gesehen bei etwas gutem Willen so naheliegend? – Es liegt ein Konflikt tieferer Art vor. Von dem Augenblick an, als er jenseits des Stromes am »unbekannten Ufer« das Land betrat, trat er in eine andere Gesetzeswelt ein, der er sich durch die Erlösungsnächte unterwarf. Er hat sich einer verborgen waltenden Weisheitsmacht vermählt – und ihr gegenüber hat er sein Treueversprechen gebrochen; er hat im Zorn den Ring mißbraucht und nicht geschwiegen. Geisteswissenschaftlich umschrieben: er hat einen Mysterienverrat auf sich geladen – und dagegen hilft auch alle menschlich einsehbare Rechtfertigung nichts: »Ich habe es unachtsam getan...« Das Märchen gibt die verstörende Wirkung dieses Verrats an der Königin eindeutig wieder: »Sie hatte Böses im Sinn.«

In Wahrheit dürfte sich hinter diesem Satz verbergen: dadurch, daß er sie verriet, zerriß er den Schutzgürtel, der sie beide seit der Erlösung umschloß. Er erlöste sie dort aus der Gewalt des Bösen. Jetzt hat er, »unachtsam«-leichtsinnig, indem er sich selbst fallen ließ, auch sie wieder in die Macht des Bösen zurückfallen lassen. Sofort nimmt das dunkle Element erneut von ihr Besitz, und konsequent muß es heißen: »Sie hatte Böses im Sinn.« Sie *muß* ihn verlassen, die böse Gewalt zieht sie seit dem Ringmißbrauch unwiderstehlich wieder an sich. – Daß hier reale Zusammenhänge mit der teuflischen Macht bestehen, sagt deutlich der Ort, an dem sich die vorgetäuschte Versöhnung und dabei doch unwiderrufliche Trennung der ungleich gewordenen Gatten vollzieht: nämlich abermals auf dem Acker vor der Stadt, wo alles Verteufelte mit der Täuschung des Vaters vorzeiten seinen Anfang nahm. Einzig ihren Pantoffel läßt sie ihm zurück, Erinnerung an sie und keimhafter Ansporn, daß vielleicht doch noch nicht alles für ewig verloren sei. Der Pantoffel, der Schuh überhaupt, ist Ausdruck für das erlebte, gemeinsam gegangene Schicksal. So wie der Pantoffel in »Aschenputtel« den Prinzen zur Braut führt, wird er auch hier zum Wahrzeichen und zur Spur zurück in das Königreich. Und wiederum muß sich der Held auf den Weg machen, aber diesmal nicht unfreiwillig und vom Wasser getragen, sondern aus eigenem Entschluß und auf erdigem Grund – und er kommt an einen Berg. Hier findet er drei streitende Riesen, die mit ihren magischen Erbstücken nicht zurechtkommen: Sie besitzen Schätze und wissen nicht zu teilen. Sie wenden sich an den kleinen Menschen mit seinem klugen Sinn, daß er ihnen helfe. Und mit einleuchtenden Gründen besteht er darauf, die Streitdinge erst zu erproben, ob es auch noch stimme mit ihnen; damit listet er sie aber aus den Händen der Toren in die eigenen. Und als er sie hat, entschwindet seinem Gedächtnis, was die Riesen von ihm wollten, und er denkt an nichts als an seine Frau und an sein Kind und wünscht sich hinauf auf den goldenen Berg und ist auch schon dort. Und damit hat sich das Erbe der Riesen geteilt; genauer, das dreifach Geteilte ward in der Hand eines einzigen zu einem Ganzen von unheimlich weitreichender Gewalt konzentriert:

das Schwert, das alle Köpfe rollen lassen kann (»außer meinem«),
der Mantel, der unsichtbar macht,
die Stiefel, die im Nu tragen, wohin man sich wünscht.

Es sind magische Herrlichkeiten sondergleichen. Für den Betrachter bleibt die mißliche Frage, wie man sie den menschlichen Seelenfähigkeiten zuordnen könnte. Gehört das Schwert zum Denken? Müßte das nicht ein sehr willensstarkes Denken sein, das als Verteidigungskraft im Wort, in Gedanken wirkt und durch Selbstbehauptung andere Denkhäupter entmachten, enthaupten kann? Hat dieses Schwert etwas mit einem unwiderstehlichen »Schwert der Wahrheit« zu tun? Die Brüder Grimm bringen es in ihren Anmerkungen mit Siegfrieds Schwert Balmung in Beziehung.

Der unsichtbar machende Mantel: wer in ihn schlüpft, kann noch so nahe einem anderen sein, er wird nicht entdeckt. Durch den Mantel identifiziert er sich so sehr mit seiner Umgebung, daß er aus der selbständigen Wahrnehmung für den anderen verschwindet. Letzten Endes und auf höchster Stufe offenbart sich in diesem Mantel eine übermenschlich-erhabene göttliche Allgegenwart, die unsichtbar bleibt, weil sie *alles* umhüllt und dadurch für den menschlichen Blick nicht mehr unterschieden werden kann. Etwas schlichter: der Mantel der Unsichtbarkeit verleiht und fordert von seinem Träger umfassende Einfühlsamkeit bis zur Selbstaufgabe als persönliche Erscheinung. Vielleicht hat das etwas mit dem reinen Fühlen zu tun, weil der Ausdruck »Mantel« ein umhüllendes Strömen umschreibt. Also der Mantel der Unsichtbarkeit – eine ätherisch strömende Liebehülle. – Solcher Art gebraucht sie aber der Held unseres Märchens ganz und gar nicht. Liebe läßt frei; er aber züchtigt in diesem Mantel seine Gemahlin.

Daß die Stiefel mit den Füßen zu tun haben und diese mit Wollen und Erreichen, ergibt sich selbstverständlich. Doch dienen diese Stiefel hier der starken Wunschnatur, und wohin es einen zieht, dahin kann man kommen durch sie, der Wunsch braucht nur laut zu werden. Demnach gehört in den Hintergrund dieser Zaubergabe: die hier verwirklichten Wünsche sollten lauter und selbstlos sein; sie sollten etwas an sich haben von Weltformat.

Diese drei wundersamen Gaben können ihren übenden Besitzer zu einem wahren Herrn, einem überlegenen Herrscher machen. In unserem Märchen holt sich der in die Ungnade gefallene frühere König diese Gaben aus den Händen der Riesen. Hätte er sie (in vielleicht verwandelter Form) nicht bereits in der »Einweihung« erhalten sollen, dort auf rein innerem Weg? Nun rafft er sie wie von außen aus Elementarreichen auf, ein wenig schnellschlüssig und radikal. Doch muß man sich hüten, diesen Eigentumswechsel kleinlich zu moralisieren. Im Märchen begegnen dem Helden immer zur rechten Zeit die rechten Wesen, die ihm weiterhelfen – und so stehen die drei Riesen auch hier im rechten Augenblick wartend an seinem Weg, selbst wenn sie es anders meinen. Ihre Zeit ist abgelaufen; sie kommen mit den ererbten Wunderdingen nicht mehr zurecht. Diese sollen in jüngere Hände übergehen. Man darf sagen, was durchaus Fähigkeiten der Zukunft werden sollen, waren einmal in einer Ur-Ur-Vergangenheit riesenhaft überhängende Naturtalente der damaligen Seelen. Das hat sich als Nachklang erhalten in der Wendung, mit der die Grimmschen Märchen (im »Froschkönig«) überhaupt beginnen: »In den alten Zeiten, wo das Wünschen noch geholfen hat ...«

Nun fragt sich allerdings, ob der neue Besitzer die drei Gaben wirklich in reinem Sinne handhabt. Mit den Stiefeln erreicht er sein verlorenes Reich wieder. So weit so gut. Da findet er eine »falsche« Hochzeit im Gange – und nun tut er etwas, was mehr auf Vergeltung als auf versöhnenden Neubeginn zielt: Gerade mit dem Wundermantel peinigt er, bis an die Grenze der Verzweiflung hin, die, die er doch selber in die fatale »Falschheit« der zweiten Verwünschung zurückgestoßen hat durch seinen törichten Verrat. Seinen eigenen Anteil an dem Verhängnis, daß auf dem »goldenen Berg« ein »Schattenregiment« eingezogen ist seit seinem Weggang, dem auch seine Gemahlin wohl oder übel unterliegt, kann er überhaupt nicht erkennen, oder er will diese seine Mitbeteiligung nicht wahrhaben. So daß man dieses reinigende Gerechtigkeitsgewitter, das er über »sein« Reich hereinbrechen läßt, bis zu den rollenden Köpfen aller hin, mit Nachsinnen verfolgt. Denn das Märchen in seiner kargen Aussage endet mit einem wenig erbaulichen Bild: Er *allein* stehend inmitten einer Ernte abgehauener Köpfe. Nicht einmal seiner Gemahlin wird mehr gedacht, auch nicht seines Söhnleins. Man kann nur hoffen, daß sie nicht im Saal waren und also auch nicht unter den vom Schwert Niedergemähten. Denn gilt das »Köpfe alle runter, nur meiner nicht« wörtlich, – was sollte er dann beginnen in einem entvölkerten Schloß? Oder werden nur die Gäste der »falschen Hochzeit« (»die Bösen« grundsätzlich) vom Schwert getroffen? Man möchte, daß es so zu verstehen sei. Denn wäre hier wörtlich ein Maßloser am Ende alleinzig übrig – wäre das der Sinn des Königtums?

So verheißend und großgemut einen der Titel des Märchens »Der König vom goldenen Berg« von vornherein stimmt, so rätselhaft sinnend läßt einen der Ausgang zurück; sinnend über einen christmutig beginnenden Sohn, der über den Vater hinauswächst, ein Königreich erlöst und erwirbt, aber dann in einem Rückfall von Zorn das Reich und seine Herrin wieder verwirkt, um schließlich mit magischen Eingriffen erneut sein Königtum zu gewinnen. Wir folgen den tragisch markierten Stationen eines Eingeweihtenweges.*

* Es sei von einem Soldaten erzählt, vermerken die Brüder Grimm lakonisch in ihren Anmerkungen zu diesem Märchen. Spürt man noch ein wenig die unbefangene Lust eines alten Haudegens am Erzählen vor allem in dem draufgängerischen Schlusse nach? Im übrigen erinnert gerade dieses Ende an das Ende der Odyssee, wo Odysseus bei seiner Heimkehr sämtlichen schmarotzenden Freiern den Tod bringt, wenn er sich auch seiner (treuen) Gemahlin Penelope gegenüber liebevoller verhält als unser König.

SECHSE KOMMEN DURCH DIE GANZE WELT

Um das Märchen ins Gedächtnis zu rufen, sei hier kurz das Gerippe der Handlung skizziert:

Ein ausgedienter Soldat, der sich auf allerlei Künste versteht und nach dem Krieg vom König mit drei Hellern Zehrgeld seinen Abschied bekommt, sucht nach den rechten Helfern, um den König zur Herausgabe seiner Schätze zu zwingen. Er gewinnt nach und nach Diener: einen, der sechs Bäume wie Kornhalme ausrupft und fortträgt; einen Jäger, der einer Fliege auf dem Ast eines zwei Meilen entfernten Eichbaumes ein Auge herausschießt; dann einen, der aus einem Nasenloch bläst und damit sieben Windmühlen in zwei Meilen Entfernung antreibt; als vierten einen Läufer, der ein Bein abschnallen muß, um nicht geschwinder zu sein, als ein Vogel fliegt; als fünften und letzten einen, der den Hut auf einem Ohr sitzen hat, weil, wenn er sein Hütchen gerade rückt, ein gewaltiger Frost die Vögel unter dem Himmel erfrieren läßt.

Zu sechst gelangen sie zum König, der seine Tochter demjenigen verspricht, der sie im Wettlauf besiegen kann. Der Soldat läßt seinen Läufer für sich laufen. Da dieser das zweite Bein angeschnallt hat, überholt er sofort und so weit die Königstochter, daß er an der Quelle Wasser schöpfen und sich auf dem Rückweg noch zum Schlafen niederlegen kann. Sie findet ihn schlafend, gießt seinen Krug aus, holt selber Wasser und läuft auch schon zurück. Da entdeckt der Jäger mit seinen scharfen Augen den Schläfer und schießt ihm den Pferdeschädel, auf dem er liegt, unterm Kopf weg. Der Läufer springt auf, holt nochmals Wasser und gewinnt den Wettlauf.

Den König aber kränkt es und die Tochter noch mehr, daß ein so gemeiner, abgedankter Soldat sie haben soll. Statt die Königstocher wie versprochen zu geben, lädt der König die sechs schöntuend zu einem Schmaus in eine Eisenstube ein, läßt ihnen auftafeln, aber die Eisentür verriegeln und unter der Stube ein Höllenfeuer entzünden. Sie sollen in der Hitze verschmachten.

Da setzt der Frostmann sein Hütchen gerade, Frost fällt ein, und als der König nach den Verschmachteten schauen will, kommen sie ihm schnatternd entgegen. Nun will sich der König von dem unerwünschten Bräutigam mit Gold loskaufen, aber in dem riesigen Sack des Baumrupfers, an dem alle Schneider des Landes vierzehn Tage nähen, verschwinden Tonnen und Wagenladungen von Gold ins Bodenlose, der ganze Schatz des Königreiches. Den König faßt Zorn, daß ein einziger allen Reichtum des Landes davontragen soll, er läßt zwei Regimenter aufsitzen und den sechsen nachjagen. Da hält der Bläser das eine Nasenloch zu und bläst aus dem andern die ganze Reiterei in die Luft. Jetzt endlich sagt der König: »Laßt die Kerle gehen, die haben etwas an sich.« Da bringen die sechs den Reichtum heim, teilen ihn unter sich und leben vergnügt bis an ihr Ende.

Stilelement Humor

Bei den sechsen, die durch die ganze Welt kommen, spielt hintergründiger Humor herein. Daß ein abgedankter Soldat es wagt, einen König herauszufordern, wäre, bliebe er allein auf sich gestellt, vielleicht eine heldische, aber bitterernste Tat. Dieser holt fünf Helfer, und durch deren Wesen und Gebaren erst schwellen die Dimensionen ins Phantastische und auch Komische an. Noch zittert Zorn in den Zeilen, wenn er zu Anfang in den Wald läuft. Im Wald stößt er zuerst auf den, der sechs Bäume ausrupft, und nachdem er diesen rüstigen Burschen engagiert hat, schlägt sich einer um den andern der Gewaltigen hinzu, als habe der Vorsatz des Empörten, an seinem schäbigen König Rache zu nehmen, eine magische Kristallisationskraft gezeugt. Aus dem armen Schwartenhals wird im Nu ein gerissener Stratege, der die Hundertpfundskerle vereinnahmt, wie sie sind, als gehörten sie selbstverständlich ihm und keinem andern. Offensichtlich gehören sie ihm. Als er die fünf im Gefolge hat, begnügt er sich. Sie reichen für das, was er vorhat. Es geht an den Königshof.

Nun hebt das Wettspiel der Kräfte an, das der Meister einfädelt. Der König und seine Tochter ahnen nicht, was an sie heranrückt und daß durch den einen Mann und seine Gesellen alle bisherigen Kraftverhältnisse über den Haufen geworfen werden, ja welche klägliche Rolle der »gemeine Soldat«, für den sie ihn mitten in seinem Siegeszug immer noch halten, ihnen am bitteren Ende zuweist. Dem König vergeht immer mehr der Atem, wenn die fünf Burschen ihre Kräfte springen lassen, und sie tun das ganz gemächlich. Sieht der König erst einmal seinen für sicher gehaltenen Anschlag, die sechs zu verschmoren in seiner Gluteisenkammer, durch den Frostmann zuschanden gemacht, und wird dazu noch befrozzelt:

... es wäre ihnen lieb, daß sie herauskönnten, sich zu wärmen, denn bei der großen Kälte in der Stube frören die Speisen an den Schüsseln fest ...

– so ist mit der erstickten Hitze auch sein Mut verraucht. Von da an verhastet sich der König nur noch in unbedachten, verzweifelten Versuchen, die sechs loszuwerden, sei es, daß er die Tochter mit Gold loskaufen, sei es, daß er das weggeschleppte Gold mit Gewalt wieder zurückholen will. Immer deutlicher wächst sich die Sache des gemeinen Mannes zu einer Entmachtung des Königs aus. Was dieser an Menge (von Gold oder Truppen) aufzubieten hat, schluckt oder verbläst der andere durch seine Gesellen, als gäbe es für diese die Begriffe Menge und Masse gar nicht. Das Eisenofen-Intermezzo, der Schatzschwund in den großen Sack hinein, der Tanz der Reiterei in den Lüften glitzern in burlesker Übermacht. Es sind Gulliverabenteuer in einem Lande Liliput, frech und frivol hingeschüttelt. Es fallen die trockenen Redensarten so, als langweile es die Kerle, sich solcher Lappalien wegen überhaupt anzustrengen. Wirklich auf volle Energie gelangt auch nur einer von den fünfen, der Läufer in seinem fast schiefgelaufenen Wettstreit. Die andern rühren sich kaum von der Stelle. Sie zeigen, wenn nötig, daß sie auch etwas können. Sie übereilen sich nie. Den König schiebt es mit jeder Zukkung dieser Kraftgenies näher zur Katastrophe. – Wer ist der Mann, der die fünf grotesk-unheimlichen Gestalten so an sich zu binden vermag?

Der Mann, der die Künste versteht

Schon im zweiten Satz macht sich der verletzte Stolz eines kampferprobten Mannes Luft, der danklos nach Krieg und durchstandener Gefahr den Abschied erhält. »Wart«, sagt er, »das laß ich mir nicht gefallen. Finde ich die rechten Leute, so soll mir der König noch die Schätze des ganzen Landes herausgeben.« Und voll Kohlhaasischem Zorn verbeißt er sich in das Racheziel, – eine phantastische Perspektive. Sicher hat der König den ranglosen

Soldaten, nachdem er ihn einmal mit den drei kläglichen Hellern Zehrgeld laufen ließ, schnell vergessen, und es wäre, was der Soldat sich vornimmt, ein aussichtsloses Vorhaben, stünden nicht ein paar leicht überlesene Worte bereits in der allerersten Zeile, noch ehe von Krieg, tapferem Dienst und Abdankung die Rede ist: »Es war einmal ein Mann, der verstand allerlei Künste ...« Hier liegt sein Erfolg, in den allerlei Künsten – von denen dann allerdings im ganzen Märchen nichts sichtbar Zauberhaftes zutage tritt. Denn unter den sechsen, von denen die Geschichte handelt, tut er, von dem sie angezettelt wird, am wenigsten; er hebt nicht einmal die Hand – und wird doch im Lauf der Dinge »der Meister« genannt. Die Gewinnung der fünf anderen in *seinen* Dienst, das eben scheint seine spezielle Kunst auszumachen. Der Meister findet die rechten Leute, und sie folgen ihm auf kurzen Wink.

Wie stellt er das an? Er geht kurvige Pfade in einen Wald, den offenbar andere Sterbliche nicht kennen, in dem gerade die ungewöhnlichen Männer hausen, deren sein Plan bedarf. Er verknüpft fünf zerstreute Einzelgänger mit sich zu einer unüberwindlich gebündelten Sechs. In ihm sind sie alle zusammen aufgehoben und zu Nutzen gebracht. Alle fünf zusammen haben an Intelligenz nicht so viel »auf dem Kasten« als er allein, und gar jedem von ihnen allein würde nie etwas anderes einfallen, als dem Gewohnten nachzugehen. Jeder von ihnen ist Organ für nur *eine* außerordentliche Sinnesqualität. Ihrer bedient sich der Meister. Nur er hat die logische Kombinationsgabe. Ihn trennt von den andern eine Kluft, wie sie besteht zwischen der Geistenergie eines Ichgewaltigen zur Naturkraft von Sinnesgewaltigen.

Was der Mann der Künste für sich denkt und lenkt, praktiziert wie im ungewollten Symbol der starke unter den Dienern gleich in seiner ersten Tätigkeit: hat er doch *sechs* Bäume ausgerupft, wird vom Künstekenner dabei angetroffen und gefragt: »Willst du mein Diener sein und mit mir ziehen?« – »Ja«, sagt er, »aber erst will ich meiner Mutter das Wellchen Holz heimbringen« – und was macht er nun? Er nimmt *einen* von den Bäumen und wickelt ihn um die *fünf* andern, hebt die Welle auf die Schulter und trägt sie fort. – Er nimmt einen und wickelt ihn um die fünf andern: der baumstarke Mann demonstriert das Gesetz der künftigen Genossenschaft. So bindet der eine die fünf in seinen Bund, und obwohl jeder der Eingebundenen auf seine Weise ihm weit überlegen ist, lassen es sich alle ohne Widerspruch gefallen. Es fügt sich wie von selbst.

Charakter der fünf Diener

Es lohnt sich, das jedem Eigentümliche der fünf Männer zu betrachten.

Der Starke rupft Bäume und bringt »das Wellchen« seiner Mutter. So ausgewachsen er dasteht, sagt er doch gradheraus, daß er seiner Mutter gehört. In dem Baumriesen steckt das Gemüt eines Jungen. Der stärkste ist der kindlichste unter den »Brüdern«. Später, mit dem großen Leinensack, wird er zum Unersättlichen, macht seinen Sack zum bodenlosen Schlund, in den siebentausend Wagen Gold samt den vorgespannten Ochsen verschwinden. – Bei ihm, dem ersten der Gedungenen, hören wir schon das unterscheidende Wort: »... und ging mit seinem Herrn«. Der Baumrupfer tappt am schwersten auf dem Erdboden. Er verkörpert eine Ladung Bodenkraft. Sein Griff entwurzelt. Es ist ein Griff nach unten, ins Grobe und Allernächste. – Ganz anders der nächste der Kumpanei. Der richtet sich in Breite und Weite.

Der Jäger als zweiter hat sich gewiß schon losgemacht vom Schürzenband der Mutter, aber mit sich anzufangen weiß er durchaus nichts rechtes. So übt er seine Kräfte im Firlefanz. Er nimmt eine Fliege in zwei Meilen Entfernung aufs Korn und sagt, er wolle ihr das linke Auge ausschießen; nicht einfach die Fliege treffen, ihr linkes Auge muß es sein. Exakteren Zielblick kann keiner von einem Scharfschützen erwarten. Mit was für einer kunstvollen Büchse vermag er denn so weit und feinstfein zu schießen, ohne ein Fisselchen mehr als gewollt anzugreifen? Ist die Büchse nicht selber schon ein Wunder? Dem Fliegenschuß gegenüber bleibt sein späterer Schuß auf den Pferdeschädel ein Grobstück – es sei denn, man bedenkt, daß auf dem Schädel der Kopf eines Schläfers ruht, und dies weit weg, und daß dabei ungleich mehr auf dem Spiel steht.

Der Bläser, dritter der Geworbenen, wirkt neben den vorigen schon als ein vernünftig arbeitender Mann: Er bläst sieben Windmühlen an – und das wäre im richtigen Mühlengewerbe eine stattliche Sache! Aber wissen wir denn, was in den sieben Windmühlen gemahlen wird? Wo steht, daß es Korn oder Weizen sei? Können es nicht Mühlen für Luftikusschrot, für Windbeuteleien oder sonst eine hintersinnige Spreu sein, deren es genug in der Welt gibt? Übt also auch der Bläser nur, um nicht aus der Übung zu kommen? – und wartet gut und gern auf den neuen Herrn? Er bringt es fertig, seinen Windstrom über zwei Meilen hin zu den Mühlenflügeln zu treiben, ohne daß links und rechts sich ein Blättchen regt. Wie das? Der Meister findet ihn *oben* im Baum sitzend. Wahrlich, der Windmann scheint bis dahin noch gar nicht auf dem Erdboden gelandet zu sein. Er hat einen Hochsitz, den Vogelwesen gleich, die auch nie ganz irdisch heimisch werden, sondern im Luftelement zu Hause bleiben. Er ist der Luftige und bläst hoch über den Häuptern. Deswegen kann der Herr unten nichts merken vom Windstrom. – Nun haben wir einen von den Wurzeln, einen von der Weite und einen aus den Lüften. Es geht nach oben mit den Fähigkeiten.

Beim Läufer wird auch das Flugelement herausgehoben. Er sagt: »Wenn ich mit zwei Beinen laufe, so geht's geschwinder, als ein Vogel fliegt.« Deswegen schnallt er kurzweg das eine Bein ab, um nicht fortzufliegen. Nur einbeinig ist er auf der Erde zu halten; zweibeinig beschnallt, hat seine Bewegung nichts mehr mit Gehen zu tun und mit Laufen nur noch den Namen gemein, es ist ein Gleiten auf Flügeln der Füße. »Jetzt hab ich erst die Beine *aufgehoben*«, sagt er am Ende des Wettkampfs. Eine Art Hermesbote ist hier unterwegs, saust dahin und siegt. Der Nasenlochbläser hat den Wind im Ranzen und schickt ihn heraus. Der Laufer (so heißt er im Urtext) ist selber ein Wind-Vogelwesen.

Der Frostmann am Schluß bleibt der geheimnisvollste. Er stammt aus einer noch höheren Zone. Der Meister trifft ihn zuletzt, er ist am fernsten zu Haus. Er kann Winter machen, wenn er will; er hat den Frost unterm Hütchen. Das Hütchen, schief auf dem Ohr hängend, wird zur Schaltstation seiner unheimlichen Fähigkeit. Es wirkt lächerlich, das Hütchen, ein bißchen narrenhaft verquer, und so sticht es auch dem Herrn ins Auge, und er meint, er müsse dem Hütchenmann Manier beibringen, er solle es gerade setzen. Aber Manier, die für gesittete Leute taugt, liegt hier weit daneben. Hier spielt Kraft herein, Kälte-Kristallkraft aus einer Region noch über den Windkammern. Der Frostmann hält unterm Hütchen den Zipfel einer Jahreszeitengewalt. Er kann nach Bedarf einen Blitzwinter darunter herauslassen – und der Mann selber wirkt wie ein Schöpferbastard, den ein blitz- und donnermächtiger Gott in Laune gezeugt hat. Reicht der Baumausrupfer zu den Unterschwelligen, Unterirdischen hinab, so ragt der Frostmann hinauf zu den Überschwelligen vom Weltenende. Gerät man in deren Kraftfeld hinein, gehen Schauer des Weltenfrostes durch die Knochen. Der Starke schlenkert es aus den Händen heraus, beim Frostmann sitzt es droben an der Schädeldecke.

Im Märchen wird das alles ganz einfach hinerzählt, drollig und belustigend. Es macht Spaß, dabeizusein – unheimlichen Spaß.

Zusammenfassend kann man fragen: Sind die fünf Naturburschen – Gigantensprosse? Sind sie in ihrer Einseitigkeit Entartungen? Holen sie ihre Kraft aus einem Reservoir uralter Vergangenheit, oder nehmen sie außerordentliche Zukunftsfähigkeiten vorweg? Es sind keine Handwerker im üblichen Sinn, die durch eine Lehre etwas erlernen. Was sie können und an sich haben, ist ihre Natur. Tritt jeder für sich auf, wird das, was er tut, sinnlos oder bagatellhaft. Durch den einen, der sie zusammenhält, werden sie, planvoll eingesetzt, überwältigend. Sie wirken sich schließlich wie eine Elementarkatastrophe aus: Sie zerstören die Königsmacht und entleeren das Königreich. Freilich, in diesem Königreich ist einiges nicht in Ordnung. So, wie König und Königstochter sich verhalten, ziehen sie das Unheil an.

König und Königstochter

Der König tritt als ein undankbarer Patron in das Märchen ein, indem er tapfere Dienste im Krieg – also für ihn selbst und sein Land – mit drei Hellern Zehrgeld abspeist. Hier aber ist er auf den Unrechten gestoßen; damit setzt des Königs Pechsträhne ein. – Zum andern bleibt er nicht bei seinem Wort. Er hat Brief und Siegel auf die Wettlaufbedingungen gegeben, aber der Sieger ist ihm dann nicht gut genug, obwohl das Ansehen der Person nach vollbrachter Leistung keine Rolle mehr spielen dürfte. Der König mäkelt und wird unglaubwürdig. – Zum dritten fehlt es ihm am sicheren Blick. Er hat überhaupt kein Einsehen, daß er nur auf geradem Wege mit diesem Schwiegersohn wider Willen sich einigen könnte. Statt dessen verfällt er in Heuchelei, lädt die sechs zu einem Festmahl, hat aber ihren Tod im Sinn. – Ertappt über diesem Streich, sucht er sich und seine Tochter mit Gold freizukaufen – und dies ist sein dümmster Einfall, nur bemerkt er es zu spät. Und er hat immer noch nicht begriffen, mit wem er es zu tun hat, als er glaubt, mit Attacken seiner Reiterei etwas gegen den auszurichten, der ihn schon längst bezwungen hat.

In was für einem Königreich mögen wir uns befinden, wo ein solcher König herrscht, undankbar, wortbrüchig, heimtückisch? Es geht sehr irdisch zu bei diesen Geschäften.

Von der Königstochter heißt es: »... die auch gut laufen konnte, so gut es ein gewöhnlicher Mensch vermag«. Um eine Königstochter bleibt immer ein Zauber, und den spielt sie gewiß aus, wenn sie vor ihre Freier tritt. Sie ist sich ihrer Schnellfüßigkeit sehr sicher, so sicher, daß sie vermutlich davon ausgeht, überhaupt nicht besiegt zu werden! Wir haben hier eine stolze Jungfrau, eine Märchen-Diana, die nicht etwa läuft, um eine Heirat zu erlangen, sie läuft, um einer Heirat zu entgehen! Nur keine Unterwerfung – das dürfte ihr Sinn sein. Und um auch diesmal zu entkommen, ist ihr das schnöde Mittel recht, den schon gefüllten Krug ihres Laufgegners auszuleeren. Sie gibt nicht auf in dem von vornherein aussichtslosen Rennen (denn der Mitläufer, kaum gestartet, ist schon den Blicken entschwunden) – das spricht für ihre Entschlossenheit und darf man ihr zugute rechnen. Doch daß sie dann mit der Ranküne, »Der Feind ist in meine Hand gegeben«, ihre Unterlegenheit wegwischen will, bestätigt sie als Tochter ihres Vaters. Schließlich kränkt es sie noch mehr als den König, einen abgedankten Soldaten zum Manne nehmen zu sollen. Ihr Hochmut will nicht wahrhaben, daß mit dem Erscheinen ihres Bezwingers die Zeit alter Standeswerte abgelaufen ist. Was galt, gilt nicht mehr. König und Königstochter halten in Starre an der gewohnten Herrschaft fest. Doch das Königtum zeigt sich in seinen jetzigen Vertretern verdorben; sie haben nichts mehr zu geben an Weisheit und Gerechtigkeit, den einstmaligen Königstugenden.

Statt ihrer rückt der gemeine Mann unbemerkt zum »Herrn« auf. Er hat, in Kriegsstrapazen erworben, den Keim von »brav und tapfer« in sich. Daß er darüber hinaus »allerlei Künste« versteht, besagt, er wagte die Schwelle gewöhnlicher Sinnesbeschränkung zu durchbrechen. Noch lange erscheint er nach außen als der Abgedankte aus den untersten Reihen, aber durch seinen kühnen Fischzug befähigter Genossen wird er zum Überwinder des Königs und seiner Tochter.

Die Taten der fünf

In der Szenerie des Königshofes läßt jeder der fünf Diener nur einmal sein Können spielen, aber ihre Auftritte verfugen sich nahtlos. Was das Kraftmaß anbetrifft, steigern sie sich nacheinander.

Der *Wettlauf* hebt noch auf fast gewöhnlicher Ebene an. Er bleibt ein Zweier-Ereignis und betrifft nur die Königstochter selbst. Der Laufer saust ihr davon, erlaubt sich jedoch den Leichtsinn (oder kann er gar nicht anders, denn »mitten auf dem Heimweg überkam ihn eine Müdigkeit«?), sich auf der Rennstrecke schlafen zu legen. Die Königstochter zieht prompt die Konsequenz und macht des Laufers Erfolg ums Haar zunichte. Da greift der Jäger ein, und es geht knapp noch gut aus für seinen Herrn, der aus dem Hintergrund heraus um die Braut wirbt. Der zweite und vierte der Diener müssen zu diesem Sieg zusammenhelfen. Ihre Künste nehmen sich gegenüber den später folgenden mühelos hingetupft und graziös aus, wie zu einem belustigenden Schauspiel präsentiert. Es wird ja auch von den Zuschauern beim Lauf gesprochen. Nur darf man nicht vergessen, daß der König von vornherein die Bedingung gesetzt hat, bei verlorenem Lauf Werber und Laufer zugleich zu köpfen. Der Einsatz geht auf jeden Fall um Tod und Leben.

Und ums Leben kommen sollen nun alle sechs auf einmal in der *Feuerkammer.* Der König betätigt sich als brennwütiger Diabolus. Aber seine Finte bricht sich am Frostmann. Element stemmt sich gegen Element. Die Überlegenheit des Frostmannes in der Stahlkammer degradiert den König samt seinem heizenden Koch unterm Glutofen zu Spottfiguren. Diese Kraftprobe rettet allen sechsen Kopf und Kragen; sie steht in der Mitte der Taten: die Feuerprobe der Existenz – die weitaus gefährlichste! Von da an dreht sich alles, was der König gegen die gefährlichen Gäste ersinnt, wie ein Bumerang gegen ihn selbst; zuletzt geht es für ihn und sein Reich nur noch ums blanke Überleben.

Zwar dünkt der *Goldhandel* den König zunächst eine billige Art, die unangreifbaren Burschen loszuwerden, doch macht ihm da der wurzelstarke Baumrupfer die Rechnung zuschanden. Soll man den Vierzehntagesack ein Wunder nennen? Das Merkwürdige ist, er wird grundloser, je mehr hineinfällt. Man kann es Stufe um Stufe nachlesen. Von der ersten Tonne Gold (»die mußten sechzehn der stärksten Männer tragen«) wird gesagt, »das deckt ja kaum den Boden«. Dann wird des Königs ganzer Schatz angekarrt – »und der Sack ward davon noch nicht zur Hälfte voll«. »Schafft mehr herbei, die paar Brocken füllen nicht«, fordert der Starke, der den Sack aufhält. Nach den Königsschätzen kommen die Landesschätze dran, – und die fallen in einen Abgrund. Siebentausend Wagen mit Gold aus dem ganzen Reich werden herbeigeschafft, heißt es, und alles, samt den vorgespannten Ochsen, schiebt der Starke hinein. »Ich will's nicht lange besehen und nehmen was kommt, damit der Sack nur voll wird.« Aber er wird nicht voll. »Wie alles drinstak, ging doch noch viel hinein.« Schließlich bindet ihn der ungeheuerliche Mann zu, auch wenn er noch nicht voll ist, denn es gibt nichts mehr hineinzuwerfen – und trägt ihn fort. Man hört das Gelächter der sechs Gesellen. Die ausgekratzten Truhen des Landes bleiben zurück. Wie soll ein solches Reich, bis auf den Boden beraubt, bestehen?

Die Existenzangst treibt den König an, seine *Reiterei* nachzuschicken. Er will mit Schwertschlägen eines Heeres unter allen Umständen den entführten Reichtum zurückerobern. Aber was er da aufbietet an reitendem Gewimmel, gerät an den letzten der Kraftbegabten, der bis jetzt noch keine Gelegenheit hatte, etwas herauszulassen. Der verbläst die zwei Regimenter zum Wirbeltanz in die Luft. Von seiner Seite aus gesehen, sieht es aus, als mache es ihm Spaß, wie es einem Kind Spaß macht, eine dicke Pusteblume zu verpusten. Ihn strengt das nicht an. Er hat noch mehr Pustewind im Ranzen und läßt den König wissen, er solle nur noch mehr Reiterei schicken. – Für die verwirbelten Regimenter sieht das Abenteuer anders aus. Ein Regiment formiert sich aus vielen Soldaten. Wird die Form zerstückt, bleiben lauter einzelne übrig. Und einer davon, ein Feldwebel, spricht aus, wie ihm zumute ist: er hätte den Schimpf nicht verdient, denn er hätte neun Wunden und wäre ein braver Kerl. Hieß es nicht im Eingang der Geschichte von dem Mann, der nun als der Mächtige hinter allem steht, er habe sich brav und tapfer im Krieg gehalten? Wie wäre ihm zumut, wäre er jetzt selber ein Betroffener? Für die aus dem Sattel Verwehten hat das die Ausmaße eines tödlichen Untergangs. Wer kann dem Sturm widerstehen?

Die Übermacht des Mächtigen nimmt von Mal zu Mal zu. Längst ist das menschliche Format eines Kräftespiels verlassen, die Sphäre von Naturereignissen erreicht. Es geht nicht mehr um König oder Königstochter allein – das Land leidet. Jetzt endlich sieht es auch der König ein: »Laßt die Kerle gehen, die haben etwas an sich.« Er resigniert entmachtet. – Die Kerle, das sind die fünf. Der sechste aber, genauer gesagt der erste, der in alledem nichts getan hat, gebietet ihnen.

Wo hinaus?

Das Märchen entwickelt ein Zukunftsbild. Es zeigt einen Prozeß, in den der eintritt, der sich entschlossen elementarer Lebensgewalten bemächtigt. »Das laß ich mir nicht gefallen!« Davon geht die Geschichte aus. »Ich« stellt sich gegen König und Königreich, »die ganze Welt«, und behauptet sich. Als Haupt eines Kräftebundes gelingt ihm die zunächst nur geprahlte Eroberung: ein ränkevoller König wird überwältigt, das Gold seines Landes entführt an einen anderen Ort. Am neuen Ort hausen die sechs nun zusammen. Das Märchen endet mit dem Satz:

Da brachten die sechs den Reichtum heim, teilten ihn unter sich und lebten vergnügt bis an ihr Ende.

Es klingt, als gälten sie untereinander nun alle gleich. Das mag zutreffen für die fünf sonderlichen Brüder. Gilt es auch für den unter ihnen, der um sie warb? Wurde er nicht »Herr« und »Meister« genannt, sie deutlich seine »Diener«? Bleiben sie daheim (und wo ist dieses daheim?) ihm untertänig? Was geschieht, wenn sie – kraftgeladen wie sie sind – unter sich zu streiten beginnen, oder wenn sie aufmucken gegen seine Herrschaft? Hat er auch noch die Magie, sie in einer Rebellion gegen ihn selbst zu bändigen?

Soweit uns das Märchen führt, erleben wir den Mann nur in einem Vergeltungskampf um seine eigene verletzte Würde. Gegen Undank und Geiz des Königs verficht er seine Selbstrechtfertigung, eine eigen-mächtige Erhebung. Kann dieser Triumph von Dauer sein, wenn er auf der Selbstbetonung sitzen bleibt? Lassen die »Künste« auch eine Steigerung ins Selbstlose zu, eine Hingabe aller in seinem Bund an edlere Ziele, sagen wir: an ein erneuertes Königtum – dessen Träger zu sein der eine berufen wäre? Ist es mit dem vergnügten Leben am Ende getan? Bedürfte der »Meister« zur Gründung eines erneuerten Reiches außer den Goldschätzen des alten Reiches nicht doch noch des anderen, lebendig-beseelten, wichtigsten Schatzes, den er gerade *nicht* erhalten hat – eben der Königstochter? Freilich, die von ihm Umworbene wollte ihn nicht, er war ihr zu gering. Und vielleicht eckte in seinem Umgang am Hof, in den fordernden Manieren, der »Soldat«, der rücksichtslose Willensträger noch allzudeutlich aus ihm heraus. Vielleicht wirbt er nach Jahr und Tag, mit mehr Gleichgewicht im Wesen, doch noch um einer Königstochter Gunst, mit der er sich in Frieden verbinden könnte.

Augenblicks hat er in seinen Bündnern Macht und Kraft die Fülle. Er hat Fundament und Sicherheit. Aber Weisheit und Liebe gehören ins rechte Regiment hinein. Und einen um den andern der fünf betrachtet: mag Weisheit noch in jedes einzelnen Hintergrund sich finden – mit Geltenlassen und Liebe hat ihr Wirken kaum zu schaffen. Sie lassen sich los. Sie brechen herein. Ihre Natur treibt Selbsterhaltung und führt letzten Endes mehr zu Entleerung und Verwüstung als zu Werden und Wachsen. Ihre Lust ist Entfesselung.

Es geschieht hier das bisher Unglaubliche: ein rangloser Mann vom untersten Stand steht zum Umsturz gegen oben auf. Er stürzt die altgesetzte hierarchische Welt, bricht den Stolz der Majestät, verfrachtet die Schätze, vernichtet Widerstand, spottet der Masse. Beraubt um allen Glanz finden wir am Ende einen ohnmächtigen alten Regenten, der sein eigener Schatten geworden ist. Die fünf geheimen Wirker lebten um sein Reich herum, und er merkte es nicht – bis sich der eine Ichstarke ihrer versicherte. Sind sie mit des Königs Mißwirtschaft aus ihren Schlupfwinkeln aufgetaucht und warteten auf den, der sie sich zunutze zu machen wußte? So scheint es. Letzten Endes erhellt uns, welche grandiosen Möglichkeiten dem offenstehen, der aus einer Willensschulung heraus den fundamentalen Gewalten der Schöpfung sich verbindet, deren irreale Einseitigkeit ballt und auf ein selbstgewähltes Ziel zu richten weiß. Das kann so oder so geschehen, im guten und im bösen. Er erobert die Welt. Die Gefahr, sich dabei in Selbstherrlichkeit zu versteigen, ist nicht zu verkennen.

Verwandte in Goethes »Faust«

Hier ließe sich noch erwähnen, daß Goethe im zweiten Teil seines »Faust«, im vierten und fünften Akt, durchaus vergleichbare Gestalten auftreten läßt. Sie heißen dort »Die drei Gewaltigen« oder »Die drei gewaltigen Gesellen« und sind Geschöpfe oder Hörige Mephistos; »aus Urgebirgs Urmenschenkraft ... vom ganzen Praß die Quintessenz«, so bezeichnet er sie. Faust als Obergeneral des Kaisers greift mit ihnen und mit Mephistos magischen Trugbildern in die Schlacht zwischen Kaiser und Gegenkaiser ein. Die Schlacht wird für den Kaiser gewonnen: mit Magie kittet Faust des Kaisers zerrüttete Macht. Daß diese gewaltigen Gesellen unter Mephistos Regie unwiderstehlich sind, erweisen sie auch später, als sie für Faust das Gut von Philemon und Baucis einsacken. Sie leisten immer ganze Arbeit; Philemon und Baucis sterben:

»Das Paar hat sich nicht viel gequält,
Vor Schrecken fielen sie entseelt.«

Faust flucht »dem unbesonnenen, wilden Streich«, bleibt aber verantwortlich der Tat, ob er sie so oder anders gewollt hat. Gleich darauf schon seufzt er: »Könnt' ich Magie von meinem Pfad entfernen!«, weiß jedoch zugleich: »Dämonen wird man schwerlich los« – und konsequent umzirkt ihn selbst das magische Geflecht nach eigenen Gesetzen: auf die Raubszene an Philemon und Baucis folgt unter dem Signum »Tiefe Nacht« die noch tiefere »Mitternacht«; der Raub schlägt auf ihn zurück, die Sorge haucht ihn an – Faust erblindet.

Greifen die drei Gewaltigen Mephistos (»Da kommen *meine* Bursche ja!«) unverhohlen brutal und radikal bis ins Wort in die menschlichen Geschicke ein, so darf sich das Märchen rühmen, nie ohne Humor zu taktieren. In seiner Spielart der *fünf Gewaltigen,* gelenkt durch den *sechsten,* der ein Mensch und kein Dämon ist, hüpft immer gelassener Humor durch die Zeilen gegen eine sture Torheit. Am Ende hat sich die Abdankung vom Anfang umgedreht: ein abgetakelter König bleibt übrig, und darüber hin kollert das ferne Gelächter von Siegern. Kindern macht das Märchen Freude und Mut. Sie haben ja noch die ganze Welt vor sich.

TISCHCHEN DECK DICH, GOLDESEL UND KNÜPPEL AUS DEM SACK

Der Schneider und seine Ziege

Das Märchen führt uns in die ganz prosaische Welt des Schneiders und seiner Ziege. Die Söhne des Schneiders betätigen sich als Ziegenhirten und sind dieser Aufgabe nicht gewachsen, nach Ansicht des Vaters. Er schimpft und prügelt die Söhne aus dem Haus, weil er sie für Lügner und Faulenzer hält. Seiner Ziege glaubt er aufs Wort, seinen Buben keine Silbe. Die Ziege mit ihrer Doppelzüngigkeit führt den Vater wie die drei Jungen an der Nase herum. Alle hofieren sie – zufrieden ist sie nie. Das Kunststück heißt also: Wie ist die Sprache der Ziege zu verstehen? Weil sie alle ernährt, liebt der Schneider die Ziege als sein Kleinod, doch ihre Allüren durchschaut er nicht. Sie wechselt das Gemecker je nach dem, der sie anspricht, und verwirrt so das Schneiderhaus. Als der Alte endlich dahinter kommt, ist es zu spät; da hat er die Söhne längst fortgejagt, den Faden zu ihnen abgerissen. Ohne Mitgift – außer Prügeln – hat er sie in die nackte Armut getrieben, nur auf sich selbst angewiesen.

Wie gehören die dürre Ziege und der dürre Schneider zusammen? Ein nobler Schneider macht noble Kleider, er schneidert mit der Schere den Stoff zurecht und näht mit Nadel und Faden alles in geziemender Kunst zum passenden Gewand, und zwar jedem das seine! Da, in unseres Schneiders Werkstatt, wird vermutlich mehr geflickt als entworfen, und zwar geflickt an Armeleutekleidung. Da wird nicht verschwendet, es wird geknausert und kleinweis gestückt. Zwar legt der Schneider größten Wert auf das Ehrbare seines Handwerks, doch von goldenem Boden kann keine Rede sein – dafür eben ist die Ziege ein sichtbarer Beweis. Man sagt, die Ziege ist die Kuh der Armen. Zu mehr hat es der Schneider nicht gebracht. Doch wie geschickt auch der Meister mit nüchternem, zweckbedachtem Verstand in seiner beschränkten Welt haushält, – die Ziege hat ihre eigenen Launen. Schon in der Wahl ihrer Kräuter verfährt sie unberechenbar, wenn man ihr freien Lauf läßt. Nicht umsonst schildert das Märchen von allen drei Söhnen, wie jeder für das ausgefallene Gelüst der Ziege ein besonderes Plätzchen sucht an Kirchhof, Gartenhecke und Waldrand mit Buschwerk, Laub, grünen Hekken, Schafrippe »und was sonst die Ziegen gerne fressen«. Immer genäschig, geschmäckeln sie an allem und weiden niemals gründlich. Sie bleiben obenhin mit dem blättleinzupfenden Kopf. Und so gibt auch unsere Ziege ihre Antworten obenhin, den Söhnen so, dem Vater so, wie es ihr beliebt. Aber ist sie wirklich ein so verrucht boshaftes Tier, das mit Absicht und Tücke die Idylle einer ehrbaren Schneiderfamilie zerstört, wie es ihr nachher der Vater auslegt?

Kann das Unglück nicht gerade darin liegen, daß sowohl der Schneider wie auch seine Söhne jeder seine eigene Art hat, mit der Ziege zu sprechen, nämlich so, daß er das aus ihr heraushört, was er heraushören möchte? Wenn es die Söhne am Abend nach Hause verlangt und sie fragen: »Ziege, bist du satt?«, so hören sie: »Ich bin so satt, ich mag kein Blatt: meh! meh!« Also ist für sie alles in Ordnung, genug ist genug. Nun kommen sie nach Haus und der kritische Vater fragt, »hat die Ziege ihr gehöriges Futter?« – »Oh«, antworten die Söhne, »die ist so satt, sie mag kein Blatt.« Damit könnte es doch der Vater nun bewenden lassen! Nein, weil er allem grundsätzlich mißtraut, was nicht von ihm selber getan ist, mißtraut er den Söhnen, steigt hinab in den Stall und beginnt sein eigenes Fragespiel: »Ziege, bist du auch satt?« In dem Ton seiner Frage, in dem »auch« steckt schon die erwartete abschlägige Antwort darin: »Wovon sollt ich satt sein? Ich sprang nur über Gräbelein und fand kein einzig Blättelein: meh! meh!« Dieses Kontrollieren und den Söhnen Nachspüren kommt dreimal deutlich heraus. In Wahrheit zerstört das Mißtrauen des Vaters den Familienbund. Der Schneider ist nicht nur in seine Ziege verliebt, er ist vor allem selbstverliebt und selbstgerecht. Er hält sich für das Maß der Welt. Neben ihm kann keiner bestehen. Die Ziege setzt die Mißverständnisse in Gang, aber letztlich zersprengt die Vertrauenslosigkeit des Vaters den Kreis und schleudert die Söhne, jeden in eine andere Weltenrichtung, außer Haus. Was von der Ziege ausgeht, nimmt sich, gelassen besehen, aus wie ein Capriccio. Der Schneiderverstand in seiner Selbstgerechtigkeit verwandelt es in ein Furioso und läßt ein Strafgewitter über die unschuldigen Söhne los. Das Strafgewitter verwandelt sich aber letzten Endes zum Heile aller, nicht nur der Söhne, spät, nach Jahren, sogar zugunsten des engstirnigen Vaters. Denn die Söhne, auf ihre *eigene* Bahn gestoßen, gelangen zu Fähigkeiten, die sie als bloße Hütejungen – mehr sind sie in

Vaters Obhut nicht – niemals erreicht hätten. Daheim wären sie Schneiderbuben geblieben, vielleicht selber Schneider geworden.

Was als schlimme Sprachverwirrung durch das Märchen geistert, wirkt im ganzen Zusammenhang wie ein Kunstgriff des Schicksals, damit Neues aufkeimen und reifen kann. Die »Bosheit« der Ziege wird zur Wohltat für die Söhne. Auch sie erlernen dann ein Handwerk, der erste wird ein Schreiner, der zweite ein Müller, der dritte ein Drechsler. Sind das nun so ganz andere Künste als des Vaters ehrbares Gewerbe?

Der Schreiner und sein Tischchen

Ein Schreiner hat es mit Holz zu tun, und Holz ist ein aus Leben und Wachstum übriggebliebenes Material, bau- und formfähig für Menschenhand. Nordische Länder leben aus einer Holzkultur heraus: vom Hausbau bis zum Küchengerät, von Schrank, Truhe, Bett und Wiege bis zu Tisch und Schemel, das einfache Dasein des Landes ist auf das Holz angewiesen, und diesem Alltagsleben der Gemeinschaft hobelt der Schreiner Sitz und Gerät, wie der Schneider das Kleid schneidert für den einzelnen Menschen.

Der älteste der Söhne geht also zu einem Schreiner in die Lehre. Welche Fertigkeiten ihm da beigebracht werden, wird nicht im einzelnen beschrieben; es wird nur gesagt, »da lernte er fleißig und unverdrossen«. Und doch muß dieser Meister nicht nur das gewöhnliche Handwerk verstehen, ihm sind noch einige hintergründige Geheimnisse kund, aber es wird kein Aufhebens davon gemacht. Erst beim Abschied des Gesellen zeigt es sich.

Als seine Zeit herum war, daß er wandern sollte, schenkte ihm der Meister ein Tischchen, das gar kein besonderes Ansehen hatte und von gewöhnlichem Holze war – aber es hatte eine gute Eigenschaft. Wenn man es hinstellte und sprach: »Tischchen, deck dich«, so war das gute Tischchen auf einmal mit einem sauberen Tüchlein bedeckt, und da stand ein Teller und Messer und Gabel daneben und Schüsseln mit Gesottenem und Gebratenem, soviel Platz hatten, und ein großes Glas mit rotem Wein leuchtete, daß einem das Herz lachte. Der junge Gesell dachte: »Damit hast du genug für dein Lebtag«, zog guter Dinge in der Welt umher und bekümmerte sich gar nicht darum, ob ein Wirtshaus gut oder schlecht und ob etwas darin zu finden war oder nicht.

Kurz, er kann sich auftischen, wo immer ihm beliebt; ihm ist ein Speisungswunder erbötig. Obwohl das Tischlein von außen gesehen von gewöhnlichem Holze scheint, reicht es in seiner Hervorbringungskraft in die hohe Zone des paradiesischen Lebensbaumes hinauf. Aus dem vertrockneten Holz sprießt eine Fülle, die satt macht. Hat das Holz eine Verwandlung erfahren? Hat ein neuer Lebensimpuls die Verkümmerung überwunden? Davon spricht Albert Steffen in einem Gedicht (in »Wegzehrung«):

Laßt uns die Bäume lieben,
die Bäume sind uns gut,
in ihren grünen Trieben
strömt Gottes Lebensblut.

Einst wollt das Holz verhärten,
da hing sich Christ daran,
daß wir uns neu ernährten
ein ewiges Blühn begann.

Im Märchen ist nur von einem hölzernen Tischchen die Rede, das keinen Aufwand braucht. Der Tischlergeselle kann es bei sich tragen, und wer es nicht weiß, sieht dem Tischchen sein Wunder nicht an. Doch laß es erst einmal bestellt sein! Und als Schönstes die Krönung inmitten der Speisen: »Ein großes Glas mit rotem Wein leuchtete, daß einem das Herz lachte.« Dem verkniffenen Ernst des Vaterhauses wird durch das Geschenk des Meisters nun eine lebensoffene Freude entgegengesetzt: der weißen Milch (dem unentbehrlichen kindlichen Nahrungsmittel) der rotleuchtende Wein zum Kontrast. Die Sonne kocht das Rebenblut, aber damit Wein daraus wird, muß ihm der Mensch Arbeit und Pflege angedeihen lassen. Der rote Wein spricht vom kräftigen Eigenleben. Man kann das Aufatmen spüren, das dem Schreinergesellen, als er den Meister verläßt, durch die Brust geht: Ihm steht nun die Welt offen, und er hat auch ein offenes Herz für die Welt. Er geizt nicht mit seinem Gut, läßt jeden, der Lust hat, daran teilnehmen, und das kann sich ereignen, wo immer er will. Welch ein verändertes Bild: ehedem Armut und Enge – nun Weite und Wohlbehagen! Es lockt heiterer Lebensgenuß! So steht – nach vielleicht hart ankommenden Lehrjahren – der älteste auf sich selbst und ringsum unabhängig da. Das Tischchen bringt ihm, »was sein Herz begehrt«, es nährt, und der Junge ist guter Dinge. Was ihm da von dem verborgen gebliebenen Meister in die Hand gegeben wurde, entspricht seinem ureigenen Naturell.

Und nun zieht es den »Ausgelernten« nach einer Zeit sorglosen Schweifens »draußen« nach dem Vaterhaus zurück. Er will seine Errungenschaft heimbringen als *seinen* Beitrag für das Vaterhaus, sein Erworbenes, um den Lebenssorgen ein Ende zu machen. Doch just, als er den schönen Entschluß gefaßt hat, schiebt sich ein Hindernis dazwischen. Als er nur noch einen halben Wandertag entfernt ist vom Vaterhaus, bricht die Nacht herein, und er muß in einem Wirtshaus übernachten. Wie es da zugeht in der gefüllten Wirtsstube und wie er schließlich spendierfreudig eine Gesellschaft lustiger Kumpane um sein Tischchen sitzen hat, kann man nachlesen. Wichtig scheint dabei neben dem freigiebigen Gehaben unseres Helden – er läßt teilhaben, wer will –, daß aus der bloßen Sättigung unversehens ein dauerhaftes Gelage wird »bis in die späte Nacht« und daß dann der Schreiner, müde wie er inzwischen geworden ist, sein kostbares Tischchen gedanken- und achtlos an die Wand stellt, etwa so, wie der Wirt ein leergetrunkenes Glas auf den Spültisch schiebt. Da sitzt der Haken der Geschichte. Denn der Wirt ist ein Schlitzohr, und je mehr der junge Geselle seine Achtsamkeit verliert, um so wacher wird der Wirt, also daß er dem schlafenden Burschen mühelos das Wundertischchen vertauschen kann. Er stellt ihm aus der Rumpelkammer ein altes hin, das geradeso aussieht.

Nun müssen wir uns noch einmal das echte Wünschtischchen anschauen. Ist es wirklich auch alt und von irgendwoher übriggeblieben? Es wird nur gesagt, es habe kein besonderes Ansehen und sei von gewöhnlichem Holz. Aber deswegen hat es der Meister gewiß nicht im Augenblick des Abschieds aus dem Gerümpel gegriffen. Von alt ist überhaupt nicht die Rede. Kann dieses Tischchen nicht während der Lehre entstanden sein? Der Meister »schenkt« es ihm – als einen Extrakt der Lehre: wie der Dienst, so der Lohn. So erhält Hans im Glück nach sieben Jahren Dienst den Klumpen Gold, groß wie Hansens Kopf; das ist ein echtes Entgelt für den geleisteten Dienst. Kann man nicht auch hier sagen: die Lehre krönt sich in dem Tischchen? Legt der Meister dem Ausgelernten all sein Erübtes als ein gezimmertes Ergebnis in die Hand, als die Zeit zum Abschied gekommen ist? In diesem Anruf: »Tischchen, deck dich!«, auf den es reagiert, in dieser Fähigkeit, die speisende Quelle springen zu lassen, steckt darin nicht etwas von der Freigiebigkeit des Gesellen selbst, wie sich ja auf seiner Wanderung deutlich zeigt? War dies vielleicht die besondere Schulung des Meisters, nicht nur Holzkanten zu hobeln, sondern das »gewöhnliche Holz« in unerhörtem Kraftstrom wieder zum Tragen zu bringen, das heißt, den Ätherstrom, der um das Holz webt, bis ins Sichtbare fruchten zu lassen? Oder anders gefragt: Ist das Tischchen, obwohl es ein beliebiges Geschenk zu sein scheint, nicht doch ganz individuell an den Schreinergesellen gebunden und nur zu ihm gehörend? Freilich wird gesagt, das Tischchen funktioniere, wenn man bloß das Zauberwort »Deck dich« spreche – so, als könne jeder andere das auch tun. Darauf spekuliert ja der Wirt: er glaubt, er brauche das Zauberding bloß an sich zu reißen, dann sei er auch Herr der gedeckten Tafel. Aber werden wir wirklich einmal Zeuge, daß die Rechnung des Wirtes aufgeht? Wir erfahren nichts, daß das geraubte Gerät dem Wirt auch gehorcht. Er stellt es nur beiseite.

Im geschilderten Verlauf wird vor allem deutlich, wie dem spendefreudigen Schreinergesellen doch auch noch ein Zug zum leichtfertigen Zechbruder anhängt, und das wird zu seiner Schuld, so daß ihm das anvertraute Gut in der Wirtsnacht gestohlen wird. Das falsche, vom Wirt untergeschobene Tischchen wird dann in der Tat zweimal als alt bezeichnet. Der Vater taxiert später sofort, es ist alt und taugt nichts, und er hat recht, denn es ist wirklich ein Gerümpelstück. Damit tut er seinem Sohn um die Ecke herum abermals Unrecht (wie früher), wenn auch, was er geradeheraus sagt, stimmt.

Wir sollten uns keinesfalls festlegen, der Schreiner habe in dem »Tischchen deck dich« eine *alte* Fähigkeit erworben, das heißt, eine wunderschöne, aber in der übrigen Menschheit längst verglommene Eigenschaft seiner ätherischen Bildekräfte sei da noch einmal aufgestiegen und für ihn eine Zeitlang nutzbar geworden. Das Märchen so einzuschätzen hieße seine Kompositionssprache verkennen. Es beginnt in der kümmerlichen Hungerleiderzeit des Schneiders, der seine Söhne ausstößt und damit jede elementare Bindung an Ursprungskräfte abschneidet. Schon beim Vater Schneider sind alle natürlich-üppigen Quellen einer solchen von selber sich einstellenden Speisung längst vertrocknet. Die einzig verbliebene Ziege als Ernährerin für vier Münder ist ein Realbild, hinter das es kein Zurück gibt. Es kann von hier aus nur vorwärts gehen. Sicher, lange vor der Schneiderzeit des Verstandes mag es ein herrliches Königreich gegeben haben, in dem solche Tischlein-deck-dich in einer abgewandelten Form allenthalben zu finden waren (in einem Traum-Schlaraffenland). Von da aus aber gab es einen Abstieg in die Schneiderdürre hinein, wo von allem, was in der Kindheit der Menschen in Überfülle da war, ein einziger Ziegeneuter übrigblieb. Und der Vater Schneider ist der letzte Vertreter, der sich auf klug-verständige Weise von der natürlichen »Milch« ernährt. Die Söhne verjagt er und fragt nicht, wie sie ohne ihn und ohne Ziege auskommen könnten. Ungerecht verhöhnt, treibt er die Söhne, jeden für sich, in die Vereinsamung. Solcherart ausgemergelt, in der Fremde, kann von kindlich bewahrtem Leibesreichtum nicht die Rede sein. Die Söhne irren im Nichts, und jeder findet dann einen Meister, wenn man will: einen Vater andrer Art, der ihm Führer und Helfer wird. Und über diesen unsichtbar bleibenden, geheimnisvollen Meister erlangt der älteste als ein Zugeschenk seiner unverdrossen-fleißigen Lehre das *neue* Tischchen-deck-dich mit seiner aus »gewöhnlichem Holz« ersprießenden Lebensspeise. Ihrer würdig zu sein, sie im rechten Sinne bewahren und mit ihr umgehen zu können, war Sinn seiner Lehre. (Geisteswissenschaftlich umschrieben: er hat sich einer Schulung unterzogen, die durch eine Erkraftung und Verwandlung der Bildekräfte hin zum Lebensgeist führt. Und wer ist wohl dazu der Meister? Wird er in dem Gedicht von Albert Steffen angesprochen?)

Ein Hinweis auf die individuelle Verknüpfung von Tischchen und Eigentümer liegt in der Tatsache, daß am Ende der Drechsler, der dritte Bruder, nachdem er Goldesel und Tischlein aus der Hand des Wirtes zurückgeholt hat, daheim ausdrücklich zum Schreiner sagt: »Lieber Bruder, nun sprich mit ihm!« Also nicht der Drechsler, der das Tischchen rettet, sondern der Schreiner, sein Verlierer, dem es aber in Wahrheit zugehört, erweckt es zum Leben. Würde ein beliebiges »Man-braucht-nur zu sprechen« genügen, dann hätte die Ehre, einem erstaunten Verwandtenkreis das Wunder vorzuführen, doch eher dem jüngsten und wachesten der Brüder gebührt, der das Tischchen wirklich heimbringt.

Müller und Goldesel

Der zweite Sohn war zu einem Müller gekommen und bei ihm in die Lehre gegangen. Als er seine Jahre herum hatte, sprach der Meister: »Weil du dich so wohl gehalten hast, so schenke ich dir einen Esel von einer besonderen Art, er zieht nicht am Wagen und trägt auch keine Säcke.« »Wozu ist er denn nütze?« fragte der junge Geselle. »Er speit Gold«, antwortete der Müller, »wenn du ihn auf ein Tuch stellst und sprichst ›Bricklebrit‹, so speit dir das gute Tier Goldstücke aus, hinten und vorn.« »Das ist eine schöne Sache«, sprach der Geselle, dankte dem Meister und zog in die Welt. Wenn er Gold nötig hatte, brauchte er nur zu seinem Esel »Bricklebrit« zu sagen, so regnete es Goldstücke, und er hatte weiter keine Mühe, als sie von der Erde aufzuheben. Wo er hinkam, war ihm das Beste gut genug, und je teurer, je lieber, denn er hatte immer einen vollen Beutel.

Wir sollten die so naheliegende Frage, was denn der goldspeiende Esel »eigentlich« bedeute, zunächst nur ganz von weitem umkreisen, um nicht zu vorschnellen Schlüssen zu kommen. Denn wenn wir uns auch erinnern, daß Franz von Assisi seinen Leib liebevoll-ironisch »Bruder Esel« nannte, hilft uns das nicht viel weiter. Hier wird ja ausdrücklich gesagt, er ziehe nicht am Wagen und trage keine Säcke. Er ist kein Packesel, und so muß mit ihm nicht unbedingt die physische Leiblichkeit gemeint sein, die grob-physische schon gar nicht. Der Goldesel stammt aus einem verfeinerten Geschlecht, das nur von fern den gewöhnlichen Eseln verwandt erscheint. Da ist eine Verwandlung vorgegangen. Diese Art gibt es, genau besehen, auf der Erde sonst noch gar nicht; keinesfalls existiert sie in der Schneidergasse. Wird da plötzlich etwas Zukünftiges Gegenwart? Wiederum ist dieser Esel das Geschenk eines Meisters – diesmal eines Müllers. Und der Müller hinwieder reicht doch ganz und gar in die gute Sphäre der nährenden und lebenerhaltenden Gewerbe hinein, nicht in die Verarbeitung grobstofflicher Materie. Er mahlt Korn zu Mehl. Ihm gegenüber nimmt sich selbst der Schreiner als ein Hartklotz aus.

Welch ein himmlisch-zartes Geschöpf ist da dem zweiten Sohn am Ende seiner Lehre anvertraut worden: von innen her Gold produzierend und Gold ausschwitzend, jederzeit! Doch ist eine Bedingung dabei: Immer muß der Goldesel auf einem Tuche stehen, wenn er speien soll. Ein Zug reinlicher Gemessenheit spielt herein, dieses Gold darf nicht auf den nackten Boden fallen. Dieselbe Spur Vornehmheit haftet aber auch dem schönen Tischchen an, wo das Tüchlein nicht fehlt, wenn es seine Gerichte spendiert. Und bei Tischchen wie Esel entdecken wir mit einemmal – daß sie angesprochen werden wollen! Das Wort erst löst den Zauber aus. Könnte nicht auch ein Streicheln über den Rücken des Esels, ein Reiben des Tischchens an einer bestimmten Stelle (wie es bei Aladins Wunderlampe z.B. geschieht) schon genügen? Nein, so stumm nur getastet, geht das nicht. Es muß der Klang der Stimme, ein beseelter Funke vom Eigner zu seinem »Besitz« hinüberspringen. Von dem Augenblick an, wo die Gesellen ihres Geschenkes erwürdigt werden, sind Geschenk und Geselle verbunden durch einen magischen Spruch, ein Sesam-öffne-dich.

Das Unglück für den zweiten Bruder setzt ein, als er vor dem Wirt (der ihn schon mit einer zu hohen Rechnung betrügt) die letzten zwei Goldstücke aus der Tasche zieht, die nicht hin- und nicht herreichen für die dicke Zeche. Nun, da die Tasche leer ist, unterläßt er nichts, um des Wirtes Neugier zu stacheln: er spricht hochnäsig: »Wartet einen Augenblick, Herr Wirt, ich will nur gehen und Gold holen«, zieht kurzerhand das Tischtuch ab und verschwindet zu seinem Esel. Auch ein minder Verschlagener als der Wirt könnte da gereizt sein, dem seltsamen noblen Herrn nachzuspüren, wo und wie ein solcher Nachschub an Gold funktioniert. Es gehört weiter zur Charakteristik des Müllergesellen, daß er, im Gegensatz zum Bruder Schreiner, so gut wie ausschließlich auf das eigene Wohl bedacht ist und, »je teurer, je lieber«, auch gern großtut. Und damit ergeben sich einige nicht so erfreuliche Eigenschaften, die der Wirt ausnützt. Er stiehlt den guten Esel und bindet einen gewöhnlichen ans Seil; natürlich in der Nacht, während der Gast schläft.

Auffällig bleibt, daß beide Brüder erst am Vorabend ihrer Heimkehr zum Vater dem Gauner ins Gehege laufen. So und so lang in der Welt draußen geht es gut mit den Wünschdingen. Im Augenblick jedoch, da sich die Brüder zum Heimweg entschließen – um sich zugleich moralisch vor dem gestrengen Alten zu rechtfertigen – tritt die Krise ein. Hier geraten sie ins Zwielicht, ob und wieweit sie wahre Herren ihres Wünschgutes sind. – Warum hören wir nicht schon vorher von einem gewitzten Neider, der ein Auge auf das Tischchen oder den Goldesel wirft? Warum gerade geschieht es an der Schwelle vor dem Vaterhaus, – denn erstaunlicherweise verlassen sie (nach dem Verlust in der Nacht) am Morgen das Wirtshaus und langen schon am Mittag beim Vater an; so rasch geht das dann. Also bildet das Wirtshaus wirklich so etwas wie eine Art Zollstation an der Grenze zum Vaterhaus. Und diese Station fordert von ihnen (ohne daß sie es beachten) Rechenschaft: ist das, was ihnen die Meister anvertraut haben, inzwischen in der Welt wirklich ihr eigen geworden? Haben sie den rechten Umgang damit vor sich selbst und vor den andern gelernt? Können sie, wenn die Prüfung eintritt, halten, was ihnen anvertraut wurde? Und es zeigt sich, sie sind dem listigbösen Täuscher Wirt nicht gewachsen. Sie haben ihren wunderbaren Besitz bisher leichten Sinnes hingenommen. Sie besitzen einen Schatz, doch fehlt ihnen das Wertbewußtsein dafür. Jedenfalls verschlafen sie die Situation ihrer Prüfung und verlieren ihre Kostbarkeiten.

Drechsler und Knüppel aus dem Sack

Der dritte Bruder war zu einem Drechsler in die Lehre gegangen, und weil es ein kunstreiches Handwerk ist, mußte er am längsten lernen. Seine Brüder aber meldeten ihm in einem Briefe, wie schlimm es ihnen ergangen wäre und wie sie der Wirt noch am letzten Abend um ihre schönen Wünschdinge gebracht hätte. Als der Drechsler nun ausgelernt hatte und wandern sollte, so schenkte ihm sein Meister, weil er sich so wohl gehalten, einen Sack und sagte: »Es liegt ein Knüppel darin.« »Den Sack kann ich umhängen, und er kann mir gute Dienste leisten, aber was soll der Knüppel darin? Der macht ihn nur schwer.« »Das will ich dir sagen«, antwortete der Meister, »hat dir jemand etwas zuleid getan, so sprich nur ›Knüppel aus dem Sack‹, so springt dir der Knüppel heraus unter die Leute und tanzt ihnen so lustig auf dem Rücken herum, daß sie sich acht Tage lang nicht regen und bewegen können; und eher läßt er nicht ab, als bis du sagst ›Knüppel in den Sack‹. Der Geselle dankte und hing den Sack um …

Er macht sich auf den Weg, um den betrogenen Brüdern beizuspringen. Obgleich er in der Drechslerei ein höchst kunstvolles Handwerk erlernt, erhält er von seinem Meister das entschieden nüchternste Geschenk. Doch er, der scheinbar am wenigsten zu verlieren hat, versieht sich seiner Meistergabe am wachsamsten. Während die beiden älteren die Neugier und die Raffsucht des Wirtes erregen durch ihr sorglos großspuriges Wesen und dabei gar nicht wahrnehmen, wie sie dem Wirt in die Hand spielen, weckt der dritte, als er ins Wirtshaus kommt, die Aufmerksamkeit des Wirtes in wohlgezielter Absicht. Ohne sich konkret auszulassen, redet er weitläufig von allerlei Merkwürdigkeiten in der Welt, fügt die Wunderdinge seiner Brüder wie beiläufig, »so etwas gibt es auch«, in die Rede ein, endet aber damit, das alles sei nichts gegen den Schatz, den er sich erworben habe und bei sich im Sack trüge. Damit weiß der Wirt alles und nichts, er vermutet Edelsteine, und die will er auch noch haben. Der Drechsler nun, im Gegensatz zu den Brüdern, verliert seinen Sack keinen Augenblick aus dem Auge, auch im vorgetäuschten Schlafe nicht. Er bleibt wirklich wach. So machen es die andern: der Schreiner stellt sein Wünschtischchen an die Wand – und schläft; der Müller glaubt seinen Goldesel wohlversorgt im Stall draußen – und schläft. Der Drechsler nimmt seinen Knüppel im Sack zum Kopfkissen – wacht und wartet. Der räumliche Abstand der Dinge zu ihrem Besitzer in der Nacht legt zugleich das lockere Verhältnis bloß, das die älteren zu ihrem Wunschwunder haben. Nur der dritte behält es unmittelbar bei sich. Er hat es in seiner Gewalt, es ist wie ein Stück seiner selbst.

Und so verlockt er den Wirt, der von dem »Schatz« des Drechslers das Höchste mutmaßt, auch zum Griff danach. Damit erwischt er ihn auf frischer Tat, und was es zu beweisen galt, wird bewiesen: daß der Wirt eben stiehlt. Mit dem Zauberwort »Knüppel aus dem Sack« setzt nun das Märchen beim dritten Raubgriff des Sünders die ausgleichende Gerechtigkeit in Gang. Der Knüppel rettet den Brüdern ihr kostbares Gut. So sorgt der dritte Bruder dafür, daß die Wundergaben doch noch ins Vaterhaus einkehren. Am Ende helfen diese Gaben, das Leben von Vater, Brüdern und Verwandten froh und herrlich zu machen. Was aber wird aus dem Knüppel? Hat er nach der Rückkehr des Drechslers zum Vater ausgedient? Ist sein Wirken nur Episode? Und doch, welche wichtige Episode! Ohne den Knüppel wäre für »daheim« alles verloren, der nährende wie auch der goldene Lebensreichtum, von dem die Menschen ins Künftige hinein zehren.

Sind es alte oder neue Gaben?

Fassen wir das Ganze zusammen, indem wir noch einmal grundlegend auf die Frage eingehen: Haben die drei Brüder in ihren Wundergaben alte oder neue (neuerstandene) Fähigkeiten ins Vaterhaus zurückgebracht? Wären sie altmagischer Art, so flammten sie kurzfristig auf und verflögen wieder. Daß der Wirt sie den beiden älteren stehlen kann, hat nichts mit dem Charakter der Gaben zu tun, sondern mit dem Charakter ihrer Eigner. Alle drei Gaben wurden nicht »auf alten Wegen«, mit beschwörendem Zauber und Zufall erlangt, im Gegenteil: der Vater hat die Söhne in die Armut verstoßen, sie auf sich selbst verwiesen, und in der Fremde *lernen* sie ein *Handwerk* – das ist der neue Weg, der auch zu neuen Erreichnissen führt. Der dritte Bruder mit seinem wachsam-kritischen Selbstbewußtsein, dem »Knüppel aus dem

Sack«, verkörpert den Typus des geistesgegenwärtigen modernen Menschen. Das leuchtet sogleich ein. Doch die beiden anderen haben ebenso ihre vieljährige Lehre, nicht weniger »fleißig und unverdrossen« als der Drechsler, hinter sich gebracht. Alle drei fanden ihren Meister, der sie lehrte und begabte. Das Geheimnis der Wünschdinge liegt nicht in einer veraltet-aufflammenden Herkunft, sondern in der Tatsache, daß gerade diese Lebensgaben noch viel zu überbordend, zu füllig und zu überraschend für unsere banalisierte Alltagswelt sind. In der Art, wie sie im Wanderschafts- und Wirtshausmilieu zutage gebracht werden, müssen sie aufreizend wirken, weil sie eben so zauberhaft quellend sich darbieten. Sie sind zukünftig, aber die sie verwaltenden Gesellen stecken noch in Gegenwartsschuhen, sie vergeuden zu sehr, was pflegsam behütet werden müßte. Die Gaben überragen das gegenwärtige Format ihrer Besitzer. Die beiden Brüder genießen ihren »Besitz«, als sei alles ganz und gar selbstverständlich. Das ist es aber nicht. Weil die Gaben mächtiger, umfangreicher sind, als die Brüder in ihrem Bewußtsein fassen können, entgleiten sie ihnen.

Mit Recht wird später gesagt: die Brüder müssen, wenn sie mit den gefälschten Gaben statt den echten zum Vater heimkommen und ihr Versagen ihnen selbst klar wird, wieder zur Arbeit gehen; nämlich weiterarbeiten an sich, an ihrem Handwerk, als Schreiner, als Müller! Sie hatten schon alles, aber sie hatten keine Haltekraft für das Neue, Unerhörte – das ist ihre bittere Erfahrung. Nur der jüngste hat diese Kraft. Er bleibt wach in der entscheidenden Nacht *vor* dem Eintritt ins Vaterhaus. Das Wirtshaus ist ein Schwellengebiet; die zwei älteren unterschätzen die Gefahr und schlafen ein.

Die Brüder sind *Vorläufer.* Sie dringen vor in innerliche Quellbereiche des Menschenwesens, aus denen sich die Menschheit in frühen Kindheitstagen und noch aus dem ersten Schöpfungserbe heraus ernähren konnte. Doch sind die alten Quellen im Laufe langer Dürreepochen intellektueller Austrocknung (der Schneiderzeit, sagt das Märchen) bis auf den Grund versiegt. Sie müssen ganz neu gefunden und angeregt werden, und dafür wichtig ist die »handwerkliche« Schulung. Diese Schulung einer Eigentätigkeit bildet das Fundament für einen neuen Schöpfungsprozeß – mit der begnadenden Hilfe eines Meisters.

Ein Hinweis auf das Neue liegt in solchen Worten, wie sie beim falschen Esel gesprochen werden, der ja nur ein gemeiner Esel ist und bleibt: »Und es zeigte sich, daß das Tier nichts von der *Kunst* verstand, denn es bringt's nicht jeder Esel so weit.« Es handelt sich beim Goldspeien um eine Kunst, um keine natürliche Abscheidung. Kunst muß im Menschen aus der natürlichen Veranlagung herausgehoben und als neue Schöpfung der Natur zugefügt werden. Noch bringen es nur wenige dahin, ihren Esel Gold speien zu lassen; noch sind die gemeinen Esel die weit verbreiteteren, stellt der immer noch mißtrauische Vater fest, und von dieser hohen Goldkunst ist an ihnen noch keine Spur zu entdecken.

Die Schuld der beiden älteren beruht darin, daß sie genießend, aber nicht als Kenner mit ihren Schatzgeschöpfen umgehen – erkennen sie doch nicht einmal am Morgen nach dem Tausch den Unterschied. Sie merken nichts, was anders wäre, ja vielleicht haben sie noch nicht einmal recht zu ihnen hingeschaut, statt an diesem wie an jedem Morgen erneut und immer wieder ihr Meistergeschenk dankbar wahrzunehmen und sich seiner zu versichern. Ihrem Handwerk, ihrem Lernziel nach sind sie vorgeübt, als legitime Hüter dieser Gaben in die Welt zu gehen. Die Meister vertrauen ihnen das Beste an, was Menschen haben können und was unter Menschen wirken soll: Geistes-Weisheitslicht im Gold und Lebensgeist in Speise und Trank. Die wahre Qualität des Tischchens, sein Speisungsgeheimnis, liegt in Richtung des Grales.

Dem muß aber noch die Fähigkeit des dritten der Bruderschaft gesellt werden: eine willensstarke Haltekraft aus dem Selbst heraus. Des jüngsten Schulung dauert am längsten, wird gesagt, und ist, so nüchtern sie dann erscheint, am »kunstreichsten«. Auffällig, wie ichbetont der Drechsler auftritt: »Das alles ist nichts gegen den Schatz, den ich mir erworben habe und mit mir da in meinem Sack führe.« Bei ihm ist die Gabe wirklich ich-verbunden. Er urteilt auch aus dem Ich: »Ich will Gnade für Recht ergehen lassen ...« Ja, er spricht noch das Ichwort vor dem Vater, als er die Schätze heimbringt: »Ladet alle Verwandten ein, ich will sie speisen und tränken und will ihnen die Taschen noch mit Gold füllen« – und tut es dann doch nicht. Er läßt seine Brüder als die wahren Eigentümer zu Tischchen und Goldesel sprechen. Sich einsetzend und helfend, solange es die Lage fordert, tritt er im entscheidenden Augenblick verzichtend zurück – denn was er Eigenes bringen kann, möchte er den Seinen keinesfalls als Zugeschenk anbieten. Selbsthafte Selbstlosigkeit geht von ihm aus – und sie bewährt sich vom Verlust zum Gewinn. Zu Hause wird die Kraft, die im Knüppel steckt, zu einem Schutzwall um die Lebens-Geistesgaben.

Das Märchen hat eine heitere Gemütslage und eine schier graziös beschreibende Sprache. Aber es ist keine Scherzgeschichte oder gar ein Schwank, auch wenn der allerletzte Schluß mit dem weiteren Schicksal der Ziege sich drollig anhängt. Es ist auch kein gaukelndes Spiel von verrückten Wünschen, die sich der Mensch vormacht. Im Gang des Märchens liegt die Vorschau wahrer Ereignisse, eine Vorschau auf Fähigkeiten, die im Menschen selbst begründet liegen und die zu erringen er sich auf dem Weg befindet. Gnade kommt hinzu.

DIE SECHS SCHWÄNE

Jagdrevier, Hexenhaus und Waldschloß

Es beginnt mit einer Jagdszene. Der König jagt in einem großen Wald, und er setzt einem Wild so eifrig nach, daß ihm niemand von seinen Leuten folgen kann. Der Abend kommt heran, er hält an und sieht, daß er sich verirrt hat. Er sucht einen Ausweg und findet keinen. Wo ist er hingeraten? In einen Wirrwald. Der Jagdwald wird zum Hexenrevier. Der König hat sich im Gehege seiner Gelüste verlaufen. Wo diese Gelüste enden, wenn sie sich von ihm, dem Jagenden, abscheiden und von außen schaubar werden, macht sich der wildversessene Jäger, solange er dahinhetzt, nicht klar. Das Märchen sagt es: Eine alte Frau mit wackelndem Kopf kommt ihm entgegen, und es nennt sie deutlich beim Namen, eine Hexe. Sie tritt am Abend wie zufällig aus dem Waldhäuschen heraus, bei dem er gelandet ist, ihm fremd für den ersten Blick. Das ist sie aber nicht. Sie gehört zu ihm, ist die Herrscherin dieses Reviers, in das er sich hineinvereifert hat. So ratlos er vor ihr steht, so höhnisch läßt sie ihn ihre Macht spüren. Sie allein kann ihm den Ausweg zeigen,

> *»... es ist aber eine Bedingung dabei, wenn Ihr die nicht erfüllt, so kommt Ihr nimmermehr aus dem Wald und müßt darin Hungers sterben.«*

Die Alte nötigt ihn, ihre Tochter zu heiraten, »die so schön ist, wie Ihr eine auf der Welt finden könnt, und wohl verdient, Eure Gemahlin zu werden«. In der Angst seines Herzens willigt der König ein. Angst des Herzens, das ist der Gegenwert seiner tagtoll genossenen Jagd hinter dem Wild her. Auffällig muß sein, daß ihn die Alte sofort mit »O ja, Herr König« anredet. Er braucht nicht erst zu sagen, wer er ist, sie kennt ihn, – als habe sie ihn so und nicht anders erwartet: verwirrt, ausweglos in ihre Hand gegeben. Dasselbe tritt uns kurz danach in der Hütte der Alten entgegen. Auch die Tochter empfängt den König, »als wenn sie ihn erwartet hätte«. Das aus ihm selbst heraustretende Schicksal erwartet ihn, nachdem er sich einmal im tollen Jagdritt in den großen Wald hinein verloren hat. Der Ausbruch aus der bisherigen

Welt (keiner kann ihm folgen) trennt ihn für eine kurze, aber entscheidende Spanne Zeit von seiner eigenen Vergangenheit. Als er später, nach den Begegnungen im Hexenreich, in sein Schloß zurückfindet, beginnt für ihn eine veränderte Gegenwart. Der Jagende ist zur Beute der Alten geworden und bringt eine Braut heim, vor der ihn heimliches Grausen befällt, so schön sie dem Blick auch erscheint.

Nun wird der Zwiespalt ganz offenbar, dem der König unterliegt. Jetzt erst wird uns gesagt, daß der König schon einmal verheiratet war und von seiner ersten Gemahlin sieben Kinder hat, sechs Knaben und ein Mädchen, »die er über alles in der Welt liebte«. Welche Lösung findet er nun, die Kinder seiner ursprünglichen Ehe der neuen Königin vertraut zu machen? Gar keine. Er versteckt sie vor ihr. Er fürchtet, sie möchte die Kinder nicht gut behandeln und ihnen gar ein Leid antun, und verbringt die sieben in ein einsames Schloß mitten in einem Wald. Das Schloß liegt so verborgen und der Weg dahin ist so schwer zu finden, daß er ihn selbst nicht finden könnte, wenn ihm nicht eine weise Frau ein Knäuel Garn von wunderbarer Eigenschaft geschenkt hätte, das, wenn er es vor sich hinwirft, sich von selbst loswickelt und den Weg zeigt.

Die Tatsache, daß der König seine frühgeborenen Kinder vor der zweiten Gemahlin verleugnet, hat schwerwiegende Folgen. Gerade was der König verhüten will, fädelt er ein. Das Üble geschieht, es geschieht jedoch erst, nachdem er so oft zu dem verborgenen Ort eilt, daß der Königin seine Abwesenheit auffällt. Sie merkt, sein Leben teilt sich zwischen ihr und etwas Unbekanntem. Das macht sie neugierig und kränkt sie. Sie besticht des Königs Diener und erfährt, was ihr der König verschweigt. Freilich kann man sagen, die merkwürdigen Umstände, unter denen die zweite Ehe zustande kam, rechtfertigen des Königs Haltung. Das Unheimliche an seiner Gemahlin – sie ist die Tochter einer Hexe! – kann kein Vertrauen aufkommen lassen. Seit er aus dem Jagdwald wieder heimfand, zerfällt seine Existenz deutlich zwischen einem Hier und Dort, der zwanghaft Anvermählten und den geliebten Kindern. Allerdings, er selbst ist seinem Bewußtsein nach schon weit mehr hier behaust, als er sich zugestehen mag. Den Weg zum Waldschloß findet er nicht mehr aus eigener Kraft; er bedarf dazu der Erinnerungshilfe der weisen Frau, der Hüterin des Waldes, in dem das Schloß steht. Sie hilft um der Kinder willen. Bekundet sich durch die weise Frau der Geist der ersten Gemahlin?

Hat dieser Wald der Kinder mit dem Wald, den der Vater vor kurzem noch als ein Jagender durchhetzt hat und in dem er die alte Frau mit dem wackelnden Kopf antraf, etwas gemein? Im Zentrum des Jagdwaldes steht die Hütte der Alten (läge das Kinderschloß darinnen, bräuchte sich die Hexentochterkönigin nicht erst das Garnknäuel zu erlisten). In der Mitte des Kinderwaldes steht das bergende Schloß. Es muß ein anderer Wald sein. Das Kinderschloß ist vom Irdischen her abgeschirmt durch einen Grenzbezirk; sein Wald bleibt unberührt von der Zerreißlust der Leidenschaften.

Nicht nur des Königs Wesen ist zerspalten, auch seine Dienerschaft verfällt der Verführung. Denn die Diener verraten das Geheimnis ihres Herrn und lassen sich bestechen. Mit dem Einzug der neuen Königin ins Herrenhaus erliegen die alten Bindungen von Treu und Glauben der Behexung des Geldes. So erfährt die Königin hinterrücks, was der König verheimlicht; sie weiß nun von den Kindern und dem wegkundigen Knäuel. Und dann macht sie kleine weißseidene Hemdchen und näht einen Hexenzauber hinein, der die Kinder in Schwäne verwandelt. Die weißseidenen Hemdchen selbst sind nicht das Böse daran, es ist der hineinverflochtene Hexenzauber, der wirkt. Daß es weiße Seide ist, die sie zu Hüllen näht: wohl kann die junge Hexenmeisterin den Königskindern ihre menschliche Gestalt nehmen, sie in Vogelwesen verwandeln, aber ihr inneres Wesen darf sie nicht antasten, das reine, lichtgewobene Weiß ihrer Seelen muß sie ihnen lassen. Um überhaupt an sie heranzukommen, muß sie »weiße Seide« verwenden.

Und der heimliche Gang der Königin zu den Kindern geschieht, während der König wiederum jagt. Immer brechen die Verhängnisse herein während seiner Jagd. Ist der König aushäusig, schleicht sich das Unheil über die Schwelle. Ein heutiger Mensch wird an eines heutigen Mannes Jagdlust nichts Verwerfliches finden. Aber dieses Königs Jagen im Hexenbezirk entfernt ihn weit vom Waldschloß der sieben Kinder und damit von seiner ursprünglichen Liebe. Die Jagd entfernt ihn aber auch von seiner alltäglichen Stätte. Wenn er jagt, hat er das verborgene *und* das offenbare Schloß hinter sich gelassen, und das besagt, daß ihm zuzeiten die Jagd über alles geht, über Kinder, Gemahlin und Regentschaft. Aufs Schweifend-Abenteuerliche erpicht, setzt er sich selbst und alles, was er hat, in Gefahr. – Den Kindern aber geschieht während dieser Zeit, daß sie von der Stiefmutter entdeckt und in die Schwanenhemden hinein verzaubert werden, weil diese sie endgültig los sein will, noch bevor sie sie »gehabt« hat. Das will sagen, die menschliche Existenz der Erstgeborenen wird ausgelöscht. Die Verwandlung in Schwäne schiebt sie zurück ins Flugreich, in die Geburtssphäre nach »oben«. Die Verschwanung bedeutet vom irdischen Blick her eine Zurückstufung: Die menschliche Entfaltung wird den Verzauberten verweigert. Vom Himmlischen her bedeutet jedoch ihr Schwanwerden, daß sie eingeborgen bleiben in einen Unschuldsstand der ersten Schöpfung.

Aber es trifft ja nicht alle sieben Kinder dies Los, nur die sechs Knaben. Das Mädchen – weil es nicht ganz so lauffreudig ist und im Schloß versteckt bleibt – kann sich dem Zugriff der Königin entziehen. Es wird jedoch später um so leidvoller geprüft im hiesigen Dasein. Es hat keineswegs ein leichteres Schicksal. Die Gemeinschaft der Geschwister ist äußerlich zerrissen, aber sie bleiben doch innig verflochten.

Merkwürdig erscheint nun die Haltung des Vaters am andern Tag, da er kommt, seine Kinder zu besuchen und allein noch das Mädchen findet. Es erzählt ihm vom Schwanwerden der Brüder – und dann heißt es nur: »Der König trauerte, aber er dachte nicht, daß die Königin die böse Tat vollbracht hätte ...« Hat ihn denn so ganz sein Gespür für das Unheimliche seiner Gemahlin verlassen, daß er keinen Bogen schlagen kann von der Feuerstelle im Hexenhaus zu dem, was hier geschieht, und nicht erkennt, daß der Anschlag nur von ihr ausgehen kann? Das Töchterchen spürt weit deutlicher als der Vater den Zusammenhang, denn es lehnt ab, mit dem Vater zur Stiefmutter zu gehen. Es kleidet seinen inneren Widerstand in die Bitte, noch eine, die letzte Nacht im Waldschloß bleiben zu dürfen. Auf diese Bitte geht der Vater ein, wiederum nicht ahnend, was daraus werden könne, obwohl wenig zuvor noch gesagt wird, er fürchte, das Mädchen könne ihm auch noch geraubt werden. Aber keine fremde Hand, auch nicht die Königin, wird ihm das Mädchen rauben. Es löst sich selbst vom Vater los. Denn dieses Kind, das eben noch vom Abflug der Brüder als Schwäne berichtet und dem König die gefallenen Federn zeigt, gewinnt aus dem, was es beobachtet, so viel innere Sicherheit, daß es seinen eigenen Weg auf sich nimmt. Warum scheut es sich, dem Vater zu folgen, hat Angst vor der Stiefmutter, die es doch gar nicht kennt, vielleicht nicht einmal bei dem Akt der Verzauberung gesehen hat? (Es hat nur die Brüder als Schwäne davonfliegen sehen.) Empfindet das Mädchen, schockartig wachgeworden, das Odium der Stiefmutter – durch den Vater hindurch? Geht deren Schattengestalt mit dem Vater einher? Wie taub läßt der Vater die Geschehnisse über sich ergehen! Er hat sich in der Jagd selbst verloren. Als Schatten in einem Schattendasein sehen wir ihn zuletzt agieren. Nach der Zwiesprache mit dem Töchterchen erfahren wir kein Wort mehr aus des Königs Mund und kein Wort mehr über ihn. Er wird zur Unperson.

Wildhütte und Baumsitz

Waren die Geschwister, solange sie vereint in dem Waldschloß lebten, ohne zu altern aufgehoben? War das Schloß eine Sphäre ohne Zeit? Der Verlust der Brüder, das Gespräch mit dem Vater macht aus der kleinen Schwester über zwei Nächte hin ein selbstentschlossenes, denkendes Wesen. Denn der zweite große Abschnitt beginnt lapidar:

> *Das arme Mädchen dachte: Meines Bleibens ist nicht länger hier, ich will gehen und meine Brüder suchen.*

Es kommt die Nacht, das Mädchen entflieht dem Waldschloß und geht gerade in den Wald hinein, geht die Nacht hindurch und den ganzen folgenden Tag, bis es vor Müdigkeit nicht mehr weiter kann. Da sieht es eine Wildhütte, steigt hinauf und findet eine Stube mit sechs kleinen Betten, getraut sich aber nicht, sich in eines zu legen, kriecht unter ein Bett und will da die Nacht zubringen. Beim Sonnenuntergang kommen sechs Schwäne zum Fenster hereingeflogen, setzen sich auf den Boden, blasen einander an, die Federn fallen ab, die Schwanenhaut streift sich ab wie ein Hemd – es sind seine Brüder. Es hat sie gefunden. Große Freude für die Brüder, aber bald schon fällt der Tropfen Wermut hinein. Hören wir das Gespräch:

> *»Hier kann deines Bleibens nicht sein«, sprachen sie zu ihm, »das ist eine Herberge für Räuber, wenn die heimkommen und finden dich, so ermorden sie dich.« »Könnt ihr mich denn nicht beschützen?« fragte das Schwesterchen. »Nein«, antworteten sie, »denn wir können nur eine Viertelstunde lang jeden Abend unsere Schwanenhaut ablegen und haben in dieser Zeit unsere menschliche Gestalt, aber dann werden wir wieder in Schwäne verwandelt.« Das Schwesterchen weinte und sagte: »Könnt ihr denn nicht erlöst werden?« »Ach nein«, antworteten sie, »die Bedingungen sind zu schwer. Du darfst sechs Jahre lang nicht sprechen und nicht lachen und mußt in der Zeit sechs Hemdchen für uns aus Sternenblumen zusam-*

mennähen. Kommt ein einziges Wort aus deinem Munde, so ist alle Arbeit verloren.« Und als die Brüder das gesprochen hatten, war die Viertelstunde herum, und sie flogen als Schwäne wieder zum Fenster hinaus.

Und mit einigen Rätseln werden wir zurückgelassen. Für wen sind dann die sechs kleinen Betten, wenn nicht für die Brüder, da diese doch nur für eine Viertelstunde ihre menschliche Gestalt erlangen und danach gleich wieder fortfliegen? Sind die sechs kleinen Betten aus dem Waldschloß hier herauf in die Wildhütte mitgewandert? Bewahren sie wie im Abdruck einer Schale die goldene Vorzeit der sechs Brüder – und kann sich deswegen das Schwesterchen nicht hineinlegen, weil, welches es auch sei, jedes nur für einen seiner Brüder paßt? Und wo fliegen die Brüder als Schwäne hin, wo im Unbekannten, Überbewußten weilen sie die restlichen dreiundzwanzigdreiviertel Stunden von Nacht und Tag? Und was für Räuber sind es denn, die da beschworen werden? Räuber, von denen wir nichts weiter hören, als daß sie schrecklich und gefährlich seien? Sind das auch sechs? Und könnte es wirklich sein, daß gerade ihnen die sechs kleinen Betten gehören? Welch eine Umkehrung der Verhältnisse würde da walten?

Alles bleibt im Unbestimmten und deutet auf einen Grenzbereich. Immerhin hat das Mädchen mit Aufbietung all seiner Kraft zu dieser »Herberge für Räuber« hinaufgefunden. Denn es wird deutlich hinzugefügt, »stieg hinauf«! Und für eine einzige Viertelstunde wird diese Stätte Treffpunkt der suchenden Schwester mit ihren verwunschenen Brüdern, eine Stätte am Rand der Welt: für das Mädchen nach oben hin gerade noch erreichbar, für die Brüder in ihrem verwandelten Dasein nach unten gerade noch erlaubt für den Rest ihres verbliebenen Menschseins. – Der Name »Wildhütte« umschreibt nach unserem gewöhnlichen Verständnis etwas Provisorisch-Primitives. Doch dürfte diese »Hütte« dem allgemeinen Zugang noch viel weiter entrückt sein als das vorige Waldschloß, in höherem Bereich und mit strengeren Gesetzen. Nur der tiefe Wille, seine Brüder zu suchen mit aller Kraft war für das Mädchen das Garnknäuel, das es hinaufführen konnte. Sind die »Räuber« vielleicht verborgen wachende Schützer oberer Bezirke, daß kein unbefugter Jäger-König eindringe in ihre Gebiete? Wären sie demnach nur für matte Alltagsaugen »Räuber«? (Finden wir nicht auch im Märchen »Simeliberg« zwölf solche schreckerregende, gewaltige Männer, die keineswegs Wegelagerer sein können?) Es scheint, die Beigabe »wild« steht hier für unberührt, unverdorben, schöpfungsfrisch. Wir sind am Schwellenort zu dem Ursprungsgebiet des Geistes.

Lassen wir die Rätsel stehen. Die Brüder als Schwäne leben seit ihrer Verzauberung erhoben in ein Wildreich. Kein Sterblicher kann ungestraft lange an ihrer Grenzstätte verweilen. Nur so lange darf die Zwiesprache dauern, daß gerade die Bedingungen für die Erlösung laut werden. Und die Bedingungen sind so schwer, daß die Verzauberten selbst sie für unerfüllbar halten. Indem dann die Brüder als Schwäne wieder fortfliegen, werden sie den Augen der Schwester nicht mehr sichtbar, bis sie im allerletzten Augenblick am Ende wieder auftauchen: sie als Erlöser ihrer Schwester, die Schwester als ihre Erlöserin.

Die Zahl sechs wird zur Schlüsselzahl dieser Erlösung: Sechs Jahre darf die Schwester nicht sprechen und nicht lachen und muß nur darauf bedacht sein, den Brüdern sechs Hemden aus Sternenblumen zu nähen in dieser Zeit. Dem Verbannungszauber kann nur dieser aus Opfer gewobene Liebeszauber entgegengesetzt werden. Aber weiß die Schwester auch, was sie auf sich nimmt an Selbstverleugnung und furchtbaren Konsequenzen des Schweigens?

Das Mädchen aber faßte den festen Entschluß, seine Brüder zu erlösen, und wenn es auch sein Leben kostete.

Es verläßt die Wildhütte, läuft tiefer in den Wald, steigt zur Nacht in einen Baum, geht am andern Tag aus, sammelt Sternenblumen und beginnt an den Hemden zu nähen. Eine Hülle von Einsamkeit und Stille umgibt das Mädchen, eine Aura von Scheu und Ferne, durchaus verwandt der Unnahbarkeit der Brüder. Es lebt abgeschirmt von allem übrigen Dasein. – Um zu tun, was es sich auferlegt, sucht das Mädchen nicht etwa eine Erd- oder Felshöhle. Es taucht in eine fast paradiesische Gegebenheit ein, steigt in einen Baumsitz *über* der Erde. Und indem es sich im Baum einschmiegt, bleibt es umwoben vom Lebensstrom, der den Baum durchzieht. Im Ätherspiel verknüpft das Mädchen die Sternblumen zum Gewand, meditativ versunken. Tage und Nächte schwinden.

Reden konnte es mit niemand, und zum Lachen hatte es keine Lust – es saß da und sah nur auf seine Arbeit.

Es liest sich, als habe nun die Welt draußen vergessen, daß es einmal einen König gab mit sechs Söhnen und einer Tochter, die alle schon im kindlichen Alter verschollen sind.

Erstaunlich bleibt, daß mit keinem Wort Erwähnung geschieht, wie sich das Mädchen im Walde ernährt. Lebt es nicht im Wachstumskreis selber drinnen? Was es auch nährend erhalten mag, es bleibt gesund und frisch – wird doch des Königs Herz später gerührt, »weil es so schön war«, und er faßt eine große Liebe zu ihm.

Doch dies geschieht erst, nachdem auch diese magisch umschlossene Sphäre durchbrochen und das Mädchen entdeckt wird, – »als es schon lange Zeit da zugebracht hatte«.

Wiederum ist es eine Jagd, die den Kreis aufbricht. Nun jagt der König dieses Landes im Wald, und bei ihm sind die Jäger die flinkeren – anders als beim Vater des Mädchens, der seinen Jägern voraus gewesen ist – und mit den Jägern umstellt plötzlich grelle Gegenwart das Mädchen.

Sie riefen es an und sagten: »Wer bist du?« Es gab aber keine Antwort. »Komm herab zu uns«, sagten sie, »wir wollen dir nichts zuleid tun.« Es schüttelte bloß mit dem Kopf. Als sie es weiter mit Fragen bedrängten, so warf es ihnen seine goldene Halskette herab und dachte sie damit zufriedenzustellen. Sie ließen aber nicht ab, da warf es ihnen seinen Gürtel herab, und als auch dies nicht half, seine Strumpfbänder, und nach und nach alles, was es anhatte und entbehren konnte, so daß es nichts mehr als sein Hemdlein behielt. Die Jäger ließen sich aber damit nicht abweisen, stiegen auf den Baum, hoben das Mädchen herab und führten es vor den König.

Indem die Burschen die baumverwunschene Schöne umkreisen, wird für sie die Schar zu ihren Füßen eine schreckliche Meute. Sie sucht sich mit den Habseligkeiten, die sie anhat, loszukaufen, darunter ist die goldene Halskette der königlichen Kindheit. Zwar fangen die Jäger den Schatz auf, lassen aber deshalb nicht von ihr ab. Es ist gewiß das seltsamste Wild, das sie je in ihren Jagdzügen aufgestöbert haben und das sie nun stolz ihrem König zuführen – ohne die eingeheimsten Stücke mitauszuliefern. Daß es eine goldene Halskette gibt, erfährt der König nicht; sie aber hätte ihm die königliche Abkunft des stummen Mädchens bezeugen können. So wird ihm übergeben ein Menschenwesen, das nur sich selbst bringt; seine Herkunft bleibt unergründet.

Der König fragte: »Wer bist du? Was machst du auf dem Baum?« Aber es antwortete nicht. Er fragte es in allen Sprachen, die er wußte, aber es blieb stumm wie ein Fisch. Weil es aber so schön war, so ward des Königs Herz gerührt, und er faßte eine große Liebe zu ihm. Er tat ihm seinen Mantel um, nahm es vor sich aufs Pferd und brachte es in sein Schloß. Da ließ er ihm reiche Kleider antun, und es strahlte in seiner Schönheit wie der helle Tag, aber es war kein Wort aus ihm herauszubringen.

Es spricht gleichermaßen für des Königs guten Sinn wie für die sanfte Macht der schuldlosen Schönheit, daß den König die Stummheit des Mädchens nicht irre macht. Er setzt es bei Tisch an seine Seite, und es gefällt ihm in seinem Gebaren so gut, daß er sagt: »Diese begehre ich zu heiraten und keine andere in der Welt«, und nach einigen Tagen vermählt er sich mit ihr. Und damit scheint der Übergang aus dem einsamen Zuhause im Baum hinüber ins Königsschloß sich doch zum allerbesten anzulassen. Aber hier beginnt erst die Drangsal. Die Jagd wird in die inneren Gemächer verlegt.

Königsgemach und Holzstoß

Jetzt ist das Mädchen in einem Königreich des Irdischen angekommen, wo die Macht des Bösen wirken kann. Das Böse geht nicht vom König aus. Der König wirkt in sich selber fest und klar. Er hat in dem nun anhebenden Wettlauf der Gerüchte und Anschläge einen schweren Stand, seinem ersten, wahren Eindruck vom Wesen seiner Frau treu zu bleiben.

Das Böse geht von der Mutter des Königs aus. Sie ist unzufrieden mit dieser Heirat und spricht schlecht von der jungen Königin. »Wer weiß, wo die Dirne her ist, die nicht reden kann; sie ist eines Königs nicht würdig.« Jetzt zeigt sich, was das Halsband der Jungfrau in der Hand des Königs wert wäre. Aber auch dies gehört in die Kette der Prüfungen, daß die Jäger auf ihre Weise Beute machen, womit sie, gewollt oder ungewollt, zu Handlangern des Bösen werden. Warum nur hat es die Königsalte auf die Demütigung, ja Vernichtung der jungen Frau abgesehen? Reizt sie so sehr, wie sie vorgibt, die Stummheit? Und was ginge schon von der Stummheit Schändliches aus? Beschweigt hier nicht die Schweigsame das Gute, und die Beredte mißbraucht das Wort? Spürt die alte Verleumderin in der schönen Fremden ihre eigene Verneinung? Hat sie nicht denselben Feuertrieb in sich, nun zum Haß entflammt, wie ihn einst eine junge und überaus schöne Hexentochter an der Feuerstelle nährte und in ihr Königinsein hinüberführte? Feuerfunkelnd einst eine Junge, haßgeladen jetzt die Alte, es kommt aus demselben Zentrum. Die Mutteralte verliert ihren Einfluß auf den jungen König, und das ist es, was sie erbost. Durch den Sohn will sie ihre Macht halten. Aber er entzieht sich ihr, seit die Jungfrau, die einer Dryade gleicht, aus dem Wald in das Königsschloß eingezogen ist. Mit dem König geht eine Wandlung vor: Es wird von keiner Jagd mehr gesprochen, auf die er sich begäbe. Die Alte eröffnet nun im Schloß den Angriff, und siehe, der König selbst wird durchaus mitattackiert.

Über ein Jahr, als die Königin das erste Kind zur Welt brachte, nahm es ihr die Alte weg und bestrich ihr im Schlafe den Mund mit Blut. Da ging sie zum König und klagte sie an, sie wäre eine Menschenfresserin. Der König wollte es nicht glauben und litt nicht, daß man ihr ein Leid antat. Sie aber saß beständig und nähete an den Hemden und achtete auf nichts anderes. Das nächstemal, als sie wieder einen schönen Knaben gebar, übte die falsche Schwiegermutter denselben Betrug aus, aber der König konnte sich nicht entschließen, ihren Reden Glauben beizumessen. Er sprach: »Sie ist zu fromm und gut, als daß sie so etwas tun könnte, wäre sie nicht stumm und könnte sich verteidigen, so würde ihre Unschuld an den Tag kommen.« Als aber das drittemal die Alte das neugeborene Kind raubte und die Königin anklagte, die kein Wort zu ihrer Verteidigung vorbrachte, so konnte der König nicht anders, er mußte sie dem Gericht übergeben, und das verurteilte sie, den Tod durchs Feuer zu erleiden.

Also gerät der König beim drittenmal doch ins Wanken und gibt der Einflüsterung des Bösen nach – ließe sich einwenden. Er kann nicht anders, sagt das Märchen, die Beweislast ist zu groß. Es liegt dreimal ein Kindsraub vor und dreimal wird ein Verbrechen der jungen Königin daraus gemacht, wovon schon eines allein todeswürdig wäre. Dreimal gesteigert, kann das Ungeheuerliche kein Gnadenakt mehr zudecken. Der König, von Zweifeln erschüttert, übergibt die Wahrheitsfindung dem Gericht – und das Gericht urteilt, wie der Schein trügt: Es verurteilt zum Tod durch das Feuer. Damit ist für die junge Königin eingetroffen, was das tapfere kleine Mädchen in der Wildhütte einst als letzten Schluß einbezogen hatte – »und wenn es auch mein Leben kostete«.

So hat es sich die Alte zurechtgelegt: daß nur noch ein Feuerfunken überzuspringen braucht, um die Angefeindete zu verbrennen. Aber im nachhinein wird deutlich, daß Feuer als Verzehrendes nur das der Alten selbst zugehörende Element sein kann. Sie schichtet Verleumdung auf Verleumdung zum Scheiterhaufen für die andere, aber es wird ihr eigener Holzstoß. Im Feuer geschieht durch Auflösung eine Läuterung, eine Verwandlung. Doch verbrennbar ist nur Unlauteres, verbrennbar sind Hüllen, ist Altgewordenes, in Verhärtung Verholztes. Die im Baum gefeite junge Königin kann zwar bis ans Feuer herangeführt, aber nicht verbrannt werden. In dem Augenblick, wo das Feuer zünden soll, greift die Wahrheit ein: daß an der jungen Königin nichts zu verzehren ist. Brenntage innerer Läuterung waren in Wirklichkeit die sechs Schweigejahre, – und die sind abgelaufen. Über die sich vollendende Zeit hat die Alte keine Gewalt. In den sechs Schweigejahren ist das Seelenwesen unsterblich, unverletzlich geworden.

Von den sechs Jahren hat das Mädchen wohl die Hälfte im Gezweig des Baumes verbracht, nur die letzten drei an der Seite des Königs als seine Gemahlin. Und mit der Geburt des dritten Kindes sind auch die sechs Hemden fertig geworden, »nur daß an dem letzten der linke Ärmel noch fehlte« – ein Umstand, auf den wir zurückkommen wollen. Die Zeit ist erfüllt. Es rauscht in den Lüften, die Schwäne senken sich herab, sie kann ihnen die Hemden überwerfen, und die Brüder stehen leibhaftig vor ihr, frisch und schön. Nur der jüngste trägt anstelle des linken Armes einen Schwanenflügel am Rücken. Sie herzen und küssen sich. Der König nimmt dies alles bestürzt wahr. Doch das Stummsein ist vorbei, und das erste Wort, das die junge Königin spricht, gilt ihm: »Liebster Gemahl.« Sie bringt den Betrug der Alten an den Tag. Die Kinder, bisher verborgen gehalten, werden herbeigebracht,

und die böse Schwiegermutter wurde zur Strafe auf den Scheiterhaufen gebunden und zu Asche verbrannt. Der König aber und die Königin mit ihren sechs Brüdern lebten lange Jahre in Glück und Frieden.

Die Brüder im Schwanenkleid

Von den sieben Kindern der ersten Gemahlin werden die sechs Knaben durch die Hexentochterkönigin in ein Flügelreich verbannt. Das Männlich-Geistige, sechsfach brüderlich gefächert, entschwindet fast so, als wäre es nicht gewesen. Nur das Seelisch-Weibliche bleibt im Blick. Sicher wurde das Mädchen als letztes Kind geboren, und die Mutter verstarb wohl bei der

Geburt dieses Kindes. In den »Sieben Raben« sagen die Leute dann von dem Schwesterchen, es sei Schuld an dem Unglück seiner verzauberten Brüder. Aber von Schuld des Mädchens kann dort wie hier keine Rede sein. Es ist so des Himmels Verhängnis. Hier wird das Mädchen Zeuge von der Verzauberung seiner Brüder, doch wird uns wie ein Zufall geschildert, daß es selbst verschont bleibt. Die Stiefmutter merkt nichts von ihm, weil ihr nur die sechs Knaben entgegenspringen. Aber gerade dadurch, daß die Stiefmutter ihren Anschlag nicht auf alle sieben Kinder ausdehnen, sondern nur sechs entfernen kann (und sich damit zufrieden gibt), wird für die eine zurückgebliebene Schwester die Aufgabe gestellt, die Brüder zu erlösen. Wird sie die Kraft aufbringen, die Seelenprüfung durchzutragen? Diesen Entschluß faßt sie, und wenn es auch ihr Leben koste. Und nun beginnt diese Kette von Leiden, Entbehrungen und schrecklichen Mißdeutungen, von denen wir gehört haben. Die sechs Schweigejahre schaffen um das Mädchen, später um die junge Königin eine Sphäre unerhörten Ernstes. Jede Münze des Gelächters verliert hier Wert und Sinn. Schweigen vertieft. Schließt die Askese im gesprochenen Wort auch das *innere* Gespräch mit den Brüdern aus? Befindet sich die Schwester durch die Zielrichtung auf die Erlösung nicht immer »in Gedanken« mit den zu Erlösenden im Gespräch? Über dem äußeren Stummsein wird sie innerlich wach und hellwissend, so daß sie schließlich weiß, wo die Alte ihre Kinder hingebracht hat.

Bei dieser Erlösung ist keine Vernichtung eines Feindes zu bestehen (Königssöhne müssen sonst Drachen oder Widersacher töten), keine weltweite Wanderung zu Sonne, Mond, Sternen und Glasberg (wie in den »Sieben Raben«) wird gefordert, keine Geschicklichkeitsprobe für den Königshof. Es geht nur um ein prosaisches Nichts an äußerem Umfang: sie muß sitzen, nähen, schweigen. Sie muß erdulden, ohne sich zu verteidigen. Es gibt in dieser Prüfung keine Erleichterung, keine Hintertür. »Kommt ein einziges Wort aus deinem Munde, so ist alle Arbeit verloren.« Merkt denn kein Mensch am Hof, merkt selbst der König nicht, daß sie Jahre hindurch in eine bestimmte Arbeit versunken ist? Oder *kann* da gar niemand zusehen? Deuten die Sternenblumen nicht auf eine Substanz, die nur des Nachts »greifbar« wird, wenn eben die Sterne strahlen und ihre »Blumen« hergeben? So mag, was sie tut, heimlich und ungesehen von den andern vor sich gehen. Sie arbeitet mit einem Stoff, der nicht von dieser Welt ist. Sternensubstanz wird von ihr in Menschenform gefaßt zum Hemd. Das Hemd bildet die

Urform einer Bedeckung des Leibes. Es schützt den Menschen und grenzt ihn zugleich als selbständiges Wesen aller anderen Natur gegenüber ab. Die Schwanenbrüder werden kraft der auf der Erde gebildeten sterndurchwirkten Hemden zurückgeholt zur Erde und ihrem ursprünglichen Werdestrom, dem sie entrissen wurden, wieder »einverleibt«.

Man kann sich nun fragen: War die Verwandlung in Schwäne eine Strafe für die Brüder? Oder wie soll man nennen, was die Stiefmutter über sie verhängte? Im Lebensnerv getroffen ward der Vater. Ihn hat der Verlust der Knaben ins Unglück gestürzt und ihn danach aus dem Gedächtnis verworfen. Die Schwester jedoch reifte an diesem Geschick zu einer vorher nicht ahnbaren Seelengröße heran. Für die Knaben selbst wirkte sich der Eingriff als eine Verletzung ihres Lebensrechtes aus – auf lange Zeit. Aber vernichten konnte sie ja die Stiefmutter nicht (so, wie ja auch später die Alte die drei Kinder nur versteckt, nicht tötet). Sie hat sie in Wildhöhen entrückt – und die Springinsfelde dadurch vor allzuschnellem Fall in irdische Verstrickung (in des Vaters Spuren hinein) bewahrt! Man sollte sich hüten, nur von der üblen Seite zu sehen, daß die sechs Knaben ins Schwanendasein »zurückfielen«. Sie fielen in Wahrheit »hinauf«. Denn was sind Schwäne im Geisterland für Wesen?

Seit alten Zeiten lebt in Mythos und Sage im Bild des Schwans der entrückte, unsterbliche Teil des menschlichen Wesens. Im Schwanenkleid kommt bisher Ungeborenes helfend oder heilend aus den Geisteshöhen herab. Man denke an die Schwanenjungfrauen des altnordischen Wölundliedes der Edda. In den Märchen von Tausendundeine Nacht senkt sich die Tochter des Geisterkönigs im Schwanenkleid zum Bad hernieder, und indem es ihr der belauschende Jüngling wegnimmt, kann sie nicht mehr in ihre Heimat zurückfliegen; sie wird gezwungen, eine irdische Frau zu werden – bis sie das versteckte Schwanenkleid, nach dem sie vergeblich sucht, durch die Gutmütigkeit der Schwiegermutter wiedererlangt. So erzählt es »Die Geschichte von Hasan aus Basra und der Prinzessin von den Inseln Wak-Wak«. Es ist das umgekehrte Geschehen wie im Märchen der sechs Schwäne. Das Schwanengefieder kennzeichnet in okkulten Zusammenhängen eine Individualität, der die Wege ins Geisterland offenstehen, die die Verbindung zu den Geisteshöhen herstellen kann.*

* Rudolf Steiner, »Die Welträtsel und die Anthroposophie«, GA 18, darin Vortrag Berlin 29.3.06, »Parzival und Lohengrin«.

So werden die sechs Brüder während jenes Zeitraums, den das Märchen mit »sechs Jahren« umschreibt und der gewiß eine lange Entwicklungsepoche darstellt, zurückgehalten in Ursprungshöhen, statt daß sie ein irdisch-individuelles Leben entfalten. Sie bleiben oben ins Ungeborene gestaut, um später um so stärkere, reinere Boten des Weltengeistes zu werden. Und doch schweben sie jetzt schon ständig am Faden wirkender Liebe, vom Erdengrund her durch das Herz der Schwester gehalten. Diese Verbindung reißt nie ab, die Schwester verliert sie auch in ärgster Bedrängnis nie aus dem Sinn. Ihretwegen läßt sie alles über sich ergehen.

Diese seelisch-geistige Einheit von Schwester und Brüdern wird im letzten Satz des Märchens noch einmal deutlich. Es heißt:

Der König aber und die Königin mit ihren sechs Brüdern lebten lange Jahre in Glück und Frieden.

Der absetzende Akzent liegt in dem »aber« zwischen König und Königin. Die Brüder werden nicht durch ein »und« den beiden einfach angereiht, sondern »mit« der Königin vereint. Die Geschwister gehören so eng zusammen, daß man sagen kann: was die Schwester in sechs Schweigejahren an inneren kraftvollen Tugenden im menschlichen Seelenfeld errungen hat, werden die Brüder in einer von Verleumdung gereinigten Welt sechstrahlig in Artus-Taten in die Welt hinaustragen. Der Geheimniszustand des Inneren wird offenbar.

Und der Schwanenflügel anstelle des linken Armes des Jüngsten? Bleibt er nicht doch ein Makel in diesem Erlösungswerk? Kann nichts auf der Erde vollkommen sein, auch nicht im Seelenland? Selbst wenn es so wäre – dieser Flügel rühmt die Schwester. Er hält in immer mahnender Fermate das Hohelied der Schwesternliebe klingend: »Sie saß aber beständig und nähete an den Hemden und achtete auf nichts anderes.« Doch ist der verbliebene Flügel mehr als nur ein Leidmal der Vergangenheit. Er zeigt an, daß der Jüngste Flugkraft behält und in Berührung bleibt mit den oberen Welten, aus denen die Brüder hervorgetreten sind. Der Jüngste als der einfallsreichste wird die Mitte bilden im neuen Kreis.

DIE KLUGE ELSE

Der Sieg eines nieverzagten Schmächtlings gegen das Ungeschlachte erfrischt wie ein Sieg des unfaßbar Geistigen selbst. Wir genießen die Überlegenheit des Sich-selbst-Vertrauenden! Überlegenheit, gelassen vorgebracht, stimmt heiter. So empfinden wir es beim klugen Schneiderlein, beim tapferen Schneiderlein. Humor kann uns überhaupt nur entgegentreten im Falle einer souveränen Lösung von Konflikten, wenn wir die Lösung für uns selbst durchschauen, sozusagen an ihr teilhaben. Läßt sich ein Konflikt nicht befriedigend lösen, bleibt er in Bedrängnissen stecken, dann bleibt auch uns das Lachen im Hals stecken, mögen sich dabei noch so lächerliche Dinge ereignen.

In die Reihe der Märchen, die prachtvoll erzählt sind und aufs erste besehen ins heitere Sortiment geortet werden, gehört »Die kluge Else«. Else ist nicht nur gescheit, sie ist übergescheit, und Hans, der sie heiraten will, wünscht sich das auch so. Darauf besteht er eindringlich.

»O«, sprach der Vater, »die hat Zwirn im Kopf«, und die Mutter sagte: »Ach, die sieht den Wind auf der Gasse laufen und hört die Fliegen husten.« – »Ja«, sprach der Hans, »wenn sie nicht recht gescheit ist, so nehm ich sie nicht.«

Und wie gescheit, zeigt sie sogleich! Um den Freier zu bewirten, schickt die Mutter sie in den Keller, Bier zapfen. Unterwegs klappt sie brav mit dem Deckel, damit ihr die Zeit nicht lang werde, vor das Faß stellt sie ein Stühlchen, ihrem Rücken zuliebe, und während sie das Bier laufen und ihre Augen müßig wandern läßt, entdeckt sie oben an der Wand eine Kreuzhakke gerade über sich, welche die Maurer aus Versehen hatten stecken lassen. Das bringt den Zwirn Elses ins Schnurren; sie fängt bitter an zu weinen und spricht:

»Wenn ich den Hans kriege, und wir kriegen ein Kind, und das ist groß, und wir schicken das Kind in den Keller, daß es hier soll Bier zapfen, so fällt ihm die Kreuzhacke auf den Kopf und schlägt's tot.«

Und in ihrer vertüftelten Klügelei über das schreckliche Unglück, das ihrem noch gar nicht geborenen Kind einmal geschehen könne, weint sie nacheinander Magd und Knecht und Mutter und Vater, die ganze Sippe des Hauses, und schließlich noch den Bräutigam Hans zu einer Art sinfonischen Heulens in den Keller herab, und alle stimmen treulich ein. Wenn einmal zuträfe, was sie prophezeit, stimmte ja auch wirklich alles. Wenn ... Vom logisch Schlüssigen an Elses Denken beißt keine Maus einen Faden ab. Aber selten wurde wirklichkeitsfremdes Denken so hübsch ergreifend als hier offenbar. Keiner aus diesem Kellersextett kommt darauf, das allernächstliegende zu tun, nämlich die Kreuzhacke von oben herunterzuholen und damit allem Weinen und Angstknirschen ein Ende zu bereiten. Statt dessen setzt Hans der Zwirnphantasie seiner Braut die Krone auf:

»Mehr Verstand ist für meinen Haushalt nicht nötig; weil du eine so kluge Else bist, so will ich dich haben«, packte sie bei der Hand und nahm sie mit hinauf und hielt Hochzeit mit ihr.

Die zwei passen zusammen; Hans bekommt sie genau so, wie sie ist. Nur – läßt sich mit ihr auch leben und wirtschaften? Das soll sich nun erweisen. Hans schickt sie ins Feld, Korn schneiden, »damit wir Brot haben«. Ja, sagt sie, das wolle sie tun. Doch bevor sie geht, kocht sie sich einen guten Brei und nimmt ihn mit, und bevor sie schneidet, erwägt sie sorgsam: »Schneid ich ehr, oder eß ich ehr?« Sie entscheidet sich fürs Essen. Und sattgegessen, erwägt sie abermals: »Schneid ich ehr oder schlaf ich ehr?« Sie entscheidet sich fürs Schlafen und schläft nun einen langen, tiefen, allzutiefen Schlaf. Hans wartet daheim vergeblich auf sie, doch denkt er immer noch: »Was hab ich für eine kluge Else, die ist so fleißig, daß sie nicht einmal nach Hause kommt und ißt.« Erst als er sie schlafend im Kornacker findet, wendet sich seine Meinung von ihr ab wie ein Wetterhahn: er läuft heim, holt ein Vogelgarn mit kleinen Schellen und wickelt die immer noch Schlafende hinein. Damit wickelt er sie auch äußerlich in den Phantasiezwirn, an dem sie schon immer gesponnen hat und – der Zusammenbruch wird perfekt. Es hört sich zwar an wie ein komödiantisch plänkelndes Spiel, als sie nun aufwacht: mit jedem Schritt klingeln die Schellen um sie herum, und sie weiß nicht, wie ihr geschieht. Es ist dunkle Nacht, das darf man nicht vergessen, und nichts ist zu erkennen. Sie fühlt sich eingekreist, gehemmt von irgend etwas – und wird plötzlich sich selber fremd. Sie erschrickt vor sich selbst, vielleicht zum erstenmal, wird irre und fragt die absurde, entsetzliche Frage: »Bin ich's oder bin ich's nicht?« Darauf weiß sie nichts zu antworten. Das eigene Lichtchen ist ausgebrannt. Endlich kommt ihr: »Ich will nach Haus gehen und fragen, ob ich's bin oder nicht, die werden's ja wissen.« Ja, »die« wüßten es schon, wenn sie wollten. Aber Hans hat die Tür verschlossen und tut, als wüßte er von nichts, und antwortet auf die kopflose Frage Elsens: »Hans, ist die Else drinnen?« – »Ja, sie ist drinnen«, und macht damit das Wesen Else vogelfrei vor der Welt: »Ach Gott, dann bin ich's nicht.« Das Schellengeklingel im Vogelgarn wird ihr zum Verhängnis. Auch sonst will Else niemand auftun, sie läuft zum Dorf hinaus, und niemand hat sie wiedergesehen.

Hans spielt eine wichtige und zwar zwiespältige Rolle in der Geschichte. Einerseits hat er Else geheiratet ihres überaus gut funktionierenden Verstandes willen. Andererseits verhält er sich, weil sie konsequent kopfig ist, wie es ihr entspricht, am Ende schändlich: Es ist ihr eigener Mann, der ihr das Schellengarn umhängt und sie verleugnet in der Nacht. Erst so begeistert von ihr, ersinnt er die schizophrene Art, sie loszuwerden. Von einer Fähigkeit, Elsens Klugheit zu wandeln, auf andere Ziele anzusetzen, findet sich nur der Beginn einer Spur. Schon im allerersten Versuch (sie eben aufs Feld zur Arbeit zu schicken) verliert er die Geduld und verstößt sie.

Ein heiteres Märchen? Die ersten zwei Drittel mit dem prallen, fünfmal wörtlich wiederholten Geschwätz und Geheul um das noch ungeborene und doch bereits verunglückende Kind mögen einen schmunzeln lassen. Aber ehe man sich's versieht, ist eine akute Gemütskrise daraus geworden, und sie endet schlimm: in einem vollkommenen Identitätsverlust. Else demonstriert einen sehr modernen Zustand: Klugheit, die alles andere, nur sich selbst nicht mehr findet; ichlos zerstiebend im Schellengeklingel – ein tragisches Märchen.

*

Milder im Ton, drolliger in den Einzelheiten, nimmt sich das Geschwistermärchen bei Grimm aus: *»Der Frieder und das Katherlieschen«*. Da hat das Frauenzimmerchen keinen klugen, sondern einen unbedarften Verstand, aber eben auch Verstand, mit dem es sich in allem bemüht. Katherlieschen versteht und befolgt alles getreu aufs Wort, will es immer geschickt machen und bringt dabei immer das Ungeschickteste auf die Beine, bis ihr jedoch das nicht mehr überbietbare Ungeschick zum ganz großen Glück ausschlägt. Sie kann nämlich, mit Frieder nachts droben im Baum sitzend, die mitgeschleppte Tür nicht mehr festhalten, läßt sie fallen, vertreibt damit die Diebe unterm Baum und rettet das von diesen gestohlene Geld wieder zurück. Auch Katherlieschen ist am Schluß seiner selbst nicht mehr sicher, denn es hat sich im Schlaf träumend alle seine Kleider entzwei geschnitten, Schürze, Rock und Hemd, und kann sich, aufgewacht und halbnackigt, nicht mehr erkennen. Es wird zu einer Art Teufelsschreck. Das wird sehr reizvoll erzählt, steckt voll bester menschlicher Beobachtung. Das Märchen wird von den Forschern unter der Rubrik »Schwank« geführt – und hat doch den leisen tragischen Unterton. »Die Welt ist tief, und tiefer als der Tag gedacht«, sagt Nietzsche.

MEISTER PFRIEM

Dornröschen wird durch die zwölfte der weisen Frauen vor dem Tod bewahrt, so daß es nur in einen hundertjährigen Schlaf versinkt. Sneewittchen muß stärkere Attacken aushalten; dreifach mit List und Täuschung zielt die Stiefmutter darauf, Sneewittchen zu Tod zu bringen. Aber die Königstochter Menschenseele ist unsterblich. Sneewittchen liegt nur auf Zeit im Todesbann. Im rechten Augenblick wird es in der Berührung mit dem ihm bestimmten Königssohn zu neuem Leben erweckt.

Wie ein Satyrspiel gegen die Tragödie sich abhebt, sie ein wenig äffend nachahmt, so spielt das Märchen von »Meister Pfriem« das Thema Unsterblichkeit auf seine eigene Weise durch. Der Meister Pfriem *träumt* nur, er sei gestorben und komme in den Himmel. Da erprobt er die Gefilde der Seligen, doch das kann nicht gut gehen; die Himmelsbewohner stoßen ihn bald wieder aus, dahin, woher er gekommen und wo er am liebsten ist, vermutlich auch allezeit bleiben wird – auf Erden. Er ist der unsterbliche Kritikus: immer wach, immer bereit, ja immer auf dem Sprung, und unerschöpflich an eigener Überzeugung. Es wird gesagt, er bemerke alles, tadele alles, wisse alles besser, habe in allem recht. Es spielt keine Rolle, wo das sei, ob auf der Straße oder in der Werkstatt (er ist Schuster seines Zeichens), in der Küche oder auf dem Bauplatz. Er verweist es seiner Frau und den Mägden ebenso scharf, wie er die Maurer und Zimmerleute anfährt oder auch einen erfahrenen Fuhrmann; gleichviel was Männerfach und Frauensache betrifft, in allem weiß er den klügeren Bescheid.

Daß er am Himmelstor keinen Ring vorfindet und sich, weil er es gar zu eilig hat, die Finger wundklopft, erregt sein Mißfallen. Er meint, man könnte an so gutberufener Stätte etwas gastfreundlicher sein. Und was ihm Petrus als guten Rat mit auf den Himmelsweg geben will, beleidigt ihn fast. Was sich schickt, braucht ihm niemand erst zu sagen. Verblüfft steht er höchstens für einen Augenblick vor einem quergetragenen Balken, denn das darf es doch nicht geben wider alle Gewohnheit; aber noch sind seine Abenteuer in den Himmelshallen zu Beginn, und da läßt er die so verquer Wandelnden nachsichtig von hinnen ziehen. Stärker auf die Galle schlägt ihm, was die Engel am Regenfaß treiben: oben hinein, unten heraus – für ihn sinn- und bodenlos. Doch auch für das, was er nicht versteht, hat er sofort die Erklärung bereit: Es kann nur Zeitvertreib aus Langerweile sein, daß die Engel sich so unnütz verlustieren. Er weiß Bescheid. Er braucht bloß die Schublade seines Allerweltsverstandes zu ziehen, sie ist voll von passenden Korrekturvermerken. Er verwaltet den Hausschatz kritischer Gemeinplätze.

Im mühseligen Tagesgeschehen wird er zum Richter alles Schludrigen und des gewöhnlichen Weltlaufes überhaupt. Doch auch im Himmel scheint ihm mehr als erlaubt auf schiefer Bahn zu gehen. Er würde da schon ein anderes Regiment führen. Er ist hierin seinem Vetter Schneider gleichgeartet, der ja auch in den Himmel gelangt, indem er sich lahm und hinkend hineinlamentiert – und der dann vom Himmelsthron aus in selbstgerechtem Zorn über eine diebische Alte unten auf der Erde Gottes goldenen Fußschemel aus den Höhen auf sie herabfeuert. Alles außer sich sehen sie, die Meister der kritischen Zunft, nur sich selber nicht. Sie bleiben blind im Selbsterkennen, jeder auf seine Weise ein hausbackener Tyrann.

Meister Pfriem kann nicht sterben, auch wenn er schon gestorben zu sein meint. Sein Sturz aus den Himmelshöhen auf die Erde, wieder in das Bett seines Alltags hinein, ist zwar auch eine Art »Wiedergeburt«, aber keine Neugeburt, denn er kommt als genau der alte, knöcherne, graue Lederkopf an, als der er hinaufzog. Jede Spur von Wandlung fehlt, und wenn er am Morgen nach dem merkwürdigen Traum aufsteht, fährt er dort fort, wo er abends stehengeblieben ist, nur noch um eines gewisser – auch dem, was da droben in der andern Welt geschieht, gründlich zu mißtrauen. Er kann keine Viertelstunde ruhig sitzen, aber wieviel er auch herumgeistert – es geistet nicht in ihm, Einsicht weht ihn nicht an. Er kennt kein hingebendes, abwartendes Betrachten, kein Staunen, denn das wäre schon ein Zeichen von Erneuerung. So bleibt seine Spur im immergleichen Geleise: Er mault weiter am Weltlauf herum und verzetert heillos seine Verjüngung. Auf seine Weise ist er unsterblich wie der ewige Jude. Ist das so unglaublich? Begegnen wir Pfriem nicht zuweilen? Er lebt noch heute.

DAS JUNGGEGLÜHTE MÄNNLEIN

Die kleine Legende hebt sich durch ihre altertümliche Sprache aus der Reihe der Märchen heraus. Es ist auch außerordentlich, was sich in ihr begibt:

Zur Zeit, da unser Herr noch auf Erden ging, kehrte er eines Abends mit dem heiligen Petrus bei einem Schmied ein und bekam willig Herberge. Nun geschah's, daß ein armer Bettelmann, von Alter und Gebrechen hart gedrückt, in dieses Haus kam und vom Schmied Almosen forderte. Des erbarmte sich Petrus und sprach: »Herr und Meister, so dir's gefällt, heil ihm doch seine Plage, daß er sich selbst sein Brot möge gewinnen.« Sanftmütig sprach der Herr: »Schmied, leih mir deine Esse und lege mir Kohlen an, so will ich den alten kranken Mann zu dieser Zeit verjüngen.« Der Schmied war ganz bereit, und St. Petrus zog die Bälge, und als das Kohlenfeuer auffunkte, groß und hoch, nahm unser Herr das alte Männlein, schob's in die Esse, mitten ins rote Feuer, daß es drin glühte wie ein Rosenstock, und Gott lobte mit lauter Stimme. Nachdem trat der Herr zum Löschtrog, zog das glühende Männlein hinein, daß das Wasser über ihn zusammenschlug, und nachdem er's fein sittig abgekühlt, gab er ihm seinen Segen: siehe zuhand sprang das Männlein heraus, zart, gerade, gesund und wie von zwanzig Jahren. Der Schmied, der eben und genau zugesehen hatte, lud sie alle zum Nachtmahl. Er hatte aber eine alte, halb blinde bucklichte Schwieger, die machte sich zum Jüngling hin und forschte ernstlich, ob ihn das Feuer hart gebrennet habe. Nie sei ihm besser gewesen, antwortete jener, er habe da in der Glut gesessen wie in einem kühlen Tau.

Die Verjüngung des Menschen geschieht hier durch unmittelbare Einwirkung Christi, und zwar so vor unseren Augen, als sei es ein schlichtes Schmiedekunststück, fast wie andere Schmiedestücke auch. Man kann dabei zusehen – was sich der Schmied, in dessen Werkstatt sich die Verjüngung vollzieht, auch nicht entgehen läßt. Ja, das Wunder scheint so einfach zu praktizieren, daß sich der biedere Mann am nächsten Tag ohne Zögern vermißt, es an seiner Schwiegermutter nachzuerproben. Diese Kur geht allerdings gründlich schief.

Was tut der Christus? Er ist der Herr des Lebens. Hier holt er vor uns ins Sichtbare herein, was sonst im Tode geschieht: daß der gebrestliche Leib abgelegt und seine Bildekräfte ihrer bisherigen Form enthoben den Weiten der Ätherwelt übergeben werden; daß die Seele von ihren aus den Erdentaten mitgebrachten Begierden und Verschuldungen in den seelischen Läuterungsfeuern gereinigt wird, bis der reine Geisteskern, das Ichwesen des Menschen, nach langen Zeiten des Weilens im Geistesreich, den neuen Entschluß fassen kann, zu einem verjüngten Dasein wieder hinein in eine kindliche Leiblichkeit zu schlüpfen, um einen neuen Lebensweg zu beginnen auf Erden* – das alles zieht der Christus hier in einen einzigen Gnadenakt zusammen. Die Eisenschmiede wird zur Schicksalsschmiede. Aus dem Kohlenfeuer wird ein verwandelndes Liebesfeuer, darin glüht das Männlein »wie ein Rosenstock«. Das Feuer aus Christi Wesen entsühnt des Mannes Verfehlungen und beschenkt seinen Leib mit einer frischen Jugend. Dieser Akt einer Reinigung könnte nicht inniger und überzeugender ausgesprochen werden als in dem Bild eines Blühens und Glühens im Rosenstock. Der Gottesstrom von Kraft brennt nicht als ein irdisches Feuer, denn der Begnadete sagt, »er habe da in der Glut gesessen wie in einem kühlen Tau«. Auferstanden aus den Gebresten erhebt er sich. Der Christus segnet ihn noch.

Hat der armselige Mann, was ihm da geschieht, verdient? Doch wäre es Gnade, wenn er es erst im besonderen verdient haben müßte? Er ist ein Mensch, unter tausend anderen einer, und es geschieht ihm. Vom Schmied, bei dem er anklopft, erbittet er ein Almosen, einen Zehrpfennig oder ein Stück Brot, und wartet – und der Christus gibt ihm ein verjüngtes Leben. »Ich bin das Brot des Lebens.« Freilich kann man sagen, St. Peter hat dem altersschwachen Bettler fürgesprochen; ohne den Begleiter Christi wäre nichts Wunderbares geschehen, ja ohne ihn wäre der Herr von den Schmiedleuten vielleicht gar nicht erkannt worden. St. Peter als Mittler tritt hier ins schönste Licht.

* Rudolf Steiner, »Theosophie«. Einführung in übersinnliche Welterkenntnis und Menschenbestimmung, GA 9.

Wichtiger aber wäre zu erfahren, was der geheilte Mann, der Alte, der als ein Jüngling die Schmiede wieder verläßt, in Zukunft anfängt. Hat er seinen Meister erkannt? Während er im Rosenfeuer glühte, da *schaute* er ihn, denn es wird ja ausdrücklich gesagt, wie er da »Gott lobte mit lauter Stimme«! Blieb ihm diese Hellsicht erhalten und ward er in dem zweiten, nun geschenkten Leben sein Jünger? Wie gewinnt er sich von da an selbst sein Brot? Darüber spricht die Legende nicht mehr.

Sie fährt aber auf gut mittelalterliche Weise fort:

Was der Jüngling gesagt hatte, das klang die ganze Nacht in den Ohren der alten Frau, und als der Herr frühmorgens die Straße weitergezogen war und dem Schmied wohl gedankt hatte, meinte dieser, er könnte seine alte Schwieger auch jung machen, da er fein ordentlich alles mit angesehen habe und es in seine Kunst schlage. Rief sie deshalb an, ob sie auch wie ein Mägdlein von achtzehn Jahren in Sprüngen wollte daher gehen. Sie sprach: »Von ganzem Herzen«, weil es dem Jüngling auch so sanft angekommen war.

In gottverbotener Verblendung – soll man lachen über soviel Torheit oder sich entsetzen? – steckt der Schmied die Alte in die glutende Esse und glüht das bißchen Leben aus der Armen heraus. Schließlich wirft er sie, selber irre werdend an seiner Kunst, in den Löschtrog. Natürlich schreit die Alte erbärmlich, und auf das Geschrei eilen die zwei anderen Frauen im Haus, die Schmiedin und die »Schnur« (die Frau des Sohnes), die Stiege herab und sehen da die Alte

heulend und maulend ganz zusammengeschnurrt im Trog liegen, das Angesicht gerunzelt, gefaltet und ungeschaffen. Darob sich die zwei, die beide mit Kindern gingen, so entsetzten, daß sie noch dieselbe Nacht zwei Junge gebaren, die waren nicht wie Menschen geschaffen, sondern wie Affen, liefen zum Wald hinein; und von ihnen stammt das Geschlecht der Affen her.

Daß also von diesen unzeitigen Früchten eines seelischen Schocks das Geschlecht der Affen abstamme, ist der völlig unerwartete Schluß der Legende.

Aus den Anmerkungen der Brüder Grimm ergibt sich, daß sie die Geschichte übernommen haben von Hans Sachs, der in seinen Werken eine Dichtung hat mit dem Titel »Ursprung der Affen«, – und das klingt so, als sei es Hans Sachs nicht so sehr auf den wunderbaren ersten Teil mit der verjüngenden Gottesoffenbarung Christi angekommen, sondern viel mehr auf den zweiten, den vom Ursprung der Affen. Gab sich der mittelalterliche Mensch mit einer so einfachen Erklärung zufrieden? Freilich, das Affengesicht sieht uns auch heute noch greisenhaft, gerunzelt-faltig an – als sei es direkt übergesprungen vom Gesicht der unglücklichen Greisin im Löschtrog. In Hans Sachsens Deutung haben wir das Zeugnis einer ätiologischen Beweisführung, einem Naturrätsel aus der Schau eines gemüthaft-weisheitsvollen Weltbildes auf den Grund zu kommen. Die Märchensammlungen primitiver Völker bestehen fast nur aus solchen Aussagen und sind für deren eigenes Weltverständnis voll überzeugend, auch wenn eine solche Betrachtungsart mit der Wissenschaftlichkeit von heute nichts zu tun hat.

Näher betrachtet, liegt auch in Hans Sachsens Geschichte ein Fetzchen Wahrheit verborgen, wenn auch keineswegs in dem plumpschlüssigen Sinn, daß hier das Stammpaar der Affen geboren wurde. Doch der Umstand, daß bei den Frauen eine Menschengeburt sich vorbereitete, die viel zu früh und unausgereift in die Verkörperung gestoßen wurde, birgt einen Schimmer jener Wahrheit, die die Geisteswissenschaft von der Entstehung der Tiere gibt. Nämlich: es sind Menschenkeime, die sich vor Urzeiten im Weltenwerden verfrüht verleiblicht haben, ehe die eigentlich »menschlichen« Bedingungen im Erdenraum geschaffen waren, das heißt, ehe die zum Gedeihen des Menschen nötige Naturgrundlage auf der Erde vorhanden war. In Rudolf Steiners Geistesforschung kehrt sich die Anschauung um: nicht der Mensch stammt vom Affen ab, sondern der Affe ist eine Frühgeburt innerhalb der Entwicklung des Menschengeschlechtes.* Man könnte auch schlicht im Sinne der Legende sagen: das Tierwesen ist zu früh herausgefallen aus dem Mutterschoß des Geistes.

Für uns hat jedoch der Eingang der Geschichte weitaus stärkeres Gewicht, und die Frage bleibt: Wie werden wir selber, die wir auf unserer Erdenfahrt seelisch und leiblich »von Gebrechen hart gedrückt« sind, eines solchen Glückes teilhaft, daß uns der Weg durch die Schmiede Christi führt, in der uns sein Rosenstockfeuer durchglüht und verjüngt?

* Rudolf Steiner, »Die Geheimwissenschaft im Umriß« (Kapitel: Die Weltentwickelung und der Mensch), GA 13.
– : »Welt, Erde und Mensch«, GA 105.

DORNRÖSCHEN

Der Leser lasse es sich nicht verdrießen, wenn er hier manches ein wenig anders liest, als in anderen Deutungen. Es soll versucht werden, das Märchen dem Text vertrauend zu betrachten.

König und Königin verzehren sich im Wunsch nach einem Kind – »und kriegten immer keins«. Sagt dieses »immer«, daß es schon lange so währt und das Königspaar alt ist? Erneuerungskraft scheint ihm versagt. Es bedarf der magisch anmutenden Einwirkung eines Frosches, eines Wesens der unteren Regionen, zwischen Wasser und Erde zu Hause, um zu dem Kind zu gelangen. Erst mit »unterer« Hilfe wird die ersehnte Tochter geboren. Wurden Kinder in früheren Zeiten nicht im nächtlichen Traum aus Himmelshöhen und von Licht-Engelwesen den Menschen angekündigt? Hier geschieht es im Bad durch den »alten Wasserpatscher« – wodurch das Ereignis in die Sphäre eines alltäglichen, wachen Vorganges versetzt wird, so raunend die Königin die Voraussagung auch vernommen haben mag. Es wird eine Geburt gewöhnlicher Art, könnte man sagen, aus den Kräften des natürlichen Wassers heraus. Wird diesem Kind damit zugleich Schicksal »von unten her« in die Wiege gelegt, das Düsteres, Schweres, Beschränkendes in den Horizont dieses Lebens verwebt?

Der König ahnt dergleichen. Zwar möchte seine Freude alles Maß sprengen, denn für ihn lebt in dem eben gewonnenen Kind das gerettete und verjüngte Königtum. Doch so gewiß ist er einer rosigen Zukunft nicht. Deswegen eben lädt er neben der weitverzweigten irdischen Verwandt- und Freundschaft auch die weisen Frauen ein, »daß sie dem Kind hold und gewogen wären«. Aber da nun tut sich der Zwiespalt auf, der dieses geistig schwach gewordene Alt-Königtum charakterisiert: es mischen sich alte und neue Tendenzen in seinem Reich.

Schon wuchs, mehr oder minder verborgen und jedenfalls noch nicht voll offenbart, das herbe Wesen in den Zeitenlauf herein, das mit der Zahl Dreizehn verknüpft ist. Noch aber gründet sich das höfisch-geordnete Leben im Reich allein auf die uralt-heilige Zahl Zwölf. Das heißt, ehedem bestand eine innige Verbindung zu den hohen zwölf Sternenregionen am Fixsternhimmel (den Regenten des Tierkreises), die Nacht für Nacht in einem Tausch der Himmelskräfte, auf- und niedersteigend, am Königshof die goldenen Schalen füllten. Von der Fülle der alten Zeit haben sich die zwölf goldenen Teller erhalten; mit anderen Worten, es gibt noch allüberall konventionelle Zusammenhänge, gute traditionelle Gepflogenheiten und Ordnungen im alten geistigen Sinn. Man richtet sich nach dem Herkommen aus dem Zwölferkreis. Nun aber spricht das Märchen, noch bevor die katastrophale Verwirrung einsetzt, von der wir gleich hören werden, von den weisen Frauen wie von einer Einheit:

Es waren ihrer dreizehn in seinem Reiche; weil er aber nur zwölf goldene Teller hatte, von welchen sie essen sollten, so mußte eine von ihnen daheim bleiben.

Es wird also deutlich gesagt: dreizehn weise Frauen; nicht etwa: es gab zwölf gute und eine, die abseits stand, die nicht geheuer war. Nein, die dreizehnte ist weise wie die anderen zwölf, denn sie ist »eine von ihnen«, ja vielleicht gerade die machtvollste und weiseste in diesem Kreis. Daß sie von vornherein Böses sinne – wer sagt es? Sie wäre eigentlich die Krönung des Ganzen, denn alles, was zwölf gemeinsam zu geben haben, sammelt sich im dreizehnten verwandelt auf einer neuen, höheren Stufe. Bis zur Zwölf schließt sich eine erste Runde; mit der Dreizehn beginnt eine neue Runde – und sie hat das Erträgnis der ersten Runde in sich. Blicken nicht in Goethes großem Gedichtfragment »Die Geheimnisse« die zwölf Brüder auf zu Humanus, ihrem greisen Führer? Er schließt als der dreizehnte die zwölf Facetten ihres Wesens in einen einzigen Leuchtekern zusammen und bildet ihre Mitte. Und darf man zum höchsten Zeugnis hier nicht auch auf den Christus inmitten der zwölf Jünger verweisen?* Die dreizehnte weise Frau, sagt das Märchen, existiert also in des Königs Reich, auch wenn sie noch nicht alle kennen und ihre Erscheinung vielleicht erst dämmerhaft wahrge-

* Arthur Schult, »Mysterienweisheit im deutschen Volksmärchen« (Bietigheim, 1980), spricht zwar davon, der dreizehnte im Kreise Christi sei Judas. Aber rückt nicht nach dessen Ausscheiden ein anderer Jünger an seine Stelle und ergänzt wieder die Zwölf, so daß Judas nicht als der dreizehnte gesehen werden kann?

nommen wird (für sie noch kein Teller bereit ist). Der König jedoch weiß von ihr gewiß und müßte sie kennen. Ob ihr Teller auch golden oder aus welchem anderen, vielleicht noch edleren oder auch »härteren« (erdnaheren?) Metall sein müßte, bleibt eine offene Frage. Darum eben hätte sich der König kümmern müssen. Er löst die schwierige Lage so hilflos wie ungenügend: er übergeht die dreizehnte, lädt zum Fest ein, als gäbe es sie nicht. Das sagt, er weiß diese Weltenkraft nicht einzuordnen, nicht mit ihr umzugehen. Damit ruft er das Verhängnis geradezu herbei. Wie mächtig die Übergangene ist, mächtiger als alle zwölf übrigen, beglaubigt ihr Spruch. Vernachlässigt, ja ausgestoßen und gereizt zum Widerspruch, verwandelt sie Güte in Tod. – Die dreizehnte hat Zugang zum Äußersten, Dunkelsten, was ins Schicksal der Erde eingeschrieben ist und was in den oberen Reichen unbekannt blieb. So kann die zwölfte der Feen den Todesfluch auch nicht aufheben, nur mildern. Aus Tod wird ein hundertjähriger Schlaf.

Nun müssen wir uns der Spindel zuwenden, an die sich die Verwünschung knüpft. Der König hört den Spruch der zornigen weisen Frau und gibt, wie es heißt, aus Fürsorge für sein Kind Befehl, alle Spindeln im ganzen Reich zu verbrennen. Ist das nicht abermals ein Fehlentschluß? Leitet er nicht um so sicherer das Unglück ein? Er verhindert durch Rückschritt, was der heranwachsenden Tochter so not täte: zu erfahren, daß es Spindeln gibt, und zu lernen, wie man mit ihnen umgeht. Doch – des Königs Fehlschluß scheint nicht auch der Ratschluß der Schicksalslenkung. Wie könnte es sonst geschehen, daß zwar rings im Land die Spindeln vernichtet werden, in des Königs eigenem Schloß aber, wenn auch im Winkelstübchen des abseitigsten Turmes, bleibt präzise jene Spindel bewahrt, auf die es die dreizehnte in ihrem Fluche abgesehen hat. Und wenn König und Königin am fünfzehnten Jahrestag arglos, als hätte es nie eine Prophezeiung gegeben, außer Haus wandeln, haben wir nochmals ein Zeugnis mehr, wie weit das Königspaar dem Schicksal ungewollt-wollend zur Hand geht. So kann geschehen, was geschehen soll.

Nun werden uns Drang und Gang des alleingelassenen Mädchens geschildert. Es genießt im väterlichen Schloß auf Entdeckungspfaden das ihm bisher Verschlossene (wer sagt, daß es sein eigener jugendlicher Leib sei? Ist es nicht das Königsschloß? ein Menschheitsschloß überhaupt?), bis hin zu dem vorher nie wahrgenommenen alten Turm, der sich innen zur Wendeltreppe verengt und aufsteigt zu einer kleinen Pforte mit einem verrosteten Schlüssel im

Schloß. Das Mädchen dreht den Schlüssel, die Tür springt auf – da sitzt eine Alte und spinnt. Man kann es hin- und herdenken, wie man will, es bleibt ein Rätsel: Wie kommt die Alte in die Turmkammer, wo sie von außen eingeschlossen haust? Wer hat sie eingeschlossen? Etwa sie sich selbst, indem sie treppenseits zudrehte und dann zauberhaft nach innen schlüpfte? Und warum dies? Wie lange sitzt sie schon und spinnt? Die fünfzehn Jahre? Oder den Äon, den das Schloß existiert? Ist es nicht ein *alter* Turm? Und ist nicht der Schlüssel *verrostet?* Scheint die Kammer nicht ein Ort außer aller fließenden Gegenwart, und die Alte von der Welt vergessen?

Wer ist die Alte? Hängt sie mit der dreizehnten zusammen – oder *weiß* die dreizehnte nur von ihr? Stammt die Alte nicht eher aus dem Nornengeschlecht, und kommt das Mädchen hier unversehens an den heimlich-unheimlichen Schicksals-Spinnstuhl? Und weiter die Frage: hat außer Dornröschen jemals jemand zuvor die Kammer entdeckt und betreten? Und wenn dem so wäre, dann vielleicht schleunigst zugeschlossen – womit das Schlüsselrätsel eine Lösung fände –, weil dies verfrüht war und noch ein heiliges Geheimnis bleiben sollte und auch so lange blieb, bis Dornröschen kam? Diese eine aber zieht es mit magischer Gewalt zu der undurchschaubaren Alten hin.

Alle Interpreten nun, Analytiker nach Freud und C. G. Jung wie auch christlich orientierte und geisteswissenschaftliche Betrachter, kommen darin überein, daß es sich in dem Alleingang des Mädchens zur Spindelkammer um Vorgänge im Pubertätsalter handle. Die fünfzehn Jahre Dornröschens legen das nahe. Und zwar wird von der analytischen Gruppe der Spindelstich rein sexualbezogen gesehen; die andere Gruppe greift die Denk- und Gefühlsprozesse auf, welche trieb- und bewußtseinsverändernd mit diesem Alter einsetzen (»Dornröschen lernt im Oberstübchen spinnen«), woraus wiederum eine gewisse Vereinsamung resultiere und so die Dornenhecke wachse als ein Gespinst kritischen Selbstschutzes, hinter das sich das isolierte Menschenwesen zurückziehe.

Kann man die Vorgänge, wie sie das Märchen erzählt, allein von diesem Blickpunkt aus begreifen? Mischen sich da nicht immer neue Rätsel ein? Würde es sich zentral um die Geschlechtsreife des Mädchens Dornröschen handeln, das in dieser Krisenzeit eine neue Stufe des Menschseins erreicht (um daran zu erwachen? nein, es schläft ja ein!) – warum wird dann der Spindelstich außer dem neugierigen Mädchen auch dem König und der Königin, dem längst der Reifung entrückten Elternpaar, zum Verhängnis, warum auch dem Hofstaat, den Dienern und den Tieren, die doch alle ganz und gar nichts mit dem Pubertätsproblem dieser einzigen Fünfzehnjährigen im Schloß zu tun haben? Und verselbständigt sich Dornröschen mit dem Betreten der Kammer nun tatsächlich als Ich von Vater und Mutter? Keineswegs. Gerade die Eltern, die am »Stichtag« fast frevelnd vergeßlich sich hinwegbegeben haben, treffen, als es geschehen ist, exakt wieder ein, um getreulich mit ihrer Tochter in den Schlaf zu sinken. Alles und alle im Schloß bleiben ihr verbunden; keine Minute der hundert Jahre ist Dornröschen wirklich allein. Es kann sich also kaum um einen gewöhnlichen Individualisierungsvorgang handeln.

Und was hat es mit dem Spinnen des Gedankenfadens auf sich, das Dornröschen sich aneignet? Man besehe es genau: Dornröschen lernt niemals spinnen, jedenfalls nicht das Dornröschen, von dem das Märchen spricht. Es rührt in der Kammer der Alten nur die Spindel an, und ohne auch nur einen Faden gedreht zu haben (»so wie es die Spindel *berührte*«) geht der Zauberspruch in Erfüllung. Es wird nicht einmal von Schmerz berichtet, keinem Weh, keinem Aufschrei. Und dann – als die hundert Jahre verflossen sind und der Tag des Erwachens gekommen ist, wird sogleich die Hochzeit gefeiert, gut und prächtig. Auch dann ist von Spinnenwollen oder Spinnenkönnen Dornröschens oder von irgendwem sonst keine Rede. Die Zeit des Spinnens scheint vorüber, als wäre sie nie gewesen. Wenn sie war, ging sie im Schlafe unter. In diesem Märchen beherrscht die Kunst des Spinnens überhaupt nur eine einzige Gestalt, das ist die geheimnisvolle Alte, die in der Mitte der Ereignisse sitzt und wieder ins Unfaßbare verschwindet. Und sie spinnt wohl etwas anderes als nur den gewöhnlichen Gedankenfaden, den ein Mensch an anderem Ort zu drehen gewiß auch erlernen kann. Doch das liegt nicht in Dornröschens Geschick.

Was also erzählt das Märchen?

Es erzählt, wie *zwei* Welten entstehen aus der bisher einheitlich-einen. Dornröschen wird Angelpunkt in einem Weltgebärungsakt – und das kraft des Fluches der dreizehnten. Das ist ein großes Wort, aber indem das Mädchen zu der Alten vordringt und den verrosteten Schlüssel an der Uraltschwelle dreht, betritt und benascht es eine Hintergrundsphäre, deren Ausstrahlung es nicht gewachsen ist. Lähmend überwältigt die bisher verborgene Macht den Ankömmling. Und es erfaßt der Spindelstichschlaf nicht nur

Dornröschen, sondern das ganze Schloß in konzentrischen Kreisen. Ein unsichtbarer Zauberstab berührt alle Bewohner und selbst die Elemente: das Feuer hört auf zu flackern und der Wind legt sich; nichts regt sich mehr. Was eine offene Außenwelt war, wird ein umschlossenes Inneres.

Innen Schlaferstarrung – dafür beginnt nun ein verworren-wucherndes Leben draußen. Eine zweite, andere Welt, die vorher gewiß auch schon veranlagt war, aber für das Bewußtsein keine Rolle spielte, drängt sich in den Vordergrund. Die Dornenhecke beginnt zu wachsen, wächst und überhöht schließlich das Schloß. Die ursprüngliche Daseinswelt, wo die weisen Frauen noch sichtbar erscheinen und wirken konnten, geht in tiefen Geheimniszustand über; die neue, diesseitige, dornige Welt wird geboren und zugleich zur Schranke vor der andern, die inwendig als ein beseelter Organismus, durchmenschlicht und in sich intakt, doch in einem vollkommenen Verpuppungszustand entschwindet. Die Schloßwelt wird *Sage.* »Es ging aber die Sage in dem Land ...« In dem Augenblick, wo sich die Hecke schließt und die Schloßherrlichkeit dem Blick entzieht, geht die vormalige offenbare Existenz über in das allein noch bewahrende *Wort.* Das alte Dasein wird vermutendes Geraune, Erinnern, Hörensagen ... Damit wird die Doppelwelt perfekt. Wüßten wir es nicht anders – denn wir haben die Heckenverzauberung vor unseren Augen aufsteigen sehen – so wäre diese »Sage« so wahr oder unwahr wie alle Sagen und Mythen. Diesmal sind wir *Zeugen, wie Sage entsteht.*

In der verbliebenen offenbaren Welt haben die Dornen Hände: Es ist eine Welt der Arbeit, des Alterns und der Sehnsucht nach dem Verborgenen. Die Königssöhne machen sich auf, gehen der Sage nach. Sie wollen den Zauber, den die Spinnerin über Dornröschen verhängt hat, brechen. Sie verhaken sich im Gestrüpp und sterben. Die dreizehnte hatte den Tod angesagt. Der Tod schien durch die mildernde Einwirkung der zwölften glücklich aus der Welt verbannt. Aber er ward verbannt nur aus Dornröschens Reich. Dort gibt es den Tod nicht, nur den langen Schlaf, den Puppenzustand. In der vordergründigen, dornwuchernden Welt herrscht der Tod um so vervielfältigter. Da wird der Fluch der dreizehnten real, und nichts entschärft ihn. So geschieht Dornröschen selbst nichts; nichts, was ihm schaden oder es vernichten könnte. Doch die Königssöhne der neunundneunzig unerlösten Jahre sterben Dornröschens Tod. Sie nehmen, ohne zu rechten, warum, den Fluch der dreizehnten auf sich. Sind ihre Versuche nutzlos und wäre ihr

Scheitern vermeidbar? Oder sind sie als Vorläufer so wichtig wie alle Vorläufer – ohne die kein Vollender käme? Bilden ihre Opfer die Stufen, ohne die auch der zuletzt Erlösende, der Strahlende, nicht eindränge ins verzauberte Innere? Belebt ihre Hingabe das letztliche Paar?

Aus dieser Welt des Todes bricht auch der Königssohn des hundertsten Jahres auf. Es wird nicht gesagt, daß er aus dieser Welt stammt; es heißt: »Nach langen, langen Jahren kam wieder einmal ein Königssohn in das Land.« Er kommt aus einer Ferne daher und hört hier, wo der Tod sein Regiment führt, die Kunde von der schlafenden Schönen. Er *weiß* um den Tod seiner Vorgänger, aber er ruft den Gegenzauber auf: »Ich fürchte mich nicht« – und die verpuppte Welt tut sich ihm auf, von selbst. Aus den Dornen blühen schöne Blumen. Erstaunlicherweise aber schließt sich die Hecke wieder hinter ihm; ein rätselhafter Zug, auf den kein Interpret eingeht. Bleibt die Hecke auch künftig gegen die Außenwelt geschlossen, oder nur so lange, bis der weckende Kuß Dornröschen berührt hat und dann, wenn nach und nach alles wieder erwacht ist, vielleicht auch die Hecke sich allseits wieder öffnet – auch in die bisherige Todeswelt hinein?

Dreimal erleben wir einen Gang durch das ganze Schloß, bis hinein ins verborgene »Allerheiligste« des kleinen Stübchens der seltsamen Spinnerin: einmal herab von der Turmstube bis zu Küche, Stall, Hof und Dach, als alles einschläft; zum andern wieder hinein und hinauf, als der Königssohn Dornröschen sucht, vom Hof über Küche, Saal und Thron bis zur Turmstube; und schließlich abermals herab nach der Entzauberung, wieder bis in Küche und Hof. So, wie der Schlaf sich in Kreisen verbreitete, weitet sich auch das Erwachen wieder in den Umkreis hinein, bis zur Dachhaut, wo die Tauben ihre Flügel spreiten. Dreimal zieht die Abfolge der Schloßinsassen an uns vorbei; dreimal durchwandern wir dies Zuhause. Es wird uns vertraut und selbst einverleibt. Und plötzlich muß uns etwas auffallen: Während sich in den oberen Gemächern Weltgeschick ereignet, wird unten in den Küchenräumen ein Mahl zubereitet, und mittendrin setzt dann dieser Schock ein, der alle und alles trifft; selbst die Fliegen an der Wand hören auf zu füßeln, das Feuer auf dem Herd wird still, sogar die Ohrfeige bleibt halbiert erstarrt im Raume stehen. Aber es läßt sich nicht übersehen: Schon zu dieser Stunde hat die Magd das schwarze Huhn auf dem Schoß, das dann an der Hochzeitstafel serviert wird. Das Mahl, das der Koch und seine Gehilfen *vor* dem Einschlafen richten, mitsamt dem Braten, der brutzelt, *ist* schon das Hochzeitsmahl –

so exakt schließt die eine Szene an die andere an. Welch ein Götterplan, über alle menschliche Planung hinweg, liegt hier zugrunde?

Die hundert Jahre Schlaf erscheinen im Schloß wie ein Tag, ja kaum wie eine Stunde. Nahtlos wird üppige Vergangenheit über eine Epoche der Sage und des Verschollenseins hinweg angeknüpft an Gegenwart und Zukunft, als sei nichts gewesen inzwischen. Und doch ist etwas ganz Wesentliches anders als zuvor: die Schloßgemeinschaft hat sich um einen Bewohner vermehrt. Nur um einen einzigen. Aber in ihm und durch ihn kehrte das Leben zurück in das verzauberte Schloß. Er ist der Herr der hundert Jahre, der Königssohn. Durch seine Ankunft tragen die Dornen Rosen, Blüten aus Blutröte. Vielleicht blüht das Opfer der früheren Freier mit in den Blüten. Natürlich kann man sagen: der letzte hatte es leicht; wäre er im achtundachtzigsten Jahre gekommen, wäre sein mutiger Spruch »Ich fürchte mich nicht« ebenso vergeblich gewesen wie der Einsatz seiner Vorgänger. Aber er ist zu keiner anderen Zeit gekommen als genau zur rechten. Dieser Stern der rechten Stunde stand über seinem Haupt. Er kam, als die Zeit erfüllt war. Er ist der künftige Herr dieser Innenwelt.

Alles an diesem Märchen scheint aufs erste glasklar und einfach zu durchschauen. Es ist ein liebliches, aber kein »leichtes« Märchen. In gedrängten Passagen springen die Ereignisse mit heiteren Verbrämungen und Schnörkeln herauf und herab – und sind doch zwischen den Zeilen voller Mysterium. Es kommt auf den Blickpunkt des Betrachters an, was er herausliest. Ist Dornröschen reifer geworden nach dem hundertjährigen Schlaf? Wo und wie hat es sich entwickelt? Wie findet es der Königssohn?

Da lag es und war so schön, daß er die Augen nicht abwenden konnte, und er bückte sich und gab ihm einen Kuß. Wie er es mit dem Kuß berührt hatte, schlug Dornröschen die Augen auf, erwachte und blickte ihn ganz freundlich an.

So einfach läßt sich das sagen.

Da gingen sie zusammen herab, und der König erwachte und die Königin und der ganze Hofstaat und sahen einander mit großen Augen an.

Also Staunen, nur Staunen zueinander. Ein blütenhafter, keuscher Zauber strahlt aus, stärker noch, als er vor dem Schlaf von diesem Mädchenwesen ausging. Ein Hauch ewiger Jugend weht uns an – über alle Deutung hinweg.

VON RAUM UND ZEIT IM MÄRCHEN

Nachwort

Der Mensch genießt heute, so gut er kann, die günstigen Augenblicke seines Daseins. Er zieht sich gern in den geborgenen Winkel zurück. Den Tag über erlebt er sich als Gefesselter seines Berufes. Das »Draußen« streckt feindlich seine Stacheln aus. Die Katastrophen ringsum nötigen ihm diese Haltung auf, er stößt weithin auf Verfall und Ende. In gerühmten Schriftwerken der Gegenwart finden wir denn auch einen minutiös aufgezeichneten Kampf gegen das Nichts der Banalität, die Sinnlosigkeit der Zerstörung, in die der Mensch eingeschaltet ist. Wir finden eine unterkühlt heroische Auflehnung gegen das Ausweglose. Der Mensch stellt fest, was ist – und steckt mittendrin. Er leidet unter der Gegenwart. Das ist sein Schicksal.

Das Märchen führt weiter; es macht das Unwahrscheinliche möglich, und es geht immer gut aus. Darin liegt verborgen eine Überwindung von Raum und Zeit. Was sich im Märchen begibt, spricht dem hartkantigen Dasein Hohn – wenn man es mit den Maßstäben dieses Tages mißt. Es lebt aus anderen Gesetzen, die nicht weniger mit uns zu tun haben. Es kennt auch das »Mittendrin« – und so beklemmend, als ein Mittendrin nur sein kann –, aber es kennt diese Phase als Durchgang. Es sieht den Menschen auf tieferem Hintergrund, es faßt Anfang, Mitte und Ende des menschlichen Werdens in genialem Griff zusammen, freilich in einer künstlerisch verschlüsselten Sprache. Ob man sich als moderner Mensch den Erfahrungswegen des Märchens anvertrauen will, bleibt dem einzelnen überlassen.

Die Märchen vom Gegenständlichen und von der Örtlichkeit her anzugehen, wäre ein müßiges Unterfangen. Keine ihrer Landschaften ist geographisch zu orten, wenn auch die Märchen der verschiedenen Völker durchaus ihre eigenatmosphärischen *Stimmungen* enthalten, die russischen wieder andere als die deutschen usw. Sieht man näher zu, so verliert die Kammer ihre äußerlich realistische Note durch die Art, wie sie im Gesamtmärchen auftaucht und wieder schwindet. »Kammer« sagt nur: Es geht aus einem innerlich Behüteten oder Umschlossenen hinaus in ein »Draußen«. Spinnrad und Spule werden zu Geräten, an denen sich eine bestimmte Tätigkeit und Fähigkeit entwickelt. Die entfallene Spule (in »Frau Holle«) wird dann für das Mädchen zum Wegweiser in den nächsten Schauplatz hinein. Die asketische Sparsamkeit, mit der das Märchen die Sachwelt andeutet, läßt uns darauf achten, daß es ankommt auf die Wirkung der Einzelheit im großen Zusammenhang. Es kommt auf den Fortgang der Ereignisse an, zu denen die Dinge und Örtlichkeiten Gelegenheit geben, mehr noch auf die *Wesen*, die sich an den Örtlichkeiten aufhalten und mit denen der Jüngling oder das Mädchen sich auseinandersetzen muß. Unmerklich und mühelos gleiten die Räume ineinander über. Leichtschwüngig getragen geht's durch Wäldertiefen in ferne Reiche, durch Städte an »das große Wasser« zur Höllenpforte, oder ein andermal in Himmelshöhen, in außerirdische Welten. Im spielerisch anmutenden Wechsel der Örtlichkeit liegt eine Überwindung des Raumes. Wir haben es weniger mit Räumen und Landschaften als mit vielfältig gestuften *Erlebnisebenen* zu tun. Je sparsamer das räumliche Feld gezeichnet wird, desto intensiver die Spannung dessen, was darauf geschieht.

Wichtiger wird die *Zeit* im Märchen. Es gelingt dem Märchen, den Trommler in »drei Tagen« drei ungeheuerliche Arbeiten verrichten zu lassen, wobei sich später herausstellt, daß die drei Tage »drei lange Jahre« waren – und das Märchen verrät uns immer noch nicht, was es unter »langen Jahren« versteht; ob sich darunter unsere bürgerlichen Kalenderjahre verbergen oder weit umfassendere Sonnenumläufe, sagen wir: kosmische Jahre. Mit kühnem Kunstgriff, scheinbar willkürlich, weiß es Zeit zu raffen und überhöht damit unseren gewöhnlichen Zeitbegriff. Die Zeit wird zum Gleichnis. Es setzt z. B. bei »Hans im Glück« mit den Geschehnissen ein bei »Anbruch des Tages«, endet aber noch vor Ablauf desselben Tages und hat damit einen Entwicklungslauf umschrieben, der ganze Zeitalter menschlichen Absinkens in die Verirrungen der Wünsche (auf ein einzelnes Menschenleben angewandt) umrundet. Der »Tag« wird zum Erdentag eines gelebten Lebens. Alle Beckmesserei mit der Uhr in der Hand entfällt vor diesem Bemessen; einzig hervortretend bleibt die Willensrichtung der Kräfte, die sich entfalten. Und doch vollzieht sich alle Entwicklung zeitlich-bewegt. Und da wir uns einmal vorgenommen haben, dem Dynamischen unser Augenmerk zu schenken, müssen wir auf die Rolle der Zeit im Märchen noch etwas eingehen; auf die Art, wie Akzente gesetzt werden durch »Tag« und »Jahr«. Wir wählen dazu den Eingangsabschnitt von »Der Eisenhans« und müssen wörtlich zitieren.

> *Es war einmal ein König, der hatte einen großen Wald bei seinem Schloß; darin lief Wild aller Art umher.* Zu einer Zeit *schickte er einen Jäger hinaus, der sollte ein Reh schießen, aber er kam nicht wieder. »Vielleicht ist ihm ein Unglück zugestoßen«, sagte der König und schickte* den folgenden Tag *zwei andere Jäger hinaus, die sollten ihn aufsuchen; aber die blieben auch weg. Da ließ er* am dritten Tag *alle seine Jäger kommen und sprach: »Streift durch den ganzen Wald und laßt nicht ab, bis ihr sie alle drei gefunden habt!« Aber auch von diesen kam keiner wieder heim, und von der Meute Hunde, die sie mitgenommen hatten, ließ sich keiner wieder sehen.* Von der Zeit an *wollte sich niemand mehr in den Wald wagen, und er lag da in tiefer Stille und Einsamkeit, und man sah nur zuweilen einen Adler oder Habicht darüber fliegen.* Das dauerte viele Jahre; *da meldete sich ein fremder Jäger bei dem König, suchte eine Versorgung und erbot sich, in den gefährlichen Wald zu gehen. Der König wollte aber seine Einwilligung nicht geben und sprach: »Es ist nicht geheuer darin, ich fürchte, es geht dir nicht besser als den andern, und du kommst nicht wieder heraus.« Der Jäger antwortete: »Herr, ich will's auf meine Gefahr wagen; von Furcht weiß ich nichts.«*

Hier wird nacheinander fünfmal Zeit hereingenommen, und mit jedem Zeitschritt entgleitet dem König stärker die Herrschaft über den Wald.

Nur der allererste Satz enthält einen Abglanz des ungetrübten Königtums: von »Es war einmal ...« bis »... Wild aller Art umher«. Dieser erste Satz schildert einen reinen Seinszustand – *vor* aller späteren Geschichte. »Wild aller Art« sagt uns, daß unberührte Naturwesen darin leben, von keiner menschlichen Hand zur Zucht oder Arbeit gezähmt. Die Tiere leben frei ihrer Art. Wir können uns den Wald in diesem Zustand als einen Ort ungestörten paradiesischen Friedens vorstellen. Hier gibt es noch keine Zeit – das Sein dauert ungemessen.

Mit dem zweiten Satz ändert es sich; etwas bis dahin nicht Geschehenes ereignet sich: Der König schickt einen Jäger hinein, ein Reh (das friedsamste Waldtier) zu schießen. »Zu einer Zeit« (und mit dieser Zeit beginnt registrierbare Geschichte) entschließt sich der König, den *Tod* in den Wald hineintragen zu lassen. Daß der Jäger ein Reh schießen soll, sagt dem heutigen

Verstand nichts Aufregendes, wir denken höchstens, der König will sich eine Bereicherung seiner Tafel verschaffen! Aber er tut viel mehr. Vor dieser Zeit gab es den Tod von Menschenhand nicht im Wald. Das Märchen stellt des Königs Auftrag als ausdrücklichen Entschluß hin. Er hat Erstkraft. Und schwerwiegende Folgen treten ein. Der Tod wird aufgeboten – diese Zeit ist nun gekommen. Damit werden Katastrophen beschworen, die von da an ihren Lauf nehmen. Der in den Wald hineingetragene Tod antwortet allem Leben, das ihn betritt, unentrinnbar als Echo wieder mit Tod. Dem einfachen Tod folgt zweifacher Tod, vielfacher Tod. Eine unheimliche Macht hat ihren Schlund aufgetan, dreimal von »Tag« zu »Tag« gesteigert.

Mit dem Impuls vom Tod, den er »zu einer Zeit«, von einem bestimmten Zeitpunkt an, in den Wald schickt, zerstört der König selbst die ursprüngliche Harmonie, entzieht sich den Lichtblick für den Waldbezirk, ja er entmachtet sich dieses Teils seiner Herrschaft. Eine andere Gewalt haust neben ihm. Einmal geweckt, können sie die alten Königsdiener nicht mehr bewältigen. Der Wald wird zur Stätte der Einsamkeit. Ein verlorenes Lebensgebiet hat sich ausgesondert. »Von *der* Zeit an« wagt sich niemand mehr hinein. Zunächst also, in den drei Tagen, wächst der Sog des Todes in erschreckendem Maße an, bis die Erfahrung gesättigt ist. Dann findet sich des Königs Welt mit der Todesherrschaft ab. Ein *zweiter Seinszustand* ist eingetreten. Das wird betont durch den feststellenden Satz: »Das *dauerte viele Jahre.*« Lange Zeit herrscht der Tod, undurchschaubar; er muß geduldet werden und wird gefürchtet.

Inzwischen aber reift eine Überwindungskraft. Sie tritt mit dem »fremden Jäger« auf den Plan, der sich erbietet, in den gefährlichen Wald einzudringen. Dieser fremde Jäger kommt aus einem anderen Reich, jedenfalls nicht aus des Königs Welt, in der Furcht und Tod sich verbreitet haben. Denn von Furcht kennt dieser Jäger nichts, und er ist auch kein Jäger mehr zum Tod, sondern zum Leben. In den »Vier kunstreichen Brüdern« haben wir den Jäger als Sonnenboten kennengelernt. Hinter dem bescheidenen Mann, der als »fremder Jäger« auftritt und eine Versorgung sucht, verbirgt sich ein Bote einer anderen Welt. Er kommt herein, um die Todgewalt im Reich des Königs zu bemeistern. Der König erkennt nicht, welche Hilfe ihm geboten wird; er hat sich mit dem Zustand Tod gegen Tod als unabänderlich abgefunden und warnt den Jäger. Aber dieser betritt dennoch den Wald – und wir mit ihm. Wir werden seine Begleiter. Bis jetzt waren wir nur Zuschauer der Geschehnisse aus der Sicht des hilflos gewordenen Königs. Mit dem neuen Jäger (nach vielen Jahren) treten wir in den Wald ein und werden Zeuge der neuen Jägerkunst, dem Unheimlichen zu Leibe zu rücken. Mit den Augen des Jägers sehen wir zugleich, *wer* nun da in der Tiefe steckt und alles Leben an sich zieht: ein »wilder Mann«, mit braunem Leib wie rostiges Eisen. Eisen und Tod, das ergänzt sich; der Tod hängt mit dem Eisen zusammen. Aber das Wichtigste wird: Der fremde Jäger tötet den wilden Mann nicht, er fesselt ihn mit Hilfe von drei Männern und bringt ihn lebendig dem König in Gewahrsam. Er vollzieht durch Bändigung eine Befreiungstat für das Königreich. Der wilde Mann wird in den eisernen Käfig gesteckt. Geschmiedetes, d.h. geläutertes Eisen wird zur Bezähmung verwandt. Der Wald ist frei; jedermann kann wieder »mit Sicherheit« hineingehen.

So ergibt sich, wie in wenigen Zeilen, fast möchte man sagen: stenographisch verkürzt, Zeit um Zeit vor uns abläuft – und sich damit Seinszustände *verändern.* Wir beachten das im Lesen kaum. Im ersten Satz waltet noch ungebrochenes, reines Leben; schon mit dem zweiten Satz tritt der Tod in die Welt, und er hat vernichtende Folgen für das Königreich. Aber noch am Ende desselben Abschnittes wird der Impuls eines *neuen* Lebens und Lebenlassens in die Welt getragen. Dazwischen liegen »Tage« um »Tage« und »Jahre« um »Jahre«. Mit dem fremden Jäger setzt eine neue Epoche ein. Der wilde Mann haust nun nicht mehr draußen im Wald, er sitzt *inwendig* im Käfig.

Und doch bleibt bis zur Überwältigung des wilden Mannes alles nur ein Vorspiel. Nun erst beginnt die Geschichte des *Königssohnes,* der um diese Zeit gerade acht Jahre alt ist.* Seine Geschichte bildet den weit umfangreicheren Inhalt des Märchens. Man kann sagen, das erste Siebtel bringt den großen menschheitsgeschichtlich-kosmischen *Hintergrund,* auf dem sich dann in den weiteren sechs Siebteln das Schicksal des *einzelnen* Königssohnes entfaltet. Denn der Mann im eisernen Käfig wird zum Schicksal des Königssohnes. Die Zeit des Sohnes bricht an.

Für den Knaben selbst wiederholen sich, auf seiner persönlichen Stufe, in den Kindheitsfreuden die goldenen Seinszustände einer göttlich geborgenen, harmonischen Vor-Zeit. Er erlebt noch einmal, was alle Menschen im golde-

* Was es mit diesem Alter auf sich hat, führt Rudolf Meyer in seiner »Eisenhans«-Darstellung aus (Weisheit der deutschen Volksmärchen, S. 157). Ausdrücklich sei auf das ganze dortige Eisenhans-Kapitel verwiesen. Hier stellen wir nur den besonderen Gesichtspunkt heraus.

nen Zeitalter erlebten. Dort war der Mensch eingebettet in die Führung weiser Priesterkönige und zugleich als Seelenwesen ein Kind vor Gott. Das Märchen sagt, der Mensch wird als Königskind geboren, dem es gutgeht und dem es an nichts fehlt. Es spielt mit dem goldenen Ball – dem Inbild himmlischer Gnadekräfte. Um aber selber etwas zu werden, muß der Königsknabe den goldenen Ball verlieren. Und nun geschieht durch den Knaben etwas, das für ihn nicht weniger entscheidend wird, als es für den Vater ward, daß er den Tod in die Welt rief.

Der Ball rollt in den Käfig, das Gold versinkt im Eisen. Die Eisenmacht schluckt das Golderbe auf. Und dieses vergittert-gebändigte Wesen *läßt nun der Sohn* wieder *frei.* Es geschieht, was der Vater verhindern wollte; der Sohn entriegelt die einmal gebändigte Macht im rostigen Eisenleib aus freien Stükken – und sie dringt »mit schnellen Schritten« zurück in den Wald. Es gibt keine andere Möglichkeit, einen neuen Zugang zum Golde zu finden, als sich mit dem wilden Mann im Eisen zu verbinden. Der Knabe bittet: »Nimm mich mit.« Das ist die »Schuld« des Königssohnes, die ihn zugleich ver-führt vom Hof des Vaters und hinausstößt in sein einzelnes Schicksal, nur noch gebunden an den eisernen Mann. Der Wald, die Stätte der Einsamkeit, aber auch eines geheimnisvollen Lebens, wird zu einer Stätte der Prüfungen: Der Knabe wird vor einen Goldbrunnen geführt, hell und klar wie Kristall (das vorher geballte Gold verflüssigt sich, wird strömend im Brunnen – die Verwandlung hat eingesetzt), er soll ihn bewachen, daß er nicht verunreinigt wird. Die Proben mißlingen; der Knabe will den Schmerz seines Fingers im Goldbrunnen kühlen, zuletzt bespiegelt er sich selbst im Goldspiegel, er neigt sich zu tief herab. Daß er nur mit sich selbst beschäftigt ist, spielt ihm die Tücke. So wird der Knabe auch von da ausgewiesen, diesmal »hinaus in die Welt« – »das wirst du erfahren, wie die *Armut* tut«. Die Zeit des »Königssohnes« ist endgültig vorbei. Die Zeit der Armut hat begonnen. Als Namenloser wandert er über gebahnte und ungebahnte Wege ins Ungewisse. Wir dürfen ihn uns vierzehnjährig vorstellen. Er hat bis jetzt nichts gelernt; er spielte nur. Selbst sein Bewachen des Brunnens war ein Nichtstun. Wir finden ihn in diesem Übergang in die Fremde linkisch, ungeschickt. Es bleibt ihm nichts übrig als, dienen zu lernen. Unentfaltet, als Erwartung der Vaterwelt der Götter, schlummert zwar in ihm die geistige Eigenkraft, denn er stammt aus königlichem Geschlecht. Zunächst geht es jedoch radikal hinab in die Ausstoßung und Einsamkeit inmitten der Welt. Er gerät auf seinen Wegen an einen anderen Königshof, wird aber oben in den Königsgemächern nicht empfangen als Prinz, sondern als Bürschlein »Weißvonnichts« zu den Unteren gesteckt. Mitleidig duldet ihn der Koch als Zugänger, verwendet ihn auch als Tafeldiener, schließlich wird er Gärtnerjunge und endlich Kriegsmann, lernt sich behaupten, sich und andere überwinden. Er geht einen Weg der Selbstgestaltung – ohne sich auch nur ein einziges Mal auf seine Königsgeburt zu berufen. Zuletzt erhält er wiederum den goldenen Ball aus den Höhen zurück, den er einst in den eisernen Käfig hinein verlor. Die Königstochter wirft ihn diesmal unter ihre Freier, und er als der vom Eisenhans Begabte, der behendeste und freieste der Freier fängt ihn auf. Die Königstochter vermählt sich mit ihm. Im »anderen« Königreich erringt der Jüngling nach langen Jahren der Verleugnung seiner Königsabkunft Braut und Thron. Er hat den alten Rang neu und selbst erworben.

Einen solchen weitgespannten Weg aus der Gotteskindschaft bis schließlich zur Einsetzung in einem anderen Königtum, wo der Jüngling Herrscher und damit zum freien Mitschaffenden der Gottheit wird, schildert dieses Märchen. Andere Märchen schildern den Werdegang von anderen Gegebenheiten aus oder andere Stationen aus ihm. Es ist letztlich derselbe Weg, und doch kommen immer neue Abwandlungen hinein. Man ist versucht zu sagen, es müsse ein *Urmärchen* geben, dem alle Märchen entstammen! Haben sie nicht alle den gleichen Grundstock von »Es war einmal«? Immer scheint diese Formel eine unfaßbare Vergangenheit, weit weit zurück, anzusprechen. Und doch müßte es heißen: Es war einmal – wann denn nur? War es in den Tagen des Ursprungs oder irgend einmal unterwegs auf dem Entwicklungsgang, oder geschah und geschieht es nicht gerade eben? Haben wir den Schlüssel zu dieser Formel gefunden, haben wir auch einen gewissen Schlüssel zum Verständnis des einzelnen Märchens.

Im Grund besagt die Formel »Es war einmal«: Laß uns die Seelenereignisse im menschlichen Werden betrachten von einem bestimmten Ausgangspunkte an. Schon die nächsten Worte erläutern: »Es war einmal ein *König*...« An der Gestalt des Königs ist abzulesen, in welchem Weltenalter die Geschehnisse ihren Ausgang nehmen. Der Rang, den die *erste* Hauptgestalt – hier der König – innehat, bezeichnet den Standort zu Beginn. Der Stand eines Menschen im Märchen bezeichnet den Grad seiner Entwicklungsreife, seine innere Reich-Weite. Rang und Stand sind hier Geistesstufen. Je höher, weiser, mächtiger der Stand, um so umfassender der Standort, um so weiter zurück führt uns das Märchen in die kosmischen Gründe.

Es kennt keine bürgerlich gemeinten Personennamen. Wir finden Standescharaktere: König und Königin, Königssohn und Königstochter, Ratgeber, Wächter und Magd. Wir finden den Müller, den Schmied, den Soldaten usw. Die Berufe weisen auf die darin sich ausprägenden besonderen Seelenqualitäten ihrer Träger hin. Dann finden wir Vater und Mutter, Sohn und Tochter, Bruder und Schwester – Stufen der Geschlechterfolge. Mehr, als man im ersten Augenblick vermutet, lassen uns auch die Generationsstufen in die Epochen des Werdens hineinschauen. Schickt der Vater seine Söhne in die Welt, so beginnt mit den Söhnen ein neues Zeitalter, anders geartet, als das des Vaters war. Es gilt zunächst zu sehen, in welcher Epoche der Vater steht. Lebt er im Reichtum oder in der Armut? Da setzt das Märchen ein, in der Vergangenheit, die des Vaters Welt umschreibt. Was die Söhne dann beginnen, ist neu, wird Gegenwart und führt zur Zukunft.

Dem Verfasser ist kein Grimmsches Märchen bekannt, in dem der König neben seiner Königsbezeichnung noch einen individuellen Rufnamen trägt. Es genügt, daß er König ist. Im *König* haben wir den umfassenden Herrscher, und er ist im Ursprung ein Abbild des göttlichen Vaters überhaupt. Ihm stehen alle Geheimnisse offen. Er überschaut vom goldergländenden Schloß aus ein rings gebreitetes Reich. Was sich unter ihm begibt, hat Folgen für das ganze menschliche Geschlecht. Diesen Zug suchten wir aus dem Anfang zum »Eisenhans« zu erhellen. Wir dürfen sagen, ein Märchen, das beginnt mit »Es war einmal ein König«, reicht weit zurück in den Zeitengrund.

Anders verhält es sich, wenn der Auftakt lautet:

> *In der Schweiz lebte einmal ein alter* Graf, *der hatte nur einen einzigen Sohn, der war dumm und konnte nichts lernen ...*
>
> *(»Die drei Sprachen«)*

Um aller Spekulation zu entgehen, führen wir den Großen Brockhaus (1954) an:

> Graf: ursprünglich insbesondere bei den Franken und Angelsachsen ein *Beamter des Königs* und sein *Stellvertreter* in einem bestimmten Sachbereich (Burggraf, Pfalzgraf, Sendgraf) oder Amtsbezirk (Grafschaft). Spä-

ter wurden auch genossenschaftliche Beauftragte Grafen genannt (Salzgraf, Wald- und Holzgraf); bis heute haben sich der Deichgraf, das hessische Grebe (Dorfvorstand), das siebenbürgische Gref (Richter) erhalten. Im Fränkischen Reich nahm der Graf gleichzeitig die Wehr-, Rechts-, Finanz- und Verwaltungshoheit wahr. Das Reich war in Grafschaften als Verwaltungseinheiten gegliedert. Entscheidend wurde die Umwandlung des Grafenamtes in ein Lehen und vor allem die Erblichkeit dieser Lehen ... Gleichzeitig bildete sich der Dienstadel der Grafen zum Geburtsadel um, und zwar erscheinen die Grafen, zumal als *Inhaber der hohen Gerichtsbarkeit*, unter dem hohen Adel ... Die übrigen Grafen, persönlich edelfrei, zählten zum niederen Adel als dessen oberste Stufe ... für letztere blieb der Graf ein bloßer Titel und wurde als solcher ... auch vom König verliehen (Briefadel).

Eindeutig geht hervor: Der Graf steht weit unter dem König. Er hat von vornherein eine begrenzte Macht, die ihm vom König zugeteilt wird. Er ist zwar Verweser des Königs, aber nur auf dem vom König eingeschränkten Gebiet, vor allem der Verwaltung und Rechtsprechung. Tritt er im Märchen auf, handhabt er eine strenge Logik, die er in den »Drei Sprachen« auch auf seinen Sohn übertragen will. Wir sind im Zeitengang an einem Schnittpunkt angelangt, wo Intellektualität die ursprüngliche Weisheit ersetzt. Aber im Grafen wirkt noch der Abglanz der von oben verliehenen Macht eines universalen Regenten, beim Grafen verengt auf das einseitig gebundene Verstandesbewußtsein des Tages. Daß sein Sohn viel hintergründigere Fähigkeiten hat – die Sprache der Tiere zu lernen –, dafür hat der Graf kein Gespür. Diese Fähigkeiten gelten ihm nichts, weil sie auf der verborgenen Nachtseite des Daseins liegen. Die Nachtgeheimnisse bleiben ihm verschlossen. Der Graf im »Meisterdieb« bestätigt es. Noch aber ist der Graf eine Erscheinung voll Autorität.

Die Fülle königlichen Herrentums ist endlich ganz geschwunden, wenn das Märchen »Hänsel und Gretel« erzählt:

Vor einem großen Walde wohnt ein armer Holzhacker *mit seiner Frau und seinen zwei Kindern ... Er hatte wenig zu beißen und zu brechen.*

Hier ist der Zusammenhang zur königlichen Vorzeit ausgelöscht. Sie wird übergangen, als habe sie nie bestanden. Auch diese Einleitung beginnt als ein

»Es war einmal«, und doch liegt zwischen der hochgestellten Königszeit und der armseligen Holzhackerzeit ein Abstand inzwischen gelebter Epochen. Wir sind hier beim Menschen angekommen, der nur auf sich selbst und seiner Hände Tun angewiesen ist. Aber immer noch kleidet eine Hülle von Rechtlichkeit, Redlichkeit, Gutseinwollen den Holzhacker, und insofern lebt in ihm immer noch eine Spur der Kraft vom Vater aller Väter. Noch umschließt ihn und die Seinen ein Haus, eine Hütte. Erst seine Kinder werden zu Vogelfreien. Jetzt zerbrechen die natürlichen Gesetze der Liebe. In der Gefährtin des Holzhackers, der »Frau«, der Stiefmutter der Kinder, setzen die unerbittlichen Triebgewalten der Selbstsucht ein. Sie hat keine Ruhe, bis sie die Kinder aus dem Vaterhaus ausgetrieben hat, dahin, wo sie noch nie gewesen sind, um ihr Abenteuer der Selbstwerdung aus eigener Kraft zu bestehen.

Und gar wenn die »Sterntaler« einsetzen:

> *Es war einmal ein* kleines Mädchen, *dem war* Vater und Mutter gestorben, *und es war so arm, daß es kein Kämmerchen mehr hatte, darin zu wohnen, und kein Bettchen mehr, darin zu schlafen …*

– da fehlt auch die letzte umhüllende Behausung. Vater und Mutter sind tot. Mit anderen Worten, was erzählt wird in den »Sterntalern«, ist noch gar nicht vergangen. Hier wird die Formel »Es war einmal« zur gnädigen Umschreibung für die bittere Wahrheit, die unsere Existentialphilosophen viel komplizierter ausdrücken: Der Mensch ist, seelisch gesehen, heute ein Waisenkind, ohne jeden tragenden väterlich-mütterlichen Untergrund. Es ist die Seelenverfassung der Gegenwart. Jede Beziehung zur Herkunft des Menschen ist abgeschnitten. Übrig bleibt allein die Seele mit dem, was ihre persönliche Habe ist. Das Märchen sagt:

> *Es hatte endlich gar nichts mehr als die Kleider auf dem Leib und ein Stückchen Brot in der Hand, das ihm ein mitleidiges Herz geschenkt hatte.*

Und die Frage bleibt: Wieviel Opferkraft bringt die Seele aus sich selbst heraus auf? Ist sie bereit, ihr Letztes und Eigenstes wegzuschenken?

Welch ein Abstand zwischen dem König, dem ein Reich untertan ist, und dem hilflosen Kind, von allem entblößt! Können wir diesen Abstand als einen Entwicklungsabstand und als einen Zeitenwandel sehen, dann können wir auch ein Verhältnis gewinnen zum einzelnen Märchen, denn es setzt an einem Punkt dieser Abstiegskurve ein.

Und so beginnt jedes Märchen in der Vergangenheit, aber kein Märchen bleibt darin stehen. Man kann in den leidvollen Prüfungen den Übergang entdecken, wo es Gegenwart wird, und den Durchbruch, wo es hinüberweist in die Zukunft. Und es gibt nur ganz wenige Märchen, die auf halbem Weg, im Gegenwärtigen, Offenen enden, wo der »Held« unterliegt. Dann bedarf er noch einer Wandlung. Eine verhaltene Dissonanz klingt an, die nach Durchformung verlangt. Die Trennung der Partner leitet weitere Prüfungen ein, neue Entwicklungen. Von diesen Ausnahmen bringen die ersten drei unserer Betrachtungen Proben. Die meisten Märchen vollenden sich durch eine Lösung der Zerwürfnisse, sie führen in den fernen Horizont einer neuen Harmonie:

... und lebten miteinander in Glück und Freude, so lange es Gott gefiel.

Es gilt zu sehen, daß im Märchen – mag es auch in der Literatur die unscheinbarste Rolle spielen – der Bogen geschlagen wird vom Menschenurbeginn bis zum Erdenende. Was in der Zeitform der Vergangenheit erzählt wird, birgt in sich den *ganzen Zeitenlauf,* den schon hinter uns liegenden, aber auch den künftigen, zu dem wir unterwegs sind. Märchen erzählen nicht nur »eine Geschichte«, *sie sind Geschichte* im weitesten Sinn. Bildhaft verdichtet, enthalten sie einen freien Gottesplan, in den wir eingewoben sind. Die Wege führen aus der Königskindschaft durch Versuchung und Irrtum in die Wahrheit, durch Todeskrisen in ein geisterneuertes Leben und schließlich in den Gottesgrund zurück. Unbefangen überwindet das Märchen die Hürden unserer gegenwärtigen Bewußtseinsbeschränkung; die Zwischengrenzen von Geburt und Tod entfallen. Es kennt für die ewige Wesenheit des Menschen, seine Entelechie, ein »Es war einmal«, geleitet ihn aber durch ein »hier und heute« in ein »Es wird einmal sein« hinüber.

J. G. Herder faßt das Wesen der Märchen so zusammen:

»Nicht etwa nur von Zeit und Ort binden uns wahre Märchen los, sondern von der Sterblichkeit selbst. Wir sind durch sie im Reiche der Geister.«

REGISTER

Bildsprache der Märchen

Von FRIEDEL LENZ

5. Auflage, 21.–25. Tausend, 264 Seiten, Leinen

Inhalt: Vorwort · Schicksalsmärchen: Dornröschen · Schneewittchen · Rotkäppchen · Der Wolf und die sieben jungen Geißlein · Hänsel und Gretel · Der süße Brei / Der Mensch als Mitgestalter – Entwicklungen und Wege: Brüderchen und Schwesterchen · Einäuglein, Zweiäuglein und Dreiäuglein · Froschkönig · Die sieben Raben · Der arme Müllerbursch und das Kätzchen · Das Eselein · Die Bremer Stadtmusikanten · Die Gänsemagd · Aschenputtel · Allerleirauh · Die drei Federn · Vom klugen Schneiderlein · Frau Holle · Fitchers Vogel · Jorinde und Joringel · Die drei Männlein im Walde · Der Königssohn, der sich vor nichts fürchtet · Eisenhans · Die Sterntaler / Glossar der wichtigen Symbole.

»Die Schöpferin dieses Buches ist eine sehr kultivierte deutsche Märchenforscherin... Nach dem grundlegenden Eingangskapitel bietet das Buch mit Klarheit, Umsicht und Gelehrsamkeit Exegesen von insgesamt fünfundzwanzig sehr bekannten Grimm-Märchen und darüber hinaus auf zwanzig enggedruckten Seiten eine differenzierte Symbol-Übersicht.« *Die Tat*

Die Weisheit der deutschen Volksmärchen

Von RUDOLF MEYER

8. Auflage, 27.–31. Tausend, 275 Seiten, Leinen

Inhalt: Vom Sinn des Märchens · Das Schicksal der Urweisheit · Heitere Weisheit · Hilfreiche Wesen · Vom Geheimnis der Jahreszeiten · Das Märchen von dem Machandelboom · Geschwistermärchen · Menschwerdung · Das Weltgeheimnis der Zwölf · Die Tiere als Helfer des Menschen · Verzauberung und Erlösung · Die Macht der Finsternis · Das Michaelsgeheimnis im Märchengewande · Die mystische Hochzeit · Die Jungfrau Sophia · »Entzauberung« (Gedicht) · Einzelne Motive und ergänzende Gesichtspunkte: 1. Pädagogische Gesichtspunkte. 2. Vom Geheimnis des Pferdes. 3. Der Bärenhäuter. 4. Die Berufe im Märchen. 5. Nixen-Märchen. 6. Das Winter-Mysterium. 7. Der Apfel. 8. Die himmlischen Zwillinge. 9. Die Raben. 10. Die Dreifalt der Seelenkräfte. 11. Daumerling. 12. Die weiße Schlange. 13. Zu »Rotkäppchen«. 14. Das Geheimnis der »Vierzehn Jahre«. 15. Zurückgehaltene Kräfte. 16. Das Reich der Toten. 17. Das verborgene Bildnis · Aus der Märchenwelt anderer Völker: Russische Märchen. Bündner Märchen. Südfranzösische Märchen. Nordische Märchen. Negermärchen. Das keltische Weisheitserbe · Verzeichnis der Märchen und Motive.